Laos

Joe Cummings

LAOS

3e édition française – Janvier 1999

Traduite de l'ouvrage *Laos* (3rd edition)

Publié par

Lonely Planet Publications

1, rue du Dahomey, 75005 Paris, France

Siège social : P.O. Box 617, Hawthorn, Victoria 3122, Australie

Filiales : Oakland (Californie), États-Unis – Londres, Grande-Bretagne

Imprimé par

SNP Printing Pte Ltd

Imprimé à Singapour

Photographies de

Jerry Alexander

Bethune Carmichael

Frank Carter

Juliet Coombe (La Belle Aurore)

Joe Cummings

Bernard Napthine

Carly Hammond

Photo de couverture : Le Vat Mai Suwannaphumaham à Luang Prabang (Jerry Alexander)

Traduction (partielle) de

Évelyne Haumesser et Catherine Prunier

Dépôt légal

Janvier 1999

Précédente édition : 1996

ISBN : 2-84070-088-3

ISSN : 1242-9244

Texte et cartes © Lonely Planet Publications 1998

Photos © photographes comme indiqués 1998

Tableaux climatiques réalisés à partir d'informations fournies par Patrick J. Tyson © Patrick J. Tyson 1998

Joe Cummings

Joe Cummings s'est lancé dans l'étude de l'Asie du Sud-Est alors qu'il était inscrit en sciences politiques au Guilford College, une école quaker du nord de la Californie. Il a été coopérant "Peace Corps" en Thaïlande dans les années 70. Ayant décroché une maîtrise de thaï et d'histoire de l'art asiatique à l'Université de Berkeley en Californie, il est ensuite devenu traducteur-interprète de thaï à San Francisco. Il a par ailleurs étudié à l'East-West Center de Hawaii, a enseigné l'anglais dans une université de Malaisie et a été consultant bilingue en lao à Oakland. Enfin, il a accompagné l'un des premiers voyages organisés américains au Laos après la Révolution de 1975.

Parlant couramment le thaï et le lao, Joe est l'auteur du guide Lonely Planet *Thaïlande* (qui a été primé au concours Lowell Thomas du meilleur guide en 1995) des *Thaï phrasebook* et *Lao phrasebook*, ainsi que des *Travel Atlas* du Laos et de la Thaïlande. Il a également collaboré, par le texte et la photographie, au guide illustré d'Asia Books intitulé *Laos*, et a rédigé *Royal Cities of Laos* qui sera prochainement publié par les éditions Teak House. Il contribue régulièrement à divers journaux et magazines, dont *Asian Wall Street Journal, Geographical, The Nation, Outside, South China Morning Post* et *World & I*.

Un mot de l'auteur

Je remercie tout particulièrement Sousath Phetrasy (qui a éclairé ma lanterne sur diverses facettes de la province de Xieng Khuang et a tenté, sans succès, de me convaincre sur des aspects d'autres régions), Vixian Viengkeo (pour son aide à Attapeu), Oliver Bandmann (qui m'a notamment fourni la carte des grottes de Vang Vieng), Yoi Soumpholphakdy, Somphone et Mayulee, l'infatigable archéologue Thongsa Sayavongkhamdy, Patrizia Zolese (qui, en coopération avec Berenice Bellina et Jean-Pierre Message du Lao Archaeological Project, m'a expliqué les modalités du projet de l'Unesco à Champasak), Michael Hodgson et Hu Li Cheng (gérant de la librairie Raintrees, où je laisse une bonne partie de mes émoluments à chacun de mes séjours au Laos). Toute ma gratitude à Santi Inthavong pour sa joie de vivre, à Christopher Kremmer pour son inspiration, à Lynne Cummings (qui a grandement contribué à cet ouvrage par ses corrections et ses vérifications), à mes supers compagnons de route Jerry et Loma Alexander, à René Sepul et Cici Olssen, à Steven Martin, Frank Carter et Tara Sauvage qui traquent l'information sans relâche. Merci aussi à l'École française d'Extrême-Orient, à Teak House et à tous les lecteurs de Lonely Planet qui ont pris le temps de me communiquer par écrit leurs commentaires et suggestions.

Un mot de l'éditeur

Sophie Clavel et Philippe Maitre ont réalisé la maquette et la mise en pages de cet ouvrage. Jean-Bernard Carillet en a assuré la coordination éditoriale. Nous remercions Christophe Corbel, Guillaume Le Touze et Sophie Haudréchy pour leur collaboration au texte et Philippe Maitre pour l'adaptation des cartes en français. Coup de chapeau à Évelyne Haumesser pour sa contribution et son appui décisifs.

Le chapitre Langue est l'œuvre de Quentin Frayne. Ratry Chanty a procédé à la saisie de la police lao. David Kemp a conçu la couverture, ainsi que Sophie Rivoire pour l'édition française. Jenny Bowman et la documentaliste Leonie Mugavin ont été mis à contribution pour les illustrations, ainsi que Jean-Noël Doan au bureau français.

Attention !

Un guide de voyage ressemble un peu à un instantané. A peine a-t-on imprimé le livre que la situation a déjà évolué. Les prix augmentent, les horaires changent, les bonnes adresses se déprécient et les mauvaises font faillite. Gardez à l'esprit que cet ouvrage n'a d'autre ambition que celle d'être un guide, pas un bréviaire. Il a pour but de vous faciliter la tâche le plus souvent possible au cours de votre voyage. N'hésitez pas à prendre la plume pour nous faire part de vos expériences.

Toutes les personnes qui nous écrivent sont gratuitement abonnées à notre revue d'information trimestrielle le *Journal de Lonely Planet*. Des extraits de votre courrier pourront y être publiés. Les auteurs de ces lettres sélectionnées recevront un guide Lonely Planet de leur choix. Si vous ne souhaitez pas que votre courrier soit repris dans le Journal ou que votre nom apparaisse, merci de nous le préciser.

Remerciements

Nous exprimons toute notre gratitude aux lecteurs qui nous ont fait part de leurs remarques, expériences et anecdotes.

Remerciements

Vic Adams, Karen Agate-Hilton, Phannara Aing, Simon Aliwell, Christian Alpers, E Amon, Paulina Axelson, Rupert Baker, Joan Becich, Linda Bennett, Bruno Bernardin, Suzy Berthier, Sylvie Besses, Jan Beukema, Paul Bodler, David Boyall, Josianne Braver, Saskia Brinks, Melissa Brown, Michael Bussman, Andy Carvin, Nicolas Chagnon, Toby Charnaud, Joëlle et Christian Charpentier, Dudu Cohen, Barbie Cole, Cameron Cooper, Pam Cunneyworth, Sophie Davies, Dennis Dearth, Marco Del Corona, Vreni et Peter Demuth, Esther de Vries, Patrick D'Haese, Beingeie Didier, G Diers, Jean-Benoit Dunckel, Paul Durham, Steve Epstein, Derek Evans et Ingrid Evans-Schloss.

Brian Farrelly, Norbert Fesser, Hanne Finholt, James Fink, Simon Finnigan, Rune Fisker, Cuthbert Fitzclune, Jack Fowlie, Martin Fritze, Dave Fuller, Linda Gault, Michelle Gelsimino, Don Geramom, Lorne Goldman, Elizabeth Gowans, David Gowlett, Moses Graubard, Martine et Bruno Grosjean, David Grossman, Michael Grossmann, Jacqueline et Jacques Guichard, Nigel Hall, Jan Hamilton, B Hammersley, Helle Hansen, Richard Harnetty, S Harpfer, Diane Harthing, John Haseman, Jim et Annie Hershberg, TE Hesse, Chris Hilburn, David Hogarth, Chris Holland, Ken Howard, John et Alison Howie, MJ et HG Humphreys, Ian Hunt, Denise Hutton, Michael Johansson et I Judd.

Jeff Kaye, Margo Kerkvliet, Kathy et Warren Kreuger, Mike Krosin, David Kulka, Linc Kyhn, Mr Lane, Karol Lapsley, Hannah Lawrence, Marc Lemieux, Keith Liker, Ron Lish, Angelo Lunetta, Christine Lutz, Martin Lykke, Richard Mabbitt, Paula MacNamara, Mark Mason, Hajime Matsuzaki, C McFarlane, Heather Merriam, Dan Michaelis, Andrew Ming, Carlos Mock, Kai Monkkonen, Ana Moore, Dave Mountain, Taka Muraoka, Dean Myerson, Baan Nantaporn, Sandra et Andy Neeve, Annette Nielsen, Susan Oakden et Ross Orton.

Luca Paietta, Gloria et Jim Patterson, Piergiorgio Pescali, Claes Petersen, Duncan Priestley, I Rafael, Sean Ramsay, Eduard Reitsema, J Ribbans, Mark Robinson, Sherry Ronick et Grade 3, Ron Rook, Kellt Row, HH Saffery, MD Santoni, Ralf Schramm, Caitriona Shanahan, Michael Shinners, Tina et Kevin Shirley, Paul Sidwell, David Smith, Gerard Snowball, Teresa Sobieszczyk, Jean-Michel Strobino, Burt Sutherland, Dan Tamir, Jan-Pieter Tanis, Mike Taylor, Monica Thom, Lisette Thresh, Melita Tickner et Jim Turner.

Derek Uram, Michel Urbain, Pascal Vanhove, Jan van Jeew, Eva van Marcke, Johnny Valentine, Harold van Voornveld, Sandra Velthuis, Frans Verbruggen, Willy Verspay, NH et Rene Voyer, Lee Walker, Russell et Barbara Wiemers, Don Williams, I Wilson, Stephen Yates, Alexander Zumdieck et Suzanne Zyla.

Table des matières

Légende des cartes

LIMITES ET FRONTIÈRES

...........Frontières internationales
.........................Frontières d'État
...........Frontières non certifiées

ROUTES

...................................Autoroute
.... Route principale
.... Route secondaire
.... Route non bitumée
...................................Avenue
.... Rue
.... Allée
... Voie de chemin de fer et gare
.............................Téléphérique
.... Route de ferry
.... Piste
.... Sentier de randonnée

TOPOGRAPHIE

.... Bâtiment
.... Cimetière
.................................Désert
.... Marché
.... Parc, jardins
.... Zone piétonnière
....................................Récif
.... Zone urbanisée

HYDROGRAPHIE

....Canal
.... Littoral
.....................Ruisseau, rivière
.... Lac, lac intermittent
.... Rapides, chutes
.... Lac salé
.... Marais

SYMBOLES

✪ **CAPITALE**.....Capitale nationale	✈ ....Aéroport	← .... Sens unique
◉ **CAPITALE**.....Capitale régionale	✚ .... Aérodrome	)(............................ Col
● **VILLE** .... Ville importante	⌒ .... Fortifications	🅿 .... Station-service
● **Ville** ....Ville	∴ .... Site archéologique	★ .... Poste de police
● Village ....Village	⊖ .... Banque	✉ .... Bureau de poste
	⊡ 🏛 .... Cathédrale, église	❖ .... Centre commercial
■ .... Où se loger	⌒ .... Grotte	◎ .... Source
⚐ ... Terrain de camping	⌒⌒⌒ ....Falaise	🏛 Demeure de caractère
⌂ .... Refuge ou chalet	⊘ .... Ambassade	⌂ ....Stupa
	⊕ .... Hôpital	▭ .... Piscine
▼ ....Où se restaurer	※ .... Point de vue	☎ ....Téléphone
⬛ .... Pub ou bar	⬛ ....Mosquée	⬛ .... Temple ou vat
	▲ .. Montagne ou colline	⬛ .... Tombeau
	⚑ ....Monument	❶ .... Office du tourisme
	⬛ ....Musée	● ... Moyen de transport
	☂ .....Réserve naturelle	🐖 ....Zoo

Note : tous les symboles ne sont pas utilisés dans cet ouvrage

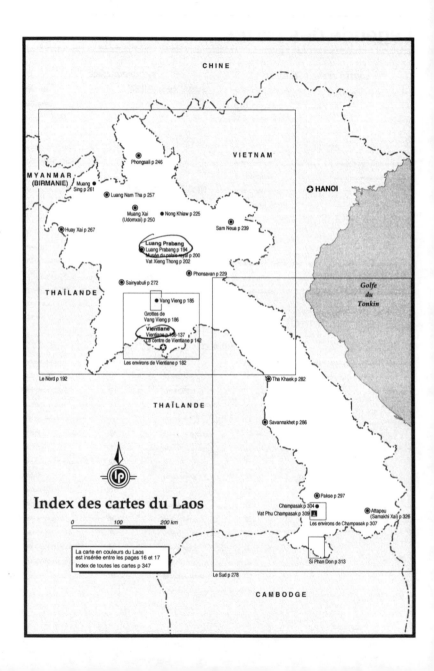

CHINE

VIETNAM

MYANMAR
(BIRMANIE)

Muang
Sing p 261

◉ Phongsali p 246

◉ Luang Nam Tha p 257

◉ HANOI

◉ Muang Xai
(Udomxai) p 250

● Nong Khiaw p 225

◉ Sam Neua p 239

◉ Huay Xai p 267

Luang Prabang
◉ Luang Prabang p 194
Musée du palais royal p 200
Vat Xieng Thong p 202

◉ Phonsavan p 229

THAÏLANDE

◉ Sainyabuli p 272

*Golfe
du
Tonkin*

■ Vang Vieng p 185

Grottes de
Vang Vieng p 186

Vientiane
Vientiane p 136-137
Le centre de Vientiane p 142

Les environs de Vientiane p 182

Le Nord p 192

◉ Tha Khaek p 282

THAÏLANDE

◉ Savannakhet p 286

Index des cartes du Laos

0   100   200 km

◉ Pakse p 297

Champasak p 304
Vat Phu Champasak p 309
Les environs de Champasak p 307

◉ Attapeu
(Samakhi Xai) p 326

La carte en couleurs du Laos
est insérée entre les pages 16 et 17
Index de toutes les cartes p 347

Si Phan Don p 313

Le Sud p 278

CAMBODGE

Introduction

Le Laos – l'ancien Lan Xang, passé à la postérité comme le "pays du million d'éléphants" – s'est ouvert au monde après trois siècles d'escarmouches sanglantes avec les pays limitrophes – Annam, Chine, Siam et Birmanie – et, plus récemment, avec les anciennes puissances coloniales, France et États-Unis.

Le tourisme est à l'ordre du jour. Le Laos peut désormais jouer sa partition sans complexe et faire discrètement valoir ses atouts face à d'encombrants voisins qui captent depuis longtemps déjà l'attention des médias et des tour-opérateurs occidentaux.

Mais qu'a donc le Laos de si particulier ? La virginité, probablement ; la sérénité, sans aucun doute. Les bouleversements qui ont touché l'Asie au cours de la décennie n'ont pas ébranlé ce petit État enclavé, resté imperméable au charivari politique et économique. Pendant que la Thaïlande fonce tête baissée vers le XXIe siècle, que le Cambodge souffre de divisions internes et que le Vietnam joue la carte de l'industrialisation à outrance, le Laos, impavide, avance à un train de sénateur pour mettre en place un système politique et économique stable.

C'est peut-être cette part de mystère et de discrétion qui séduit. Vientiane et Luang Prabang, les deux seules grandes villes du pays, n'ont rien de métropoles affairées. L'horizon n'est pas barré par des gratte-ciel futuristes, mais par des vats aux lignes élégantes et raffinées.

Certains diront que l'absence de façade maritime se fait cruellement sentir. Pourtant, l'eau est omniprésente. Pas celle, cristalline, des bords de mer, mais celle du Mékong, artère vitale qui traverse le pays du nord au sud, lieu d'échanges, carrefour culturel et berceau de civilisation.

Pour une fois, le manque relatif d'infrastructures modernes n'est pas gênant. Il faut savoir prendre son temps. Le temps de voguer sur le Mékong, le temps de s'arrêter dans un village de montagne, le temps d'apprécier la culture locale.

Au Laos, bienvenue dans les coulisses de l'Asie.

Présentation du pays

HISTOIRE
Résumé
Pendant des siècles, le Laos fut utilisé par ses voisins proches et par les grandes puissances comme un pion sur l'échiquier des ambitions géostratégiques régionales et internationales. Malgré ce vécu, et probablement en raison de la ferveur bouddhiste des Lao, les aspirations nationalistes sont longtemps restées discrètes.

Ce n'est qu'à partir de la Seconde Guerre mondiale, lors de l'occupation de l'Indochine française par le Japon, que les velléités d'indépendance apparaissent. En 1949, le Laos s'affranchit du protectorat français et obtient son autonomie. Cependant, il devient rapidement le champs de batailles de fractions opposées, soutenues et financées par les États-Unis d'une part et le Vietnam d'autre part.

A la fin de la guerre du Vietnam, en 1975, la République démocratique populaire lao (RDPL) est fondée par le mouvement révolutionnaire du Pathet Lao, qui est toujours à la tête du pays aujourd'hui.

Préhistoire
La vallée du Mékong et le plateau de Khorat, qui englobent aujourd'hui une bonne partie du Laos, du Cambodge et de la Thaïlande, étaient déjà habités il y a dix mille ans. Tous les groupes ethniques de ces régions, aborigènes ou immigrés, appartiennent à la famille linguistique des Austro-thaï. Au Laos, il s'agit essentiellement de sous-groupes apparentés aux branches linguistiques des Thaï-kadaï et Miao-yao ou Hmong-mien.

Les Thaï-kadaï, groupe ethno-linguistique le plus important de toute l'Asie du Sud-Est, comptent soixante-douze millions d'individus disséminés en Inde, le long du Brahmapoutre dans l'Assam, autour du golfe du Tonkin et sur l'île chinoise de Hainan. Ils se sont établis jusque dans les provinces chinoises de Yunnan et de Guangxi, au nord, et dans l'État de Kedah, en Malaisie occidentale, au sud. En Thaïlande et au Laos, ils constituent la majeure partie de la population, tandis qu'en Chine, au Vietnam et au Myanmar (Birmanie), ils appartiennent aux grandes minorités. Les principaux groupes de la famille des Thaïkadaï sont les Ahom (Assam), les Siamois (Thaïlande), les Thaï noirs ou Thaï Dam (Laos et Thaïlande), les Thaï Yai ou Shan (Myanmar et Thaïlande), les Thaï Neua (Laos, Thaïlande et Chine), les Thaï Lü (Laos, Thaïlande et Chine) et les Yuan (Laos et Thaïlande). Ces derniers appartiennent tous à la branche thaï. La branche kadaï, peu importante (moins d'un million d'individus), rassemble des groupes établis dans le sud de la Chine dont les langues sont parfois très éloignées les unes des autres : kelao, lati, laha, laqua et li.

Pour tenter de retracer les origines des habitants actuels du Laos, il est important de tenir compte du fait que leurs ancêtres se trouvaient dans la vaste zone d'influence, non unifiée, des Austro-thaï, dont les migrations périodiques ont suivi différents axes géographiques.

La migration austro-thaï
Si l'on trace une carte linguistique regroupant le sud de la Chine, le nord-ouest de l'Inde et l'Asie du Sud-Est, il apparaît clairement que les Austro-thaï (appelés communément Tai par les universitaires) se sont surtout établis dans les vallées fluviales, du fleuve Rouge dans le sud de la Chine et au Vietnam, jusqu'au Brahmapoutre dans l'Assam. Il fut un temps où le Yuan Jiang et autres cours du Yunnan et du Guangxi ainsi que le Chao Phraya, en Thaïlande, représentaient les principaux points d'accès à ce qui constitue la Thaïlande et le Laos actuels. Aujourd'hui encore, ces régions présentent une forte concentration de population. Zones de migration temporaire, les régions situées

entre la Thaïlande et le Laos ont toujours été beaucoup moins peuplées.

La vallée du Mékong qui sépare la Thaïlande et le Laos était également un lieu de passage, de même que les vallées qui longent le Nam Ou, le Nam Seuang et autres cours du Laos moderne (ainsi que les États shan du Myanmar).

En dépit du peu d'éléments linguistiques et ethnologiques dont ils disposent, les historiens pensent que de très nombreux Austro-thaï ont commencé à émigrer du sud de la Chine et du nord du Vietnam vers le sud et l'ouest au Xe siècle, parfois même dès le VIIIe siècle. Selon leur tradition, ces groupes ont fondé des *meuang* (ce qui correspond *grosso modo* à des principautés ou des districts), placés sous le contrôle héréditaire de chefs ou de souverains appelés *jao meuang*.

Chaque meuang recouvrait tout ou partie d'une vallée fluviale. Certains étaient vaguement réunis sous l'égide d'un seul jao meuang, tandis que d'autres dépendaient de plusieurs souverains alliés. La province du Guangxi en Chine du Sud et/ou la région de Dien Bien Phu au Vietnam semblent. avoir abrité l'un des ensembles de meuang les plus importants (sans être unifiées pour autant). Cette théorie s'appuie sur certains modèles de prononciation que l'on remarque aujourd'hui le long d'un axe Guangxi-Vietnam-Laos-Thaïlande- Myanmar.

Vers le milieu du XIIIe siècle, l'arrivée au pouvoir du chef mongol Kubilai Khan, vainqueur du dernier souverain chinois de la dynastie des Song, a entraîné une forte vague de migration vers le sud-ouest. Dans leurs déplacements vers ce qui constitue aujourd'hui le Myanmar, la Thaïlande, le Laos et le Cambodge, les Tai semblent avoir pu déplacer, assimiler ou coopter tous les peuples tibéto-birmans et môn-khmers rencontrés sur leur chemin, sans recours à la violence. Ce phénomène, qui surprend les historiens, doit tout simplement pouvoir s'expliquer par la préexistence de Tai dans ces régions. C'est du reste l'hypothèse actuellement retenue par de nombreux chercheurs spécialisés dans l'évolution de la langue et de la culture austro-thaï.

D'après la légende lao, la tribu thaï-lao serait née quelque part dans les environs de Dien Bien Phu (au nord-ouest du Vietnam), lorsque Khun Borom (Bulom), un personnage mythique, aurait tranché une calebasse d'où seraient sortis sept fils, qui se seraient ensuite disséminés d'est en ouest. Alors que l'on croyait que les Austro-thaï étaient originaires du sud-ouest de la Chine, voire d'Indonésie, certains éléments récents laissent penser qu'ils viendraient plutôt d'une culture établie dans la région tonkinoise de Dongson (au nord du Vietnam). Cette théorie pourrait alors confirmer le mythe de Khun Bulom. Les Thaï tribaux connaissent Dien Bien Phu sous le nom de Muang Theng.

Le sud du Laos, en revanche, est devenu très tôt le centre du royaume du Funan (du Ier au VIe siècle), puis du royaume môn-khmer du Chenla (VIe-VIIIe siècles), qui s'étendaient tous deux de Champasak au nord-ouest du Cambodge. Plus au nord, deux royaumes môn, Sri Gotapura (centré autour de ce qui est aujourd'hui Tha Khaek) et Meuang Sawa (à Luang Prabang), ont connu leur âge d'or entre les VIIIe et XIIe siècles. Ces royaumes cédèrent ensuite la place à l'empire d'Angkor, puis aux principautés lao et siamoises.

Lan Na Thai et Lan Xang

Jusqu'au XIIIe siècle, le nord de la Thaïlande et le Laos actuels rassemblaient plusieurs petits meuang indépendants. Au milieu du XIIIe siècle, les Tai se rebellèrent contre les Khmers, ce qui entraîna l'unification de plusieurs meuang et, par là même, la création du fameux royaume de Sukhotai au nord de la Thaïlande. Le roi du Sukhotai, Ram Khamhaeng, apporta son soutien à Chao Mengrai et Chao Khun Ngam, les deux souverains des meuang de Chiang Mai et de Phayao (au nord de la Thaïlande) qui décidèrent de fonder le Lan Na Thai (royaume thaï du "million de champs de riz"), parfois simplement écrit Lanna. Ce royaume occupait le nord et le

Historique

1353	Fa Ngum se proclame roi du royaume lao, Lan Xang.
1421	Décès du fils et successeur de Fa Ngum, Samsenthai. Lan Xang est divisé en factions guerrières.
1520	Le roi Phothisarat monte sur le trône et transfère la capitale à Vientiane.
1637	Le roi Sulinya Vongsa prend le pouvoir et son règne, d'une durée de 57 ans, est considéré comme l'âge d'or de l'histoire du Laos.
1694	Le décès de Sulinya Vongsa provoque l'éclatement du Lan Xang.
1885	Après plusieurs siècles d'invasions étrangères, le Lan Xang est partagé en plusieurs états, sous contrôle du royaume du Siam.
1893-1907	Les traités franco-siamois conduisent à la prise de contrôle par les Français de la totalité du territoire à l'est du Mékong.
1896-97	Les frontières actuelles du Laos sont définies par la Chine, la Grande-Bretagne et le Siam.
1941	Pendant la Seconde Guerre mondiale, les Japonais occupent le Laos.
1945	Le Japon oblige le roi Sisavang Vong à proclamer l'indépendance du royaume. Le protectorat est rétabli par les Français à la fin de la guerre.
1945-49	La résistance à la présence française s'intensifie.
1949	Le Laos est reconnu "État associé indépendant" de la France.
1950	Le gouvernement résistant d'obédience communiste du Pathet Lao (PL) est créé avec le soutien des Vietnamiens.
1953	Le traité franco-laotien accorde la pleine souveraineté au Laos.
1957	Création du premier régime de coalition, le gouvernement d'union nationale.
1958	L'union s'effondre et le pouvoir tombe sous le contrôle de la droite, soutenue par les États-Unis, entre les mains du Comité pour la défense des intérêts nationaux (CDIN).
1960	La droite gagne les élections truquées par la CIA. Des tentatives de coups d'État entraînent la démission du gouvernement.
1961	Le président des États-Unis, John F. Kennedy, annonce son intention d'intervenir pour empêcher l'arrivée des communistes au pouvoir.
1962	La Convention de Genève condamne l'indépendance et la neutralité du Laos. L'armée vietnamienne s'installe dans le pays, au mépris de la Convention. Formation du second gouvernement d'union nationale.
1964	Une succession de coups d'État mènent à une scission politique avec, d'un côté, le PL et les neutralistes et, de l'autre, la droite. Les États-Unis bombardent pour la première fois des cibles communistes au Laos.
1964-73	La guerre d'Indochine s'intensifie et les Américains attaquent l'est du pays.
1973	Les négociations conduisent à la signature d'un cessez-le-feu au Laos. Le Gouvernement provisoire d'union nationale (GPUN) est formé.
1975	Les dirigeants de la droite et les membres du gouvernement s'exilent et le GPUN est démantelé. Le Parti révolutionnaire populaire lao (PRPL) est proclamé parti unique de la nouvelle République démocratique populaire lao (RDPL), avec, à sa tête, Kaysone Phomvihane.
1975-77	Le PRPL se lance dans une politique de "socialisation accélérée" et restreint la pratique du bouddhisme. C'est le début de l'exode massif des Laotiens.
1987-88	Un conflit de trois mois éclate à la frontière lao-thaïlandaise.
1997	Le Laos devient membre à part entière de l'Association des Nations de l'Asie du Sud-Est (ASEAN).

centre de la Thaïlande, auxquels était rattaché les meuang de Sawa (Luang Prabang) et de Viangchan (Vientiane).

Aujourd'hui, la question de savoir si le Lanna est ou non essentiellement lao ou thaï (et si une telle distinction existait à l'époque) cause une vive émotion au Laos. Il semble prouvé que les populations "lao" et "thaï" de ce royaume se décrivaient en utilisant d'ailleurs ces mots-là. Aujourd'hui, les Laotiens et les Thaïlandais emploient respectivement l'un ou l'autre de ces termes lorsqu'ils écrivent ou récrivent l'histoire de la région.

Au XIVe siècle, alors que le Lanna déclinait sous la pression du royaume d'Ayuthaya du centre du Siam, un seigneur de guerre lao du nom de Chao Fa Ngum (que l'on orthographie aussi Fa Ngoum) prit Viangchan avec l'aide des troupes khmères, composées de 10 000 hommes. Enfant, Fa Ngum fut chassé du Muang Sawa avec son père, Chao Phi Fa, parce que ce dernier avait séduit l'une des femmes de son père (grand-père de Fa Ngum). Les deux réfugiés s'en vinrent demander asile à la cour d'Angkor de Jayavarman Paramesvara où Fa Ngum finit par épouser la fille du roi khmère Nang Kaew Kaeng Nya. Soutenu par l'empire khmère déclinant, Chao Fa Ngum prit Viangchan, le royaume Phuan de Xieng Khuang, le plateau de Khorat (au nord-est de la Thaïlande) et finalement Muang Sawa. Après la mort de son père durant la conquête de Sawa, Fa Ngum vainquit son grand-père en 1353 et se proclama roi de ces contrées, qu'il appela Lan Xang Hom Khao (royaume du million d'éléphants et du parasol blanc). Il s'agissait d'un des royaumes les plus étendus du continent sud-est asiatique, même si, comme le Laos aujourd'hui, il était faiblement peuplé. Bien que de nombreux Laotiens considèrent aujourd'hui le Lan Xang comme la première véritable nation lao, il s'agissait en fait au départ d'un État inféodé à l'empire khmer.

Les inscriptions qui nous sont parvenus de cette époque désignent fréquemment les populations locales sous le nom de Thaï.

Les souverains du Lan Xang

Durant les deux premiers siècles de l'histoire du Lan Xang, le siège royal était établi à Luang Prabang, après quoi, sous le règne du roi Sai Setthathirat, Vientiane (Viangchan) devint capitale royale.

Fa Ngum	1353-1373
Samsenthai	1373-1416
Lan Kham Deng	1416-1427
Phommathat	1428-1429
Mun Sai	1430
Fa Khai	1430-1433
Kong Kham	1433-1434
Yukhon	1434-1435
Kham Keut	1435-1438
Sao Tiakaphat	1438-1479
Theng Kham	1479-1486
Lasenthai	1486-1496
Som Phu	1496-1501
Visunalat	1501-1520
Phothisarat	1520-1548
Sai Setthathirat	1548-1571
Sensulinthara	1571-1575
Maha Upahat	1575-1580
Sensulinthara	1580-1581
Nakhon Noi	1582-1583
interrègne	1583-1591
Nokeo Kumman	1591-1596
Thammikrat	1596-1622
Upanyuvarat	1622-1623
Phothisarat	1623-1627
Mon Keo	1627
Upanyuvarat*	-*
Ton Kham*	-*
Visai*	-*
Sulinya Vongsa	1637-1694

* On ne connaît pas exactement les dates de ces règnes

Ces découvertes alimentent toujours le débat sur la différence entre les "Thaï" et les "Lao".

Fa Ngum proclama le bouddhisme Theravada religion d'État et accepta des mains des Khmers, le Pha Bang, un bouddha en or censé provenir de Sri Lanka. Aujourd'hui encore considérée comme le talisman de la République démocratique populaire lao (RDPL), la statue devint le symbole de la souveraineté du royaume lao de Lan Xang et fut conservée à Muang Sua. C'est ainsi que le nom de la ville devint plus tard Luang Phabang (Grand Pha Bang), que l'on épelle plus communément Luang Prabang selon la prononciation thaïlandaise normalisée.

En l'espace de vingt ans, Fa Ngum parvint à faire reculer les frontières du Lan Xang jusqu'au Champa à l'est et à la cordillère annamitique à l'ouest. Son amour de la guerre lui valu alors le surnom de "Conquérant". Cependant, ne tolérant plus ses exactions, ses ministres finirent par le condamner à l'exil, dans l'actuelle province thaïlandaise de Nan, en 1373 où il décéda neuf ans plus tard.

Le fils aîné de Fa Ngum, Oum Heuan lui succéda et prit le nom de Phaya Samsenthai ("maître des trois cent mille Thaï" – chiffre correspondant à la population masculine recensée en 1376 au Lan Xang). Après avoir épousé la princesse thaï, Chiang Mai, il réorganisa et consolida l'administration du royaume selon la tradition siamoise. Il fit bâtir de nombreux vat (temples) et écoles et développa l'économie. Sous son règne de 43 ans, le Lan Xang devint ainsi un important centre de négoce. Après sa mort en 1421, à l'âge de 60 ans, Lan Xang fut pendant un siècle la proie de factions antagonistes.

Douze dirigeants se succédèrent au cours de cette période, mais aucun d'entre eux ne régna plus de vingt ans, certains ne restant d'ailleurs au pouvoir qu'un an ou deux. Sept de ces monarques furent installés sur le trône par l'ambitieuse Nang Kaew Phimpha, fille de Samsenthai, qui deviendra par la suite la seule reine du Lan Xang. Détrônée par ses propres ministres après quelques mois de règne, la légende populaire affirme qu'elle fut attachée à une pierre et "abandonnée aux corbeaux et aux vautours".

En 1520, le roi Phothisarat monta sur le trône et transféra la capitale à Viangchan pour prévenir la menace birmane à l'ouest. En 1545, Phothisarat soumis le royaume de Lanna dont il confia le contrôle à son fils

Setthathirat. Ayant hérité du trône du Lan Xang trois ans plus tard, ce dernier emporta avec lui le Pha Kaew du Lanna, réplique en émeraude du Pha Bang de Lan Xang, et fit ériger le Vat Pha Kaew à Viangchan pour abriter le bouddha (la statue fut ensuite reprise par les Thaï). Par la suite, il ordonna également la construction du That Luang, le plus grand stupa bouddhique du pays.

Bien que le Lan Xang fût un vaste et puissant royaume, ses souverains ne parvinrent jamais à assujettir totalement les tribus vivant dans les hautes terres. Les États du nord-est du Laos, tels que Xieng Khuang et Samneua, demeurèrent indépendants et soumis à une influence chinoise et annamite. En 1571, le roi Setthathirat disparut dans les montagnes, au retour d'une expédition militaire au Cambodge. On pense que ses troupes rencontrèrent des rebelles qui se rendaient dans le sud du Laos.

Privé de chef, le Lan Xang périclita au cours des soixante années suivantes, déchiré par les luttes intestines et régulièrement soumis à la domination birmane. En 1637, le roi Sulinya Vongsa accéda finalement au trône à la suite d'une guerre dynastique. Durant les cinquante-sept ans de son règne, le plus long de l'histoire lao, le monarque parvint à étendre encore son territoire. Cette période est considérée comme l'âge d'or du Laos en termes d'expansion territoriale et de puissance.

Le morcellement du royaume et la guerre contre le Siam

Le roi Sulinya Vongsa n'ayant laissé aucun héritier à sa mort, en 1694, la lutte pour le trône entraîna l'éclatement du Lan Xang, qui fut scindé en trois parties.

Au début du XVIIIe siècle, le neveu de Sulinya, inféodé au royaume d'Annam, prit le contrôle de la vallée centrale du Mékong autour de Viangchan. Les petits-fils de Sulinya fondèrent un deuxième royaume indépendant à Luang Prabang, tandis qu'un prince établit l'État du Champasak, vassal du Siam, dans la vallée du cours inférieur du Mékong.

Entre 1763 et 1769, les armées birmanes envahissaient le nord du Laos et annexaient le royaume de Luang Prabang tandis que les Siamois s'emparaient de Champasak en 1778.

A la fin du XVIIIe siècle, les Siamois dominaient également Viangchan et Luang Prabang. Viangchan était parallèlement soumise à Gia Long, l'empereur d'Annam. Chao Anou, prince laotien élevé à Bangkok, fut promu, par la cour siamoise, vassal en charge de Viangchan. Anou restaura la capitale, encouragea les Beaux-Arts et la littérature laotiennes. Les relations avec Luang Prabang s'apaisèrent. Cependant à la même période, les Vietnamiens obligèrent Viangchan à verser un tribut à l'empire annamite de Gia Long. Ne pouvant ou ne voulant pas servir deux maîtres, le prince Anou se rebella contre le Siam dans les années 1820. Le conflit se solda par un cuisant échec. Viangchan fut complètement rasée et la plupart de ses habitants déportés vers le Siam. Luang Prabang et Champasak finirent par connaître le même sort. A la fin du XIXe siècle, pratiquement toute la région comprise entre le Mékong et la cordillère annamitique était vaincue et dépeuplée.

Viangchan, Luang Prabang et Champasak devinrent alors des États satellites du royaume de Siam. En 1885, après une succession d'invasions par les Annamites et les Haw de Chine (en fait un groupe de pilleurs mercenaires composé de Yunnanese, de Thaï noirs et de déserteurs de l'armée française), les États neutres de Xieng Khuang et de Hua Phan acceptèrent également la protection du Siam, une faveur qui ravit les Siamois désireux d'utiliser ces territoires afin de se protéger de l'influence française, alors en pleine expansion au Tonkin et en Annam.

La période coloniale française

A la fin du XIXe siècle, les Français commencèrent à s'implanter dans les régions qui allaient former plus tard l'Indochine française. Après avoir établi des protectorats au Tonkin et dans l'Annam, la France installa

(avec la permission du Siam) un consulat à Luang Prabang et ne tarda pas à convaincre le pouvoir local de demander à son tour le statut de protectorat. Pour avoir accepté la présence française, le monarque de Luang Prabang, Oun Kham, fait aujourd'hui figure de traître, bien qu'il n'y eût qu'une alternative pour lui : choisir l'autorité française ou la domination siamoise. Certains historiens pensent que l'État du Laos n'existerait pas aujourd'hui si le territoire avait été laissé aux mains des Chinois et des Vietnamiens.

Suite à une série de traités franco-siamois intervenus entre 1893 et 1907, le Siam finit par céder le contrôle de tout le territoire situé à l'est du Mékong et ne conserva que la rive gauche. Les Français procédèrent à l'unification des autres principautés lao pour constituer un territoire colonial, découpé selon la coutume occidentale (avant l'arrivée des Français, il n'existait aucun relevé topographique ni aucune carte des royaumes lao). Tout comme les Britanniques, ils ne pensaient pas devoir craindre d'unifier des entités distinctes n'étant jamais parvenues à s'intégrer. Les frontières actuelles du Laos furent fixées en 1896-1897 par des commissions réunissant la Chine, la Grande-Bretagne (concernée par la frontière lao-birmane) et le Siam.

Avec le recul, on peut dire que le gouvernement français a commis une grave erreur en négligeant les différences culturelles qui subsistaient de part et d'autre de la cordillère annamitique – le fossé historique qui sépare les cultures d'origine indienne et chinoise du Sud-Est asiatique – car à la fin du protectorat français, le pays fut à nouveau déchiré par la guerre.

C'est aux Français que le Laos doit son nom actuel. Voulant désigner les différents royaumes lao, ils auraient dû dire *les* Laos et non *le* Laos (en lao, le pays et ses habitants sont indifféremment appelés "Lao"). La France a toujours considéré ce pays comme un territoire tampon entre, d'une part la Thaïlande (et la Birmanie), alors sous influence britannique et, d'autre part, l'Annam et le Tonkin qui représentaient une force économique plus importante.

Suite à un levé topographique effectué en 1866, les Français conclurent en effet que le Mékong était impropre à la navigation commerciale, que l'extraction des métaux précieux était difficile et que le pays était trop montagneux pour accueillir les grandes plantations. Cependant, les Français instaurèrent un système qui obligeait tout homme laotien à travailler gratuitement dix jours par an pour le gouvernement. Malgré une petite production d'étain, de caoutchouc et de café, le Laos n'a jamais représenté plus de 1% des exportations de l'ex-Indochine (le commerce de l'opium étant de loin l'activité la plus lucrative), de sorte qu'en 1940, le pays ne comptait pas plus de six cents Français.

Dans le monde francophone, le Laos était connu comme le pays des mangeurs de lotus et, pour avoir adopté les mœurs locales, les fonctionnaires qui y résidaient étaient tenus pour les plus dissolus de l'empire colonial. Mais la présence française a ébranlé la traditionnelle souplesse des relations qu'entretenaient les Lao avec ses voisins et contraint le pays à abandonner au Siam la partie la plus peuplée du royaume de Champasak en concédant l'Isan (nord-est de la Thaïlande, à forte dominante lao). S'ils n'ont lancé aucune action militaire à l'encontre du peuple lao avant 1946, les Français ont cependant largement contribué à affaiblir les États lao, sans doute plus que si une guerre avait éclatée.

En imposant une administration gérée par des Vietnamiens (comme les Britanniques ont fait en Birmanie avec des fonctionnaires indiens), l'occupation française a freiné le mouvement de modernisation du pays. Aujourd'hui encore, le gouvernement est largement influencé par les méthodes françaises et vietnamiennes.

La Seconde Guerre mondiale et l'indépendance

En 1941, les Japonais occupèrent l'Indochine française avec le soutien du régime de Vichy. Leur opposant peu de résistance, les Lao obtinrent toutefois une certaine autonomie.

Vers la fin de la guerre, le Japon obligea le roi Sisavang, mis en place par les Français, à trahir ses protecteurs et à proclamer l'indépendance. En réaction, le Premier ministre et vice-roi, le prince Phetsarat, fonda le mouvement de résistance Lao Issara (Lao libre) première étape selon lui ver l'autonomie et l'indépendance.

Lors de leur débarquement à Vientiane et à Luang Prabang en 1945, les parachutistes français exigèrent que le roi Sisavang Vong releva le prince Phetsarat de ses fonctions et déclarèrent une nouvelle fois le Laos, protectorat français. Phetsarat et les nationalistes du Lao Issara constituèrent le Comité du peuple et, en octobre 1945, rédigèrent une nouvelle constitution proclamant l'indépendance du Laos. Refusant de reconnaître le document, le roi se vit déposé par l'Assemblée nationale.

Finalement Sisavang Vong se rangea aux côtés du Lao Issara et retrouva son trône en avril 1946 (ce fut la première fois qu'un monarque régna véritablement sur l'ensemble du Laos). Deux jours après son

Hésitant à soutenir le mouvement indépendantiste en 1945, le roi Sisavang Vong changea d'opinion après avoir été déposé par l'Assemblée nationale.

La jeune génération laotienne
En haut : douce pause dans les rizières de l'archipel des Si Phan Don, au sud du Laos
A gauche : jeune fille de l'une des nombreuses tribus montagnardes
A droite : une courte période de noviciat représente le rite de passage traditionnel des jeunes garçons lao qui,
à cette occasion, portent la robe safran et se font raser le crâne

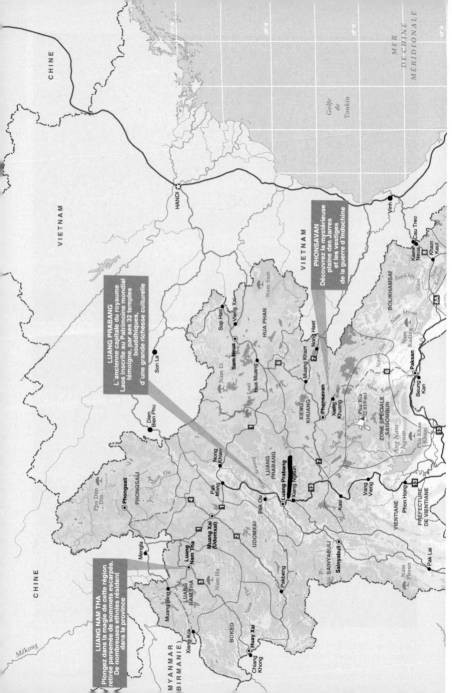

LUANG NAM THA
Plongez dans la magie de cette région retirée parsemée de sommets escarpés. De nombreuses ethnies résident dans la province

LUANG PRABANG
L'ancienne capitale du royaume Laos inscrite au Patrimoine mondial témoigne, par ses 32 temples bouddhiques, d'une grande richesse culturelle

PHONSAVAN
Découvrez la mystérieuse plaine des Jarres et les vestiges de la guerre d'Indochine

CHINE

CHINE

MYANMAR (BIRMANIE)

VIETNAM

VIETNAM

HANOI

MER DE CHINE MÉRIDIONALE

Golfe de Tonkin

Mékong

Phongsali

PHONGSALI

Phu Den Din

Sam Ou

Muang Sing

LUANG NAM THA

Luang Nam Tha

Nam Ha

Xieng Kok

Mengla

BOKEO

Xieng Xai

Huay Xai

Chiang Khong

Nam Phoun

SAINYABULI

Sainyabuli

Pakbeng

Muang Xai (Udomxai)

UDOMXAI

Pak Mong

Nong Khiaw

Pak Ou

Nam Ou

Dien Bien Phu

Son La

Soc Hao

Vieng Xai

Sam Neua

HUA PHAN

Hua Muang

Nam Et

Nam Sam

Nong Haet

Muang Kham

Xieng Khuang

XIENG KHUANG

Phonsavan

Phu Bia (2 819 m)

Phu Den Din

LUANG PRABANG

Luang Prabang

Xieng Ngeun

Nam Khan

Kasi

Vang Vieng

Nam Ngum

Nam Xan

ZONE SPÉCIALE SAISOMBUN

Phu Khao Khuai

Phon Hong

PRÉFECTURE DE VIENTIANE

VIENTIANE

Pak Lai

Paksan

Beung Kan

BOLIKHAMSAI

Nam Kading

Nam Muan

Kaeo Neua

Cau Treo

Kham Keut

Vinh

8A

13

13

13

3

3

6

7

7

2

4

1

1

9

5

6

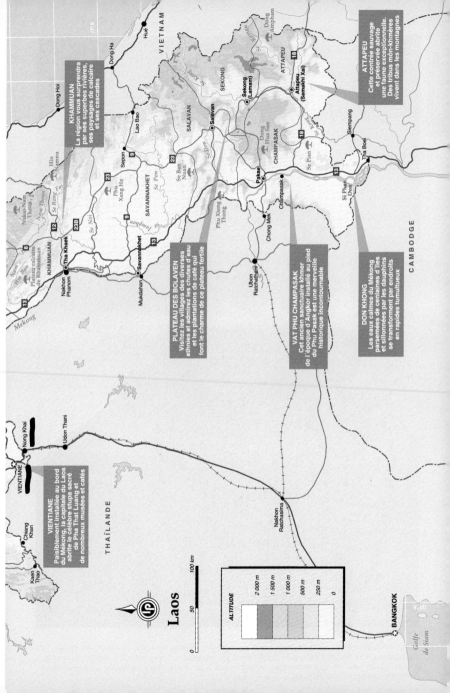

Laos

ALTITUDE

2 000 m
1 500 m
1 000 m
500 m
250 m
0

0   50   100 km

VIENTIANE
Paisiblement installée au bord du Mékong, la capitale du Laos abrite le célèbre stûpa sacré de Pha That Luang et de nombreux musées et cafés

KHAMMUAN
La région vous surprendra par ses superbes rivières, ses paysages de calcaire et les cascades

ATTAPEU
Cette contrée sauvage et préservée abrite une faune exceptionnelle. Des tribus môn-khmères vivent dans les montagnes

PLATEAU DES BOLAVEN
Visitez les villages des diverses ethnies et admirez les chutes d'eau et les plantations de café qui font le charme de ce plateau fertile

VAT PHU CHAMPASAK
Cet ancien sanctuaire khmer de l'époque d'Angkor, installé au pied du Phu Pasak, est une merveille historique incontournable

DON KHONG
Les eaux calmes du Mékong, parsemées de centaines d'îles et sillonnées par les dauphins se transforment par endroits en rapides tumultueux

THAÏLANDE

VIETNAM

CAMBODGE

Golfe de Siam

BANGKOK

Cette vieille dame de Luang Prabang porte un étrange costume, mélange de vêtements hmong et occidentaux. Les groupes ethniques qui habitent les hauteurs du pays résistent depuis des siècles à l'assimilation par les Lao, dominants, et ont réussi à conserver leurs croyances animistes, leurs métiers traditionnels et leurs techniques agricoles couronnement, les rebelles français et lao, qui se faisaient appeler les "Français libres", prirent Vientiane et écrasèrent l'armée du Lao Issara (de même que les forces de résistance vietnamiennes dépêchées par Ho Chi Minh). De nombreux nationalistes fuirent vers la Thaïlande, où ils constituèrent un gouvernement d'exil avec Phetsarat comme régent. Suite à cette brutale éradication de leur mouvement, de nombreux partisans du Lao Issara allèrent grossir les rangs d'Ho Chi Minh.

Vers la fin de 1946, la France, prête à concéder son autonomie au Laos, invita le Lao Issara à participer aux négociations officielles. Mais le mouvement se scinda alors en trois factions distinctes. La première, sous la férule de Phetsarat, refusa de négocier avec les Français et exigea l'indépendance immédiate selon ses propres conditions. Dirigée par le prince Souvanna Phouma, demi-frère de Phetsarat, la deuxième se déclara favorable à la négociation, tandis que la troisième, conduite par le prince Souphanouvong, un autre demi-frère, préféra se mettre d'accord avec le Vietminh d'Ho Chi Minh.

Les Français se passèrent finalement de la coopération des nationalistes et tinrent une convention franco-lao en 1949, à la suite de laquelle le Laos fut reconnu "État associé indépendant" et demeura dans l'Union française. Le traité permit au Laos de devenir membre indépendant des Nations unies et, pour la première fois, le pays fut reconnu par la communauté internationale comme une nation à part entière. Le Lao Issara fut dissout, mais Phetsarat demeura en Thaïlande jusqu'à la fin de sa vie.

Quatre ans plus tard, la France reconnut la pleine souveraineté du Laos dans le Traité franco-laotien d'octobre 1953. A cette époque, le gouvernement français était préoccupé par les offensives du Vietminh au Vietnam et cherchait à se débarrasser d'un poids pour préserver les restes de l'empire colonial.

La montée du Pathet Lao

Au début des années 50, la seule relation entre le Laos et le mouvement de libération communiste se traduisait par l'apparte-

Kaysone Phomvihane,
à la tête de la guerilla pendant 30 ans,
a pris le pouvoir en 1975

nance du prince Souphanouvong et de l'organisateur du Vietminh, Kaysone Phomvihane, au parti communiste indochinois de Ho Chi Minh (PCI). En 1948, le prince Souphanouvong s'était rendu à Hanoi pour s'assurer le soutien du Vietminh à l'occasion de la création du mouvement communiste laotien. Au même moment, Kaysone Phomvihane (qui deviendra plus tard secrétaire général du Parti révolutionnaire du peuple lao et Premier ministre de la RDPL) s'efforçait de rallier les minorités ethniques des régions montagneuses, à l'est du pays, à la cause du PCI.

1950 vit l'apparition du Front des Laos libres (Neo Lao Issara, souvent improprement traduit par Front de libération lao), soutenu par le Vietminh. Dans l'Est, le prince Souphanouvong créa par ailleurs un gouvernement de résistance lao pour lutter contre les Français.

Pendant les vingt-cinq ans de luttes des communistes laotiens avant la prise du pouvoir en 1975, le pays connut une impressionnante succession de bouleversements politiques. Tout d'abord, réapparu sous le nom du Parti des travailleurs vietnamiens en 1951, le PCI envisagea de créer des ramifications au Laos (Parti populaire lao) et au Cambodge (Parti populaire du Cambodge). Le nom de Pathet Lao (État lao), se référant spécifiquement aux forces tactiques du Front des Laos libres (qui deviendra plus tard le Front patriotique lao), fut mentionné pour la première fois en 1954, dans un communiqué international. En 1965, le Pathet Lao (PL) devint l'Armée de libération du peuple lao (ALPL), mais les médias internationaux continuèrent de désigner ainsi le mouvement de libération provietnamien du Laos.

De 1953 à 1954, le royaume du Laos fut dirigé par une monarchie constitutionnelle de type européen. Le gouvernement était constitué d'une élite francophone. En parallèle, la résistance s'intensifiait dans les campagnes, en particulier à partir de 1954, après la défaite des Français face au Viet Minh à Dien Bien Phu. Désireux de contrer l'influence du Vietminh en Asie du Sud-Est, le gouvernement américain mis en place une politique de soutien financier au gouvernement allié. Au cours de cette même période, les troupes du Vietminh et du PL revendiquèrent les provinces nord-est de Hua Phan et Phong Saly conformément aux termes de la conférence de Genève de 1954, qui approuvait le changement de pouvoir à titre de "solution politique temporaire".

1955 est la date officielle de la fondation d'un parti communiste clandestin à Samneua (province de Hua Phan) portant le nom de Parti populaire lao (PPL) et réunissant vingt-cinq membres de l'ancien PCI. En réalité, ce groupe existait depuis 1951, date de la division du PCI en trois groupes représentant le Vietnam, le Laos et le Cambodge.

Début 1956, le PPL lança un front national, appelé Front patriotique lao (FPL, connu au Laos sous le nom de Neo Lao Hak Sat ou NLHS – ce qui devrait en fait se traduire par Front lao patriotique). Le PPL, comme son homologue cambodgien, faisait partie du Front unifié indo-chinois, dirigé par le Parti des travailleurs vietnamiens. En réalité, tous ces groupes faisaient plus ou moins partie de cette dernière organisation.

Coalition et dissolution

En 1957, les participants à la conférence de Genève parvinrent enfin à un accord. Le FPL et le gouvernement royal lao acceptèrent la formation d'un gouvernement de coalition (placé sous la férule du prince Souvanna Phouma), appelé gouvernement d'union nationale. Deux ministres FPL et leurs députés furent admis à y participer.

Conformément aux accords de Genève, les 1 500 soldats PL du Nord-Est devaient être intégrés dans l'armée royale lao, mais les dissensions portant sur leur rang empêchèrent une véritable fusion. Lorsque l'élection législative de 1958 dans les deux provinces du Nord-Est se traduisit par la victoire écrasante du FPL (13 sièges sur 21), la droite décida d'arrêter les ministres et députés FPL. Les troupes PL se replièrent alors dans les campagnes. Cette décision gouvernementale a certainement été motivée par le retrait de l'aide américaine (qui représentait alors la majeure partie du budget du pays) suite aux résultats électoraux.

Après l'effondrement du gouvernement d'union nationale, le gouvernement de Vientiane se retrouva sous la domination du Comité pour la défense des intérêts nationaux (CDIN), formé par des officiers d'extrême droite et des membres de l'élite ayant reçu une éducation française. Le CDIN fut largement soutenu par les États-Unis. Phoui Sananikone fut nommé Premier ministre et le prince Souvanna Phouma, ambassadeur du Laos en France. Mais moins d'un an après leur arrestation, le prince Souphanouvong et ses collègues du FPL s'évadèrent et organisèrent à nouveau la résistance dans les campagnes.

Lorsqu'en 1959, il ressortit d'une enquête des Nations unies que le PL ne faisait pas appel aux troupes régulières nord-vietnamiennes, le gouvernement de Vientiane fut instamment prié d'adopter une politique plus neutre à l'égard du FPL.

Pourtant, il est clair que le PL bénéficia du soutien du Nord-Vietnam par l'intermédiaire de conseillers politiques et militaires. En fait, le Nord-Vietnam contrôlait les régions faiblement peuplées de l'est du Laos dont il se servait pour ravitailler le Vietcong au Sud-Vietnam (la piste Ho Chi Minh). Dans le Nord et le Nord-Est, les Nord-Vietnamiens aidèrent le PL à prendre le contrôle des villages de montagnes. Là encore, afin de contrecarrer cette présence, les Américains rétablirent l'aide financière au Laos, à des fins purement militaires. Durant l'été 1959, des combats entre les forces du Pathet Lao (aidées par des conseillers militaires Nord-Vietnamiens) et celles du gouvernement royal se déroulèrent dans la plaine des Jarres. Peu après, les États-Unis envoyèrent des forces spéciales pour entraîner les troupes gouvernementales.

Les coups d'État successifs

En août 1960, une faction militaire neutraliste conduite par Kong Le prit Vientiane et nomma Premier ministre le prince Souvanna Phouma, qu'elle fit revenir de France. Dans un premier temps, le général de droite Phoumi Novasan (cousin du Thaïlandais Marshal Sarit) accepta de soutenir le nouveau gouvernement et admit la participation du FPL. Quelques mois plus tard, révisant son jugement, il replia ses troupes au sud du pays. En décembre, équipé d'armes américaines, attaqua Vientiane et prit le pouvoir aux neutralistes lors d'une élection truquée par la CIA. Kong Le et ses troupes se retranchèrent à Xieng Khuang, où ils rejoignirent les forces PL et nord-vietnamiennes. L'URSS procura l'armement nécessaire à cette nouvelle coalition qui, dès 1961, tenait la quasi-totalité du nord et de l'est du Laos.

L'annonce par le Président américain John F. Kennedy d'une éventuelle intervention militaire (qui évoqua pour la première fois à cette occasion, la fameuse théorie des dominos), destinée à éviter ce qu'ils considéraient comme une prise de pouvoir communiste au Laos, fit planer la menace d'un affrontement entre les deux super puissances. Une conférence rassemblant quatorze pays fut alors organisée à Genève, en mai 1961, pour tenter d'apaiser la situation. En juillet 1962, après de longues négociations internes et internationales, une série d'accords condamna l'indépendance et la neutralité du Laos. L'observation de ces accords fut placée sous la surveillance d'une commission internationale de contrôle. Formé le mois suivant, le second gouvernement d'union nationale rassemblait le prince Boun Oum (représentant la droite militaire), le prince Souphanouvong (pour le PL) et le prince Souvanna Phouma (pour les militaires neutralistes). Alors que les États-Unis respectèrent les décisions prises lors de la conférence de Genève en retirant la totalité de leurs 666 conseillers militaires, les Nord-Vietnamiens, quant à eux, violèrent les accords en maintenant sur place près de 7 000 soldats de l'armée de terre. Le gouvernement d'union nationale fut de courte durée. Des accrochages entre le PL et les troupes neutralistes se déroulèrent dans le nord-est du pays. Le PL bouleversa gravement l'équilibre tripartite du pouvoir en attaquant le quartier général des neutralistes, forçant ainsi Kong Le à s'allier à la droite.

En 1964, une succession de coups d'État entraîna finalement la division claire et nette entre le PL d'un côté et les neutralistes et les factions de droite de l'autre. Désormais, la direction du PL refusa systématiquement de participer à la coalition ou aux élections nationales, estimant à juste titre que son parti n'aurait jamais son mot à dire sur la gestion du pays tant que l'une ou l'autre des deux factions rivales serait au pouvoir. Le PL se tourna alors vers les Nord-Vietnamiens et accepta finalement la présence de sept divisions de l'Armée nord-vietnamienne (ANV) dans le nord-est du Laos, en violation des accords de Genève.

La guerre de résistance

Entre 1964 et 1973, la guerre d'Indochine s'intensifia. Les Américains installèrent des bases aériennes en Thaïlande et les bombardiers qui se rendaient en mission au Nord-Vietnam ou le long de la piste Ho

Chi Minh survolèrent des régions nord-est et est du pays. Les bastions du PL et de l'armée nord-vietnamienne furent bombardés au passage. Pour se protéger, le PL transféra son quartier général dans les grottes des environs de Samneua. Afin de respecter les ordres qui consistaient à larguer toutes les bombes avant l'atterrissage, les B-52 vidaient leurs chargements sur les zones civiles de l'est du Laos avant de rentrer à la base. On a dit que les États-Unis avaient largué plus de bombes sur le Laos que dans n'importe quel pays durant la Seconde Guerre mondiale. Le Laos détient aussi le triste record mondial du nombre de bombes reçues par habitant.

Tandis que la résistance s'affirmait au Sud-Vietnam, les généraux américains craignant que les bombardements aériens ne suffisent pas, décidèrent de constituer une armée spécialement entraînée par la CIA et chargée de contrecarrer l'influence croissante du Pathet Lao. Forte de 10 000 hommes, cette armée était constituée de membres de la tribu des Hmong, directement placés sous le commandement de Vang Pao, général de l'armée royale lao, également Hmong. Contrairement à ce que l'on a prétendu, ces soldats spécialement formés pour la guerre en montagne faisaient partie intégrante de l'armée royale, il ne s'agissait pas de mercenaires au sens strict du terme. Souvent entraînés par les Thaïlandais, ils étaient également payés et formés par les Américains, comme les membres de l'armée sud-vietnamienne. A la fin des années 60, l'armée royale lao comptait davantage de Thaï et de Lao Theung que de Hmong.

Des pilotes de l'armée de l'air américaine, stationnés à Long Tieng et à Savannakhet, survolaient le nord et l'est du Laos pour repérer les cibles du PL et de l'armée nord-vietnamienne. Le bombardement tactique était ensuite assuré par les Lao et les Thaï.

En 1971, la Chine engagea 6 000 à 7 000 hommes, stationnés pour la plupart le long de la "route de la Chine", complexe routier réalisé par les Chinois dans les provinces de Luang Nam Tha, d'Udomxai et de Phong Saly. Durant la guerre, outre ce personnel affecté à la DCA, les Chinois ont fait travailler près de 16 000 ouvriers à la construction des routes laotiennes.

La révolution et la réforme

En 1973, alors que les États-Unis commençaient à négocier leur retrait du Vietnam suite à l'accord de Paris, un cessez-le-feu intervint au Laos. Tout comme en 1954, le pays se retrouva divisé en zones pro-PL et zones anti-PL. Cependant cette fois, les communistes contrôlaient non plus deux, mais onze des treize provinces. Après d'interminables négociations, un gouvernement provisoire d'union nationale (GPUN) vit le jour et les deux partis tentèrent à nouveau d'établir un gouvernement de coalition. Soupçonnés d'être corrompus et manipulés par les Américains, les dirigeants de Vientiane perdirent une grande partie du soutien populaire au profit du PL. Les États-Unis décidèrent de se retirer du Laos et le dernier appareil d'Air America survola le Mékong à destination de la Thaïlande en juin 1974.

Profitant de l'effondrement inattendu de Saigon et de Phnom Penh, consécutif au départ des Américains en avril 1975, le PL attaqua Muang Phu Khun, carrefour stratégique entre Luang Prabang et Vientiane. Ce fut une défaite écrasante pour les forces américaines et une ultime victoire emblématique de la longue lutte menée par le PL.

Le PPL fit pression pour obtenir la démission des ministres et des généraux anti-PL. Les rues de Luang Prabang et de Vientiane furent couvertes d'affiches qui évoquaient sans ambiguïté le sort qui leur serait réservé s'ils refusaient d'obtempérer.

Le 4 mai 1975, quatre ministres et sept généraux démissionnèrent. C'est alors que commença l'exode de l'élite politique et commerciale du Laos vers la Thaïlande. Les forces armées du PL s'emparèrent des chefs-lieux des provinces méridionales de Pakse, Champasak et Savannakhet, sans rencontrer d'opposition et, le 23 août, Vientiane subit le même sort.

La République démocratique populaire Loa (RDPL). Au cours des mois suivants, le GPUN fut calmement démantelé et en décembre, le Parti révolutionnaire populaire lao (PRPL) fut proclamé parti unique de la République démocratique populaire lao (RDPL). La prise du pouvoir s'effectua sans effusion de sang ; l'ambassade des États-Unis ne ferma que le temps d'une journée. Kaysone Phomvihane, protégé de longue date du Nord-Vietnam, demeura Premier ministre de la RPDL jusqu'à sa mort en novembre 1992 à l'âge de 71 ans. Né à Savannakhet, en 1920, d'un père vietnamien et d'une mère laotienne, Kaysone a passé la plus grande partie de sa jeunesse à Hanoi, où il a étudié le droit. Avec le soutien du Vietminh, il a contribué à organiser le mouvement nationaliste Lao Issara dans les années 40. Son rôle politique n'est pas surestimé ; il parlait couramment lao, vietnamien, thaï, shan, français et anglais et on le tenait pour un dirigeant pragmatique capable de tirer les leçons du passé. A son poste de Premier ministre lui a succédé l'ancien vice-Premier ministre et ministre de la Défense, Khamtay Siphandone, qui fut élu président en 1996.

Les observateurs politiques ont probablement noté des similitudes entre la révolution de 1975 au Laos et la prise du pouvoir par les communistes en Tchécoslovaquie, en 1948. Il s'est agi, dans les deux cas, de fronts nationaux, soutenus par des ramifications du parti marxiste-léniniste, qui ont opéré un changement de pouvoir plus ou moins légal grâce à la fois au soutien populaire et à la dissuasion militaire. De plus, ces deux pays se trouvaient sous la menace d'armées étrangères stationnées aux frontières voisines, prêtes à intervenir à tout moment (les Soviétiques en Tchécoslovaquie, les Vietnamiens au Laos).

Les deux premières années, la RDPL établit un régime politique et économique de fer qui entraîna l'exil de milliers de personnes. A l'instar du modèle vietnamien, le gouvernement poursuivit une politique de "socialisation accélérée" se traduisant dans les faits par la nationalisation de l'économie et la collectivisation du secteur agricole.

La pratique du bouddhisme, religion traditionnelle du Laos, subit également d'importantes restrictions (pour plus de détails, reportez-vous à la rubrique *Religion* de ce chapitre).

Les campagnes militaires menées par le gouvernement contre ses propres citoyens ont accéléré l'exode des minorités ethniques. Bien que la guerre était théoriquement terminée en 1975, les combats se prolongèrent pendant deux ans dans l'intérieur du pays, essentiellement entre les troupes du Nord-Vietnam et du Pathet Lao, et les rebelles des montagnes de Luang Prabang et de Xieng Khuang. Le plateau du Phu Bia, patrie des révoltés Hmong, fut bombardé par les tirs d'artillerie soviétique, au napalm et aux armes chimiques (dont le trichloréthylène, appelé "pluie jaune"). De nombreux Hmong périrent (on estime que 10% des Hmong sont morts pendant la guerre), tandis que d'autres se réfugièrent en Thaïlande.

Emprisonnement de l'ancien roi. Malgré sa tentative de créer une monarchie constitutionnelle, Savang Vatthana fut forcé d'abdiquer. Il occupa par la suite le poste fantoche de conseiller suprême à la présidence, au sein du nouveau gouvernement. Au début de 1977, les rebelles anti-communistes s'emparèrent brièvement de Muang Nan, à cinquante kilomètres au sud-ouest de Luang Prabang. Une fois le village repris par les forces gouvernementales, les prisonniers confessèrent que le roi était compromis dans l'affaire. La famille royale fut immédiatement bannie vers Vieng Xai, un village situé à la frontière vietnamienne, au nord du Laos. Les historiens estiment aujourd'hui que le prétendu rôle du monarque dans la prise de Muang Nan fut un prétexte pour l'éloigner de la vie publique. On annonça à l'époque que le roi, la reine et le prince héritier seraient internés dans un *samana* (camp de rééducation). En fait, ils furent emprisonnés dans les grottes de Hua Phan, où ils périrent

La guerre secrète et son héritage

Entre 1964 et 1973, le Laos a été le théâtre d'une guerre, méconnue de la plupart des Occidentaux, qui puisait ses origines dans les luttes ancestrales. Les protagonistes étaient, d'une part, les peuples indianisés relativement pacifiques, vivant à l'ouest de la cordillère annamitique et, d'autre part, les Vietnamiens d'origine chinoise au tempérament plus expansionniste. A l'époque contemporaine, ces ennemis historiques ont cédé la place à des opposants qui ont livré bataille par l'intermédiaire des indigènes – les Hmong et le Pathet Lao – avec le soutien de milliers de leurs propres soldats.

Les États-Unis et le Nord-Vietnam (soutenu par la Chine) ont agi en totale violation de l'accord de Genève de 1962, qui reconnaissait la neutralité du Laos et interdisait toute présence militaire sur son territoire. Afin de contourner cet accord, les Américains ont placé des agents de la CIA aux postes d'aide humanitaire et transformé temporairement les officiers de l'armée de l'air en pilotes civils. La guerre se déroulait dans un tel secret que le nom du pays n'apparaissait dans aucun communiqué officiel ; lorsqu'ils faisaient référence aux opérations menées au Laos, les protagonistes parlaient simplement de "l'autre théâtre".

Comme l'a décrit Christopher Robbins, dans l'ouvrage très documenté *The Ravens* (Les Freux, éditions du Reader's Digest, 1991), en référence au nom de code des pilotes américains au Laos :

> "Les pilotes de l'autre théâtre étaient des militaires, mais ils partaient en mission vêtus en civil : shorts en jean, tee-shirts, chapeau de cow-boy et lunettes de soleil... Ils ont combattu avec de vieux appareils... et ont subi les plus grosses pertes de la guerre d'Indochine – de l'ordre de près de 50%... Chaque pilote était obligé de porter sur lui un cachet de poison, spécialement conçu par la CIA, qu'il jurait d'avaler s'il tombait aux mains de l'ennemi."

Les "techniciens" militaires américains, toutefois, étaient déjà au Laos en 1959, pour former l'armée royale lao et les rebelles hmong des montagnes dirigés par le charismatique Vang Pao. D'abord utilisés par les Français pour contrer l'insurrection au Vietnam, les Hmong ont probablement fourni le plus grand nombre d'hommes à la guerre secrète financée par les Américains. Dès la mi-1961, la fameuse "armée clandestine" comptait 9 000 soldats, regroupant des Hmong, des Lao et des Thaï, dirigés par neuf agents de la CIA, neuf officiers des forces spéciales ("bérets verts") et 99 officiers thaïlandais appartenant au "service spécial" formé par la CIA. L'effort déployé par la CIA au Laos constitue la plus importante et la plus chère des opérations paramilitaires qu'elle ait jamais menée.

Long Tieng (ou Long Chen aujourd'hui) – nom qui ne figurait sur aucune carte bien que la présence des troupes américano-hmong en ait fait la seconde plus grosse ville du pays et l'un des aéroports les plus actifs au monde – était le quartier général clandestin de "l'autre théâtre". Située en altitude, pratiquement à mi-chemin entre Vientiane et la plaine des Jarres, Long Tieng portait en fait le nom de code "Alternate" ; les autres villes et villages où se trouvaient des pistes d'atterrissage étaient simplement appelées "Lima Sites" et numérotées (par exemple : LS 32).

Au début des années 70, on en comptait près de 400 dans le pays. Aujourd'hui, Long Tien est entourée de la zone spéciale de Saisombun. Les forces militaires laotiennes ont taillé cette nouvelle unité administrative dans les provinces de Luang Prabang et de Xieng Khuang en réponse aux "problèmes de sécurité" persistants qu'occasionne la présence des restes de l'armée hmong dans la région.

Les avions de combat et les bombardiers les plus utilisés pendant la guerre secrète étaient : le Douglas A-1 Skyraider, le Vought A-7 Corsair II, le Boeing B-52 Stratofortress, le McDonnell Douglas F-4 Phantom II et le Republic F-105 Thunderchief.

Les pilotes éclaireurs, connus sous le nom de Ravens, n'ont conduit que des avions à hélice, petits et lents, chargés de lâcher des fumigènes de phosphore blanc, afin de signaler les cibles de l'Armée nord-vietnamienne et du Pathet Lao aux pilotes laotiens. Ils étaient notamment aux commandes d'avions d'observation, les Cessna O-1, de U-17 (Cessna 185) et d'avions à grand rayon d'action, les T-28.

La présence américaine était si forte au Laos que, lorsqu'il traversa le Laos au cours de la rédaction de *Railway Bazaar*, l'écrivain-voyageur Paul Théroux décrivit ce pays comme "l'une des farces américaines les plus onéreuses". Parmi les centaines d'Américains en service volontaire de pilotes, agents de renseignement ou éclaireurs, quatre cents environ sont morts au combat et plus de quatre cents autres ont été portés disparus. La présence américaine dans l'ouest du Laos était cependant bien inférieure à celle de l'armée nord-vietnamienne dans l'est du pays.

Le camp adverse se composait de milliers de partisans du Pathet Lao formés et soutenus par des dizaines de milliers de Vietnamiens. Du début à la fin des hostilités, les chiffres de l'occupation vietnamienne ont de très loin dépassé ceux de la présence américaine. En 1969, la 316e division de l'armée nord-vietnamienne fut déployée pour assiéger Long Tieng, ce qui représentait 34 000 combattants, 18 000 hommes de soutien, 13 000 ingénieurs et 6 000 conseillers.

Surpassés en nombre et moins habiles, les forces américano-hmong-thaïlandaises perdirent Long Tieng et enregistrèrent très peu de victoires stratégiques au cours des neuf années de cette guerre secrète. Elles disposaient pourtant d'une puissance de tir supérieure et pouvaient se permettre de passer outre les règles (surnommées "Romeos") qui devaient être observées au Vietnam. Ces règles, souvent invoquées pour justifier la défaite américaine, interdisaient au Vietnam les bombardements à moins de cinq cents mètres d'un temple, tandis qu'au Cambodge, la limite était portée à un kilomètre. Au Laos, les bombardiers étaient libres de détruire temples, hôpitaux ou tout autre bâtiment en vue.

Pour aider l'armée de Vang Pao, "les corbeaux" et leurs coéquipiers indigènes ont effectué une fois et demi plus de vols qu'il n'en a été réalisé au Vietnam. Totalisant 580 944 sorties en 1973, l'armée aérienne clandestine a pratiqué en moyenne un largage toutes les huit minutes, 24 heures sur 24, pendant neuf ans ! Ces bombardements ont coûté la bagatelle de deux millions de dollars par jour aux contribuables américains. Lorsque le président Johnson décida, en novembre 1968, de mettre un terme aux bombardements au Nord-Vietnam, le pilonnage redoubla au Laos. Un pilote américain, cité dans *Les Freux*, témoigne :

" Souvent nous avions tellement d'appareils que nous ne savions pas quoi en faire. Même avant l'interruption des bombardements, il faisait parfois tellement mauvais sur le Nord-Vietnam qu'ils revenaient tous en masse au Laos. Les gars n'avaient pratiquement plus de kérosène, mais ils voulaient refaire un passage pour se débarrasser de leurs bombes. Souvent on se retrouvait à pilonner la première zone se trouvant de l'autre côté de la frontière. "

Entre 1964 et 1969, environ 450 000 tonnes de bombes ont été larguées dans le pays. En 1970, sur les conseils d'Henry Kissinger, le président Richard Nixon autorisa l'usage massif des B-52 sur le Laos. Le rythme s'est ensuite accéléré et le même volume a été utilisé chaque année jusqu'en 1972. A la fin de la guerre, il s'élevait à environ 1,9 million de tonnes au total, soit 10 tonnes de bombes au kilomètre carré, ou une demi-tonne par habitant (hommes, femmes et enfants confondus).

L'armée clandestine a eu recours également à l'arme chimique. De 1965 à 1966, 800 000 litres d'herbicides ont été largués le long de la piste Ho Chi Minh près de Sepon, détruisant toute forme de végétation, empoisonnant les récoltes civiles ainsi que l'eau, devenue impropre non seulement à l'irrigation, mais aussi à la consommation. Surnommée "agent orange" ou "pluie jaune" par les médias, cette substance toxique est encore aujourd'hui responsable des nombreuses infirmités dont souffrent les habitants de l'Est du Laos. Le gouvernement laotien aurait aussi utilisé de l'agent orange (repris au pouvoir royal lao) contre ses propres citoyens, dans le centre du Laos, durant les deux années qui ont suivi la prise de pouvoir par le PL en 1975. ∎

quatre ans plus tard de malnutrition et de manque de soins. Lors d'une interview accordée en 1989 à des journalistes, Kaysone Phomvihane répondit aux questions sur la famille royale en ces termes : "Je peux vous assurer aujourd'hui que le roi est décédé de mort naturelle, comme cela arrivera un jour à chacun d'entre nous".

L'exode. Au milieu de 1979, la vague de répression fût très forte au sein de la classe paysanne, sur laquelle s'appuyait le pouvoir communiste lao. Comme au Vietnam, le gouvernement tenta de rééquilibrer la situation en lançant quelques mesures libérales. Malheureusement, les réformes arrivèrent trop tard et en trop petit nombre pour arrêter l'exode de la population. A la fin des années 70, les réfugiés en Thaïlande (y compris les tribus des montagnes) représentaient 85% du peuple indochinois bénéficiant de ce statut. Contrairement aux Vietnamiens, qui doivent s'enfuir par la mer, ou aux Cambodgiens, qui n'hésitent pas à braver les périls des monts Dang Rek ou les "champs de la mort" des Khmers rouges, il suffit aux réfugiés laotiens de traverser le Mékong pour s'échapper.

Depuis 1975, près de 300 000 Laotiens (soit 10% de la population) sont officiellement partis s'installer à l'étranger, mais on sait que des milliers d'autres ont rejoint le nord-est de la Thaïlande. En 1992, environ 53 000 Laotiens vivaient encore dans les six camps de réfugiés en Thaïlande. Depuis 1995, tous les camps de réfugiés laotiens en Thaïlande ont officiellement disparus, même s'il reste des "centres de détention" abritant quelques centaines d'exilés, essentiellement hmong, dans le nord et le nord-est de la Thaïlande. Ces derniers réfugiés sont aujourd'hui rapatriés de force, et tous les centres devraient fermer avant la fin de l'année 1999.

Le Laos dans les années 80 et 90

Samana. A la suite de l'arrivée au pouvoir du PL en 1975, près de 40 000 personnes furent envoyées dans des camps de rééducation, connus sous le nom de *samana* en lao, et 30 000 autres furent emprisonnées

pour "crime politique" (les associations de Laotiens aux États-Unis estiment le nombre global de prisonniers à 160 000). La durée du séjour dans ces camps dépendait de la place qu'on avait occupée dans la hiérarchie de l'ancien régime. Plus le rang était élevé, plus la détention et l'endoctrinement étaient longs.

D'après les autorités, la plupart des camps sont fermés depuis 1989 et la majeure partie des prisonniers politiques (souvent détenus depuis 1975), relâchés. On estime cependant qu'une trentaine de membres de l'ancien régime sont encore en captivité (ils sont probablement le double à avoir péri dans ces camps). Par ailleurs, depuis 1992, six prisonniers auraient été condamnés à de longues peines de détention dans les camps de Hua Phan.

La perestroïka des années 80 puis la déroute des pays communistes ont certainement influencé la RDPL qui, au nom de la *jintanakan mai* (nouvelle pensée), a maintenu le cap des réformes au cours des années 80. Mais, à l'instar des autres pays marxistes, le Laos est aujourd'hui le théâtre d'incessantes luttes de pouvoir entre les anciens du parti et les plus jeunes qui souhaitent poursuivre la libéralisation.

Au Laos, ce phénomène est aggravé par une évolution politique tiraillée entre deux tendances incompatibles. La première consiste à suivre l'exemple du Vietnam, l'autre à mettre en œuvre des politiques autonomes. Certes, cette dernière semble se renforcer depuis quelques années, mais l'épanouissement d'un véritable socialisme lao, si tant est que la chose soit possible, ne peut réellement se produire tant que l'idéologie vietnamienne maintiendra son influence directe et quasi inévitable sur les affaires laotiennes. Celle-ci s'exerce actuellement par le truchement de conservateurs purs et durs, formés militairement et politiquement à Hanoi, qui occupent actuellement des postes élevés au gouvernement. Les représentants des nouvelles générations qui ont choisi la voie de la réforme courent toujours le risque de se voir qualifiés de *pátikan*, ou de réactionnaires.

Relations avec la Thaïlande. Les relations que le pays entretient avec la Thaïlande influencent également beaucoup son développement. Après la révolution, le gouvernement lao a interdit pratiquement tout ce qui avait trait aux Thaï, y compris l'université thaïlandaise et les textes bouddhiques – alors que ces derniers occupaient une place centrale dans l'éducation et la religion. Les tensions se sont intensifiées lorsque la Thaïlande a commencé à accueillir les réfugiés laotiens par milliers. Une guerre frontalière éclair de trois mois (1987-88) éclata entre les armées laotiennes et thaïlandaises, au cours de laquelle plus d'une centaine de soldats périrent dans les deux camps.

Dans les années 90, les deux voisins ont renoué des liens ; les capitaux thaïlandais représentent désormais la plus grande partie du portefeuille détenu par des étrangers. Certains Laotiens craignent que leur pays se laisse submerger par la culture et les investissements thaïlandais, le réduisant ainsi au rang de "province économique" de la Thaïlande. D'autres disent préférer subir l'hégémonie économique de leurs voisins que de demeurer sous la domination politique du Vietnam.

Les perspectives d'avenir. Lentement, le Laos s'ouvre au marché du Sud-Est asiatique. Par voie de conséquence, la double influence du Vietnam et de la Thaïlande devrait donc s'atténuer. En 1992, le Laos est invité à assister en qualité d'observateur aux réunions de l'Association des Nations de l'Asie du Sud-Est (ASEAN). En 1997, le pays est devenu membre à part entière de cette association à but économique qui regroupe déjà la Thaïlande, l'Indonésie, la Malaisie, les Philippines, Brunei, le Vietnam, le Myanmar et Singapour. En tant que membre de la Commission du Mékong, le Laos a également signé l'Accord de Chiang Rai (1995), qui a pour but de résoudre les conflits autour de l'utilisation du fleuve.

L'histoire montre que le Laos a pratiquement toujours été dépendant, que ce soit de la puissance siamoise, birmane, khmère ou vietnamienne. A certaines époques, il lui a même fallu payer tribut à trois de ces puissances en même temps, comme ce fut le cas au XVIᵉ siècle pour le Lan Xang, inféodé à la fois au Siam, au Myanmar et au Vietnam. Si l'on ajoute à cela que trois puissances occidentales (la France, les États-Unis et l'URSS) ont largement contribué à déstabiliser l'équilibre asiatique, il apparaît normal que le Laos rencontre des difficultés à créer une entité nationale autonome et stable.

En revanche, si l'on considère les innombrables guerres qui ont jalonné son histoire, le pays connaît aujourd'hui une situation relativement stable et paisible. Les dirigeants vietnamiens et laotiens interdisent toujours, et de façon très stricte, à toute personne non membre du Parti communiste de participer de quelque manière ou à quelque niveau que ce soit au gouvernement d'une province quelconque du Vietnam ou du Laos. En 1998, les ultras du Parti contrôlent plus que jamais la situation. Reste à savoir si les Laotiens vont continuer à accepter ce système de parti unique fondé sur le modèle soviétique, l'un des derniers à avoir survécu à l'effondrement du communiste.

GÉOGRAPHIE

Sans accès à la mer, le Laos a des frontières communes avec la Thaïlande, le Cambodge, le Vietnam, la Chine et le Myanmar. Il couvre une superficie de l'ordre de 236 000 km² (la moitié de celle de la France). Compris entre 14°N et 23°N de latitude et 100°E et 108°E de longitude, l'ensemble du territoire se situe sous les tropiques.

La vallée du Mékong et ses plaines fertiles concentrent la quasi-totalité des rizières, constituant ainsi la première région agricole du pays.

Rivières et montagnes sont les deux principaux éléments du relief, et leur influence réciproque explique en grande partie les variations géographiques du pays. On distingue quatre zones biogéographiques : le secteur subtropical vallonné d'Indochine du Nord (qui recouvre la partie nord du pays) ; la chaîne d'Annam Trung Son (qui borde le Vietnam, de la province Bolikhamsai au nord à l'Attapeu au sud), les plaines tropicales de l'Indonésie centrale (le long de la plaine inondable du Mékong, de Sainyabuli à Champasak), et enfin, un petit secteur de transition (à l'extrémité nord de la province de Phongsali).

Prenant sa source à 5 000 m d'altitude sur le plateau tibétain, à 4 350 km de la mer, le Mékong s'appelle Lancang Jiang (eaux turbulentes) en Chine, Mae Nam Khong (Khong, mère des eaux) en Thaïlande, au Myanmar et au Laos, Tonle Thom (grandes eaux) au Cambodge, et Cuu Long (neuf dragons) au Vietnam. Il traverse la Chine sur la moitié de sa longueur, après quoi c'est, de tous les pays traversés, le Laos qu'il arrose le plus. Dans sa plus grande largeur, près de Si Phan Don, il peut atteindre 14 km pendant la saison des pluies. Durant les crues (de juillet à novembre), les bateaux descendent des produits manufacturés de la province de Yunnan en Chine vers Huay Xai, puis remontent vers la Chine chargés de bois. Les 549 kilomètres, que les colons français ont appelé le bief de Vientiane sont navigables toute l'année de Heuan Hin (au nord des rapides de Khemmarat, Savannakhet) à Kok Phong (Luang Prabang), soit respectivement à 1 074 et 1 623 km de la mer.

Établi en 1957 sous les auspices des Nations unies pour coordonner le développement de l'irrigation, de l'électricité, du contrôle des crues, de la pêche et de la navigation, le Comité du Mékong (Comité pour la coordination des investigations du bassin inférieur du Mékong) connaît une nouvelle jeunesse sous le nom de Commission du Mékong. Les États membres, que sont la Thaïlande, le Cambodge, le Laos et le Vietnam, ont, depuis 1993, autorisé des représentants de Chine et du Myanmar à participer aux débats.

Bien que les six pays aient chacun des priorités fort différentes, l'accord de Chiang Rai signé par la Commission en 1995 permet aujourd'hui de régler bon nombre de conflits, et en conséquence, la coordination du développement régional a pu progresser. Le Cambodge et le Vietnam ont beaucoup à perdre dans l'exploitation du Mékong puisqu'ils sont les derniers à profiter de ses ressources. En Chine, par sa situation relativement excentrée, le fleuve se trouve à l'abri d'une exploitation désordonnée. En Thaïlande, le mouvement écologiste prend de l'importance et devrait tempérer l'expansion commerciale (même si, dans le même temps, certaines sociétés thaïlandaises se tournent vers le nord pour échapper aux pressions des défenseurs de la nature dans leur pays). Quant au Laos, c'est le pays qui a le plus à gagner d'une exploitation du fleuve par des moyens potentiellement préjudiciables à l'environnement. On peut dire que c'est en définitive au Laos que se jouera l'avenir du Mékong.

Tous les cours d'eau et leurs affluents situés à l'ouest de la cordillère annamitique se jettent dans le Mékong. A l'est (dans les provinces de Hua Phan et de Xieng Khuang seulement), le réseau hydrographique finit par rejoindre la côte vietnamienne et se jette dans le golfe du Tonkin.

Les deux plus grandes vallées, près de Vientiane et de Savannakhet, rassemblent naturellement la majeure partie de la population. Le Mékong et ses affluents représentent par ailleurs une importante source en poisson, aliment de base des populations.

Parmi les principaux affluents du Mékong, citons le Nam Ou, le Nam Tha, qui coulent vers le sud en creusant d'étroites et profondes vallées calcaires, et le Nam Ngum, qui rejoint le Mékong dans la province de Vientiane, où il traverse une large plaine alluviale. Ce dernier alimente une énorme centrale hydroélectrique, qui fournit la majeure partie de l'énergie nécessaire aux villes des environs de Vientiane. Une partie de l'électricité étant exportée vers la Thaïlande, cette centrale constitue une importante source de revenu pour le pays. Une vingtaine d'installations hydroélectriques se trouvent actuellement "en cours de développement" sur d'autres rivières du Laos. L'expression recouvre pratiquement tout, de l'étude de faisabilité aux plans de construction.

Montagnes et plateaux couvrent plus de 70% de la surface du pays. Sur près de la moitié du pays, parallèlement au cours du Mékong, domine la cordillère annamitique, chaîne aux contours accidentés dont les pics s'élèvent entre 1 500 et 2 500 mètres. En son milieu s'étend le plateau du Kham Mouan avec ses impressionnantes grottes et gorges calcaires.

A l'extrême sud, la chaîne est bordée par le plateau des Bolaven, zone agricole importante, spécialisée dans la culture du riz, du café, du thé et autres produits de haute altitude.

La moitié nord du Laos, plus vaste, se compose presque entièrement de chaînes montagneuses dentelées, aux pentes escarpées. Les plus hauts sommets, qui atteignent plus de 2 000 mètres, se trouvent dans la province de Xieng Khuang. C'est là également que s'élève le plus haut sommet du pays, Phu Bia, qui culmine à 2 820 mètres. Au nord du Phu Bia s'étend le plus vaste plateau du pays.

Le plateau du Xieng Khuang, qui s'élève à 1 200 mètres au-dessus du niveau de la mer, abrite en outre la fameuse plaine des Jarres, parsemée d'immenses jarres de roches préhistoriques dont on ignore l'origine.

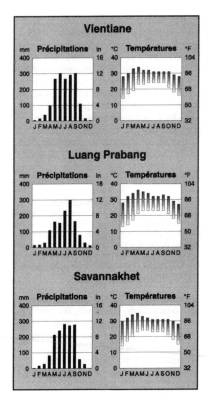

CLIMAT
Précipitations
La mousson qui affecte l'ensemble du continent sud-est asiatique engendre trois grandes périodes climatiques, avec une alternance de saison sèche et de saison des pluies. La mousson du Sud-Ouest s'installe entre mai et juillet et dure jusqu'en novembre.

La moyenne des précipitations varie considérablement en fonction de la latitude et de l'altitude. Les sommets du sud de la cordillère annamitique reçoivent les précipitations les plus importantes, avec plus de 300 centimètres par an, contre 100 à 150 centimètres pour les provinces de Luang Prabang, de Sayabouri et de Xieng Khuang. Vientiane et Savannakhet, de

même que Phong Saly, Luang Nam Tha et Bokeo reçoivent entre 150 et 200 centimètres de pluie par an.

Entre novembre et mai, la mousson cède la place à la saison sèche. Cette période se caractérise par des températures relativement basses (à cause des influences de la mousson d'Asie du Nord-Est qui épargne le Laos, mais provoque des vents froids) jusqu'à la mi-février. Après le passage de la mousson d'hiver, les températures remontent de mars à mai.

Températures
Comme les précipitations, les températures varient en fonction de l'altitude. Dans la

vallée humide du Mékong, comme dans la majeure partie de la Thaïlande et du Myanmar, les plus hautes températures apparaissent en mars et en avril (jusqu'à 38°C) et les plus basses en décembre et janvier (jusqu'à 15°C). Durant ces deux mois, le thermomètre descend facilement à 0°C la nuit dans la province montagneuse de Xieng Khuang ; dans les provinces moins élevées, on peut compter entre 5 et 10 degrés de plus. Durant la plus grande partie de la saison des pluies, les températures de la journée se situent autour de 29°C dans les basses terres et autour de 25°C dans les hautes vallées.

ÉCOLOGIE ET ENVIRONNEMENT

Les massifs montagneux qui encerclent le Laos constituent une merveilleuse forteresse naturelle contre les invasions étrangères. Des forêts entières de bois d'œuvre s'étendent au pied de ces montagnes. Outre le fait que les forêts limitent le phénomène d'érosion, la production de bois est largement exportées dans les pays voisins.

Cette description faite en 1641 par un voyageur néerlandais, Gerrit van Wuystoff, est encore d'actualité aujourd'hui. Certes la partie est du Laos a subi d'importantes dégradations, notamment le long de la piste Ho Chi Minh (abondamment arrosée d'herbicides et de défoliants, sans parler des bombes, durant la guerre), mais le Laos conserve dans son ensemble l'un des systèmes écologiques les mieux préservés du continent sud-est asiatique. Tout comme au Cambodge, la faune et la flore locales ont fait l'objet de très peu d'études scientifiques.

Le Laos, qui jouit du système écologique le moins exploité et le moins endommagé de toute l'Asie du Sud-Est, présente un intérêt considérable dans le cadre de la conservation du patrimoine naturel mondial. D'une manière générale, les espèces végétales et animales sont moins menacées au Laos que dans les pays voisins, surtout en raison de la pression démographique moins forte au Laos.

En 1993, le gouvernement laotien a accordé une protection à 17 zones nationales de conservation de la biodiversité. Celles-ci recouvrent quelque 24 600 km², soit un peu plus de 10% de la surface totale du pays. Elles se situent pour la plupart dans le Sud, où le pourcentage de forêt est plus élevé qu'au Nord. L'une des agences chargées d'étudier ces régions, la Wildlife Conservation Society, a recommandé l'inscription de onze sites supplémentaires à la liste, mais pour l'instant sans résultat.

Cependant, ces zones ne constituent pas pour autant des réserves, au contraire : les forêts qu'elles recouvrent se subdivisent en effet en forêts d'exploitation du bois, forêts de protection du réseau hydrographique et forêts de conservation, qui, elles, sont réservées à la seule protection des espèces animales et végétales. La plus importante de ces zones, Nakai-Nam Theun, couvre 3 710 km² et abrite quelques espèces animales encore inconnues des scientifiques il y a quelques années, dont le *saola* ou bœuf Vu Quang.

Comme dans bon nombre de pays en voie de développement, la protection de l'environnement se heurte d'abord à la corruption de ceux-là mêmes qui ont pour mission de faire respecter les lois. L'abattage illégal des arbres, la contrebande et le braconnage d'espèces naturelles exotiques diminueraient rapidement si les responsables étaient tenus de rendre des comptes. On sait que l'armée elle-même utilise des grenades et des explosifs pour pêcher dans les lacs et rivières, à la fois par divertissement et par nécessité. Lentement, le Laos commence à prendre conscience du problème de la corruption. En 1994, l'ancien gouverneur de la province d'Attapeu fut ainsi condamné à quinze ans de prison pour contrebande de bois.

D'autres menaces pèsent sur l'environnement, notamment le manque de volonté politique, renforcé par l'absence de cadre légal, le manque de communication entre les gouvernements locaux et Vientiane et l'insuffisance de fonds destinés à la protection de la nature.

La nature laotienne se trouve aussi confrontée aux conséquences de la croissance économique, et à celle de ses voisins plus peuplés et plus puissants comme la Chine, le Vietnam et la Thaïlande, qui exploiteraient volontiers les abondantes richesses du pays. Plus de vingt projets hydroélectriques (dont certains, d'ailleurs, s'implanteraient dans les fameuses zones nationales de conservation de la biodiversité) sont à l'étude. Ils ne seront certes pas tous remis en question mais le gouvernement a encore le temps et le pouvoir d'annuler certaines installations prévues dans des zones écologiquement sensibles.

Les sociétés hydroélectriques, quant à elles, déposent, sans vergogne, dossier sur dossier de demande de concession dans des régions réservées à la construction de barrages. Elles savent pertinemment que même si l'installation ne voit jamais le jour, elles peuvent faire suffisamment traîner les choses pour rentabiliser les vallées boisées destinées à l'inondation. Le principal bénéfice n'étant pas la construction du barrage mais l'exploitation des forêts.

Encore balbutiant dans le Laos d'après 1975, le tourisme n'a pas eu à ce jour d'impact significatif sur l'environnement. Jusqu'à une époque récente, le gouvernement a sagement évité d'accorder des contrats à des compagnies souhaitant développer de grandes stations de loisirs. Le projet de construction d'un vaste complexe hôtel-casino dans une zone préservée de la province de Champasak, a été abandonné, ou tout au moins repoussé (voir la rubrique *Si Phan Dan* dans le chapitre *Le Sud*). Les défenseurs du projet font valoir que la création de nouveaux emplois protégera l'environnement puisque les habitants y trouveront les moyens de vivre autrement que de l'abattage des arbres (dont ils font ensuite du charbon de bois) et de la surexploitation de la pêche dans le Mékong (au détriment du dauphin Irrawaddy, espèce menacée). Leurs adversaires soutiennent qu'une croissance de l'activité humaine dans la région conduira à une dégradation de l'environnement. Même la Banque mondiale, dans l'un de ses rapports, estimait que, sur le plan écologique, les conséquences négatives du projet devraient l'emporter sur les bénéfices.

Le Laos n'a toujours pas ratifié la Convention des Nations unies sur le commerce international des espèces animales et végétales en danger (CITES), même s'il a accepté les grandes règles de cet accord. Le commerce traditionnel des espèces rares et des espèces en danger se poursuit, surtout dans les campagnes. Si, du point de vue du commerce international, la CITES a pu démontrer une certaine efficacité dans le cadre de la protection des espèces en danger, la principale cause de la disparition d'espèces à l'échelle globale n'en reste pas moins la destruction de l'habitat naturel.

Que pouvez-vous faire ?

Les visiteurs peuvent contribuer de plusieurs manières à la conservation de l'environnement au Laos. Ainsi, on peut éviter les restaurants qui servent des espèces sauvages menacées ou en danger et emprunter les itinéraires balisés. On peut également témoigner des pratiques illégales ou immorales auprès de groupes de surveillance internationaux tels que la Wildlife Conservation Society, PO Box 6712, Vientiane (☎ (021) 313133), ou à l'International Union for Conservation of Nature and Natural Resources, 15 Thanon Fa Ngum, Vientiane (IUCN ☎ (021) 216401).

La première réserve protégée au Laos, le Forespace (☎/fax (021) 217627), PO Box 6679, Vientiane) prévoit la réalisation d'un sentier pédestre de 2 km dans la province de Bokeo, dans le nord-ouest du Laos. Outre des postes d'observation le long du sentier, le projet inclut la construction dans des matériaux locaux d'un pavillon ainsi que d'un sauna par les plantes. A l'instar des programmes similaires créés dans la forêt amazonienne, en Amérique du Sud, les habitants des montagnes guideront les visiteurs sur les chemins forestiers. L'ouverture de cette réserve est prévue pour octobre 1999.

FAUNE ET FLORE
Végétation

Comme dans les autres régions tropicales du Sud-Est asiatique qui connaissent des saisons sèches de trois mois ou plus, la végétation se compose essentiellement de forêts. Il s'agit d'arbres à feuilles caduques, qui perdent leurs feuilles pendant la saison sèche afin de conserver leur eau. Les forêts humides – caractérisées par des arbres à feuilles persistantes – n'existent pas au Laos, bien que certaines essences d'importation soient assez courantes dans la vallée du Bas-Mékong.

La forêt laotienne présente généralement une végétation étagée. La voûte supérieure est formée de grands arbres, pouvant atteindre 30 mètres de haut, au tronc unique et à l'écorce claire ; viennent ensuite, à mi-hauteur, les tecks, les palissandres d'Asie et autres feuillus. La couche inférieure se compose de petits arbres, d'arbustes, de graminées et – le long des fleuves – de bambous. Sur les plateaux du Sud, la forêt est moins dense, la voûte intermédiaire plus clairsemée, et le sous-bois comporte davantage de graminées et de bambous. La cordillère annamitique est en partie couverte de forêts de conifères tropicaux de montagne, et l'on trouve des forêts de pins sur le plateau Nakai et la région du Sekong, au sud.

Selon l'IUCN, 85% du Laos est couvert par une végétation naturelle vierge ; la forêt naturelle représenterait environ la moitié de la superficie du pays (47% ou 56%, selon les sources consultées). La moitié de ces surfaces boisées appartient à la forêt primaire et 30% serait de pousse secondaire. Ce pourcentage de forêt naturelle classe le Laos au 11e rang mondial et au 2e rang pour l'Asie du Sud-Est, derrière le Cambodge. Bien que l'exportation du bois soit strictement contrôlée, personne ne peut véritablement chiffrer la quantité de tecks et autres feuillus qui partent en contrebande vers la Chine en particulier, le Vietnam et la Thaïlande.

Pendant la guerre d'Indochine, le Pathet Lao a permis aux Chinois qui construisaient les routes de couper autant d'arbres qu'ils le souhaitaient dans la "zone libérée" (onze provinces en tout). Aujourd'hui, l'armée laotienne effectue toujours de grandes coupes dans les forêts de la province de Khammuan.

La culture sur brûlis, pratique qui consiste à dégager puis à brûler, pour nitrifier le sol, de petits lopins de terre, exploités intensivement pendant deux à trois ans, pourrait représenter elle aussi une menace pour la forêt. En effet, il faut ensuite entre huit et dix ans pour que la terre retrouve sa fertilité. Cependant, sur ce point, la communauté scientifique internationale est partagée. Certains écologistes pensent que cette méthode est, à tout prendre, moins nocive que beaucoup d'autres types d'exploitation de la forêt. D'autres, en revanche, redoutent ses effets néfastes. En fait, compte tenu de la faible densité de population au Laos, la culture sur brûlis représente en tout cas un moindre danger si on la compare au commerce sauvage du bois.

Outre le teck et le palissandre d'Asie, la flore comprend un savoureux échantillon d'arbres fruitiers (voir la rubrique *Alimentation* dans le chapitre *Renseignements pratiques*), des bambous (on compte au Laos plus de variétés que dans tout autre pays, exceptés en Thaïlande et en Chine) et une kyrielle d'espèces florales, telle l'orchidée. Les hauts plateaux de la cordillère annamitique sont recouverts de vastes prairies et de savanes.

La faune

Comme au Cambodge, au Vietnam, au Myanmar et dans une grande partie de la Thaïlande, la faune du Laos appartient à la branche zoogéographique indochinoise (contrairement à la famille sundaïque qui se trouve au sud de l'isthme de Kra, dans le sud de la Thaïlande, ou à la branche paléoarctique du Nord de la Chine).

On retrouve au Laos environ 45% des espèces animales existant en Thaïlande, souvent en plus grand nombre car la forêt est plus abondante et les chasseurs moins nombreux. Parmi les **mammifères** endémiques au Laos, citons le gibbon noir, le rhinopithèque du Tonkin, le petit panda, le raton laveur, le petit loris paresseux, le tamarin lao et la civette d'Owston.

Autres espèces exotiques communes dans le continent sud-est asiatique : un certain nombre de macaques (macaque à queue de cochon, macaque d'Assam, macaque Rhésus), le semnopithèque de Phayre, le pangolin malaisien et le pangolin chinois, le Douc Langur, le lièvre siamois, 16 espèces d'écureuils dont 6 volants, 10 espèces de civettes, 69 espèces de chauves-souris, le chat marbré, la mangouste javanaise, le linsang à taches, le léopard, le chat doré d'Asie, le rat des bambous, la martre à gorge dorée, le petit chevrotin d'Asie, le serow et le goral (deux espèces d'antilope).

Environ 200 à 500 éléphants sauvages d'Asie évoluent dans les forêts à canopée ouverte, surtout dans la province de Sainyabuli au nord-est de Vientiane et le long du plateau de Nakai, dans le centre oriental laotien. Dans cette région, des braconniers vietnamiens tuent les bêtes pour leur viande et leur peau. On compte près de 1 100 à 1 350 éléphants captifs ou domestiqués (pour l'abattage du bois ou l'agriculture) principalement dans les provinces de Sainyabuli, d'Udomxai, de Champasak et d'Attapeu. Le Laos se classe au quatrième rang pour le nombre d'éléphants domestiqués, derrière le Myanmar, la Thaïlande et l'Inde. Le pays arrive cependant en première position si l'on compare le nombre d'éléphants à la population, avec une bête pour 3 920 personnes. Loin derrière, le Myanmar, avec un éléphant pour 7 130 personnes, se classe au deuxième rang mondial.

Les espèces plus rares, en voie d'extinction, sont le chacal asiatique, l'ours bleu d'Asie, l'ours malais, le muntjack de Chine, le sambar (espèce de cerf), le gaur et le banteng (deux espèces de bœufs sauvages), le léopard, le tigre, la panthère longibande et le dauphin Irrawaddy (pour plus de détails sur ces dauphins d'eau douce, voir la rubrique Si Phan Don dans le chapitre Le Sud).

La découverte la plus intéressante de ces dernières années concerne un mammifère inconnu jusque-là, un bovidé à cornes fuselées (Pseudoryx nghethingensis) connu sous le nom de saola au Vietnam, nyang au

Laos, qui vit dans la cordillère annamitique, le long de la frontière lao-vietnamienne. On a longtemps pensé que cet animal, déjà décrit dans des ouvrages chinois du XIVe siècle, n'existait pas. Par ailleurs, la Wildlife Conservation Society a confirmé la présence de nouvelles espèces de muntjac, de lapin, d'écureuil et de fauvette.

On pense que quelques rhinocéros à une corne javanais et/ou de Sumatra à deux cornes, espèces probablement disparues en Thaïlande, ont réussi à survivre au Suddu Laos, dans la région du plateau des Bolaven. Dans les provinces de l'Attapeu et de Champasak, on a vu dernièrement (1993) des koupreys, qui avaient disparus dans les autres pays de l'Asie du Sud-Est.

Le Laos compte également de nombreuses variétés de **reptiles**, parmi lesquelles six serpents venimeux : le cobra ordinaire, le cobra royal (hamadryad), le bongare rayé, la vipère de Malaisie, la vipère verte et la vipère de Russel. Parmi les nombreuses sortes de lézards du pays, on rencontre souvent dans les maisons et autres bâtiments le túk-kæ (gros gecko) et le ji-jîan (petit lézard de maison), ainsi que de plus grosses espèces telles que le varan noir.

La forêt vierge des montagnes abrite une grande population d'**oiseaux** migrateurs ou résidents. Des études conduites par une équipe d'ornithologues britanniques entre 1992 et 1993 ont répertorié 437 espèces, dont 8 sont menacées à l'échelle mondiale et 21 frôlent le même statut, dont le hibou pêcheur, des variétés de pics et de calaos. Il n'est pas rare de voir en plein centre-ville de Vientiane ou de Savannakhet quelqu'un qui pointe un antique mousquet en direction des arbres, et cela même dans les monastères où, en principe, il n'est pas permis de tuer.

Sévices sur animaux

Certaines scènes peuvent choquer au Laos : des grenouilles aux pattes cousues, entassées vivantes dans de grandes cuvettes de métal (dans un marché de Luang Nam

Tha) ; une vache attachée à l'arrière d'un säwng-thâew (Vang Vieng) ; une tortue de rivière pendue à l'épaule du pêcheur par sa carapace (Nong Khiaw), ou encore des dindes ou des poulets transportés la tête en bas, suspendus par les pattes. Les abattoirs et les boucheries sont assez rares et dans les campagnes les habitants tuent eux-mêmes les bêtes.

Le singe est souvent utilisé comme animal domestique. Dans ce cas, il passe ses journées attaché à un arbre ou enfermé en cage.

Espèces en danger

Dans les régions les plus peuplées, comme la province de Savannakhet, la pratique de la pêche intensive menace certaines espèces de poissons.

Le braconnage et les trafics d'animaux sauvages avec le Vietnam pratiqués dans des zones de biodiversité sont aussi des risques majeurs pour la faune et la flore. Les espèces les plus chassées sont les pangolins, les civettes, les muntjacs, les gorals et les chiens des forêts destinés à la revente au Vietnam.

Cependant, l'animal le plus menacé aujourd'hui est sans aucun doute le dauphin Irrawaddy, que l'on trouve dans la région sud du Mékong. On ne compte plus guère qu'une centaine d'individus dont l'existence est menacée par la pêche aux filets dérivants pratiquée du côté cambodgien. Comme d'autres espèces rares vivants dans la région du plateau Nakai, le saola est menacé. Les cornes de cet animal sont un trophée apprécié par les habitants, des deux côtés de la frontière lao-vietnamienne.

INSTITUTIONS POLITIQUES

Depuis le 2 décembre 1975, le pays s'appelle officiellement République démocratique populaire lao (Sathalanalat Pasathipatai Pasason Lao). On peut tout à fait dire Laos, Pathêt Lao en lao – *pathêt*, qui signifie pays ou État, vient du sanscrit *pradesha*. Les anglophones, de même que la plupart des Occidentaux installés dans le pays, ont tendance à abandonner le "s" final préférant simplement dire "Lao".

Suite au changement de pouvoir, en 1975, l'ancien régime monarchique pro-occidental a cédé la place à un gouvernement qui s'est aligné sur l'idéologie marxiste-léniniste des autres pays communistes, plus particulièrement de la République socialiste du Vietnam et de la République populaire du Kampuchea (désormais État du Cambodge).

La devise nationale, qui figure sur tous les documents officiels est Paix, Indépendance, Démocratie, Unité et Prospérité (ce dernier terme a été substitué à "Socialisme" en 1991).

Le Parti

L'organe central qui dirige le Laos est le Parti révolutionnaire du peuple lao (PRPL), fondé sur le modèle du Parti communiste vietnamien.

Le PRPL est administré par le Congrès du parti, qui se réunit tous les quatre ou cinq ans pour élire ses dirigeants. Les autres organes du parti sont le Bureau politique (Politburo), qui compte 9 membres, le Comité central (49 membres) et le Secrétariat permanent.

L'idéal poursuivi est la "dictature prolétarienne", comme l'a proclamé le secrétaire général Kaysone Phomvihane en 1977 :

"Pour conduire la révolution, la classe ouvrière doit agir avec l'aide de ses généraux, c'est-à-dire le parti politique de la classe ouvrière, le Parti marxiste-léniniste. Dans notre pays, c'est le PRPL qui est le seul représentant authentique des intérêts de la classe ouvrière, des masses ouvrières de tous les groupes ethniques de la nation lao."

Bien que se déclarant prolétarien, le PRPL rassemble essentiellement des fermiers et des membres de différentes ethnies, même si la participation des ouvriers urbains s'est accrue depuis la révolution de 1975. Avant la prise du pouvoir, le Parti se composaient à 60% de Lao Theung (habitants de moyenne montagne, d'origine essentiellement proto-malaise ou môn-khmère), à 36% de Lao Loum (Lao des

La corruption

Lorsqu'ils souhaitent signifier qu'ils ne sont pas riches ou qu'un prix de vente excède par trop leurs moyens, les Lao marmonnent volontiers un de leurs dictons favoris : "Je suis du peuple, pas du gouvernement". Autrement dit, l'homme de la rue ne doute pas une seconde que les phùu *mīī sīī*– ceux qui portent un uniforme – ont communément accès à des richesses qui lui sont, à lui, refusées. Comme c'est le cas dans un grand nombre de pays en développement, des salaires trop bas incitent les fonctionnaires du gouvernement à chercher d'autres revenus dans le travail au noir et la corruption sous forme de pots-de-vin. Nombreux sont en effet les intérêts privés qui souhaitent naviguer sans heurts sur les mers tentantes de la bureaucratie laotienne.

Au niveau du petit fonctionnaire de base, il ne s'agit généralement que de banals graissages de patte : quelques milliers de kips ici ou là vous valent un service préférentiel ou plus rapide, ou tout simplement vous assurent la bonne volonté de l'employé qui, du coup, ne fera que son travail. Mais à des niveaux plus élevés, les sommes enflent copieusement. Il n'existe pratiquement aucune société internationale au Laos, gouvernementale ou non-gouvernementale, publique ou privée, qui d'une manière ou d'une autre n'entre dans ce manège. Les appels d'offres gouvernementaux et les contrats d'aide internationale (projets d'autoroute et programmes énergétiques en particulier) suscitent une rude concurrence, et il n'est pas rare que l'argument décisif de la négociation se réduise tout simplement au montant de l'enveloppe passée sous la table. Le résultat, malheureusement, c'est que trop souvent les réalisations n'atteignent pas les normes prévues, car les sociétés les plus compétentes n'emportent pas toujours les contrats. Les sociétés étrangères et les organisations d'aide internationale s'adjoignent les services d'un "fixeur" à plein temps, sorte de factotum qui vous obtient des billets d'avion même quand les vols sont archi-complets et sait débrouiller pour vous les multiples complications de la vie quotidienne. Ces pratiques tendent à encourager la corruption.

Comme le gouvernement ne perçoit que des sommes très faibles de ses contribuables, une partie de la corruption peut représenter une entrée d'argent pour l'État. La plupart des pots-de-vin sont, après tout, une forme de taxation des riches. C'est aussi grâce à la petite corruption que l'uniforme du gouvernement (les carrières dans l'administration) offre à tous ceux qui ont peu d'instruction ou manquent d'ambition un potentiel de revenus parfaitement inaccessible autrement.

Mais beaucoup de Laotiens disent en privé que la corruption commence à dépasser les bornes. Selon certaines sources, 40% de l'aide internationale passe directement dans le portefeuille des politiciens laotiens et l'on remarque un parallélisme frappant entre l'accroissement des fonds et des investissements de ces organisations d'une part, et l'enrichissement fabuleux des ministres et de leurs compères d'autre part. D'immenses et luxueuses demeures poussent comme champignons après la pluie dans les banlieues chic de Vientiane. C'est ainsi qu'un grand architecte laotien vient de terminer les plans d'un splendide château résidentiel destiné aux officiels et à leurs familles.

Malgré cela, le gouvernement dépense moins de 20% du budget national pour l'aide sociale. On retrouve là une caricature de cette même corruption gouvernementale que le Pathet Lao avait promis d'éliminer lors de sa prise de pouvoir en 1975. Tous ceux qui ont cru en l'idéal socialiste d'égalisation socio-économique et de redistribution des richesses verront dans les signes de corruption de plus en plus évidents et de plus en plus nombreux l'occasion d'une amère désillusion. ■

basses terres) et à 4% de Lao Sung (tribus des montagnes, essentiellement Hmong et Mien). La répartition actuelle n'a pas été divulguée par le Parti.

Comme pour la plupart des partis communistes, c'est le Politburo qui détient le pouvoir du PRPL et qui prend l'ensemble des décisions politiques. Théoriquement, les neuf membres du Bureau politique sont choisis par le Comité central du Parti. Dans la pratique, le secrétaire général du Politburo, celui du Secrétariat et du Comité central ne sont qu'un seul et même homme, Khamtay Siphandone (également président), les membres de ces grands organes sont en fait cooptés par ce leader, qui jouit du soutien des Vietnamiens depuis les années 40.

Le gouvernement

La structure du gouvernement de la RDPL est calquée sur le modèle de l'administration de la République socialiste du Vietnam (RSV). Le Conseil du gouvernement, à l'image du Conseil des ministres de la RSV, chapeaute douze ministères (par exemple, le ministère de l'Information et de la Culture). Il existe en outre un Bureau du Premier ministre, une Banque nationale, un Comité national de planification et un Comité des nationalités.

L'Assemblée nationale (ex-Assemblée suprême du peuple) constitue l'organe législatif, à l'image du Soviet suprême de l'ancienne URSS. Depuis la révolution, le nombre de ses députés a souvent changé ; il compte actuellement 99 membres. Tous sauf un sont adhérents au Parti communiste et les deux tiers sont issus du PRPL, du Front lao pour la reconstruction nationale et de l'Alliance des forces neutralistes patriotiques lao (un groupe d'officiers aligné sur l'armée révolutionnaire populaire lao). A l'époque de la révolution, si deux tiers de ses députés étaient membres du PRPL, aujourd'hui, le Parti domine totalement l'Assemblée. Les élections permettent de choisir 99 députés parmi 160 candidats. Jusqu'à présent, l'Assemblée a eu pour fonction essentielle de se réunir une fois par an pour approuver les déclarations du Premier ministre. Tous les cinq ans, elle élit le président et le Premier ministre, bien qu'en réalité ce sont les 49 membres du Comité central du Parti qui les désignent à l'avance. Bien que tenu à bulletin secret, le dernier scrutin, en février 1998, n'a révélé aucune surprise. Son président, élu en février 1993, se nomme Samane Vignaket ; membre du Politburo, il était auparavant ministre des Sports et de l'Éducation.

Constitution et code juridique

Au cours des quinze années qui ont suivi la révolution, la RDPL ne s'est jamais dotée d'une Constitution. La première Constitution officielle, rédigée par le Parti, a été approuvée par l'Assemblée nationale du peuple au cours de l'été 1990. En matière d'économie, aucune référence n'est faite au socialisme. En revanche, cette Constitution formalise le commerce privé et les investissements étrangers. La faucille et le marteau ont également disparu de l'emblème national figurant sur tous les panneaux et documents officiels. Une image ressemblant au monument de Pha That Luang à Vientiane les remplace. Pourtant une fois par an (le 2 décembre, jour de la fête nationale), le pays entier ressort ses drapeaux rouges avec faucille et marteau (pour plus d'informations sur le communisme lao, reportez-vous à la rubrique *Économie* dans ce chapitre).

Le premier code juridique de la RDPL n'est entré en vigueur qu'en 1988, année où Vientiane a commencé à se tourner vers l'étranger pour attirer des capitaux. Il a mis en place des tribunaux, un ministère public, un code pénal et un des codes les plus libéraux d'Asie en matière d'investissements étrangers. Bien que la Constitution garantisse le droit à la propriété, le Pathet Lao détient toujours une partie substantielle de la propriété privée confisquée en 1975. Ce n'est que grâce à des relations directes avec l'armée que certains citoyens ont pu récupérer leurs terres et leurs maisons.

Le Front lao
pour la reconstruction nationale

Le Front lao pour la reconstruction nationale (FLRN) a été fondé en 1979 pour remplacer l'ancien Front patriotique lao, qui existait depuis 1956 et servait de couverture politique au clandestin Parti populaire lao. Ce renouveau, qui n'est pas sans rappeler le Front patriotique de la RSV, devait permettre de réprimer les troubles au sein de la population, en ranimant la flamme nationaliste auprès des masses. Autrement dit, il n'est pas nécessaire d'être membre du Parti pour y adhérer, il suffit d'en appliquer les principes.

Le FLRN rassemble le PRPL, la Fédération des syndicats lao, la Fédération des paysans lao, l'Association des femmes, et d'autres groupes créés à l'origine par le Parti. Le Front est administré par un Congrès national, un Présidium (dirigé par le président Khamtay Siphandone, élu par l'Assemblée nationale), un Secrétariat, un Comité central ainsi que des comités locaux au niveau des villages, des cantons, des districts et des provinces. Comme l'Assemblée nationale, le FLRN n'a aucun pouvoir réel, il semble avoir pour seule vocation d'approuver sans discussion les décisions du Parti. La structure gouvernementale du pays tend à offrir une chance au pluralisme.

Le découpage politique

Le Laos est divisé en 16 *kwãeng* (provinces) : Viangchan (Vientiane), Sayabouri, Luang Prabang, Luang Nam Tha, Xieng Khuang, Hua Phan, Phong Saly, Bokeo, Udomxai, Bolikhamsai, Kham Mouan, Savannakhet, Salavan, Sekong, Attapeu et Champasak. En outre, Vientiane (Kamphaeng Nakhon Viangchan) constitue une préfecture indépendante jouissant du même statut administratif que les provinces. Converties en 1995 en "zone spéciale Saisombun", deux régions sont passées sous l'administration de l'armée laotienne. Il s'agit de la partie orientale de la province de Vientiane et d'une partie des provinces de Xieng Khuang et de Bolikhamsai, qui sont infestées de bandits armés ou de forces insurrectionnelles.

Chaque province rassemble plusieurs *meuang* (districts), regroupant eux-mêmes

Les emblèmes nationaux

L'emblème national, qu'on voit sur un grand nombre de publications officielles, représente un cercle presque complet formé par des tiges de riz incurvées. Ce cercle contient six symboles de l'État prolétarien productif : le Pha That Luang de Vientiane symbolise la religion, le damier de rizières l'agriculture, les rouages l'industrie, le barrage l'énergie, une autoroute les transports et un bouquet d'arbres la forêt. La légende inscrite en lao au-dessous de cet emblème signifie "République démocratique populaire du Laos".

Le drapeau national comprend deux bandes horizontales rouges (représentant le courage et l'héroïsme) séparées par une bleue (la nation) portant au centre une sphère blanche et vide qui symbolise la lumière du communisme ou la lune. Ce drapeau flotte devant tous les bureaux du gouvernement et aux portes des maisons le jour de la fête nationale (le 2 décembre). On exhibe aussi ce jour-là un second drapeau représentant un marteau et une faucille jaunes sur fond rouge, symbole international du communisme. Ce déploiement ne manque pas d'une certaine ironie quand on sait que le mot communisme ne figure sur aucun document officiel du pays (pas même sa Constitution !) et que le marteau et la faucille ont été retirés du drapeau national au début des années 90. En outre, le Laos ne possède pas une seule statue de Lénine ou de Marx (mis à part le buste de Lénine au musée de la Révolution lao à Vientiane).

Kaysone Phomvihane, fondateur du Parti révolutionnaire du peuple lao, maintenant décédé, est aujourd'hui un héros national. En 1995, le gouvernement a pris livraison de vingt bustes de Kaysone, œuvres de sculpteurs nord-coréens, auteurs de statues similaires représentant l'ancien dictateur coréen Kimm Il Sung. On commence à voir ces bustes un peu partout : ils ornent les monuments récemment érigés sur les places de toutes les capitales de province et dans quelques sites particuliers. ■

Emblème national lao

au moins deux *tátsénng* (sous-districts ou cantons), à leur tour divisés en *bâan* (villages).

Relations avec le Vietnam

L'influence vietnamienne sur la politique laotienne reste forte, et les conservateurs vieillissants, qui ont été formés au Vietnam, conservent des relations étroites avec leurs maîtres à penser. La situation a un peu évolué, entre 1992 et 1995, avec le décès de plusieurs membres importants du parti formés par des militaires et des politiques vietnamiens, dont les anciens président Kaysone Phomvihane et Souphanouvong (le Prince rouge).

Certains observateurs estiment que l'influence vietnamienne devrait diminuer à l'avenir avec l'arrivée de générations plus pragmatiques. Pourtant, le président actuel, Khamtay Siphandone, 71 ans, a fait ses études à Hanoi et entretient aujourd'hui des liens étroits avec l'armée vietnamienne. Quant au Premier ministre élu au début de 1996, Choummaly Sayasone, il a d'abord occupé les fonctions de ministre de la Défense et passe pour un conservateur très influencé par l'idéologie politique vietnamienne.

La dissidence et l'insurrection

Contrairement à ce qui s'est passé entre 1988 et 1990 en Europe de l'Est, où les dissensions populaires ont entraîné d'énormes changements politiques, ou en Chine ou au Myanmar, où l'insurrection s'est vue brutalement réprimée, on ne peut pas dire que le Laos soit aujourd'hui touché par la vague de démocratisation, ni parler de mécontentement généralisé et ouvertement exprimé. Certes, face à l'adversité, les bouddhistes lao ont tendance à dire *"baw pen nyãng"* ("cela ne fait rien"), mais il semble aussi que, dans l'ensemble, les Laotiens soient satisfaits de leur système politique post-révolutionnaire, qui leur a enfin apporté la paix après trois siècles de guerre. Par ailleurs, la menace des camps de rééducation a certainement réduit au silence la plupart des contestataires entre la fin des années 70 et les années 80.

Toutefois, on ne peut s'empêcher de penser que la principale raison de cette tranquillité apparente tient surtout au fait que les dissidents n'ont qu'à franchir le Mékong pour se réfugier dans le Nord de la Thaïlande, où ils peuvent aisément se fondre parmi leurs frères isaan qui parlent également lao. Depuis 1975, 10% de la population a ainsi quitté le pays et les trois quarts d'entre eux faisaient partie de l'élite intellectuelle – sans doute les plus enclins à exprimer leur désaccord politique.

Pourtant, plusieurs petits mouvements d'insurgés se cachent au cœur des forêts et des montagnes. Ainsi, certains guerriers hmong cherchent encore à réaliser le rêve de Vang Pao qui voulait créer un district hmong autonome, d'autres veulent simplement prendre leur revanche sur le Pathet Lao et des années passées en camps de rééducation. Il existerait également des groupes armés, financés en partie par des anticommunistes thaïlandais fanatiques en liaison avec d'anciens membres de l'armée royale lao, et par des groupes américains qui espèrent retrouver la trace de prisonniers et de pilotes disparus en vol durant la guerre. Au début des années 90, la Ligue nationale américaine des familles, jadis fort respectée pour son action militante, a été accusée de détournement de fonds à hauteur de 700 000 $US. En fait, cet argent finançait des programmes d'entraînement à la guérilla sous la direction d'un colonel retraité de l'armée américaine. Ces programmes s'adressaient aux Lao et aux Hmong vivant en Thaïlande.

Selon les spécialistes, quelques milliers d'hommes armés subsisteraient dans les zones reculées (les estimations varient entre 200, pour les plus modestes, et 10 000 pour les plus fantaisistes). L'Organisation de libération ethnique du Laos (OLEL), considérée comme le plus grand groupe d'opposition du pays, est composée d'anciens insurgés hmong appelés Chao Fa (les seigneurs du ciel). Ils se sont rassemblés en 1975, sous la direction de Zhong

Zhua Her (aussi connu sous le nom de Pa Kao Her), ancien combattant de la résistance hmong contre le Pathet Lao et les forces vietnamiennes dans les années 60 et 70. De 1980 à 1984, les Chao Fa furent accueillis, entraînés et armés par la Chine. Par la suite, Zhong Zhua Her et son groupe s'installèrent dans la province de Sainyabuli sous le nom d'OLEL, considéré aujourd'hui comme le dernier bastion non communiste. L'organisation compterait 2 000 soldats armés, ainsi que des hommes entraînés, sans armes.

La deuxième grande organisation d'insurgés du Laos est le Front de libération national lao (FLNL), composé de Hmong, fidèles à Vang Pao, ainsi que d'une armée alliée de 1 500 hommes, dans la province de Xieng Khuang. Bien qu'issus de la même ethnie, le FLNL et l'OLEL seraient en conflit larvé.

Les médias thaïlandais transmettent parfois des messages émanant d'un certain "Front de libération lao unifié" qui proclame la création d'un "gouvernement provisoire" quelque part au Laos mais qui, plus vraisemblablement, doit se trouver sur le sol thaïlandais.

D'autres groupes ont publié divers décrels antigouvernementaux, parmi lesquels le Mouvement de libération nationale pour un Laos libre, la Force de salut national pour un Laos libre et démocratique et le Mouvement pour la démocratie au Laos, qui a son siège à Paris.

Dans leur grande majorité, ces mouvements rebelles n'opèrent que sporadiquement, le plus souvent de l'étranger. Rien de commun, on le voit, avec l'insurrection qui se déroule actuellement dans des pays comme le Cambodge, le Myanmar ou les Philippines. D'ailleurs, le soutien international pour des mouvements de ce type ne cesse de décroître et le Pathet Lao poursuit une politique d'ouverture prudente aux libertés économiques et politiques. Pour en savoir plus sur l'activité des mouvements armés rebelles au Laos, reportez-vous à la rubrique *Désagréments et dangers* du chapitre *Renseignements pratiques*.

Au début des années 90, le département d'État américain reçut des protestations des gouvernements de Thaïlande et du Laos sur la conduite présumée de ressortissants américains et de résidents légaux soi-disant impliqués dans des activités visant à renverser ou à déstabiliser le gouvernement laotien. Ces activités se seraient déployées tant en Thaïlande qu'au Laos. Le même mois, trois citoyens américains et un résident furent arrêtés en Thaïlande pour possession d'armes non autorisées ; tous les quatre furent expulsés de Thaïlande. Le gouvernement thaïlandais a également placé le général Vang Pao, actuellement en résidence aux États-Unis, sous mandat d'arrêt thaïlandais.

ÉCONOMIE
Période prérévolutionnaire
L'agriculture, la pêche et la sylviculture occupent environ 80% de la population ; 10% sont employés dans l'armée ou la fonction publique et 10% sont sans emploi. La révolution de 1975 n'a pratiquement rien changé à cette répartition.

Depuis les années 50, le Laos est largement tributaire de l'aide étrangère. Le montant et l'origine de ces fonds ont énormément varié au fil des années. Entre 1968 et 1973, au plus fort de l'aide américaine (en moyenne près de 74,4 millions de dollars par an), le Laos comptait parmi les pays les plus subventionnés du monde par habitant. Seule la zone formée par Vientiane, Luang Prabang et Savannakhet et régie par le gouvernement royal du Laos bénéficiait de ce financement, la "zone libérée" (qui se contentait de recevoir les bombes américaines) en était exclue. Durant cette période (en fait dès 1964, date à laquelle la guerre de résistance a véritablement commencé), les onze provinces du Pathet Lao ont vécu d'une économie de subsistance, complétée par les matières premières fournies par l'URSS, la Chine et le Nord-Vietnam.

Les réformes postrévolutionnaires
Lorsque l'aide américaine a cessé, en 1975, l'économie de Vientiane s'est effondrée et le nouveau gouvernement s'est retrouvé à

Le système économique laotien

Le Laos pratique une économie de type capitaliste revisitée par l'idéologie communiste. La *Jintanakan mai* (nouvelle pensée), version lao de la perestroïka, caractérise ce que les dirigeants affirment être une interprétation fidèle du marxisme, considérant que les pratiques capitalistes ne constituent qu'une étape vers l'avènement du socialisme. Quand celui-ci interviendra-t-il ? "Lorsque le contexte mondial s'y prêtera" affirment les chefs du gouvernement.

Comme le ministre des Affaires étrangères l'a dit à des reporters réunis à Vientiane en décembre 1995 à l'occasion du 20e anniversaire de la révolution de 1975 : "Le Parti révolutionnaire du peuple lao suit toujours une idéologie marxiste-léniniste et la nouvelle prospérité dont jouissent bon nombre de nos concitoyens existe grâce à cette idéologie, et non malgré elle."

Avant d'accuser la direction du pays d'hypocrisie, n'oublions pas que la révolution lao a davantage été motivée par le nationalisme que par l'idéologie marxiste. Si les nationalistes lao ont repris les idées de leurs maîtres, c'est parce que Ho Chi Minh et les Nord-Vietnamiens ont été leur seuls alliés dans leur lutte pour la création d'un nouvel État. Une fois au pouvoir, ils ont adopté une position pragmatique. Lorsque la collectivisation s'est révélée un échec, ils ont rapidement abandonné ce système ; lorsqu'ils se sont rendu compte que la suppression radicale de la communauté monastique bouddhiste allait à l'encontre de la volonté populaire, ils ont également renoncé à cette politique.

En dépit de toutes leurs bévues, les dirigeants laotiens donnent l'impression d'avoir réellement à cœur de gérer au mieux les intérêts des habitants. Même les restrictions au développement touristique, aussi injuste puissent-elles paraître aux yeux de l'étranger, semblent motivées par un souci de conserver la dignité et la sécurité dans le pays. ■

la tête d'un pays au bord de la faillite. Jusqu'en 1979, la politique de "socialisation accélérée" (nationalisation du secteur privé et collectivisation de l'agriculture) n'a fait qu'aggraver les choses. Reconnaissant les protestations paysannes, le gouvernement a donc décidé, en juillet 1979, de mettre un coup d'arrêt à la création de nouvelles fermes collectives et a ordonné la consolidation des coopératives existantes.

Ce changement de politique a ouvert la voie à la libre entreprise dans les campagnes, les villages et les villes. Les familles, par exemple, ont été autorisées à cultiver leurs propres rizières ; néanmoins, les principales activités agricoles (défrichement, plantation, sarclage et récolte) sont toujours effectuées collectivement. Tous ceux qui connaissent la pratique de la riziculture dans cette région du Sud-Est asiatique savent que c'est la méthode collectiviste qui est la plus couramment utilisé, même dans les pays capitalistes comme la Thaïlande. Au Laos, les récoltes de riz sont divisées en trois parties égales : une part va à l'État, la deuxième à la réserve du village et la troisième à la famille (établie selon un système de rations par personne), qui est libre de la conserver pour sa consommation personnelle ou de la vendre.

Le PRPL a radicalement modifié sa politique monétaire (autorisant le change flottant) ainsi que la tarification des matières premières (rapprochant les prix des taux du marché libre), de sorte que, à la fin des années 80, le pays avait retrouvé une relative stabilité. Les biens de consommation et les produits agricoles ne manquent pas, sauf dans les zones rurales du Sud, qui souffrent encore régulièrement de pénuries conjoncturelles de riz.

En 1987, le gouvernement a continué à assouplir les restrictions pesant sur l'entreprise individuelle. Ainsi, si avant cette date seule la moitié des boutiques de la principale avenue commerçante de Vientiane, Thanon Samsenthai, était ouverte, fin 1989, au moins 75% avaient ouvert leurs portes et aujourd'hui l'avenue entière prospère à nouveau. Le Laos accueille volontiers les investissements privés et étrangers.

La propriété privée de la terre est désormais légale au Laos. Beaucoup de fermiers et de petits propriétaires (mais pas tous, loin de là), dont les terres furent collectivisées à partir de 1975, ont pu réclamer leurs biens. Et même, depuis 1991, un petit nombre choisi d'aristocrates d'avant 1975 – au moins ceux qui ont les moyens d'offrir des faveurs à l'establishment politique – sont autorisés à réclamer leurs anciennes résidences.

Infrastructure, inflation et revenus actuels

La libéralisation économique ne suffit néanmoins pas à expliquer la consolidation économique du pays. L'aide étrangère, qui a recommencé à partir de 1980, représente pour certaines années près de 78% du budget national. La Banque pour le développement de l'Asie (BDA), entre autres, a augmenté ses prêts lorsque la situation du pays s'est améliorée.

Depuis que le Laos a repris sa place sur la scène économique international, les organismes des Nations unies, tels que l'Unesco et le Pnud (Programme des Nations unies pour le développement), n'hésitent plus à y injecter des fonds et à y envoyer du personnel. Plusieurs organisations non gouvernementales comme Save the Children, Mines Advisory Group et World Concern sont également représentées.

L'aide étrangère avoisine les 150 millions de $US par an, dont 70% proviennent de donneurs multilatéraux comme la BDA, le Pnud et l'Unicef, 25% de donneurs bilatéraux (surtout japonais, suédois, australiens, français, allemands, suisses et américains) et 5% d'ONG. L'aide russe a chuté de 60% en 1990 et a pratiquement cessé en 1991. En 1995, les États-Unis ont résilié leur embargo sur l'aide au Laos qui datait de 1975. Au bout du compte, l'aide étrangère représente environ 45% du budget national.

Si l'économie se développe depuis 1989, c'est aussi parce que le gouvernement

tolère le *talàat mèut*, marché libre ou marché noir. Partout dans le pays des marchés écoulent librement des produits non taxés en provenance de Thaïlande, de Chine et d'ailleurs, et l'on change au grand jour des monnaies étrangères, principalement des dollars américains et des bahts thaïlandais.

Dans les villes se développe une petite classe d'entrepreneurs et de membres de l'establishment communiste qui prospère grâce aux pots-de-vin. Leurs privilèges économiques ne sont pas sans rappeler ceux des anciens colons français. Les carnets de commandes des bureaux d'architectes laotiens et thaïlandais débordent et les villas entourées de jardins paysagers agrémentés de piscines fleurissent un peu partout dans les banlieues aisées.

Au plan international, toutefois, le Laos compte toujours parmi les 10 pays les plus pauvres du monde, à l'instar du Bangladesh, du Rwanda ou du Bhoutan. Selon les critères mondiaux, 46% de la population vit en dessous du seuil de pauvreté.

Le revenu annuel par habitant en 1998, 370 $US (contre 135 $US en 1989), place le Laos devant le Vietnam et le Cambodge (270 $US), mais après la Chine (665 $US) et le Bhoutan (420 $US).

En ce qui concerne le pouvoir d'achat, le Laos atteint une moyenne annuelle de 1 775 $US par habitant, comparé à 8 165 $US en Thaïlande et 1 430 $US au Vietnam.

En 1998, la croissance du produit national brut (PNB) devrait atteindre 6,9% (contre -0,4% pour la Thaïlande). Autre bonne nouvelle, le Laos peut se targuer de compter parmi les pays les moins endettés d'Asie, essentiellement grâce à l'aide internationale. En moins de dix ans, les exportations de biens et services sont passées de 4% du PNB en 1985, à 23% en 1996. Cependant, en 1997 et 1998, ce taux est repassé sous la barre des 10%.

Les difficultés économiques qui touchent l'Asie du Sud-Est depuis 1997 n'ont pas épargné le Laos. La monnaie nationale laotienne, le kip, a été entraînée dans une spirale déflationiste en même temps que le baht thaïlandais. Des projets de développement financés par des Thaïlandais, à l'instar de l'autoroute Huay Xai-Luang Nam Tha, ont été retardés ou même abandonnés. Cependant, l'aide occidentale a permis de réduire l'impact de la crise économique. De plus, le niveau de vie de la population étant déjà bas, les ajustements conjoncturels sont moins importants au Laos que chez ses voisins.

L'inflation a été jugulée au début des années 90, passant de 65% en 1989 à 9% en 1996. En 1997 et 1998, le taux d'inflation réel en dollars est resté stable, et a même diminué, suite à la dépréciation du kip, conséquence de la dévaluation du baht thaïlandais. A Vientiane, le taux d'inflation est un peu plus élevé, oscillant aux alentours de 10/12% par an. Cette différence s'explique par les tensions créées par les salaires des expatriés sur l'économie locale.

La régionalisation de l'économie

Environ 30% de la population vit dans la vallée du Mékong, où le commerce repose essentiellement sur les échanges avec la Thaïlande. Les nouveaux centres économiques qui se sont récemment développés dans l'extrême nord du pays (principalement à Udomxai, Phong Saly et Luang Nam Tha) regroupent 10% de la population. C'est une région où le commerce avec la Chine prédomine et où le gouvernement laotien exerce peu de contrôle depuis 1989. La situation est sensiblement la même dans le couloir de Savannakhet à Lao Bao, entre les frontières thaïlandaise et vietnamienne, où les échanges entre le Vietnam, le Laos et la Thaïlande ne sont aucunement gênés par l'intervention de l'État.

En raison de son isolement par rapport aux marchés extérieurs, la région de Luang Prabang ne représente que 2 à 3% de l'activité économique du pays. Elle est massivement financée par l'aide étrangère et le tourisme.

Une fois que la Route 13, qui relie Luang Prabang à la frontière chinoise, sera terminée, la région connaîtra probablement une formidable expansion et deviendra sans doute un important carrefour commercial.

Selon les estimations, entre 50 et 60% de la population continue à vivre d'une économie de subsistance qui se limite aux échanges entre villageois.

L'agriculture et la sylviculture

Seuls 7% des terres sont cultivables. Le relief impose deux formes distinctes d'agriculture. Dans les plaines, les communautés agricoles sédentaires utilisent l'irrigation, tandis que les fermiers des montagnes, semi-nomades, pratiquent la culture sur brûlis ou essartage (voir la partie *Végétation* dans la rubrique *Faune et flore* dans ce chapitre).

Bien que les menaces sur l'équilibre écologique ne soient pas reconnues unanimement, le gouvernement tente actuellement de dissuader les populations d'altitude d'employer la culture sur brûlis. Selon les estimations actuelles, environ un million d'agriculteurs laotiens pratiquent encore cette méthode.

Parmi les cultures les plus importantes, citons le riz, le maïs, le blé, le coton, le tabac, le soja et les cultures maraîchères ; le riz de colline, le tabac, le thé, le café, le maïs et l'opium (de loin l'activité la plus lucrative du pays) constituent le principal revenu agricole des montagnes.

La forêt couvrant près des deux tiers du territoire, le bois et les produits dérivés du bois représentent une activité importante équivalant à près de 25% de la part des exportations.

Le teck est le bois le plus exporté (et le plus rémunérateur), suivi de produits forestiers secondaires, tels que le benjoin, une sorte de résine utilisée dans la fabrication des parfums, et la cardamome, une épice particulièrement agréable.

Les minerais

Cependant, le plus grand potentiel économique du Laos réside dans la richesse de ses sous-sols : étain, charbon, pétrole, fer, cuivre, or, phosphorite, gypse, zinc et sel.

Pour certains de ces minerais, l'exploitation vient juste de démarrer. Plusieurs compagnies pétrolières internationales explorent actuellement les champs pétroliers, notamment dans le Sud.

L'énergie hydroélectrique

Le Laos possède 60 400 m^3 de ressources hydrauliques renouvelables par personne, ce qui représente un potentiel énergétique bien plus importante que dans les autres pays d'Asie (la Thaïlande ne dispose que de 2 000 m^3, le Myanmar 24 000 et le Vietnam 5 400).

Le barrage de Nam Ngum, situé à 70 kilomètres au nord de Vientiane, fournit la plus grande partie de l'électricité de la vallée. La Thaïlande importe en outre près de 850 millions de kWh par an, *via* les lignes à haute tension qui traversent le Mékong jusqu'à Udon Thani.

Une fois que les équipements nécessaires seront réalisés sur la Route 13, Luang Prabang sera branchée sur le réseau énergétique de la vallée de Vientiane. Près de Tha Khaek, le barrage de Nam Thuen-Hin Bun, en projet, devrait exporter vers la Thaïlande la totalité d'une production prévue à 210 mw en l'an 2000. La liaison avec le réseau principal thaïlandais s'établira par une ligne de transmission de 95 km en direction de la province de Sakon Nakhon. Une vingtaine de projets hydrauliques sont à l'étude. Les plus importants projets retenus par les investisseurs portaient tous sur l'énergie : Nam Theun II (Thaïlande/Australie/France/Laos), Hongsa Lignite (Thaïlande), Nam Ngiep I (États-Unis) et Nam Ngum II (États-Unis).

La pêche

Le poisson, dont les fleuves laotiens regorgent, occupe une place importante dans l'alimentation de la population. Avec ses 370 km^2 de superficie, l'immense lac artificiel créé par le barrage de Nam Ngum abrite de nombreuses pêcheries expérimentales. Si ces projets réussissent, le Laos sera bientôt en mesure d'exporter du poisson d'eau douce vers la Thaïlande.

L'industrie manufacturière

Depuis quelques années, ce secteur de l'économie est en rapide expansion. On peut citer par exemple l'industrie du vêtement et l'assemblage de motocyclettes, qui participent au développement des exportations. Bien que la plupart des produits de consommation arrivent de Thaïlande ou d'ailleurs, les usines prolifèrent à Vientiane : boissons non alcoolisées, bière, cigarettes, briques, ciment... Dans l'ensemble, l'investissement étranger s'intéresse moins aux matières premières qu'au partenariat industriel, même si le Laos ne dispose pas d'une main-d'œuvre aussi importante ni aussi qualifiée que le Vietnam.

Anticipant sur l'avenir, le gouvernement envisage de développer l'exploitation des ressources minières et forestières de la province de Khammuan, au centre du pays, afin d'en faire un grand centre industriel.

Le tourisme

Depuis que le gouvernement publie les statistiques de l'activité touristique, le nombre annuel des entrées est passé de 14 000 en 1991 à 403 000 en 1996. Plus de la moitié (227 600) sont des Thaïlandais, souvent en possession d'un simple laissez-passer de deux ou trois jours. Les autres visiteurs viennent du Vietnam (65 500) et de Chine (16 700). Les plus important contingents de touristes occidentaux sont les Français (11 600), suivis par les Américains (11 100), les Japonais (6 600), les Australiens (6 100), les Britanniques (4 000) et les Allemands (4 000). Pour la seule année 1996, le revenu total généré par le tourisme s'élevait, suivant certaines estimations, à 12 millions de $US, contre 2,2 millions en 1991. Le tourisme constitue donc la quatrième source de revenus du pays, même si le Laos reste fort en retard sur ses voisins.

Compte tenu du développement de ces dernières années, l'Autorité nationale du tourisme du Laos (ANTL) prévoit l'entrée de 780 000 touristes en 1999. Pour atteindre ce chiffre, l'ANTL a lancé une campagne intitulée "1999, année du tourisme au Laos".

Le Triangle d'or et l'opium

Le *Papaver somniferum* ou pavot est cultivé pour sa résine, utilisée comme narcotique, depuis la Grèce antique. Les Chinois ont découvert cette drogue par l'intermédiaire de marchands arabes sous le règne de Kubilaï Khan (1279-1294). Les minorités montagnardes du sud de la Chine commencèrent à cultiver cette plante, connue pour ces vertus médicinales, pour payer l'impôt qu'ils devaient verser à leurs seigneurs Han. Facile à cultiver, l'opium devint rapidement le meilleur moyen pour les nomades des montagnes de gagner l'argent nécessaire à leurs transactions (volontaires ou forcées) avec les habitants des plaines. Nombre de ces tribus qui émigrèrent en Thaïlande et au Laos après la Seconde Guerre mondiale, afin d'échapper aux persécutions sévissant en Birmanie et en Chine, emportèrent avec elles cette unique culture de rapport. La haute plante à fleurs est tout à fait adaptée à la culture en altitude car elle se plaît sur les pentes escarpées au sol pauvre.

Le commerce de l'opium s'est révélé particulièrement lucratif en Asie du Sud-Est dans les années 60 et 70, lorsque l'armée américaine s'est retrouvée mêlée au conflit vietnamien. Dans son livre intitulé *The Politics of Heroin in Southeast Asia*, Alfred McCoy explique comment les GI sont non seulement venus grossir le marché régional, mais lui ont également fourni de nouveaux débouchés internationaux. Auparavant, le principal producteur d'héroïne était le Moyen-Orient. Très vite les différentes parties prenantes se sont alternativement battues et entendues pour organiser le trafic de l'opium. Les groupes les plus connus étaient les réfugiés de l'armée nationaliste chinoise vivant dans le nord de la Birmanie et le nord de la Thaïlande ainsi que les rebelles birmans, notamment les membres du Parti communiste birman, de l'armée d'État shan et de l'armée shan unifiée.

La CIA a aussi été impliquée dans le trafic de la drogue en assurant le transport de l'opium et de l'héroïne entre le Laos et le Vietnam, puis à bord d'appareils de la compagnie Air America. Les recettes servaient à financer des opérations clandestines dans toute l'Indochine. Naturellement ces pratiques ont permis d'accroître la diffusion de l'héroïne dans le monde entier, ce qui a entraîné l'augmentation de la production loin du pouvoir central, aux confins de la Thaïlande, de la Birmanie et du Laos. Cette région a depuis été surnommée le "Triangle d'or" en raison des fortunes amassées par les chefs locaux de la guerre de l'opium – le plus souvent des militaires birmans et chinois qui contrôlent le trafic sur les trois frontières.

Avec l'augmentation de la production, la consommation et la demande se sont également accrues, de même que le profit, créant ainsi un véritable cercle vicieux. La culture de l'opium est devenue un travail à temps plein pour certaines minorités montagnardes du Triangle d'or. L'économie étant totalement déstabilisée, l'opium est quasiment devenu la seule source de revenu de milliers de personnes.

Les investissements étrangers

Le Laos dispose de l'un des codes les plus libéraux du monde en matière d'investissements étrangers. Contrairement à son voisin thaïlandais, qui limite la participation extérieure à 49% pour toute entreprise, le gouvernement laotien admet la création de sociétés entièrement détenues par les capitaux étrangers. A cela, il pose deux conditions : l'investisseur doit faire appel à un courtier pour obtenir tous les permis (y compris le visa d'affaires), et le contrôle par un étranger de l'entreprise est limité à quinze ans, à moins que l'autorisation ne soit prorogée.

Quelles que soient leurs compétences, les courtiers pratiquent des honoraires très élevés (on dit en plaisantant à Vientiane que la plus grande partie des revenus fournis par les investissements étrangers provient des droits de courtage).

Certains investisseurs se plaignent du retard de traitement de leur dossier alors qu'ils se sont acquittés de leurs droits et ont transmis leurs documents au bon ministère, tandis que d'autres semblent satisfaits des services obtenus.

En règle générale, l'impôt sur les bénéfices s'élève à 35%, mais certains secteurs

L'opium au Laos

L'opium est cultivé et transformé depuis des siècles dans le Nord du Laos, néanmoins, le pays n'est devenu l'un des plus grands producteurs qu'en 1971, lorsque le gouvernement royal lao a adopté une loi interdisant les narcotiques. Cette décision a largement contribué à la hausse des prix de la drogue. Le trafic a repris de plus belle et les anciens opiomanes se sont tournés vers l'héroïne, plus facile à transporter et à dissimuler. Les fumeries d'opium ont été autorisées sous licence jusqu'à la révolution. En 1975, il existait plus de 60 fumeries officielles à Vientiane ; on ne sait pas très bien quel est leur statut légal aujourd'hui, mais il en existe encore, même dans la capitale.

Officiellement exporté jusqu'en 1991, malgré les condamnations des États-Unis et des pays voisins, l'opium représente sans doute encore aujourd'hui l'une des principales sources de revenu du commerce extérieur. Au troisième rang mondial après le Myanmar et l'Afghanistan, la production annuelle laotienne (100 à 200 tonnes d'opium raffiné) dépasse les records atteints durant la colonisation française. Près de la moitié de la récolte des Hmong et des Mien (les experts évaluent à 60 000 le nombre de familles concernées dans près de 2 200 villages) quitte le pays pour être acheminé ensuite vers la Thaïlande, le Cambodge et la Chine. L'autre moitié est consommée au Laos. Une partie est raffinée en héroïne dans des laboratoires clandestins du nord du pays ou en Chine dans le Yunnan.

Cultivé dans 10 provinces mais surtout dans le nord, le pavot ne finance pas l'insurrection armée comme au Myanmar et le Laos ne connaît pas de seigneurs de la drogue. Planté en octobre et récolté en janvier-février, le pavot se cultive essentiellement sur des petites et moyennes parcelles. Les prix de l'opium traité (c'est-à-dire bouilli) évoluent entre 50 $US et 120 $US le kilo suivant la récolte. En raison du relief accidenté et du manque de routes, la lutte à grande échelle contre la culture du pavot s'avère beaucoup plus difficile qu'en Thaïlande.

En 1987, les gouvernements américain et laotien ont signé un accord pour mettre en œuvre un programme de coopération pour la lutte anti-drogue. Certains membres du programme des Nations unies pour le contrôle des drogues mis en place dans le pays ont été tués au cours d'une embuscade près de Phalavek en 1995. Le principal objectif de ce programme consiste à persuader les cultivateurs de choisir des récoltes de substitution. Des expériences similaires menées en Thaïlande montrent que le projet n'est viable que si le remplacement des cultures s'accompagne d'un véritable effort d'intégration des groupes ethniques minoritaires au mode de vie des plaines.

Bon nombre de groupes ethniques consomme l'opium dans la médecine traditionnelle. Récemment, une étude menée dans les villages producteurs révèle que 11% des habitants fument régulièrement et moins de 5% sont déclarés inaptes au travail en raison de la dépendance à la drogue. La sève d'opium brute, l'huile pressée et les graines de pavot jouent un rôle important dans l'alimentation quotidienne de nombreux groupes ethniques. ■

(généralement liés à l'infrastructure) bénéficient d'un taux préférentiel de l'ordre de 20 à 30%. L'impôt sur le revenu se limite modestement à 10%. Au début de 1998, le gouvernement a délivré aux investisseurs étrangers des autorisations pour un montant total de 6,8 milliards de $US (près de dix fois les chiffres de 1993). Les trois quarts de ces investissements concernent le secteur de l'énergie. Des investissements touchent aussi le tourisme (7%), les mines (5,6%), les textiles et le vêtement, les produits du bois, l'import-export et les industries agro-alimentaires.

Les cinq premiers investisseurs étrangers sont la Thaïlande (47%), les États-Unis (27%), l'Australie (6%), la Malaisie (5%) et la France (5%).

POPULATION ET ETHNIES

Mené sur l'initiative du gouvernement laotien avec l'assistance de l'Agence suédoise pour le développement international, le recensement de 1995 estimait la population du pays à 4,5 millions d'individus ; le taux de croissance annuel moyen s'élève à 2,4%.

Par extrapolation, on peut estimer la population du Laos à 4,7 millions en 1998. Avec

20 habitants au km², le pays présente l'une des plus faibles densités d'Asie (comparée à celle du Vietnam, 230 habitants au km², et à celle de la Thaïlande, 120 habitants au km²). Pour la moitié de la surface de la France, le Laos compte moins d'un dixième de la population hexagonale. Environ 85% de la population vit en régions rurales. Selon le recensement de 1995, Vientiane compterait 133 000 habitants, Savannakhet 124 000, Pakse 64 000, Luang Prabang 63 000 et Huay Xai 44 000.

Près de 10% de la population a quitté le pays après la prise du pouvoir par les communistes. Plus de la moitié de ces émigrants sont des Lao des plaines, le reste regroupant tout un éventail de minorités. 66,5% des émigrants sont partis aux États-Unis ; 15,5% se sont installés en France ; 8,7% au Canada et 4,9% en Australie. Les provinces de Vientiane et Luang Prabang ont été les plus touchées par cette hémorragie. Luang Prabang a perdu environ 25% de ses habitants. Néanmoins, la tendance s'est récemment inversée : la population immigrante (composée de Laotiens rapatriés mais aussi de Chinois et de Vietnamiens, entre autres) dépasse aujourd'hui celle des émigrants.

Selon les statistiques de l'ONU, le taux de mortalité infantile s'élève à 91 pour 1 000, soit quatre fois plus qu'en Thaïlande et trois fois plus qu'au Vietnam. Le nombre d'habitants par médecin s'élève à 4 381 (à titre de comparaison, il est de 2 298 au Vietnam et 9 523 au Cambodge).

Sur le classement général des Nations unies (qui intègre des critères comme le revenu, la santé, l'éducation et les conditions de vie), le Laos se classe au 133e rang des 173 pays étudiés.

La communauté étrangère

Moins d'un millier d'Européens vivent au Laos. La plupart collabore sous contrat à durée déterminée avec des organisations comme l'Unesco, le Pnud, la FAO, etc., ou sur des projets bilatéraux (programme forestier avec la Suède, d'irrigation avec l'Australie, etc.). Un petit nombre travaille pour des multinationales dans le secteur des mines, du pétrole ou de l'énergie hydroélectrique. La quasi-totalité de ce groupe habite de belles maisons à l'est de Vientiane, exactement comme avant 1975. Il faut aussi noter le nombre croissant d'organisations non gouvernementales étrangères, une soixantaine au dernier décompte. Pourtant, leur présence financière ne représente que 5% environ de l'aide étrangère au Laos.

Très peu d'Occidentaux obtiennent un permis de séjour définitif, mais ceux qui possèdent une affaire peuvent généralement faire renouveler leur permis une fois par an et venir dans le pays aussi souvent qu'ils le désirent. Une douzaine d'Occidentaux – comprenant des Français et des Américains – sont restés au Laos pendant la révolution de 1975, car les petites sociétés n'ont pas été nationalisées.

SYSTÈME ÉDUCATIF

Dans les écoles d'État, le système scolaire s'organise sur cinq ans dans le *pathom* (primaire), où l'on entre à six ans. Suivent trois ans dans le *mathayom* (cours moyen) et trois autres dans l'*udom* (cours supérieur). En réalité, les enfants passent en moyenne moins de trois ans sur les bancs de l'école, et les maîtres eux-mêmes ont généralement suivi moins de cinq années de scolarité. Soixante-dix pour cent des Laotiens sont inscrits à l'école primaire mais le taux d'abandon s'élève à 60%. Ces chiffres ne prennent pas en compte l'éducation dispensée dans les vats bouddhiques. Dans les campagnes, l'enseignement monastique est la seule forme d'éducation proposée, et elle s'adresse généralement aux garçons.

De la maternelle Montessori à l'École internationale de Vientiane, en pleine expansion, les écoles privées et internationales prolifèrent. Elles accueillent les enfants des étrangers et de l'élite de Vientiane jusqu'à 14 ans.

Si le taux national d'alphabétisation peut s'élever à 84%, il chute aux alentours de 45% dans les villes (qui ne comptent que

suite p. 49

Les ethnies du Laos

On a pu dire du Laos qu'il est moins un État-nation qu'un conglomérat d'ethnies et de langues, moins une société unifiée qu'une multiplicité de groupes féodaux. Cette impression se vérifie au niveau de la composition ethnique. Traditionnellement, les Laotiens se rangent eux-mêmes en quatre catégories suivant, en gros, l'altitude à laquelle ils vivent.

La moitié de la population se compose de Lao ou Lao Loum. Quant à l'autre partie, elle est représentée entre 10 et 20% par les Thaï, de 20 à 30% par les Lao Theung (habitants de basse montagne, principalement proto-malais ou môn-khmers) et de 10 à 20% par les Lao Sung (tribus hmong ou mien établies en altitude). Le gouvernement préfère une répartition en trois groupes qui englobe les Lao Thaï dans le groupe des Lao Loum. Le pourcentage ainsi obtenu est le suivant : Lao Loum 59,5%, Lao Theung 34% et Lao Sung 9%. Ces trois groupes sont représentés, en costume national, au verso des billets de 1 000 K, dans l'ordre suivant (de gauche à droite) : Lao Sung, Lao Loum et Lao Theung.

Que recouvrent ces catégories ? Il existe officiellement 68 familles ethniques classés selon divers facteurs (langue, histoire, religion, coutumes, etc.). Différencier ces groupes suivant le seul critère de l'altitude de leur village frise le ridicule, surtout quand on sait combien de tribus se sont vues "invitées" à descendre en plaine depuis 1975 !

Les Lao Loum

Les Lao Loum ("Lao du bas") forment la branche ethnique lao dont les membres résident traditionnellement dans la vallée du Mékong ou le long de ses affluents et parlent la langue lao. Il s'agit d'une subdivision de la population austro-thaï que l'on retrouve dans toute l'Asie du Sud-Est, le sud de la Chine et dans le nord-est du sous-continent indien. Selon la classification officielle, ils sont censés résider entre 200 et 400 m d'altitude.

Bien qu'il amalgame de nombreux groupes culturels différents, le peuple laotien est principalement composé d'agriculteurs cultivant tout juste de quoi vivre en utilisant des techniques séculaires. L'ensemble de la population est dispersé sur les terres, souvent accidentées et couvertes de forêts, du Laos, qui présente une densité de population parmi les plus faibles d'Asie.

BERNARD NAPTHINE

Les Lao Loum ont toujours mené une vie sédentaire reposant sur une économie de subsistance fournie par la culture des rizières inondées (leur variété préférée étant le *khào nïaw* ou riz gluant). Comme tous les Austro-thaï, les Lao étaient à l'origine animistes, mais ils ont adopté le bouddhisme Theravada au milieu du premier millénaire de notre ère.

La distinction entre Lao et Thaï est relativement récente, d'autant plus que 80% des Lao (ceux qui parlent une langue reconnue comme un dialecte lao) se trouvent aujourd'hui dans le nord-est de la Thaïlande. Même ceux qui vivent au Laos appellent Thaï différents groupes de Lao Loum comme, par exemple, les Thaï Luang Prabang (Lao de Luang Prabang), les Thaï Pakse (de Pakse), les Thaï Tai (du sud du Laos) et les Thaï Neua (du nord du Laos, ce qui prête à confusion car les universitaires désignent par ce nom une tribu thaï).

La culture en rizières inondées est une spécialité des Lao du bas, ou Lao Loum, qui occupent les plaines fertiles entourant le Mékong et ses affluents. Le groupe des Lao Loum représente la moitié de la population du Laos.

Les Lao Thaï

Il s'agit de sous-groupes Thaï étroitement liés à la famille des Lao, mais de tempérament plus "tribal" ; ils ne se sont en effet pas laissés absorber par la culture lao et ils forment de petits groupes distincts. Comme les Lao Loum, ils vivent le long des vallées fluviales, mais préfèrent souvent les hauteurs aux plaines inondées du Mékong.

Les Lao Thaï cultivent aussi bien le riz de plaine irriguée que le riz de colline. Certains pratiquent encore l'essartage. La plupart d'entre eux ont refusé de se convertir au bouddhisme ou au christianisme, préférant conserver le culte des esprits.

Pour marquer la différence entre les Thaï siamois et les autres groupes austro-thaï, quelques spécialistes lao anglophones utilisent l'orthographe "Tai" qui les recouvre tous.

Les Thaï Dam

Les Thaï Dam (Thaï noirs) vivent sur les plateaux au nord et à l'est du Laos et forment la principale tribu lao-thaï. Bon nombre d'entre eux, arrivés de Dien Bien Phu dans les années 50, habitent la province de Vientiane. Selon leur système de caste, ils se divisent en trois classes : les *phu tao* (anciens), les *maw* (prêtres) et les phu noi (les autres gens). De tous les groupes lao-thaï, les Thaï Dam sont ceux qui ont le mieux conservé leurs traditions.

Les Lao Theung

Apparentés aux Austro-asiatiques, les Lao Theung ("Lao d'en haut") vivent dans les montagnes de moyenne altitude (entre 300 m et 900 m). Ils se divisent en sous-groupes, le plus important étant celui des Khamu, suivi par celui des Htin, puis celui des Lamet. On trouve quelques Laven, Katu, Katang, Alak et autres groupes de la branche môn-khmère dans le Sud. Les Lao Theung sont parfois péjorativement appelés *khàa*, ce qui signifie esclave ou serviteur, parce qu'ils ont servi de main-d'œuvre aux populations d'immigrés thaï il y a plusieurs siècles et, plus récemment, durant la monarchie lao. Aujourd'hui, ils travaillent encore souvent au service des Lao Sung.

Les Lao Theung ont un niveau de vie nettement inférieur à celui des trois autres groupes. Les échanges entre les Lao Theung et les autres Lao reposent généralement sur le troc. Les Khamu, les Htin et les Lamet se servent peu d'outils métalliques.

La plupart des Khamu – dont on dénombre huit sous-groupes – sont originaires du district chinois de Xishuangbanna (Sipsongpanna en lao), dans la province du Yunnan ; ils sont aujourd'hui présents dans les neuf provinces du Nord. Pratiquant généralement la culture sur brûlis, ils vivent du riz des collines, du café, du tabac et du coton. Leurs villages sont installés près des cours d'eau supérieurs. Leurs maisons sont posées à même le sol, comme celles des Hmong, mais les toits sont soutenus par des poutres croisées, similaires aux kalae du nord de la Thaïlande (localement appelés *kapkriaak*). De tradition animiste, la plupart de ceux qui vivent à proximité des Lao se sont toutefois convertis au bouddhisme Theravada et quelques-uns sont chrétiens.

De nombreux Khamu croient que le corps abrite entre 30 et 300 esprits. Même le riz en contient plusieurs, qui sont associés et célébrés cérémonieusement lors du rituel annuel du *suu khwān khào*, fête basi spécialement dédiée au riz.

Les Htin (prononcer "Tin"), très nombreux dans la province de Sayabouri, vivent de la chasse, de l'élevage et de quelques cultures. Le métal étant tabou dans leur culture, pratiquement tous les objets quotidiens sont fabriqués à partir de bambou. Les Htin et les Khamu parlent des langues très proches. Les Htin se désignent sous le nom de Phai alors que la plupart des Lao les appellent Kha Phai.

Les Htin et les Khamu parlent des langues très proches et ils auraient été présents au Laos avant l'installation des Lao Loum et des tribus thaï ou lao sung. Lors des fêtes du Nouvel An lao à Luang Prabang, les Lao Loum offrent un tribut symbolique aux Khamu, qu'ils considèrent comme leurs prédécesseurs et les "gardiens de la terre".

Les Lao Sung

Les Lao Sung regroupent les tribus des montagnes vivant à plus de 1 000 m d'altitude. Venue du Myanmar, du Tibet et du sud de la Chine au cours du siècle dernier, c'est l'ethnie la plus récemment immigrée au Laos.

Le groupe le plus important compte environ 200 000 Hmong, ou Miao ou Meo, divisés en Hmong blancs, rayés, verts et noirs (les couleurs dépendent de certains détails de leurs vêtements). On les trouve dans les neuf provinces du Nord, ainsi que dans le Bolikhamsai au centre, mais plus particulièrement dans les provinces de Hua Phan, de Xieng Khuang et de Luang Prabang. Le maïs et le riz constituent la base de leur agriculture. Ils élèvent des bovins, des cochons, des kérabaus et des poulets. L'économie repose en grande partie sur le troc, le fer étant la monnaie d'échange. Leur principal revenu est assuré par l'opium.

Les Mien (ou Iu Mien, Yao ou Man) forment le second plus grand groupe. On en dénombre de 30 000 à 50 000, vivant principalement dans les provinces de Luang Nam Tha, Luang Prabang, Bokeo, Udomxai et Phong Saly. Si les Mien et les Hmong partagent de nombreuses caractéristiques, ils se marient rarement entre eux. Les deux groupes sont principalement animistes. Les Mien cultivent également le pavot.

Les Hmong ont été choisis et entraînés par la CIA pour servir le gouvernement royal sous les ordres du général Vang Pao dans les années 60 et 70. Ils composent encore aujourd'hui une grande partie des groupes de résistance anti-gouvernementale. De très nombreux Hmong et Mien ont quitté le pays après la révolution de 1975. Bon nombre d'entre eux ont suivi l'exemple de Vang Pao, installé en Californie. Selon les estimations, 50 000 Hmong vivent actuellement aux États-Unis, 8 000 dans d'autres pays. Approximativement 2 000 émigrés sont rentrés au Laos depuis 1991.

Parmi les plus petites tribus d'origine tibéto-birmane, citons les Lisu, les Lahu, les Lolo, les Akha et les Phu Noi. Ces derniers sont parfois regroupés sous la désignation Lao Theung car, bien qu'occupant les montagnes du Nord, comme les Hmong et les Mien, ils vivent à des altitudes légèrement inférieures.

Les autres Asiatiques

Depuis des siècles, les commerçants chinois viennent s'installer au Laos comme partout ailleurs en Asie du Sud-Est. La plupart arrivent directement du Yunnan, mais depuis quelque temps, beaucoup passent par le Vietnam. Selon les estimations, ils représentent entre 2 et 5% de la population. La plupart des commerces de Vientiane et de Savannakhet sont tenus par des Chinois. Des milliers d'immigrés temporaires chinois du Yunnan travaillent comme ouvriers agricoles dans le Nord.

Depuis ces deux dernières années, on assiste à l'arrivée massive de Singapouriens et de Taiwanais qui viennent assurer la construction et la gestion des hôtels. Depuis le rapprochement lao-thaïlandais de la fin des années 80, les Thaïlandais sont très nombreux à passer la frontière. Ils n'effectuent souvent au Laos que de courts séjours pour affaires ou pour participer à des programmes de développement ou de formation.

A Vientiane, on dénombre également un petit nombre d'Indiens du Nord et de Pakistanais, tailleurs et marchands de tissu pour la plupart. Cette communauté semble constituer une grande partie du personnel des Nations unies (avec les Bengalis et les Birmans).

Le Sud du pays accueille un certain nombre de Cambodgiens, généralement employés comme routiers ou passeurs au service des échanges licites et illicites entre le Laos, le Cambodge et la Thaïlande. Certains membres cambodgiens des comités régionaux, à l'instar de la commission du Mékong, vivent également à Vientiane.

Une communauté vietnamienne, principalement composée de commerçants et d'hommes d'affaires, est par ailleurs installée dans les provinces frontalières ainsi qu'à Vientiane, Savannakhet et Pakse. A noter également, une présence militaire vietnamienne dans les provinces de Xieng Khuang et de Hua Phan.

En haut : femme Thaï Dam. La plupart des groupes ethniques du Laos sont dénommés en fonction de leur costume traditionnel. Les Thaï Dam (Thaï noirs) portent des vêtements à dominante noire. D'autres sous-groupes du Laos sont appelés Hmong noirs, ou encore Hmong rouges, Hmong blancs ou Hmong rayés

A gauche : femme Mien. Habitant les montagnes, les Mien représentent par leur nombre le deuxième groupe apparenté aux Lao Sung ou Lao d'en haut, après les Hmong.
Tout comme ces derniers, les Mien ont pour activités principales l'orfèvrerie et la culture de l'opium

Les Iko (ou Akha), autre ethnie des montagnes, aiment se parer de bijoux colorés et brillants. Leurs coiffes sont généralement décorées d'ornements en métal, notamment de pièces de monnaie

suite de la p. 44
pour 15% de la population). L'âge influence aussi beaucoup les statistiques et l'on estime que 43% de la population de plus de 15 ans ne sait pas lire.

ARTS
Architecture
Les édifices religieux constituent la pierre angulaire de l'architecture traditionnelle du Laos (voir page 205, la section sur *L'architecture des temples*).

Sculpture
Comme en Thaïlande, au Myanmar et au Cambodge, l'art traditionnel lao puise son inspiration dans la religion et surtout dans les enseignements bouddhiques. En revanche, il présente des styles et des périodes moins variés car, dans l'histoire, le Laos n'a jamais réellement joui d'une puissance aussi durable que ces trois autres pays. De plus, ayant subi la domination de leurs voisins, les Lao ont vu une grande partie de leur art détruit ou emporté par les Chinois, les Vietnamiens, les Siamois ou les Khmers. Ces derniers ont par ailleurs laissé une empreinte très marquée. Pendant le protectorat français, de nombreux œuvres quittèrent le pays. Cela ne veut toutefois pas dire que ce qui reste n'est pas digne d'admiration. L'art et l'architecture lao recèlent, quoiqu'en nombre limité, des pièces uniques tout à fait splendides.

Les sculptures du XVIe au XVIIIe siècle, âge d'or du royaume de Lan Xang, en offrent les exemples les plus impressionnants. Généralement en bronze, en pierre ou en bois, elles représentent toujours Bouddha ou des personnages associés au *jataka*, série d'anecdotes tirées de la vie du Bouddha. Comme les autres sculpteurs bouddhistes, les artisans lao ont accentué les traits particuliers de Gautama, le Bouddha historique, à savoir le nez aquilin, les longs lobes d'oreille, la chevelure bouclée, etc.

Le style lao se distingue par ses deux types de bouddhas debout. Le premier est une représentation de la posture de "l'appel de la pluie", dans laquelle Bouddha se tient les mains figées près du corps, les doigts pointés vers le sol. Cette attitude est rarement représentée dans le reste du Sud-Est asiatique. La silhouette légèrement arrondie et "désossée" n'est pas sans rappeler le style sukhotai thaïlandais, tandis que la sculpture de la robe et des hanches évoque le style khmer. Les lobes plats et plaqués, les sourcils arqués et le nez aquilin sont des caractéristiques typiquement lao. De chaque côté, le bas de la robe est recourbé en parfaite symétrie (un trait particulier de l'art lao). La statue donne ainsi l'impression d'une fusée en plein vol. Il est d'ailleurs possible que cette effigie ait été inspirée par la coutume lao qui consiste à lancer des fusées de bambou à la fin de la saison sèche afin d'implorer la venue de la pluie.

Le second type de bouddha debout représente le maître dans l'attitude de "la méditation sous l'arbre de l'Éveil", nom désignant l'énorme banian (ou pipal) sous lequel était assis Gautama lors de son illumination à Bodh-Gaya, en Inde, au VIe siècle av. J.-C. La position du Bouddha est sensiblement la même que dans l'attitude précédente, à la différence près qu'il a les mains croisées sur la poitrine.

C'est au Haw Pha Kaew et au Vat Si Saket de Vientiane, ainsi qu'au musée national de Luang Prabang, que se trouvent les plus beaux spécimens de la statuaire lao.

Il existe également quelques échantillons des styles du Siam et d'Angkor, mais ceux-ci sont peu courants.

Artisanat
Comme nous venons de le souligner, les Lao sont d'excellents sculpteurs. Ceci est vrai non seulement pour les portiques des sims et les reliefs dorés, mais aussi pour l'art populaire. Le bois et l'os sont les matériaux les plus utilisés.

Chez les Hmong et les Mien des montagnes, l'orfèvrerie joue un rôle important car elle symbolise la richesse que l'on peut transporter avec soi et léguer en héritage. Dans les plaines, le travail de l'or et de l'argent fait également partie de l'art traditionnel lao, mais, depuis quelques années, il semble que la tradition se perde.

On trouve également de nombreux tapis et paniers tressés à partir de différents types de paille et de roseau. Les plus beaux sont ceux réalisés par les Htin.

Depuis peu, il est possible de trouver à Vientiane et Luang Prabang du papier *saa*, à base d'écorce d'un mûrier originaire du nord du Laos. Le saa nécessite peu de transformations pour la fabrication du papier (comparé à la pulpe de bois) et la majeure partie de la production de cette écorce provient de la province de Luang Prabang. Le saa est transporté par voie fluviale puis terrestre jusqu'à Chiang Mai, en Thaïlande, où la fabrication de papier est une activité artisanale reconnue.

Musique et danse

Comme dans les autres cultures d'Asie du Sud-Est, la musique au Laos peut être divisée en deux traditions distinctes. La musique classique est la moins intéressante car c'est une imitation des traditions classiques de Thaïlande et du Cambodge. A l'origine, c'était la musique de cour qui accompagnait les cérémonies royales et les ballets classiques sous le règne de Chao Anou, le roi de Vientiane élevé à la cour siamoise de Bangkok. Ce genre de musique est joué par un ensemble appelé *sep nyai*, composé d'une batterie de gongs appelés *Khong vong*, d'une sorte de xylophone appelé *ranyat*, d'une flûte en bambou, le *khui*, et d'une sorte de hautbois à double anche, le *pii*. Les mêmes instruments sont utilisés dans l'ensemble thaï *phiphat*.

Aujourd'hui, on ne l'entend plus guère qu'à l'occasion de la représentation publique du *Pha Lak Pha Lam*, une pantomime retraçant l'épopée hindoue du *Ramayana*. La musique et le théâtre lao sont en perte de vitesse – après quarante années de guerre intermittente et une révolution.

La musique folklorique, en revanche, est restée très populaire. Le principal instrument en est le *khene*, un instrument à vent composé d'une double rangée de quatre à huit roseaux ressemblant à des bambous,

encastrés dans une caisse de résonance en bois de feuillu. On s'en sert comme d'un harmonica, en recouvrant ou découvrant les petits trous pratiqués dans les roseaux qui correspondent chacun à une note, tout en soufflant et aspirant dans la caisse. Il peut y avoir de quatre à huit roseaux par rangée (soit 16 tuyaux au total) et la longueur de l'instrument varie de 80 cm à 2 m. Au début du siècle, on trouvait des khene à neuf trous qui ont totalement disparu aujourd'hui. Lorsque le musicien maîtrise bien l'instrument, des danses accompagnent la musique. De toutes les danses traditionnelles, le *lam vong* (ronde) est la plus populaire. Elle consiste à effectuer un cercle autour de son partenaire, les couples tournant les uns autour des autres au milieu du cercle formé par le reste des participants.

Le khene est souvent accompagné par un *so*, sorte de violon, et, dans les ensembles plus élaborés, par le khui, les khong vong ainsi que divers tambourins. Il peut également y avoir un chanteur.

La musique populaire lao repose essentiellement sur des chants reprenant les thèmes du khene. Les mélodies sont pratiquement toujours de structure pentatonique (gammes de cinq notes).

Le Laos possède également une sorte de théâtre populaire, le *mõ lám*. C'est un terme difficilement traduisible, qui signifie quelque chose comme "maître, ou prêtre de la danse". A la fois parlé et chanté, il aborde des thèmes aussi variés que la politique et les choses de l'amour. Malgré son langage familier, très coloré, c'est une forme d'art qui a toujours été épargnée par la censure gouvernementale, tant durant le protectorat français que par l'actuel pouvoir.

On distingue quatre types de mõ lám selon le nombre de participants. Le premier, le *mõ lám lang* ("grand mõ lám"), met en scène toute une troupe d'acteurs en costumes. Le *mõ lám khuu* ("mõ lám en couple") est joué par un homme et une femme qui se font la cour et échangent leurs opinions. Dans le *mõ lám chot* ("mõ lám juxtaposé"), deux acteurs du même sexe s'affrontent dans un "duel" qui consiste à répondre à des questions ou à raconter la fin d'une histoire. Enfin, le *mõ lám diaw* ("mõ lám en solo") met en scène un seul acteur. Toutes ces performances théâtrales ont généralement lieu à l'occasion des fêtes. Les radios laotienne et nord-thaïlandaise diffusent souvent du mõ lám khuu et du mõ lám diaw.

Littérature

De toute la littérature classique lao, le *Pha Lak Pha Lam*, version locale de l'épopée du *Ramayana*, est le récit le plus connu et le plus influent de la culture lao. Le texte original est parvenu au Laos il y a environ 900 ans sous forme de bas-reliefs en pierre que l'on peut voir au Vat Phu Champasak ainsi que dans les autres temples antérieurs à la période d'Angkor, construits par les Khmers dans le sud et le centre de l'actuel Laos. Il est possible qu'il ait également été transmis par la tradition orale et par des écrits. En tous cas, les Lao ont fini par élaborer leur propre version, fort éloignée de l'originale et du *Ramakian* thaïlandais. Le thème central a néanmoins été conservé : le beau et vertueux Rama (Pha Lam en lao) est abandonné par sa femme Sita (Sii-daa), séduite par le vilain Ravana. Les Lao ont enjolivé le *Ramayana*, donnant beaucoup plus de détails sur la vie du terrible Ravana et de sa malveillante femme Montho. Comme le suggère la présence de son nom dans le titre lao, Laksana (Pha Lak), le frère de Rama, joue également un rôle plus important dans cette version.

Différentes tribus thaï du Laos se sont également approprié cette histoire. Dans la version thaï-lü, par exemple, Rama est en fait une incarnation de Bouddha et Ravana est apparenté à Mara (l'équivalent de Satan dans la mythologie bouddhique).

Également issus de la tradition indienne, on trouve de nombreux *jataka* (*sáa-tók* en lao) décrivant la vie du Bouddha. La plupart des 547 jataka que compte le *tripitika* pali (textes canoniques rédigés à l'origine à Ceylan) et qui correspondent chacun à une vie antérieure différente, ont été repris mot pour mot en lao. Une série de 50 écrits apocryphes, reposant sur les légendes lao-thaï de l'époque, y ont été adjoints par les érudits pali de Luang Prabang il y a 300 ou 400 ans. L'un des jatakas les plus populaires au Laos est un ancien texte d'origine pali, connu sous le nom de Mahajati ou Mahavessandara (*Mahaa-Vetsanthon* en lao), qui relate l'avant-dernière incarnation du Bouddha. On en trouve de nombreuses illustrations sur les murs intérieurs des sims, ou chapelles d'ordination, des monastères lao. Neuf autres jatakas sont également largement représentés : le Temiya, le Mahachanaka, le Suwannasama, le Nemiraja, le Mahasotha, le Bhuritat, le Chantakumara, le Nartha et le Vithura.

Avant l'introduction de l'imprimerie par les Français, les manuscrits lao étaient fabriqués à base de feuilles de palmier ou d'autres fibres naturelles brutes et reliés à la main. Ces manuscrits sont aujourd'hui conservés dans les monastères bouddhistes, davantage comme objets d'art et rarement utilisés pour la lecture. Le papier saa est exclusivement réservé au marché touristique.

US ET COUTUMES
La culture traditionnelle

La stratification ethnique complexe du Laos signifie que, lorsqu'on parle de culture lao, on ne fait en réalité référence qu'aux seuls Lao des plaines (Lao Loum), qui ne représentent que la moitié de la population. C'est la culture des Lao des plaines qui prédomine en effet dans les villes et villages de la vallée du Mékong, c'est-à-dire dans la partie occidentale du Laos, de Huay Xai à Pakse. Mais au niveau officiel, on se plaît à dire que les coutumes pratiquées dans ces régions représentent la culture nationale.

Exposé à un coin de rue près de Vat Si Saket à Vientiane, un grand panneau peint à la main résume remarquablement ce mandat culturel. L'avenir de la ville y est dépeint dans un entrelacs de gratte-ciel poussant entre les vats bouddhistes. Au premier plan, les habitants en costume traditionnel lao dansent le lam wong, jouent du *khaen* et portent des offrandes bouddhistes au cours d'une cérémonie du *basi*. D'où il s'ensuit que le vrai Laotien, selon la propagande officielle, porte fièrement les symboles vestimentaires et artistiques de sa culture, pratique la religion de la majorité et participe aux cérémonies importantes qui sont considérées comme lao.

Costume. A plusieurs égards, l'image simpliste du panneau publicitaire en question cristallise les traditions (et les attentes) du peuple laotien. Un bon Laotien porte plusieurs éléments du costume traditionnel au cours des cérémonies et célébrations. Les hommes arborent en effet le *phàa biang* ou grande écharpe portée sur l'épaule, tandis que les femmes préfèrent, outre une écharpe similaire, un chemisier collant au corps et un *phàa nung* ou sarong. Dans la vie quotidienne, les hommes délaissent les vêtements traditionnels pour la chemise et le pantalon. L'idéal recherché est la discrétion et la netteté. On aime les cheveux courts et propres.

Les femmes, de leur côté, doivent porter le phàa nung tous les jours, sauf si elles pratiquent un sport ou une profession imposant un uniforme. Si les femmes d'autres ethnies, en particulier les Chinoises et les Vietnamiennes en milieu urbain, ne portent plus quotidiennement le phàa nung, elles ont tout intérêt à arborer le sarong lao quand elles se rendent dans une administration, sans quoi elles risquent fort de voir le préposé refuser de répondre à leur demande.

Traits culturels. Dans une grande mesure, on peut dire que le caractère lao est essentiellement défini par le bouddhisme et, plus particulièrement, le bouddhisme Theravada. Plus austère et introverti que son homologue Mahayana du nord et de l'est asiatique, le Theravada insiste sur l'apaisement des passions humaines. Par conséquent, les émotions fortes sont un tabou dans la société lao (voir la section sur le *Bouddhisme* dans ce chapitre). Plus que la dévotion, la prière ou le travail, c'est le *kamma* (ou karma) qui, estime-t-on, détermine le sort d'un individu. Voilà pourquoi les Laotiens ne se soucient pas trop de l'avenir, même si cette attitude passe souvent, de l'extérieur, pour un manque d'ambition.

Le contraste culturel entre les Laotiens et les Vietnamiens illustre bien à quel point la cordillère annamitique qui sépare les deux peuples a pu représenter une faille culturelle entre les zones d'influence indienne et chinoise, ou theravada et mahayana. Comme leurs maîtres à penser chinois, les Vietnamiens passent en Asie pour de rudes travailleurs, agressifs en affaires. Les colons français avaient trouvé une jolie formule pour mettre en lumière les différences entre les administrés d'Indochine : "Les Vietnamiens plantent le riz, les Cambodgiens le regardent pousser et les Laotiens l'écoutent". Les Lao ont d'ailleurs leur propre proverbe : "Lao et Viet, c'est chats et chiens".

Les Laotiens expriment souvent le sentiment que "trop travailler c'est mauvais pour la tête" et ils plaignent souvent les gens qui "pensent trop". On ne tient pas l'éducation en trop haute estime, encore que la modernisation apporte des changements dans ce domaine. Éviter le stress psychologique inutile correspond cependant à une norme culturelle. Point de vue typiquement lao, si une activité - travail ou jeu - ne contient pas la moindre trace de *múan* (plaisir), elle doit en toute probabilité conduire au stress.

Il s'ensuit que les Lao sont parfaitement réceptifs à l'assistance extérieure et aux investissements étrangers puisqu'ils apportent un certain développement économique sans réclamer d'augmentation correspondante de la productivité locale. Le gouvernement, quant à lui, désire toutes les fioritures de la technologie moderne, sans abandonner pour autant aucune des traditions lao, surtout celles qui touchent au *múan*, lequel répond si bien à l'esprit du temps. Pour affronter l'avenir, le Laos devra donc trouver un équilibre entre la préservation de sa culture et le développement de nouvelles perceptions et attitudes qui conduiront le pays vers une certaine autonomie économique.

Comportement

Visite des temples. Les Lao sont des bouddhistes très pratiquants. Lorsque vous visitez un temple, vous devez respecter à la fois la religion et les personnes qui acceptent si poliment de vous ouvrir leur lieu de culte. Soyez correctement vêtu et déchaussez-vous avant d'entrer dans les édifices religieux tels que les sim.

Les shorts et les chemises sans manches passent pour une tenue incorrecte. Les Laotiens ne seraient pas admis dans un monastère habillés ainsi, mais la politesse leur interdit d'en refuser l'accès à un étranger, même mal habillé.

Évitez de vous faire prendre en photo devant les bouddhas, qui sont des objets sacrés. Surtout ne vous asseyez pas dessus et ne les escaladez pas. Lorsque vous vous asseyez devant l'un d'eux, ne dirigez pas vos pieds dans sa direction. Les Lao adoptent généralement la "pose de la sirène", les pieds pointant ainsi vers l'arrière.

Si vous souhaitez vous entretenir avec un moine (certains parlent français ou anglais), essayez de maintenir la tête un peu plus inclinée que la sienne. S'il est assis, asseyez-vous également (avec les jambes sur le côté) ; s'il est debout, inclinez-vous afin de lui témoigner du respect.

Les femmes ne doivent pas toucher les moines ni leur tendre directement des objets (posez l'objet devant eux).

L'entrée de certains des grands vat de Vientiane est payante. Dans les autres temples, il est recommandé de laisser un petit don en partant. Vous trouverez généralement des troncs placés à cette fin près de l'entrée du sim ou derrière le principal bouddha. Dans les campagnes, il se peut qu'il n'y en ait pas, dans ce cas, vous pouvez déposer votre aumône à même le sol, près de la principale sculpture, ou même du seuil – personne ne viendra la voler.

Coutumes sociales. Selon la tradition, les Laotiens ne se serrent pas la main, ils se congratulent en joignant les paumes des mains. Si quelqu'un vous adresse ce salut, appelé *nop* ou *wái,* répondez de la même façon (sauf s'il s'agit d'un enfant). Aujourd'hui, toutefois, la poignée de main à l'occidentale est de plus en plus souvent pratiquée.

Les pieds constituant la partie inférieure du corps (tant sur le plan spirituel que physique), ne dirigez pas vos pieds vers quelqu'un (vous ne devez même pas désigner les objets du pied). La tête étant la partie supérieure du corps, ne touchez jamais la tête de quelqu'un.

Lorsque vous tendez un objet à quelqu'un, servez-vous de vos deux mains ou de votre seule main droite (la gauche étant réservée aux ablutions et soins intimes). Les livres et autres supports écrits reçoivent un statut particulier et privilégié. Il ne convient pas de faire glisser un livre ou un document sur une table ou sur un comptoir, et on ne les place jamais par terre.

Chaussures. Les Laotiens se déchaussent à l'intérieur des habitations, ainsi que dans certaines pensions et boutiques. Si vous apercevez des chaussures devant ou à côté d'une porte, vous devez respecter les habitudes de la maison et quitter vos sandales. Les Laotiens trouvent sale le fait de porter des chaussures à l'intérieur et grossières les personnes qui ne respectent pas cette habitude.

Visite chez l'habitant. Les Laotiens peuvent se montrer très accueillants et, bien que le gouvernement refuse toujours que les étrangers passent la nuit chez l'habitant (à moins de se faire enregistrer au poste de police), il n'est pas rare que l'on vous invite pour le repas ou un apéritif.

Même si vous ne faites qu'une brève visite, on vous offrira à boire ou à manger, et probablement les deux : un verre d'eau, du thé, un fruit, du *lào láo* (alcool de riz laotien). Si votre hôte vous propose cette alcool, il vous faudra en boire une bonne gorgée (un quart de verre) cul sec. Vous pourrez refuser les verres suivants, mais pas le premier. Il arrive que certains Laotiens versent un peu d'alcool de riz sur le plancher à cette occasion, en offrandre aux esprits de la maison.

Comme dans les temples, on doit retirer ses chaussures avant d'entrer chez quelqu'un.

Vêtements et attitudes. Les shorts (sauf s'ils arrivent au genou), les chemises sans manches, les blouses trop légères et ce qu'on pourrait appeler le "style plage" ne conviennent absolument pas aux activités autres que sportives. En vous présentant ainsi vêtu devant un personnel administratif (par exemple pour faire prolonger un visa) vous risquez d'être mal accueilli.

Au Laos, l'attitude qui consiste à dire "voilà comment je m'habille chez moi, c'est à prendre ou à laisser" ne vous vaudra que le mépris.

Quand les choses ne se déroulent pas comme vous le désirez, conservez votre calme. Pour les Laotiens, s'énerver revient à perdre la face. Parler fort reflète un manque d'éducation pour un Laotien cultivé.

Avec un *sabai-ʂi* (formule de salutation) et un sourire, vous parviendrez à effacer l'inquiétude que fait naître la présence d'un étranger, dans les villes autant que dans les campagnes.

Dans l'intérieur du pays. Quand vous traversez les villages des minorités ethniques, essayez de connaître les coutumes et les tabous en vigueur, soit par un questionnement direct, soit par l'observation. Les quelques directives suivantes vous aideront à ne pas produire une impression trop négative sur les habitants.

• Nombreuses sont les ethnies qui craignent l'appareil photographique. Avant de braquer votre objectif sur des populations ou sur leurs maisons, demandez la permission, par gestes au besoin.
• Respectez les symboles et rituels religieux. Évitez de toucher la maison des esprits, les autels domestiques, les totems ou les portes de village et autres emblèmes religieux que votre simple contact pourrait "polluer" spirituellement, ce qui obligerait les villageois à effectuer des rituels de purification après votre départ. Restez à distance des cérémonies à moins qu'on ne sollicite votre participation.
• N'entrez pas dans une maison sans la permission ou l'invitation de ses habitants.
• Refrénez votre envie de donner ou de troquer des objets. Si vous souhaitez faire un cadeau, mieux vaut effectuer une donation auprès d'une école ou d'une autre institution communautaire.

RELIGION
Le culte des esprits
En dépit de son interdiction officielle, le culte des *phīi* demeure très répandu. Même à Vientiane, les Laotiens célèbrent ouvertement la cérémonie du *su kvän* ou *basi*, qui consiste à attacher aux poignets de l'invité d'honneur des fils de coton blancs, afin de retenir les 32 esprits protecteurs, appelés *khwän*, contenus dans les différentes parties du corps. En effet, les khwän ont une fâcheuse tendance à se disperser. Cela n'est pas très grave tant que l'on n'est pas sur le point d'entreprendre un voyage ou de réaliser un projet. Sinon, mieux vaut célébrer le basi et s'assurer que tous les khwän sont bien à leur "poste".

Le Vat Si Muang de Vientiane témoigne également de la survivance de cette dévotion pour les génies. En effet, la principale sculpture du temple n'est pas un bouddha, mais le *lák meuang* (pilier de la ville), censé abriter le génie tutélaire de la ville. De nombreux citadins se rendent d'ailleurs chaque jour au pied du monument pour y déposer des offrandes.

À l'écart de la vallée du Mékong, l'animisme est surtout vivace parmi les tribus thaï, notamment chez les Thaï noirs (Thaï Dam), qui vouent un culte particulier aux génies appelés *ten*. Ces esprits sont censés habiter non seulement les plantes et le sol, mais aussi des districts entiers. Les Thaï noirs croient également aux 32 khwän. Les Mäw, qui sont spécialement formés à la propitiation et à l'exorcisme, président à toutes les fêtes et cérémonies importantes de la tribu.

Les *hrooi* constituent une catégorie d'esprits similaires dans les tribus khamu. Les plus importants sont ceux qui sont chargés de la protection de la maison et du village. Comme les cérémonies célébrées en leur honneur sont réservées aux membres de la tribu, on ne dispose que de très peu d'informations à leur sujet. Dans les années 60, certains Khamu s'adonnaient au "culte du chargement", croyant en l'arrivée d'un messie qui leur apporterait tout l'équipement de la civilisation occidentale avant la fin du millénaire.

Cérémonie basi

Un *măw phăwn* (prêtre wish) – généralement un ancien ayant une expérience monacale derrière lui – préside le rituel. Les participants au basi s'assoient sur des nattes autour d'un *phakhuan* (ou pièce centrale) à étage décoré de fleurs, de feuilles de bananier pliées et de branches desquelles pendent des cordons de coton. Pâtisseries, œufs, bananes, alcools et argent sont placés au pied du phakhuan en offrande aux esprits présents.

Après quelques mots de bienvenue, le măw phăwn chante dans un mélange de lao et de pali pour répandre des bénédictions sur les invités. Le public joint alors les mains dans un geste de prière, paumes réunies. Durant la psalmodie, chacun se penche en avant pour toucher la base du phakhuan. En cas d'assistance trop nombreuse, on peut toucher le coude de quelqu'un qui a un accès direct à cette base, et l'on forme ainsi une chaîne humaine.

Quand le măw phăwn a terminé sa psalmodie, chaque membre de l'assistance prend deux cordons blancs du phakhuan et les attache aux poignets de l'invité d'honneur tout en lui murmurant une courte récitation de bons vœux. Quand tout le monde a accompli ce geste, l'invité possède une belle collection de cordons autour de chaque poignet. On fait alors circuler de petites coupelles d'alcool de riz, suivies parfois d'une *lam wong* ou danse du cercle improvisée. Quant aux effets prévus (les vœux), il faut pour qu'ils se réalisent, conserver les cordons aux poignets durant un minimum de trois jours ; certains estiment d'ailleurs que ces cordons doivent tomber d'eux-mêmes, ce qui peut prendre des semaines !

Aujourd'hui, cette cérémonie a pris un caractère beaucoup plus convivial que religieux, mais rares sont les Laotiens qui entreprendraient un long voyage ou s'embarqueraient dans une entreprise importante sans ce rituel préalable. ■

Les tribus hmong-mien pratiquent également l'animisme parallèlement au culte des ancêtres. Certaines d'entre elles reconnaissent l'existence d'un esprit supérieur. Il existe aussi une version du fameux "culte du chargement" annonçant la venue de Jésus-Christ en jeep et en tenue de combat. Les Akha, Lisu et autres groupes tibéto-birmans mêlent animisme et culte des ancêtres. Les Lahu, en revanche, ont en plus un dieu suprême du nom de Geusha.

Les autres religions

La population laotienne compte un certain nombre de chrétiens – essentiellement dans les milieux d'éducation française. L'article 9 de la Constitution laotienne précise cependant que "Tous les actes qui fomentent la division entre les différentes religions et au sein du peuple sont prohibées". Cette clause interdit donc le prosélytisme et la diffusion de documents religieux en dehors des églises, des temples ou des mosquées. Les étrangers pris en flagrant délit risquent l'arrestation, la mise au secret et finalement l'expulsion. Plusieurs groupes chrétiens ont tenté de contourner la loi en pratiquant le prosélytisme sous le couvert de l'enseignement de langues étrangères ou d'une autre forme d'aide au développement.

A Udomxai, nous avons ainsi rencontré deux missionnaires français, prétendument membres d'une organisation humanitaire, qui avaient en fait choisi d'opérer dans ce village éloigné du pouvoir central. Ces pratiques ont rendu l'accès du pays difficile aux vrais enseignants et aux organisations non gouvernementales. Au Laos, les groupes non autorisés sont souvent soupçonnés d'appartenir à l'Église chrétienne.

Une petite communauté musulmane réside à Vientiane. Il s'agit de marchands arabes et indiens dont les ancêtres s'installèrent dans la capitale au XVIIe siècle. Vientiane abrite également des petits groupes de cham, et de musulmans cambodgiens qui ont fui le Kampuchea démocratique de Pol Pot dans les années 70. Ils ont aujourd'hui une mosquée à Vientiane. Dans le Laos du nord, on trouve aussi des poches de musulmans du Yunnan connus sous le nom de *jiin hăw*.

Le bouddhisme

Environ 60% de la population laotienne pratique le bouddhisme Theravada. La plupart sont des Lao des plaines, ainsi que quelques membres des tribus thaï. Le bouddhisme semble avoir été introduit à Luang Prabang (alors Meuang Sua) entre la fin du XIIIᵉ siècle et le début du XIVᵉ siècle. Le premier monarque du Lan Xang, Fa Ngum, fut l'inspirateur du bouddhisme comme religion d'État, en acceptant le Pha Bang des mains de son beau-père khmer. En 1356, il fit construire un vat à Muang Sua destiné à abriter ce fameux bouddha.

Mais le développement du bouddhisme fut relativement lent, même en plaine, car la population était encore très attachée au culte des esprits de la terre, ou *phīi*. Le roi Sai Setthathirat, qui régna sur le Lan Xang de 1548 à 1571, tenta de faire de Vientiane un centre régional bouddhiste, mais il fallut attendre le règne de Sulinya

Statue de bronze du Bouddha en position d'éveil. Cette pièce fut coulée au Laos au XVIᵉ siècle.

Vongsa, au milieu du XVIIᵉ siècle, pour que la religion soit enfin enseignée dans les écoles, tradition qui s'est maintenue depuis.

A l'origine, le bouddhisme Theravada est une école plus ancienne et, selon ses adeptes, plus authentique que le Mahayana pratiqué dans l'est de l'Asie et dans l'Himalaya. Le Theravada ("doctrine des anciens") est également connu sous le nom d'école du Sud car il s'est propagé jusqu'en Asie du Sud-Est (Myanmar, Thaïlande, Laos et Cambodge) par la route du Sud, tandis que le Mahayana, ou école du Nord, s'est développé au Népal, au Tibet, en Chine, en Corée, en Mongolie, au Vietnam et au Japon.

Comme l'école du Sud s'est efforcée de préserver le Theravada ou de limiter ses doctrines aux seuls canons codifiés par les premiers bouddhistes, le nom d'Hinayana ou Petit Véhicule lui a été donné.

L'école du Nord, Mahayana ou Grand Véhicule, respecte les premiers enseignements, mais considère sa doctrine comme plus complète car mieux adaptée aux besoins des fidèles.

Selon la doctrine Theravada ou Hinayana, l'existence se caractérise par les trois aspects suivants : le *dukkha* (souffrance, insatisfaction, maladie), l'*anicca* (impermanence, caractère éphémère de toute chose) et l'*anatta* (non-substantialité de la réalité : impermanence de "l'âme"). Qui a compris l'anicca sait qu'aucune expérience, aucun état d'esprit, aucun objet physique ne dure. S'accrocher à l'expérience, à l'état d'esprit et aux objets en changement constants ne sert qu'à créer le dukkha. L'anatta consiste à comprendre que, dans un monde en changement constant, on ne peut en désigner aucune partie en disant : "C'est moi", "c'est Dieu", "c'est l'âme". Ces concepts, dégagés par Siddhartha Gautama au VIᵉ siècle av. J.-C., s'opposaient directement à la croyance hindoue en un moi ou *Paramatman* éternel et bienheureux ; c'est pourquoi le bouddhisme fut d'abord considéré comme une "hérésie" par rapport au brahmanisme indien.

Pour parvenir à cette vision du monde, le prince indien Gautama s'est soumis à de longues années d'austérité. Ayant reçu le titre de Bouddha, "l'Illuminé" ou "l'Éveillé", l'ascète a prêché les Quatre Nobles Vérités ayant le pouvoir de libérer l'être humain capable de les réaliser :

- La vérité du dukkha – "Toute forme d'existence est sujette au dukkha (souffrance, insatisfaction, maladie, imperfection)".
- La vérité de la cause du dukkha – "Le dukkha est causé par le *tanha* (désir)".
- La vérité de la cessation du dukkha – "Éliminez la cause du dukkha (le désir) et le dukkha cessera".
- La vérité du sentier – "L'Octuple Sentier est le moyen de mettre fin au dukkha".

L'Octuple Sentier (*atthangika-magga*) comprend les huit éléments suivants :

- La compréhension juste
- La pensée juste
- La parole juste
- La conduite corporelle juste
- Le mode de vie juste

- L'effort juste
- L'attention juste
- La concentration juste

Ces huit éléments font partie de trois "piliers" de pratique différents : la morale ou *sila* (3 à 5), la concentration ou *samadhi* (6 à 8) et la sagesse ou *pañña* (1 et 2).

Également appelé Voie du Milieu, parce qu'il évite à la fois l'extrême austérité et l'extrême sensualité, le Sentier est censé être suivi par étapes successives selon certains, tandis que d'autres affirment que les piliers sont interdépendants.

Le but ultime du bouddhisme Theravada est le *nibbana* (en sanscrit, nirvana), signifiant littéralement "extinction" de toutes les causes du dukkha. Il s'agit concrètement de la fin de l'existence corporelle – le terme de ce qui est à jamais soumis à la souffrance et perpétuellement conditionné par le *kamma* (action).

En réalité, la plupart des bouddhistes lao cherchent plus à atteindre la renaissance dans une existence "meilleure" que le nibbana, notion difficilement assimilée tant par les Asiatiques que par les Occidentaux.

De nombreux Lao ont le sentiment d'être indignes du nibbana. En nourrissant les moines, en apportant des offrandes aux temples et en se rendant régulièrement au vat local, ils espèrent améliorer leur sort, c'est-à-dire acquérir suffisamment de "mérite" (*punña* en pali, *bun* en lao) pour éviter la réincarnation ou au moins réduire le nombre de renaissances.

Cette recherche du mérite (*hét bun*) est une activité sociale et religieuse importante. La quasi-totalité des bouddhistes lao, et même certains non bouddhistes, admettent le principe de la réincarnation, la théorie du *kamma* (en pali) ou *karma* (en sanscrit) est par ailleurs très bien exprimée dans ce proverbe lao : "hét dâ, dâi dâ ; hét sua, dâi sua"– "Faites le bien et vous recevrez le bien ; faites le mal et vous recevrez le mal".

Le *Tilatna* ou *Triratna* ("Trois Merveilles"), hautement respecté par les bouddhistes lao, comprend le Bouddha, le Dhamma (enseignements) et le Sangha (communauté bouddhiste). On trouve le Bouddha sous forme de statue, non seulement dans les temples, mais aussi sur de hautes étagères ou les autels des maisons et des boutiques. Le Dhamma est psalmodié matin et soir dans chaque vat. Le Sangha se manifeste par la présence, dans les rues, de moines vêtus de robes orange, notamment aux premières heures de la journée, lorsqu'ils font l'aumône.

Le bouddhisme lao ne possède pas de "sabbat" particulier ni de jour de la semaine consacré à la religion. Il n'existe aucun équivalent de la messe ou du rituel présidé par un prêtre. Au lieu de quoi, le bouddhiste lao se rend au vat quand il le souhaite, surtout lors d'un *wán pha* (littéralement "excellent jour"), qui a lieu à la pleine lune ou à la lune rousse, soit tous les quatorze jours.

Au cours de ces visites, on fait des offrandes de boutons de lotus, d'encens et de bougies devant divers autels et reliquaires dans le complexe du vat, on offre aussi de la nourriture au Sangha du temple (moines, religieuses et résidents laïcs – les moines mangent toujours les premiers), on écoute les moines chanter des *suttas*, ou textes bouddhiques, et on assiste à un *thét*, ou conversation dhamma d'un abbé ou autre maître respecté. Les visiteurs peuvent également rechercher le conseil d'un moine ou d'une religieuse sur les questions, nouvelles ou constantes, que pose la vie.

Moines et religieuses

La société bouddhique attend de tout Lao bouddhiste qu'il se fasse *khúu-bàa* (moine) à un moment de sa vie, si possible entre la fin de sa scolarité et son entrée dans la vie active ou avant qu'il ne se marie. S'il a moins de 20 ans, il pourra devenir novice (*samanera* ou *naen*), ce qui est assez fréquent car la famille jouit d'un grand mérite lorsque l'un de ses fils prend la robe et la sébile.

La tradition veut que le jeune moine passe trois mois dans le vat, pendant le carême bouddhique (*phansãa* ou *vatsa*) qui commence au début de juillet, ce qui coïncide avec la saison des pluies. Aujourd'hui, toutefois, il suffit au moine ou au novice de rester une semaine ou quinze jours pour accroître son mérite.

Un samanera adhère à dix préceptes, ou vœux, qui comprennent les interdits habituels sur le vol, le mensonge, le meurtre, la drogue et la sexualité, ainsi que d'autres, plus personnels, manger après midi par exemple, écouter de la musique ou danser, porter des bijoux, des ornements ou du parfum, dormir dans des lits élevés et accepter de l'argent pour des besoins personnels.

JULIET COOMBE/LA BELLE AURORE

Des centaines de moines et de nonnes bouddhistes participent tous les ans (en novembre) au festival qui se tient au Pha That Luang de Vientiane et reçoivent les offrandes des fidèles.

Les moines, eux, doivent suivre 227 préceptes ou vœux, selon la discipline monastique. Tout ce qu'il possède, le religieux doit l'avoir reçu de la communauté laïque.

A l'ordination, le nouveau moine reçoit généralement trois robes jaune-orange (une longue, une d'intérieur, une d'extérieur), ce qui revient, pour une qualité moyenne de coton ou de synthétique, à 16 000 K environ, davantage pour des qualités supérieures. Le moine peut également posséder un rasoir, une tasse, un filtre (pour éliminer les insectes de l'eau qu'il boit), un parapluie et une sébile. Cette dernière est généralement un bol d'acier recouvert de laque noire. Les moines la portent attachée par des lanières qu'ils jettent en bandoulière sur l'épaule et ils y mettent la nourriture du jour qu'ils ont demandée dans les maisons situées dans l'enceinte de leur monastère.

La discipline est assez laxiste, les moines accumulent des biens beaucoup plus considérables qu'il ne leur est prescrit. Dans les régions périphériques du Laos comme à Luang Nam Tha, la discipline monastique a décliné au point qu'on voit des moines boire de l'alcool en public lors de fêtes religieuses. La plupart d'entre eux se font ordonner pour la vie, ils deviennent ensuite des érudits et des enseignants ou se spécialisent en médecine et/ou en *sainyasat* (magie populaire), bien que cette dernière voie soit fortement déconseillée par le parti en place. Il n'existe pas de couvent pour les femmes, mais celles-ci peuvent demeurer dans les temples au titre de *náang síi* (sœurs converses). Elles ont le crâne rasé et portent une robe blanche.

Les náang síi n'ont que huit préceptes à suivre. La discipline est beaucoup moins stricte à leur égard et leur statut social par conséquent moins prestigieux. Mais si elles ne célèbrent pas les cérémonies, elles ont les mêmes activités religieuses (méditation et étude du dhamma). En fait, les vat qui comptent de nombreuses religieuses sont tenus en très grande estime, car les femmes ne choisissent pas les temples en fonction de leur statut clérical, mais de la sévérité des enseignements suivis.

Le bouddhisme après 1975

Durant les années de guerre, de 1964 à 1973, les deux forces antagonistes ont cherché à utiliser le bouddhisme pour leur propre propagande. En 1968, le programme du FPL comprenait la résolution suivante :

"Respecter et préserver la religion bouddhiste, la pureté et la liberté de culte du peuple ainsi que l'enseignement par les moines, maintenir les pagodes, promouvoir l'unité et l'assistance mutuelle entre moines et adeptes des différentes sectes bouddhistes..."

Au début des années 70, la propagande du FPL avait gagné les milieux religieux et de nombreux moines se ralliaient à la cause communiste.

Mais le Sangha (communauté bouddhiste) allait connaître de grands bouleversements après la prise du pouvoir de 1975. Dans un premier temps, le bouddhisme fut interdit à l'école et la population n'eut plus le droit de nourrir les moines. Ces derniers furent également contraints de travailler la terre et d'élever le bétail, ce qui représente une infraction fondamentale à leurs vœux monastiques.

Face au mécontentement populaire, le gouvernement révisa ses positions. En 1976, il autorisa donc les dons de riz, mais cela ne suffit pas car les laïcs affirmaient que ces seules offrandes ne leur permettraient pas d'accroître véritablement leur mérite (et les moines devaient continuer à cultiver la terre).

A la fin de cette même année, non seulement le pouvoir avait rétabli la traditionnelle distribution des aumônes, mais il offrait également une ration quotidienne de riz à la communauté monacale. En 1992, le gouvernement marqua la rupture avec la période post-révolutionnaire en remplaçant sur le drapeau national le marteau et la faucille par un dessin représentant le Pha That Luang, symbole bouddhique le plus sacré du pays.

Aujourd'hui, le Sangha est placé sous la responsabilité du Département des affaires religieuses (DAR) qui s'assure de la conformité de l'enseignement du bouddhisme aux principes marxistes. Tous les moines doivent désormais subir un endoctrinement politique dans le cadre de leur formation monastique et tous les textes canoniques et extra-canoniques ont été soumis au DAR pour "révision", afin de vérifier que leur contenu était en accord avec le développement du socialisme lao. Par ailleurs les moines n'ont pas le droit de promouvoir le culte des *phīi* (culte des esprits), officiellement interdit au Laos, tout comme la magie populaire (sainyasat). Le culte des khwăn (les 32 esprits liés aux fonctions mentales et physiques de l'être humain) n'a cependant pas été altéré.

L'un des plus grands changements subis par le bouddhisme lao reste l'abolition de la secte Thammayut. Autrefois, le Sangha lao était divisé en deux communautés : les Mahanikai et les Thammayut (comme en Thaïlande).

Cette dernière était une secte minoritaire, fondée par le roi thaïlandais Mongkut sur le modèle d'une ancienne forme de discipline monastique môn que le monarque avait pratiqué étant *bhikkhu* (moine). Si les deux sectes suivaient le même nombre de préceptes et de vœux, la discipline des moines Thammayut a toujours été beaucoup plus strictement observée que dans la secte Mahanikai. Les moines Thammayut doivent pratiquer à part égale la méditation, la culture générale et l'étude des textes religieux, tandis que les moines Mahanikai se "spécialisent" dans l'une ou l'autre de ces disciplines.

Le Pathet Lao s'est opposé à la secte Thammayut parce qu'il la tenait pour un outil dont la monarchie thaïlandaise (et par conséquent l'impérialisme américain, même si la secte existait au Laos avant l'arrivée des Américains en Thaïlande) se servait pour infiltrer les milieux politiques laotiens. Le PRPL ne s'est pas contenté d'interdire la secte Thammayut mais, pendant quelques années, il a même interdit tous les écrits bouddhiques rédigés en thaï. Ce qui a sévèrement réduit le nombre de textes disponibles, car la Thaïlande a tou-

De nombreux portraits du Bouddha couvrent les murs des grottes de Pak Ou, situées au bord du Mékong, à 25 km au nord de Luang Prabang.

BERNARD NAPTHINE

jours été l'une des principales sources de littérature religieuse. L'interdit sur les Thammayut a également eu pour résultat un déclin prononcé de la méditation. Dans l'ensemble, la discipline monastique se caractérise aujourd'hui par un grand laxisme.

Aujourd'hui, il ne reste qu'une seule secte officielle : le Lao Sagha (Song Lao). Les anciens moines Thammayut ont fui vers la Thaïlande ou renoncé à leur appartenance à cette secte. Est-ce cet exode ou la sévérité du régime en place, toujours est-il que le nombre des moines bouddhistes a considérablement diminué au Laos entre 1975 et 1988.

Depuis la libéralisation économique de 1989, qui a permis d'augmenter les donations aux temples, la population monastique a retrouvé le niveau d'avant 1975. L'interdit sur les textes bouddhiques en thaï a été levé et, aujourd'hui, le gouvernement autorise même des moines lao à faire des études à l'Université bouddhiste de Mahachulalongkorn, à Vat Mahathat, à Bangkok.

Renseignements pratiques

PRÉPARATION AU VOYAGE
Quand partir

La meilleure époque pour visiter la plupart des régions du Laos se situe entre novembre et février. C'est en effet au cours de ces mois qu'il pleut le moins et que les températures sont supportables. Si vous avez l'intention de concentrer votre séjour sur les provinces montagneuses du nord, préférez la saison chaude (de mars à mai) ou le début de la saison des pluies (de juin à juillet), car les températures restent modérées en altitude.

Au plus fort de la saison des pluies, de juillet à octobre, il peut s'avérer tout à fait impossible de voyager dans des régions reculées comme celles de l'Attapeu, du Phongsali et du Sainyabuli : en effet, les routes sont alors souvent inondées voire emportées durant des semaines ou parfois des mois. Mais vous pouvez alors utiliser les cours d'eau. Si telle est votre intention, le mois de novembre conviendra le mieux : les inondations diminuent généralement, mais les niveaux d'eau restent suffisamment élevés pour assurer une navigabilité maximale sur l'ensemble du pays. Entre janvier et juin, la régularité des services de bateaux sur certaines rivières, ou segments de rivières, peut varier considérablement suivant l'étage.

Les deux points forts de la saison laotienne tombent entre décembre et février, puis au mois d'août. Mais la "haute" saison au Laos reste virtuelle comparé à celle de Chiang Mai en Thaïlande ou d'Ho Chi Minh-Ville au Vietnam.

Cartes

On trouve difficilement de bonnes cartes du Laos. Lonely Planet publie un atlas routier du Laos (*Laos Travel Atlas*) de 48 pages en couleurs (échelle au 1/1 000 000). Cet ouvrage en quatre langues présente le réseau routier du pays.

Les voyageurs pourront également puiser une foule de renseignements utiles dans les atlas routiers des pays voisins, tels le Vietnam et la Thaïlande.

Le Service géographique national (Kom Phaen Thii Haeng Saat en lao) a produit une série de cartes du Laos. Ce service a publié, en 1996, une carte administrative simple et à jour (échelle au 1/1 500 000), intitulée Carte administrative RDLP, qu'on peut se procurer à la librairie Raintrees, à la State Book Shop, au Lane Xang Hotel et dans quelques boutiques de souvenirs qui bordent Thanon Samsenthai. Toutes ces publications sont également disponibles au Service géographique national situé dans une petite rue au nord du Patuxai.

Les cartes les plus détaillées du Laos ont été établies à partir de photos satellite soviétiques de 1981. Le réseau routier et les noms de lieux ont été remis à jour entre 1983 et 1986. Ces cartes topographiques sont rédigées en anglais et en français, on les voit souvent sur les murs des bureaux administratifs. Le Service national géographique réimprime un grand nombre de ces cartes et les vend ensuite aux étrangers malgré la mention "Secret" portée en couverture. En 1998, cependant, il fallait présenter au Service national géographique une lettre émanant d'un organisme ou d'une entreprise qui justifie l'achat de ces cartes. Quelques mois auparavant, cette démarche n'était pas nécessaire. De toute évidence, la politique en la matière est fluctuante.

A l'occasion, une boutique de cadeaux de Vientiane aura en stock un exemplaire ou deux de la grande carte topographique du Service national géographique (échelle au 1/5 000 000) couvrant l'ensemble du pays. Il existe aussi un ensemble de cinq cartes topographiques (échelle au 1/1 000 000) mais elles ne sont pas à jour et leur format est peu maniable ! Plus détaillé, le cru de 1986 (échelle au 1/500 000) compte onze unités, dont sept sont disponibles au Service national géographique.

L'Autorité du tourisme laotien (ATL) publie aujourd'hui des cartes touristiques de Vientiane, de Luang Prabang, de Tha Khaek, de Savannakhet et de Pakse. Elles sont d'une exactitude acceptable bien que l'on n'y trouve pas grand-chose mis à part les grands hôtels et les bureaux gouvernementaux et qu'elles ne soient pas très à jour. On les achète à la librairie Raintrees, au magasin de souvenirs du Lane Xang Hotel et à la librairie d'État dans Thanon Setthathirat à Vientiane, ainsi qu'au bureau du Service national géographique. Pour toutes les cartes produites au Laos, y compris les cartes urbaines, les plus bas prix restent l'apanage du Service national géographique. En principe, ce bureau ouvre du lundi au vendredi de 8h à 11h30 et de 14h à 16h30, mais les horaires sont souvent fantaisistes.

Collectionneurs de cartes et historiens de la guerre trouveront des cartes militaires américaines remontant à 1965. Elles paraissent assez exactes en ce qui concerne les détails topographiques mais frisent le désastre pour tout ce qui touche au tracé des routes et au nom des villages.

Librairies de voyages

Vous trouverez également un vaste choix de cartes et de documentation aux librairies suivantes :

Ulysse, 26, rue Saint-Louis-en-l'Île, 75004 Paris, ☎ 01 43 25 17 35 (fonds de cartes exceptionnel)
L'Astrolabe, 46, rue de Provence, 75009 Paris, ☎ 01 42 85 42 95 et 14, rue Serpente, 75006 Paris, ☎ 01 46 33 80 06
Au vieux Campeur, 2, rue de Latran, 75005 Paris, ☎ 01 43 29 12 32
Itinéraires, 60, rue Saint-Honoré, 75001 Paris, ☎ 01 42 36 12 63, Minitel 3615 Itinéraires, http://www.itineraires.com
Planète Havas Librairie, 26, avenue de l'Opéra, 75001 Paris, ☎ 01 53 29 40 00
Voyageurs du monde, 55, rue Sainte-Anne, 75002 Paris, ☎ 01 42 86 17 38
Ariane 20, rue du Capitaine A. Dreyfus, 35000 Rennes, ☎ 02 99 79 68 47
Géorama 20-22, rue du Fossé des Tanneurs, 67000 Strasbourg, ☎ 03 88 75 01 95
Géothèque 2, Place St-Pierre, 44000 Nantes, ☎ 02 40 47 40 68

Géothèque 6, rue Michelet, 37000 Tours, ☎ 02 47 05 23 56
Hémisphères, 15, rue des Croisiers, 14000 Caen, ☎ 02 31 86 67 26
L'Atlantide, 56, rue St-Dizier, 54000 Nancy, ☎ 03 83 37 52 36
Les cinq continents, 20, rue Jacques-Cœur, 34000 Montpellier, ☎ 04 67 66 46 70
Magellan, 3, rue d'Italie, 06000 Nice, ☎ 04 93 82 31 81
Ombres blanches, 50, rue Gambetta, 31000 Toulouse, ☎ 05 61 21 44 94.

Au Canada
Ulysse, 4176 rue Saint-Denis, Montréal (☎ (514) 843 9882)
Tourisme Jeunesse, 4008 rue Saint-Denis, Montréal (☎ (514) 844 0287)
Ulysse, 4 bd René Lévesque Est, Québec G1R2B1 (☎ (418) 529 5349)
Librairie Pantoute, 1100 rue Saint-Jean Est, Québec (☎ (418) 694 9748)

En Belgique
Peuples et Continents, rue Ravenstein 11, 1000 Bruxelles (☎ (2) 5112775)
Anticyclone des Açores, rue Fossé aux Loups 34B, 1000 Bruxelles (☎ (2) 2175246)

En Suisse
Artou, 8, rue de Rive, 1204 Genève (☎ 22 818 02 40)
Artou, 18 rue de la Madeleine, 1003 Lausanne (☎ 21 323 65 56)

Que prendre avec soi

Emportez des vêtements légers en fibres naturelles, ainsi qu'un pull-over et une veste pour les soirées fraîches et les matinées (de décembre à janvier ou, dans les zones montagneuses du côté de Phongsali ou Xieng Khuang, toute l'année).

Les lunettes de soleil sont indispensables pour la plupart des visiteurs, on n'en trouve guère au Laos en dehors de Vientiane. Outre leur fonction de filtre solaire, elles feront aussi office d'écran contre la poussière lorsque vous voyagerez dans des véhicules découverts, qui constituent le principal mode de transport au Laos. Munissez-vous également d'un foulard ou d'une écharpe pour vous protéger de la poussière. Nous recommandons de vous chausser de sandales, agréables à porter et faciles à retirer avant d'entrer dans une maison ou un temple. Une petite torche électrique vous servira au cours des pannes d'électricité. Utiles aussi, une boussole et un bouchon adaptable à tous les éviers.

On trouvera sans mal, et à peu de frais, dentifrice, savon et la plupart des articles de toilette. En revanche, ce n'est pas le cas des écrans solaires, produits contre les moustiques, contraceptifs et serviettes périodiques (ces dernières sont quasiment introuvables au Laos).

SUGGESTIONS D'ITINÉRAIRES

Un visa de tourisme ne vous permet de voyager que 15 jours, mais une prolongation de 15 autres jours ne posera pas de problèmes particuliers. Une seconde prorogation, en revanche, peut s'avérer plus difficile à obtenir.

Si vous ne disposez que d'une semaine, vous pourrez facilement voir l'essentiel de Vientiane et de Luang Prabang, à condition de prendre l'avion entre ces deux villes. Autrement, comme grand nombre de touristes, vous pouvez entrer dans le pays par Huay Xai dans la province de Bokeo en face de Chiang Khong en Thaïlande, puis remonter le fleuve de Huay Xai à Luang Prabang et prendre l'avion ou la route pour Vientiane au sud.

De cette façon, vous évitez de revenir sur vos pas de Luang Prabang à la capitale.

Deux semaines vous permettront de faire quelques excursions au nord de Vientiane, en direction de Vang Vieng, et vers le nord-est, en direction de la province de Xieng Khuang. Si vous voulez voir un peu le Sud, rendez-vous dans la région entre Pakse et la frontière cambodgienne et incluez Champasak, Vat Phu et la région de Si Phan Don dans votre périple. Si vous comptez poursuivre votre voyage au Vietnam, envisagez d'entrer dans ce pays par la route en passant par Savannakhet et Lao Bao. L'autre solution consiste à entrer à Huay Xai, puis à continuer par la route jusqu'à Luang Nam Tha et Muang Xai. Ensuite, prenez la direction du sud par la route, ou empruntez le cours d'eau jusqu'à Luang Prabang pour rejoindre Vientiane.

Un séjour d'un mois au Laos pourrait commencer au nord (Huay Xai). De là, votre itinéraire pourra effectuer une boucle passant par Luang Nam Tha, Luang Prabang et Xieng Khuang. Vous prendrez ensuite une récréation méritée à Vientiane pour vous remettre des rigueurs du voyage. A partir de Vientiane (le seul endroit où l'on puisse actuellement faire proroger son visa), on peut descendre la vallée du Mékong en traversant les anciennes capitales coloniales de Tha Khaek, Savannakhet et Salavan avant de se diriger vers l'est dans les lointaines provinces du Sekong et de l'Attapeu. C'est de cette dernière que vous pourrez rejoindre le Mékong pour prendre quelques jours de repos dans la région de Si Phan Don avant de quitter le pays à Chong Mek, en Thaïlande, près de Pakse.

Les itinéraires proposés ci-dessus supposent que vous souhaitiez voir d'importantes portions du pays dans un temps donné. Une autre méthode consiste à passer davantage de temps dans quelques endroits choisis selon vos goûts (reportez-vous plus loin à la rubrique *A ne pas manquer*), vous pourrez ainsi décider de passer deux semaines entières ou davantage à explorer le Nord. Si vous préférez la culture urbaine, passez un mois dans les villes de la vallée du Mékong. Luang Prabang est une ville si agréable que nombreux sont ceux qui se laissent prendre à ses charmes au point d'y passer beaucoup plus de temps que prévu.

A NE PAS MANQUER

Malgré les proportions assez modestes du pays, le voyageur se voit généralement obligé, pour des raisons de temps ou d'argent, de choisir les régions qu'il souhaite explorer, et donc d'en délaisser certaines. Le manque d'infrastructures est tel qu'il vaut mieux en effet réviser ses projets à la baisse : n'essayez pas de tout voir en peu de temps. Par ailleurs, vous prendrez l'habitude d'attendre le bus, le bateau ou l'avion : au Laos, l'horaire officiel n'est pas respecté dans les transports, comme c'est l'usage dans la plupart des autres régions d'Asie. Un trajet en bus de trois heures peut facilement se transformer en une expédition de douze heures en cas de crevaison ou de panne.

Architecture historique et musées

Les anciens royaumes de Luang Prabang, Vientiane et Champasak ont beaucoup à offrir en termes d'architecture classique, qu'il s'agisse de temples bouddhiques datant du XIVe au XIXe siècle ou de structures coloniales françaises des XIXe et XXe siècles. Le mystérieux Vat Phu Champasak, site khmer dans la province de Champasak qui a sans doute vu des sacrifices humains en son temps, remonte au royaume de Chenla (VIe-VIIIe siècle) et à la période d'Angkor (IXe-XIIIe siècle). L'énigmatique plaine des Jarres près de Phonsavan laisse également la porte ouverte à l'imagination.

Dans tout le pays, les Laotiens sont très désireux de restaurer temples, villas et bureaux gouvernementaux d'antan. L'architecture coloniale la mieux préservée se trouve à Luang Prabang, Vientiane, Tha Khaek et Savannakhet. Luang Prabang figure sur la liste du patrimoine mondial qu'a publiée l'Unesco en 1995, aux côtés de trésors d'architecture et de culture tels que le Taj Mahal et le Vat d'Angkor.

Il n'existe guère actuellement de grands musées au Laos, mais le Haw Pha Kaew de Vientiane et le Palais royal de Luang Prabang valent certainement le détour.

Pour un complément d'information sur les styles artistiques et les sites architecturaux, voir la rubrique *Arts* dans le chapitre *Présentation du pays*.

Artisanat

La diversité ethnique du Laos entraîne une grande diversité de la production artisanale. Le travail de l'argent, la sculpture sur bois, la céramique, le mobilier de rotin, les textiles et le papier artisanal fait avec l'écorce de l'arbre saa comptent parmi les principales spécialités du pays. On peut acheter presque tous ces objets à Vientiane.

Les textiles dans le style de Sam Neua (nord-est du Laos) se distinguent particu-

lièrement par leurs brocards et leurs coloris éblouissants. Plusieurs dessins originaux réalisés sur soie dans les ateliers de Vientiane s'inspirent de ce style. On trouve des cotonnades dans le sud près de Pakse et Don Khong, tandis que les tissages du Sekong et de l'Attapeu illustrent les techniques des tribus môn-khmères de la région.

C'est surtout à Vientiane et à Luang Prabang qu'on achètera des spécimens de l'artisanat et la bijouterie des tribus montagnardes. Avec un peu de chance, vous mettrez la main sur de belles pièces artisanales dans les provinces de Luang Nam Tha, Phongsali, Hua Phan, Bokeo, Salavan, Sekong et Attapeu. Pour l'instant, les points de vente restent rares dans ces lieux, tout dépend donc de votre initiative. A vous de trouver dans les villages la source de ces créations. Pour un complément d'informations, reportez-vous à la rubrique *Achats* à la fin de ce chapitre.

Culture

S'immerger complètement dans la culture ambiante peut se faire dans toutes les provinces. C'est donc en quittant Vientiane ou Luang Prabang que vous rencontrerez le vrai visage du Laos.

Dans les villes et villages qui longent le Mékong, vous trouverez les centres principaux de la culture lao des plaines. Les régions de Champasak et de Si Phan Don ont particulièrement bien conservé les coutumes de l'ancien Laos. Si Vientiane et Savannakhet s'avancent gaillardement sur la route de la transition et de la modernité, l'influence étrangère se révèle beaucoup plus atténuée à Savannakhet qu'à Vientiane.

Les provinces du Nord, Luang Nam Tha, Bokeo, Udomxai, Phongsali et Hua Phan, présentent des cultures tribales hmongmien et thaï tandis que, au sud, l'intérieur abrite des tribus môn-khmères moins connues, dont beaucoup vivent également dans les montagnes du Vietnam.

Une fois au moins au cours de votre voyage, rendez-vous dans une petite ville hors des sentiers battus. Certes, la démarche est moins facile que celle qui consiste à suivre la vague, mais vous en apprendrez bien davantage sur le Laos.

Environnement

A cause de son développement insuffisant et de sa faible densité, le Laos peut se vanter d'avoir l'un des écosystèmes les moins perturbés d'Asie. C'est exactement pour les mêmes raisons que l'accès à la vie sauvage reste limité. Avec la création en 1995 de dix-sept zones nationales de conservation de la biodiversité, on peut sans doute beaucoup mieux observer la nature. L'écotourisme s'est développé mais on ne trouve guère jusqu'ici d'installations particulières pour les visiteurs. Les organisations non gouvernementales qui travaillent au Laos, comme la Wildlife Conservation Society, peuvent vous assister dans vos découvertes (pour plus de détails, reportez-vous à la rubrique *Écologie et environnement* dans le chapitre *Présentation du pays*). Les agences d'excursions de Vientiane vous conseilleront également, surtout si vous n'avez pas de problèmes d'argent.

Il vous faudra dans tous les cas prévoir un équipement de camping.

Pour explorer la nature, les deux régions les plus intéressantes sont la zone nationale de conservation de la biodiversité de Nakai-Nam Theun, sur la frontière lao-vietnamienne, et celle de Khammuan Limestone à l'est de Tha Khaek (l'une et l'autre dans la province de Khammuan). Des oiseaux rares aux éléphants sauvages, la faune de ces régions regorge de richesses. Quant à la flore, certaines parties du Luang Nam Tha et du Hua Phan dans le Nord, de l'Attapeu et du Champasak dans le Sud présentent de grandes étendues de forêt primaire soumise au régime des moussons.

Aux alentours de Si Phan Don, un complexe d'îles dans la section la plus large du Mékong présente le double intérêt du bel habitat naturel de ses rives et de ses chutes d'eau. L'extrême sud du bief de Si Phan Don sert d'habitat fragile au dauphin Irrawaddy, espèce rare (voir la rubrique *Si Phan Don* dans le chapitre *Le Sud*).

OFFICE DU TOURISME

Unique agence de voyages et tour-opérateur du pays, l'Autorité du tourisme laotien (ATL), à Vientiane, date de la fin des années 80 et reçoit des subventions du gouvernement. A la suite de la privatisation de l'industrie du tourisme au début des années 90, sa fonction d'agence de voyages unique a considérablement décliné même si ses bureaux organisent toujours des circuits et proposent le service de guides de voyage sur l'ensemble du pays.

Les dirigeants de l'ATL organisent d'interminables réunions et séminaires pour discuter de l'avenir du tourisme au Laos mais, en définitive, ils n'exercent qu'un pouvoir limité. En principe, l'ATL sert de bureau central de renseignements sur le tourisme laotien. Mais là encore, le service laisse beaucoup à désirer.

Une anecdote mettra en lumière le manque de communication avec les autres provinces. Les dirigeants de l'ATL m'ayant assuré que les grottes de Vieng Xai à Hua Phan étaient ouvertes à tous les visiteurs sans présentation de permis à l'entrée, je me suis mis en route. Pourtant, à mon arrivée, quelques jours plus tard, je me suis vu interdire l'accès des grottes. Je n'ai pas même eu le droit de jeter un coup d'œil sur l'extérieur. On m'a informé que, pour effectuer une visite, il me fallait une autorisation spéciale en bonne et due forme émise par Vientiane.

Bref, si vous cherchez une information exacte, mieux vaut vous adresser partout ailleurs qu'à l'ATL. Sans compter que ce bureau n'envoie pas de renseignements par courrier et ne possède aucune antenne à l'étranger. On trouve quelques comptoirs de l'ATL dans certaines capitales de provinces. Le manque généralisé d'information que l'on découvre dans ces bureaux locaux peut atteindre des degrés effarants. Dans certaines provinces reculées, des agents de l'ATL sont de mèche avec les responsables locaux pour contraindre les visiteurs à recourir à leurs services, ou à ceux de leurs amis militaires, pour leur servir de guides. Néanmoins, ce genre de pratique semble régresser d'année en année.

De temps en temps, il arrive qu'une agence de voyages locale ou un guide tentent de se faire passer pour des agents de l'ATL ou se proclament "responsables du tourisme" pour la province. C'est fréquemment le cas à Phonsavan, dans la province de Xieng Khuang. Ne perdez pas de vue que l'ATL n'a pas d'attributions officielles en dehors de Vientiane (jusqu'à présent, en tout cas). Vous n'êtes donc aucunement obligé de recourir aux services de ses représentants, même s'ils prétendent le contraire.

C'est pourtant par l'intermédiaire de l'ATL que s'effectuent aujourd'hui les formalités de prolongation de visas – c'est d'ailleurs sa principale fonction.Vous n'êtes pas non plus obligé de vous rendre à l'ATL pour l'obtenir (ce n'était pas le cas il y a deux ans). Désormais, vous pouvez présenter votre demande directement au bureau de l'immigration, à Vientiane.

Le bureau principal (☎/fax (021) 212013) se trouve dans Thanon Lan Xang, en face du Centre de langue française.

VISAS ET FORMALITÉS COMPLÉMENTAIRES
Passeport
Pour entrer au Laos, il faut un passeport valide au moins trois mois à partir de la date d'entrée. S'il doit expirer en cours de séjour, vous devrez vous en procurer un avant d'arriver dans le pays. Vous pouvez aussi vous renseigner pour savoir si votre ambassade au Laos (à condition qu'il en existe une, voyez la liste dans la rubrique *Ambassades*) peut vous en délivrer un durant votre séjour.

Visas
Les étrangers souhaitant visiter le Laos devront obtenir un des visas décrits ci-dessous. Dans tous les cas, l'ambassade du Laos réclame une demande officielle d'une page en triple exemplaire ainsi que des photos d'identité et le règlement du montant forfaitaire. Si vous faites votre demande en dehors de l'Asie du Sud-Est, comptez au moins deux mois avant d'obte-

nir votre document. En effet, toutes les ambassades doivent attendre l'approbation des autorités laotiennes. Si la demande s'effectue en Asie du Sud-Est, les choses vont beaucoup plus vite, même si le processus reste identique.

Visa à l'arrivée. Depuis le 1er juin 1998, le gouvernement laotien délivre des visas de tourisme valables 15 jours à l'arrivée à l'aéroport international de Vattay à Vientiane, et sur le Pont de l'Amitié enjambant le Mékong à proximité de Nong Khai, en Thaïlande.

Pour obtenir ce visa à l'arrivée, vous devez fournir ce qui suit : 50 \$US en liquide (les chèques de voyage et les autres devises, y compris le kip, ne sont pas acceptés), deux photos, le nom de l'hôtel où vous résiderez à Vientiane (choisissez-en un dans ce guide et inscrivez-le sur le formulaire) et l'adesse d'une connaissance à Vientiane. La majorité des voyageurs ne remplit pas cette case et ne rencontre pas de difficultés, mais si vous connaissez quelqu'un à Vientiane, inscrivez son nom. A l'arrivée à l'aéroport de Vattay, vous êtes censé posséder un billet d'avion aller–retour en cours de validité mais il est peu probable qu'on vous demande de le présenter.

Il est essentiel de posséder 50 \$US en liquide, que vous arriviez à l'aéroport de Vattay ou par le pont, car il y a peu de chances que, sur place, les changeurs soient en mesure de vous procurer des dollars contre des bahts thaïlandais ou toute autre devise. Des voyageurs sont déjà restés bloqués à l'aéroport faute de dollars. Si vous vous trouvez dans cette situation, le personnel de l'immigration peut vous autoriser à vous rendre en ville pour changer de l'argent, mais à condition que vous laissiez votre passeport en dépôt.

Visa de tourisme. Jusqu'à une date récente, de nombreux consulats et ambassades du Laos ne délivraient pas de visas touristiques et demandaient aux visiteurs potentiels de passer par une agence de voyages accréditée. Aujourd'hui, la plupart des ambassades fournissent directement des visas et il n'est plus nécessaire de recourir à une agence de voyages. Vous n'êtes donc pas obligé de participer à un voyage organisé au Laos pour obtenir un visa, même si certaines agences de voyages peu scrupuleuses continuent de prétendre le contraire.

Il y a quelques années, la validité des visas pour le Laos était limitée à quinze jours (avec une possibilité de prorogation sur place). Depuis le second semestre 1998, les ambassades du Laos sont autorisées à délivrer des visas de tourisme valables 30 jours. L'ambassade du Laos à Bangkok est normalement en mesure de vous fournir un visa de 30 jours en 24 heures si vous lui confiez votre passeport. Le visa vous coûtera 750 B augmentés de 300 B de "taxe pour le fax". Si vous souhaitez obtenir un visa de 15 jours, vous débourserez 250 B pour le visa auxquels vous ajouterez 300 B pour la "taxe pour le fax". Certains voyageurs parviennent à obtenir un visa de 15 jours le jour même.

Le consulat du Laos à Khon Kaen demande un délai de un à trois jours pour délivrer un visa de 30 jours moyennant la somme de 700 à 1 100 B, le tarif étant fonction de la nationalité.

Dans d'autres pays, le prix du visa de tourisme est variable. Lors de la mise à jour de la présente édition, les ambassades du Laos au Vietnam et au Cambodge facturaient 35 $US environ le visa de 30 jours. A Yangon (Rangoon), le prix semblait dépendre du tarif que l'ambassade voulait consentir ce jour-là et, en général, on déboursait entre 38 et 50 $US.

En Thaïlande, les agences de Bangkok, Chiang Mai, Nong Khai, Chiang Khong, Udon Thani et Ubon Ratchathani s'occuperont des formalités pour une somme variant entre 1 500 et 2 000 B suivant l'agence et la rapidité requise. Généralement, les services les moins chers peuvent prendre cinq jours ouvrés tandis que les plus rapides ne réclament que 24 heures maximum.

A Chiang Khong, toutes les agences de voyages demandent 60 $US ou leur équivalent en bahts pour un simple visa de 15 jours. Pour plus de détails, reportez-vous à la rubrique *Huay Xai* dans le chapitre *Le Nord*. Au Vietnam, seules les agences de voyages d'Hanoi et d'Ho Chi Minh-Ville vous procureront des visas, à des prix comparables. On entend dire à l'occasion que telle agence de voyages vietnamienne a fourni un visa laotien "bon marché" pour 25 $US !

Visas de visite, d'affaires et de non-immigrant.

Le visa de visite, généralement délivré aux proches d'expatriés travaillant au Laos ou aux membres de familles laotiennes, est valable 30 jours et est à entrée simple. C'est aux personnes installées sur place d'en faire la demande. Il coûte 35 $US (150 FF en France) et peut être prolongé de 30 jours. On y a de moins en moins recours dans la mesure où les visas de tourisme sont devenus beaucoup plus faciles à obtenir.

Les professionnels ou les volontaires envoyés en mission à court terme au Laos ont généralement un visa de non-immigrant, valable 30 jours et renouvelable pour la même durée. Comme le précédent, il revient à 35 $US.

Les professionnels de l'information peuvent demander un visa de journaliste. Ce dernier est soumis aux mêmes conditions que les précédents, sauf qu'il faut en plus déposer un programme de travail précis. La demande est alors transmise au ministère des Affaires étrangères qui rend un avis favorable ou non. Les journalistes n'ont pas besoin d'avoir un correspondant sur place.

Les visas d'affaires, également délivrés pour 30 jours, sont relativement faciles à obtenir à condition d'avoir un correspondant au Laos. De nombreuses agences de Vientiane (ainsi que certaines agences thaïlandaises) peuvent vous l'obtenir en une ou deux semaines. A l'ambassade du Laos à Bangkok, il coûte 300 B (12 $US) ; les agences prennent une commission supplémentaire pour couvrir les frais de dossier (y compris la connexion avec l'ambassade). Les visas d'affaires sont renouvelables indéfiniment mois par mois, mais les prolongations doivent être demandées par une agence.

Après la première prorogation d'un mois, le visa d'affaires peut se convertir en statut d'entrées multiples qui vous permet d'entrer et de sortir autant que vous le souhaitez pendant la période stipulée. On peut aussi se procurer des visas d'affaires valables six mois.

S'il est possible d'obtenir les visas d'affaires et de non-immigrant dans son pays d'origine, il vaut mieux s'adresser à l'ambassade laotienne de Bangkok car le personnel y est quotidiennement en contact avec les ministères concernés de Vientiane. Il faut simplement demander à l'agence qui vous sert de correspondant au Laos de confirmer par télex ou par fax.

Visa de transit. Le visa de transit est destiné aux gens qui ne font que passer par le Laos, entre deux autres pays. Les voyageurs se munissent de ce type de visa lorsqu'ils voyagent, par exemple, entre Hanoi et Bangkok. A Kunming, en Chine, l'ambassade du Laos délivre exclusivement des visas de transit. Ils sont théoriquement accordés sur présentation d'un visa pour le pays de votre destination finale (par exemple la Thaïlande), mais il arrive souvent que personne ne le vérifie. La durée maximum du séjour s'élève à 10 jours, sans possibilité de prolongation. Certains consulats et ambassades ne proposent ce visa que pour 5 ou 7 jours, auquel cas il vous faudra demander d'avance le maximum de 10 jours. Le prix de ce visa tourne généralement autour de 25 ou 30 \$US (150 FF auprès de l'ambassade du Laos en France).

Prorogations de visas
Au Laos, les règles qui président à la prorogation des visas semblent changer quasiment tous les six mois. Récemment, on l'obtenait très facilement à Vientiane pour 3 \$US par jour. Légalement, seul le bureau

de l'immigration à Vientiane est autorisé à proroger les visas. Cependant certains voyageurs parviennent parfois à obtenir des prorogations dans des provinces reculées comme Phongsali ou Sainyabuli pour beaucoup moins que 3 \$US par jour. La plupart des bureaux de l'immigration en province se montrent intraitables lorsqu'ils refusent de proroger les visas. Il faut alors effectuer cette démarche à Vientiane.

Il est apparemment possible de faire proroger son visa plusieurs fois. Cependant, si vous pensez rester plus d'un mois au Laos, renseignez-vous sur les conditions d'obtention d'un visa de non-immigrant ou d'un visa d'affaires.

Pour prolonger un visa de visite, un visa non-immigrant, un visa de journaliste et un visa d'affaires, il faut obtenir le parrainage d'une personne ou d'une organisation. Les prix d'obtention peuvent varier considérablement. Les agences de consultants paieront un montant similaire à celui acquitté pour une prorogation de visa de tourisme, mais les visiteurs restant plus longtemps (séjour de plus d'un mois) verseront des sommes plus raisonnables.

Le visa de transit ne peut se proroger en aucune circonstance.

Dépassement du visa
Dépassement du visa. Si vous dépassez la durée de votre visa, il vous faudra payer une amende au contrôle de l'immigration lors de votre départ du Laos. L'amende habituelle s'élève actuellement à 5 \$US par jour dépassé. Il règne une certaine confusion en la matière. Si votre visa est arrivé à expiration, il se peut que le bureau de l'immigration fasse preuve de compréhension et ne vous pénalise pas, à condition que votre retard soit justifié.

Avant de choisir cette voie, vérifiez les dernières réglementations en date sur la question : les pénalités peuvent en effet augmenter à tout moment.

Photocopies
Vous avez tout intérêt à faire des photocopies de tous vos documents essentiels, passeport, numéros de carte de crédit et de

Politique du tourisme au Laos

Les officiels de l'Autorité du tourisme laotien (et des tour-opérateurs tant locaux qu'internationaux) adoreraient voir le tourisme privatisé en une espèce de club réservé à des membres riches. Estimant qu'une politique d'entrées individuelles illimitées aurait pour résultat une "pollution culturelle", ils soutiennent également que le pays tirera le plus grand profit économique d'un tourisme restreint et, de préférence, organisé.

Même si ces représentants paraissent réellement s'inquiéter de dignité et de sécurité davantage que de gros sous, l'idée de sélectionner les visiteurs sur des critères financiers semble quelque peu étrange quand on connaît les tendances du tourisme mondial.

D'après les voyageurs qui se sont rendus au Laos depuis l'abolition du système des laissez-passer (1994), la population laotienne déclarerait de préférer quasi unanime préférer les touristes individuels aux groupes organisés. Ceci ne veut pas dire pour autant que le tourisme organisé soit à proscrire – c'est même très bien pour les gens pressés qui disposent de plus d'argent que de temps – seulement, si c'est l'unique possibilité offerte, le pays risque de passer à côté d'une vraie source de développement économique.

Le tourisme individuel rapporte davantage au paysan ou au commerçant moyens que les groupes qui passent à toute vitesse derrière leur guide et dont l'hébergement, les repas et les transports sont déjà payés. Ce phénomène a largement été démontré par des études empiriques réalisées par les spécialistes du tourisme mondial.

Certes, les touristes riches dépensent beaucoup d'argent, mais ils exigent aussi davantage de produits importés, ce qui tend à réduire le revenu national et entraîne des répercussions plus importantes sur le plan culturel. Au lieu de sélectionner les touristes en fonction de leur argent, les autorités laotiennes devraient essayer, au moyen d'une campagne de communication adaptée, de mettre l'accent sur le comportement des visiteurs et de développer l'infrastructure et les divertissements qui attirent les gens sensibles aux différences culturelles et respectueux des traditions locales. En limitant le tourisme aux voyages organisés, le gouvernement risque involontairement de favoriser le tourisme à grande échelle de faible rapport.

Quant à la question de l'intégrité culturelle, il semblerait que l'étalage de richesses dans un pays comparativement sous-développé crée une disparité socioculturelle beaucoup plus évidente que si l'on donne à des individus d'origine économique variable l'occasion d'échanges plus naturels avec la population locale. D'un autre côté, le gouvernement pense sans doute que ce genre de contacts individuels risque de favoriser le développement d'une pensée subversive. Le véritable enjeu serait donc une question de liberté individuelle. Les recherches actuellement menées sur le tourisme mondial laissent penser que la présence d'une élite étrangère (notamment formée d'expatriés, nombreux au Laos) a généralement un impact socioculturel plus marqué que toute autre catégorie de société civile étrangère.

Les dirigeants laotiens semblent en tous cas vouloir aborder ce problème (recherche d'un compromis entre qualité de vie et commercialisation de la culture et du milieu naturel) de manière plus responsable et consciencieuse que leurs voisins thaïlandais et vietnamiens. Quels que soient ses effets à long terme, la politique actuelle témoigne au moins du fait que le gouvernement a plus à cœur de développer durablement le marché du tourisme que de laisser des millions de visiteurs venir "consommer" les charmes de son pays. ■

chèques de voyage, billets d'avion, etc., que vous conserverez à l'écart des originaux. Si vous perdez ces derniers, vous aurez ainsi beaucoup moins de mal à obtenir des documents de remplacement. Vous pourriez même envisager de conserver des copies supplémentaires dans un endroit sûr de Vientiane.

Restrictions au voyage

Pendant la vingtaine d'années qui suivit la révolution de 1975, le gouvernement a demandé des laissez-passer (*bai anuyâat døen tháang* en lao) pour tout voyageur, étranger ou laotien, quittant la préfecture de Vientiane. En mars 1994, le système des permis fut aboli et les étrangers ont maintenant le droit, théoriquement du moins, de voyager sur la totalité du territoire sans autre permis, autorisation ou document qu'un passeport valide contenant un visa valide. De leur côté, les ressortissants laotiens doivent toujours être munis d'un laissez-passer et d'une carte d'identité.

Selon de récents récits de voyage, on réclamerait encore des permis dans les régions abondant en engins explosifs non désamorcés, comme la piste d'Ho Chi Minh, et dans les régions dites "sensibles" comme le Sainyabuli (rebelles, opium), Hua Phan (camps de rééducation, grottes du Pathet Lao) et dans la plus grande partie de la nouvelle zone spéciale Saisombun (soit l'ancienne province orientale de Vientiane aux frontières des provinces de Luang Prabang, Xieng Khuang et Bolikhamsai). Ce secteur reste d'ailleurs militairement peu sûr, et les véhicules qui le traversent prennent le risque de se faire attaquer. Pour de plus amples informations, reportez-vous à la rubrique *Désagréments et dangers*.

Dans certaines provinces reculées comme le Sekong, l'Attapeu et l'Hua Phan, la police se comporte un peu comme dans un fief indépendant et il arrive que ses représentants interdisent l'entrée du territoire aux étrangers. Il est conseillé alors d'obéir aux ordres et de rebrousser chemin. On ne discute pas avec des gens qui peuvent vous incarcérer indéfiniment et sans jugement.

Contrôles. Le gouvernement laotien possède encore un moyen important de contrôler vos déplacements. En effet, chaque fois que vous franchissez le seuil d'une province, par voie aérienne, terrestre ou fluviale, il vous faut passer par un bureau de douane ou de police pour obtenir un tampon de *jâeng khào* et *jâeng àwk* (entrée ou sortie) sur votre carte ou sur une feuille de papier fournie par les fonctionnaires du poste de contrôle. La police touche généralement à cette occasion une redevance pouvant varier de 100 à 200 K.

Si vous devez fréquemment passer de province à province, les petits papiers tamponnés s'accumulent rapidement. La plupart du temps, un oubli passera sans faire trop de vagues. Le principal risque est de se faire renvoyer à son point de départ. Ainsi par exemple, si vous venez de passer la journée dans un camion en provenance de Muang Xai (capitale de l'Udomxai) et allant vers Pakbeng (point officiel de sortie en bateau d'Udomxai à Luang Prabang ou Bokeo), avouez que vous faire renvoyer en direction de Muang Xai représenterait un sérieux désagrément !

Tous les aéroports du pays comportent un bureau de contrôle provincial des arrivées et des départs. Si vous prenez l'avion, vous n'aurez pas de mal à obéir aux règlements. Pour la route et les voies navigables, les points de contrôle sont généralement rares et les contrôleurs semblent se moquer éperdument de savoir si vos documents sont ou non tamponnés. Il est parfois très difficile de mettre la main sur le fonctionnaire au tampon. Exception faite toutefois de Luang Prabang, où les autorités sont très pointilleuses sur la question. Les visiteurs non munis d'un document tamponné s'exposent à une amende de 3 000 K. Dans la rubrique *Luang Prabang* vous trouverez des détails sur les méthodes policières.

Mieux vaut être à jour sur ces questions interprovinciales. De même que pour les prolongations de visas, il s'agit d'un domaine où règne une extrême fluidité.

Billets de poursuite de voyage

Contrairement à de nombreux pays, le Laos ne fait aucun effort pour savoir, lors de votre arrivée, si vous êtes en possession de billets d'avion vous permettant de poursuivre votre voyage (ou de rentrer dans votre pays). La plupart des voyageurs arrivent d'ailleurs par voie terrestre ou fluviale.

Assurance de voyage

De même que pour tout autre voyage dans le monde, vous avez avantage à vous assurer convenablement. Vous pourrez ainsi récupérer vos fonds en cas d'annulation de vol, par exemple. Lisez attentivement votre contrat pour bien connaître les limites de la couverture et savoir si les pays visités sont ou non inclus dans cette couverture. Le Laos est généralement tenu pour un pays à haut risque.

Si vous devez subir un traitement médical au Laos ou en Thaïlande, n'oubliez pas de réclamer des reçus et faites établir des copies de tout le rapport médical.

Permis de conduire et assurance automobile

Les visiteurs qui souhaitent conduire au Laos doivent se munir d'un permis international. Au-delà de 30 jours dans le pays, il convient d'obtenir un permis laotien délivré par le bureau de contrôle des véhicules de la municipalité de Vientiane, au coin de Thanon Setthathirat et Sakkarin. Sur présentation d'un permis valide de votre pays d'origine ou d'un permis international valide, on vous fera remplir des formulaires et payer quelques droits avant de vous donner un document. Si vous n'avez pas encore de permis, on vous fera passer un examen écrit en français, en anglais, en lao ou en chinois. Un permis temporaire de trois mois vous sera alors délivré, suivi d'un document permanent.

L'assurance au tiers est exigée pour tous les véhicules. Apparemment, une seule compagnie a licence de traiter ce type d'assurance, il s'agit des Assurances générales du Laos (☎ (021) 215903 ; fax 215904), place That Dam Vientiane. Il faut également s'acquitter d'une taxe renouvelable auprès du bureau de contrôle des véhicules. En ce qui concerne les véhicules de location en général, c'est le propriétaire qui doit fournir tous ces documents.

Autorisation de mariage

Quel que soit leur visa d'entrée, les étrangers doivent obtenir l'autorisation du ministre de l'Intérieur et du ministre des Affaires étrangères avant de pouvoir épouser légalement un(e) Laotien(ne), sous peine d'arrestation et de confiscation du passeport. Ceci vaut tant pour le mariage que pour la cohabitation. Récemment, les autorisations de mariage se sont avérées fort difficiles à obtenir.

AMBASSADES
Ambassades laotiennes à l'étranger
Si vous passez par une agence de voyages pour les formalités de votre visa, vous n'aurez aucun rapport direct avec les ambassades laotiennes.

Précisons que les Belges et les Luxembourgeois, amenés à présenter eux-mêmes leur demande, s'adresseront à l'ambassade de Paris.

États-Unis
2222 S St NW, Washington, DC 20008 (☎ 332 6416 ; fax 332 4923)
France
74, av. Raymond Poincaré, 75116 Paris (☎ 01 45 53 02 98 ; fax 01 47 27 57 89)
Thaïlande
520, 502/13 Soi Ramkhamhaeng 39, Bang Kapi, Bangkok (☎ 538 3696, 539 6667)
Vietnam
22 Tran Binh Trong, Hanoi (☎ 8254576)
Consulat : 93 Pasteur St, District 3, Ho Chi Minh-Ville (☎ 299275)
Consulat : 12 Tran Quy, Danang (tél 821208)

Ambassades étrangères au Laos
Soixante-quinze nations entretiennent des relations diplomatiques avec le Laos ; vingt-cinq d'entre elles ont une ambassade ou un consulat à Vientiane. Les autres, comme le Canada ou la Grande-Bretagne, ont souvent recours à leurs ambassades de Bangkok, Hanoi ou Beijing (Pékin).

On trouvera ci-dessous la liste des adresses et les numéros de téléphone des principaux bureaux consulaires. Plusieurs d'entre eux figurent d'ailleurs sur la carte de Vientiane. L'indicatif pour Vientiane est le 21.

Cambodge
Thanon Tha Deua, Ban That Khao (☎ 314952)
Chine
Thanon Wat Nak Nyai (☎ 315103)
États-Unis
Thanon That Dam (Bartholomie) (☎ 212581, 212582)
France
Thanon Setthathirat (☎ 215258, 215259)

Thaïlande
  Thanon Phonkheng (tél 214582, 214585)
Vietnam
  Thanong That Luang (☎ 413400, 413403)

DOUANE

On ne vous demandera pas grand-chose à l'entrée du pays, à moins que vous n'ayez un nombre de bagages véritablement démesuré. Vous êtes autorisé à importer 500 cigarettes ou un litre d'alcool.

En dehors des restrictions habituelles concernant la drogue, les armes et la pornographie, vous pouvez importer tout ce que vous voulez. Il n'existe aucune limitation sur les devises étrangères et la monnaie nationale.

Jusqu'en 1993, il n'y avait aucun formulaire à remplir. De toute façon, personne ne prend la peine de les vérifier à la sortie.

QUESTIONS D'ARGENT
Coût de la vie

Mis à part le coût très élevé du visa, un voyage au Laos reste relativement accessible à la plupart des bourses.

Au début des années 90, les hôtels de Vientiane se rangeaient parmi les plus chers de l'Asie du Sud-Est. Depuis quelques années, il est possible de loger en ville dans des établissements moins onéreux. Les hôtels les plus chers ont même révisé leurs tarifs à la baisse. Dans les grandes villes, l'offre dépasse désormais la demande et les tarifs restent donc compétitifs.

Actuellement à Vientiane vous pouvez trouver des chambres à partir de 5 $US la nuit. En dehors de Vientiane, les hôtels locaux offrant un confort rudimentaire réclament entre 1 500 et 3 000 K le lit, tandis que les prix des chambres de catégorie moyenne tournent autour de 6 000 ou 10 000 K en simple ou double. Les chambres des hôtels pour touristes coûtent entre 22 $US et 65 $US la nuit.

Un repas moyen dans un restaurant laotien coûte moins de 2 $US par personne : une tasse de café vaut aux environs de 0,16 $US, un grand bol de fõe (nouilles de riz) 0,40 $US dans l'intérieur du pays ou 0,75 $US à Vientiane, et une grande bouteille de bière 0,75 $US.

Le prix des trajets en bus est souvent déterminé par les conditions de la route. Moins elle est bonne, plus le trajet est cher. En d'autres termes, plus le voyage est long – quelle que soit la distance à parcourir – plus il est coûteux. Voici quelques indications de trajets types depuis Vientiane : Savannakhet (9 heures) 4 $US, Luang Prabang (11 heures) 5,40 $US et Pakse (15 heures) 6,25 $US. L'avion n'est pas bon marché, mais pour les longues distances, vous gagnez du temps – et vous économisez donc sur les frais d'hôtel et de nourriture. Exemples de prix de transports : de Vientiane à Luang Prabang, 55 $US ; de Luang Prabang à Xieng Khuang, 35 $US ; de Vientiane à Pakse, 95 $US.

Il est difficile d'estimer le coût de la vie par jour au Laos puisque tout dépend de ce que vous voulez voir, du standing des hôtels que vous choisissez ou de votre moyen de transport. A Vientiane ou Luang Prabang, vous pouvez vous débrouiller avec environ 10 $US par jour si vous descendez dans les pensions de famille les moins chères et mangez les plats locaux. Dans les régions les plus éloignées où tout est moins cher, vous pourrez réduire vos dépenses quotidiennes à seulement 6 $US ou 8 $US par jour.

Les budgets de ceux qui souhaitent l'air conditionné, l'eau chaude et une alimentation falang (étrangère) atteignent 25 $US par jour minimum à condition de surveiller sa bourse, comptez plutôt jusqu'à 75 $US par jour. Vous allez bien entendu dépenser bien plus dans les établissements de luxe, cette dernière éventualité n'est pour l'heure envisageable qu'à Vientiane et à Luang Prabang.

Conseils concernant les espèces

Faisant partie de la "zone baht" (avec la Thaïlande, le Vietnam, le Cambodge et le Myanmar), l'économie nationale du Laos repose essentiellement sur le baht thaïlandais. On estime qu'un tiers des liquidités en circulation à Vientiane porte en fait l'effigie du roi de Thaïlande. Cette proportion a légèrement diminué après la dévaluation du baht en 1997–1998 qui a accru la demande laotienne en dollars. Le baht continue de jouir d'une certaine ferveur, notamment parce qu'il est disponible en grosses coupures : un seul billet de 1 000 bahts équivaut à 72 coupures de 1 000 K plus 500 K en monnaie. Il faut reconnaître que cinq coupures de 1 000 B (environ 125 $US) se manient un peu plus facilement que 360 billets de 1 000 K en liasses de dix.

Voyager dans un pays où la plus grosse coupure équivaut à 30,32 $US peut devenir un inconvénient majeur. Par conséquent, si vous envisagez de faire d'importantes transactions (de plus de 20 $US chacune, par exemple), munissez vous surtout de bahts, vous serez moins encombré. Nous vous suggérons de prendre la moitié de vos espèces en bahts, un quart en kips et un quart en dollars.

Mais si vous ne pensez faire que de petits achats (de moins de 40 $US chacun) et ne voyager que quelques jours, achetez des kips.

En fin de séjour, débarrassez-vous de tous vos kips et gardez quelques bahts pour le retour en Thaïlande. De l'autre côté du Mékong, personne, sauf peut-être les autres touristes en partance pour le Laos, ne voudra de vos kips.

Cartes de crédit

La plupart des hôtels, des restaurants haut de gamme et des boutiques de souvenirs de Vientiane acceptent les cartes Visa et MasterCard. Certains prennent également la carte American Express, dont le représentant sur place est Diethelm Travel Laos.

Dans Thanon Pangkham, la Banque pour le commerce extérieur lao (BCEL) vous permet de faire des retraits d'espèces grâce à votre carte Visa pour une commission de 2,5% du montant de la transaction si vous demandez des kips, ou de 3,5% si vous demandez des dollars. En 1998, il n'était pas possible d'obtenir des bahts. Les autres

banques peuvent prendre une commission plus élevée. Ainsi, à Luang Prabang, la Lane Xang Bank perçoit une commission de 3% sur les retraits avec une carte Visa. Quant aux banques thaïlandaises représentées à Vientiane, comme la Thai Farmer's Bank, la Siam Commercial Bank et la Bangkok Bank, elles ont tendance à rassembler les divers prélèvements qu'entraîne une transaction de change en un forfait unique pouvant s'élever jusqu'à 5 $US au titre des "frais de communication". A vous d'évaluer, suivant le montant que vous prévoyez de changer, l'opération ou le service le plus avantageux.

A l'extérieur de Vientiane, votre carte de crédit ne vous sera d'aucune utilité. Au moment de la rédaction de cet ouvrage, seuls le Phu Vao Hotel à Luang Prabang et le Champasak Palace à Pakse acceptaient la carte Visa à titre de règlement pour l'hébergement et la restauration. La Lane Xang Bank de Luang Prabang et la BCEL de Pakse acceptent également les retraits d'espèces avec une carte Visa.

Compte en banque

Les résidents étrangers établis au Laos ont le droit d'ouvrir un compte (en dollars américains, en bahts ou en kips) dans plusieurs banques de Vientiane, y compris certaines succursales des six banques thaïlandaises. Malheureusement, si vous avez déjà un compte dans l'une ou l'autre de ces banques en Thaïlande, vous ne pourrez pas tirer d'argent dessus au Laos : il vous faudra ouvrir un nouveau compte. En 1998, les taux d'intérêt des comptes d'épargne s'élevaient en moyenne à 4% pour les dollars, 7% pour les bahts et 16% pour les kips.

La plupart des banques laotiennes ouvrent de 8h30 à 16h, du lundi au vendredi.

Certains expatriés vivant à Vientiane ont des comptes en Thaïlande, à Nong Khai ; les taux d'intérêts y sont plus élevés (10 à 12% pour le baht, par exemple) et les services bancaires, tels que les virements télégraphiques, sont plus développés. Une fois par mois, ils se rendent donc au Friendship

Bridge en "tuk-tuk" (triporteur à moteur), où ils prennent le bus pour Nong Khai. Pour faire cela, vous avez besoin d'un visa à entrées multiples.

Sachez que Thomas Cook propose un service baptisé MoneyGram qui a comme objectif de transférer de l'argent en une quinzaine de minutes depuis votre pays d'origine jusqu'au Laos. Il pourrait devenir, à l'instar d'éventuels concurrents, un atout de poids pour le voyageur au Laos.

Monnaie nationale

La monnaie nationale officielle est le kip. En réalité, les Laotiens utilisent trois monnaies différentes dans leur vie quotidienne : le kip, le baht de Thaïlande et le dollar américain. Dans les grandes villes comme Vientiane, Luang Prabang, Pakse et Savannakhet, le baht et le dollar américain sont acceptés dans tous les établissements commerciaux, y compris dans les hôtels, les restaurants et les boutiques. Mais dans les petites villes et les villages, on préfère souvent le kip ou le baht.

En règle générale, pour les petits achats de tous les jours, les prix sont indiqués en kips, les biens et les services plus chers sont parfois donnés en bahts, mais tout ce qui dépasse 100 $US (visites organisées, location de voiture) est généralement indiqué en dollars. Cela dépend en fait des fluctuations de chaque monnaie.

Malgré l'illégalité supposée de l'usage de devises étrangères, le système de monnaie à trois niveaux reste fermement établi. En accord avec le système local, les prix indiqués dans ce livre sont donnés en kip, en bahts ou en dollars.

Les billets existent en coupures de 1, 5, 10, 20, 50, 100, 500 et 1 000 K. On voit rarement les billets inférieurs à 50 K. Courantes jadis, les *aat* (pièces) sont maintenant retirées de la circulation depuis que tout ce qui est inférieur à un kip ne vaut plus rien. Il serait grand temps que le gouvernement émette des coupures de 10 000 ou 15 000 K.

Le Laos n'impose aucune restriction en ce qui concerne les sommes à changer.

Change

Comparé à la majorité des devises, le kip est resté assez stable depuis 1990, et a même repris des forces entre 1990 et 1993. A la fin de 1994, une surchauffe de l'économie a débouché sur un excédent de devises, et le kip s'est à nouveau affaibli.

La crise qui a affecté l'économie asiatique en 1997–1998 a été autrement plus grave puisque le kip a perdu 80% de sa valeur face au dollar et aux autres monnaies fortes. Au moment de la rédaction de ce guide, les banques pratiquaient un taux de change oscillant entre 2 400 et 2 500 K pour un dollar. Le marché parallèle n'offrait qu'un taux légèrement plus intéressant. Actuellement, personne ne peut sérieusement dire quelle sera la valeur du kip le mois prochain et encore moins dans les six mois ou l'année à venir. Tous les prix indiqués en kips dans cet ouvrage sont donc sujets à d'éventuelles modifications importantes, sauf si la situation économique se stabilise en Asie.

Taux de change

Voici quelques taux comparés :

Belgique	1 FB	=	73 K
Canada	1 $C	=	1 660 K
États-Unis	1 $US	=	2 537 K
Europe	1 €	=	2 952 K
France	1 FF	=	448 K
Suisse	1 FS	=	1 828 K
Thaïlande	100 B	=	6 243 K

En général, les banques offrent de meilleurs taux que les changeurs. Dans les banques, les chèques de voyage bénéficient d'un taux légèrement supérieur à celui des espèces.

Les banques de Vientiane acceptent les dollars canadiens et US, les francs français, les bahts thaïlandais. Dans les provinces, la plupart des banques ne prennent que les dollars US ou les bahts.

En 1998, la Banque pour le commerce extérieur laotien (BCEL, Thanaakhaan Kaan Khaa Daang Pathet Lao en lao) offrait le meilleur taux de change du marché. La BCEL prend 0,09% de commission sur le change dollar/kip et baht/kip, mais 0,04% seulement dans l'autre sens.

Les banques étrangères prennent plutôt une commission de 2 $US par 100 $US changés.

On trouve des changeurs officiels dans toute la ville (y compris au marché du Matin) et à certains passages de frontière. Tous, sans exception, prennent des commissions, leur principal avantage étant d'être ouverts plus tard que les banques.

En dehors de Vientiane, de Luang Prabang, de Savannakhet et de Pakse, il est parfois difficile de changer les chèques de voyage. Même à l'aéroport international de Vattay, il arrive que le bureau de change soit à court de kips (demandez s'ils ont de quoi couvrir vos chèques avant de les signer). Il est donc recommandé de faire des réserves d'espèces avant de quitter la capitale. Pour les gros achats, prévoyez suffisamment de bahts et de dollars américains car même à Luang Prabang, la ville la plus touristique du Laos après Vientiane, les banques n'ont souvent que des kips.

Toutes les banques appartiennent à l'État, sauf à Vientiane. La banque centrale laotienne fixe un cours quotidien unique pour toutes les banques nationalisées. Cependant, en dehors de la capitale, les taux de change sont plus bas. Vous pourrez parfois obtenir des taux de change plus intéressants en faisant jouer la concurrence. A Attapeu, par exemple, la Phak Tai Bank pourrait vous proposer une sorte de moyenne entre le taux de change le plus élevé de Pakse et le taux officiel de Vientiane.

Taux du marché parallèle

Officiellement, le kip est une monnaie flottante. En fait, les taux que pratiquent les banques sont inférieurs à ceux qu'on rencontre dans les boutiques et dans les bureaux de change non agréés de Vientiane. Ces taux tournent autour de 25 K de plus par dollar, sans commission, pour des billets de 100 $US ou de 1 000 B. Cela représente un gain d'environ 5 000 K par billet de 100 $US changé, soit le prix d'un repas et d'une

bière dans la plupart des restaurants laotiens dont la clientèle n'est pas touristique. Certains jours, lorsque le taux de change est réellement fluctuant, vous pouvez gagner jusqu'à 50 K sur la contre-valeur d'un dollar.

Les rangées de changeurs que l'on voyait il y a quelques années au marché du Matin de Vientiane (Talaat Sao) ont maintenant disparu. Mais près du marché, vous trouverez encore aujourd'hui quelques poignées de ces mêmes changeurs assis sur des tabourets de bois, sous leurs parapluies. Ce sont eux qui vous offriront dans l'ensemble les meilleurs taux pour le baht ou le dollar. Une fois que vous aurez fixé le taux avec le changeur (et il est préférable d'arriver avec une idée précise de l'ensemble des cours), comptez bien vos kips avant de tendre vos propres billets. Ainsi en cas de différend ou de malentendu sur le compte ou le taux, vous pourrez toujours annuler la transaction. Jusqu'ici, le Laos a su éviter la filouterie si courante dans d'autres pays, mais cela n'exclut pas la prudence. Il arrive que la police fasse une descente sur le marché parallèle et interpelle quelques changeurs. Jusqu'à présent, ce genre d'opération ne s'étend que sur quelques jours ou une semaine.

Pourboires

La pratique du pourboire n'est pas très courante au Laos, sauf dans les restaurants chics de Vientiane où il est conseillé de laisser l'équivalent de 10% environ de l'addition – sauf si le service est déjà compris.

Marchandage

Le marchandage est un art qui demande de l'entraînement, mais qui permet de ménager sa bourse. Au marché, tout doit être marchandé ; dans les boutiques, les prix ne sont pas toujours fixes, le meilleur moyen de le savoir est d'essayer de négocier.

Dans l'ensemble, les Laotiens ne sont pas des commerçants agressifs, ils pratiquent le marchandage de manière très scrupuleuse. On obtient rapidement un prix raisonnable sans avoir l'impression de se faire escroquer (certains tour-opérateurs dérogent toutefois à cette règle). Le prix obtenu est, généralement, un peu inférieur à ceux que l'on peut observer dans les pays voisins. Le Laos pratique à l'évidence un système de " prix aux deux tiers" dès lors qu'il s'agit d'indiquer un prix à un étranger. Mais le phénomène est nettement moins répandu qu'au Vietnam.

N'oubliez pas que le marchandage ne consiste pas à couper les cheveux en quatre. Il est parfaitement inadmissible pour le vendeur comme pour l'acheteur de chicaner pour 100 K (environ 0,04 $US).

POSTE ET COMMUNICATIONS
Tarifs postaux
Si les tarifs postaux laotiens sont très raisonnables, la plupart des gens préfèrent envoyer leurs colis de Thaïlande car les services postaux thaïlandais sont plus fiables.

Les timbres laotiens sont imprimés à Cuba et au Vietnam. Certains n'ont pas de colle ; mieux vaut donc avoir son propre tube de colle ou encore utiliser les pots que l'on trouve dans tous les bureaux de poste.

Voici présentés ci-dessous quelques exemples de tarifs en kips :

Poids	Thaïlande	Europe	États-Unis
Carte postale	250	290	330
Aérogramme	400	400	400
10 g	340	380	420
100 g	550	950	1 350
1 kg	6 680	11 120	15 120
2 kg	7 120	14 680	22 680

Comptez 250/600 K supplémentaires pour un recommandé national/international.

Envoyer et recevoir du courrier
L'envoi du courrier est relativement fiable et bon marché. En revanche, le courrier en provenance de l'étranger n'arrive pas toujours à bon port, surtout les paquets. L'Express Mail Service (EMS) ou *páisánii duan phisèht*, jugé plus fiable que la poste, travaille en direction de 28 pays. Tous les paquets doivent rester ouverts pour être inspectés avant l'envoi. On ouvre également les colis qui arrivent au Laos, et cette inspection obligatoire coûte d'ailleurs la somme d'environ 800 K.

Il existe une poste restante à la poste centrale de Vientiane. Veillez cependant à ce qu'on vous adresse le courrier avec la mention complète du pays : "République démocratique populaire lao" ou au moins "RDP lao". La poste principale ouvre du lundi au vendredi de 8h à 17h, le samedi de 8h à 16h et le dimanche jusqu'à 12h. Si vous vous installez à Vientiane, souvenez-vous qu'on n'y distribue pas le courrier à domicile. On peut louer une boîte postale. L'accès à la poste restante est ouvert du lundi au samedi de 8h à 18h.

On reconnaît les bureaux de poste du pays à leurs couleurs jaune moutarde et blanc.

Téléphone
Le service du téléphone, tant intérieur qu'international, fonctionne cahin-caha. On remarque une amélioration très nette du service dans les villes de la vallée du Mékong au cours des deux dernières années et, depuis 1993, on peut enfin composer directement les numéros internationaux non seulement dans les bureaux mais aussi dans les résidences privées de Vientiane. Avec l'arrivée des télécommunications par satellite (IntelSat et AsiaSat), on peut désormais appeler 155 pays à partir de la capitale.

Pour les appels internationaux, adressez-vous au Bureau du téléphone public, Thanon Satthathirat à Ventiane ouvert de 7h30 à 10h. Les opératrices ne peuvent toujours pas exécuter un appel en PCV. Il vous faut donc acquitter votre communication immédiatement et en kips. Tous les appels nécessitent l'assistance d'une opératrice. Vous pouvez également appeler de la poste principale en face du Talaat Sao.

Dans les capitales provinciales, le service téléphonique international se trouve généralement à la poste principale ; toutefois, certaines villes installent actuellement des bureaux séparés dont les heures d'ouverture sont dans l'ensemble de 7h30 à 21h30 ou de 8h à 22h.

Sur les lignes intérieures, un appel longue distance composé directement coûte de 150 à 250 K la minute. Les appels assistés par une opératrice valent de 450 à 750 K pour les trois premières minutes, plus 150 à 250 K par minute supplémentaire.

Les appels internationaux sont eux aussi tarifés sur la base de la minute. Le forfait minimum équivaut au tarif de trois minutes. A Vientiane, les tarifs sont désormais exprimés en dollars. Voici quelques exemples de ces tarifs à la minute.

Pays	kips
États-Unis	3 000
France	2 300
Thaïlande	520

Pays, codes d'accès et de région. Aujourd'hui, un grand nombre de villes bénéficient de l'équipement permettant de composer directement son numéro. Le code international du Laos est 856. Pour les numéros longue distance au sein du pays, composez le 0, puis le code régional suivi du numéro. Pour un appel international, composez le 00, puis le code du pays et le numéro.

Cartes de téléphone. Tholakham Lao (Lao Télécom), entreprise privée, émet des cartes de téléphone (*bát thôhlasáp*) que l'on peut se procurer dans tous les bureaux de poste. Elle sont utilisables dans des cabines téléphoniques spécifiques installées dans les grandes villes. Ces cartes contiennent un certain nombre d'unités représentant des fractions de temps.

Bien que l'on puisse, théoriquement, acheter cinq types de cartes de 50 à 500 unités, seules les cartes de 100 unités (3 000 K) et de 500 unités (15 000 K) sont apparemment disponibles. Selon le tarif en vigueur en 1998, il était possible de téléphoner 13 minutes de Vientiane à Luang Prabang pour 3 000 K, mais un appel de 4 minutes pour la France revenait à 15 000 K

(6,25 $US). En recourant aux services d'une opératrice d'un Bureau de téléphone public, le même appel aurait coûté 10,86 $US.

Selon les destinations, il est conseillé de comparer les différents tarifs. Si les cartes de téléphone sont fractionnées en unités de temps et non d'argent, c'est parce que l'entreprise émettrice se réserve la possibilité d'augmenter les prix à tout moment.

Fax, télégraphe et e-mail
Au bureau du téléphone public de Vientiane, on trouvera des services de fax, télex et télégraphe ouverts tous les jours de 7h30 à 21h30. On peut aussi envoyer des fax à la poste principale.

Dans les capitales de province, ces mêmes services sont ouverts au public à la poste principale ou, le cas échéant, au bureau du téléphone.

Pendant un certain temps, des magasins de vente de matériel informatique, comme V&T Computer à Vientiane, ont proposé un service de correspondance par e-mail mais, en 1998, le gouvernement a interdit l'exploitation commerciale du réseau Internet par le secteur privé. Le seul moyen

Codes d'accès au Laos

Ville	Code
Attapeu	31
Huay Xai	84
Luang Nam Tha	86
Luang Prabang	71
Pakse	31
Pakxan	54
Phongsali	88
Sainyabuli	74
Salavan	31
Sam Neua	64
Savannakhet	41
Sekong	31
Tha Khaek	52
Udomxai	81
Vang Vieng	21
Vientiane	21
Xieng Khuang (Phonsavan)	61

d'accès légal au réseau Internet consiste désormais à se connecter à l'Internet Service Provider (ISP) qui va être créé sous les auspices de la Science, Technology and Environnement Organisation (STEO), un organisme relevant du gouvernement. Pour plus d'informations sur ce projet étroitement surveillé, reportez-vous à la rubrique *Services en ligne* plus loin dans ce chapitre.

Le gouvernement laotien ne peut cependant empêcher les détenteurs d'ordinateurs de se connecter à LoxInfo et à d'autres serveurs Internet basés en Thaïlande *via* les appels longue distance. Dans certains grands hôtels disposant d'un centre d'affaires, vous devriez pouvoir utiliser l'un de ces serveurs Internet, à condition de le demander discrètement. Il est également possible que le gouvernement revienne sur sa décision comme il l'avait fait à propos du change en 1997.

LIVRES

Les ouvrages sur le Laos sont relativement rares. Aussi, nous vous proposons également une sélection de titres anglais qui pourra intéresser les anglophones.

Littérature et civilisation

Mémoire du Laos, de Geneviève Couteau (éd. Seghers, Paris, 1988), est un livre complet et sérieux sur l'histoire et les racines du Laos. *Les Origines du Laos*, de Vo Thu Tinh (éd. Sudestasie, Paris), dépeint la mentalité du peuple lao en s'appuyant sur les recherches d'auteurs étrangers et laotiens. Le *Ramayana lao*, du même auteur et chez le même éditeur (1988), est illustré par les admirables fresques du Vat Oup Moung, l'une des plus vieilles pagodes de Vientiane.

Les *Chansons de Sao Van Di – Mœurs du Laos* de Jean Adalbert (éd. Sudestasie, Paris) permet de découvrir, à travers la chanson, la vie laotienne et les relations entre les hommes et les femmes.

On pourra encore noter *La Route du Pavot* de Francis Cucchi (éd. Filipacchi, Paris, 1991) ainsi que le roman *La Jeune Captive du Pathet Lao* de Souvannavong

V. (éd. Fayard, coll. "Les enfants du fleuve", Paris, 1993). Chez le même éditeur, *Du Mékong à la Seine, le prix de la liberté*, de Tran Van Theu (1990), raconte l'odyssée d'un jeune Laotien d'origine vietnamienne vers la France.

Pour ceux qui lisent l'anglais, *Lao Textiles : Ancient Symbols – Living Art* (White Lotus, Bangkok, 1988), ouvrage très bien illustré, explique dans le détail les différentes techniques de tissage, anciennes et modernes, utilisées au Laos.

Politique et géographie

Un numéro de l'excellente revue *Hérodote* (1988), est entièrement consacré à cette région du monde : "Géopolitiques en Asie des moussons".

En dépit de la date de sa publication, le *Guide Madrolle*, volume *Indochine du Nord* (Société d'éditions géographiques, maritimes et coloniales, Paris, 1939), est particulièrement intéressant même si les noms ont changé plusieurs fois depuis 1939 (certains endroits ont même disparu de la carte après les bombardements).

Pour ceux qui lisent l'anglais, *Laos : Politics, Economics & Society*, de Martin Stuart-Fox (Pinter Publishers, New York & London, ou Lynne Riemer Publishers, Boulder, Colorado, 1983), donne une bonne vision de la situation durant les premières années qui ont suivi la révolution, avec des détails sur les réformes économiques d'après 1979. *The Ravens : Pilots of the Secret War of Laos*, de Christopher Robins (Bantam Press, New York, 1988), est un document impressionnant sur la guerre secrète menée par les États-Unis, expliquant bien le contexte historique et les stratégies employées.

Ceux qui s'intéressent à l'économie et à l'histoire de l'opium liront *The Politics of Heroin in South East Asia* (Harper & Row, New York, 1972).

Marithone Clotté-Sygnavong, dans *Souvanna Phouma (1901-1984) : la passion de la paix* (éd. Amis du Laos, 1998), s'est penché sur la vie du prince Souvanna, Premier ministre à plusieurs reprises entre 1951 et 1975.

Symbole national du Laos, le temple bouddhiste du Pha That Luang à Vientiane accueille chaque année au mois de novembre la fête du That Luang. Pendant la semaine de festivités, les fidèles font des offrandes votives sous forme d'arrangements floraux et se réunissent en procession

BERNARD NAPTHINE

BETHUNE CARMICHAEL

La campagne autour de Vientiane ne manque pas de charme, mais ce sont les paysages accidentés de karst et les grottes qui attirent le plus de visiteurs. Ces dernières fascinent également les habitants de la région, qui leur associent de nombreux esprits et légendes

Philippe Franchini, pour sa part, s'est pris de passion pour l'histoire et la politique de l'Asie du Sud-Est. *Le sacrifice et l'espoir : Cambodge, Laos, Vietnam, tome 2* (éd. Fayard, 1997) en est la plus parfaite illustration. Cambodge, Laos et Vietnam doivent relever le défi de la mondialisation, ce qui ne va pas sans provoquer des crises internes.

Enfance

Pour les baroudeurs en culotte courte, *Veux-tu connaître le Laos ?*, de Véronique Sayasen (éd. Sudestasie, Paris), présente un village du Laos en compagnie d'une petite fille, Monemani.

Récits de voyage et culture

Une autre façon de voyager : procurez-vous sans tarder l'excellent ouvrage édité par la revue *Autrement* sur *Le Mékong* (série Monde, n°63).

L'Inalco a publié *Je lis et j'écris lao*, de Lamvieng Inthamone, en 1987. Par ailleurs, il existe un guide de conversation français-lao fait par P. et M. Ngaosyvath, publié par l'Institut de l'Asie du Sud-Est en 1984.

Publié en 1995 et présent dans les librairies de Bangkok et Vientiane, l'*Atlas des ethnies et des sous-ethnies du Laos*, de Laurent Chazee, s'appuie sur la recherche ethnographique réalisée entre 1988 et 1994. Ce livre illustré, de toute première importance, en couleurs, comprend une carte situant 119 groupes ethniques vivant au Laos.

Francis Engelmann signe un beau livre consacré à Luang Prabang, sobrement intitulé *Luang Prabang* (éd. Asa, 1997), avec des photographies de Thomas Renaut.

Lonely Planet

Outre ce guide sur le Laos, Lonely Planet a publié le *Lao Travel Atlas* et le *Lao phrasebook*.

Librairies spécialisées sur l'Asie

En France, plusieurs librairies sont spécialisées sur l'Asie et disposent d'un fonds complet sur l'Asie. C'est le cas de *Fenêtre sur l'Asie*, 49 rue Gay-Lussac, 75005 Paris (☎ 01 43 29 11 00) ; *Sudestasie*, 17 rue du Cardinal-Lemoine, 75005 Paris (☎ 01 43 25 18 04) ; *You Feng*, 45 rue Monsieur-le-Prince, 75006 Paris (☎ 01 43 25 89 98) et *Le Phénix*, 72 bd de Sébastopol, 75003 Paris (☎ 01 42 72 70 31). Une autre bonne source d'information vous est offerte avec la librairie du Musée Guimet, 19 place d'Iéna, 75116 Paris (☎ 01 40 73 88 08) riche en documentation artistique et archéologique. Elle est ouverte tous les jours, sauf le mardi, de 10h à 18h.

SERVICES EN LIGNE

Comme nous l'avons indiqué plus haut dans la rubrique *Fax, télégraphe et e-mail*, au Laos, le seul serveur Internet est le gouvernement. Ce service ne fonctionne pas encore mais, grâce à la STEO et au soutien de l'International Development Research Centre (IDRC) canadien, il devrait devenir l'opérateur légal grâce auquel le Laos pourra un jour accéder à Internet par simple appel local. Pour plus de détails, reportez-vous au site Internet du Laos (www.panasia.org.sg/netlaos/).

Pour l'heure, ceux qui possèdent un modem peuvent se connecter au réseau Internet *via* les appels longue distance en Thaïlande. Le serveur actuellement le plus prisé et le plus fiable s'appelle LoxInfo. Il est installé à Bangkok et dispose de 16 lignes téléphoniques en accès local dans tout le pays. Une communication entre Vientiane et Bangkok ne coûte pas très cher. Si PAN-Laos s'avère être aussi contrôlé que certains le redoutent, l'accès à Internet via la Thaïlande demeurera de rigueur. Pour plus d'informations concernant LoxInfo, connectez-vous à son site Internet (www.loxinfo.co.th). Il est possible d'ouvrir des comptes provisoires.

Pour le moment, très peu d'informations intéressantes sur le Laos sont disponibles sur Internet. Si vous voulez dialoguer, il existe un forum Internet (soc.culture.laos). A partir de Yahoo, une recherche spécifiquement centrée sur le Laos ne permet d'accèder qu'à 36 sites. La plupart de ces sites appartiennent à des organismes commerciaux. Il s'agit souvent d'agences de voyages fournissant quelques informations sur le pays mais proposant surtout des circuits organisés. On peut aussi glaner quelques renseignements sur le site de certains éditeurs, comme celui de Lonely Planet que vous pouvez consulter (www.lonelyplanet.com).

L'ambassade du Laos à Washington possède son propre site (www.laoembassy. com) fournissant des informations régulièrement mises à jour sur la réglementation en matière de visa et les formulaires de demande. On y trouvera des données sommaires sur les conditions de voyage au Laos et la liste des ministères et des organismes gouvernementaux. Le site de la Bibliothèque du Congrès américain dispose d'une rubrique-fleuve intitulée *Laos : a country study* (lcweb2. loc.gov/ frd/cs/latoc.html). L'édition actuelle remonte à juillet 1994 et on y trouve quantité d'informations sur la géographie, l'histoire, la politique et l'économie du Laos.

JOURNAUX, MAGAZINES ET GAZETTES

Lancé la veille de l'ouverture du pont de l'Amitié thaïlando-laotien en avril 1994, le nouveau *Vientiane Times* est un hebdomadaire en anglais produit par le ministère de l'Information et de la Culture. Ce journal, qui s'adresse surtout au monde des affaires, publie de temps à autre des articles culturels ainsi que la liste, fort utile, des manifestations de la vie culturelle et sociale de la capitale. Comme le personnel se compose d'employés du gouvernement, le point de vue n'est guère critique. En dépit de son autocensure permanente, cette publication reste la meilleure source d'informations sur le Laos.

Le seul autre périodique en langue anglaise publié au Laos est le maigre *Lao PDR News Bulletin*, tapé à la machine. Édité par le service de presse gouvernemental (Khao San Pathet Lao ou KPL) qui remplace l'agence de presse laotienne de l'ancien régime, c'est en fait une liste de déclarations concernant les derniers accords commerciaux internationaux, les séances de l'Assemblée nationale et la politique gouvernementale. Il existe deux quotidiens en lao dont le contenu est similaire : *Pasason* (*Le Peuple,* organe du parti) qui compte beaucoup de lecteurs et *Viang-chan Mai* (*Nouveau Vientiane*).

Parmi les autres journaux en lao, citons le *Khao Thulakit*, journal économique édité par la Chambre nationale du commerce, et le *Sieng Khaen Lao*, organe de l'Association des écrivains laotiens qui se consacre à la littérature et à la sauvegarde de la langue lao.

Le *Lanxang Heritage Journal* (*Withayasaan Mawladok Lan Xang*), publié deux fois par an par l'Institut culturel de recherche relevant du ministère de l'Information et de la Culture, comporte des articles érudits sur de nombreux domaines, de la linguistique à l'archéologie. Certains sont rédigés en lao, d'autres en français ou en anglais. Ils semblent passés au crible de la censure pour être conformes à la pensée nationaliste et vous n'y trouverez pas d'informations contredisant la ligne officielle. Aucun article n'est daté.

Davantage porté sur le tourisme, le *Discover Laos*, est un périodique publié six fois par an par Aerocontact Asia. Il donne l'impression d'être rédigé par un rédacteur unique dont le nom n'apparaît pas mais dont les vues sur l'avenir du tourisme au Laos se résument à "la Thaïlande est lieu de perdition pour le touriste". Cette revue est la copie conforme des brochures remplies de publicités que l'on trouve en Thaïlande. Vous n'y lirez aucune critique sur le gouvernement ou sur les annonceurs. Ce périodique comporte cependant une bonne carte de Vientiane et ses encarts publicitaires vous informeront sur ce qui se passe dans la capitale. L'ensemble de la brochure, que ce soit dans les annonces publicitaires ou la partie rédactionnelle, concerne essentiellement Vientiane.

Le gouvernement contrôle entièrement la distribution du *Bangkok Post*. On ne peut se le procurer légalement que par abonnement. On peut néanmoins trouver les numéros de la veille dans les hôtels ou les certains cafés et, évidemment, dans les ministères ! La librairie Raintrees Bookstore de Vientiane vend des magazines tels que *Time*, *Newsweek* et la *Far Eastern Economic Review* entre autres (mais pas de *Bangkok Post*).

Les ambassades ont généralement des salons de lecture où l'on peut consulter les vieux journaux et magazines.

Les Cahiers de l'Asie du Sud-Est publiés par l'Institut des langues orientales (2, rue de Lille, 75007, Paris, ☎ 01 49 26 42 74) vont cesser de paraître, mais vous pouvez trouver d'anciens numéros.

RADIO

La RDPL ne possède qu'une station de radio : Lao National Radio (LNR). Elle diffuse tous les jours des informations en langue anglaise.

Radio France International (116 av. du Président-Kennedy, BP 9516 Paris, ☎ 01 44 30 89 69), Radio Canada International (17 av. Matignon, 75008 Paris, ☎ 01 44 21 15 15 ; PO Box 6000, Montréal HCC 3A8, email http://www.rcinet.ca) et Radio Suisse Internationale (106 route de Ferney, 1202 Genève, ☎ (22) 910 33 88) diffusent de nombreux programmes. Renseignez-vous avant votre départ auprès du service des auditeurs, sur la grille des fréquences sujettes à modification.

TÉLÉVISION

La télévision nationale laotienne sponsorise deux chaînes de télévision, la 3 et la 9, dont on ne reçoit les programmes (diffusés entre 19h et 23h seulement) que dans la vallée du Mékong. Ceux-ci comprennent de nombreux épisodes de dessins animés américains (*Alf*, *Roadrunner*) doublés en lao. La plupart des Laotiens regardent les chaînes thaïlandaises que l'on peut capter dans toute la vallée du Mékong.

La 5 et la 9 proposent de nombreuses émissions en anglais.

Les installations de la télévision par satellite permettent de capter des transmissions de CNN International, Star TV, Thaïcom 1A et 2, PAS 2 et 4 et Apstar 1. C'est ainsi que les téléspectateurs laotiens peuvent voir CNN International (Turner Broadcasting), le service mondial de la BBC, STAR TV, BBC World Service et d'autres chaînes en provenance de l'Inde, de Thaïlande, du Japon ou de Hong-Kong. L'achat et l'usage d'une antenne parabolique ne nécessite pas de permis ou d'autorisation particulière.

Dans les hôtels, les branchements de la télévision par satellite ne permettent souvent de voir qu'un nombre très limité de chaînes (cinq ou six, parfois une seule).

PHOTO
Pellicule et développement
La pellicule s'achète à un prix abordable au Laos (à Vientiane, Luang Prabang, Savannakhet et Pakse). La sélection se limite souvent aux marques Fuji, Konica ou Kodak, en 100 ou 200 ASA. Quelques magasins de photos de Vientiane et Luang Prabang proposent des pellicules de diapositives (Ektachrome Elite 50 ou 100 ou Fujichrome Sensia 100). Le développement vaut dans les 3 000 à 4 500 K le rouleau, pour les diapositives, entre 9 000 et 10 000 K.

Pour les pellicules noir et blanc et diapositives, mieux vaut faire ses provisions à Bangkok, où elles sont meilleur marché. On trouve également de nombreuses pellicules à Nong Khai et à Udon Thani.

La plupart des boutiques qui vendent des pellicules et assurent le développement à Vientiane se trouvent le long de Thanon Samsenthai et de Thanon Khun Bulom. Elles ne développent que les négatifs et les films positifs E-6. Pour le traitement des Kodachrome, attendez plutôt d'être rentré, sinon vous pourrez toujours les faire développer à Bangkok.

Photo
Comme dans tous les pays tropicaux, vos photos seront mieux réussies si vous les prenez tôt le matin ou en fin de journée. Pour atténuer la lumière et améliorer le contraste, utilisez un filtre polarisant. Si vous partez au moment de la saison des

pluies (de juin à octobre), emportez des sachets dessiccateurs bleus afin de protéger vos objectifs des moisissures. Il faut en changer dès qu'ils deviennent blancs.

En dehors de Vientiane et de Luang Prabang, il peut s'avérer difficile de trouver des piles pour les appareils photos, notamment celles au lithium. Il est recommandé d'en avoir en réserve ou d'en acheter à Vientiane avant de se rendre dans l'intérieur du pays.

Restrictions
A la campagne, les gens n'ont pas l'habitude d'être pris en photo, alors demandez auparavant la permission avec un large sourire. Chez certaines ethnies, la photographie est taboue. En règle générale, montrez-vous discret car l'appareil photo est toujours un instrument très intimidant.

Les autorités n'apprécient guère que l'on photographie les aéroports et les installations militaires ; dans le doute, abstenez-vous.

Précautions dans les aéroports
Jusqu'à présent, seuls les aéroports de Vientiane et Luang Prabang inspectent les bagages aux rayons X : prenez donc les précautions nécessaires pour protéger vos rouleaux de pellicule (sachet doublé de plomb, inspection manuelle).

HEURE LOCALE
Comme la Thaïlande, le Laos a sept heures d'avance sur l'heure GMT. Aussi lorsqu'il est midi à Vientiane, il est 6h à Paris, Bruxelles et Genève et minuit de la veille à Montréal.

ÉLECTRICITÉ
Le Laos utilise un courant de 220 volts, les prises sont généralement rondes ou plates, à deux fiches. Les adaptateurs pour les prises européennes standards se trouvent aisément dans les boutiques de Vientiane.

Dans les villes de moindre importance, les petites centrales locales ne peuvent fournir de l'électricité que trois ou quatre heures par nuit. De nombreux villages n'ont pas de générateur.

Les pannes de courant étant fréquentes pendant la saison des pluies, mieux vaut prévoir une lampe de poche.

POIDS ET MESURES
Le Laos applique le système métrique international ; la plupart des indications données dans les boutiques, sur les marchés et sur les autoroutes s'y conforment. Mais dans certaines zones rurales, les distances sont indiquées en *meun* : un meun équivaut à 12 kilomètres.

Le poids de l'or et de l'argent est donné en *bàht*, un *bàht* étant égal à 15 grammes.

SANTÉ
Un guide sur la santé peut s'avérer utile. *Les maladies en voyage* du Dr Éric Caumes (Points Planète), *Voyages internationaux et santé* de l'Organisation mondiale de la santé (OMS) et *Saisons et climats* de Jean-Noël Darde (Balland) sont d'excellentes références.

Ceux qui lisent l'anglais pourront se procurer *Travel with Children* de Maureen Wheeler (Lonely Planet Publications) qui donne des conseils judicieux pour voyager à l'étranger avec des enfants en bas âge.

Avant le départ
Assurances. Il est conseillé de souscrire une police d'assurance qui vous couvrira en cas d'annulation de votre voyage, de vol, de perte de vos affaires, de maladie ou encore d'accident. Les assurances internationales pour étudiants sont en général d'un bon rapport qualité/prix. Lisez avec la plus grande attention les clauses en petits caractères : c'est là que se cachent les restrictions.

AVERTISSEMENT
La santé en voyage dépend du soin avec lequel on prépare le départ et, sur place, de l'observance d'un minimum de règles quotidiennes. Les risques sanitaires sont généralement faibles si une prévention minimale et les précautions élémentaires d'usage ont été envisagées avant le départ.

Vérifiez notamment que les "sports à risques", comme la plongée, la moto ou même la randonnée ne sont pas exclus de votre contrat, ou encore que le rapatriement médical d'urgence, en ambulance ou en avion, est couvert. De même, le fait d'acquérir un véhicule dans un autre pays ne signifie pas nécessairement que vous serez protégé par votre propre assurance.

Vous pouvez contracter une assurance qui règlera directement les hôpitaux et les médecins, vous évitant ainsi d'avancer des sommes qui ne vous seront remboursées qu'à votre retour. Dans ce cas, conservez avec vous tous les documents nécessaires.

Attention ! avant de souscrire une police d'assurance, vérifiez bien que vous ne bénéficiez pas déjà d'une assistance par votre carte de crédit, votre mutuelle ou votre assurance automobile. C'est bien souvent le cas.

Quelques conseils. Assurez-vous que vous êtes en bonne santé avant de partir. Si vous partez pour un long voyage, faites contrôler l'état de vos dents. Nombreux sont les endroits où l'on ne souhaiterait pas une visite chez le dentiste à son pire ennemi.

Si vous suivez un traitement de façon régulière, n'oubliez pas votre ordonnance (avec le nom du principe actif plutôt que la marque du médicament, afin de pouvoir trouver un équivalent local, le cas échéant). De plus, l'ordonnance vous permettra de prouver que vos médicaments vous sont légalement prescrits, des médicaments en vente libre dans certains pays ne l'étant pas dans d'autres.

Attention aux dates limites d'utilisation et aux conditions de stockage, parfois mauvaises. Il arrive également que l'on trouve, dans des pays en développement, des produits interdits en Occident.

Dans de nombreux pays, n'hésitez pas, avant de partir, à donner tous les médicaments et seringues qui vous restent (avec les notices) à un centre de soins, un dispensaire ou un hôpital.

Vaccins. Plus vous vous éloignez des circuits classiques, plus il faut prendre vos pré-

---

Trousse médicale de voyage
Veillez à emporter avec vous une petite trousse à pharmacie contenant quelques produits indispensables. Certains ne sont délivrés que sur ordonnance médicale.

❑ des **antibiotiques** à utiliser uniquement aux doses et périodes prescrites, même si vous avez l'impression d'être guéri avant. Chaque antibiotique soigne une affection précise : ne les utilisez pas au hasard. Cessez immédiatement le traitement en cas de réactions graves.

❑ un **antidiarrhéique** et un **réhydratant**, en cas de forte diarrhée, surtout si vous voyagez avec des enfants.

❑ un **antihistaminique** en cas de rhumes, allergies, piqûres d'insectes, mal des transports – évitez l'alcool.

❑ un **antiseptique** ou un désinfectant pour les coupures, les égratignures superficielles et les brûlures, ainsi que des **pansements gras** pour les brûlures.

❑ de l'**aspirine** ou du paracétamol (douleurs, fièvre).

❑ une **bande Velpeau** et des **pansements** pour les petites blessures.

❑ une **paire de lunettes de secours** (si vous portez des lunettes ou des lentilles de contact) et la copie de votre ordonnance.

❑ un produit **contre les moustiques**, un **écran total**, une **pommade pour soigner les piqûres et les coupures** et des **comprimés pour stériliser l'eau.**

❑ une **paire de ciseaux**, une **pince à épiler** et un **thermomètre à alcool**

❑ une petite **trousse de matériel stérile** comprenant une seringue, des aiguilles, du fil à suture, une lame de scalpel et des compresses.

---

cautions. Il est important de faire la différence entre les vaccins recommandés lorsque l'on voyage dans certains pays et ceux obligatoires. Au cours des dix dernières années, le nombre de vaccins inscrits au registre du Règlement sanitaire international a beaucoup diminué. Seul le vaccin contre la fièvre jaune peut encore être exigé pour passer une frontière, parfois seulement pour les voyageurs qui viennent de régions contaminées.

Maladie	Durée du vaccin	Précautions
Choléra		Ce vaccin n'est plus recommandé.
Diphtérie	10 ans	Recommandé en particulier pour l'ex-URSS.
Fièvre jaune	10 ans	Obligatoire dans les régions où la maladie est endémique (Afrique et Amérique du Sud) et dans certains pays lorsque l'on vient d'une région infectée. A éviter en début de grossesse.
Hépatite virale A Hépatite virale B	5 ans (environ) 10 ans (environ)	Il existe un vaccin combiné hépatite A et B qui s'administre en trois injections La durée effective de ce vaccin ne sera pas connue avant quelques années.
Tétanos et poliomyélite	10 ans	Fortement recommandé.
Thyphoïde	3 ans	Recommandé si vous voyagez dans des conditions d'hygiène médiocres.

Faites inscrire vos vaccinations dans un carnet international de vaccination que vous pourrez vous procurer auprès de votre médecin ou d'un centre.

Planifiez vos vaccinations à l'avance (au moins six semaines avant le départ) car certaines demandent des rappels ou sont incompatibles entre elles. Même si vous avez été vacciné contre plusieurs maladies dans votre enfance, votre médecin vous recommandera peut-être des rappels contre le tétanos ou la poliomyélite, maladies qui existent toujours dans de nombreux pays en développement. Les vaccins ont des durées d'efficacité très variables ; certains sont contre-indiqués pour les femmes enceintes.

Voici les coordonnées de quelques centres de vaccination à Paris :

Hôtel-Dieu, centre gratuit de l'Assistance Publique (☎ 01 42 34 84 84), 1, Parvis Notre-Dame, 75004 Paris.
Assistance Publique Voyages, service payant de l'Hôpital de la Pitié-Salpêtrière (☎ 01 45 85 90 21), 47, bd de l'Hôpital, 75013 Paris.
Institut Pasteur (☎ 01 45 68 81 98, Minitel 3615 Pasteur), 209, rue de Vaugirard, 75015 Paris.
Air France, centre de vaccination (☎ 01 41 56 66 00, Minitel 3615 VACAF), aérogare des Invalides, 75007 Paris.

Il existe de nombreux centres en province, en général liés à un hôpital ou un service de santé municipal. Vous pouvez obtenir la liste de ces centres de vaccination en France en vous connectant sur le site Internet www.france. diplomatie.fr /infopra/avis/annexe.html, émanant du ministère des Affaires étrangères.

Le serveur Minitel 3615 Visa Santé fournit des conseils pratiques, des informations sanitaires et des adresses utiles sur plus de 150 pays. Le 3615 Ecran Santé dispense également des conseils médicaux. Attention ! le recours à ces serveurs ne dispense pas de consulter un médecin.

Vous pouvez également vous connecter au site Internet Lonely Planet (www.lonelyplanet.com/health/health.htm/h-links.htm) qui est relié à l'OMS (Organisation mondiale de la santé).

Précautions élémentaires

Faire attention à ce que l'on mange et ce que l'on boit est la première des précautions à prendre. Les troubles gastriques et intestinaux sont fréquents même si la plupart du temps ils restent sans gravité. Ne soyez cependant pas paranoïaque et ne vous privez pas de goûter la cuisine locale, cela fait partie du voyage. N'hésitez pas également à vous laver les mains fréquemment.

Eau. Règle d'or : ne buvez jamais l'eau du robinet (même sous forme de glaçons). Préférez les eaux minérales et les boissons gazeuses, tout en vous assurant que les bouteilles sont décapsulées devant vous. Évitez les jus de fruits, souvent allongés à l'eau. Attention au lait, rarement pasteurisé. Pas de problème pour le lait bouilli et les yaourts. Thé et café, en principe, sont sûrs puisque l'eau doit bouillir.

Pour stériliser l'eau, la meilleure solution est de la faire bouillir durant quinze minutes. N'oubliez pas qu'à haute altitude, elle bout à une température plus basse et que les germes ont plus de chance de survivre.

Un simple filtrage peut être très efficace mais n'éliminera pas tous les micro-organismes dangereux. Aussi, si vous ne pouvez faire bouillir l'eau, traitez-la chimiquement. Le Micropur (vendu en pharmacie) tuera la plupart des germes pathogènes.

Alimentation. Fruits et légumes doivent être lavés à l'eau traitée ou épluchés. Ne mangez pas de glaces des marchands de rue. D'une façon générale, le plus sûr est de vous en tenir aux aliments bien cuits. Attention aux plats refroidis ou réchauffés. Méfiez-vous des poissons, des crustacés et des viandes peu cuites. Si un restaurant semble bien tenu et qu'il est fréquenté par des touristes comme par des gens du pays, la nourriture ne posera probablement pas de problèmes. Attention aux restaurants vides !

Nutrition. Si votre alimentation est pauvre, en quantité ou en qualité, si vous voyagez à la dure et sautez des repas ou s'il vous arrive de perdre l'appétit, votre santé risque très vite de s'en ressentir, en même temps que vous perdrez du poids.

Assurez-vous que votre régime est équilibré. Œufs, tofu, légumes secs, lentilles et noix variées vous fourniront des protéines. Les fruits que l'on peut éplucher (bananes, oranges et mandarines par exemple) sont sans danger et vous apportent des vitamines. Essayez de manger des céréales et du pain en abondance. Si la nourriture présente moins de risques quand elle est bien cuite, n'oubliez pas que les plats trop cuits perdent leur valeur nutritionnelle. Si votre alimentation est mal équilibrée ou insuffisante, prenez des vitamines et des comprimés à base de fer. Dans les pays à climat chaud, n'attendez pas le signal de la soif pour boire. Une urine très foncée ou l'absence d'envie d'uriner indiquent un problème. Pour de longues randonnées, munissez-vous toujours d'une gourde d'eau et éventuellement de boissons énergisantes. Une transpiration excessive fait perdre des sels minéraux et peut provoquer des crampes musculaires. Il est toutefois déconseillé de prendre des pastilles de sel de façon préventive.

Problèmes de santé et traitement

Les éventuels ennuis de santé peuvent être répartis en plusieurs catégories. Tout d'abord, les problèmes liés au climat, à la géographie, aux températures extrêmes, à l'altitude ou aux transports ; puis les mala-

---

Santé au jour le jour

La température normale du corps est de 37°C ; deux degrés de plus représentent une forte fièvre. Le pouls normal d'un adulte est de 60 à 80 pulsations par minute (celui d'un enfant est de 80 à 100 pulsations ; celui d'un bébé de 100 à 140 pulsations). En général, le pouls augmente d'environ 20 pulsations à la minute avec chaque degré de fièvre.

La respiration est aussi un bon indicateur en cas de maladie. Comptez le nombre d'inspirations par minute : entre 12 et 20 chez un adulte, jusqu'à 30 pour un jeune enfant et jusqu'à 40 pour un bébé, elle est normale. Les personnes qui ont une forte fièvre ou qui sont atteintes d'une maladie respiratoire grave (pneumonie par exemple) respirent plus rapidement. Plus de 40 inspirations faibles par minute indiquent en général une pneumonie. ■

dies dues au manque d'hygiène ; celles transmises par les animaux ou les hommes ; enfin, les maladies transmises par les insectes. De simples coupures, morsures ou égratignures peuvent aussi être source de problèmes.

L'autodiagnostic et l'autotraitement sont risqués ; aussi, chaque fois que cela est possible, adressez-vous à un médecin. Ambassades et consulats pourront en général vous en recommander un. Les hôtels cinq-étoiles également, mais les honoraires risquent aussi d'être cinq-étoiles (utilisez votre assurance).

Vous éviterez bien des problèmes de santé en vous lavant souvent les mains, afin de ne pas contaminer vos aliments. Brossez-vous les dents avec de l'eau traitée. On peut attraper des vers en marchant pieds nus ou se couper dangereusement sur du corail. Demandez conseil aux habitants du pays où vous vous trouvez : si l'on vous dit qu'il ne faut pas vous baigner à cause des méduses ou de la bilharziose, suivez leur avis.

Le Laos ne dispose pas d'un service d'urgences médicales fiable. Les hôpitaux publics et les cliniques comptent parmi les pires du sud-est asiatique en terme d'hygiène, de formation du personnel, de fournitures, d'équipements et de disponibilité des médicaments.

Si vous contractez une maladie grave, mieux vaut vous rendre en Thaïlande et, si vous pouvez atteindre Bangkok, vous trouverez d'excellents hôpitaux (le Seventh Day Adventist Hospital, 430 Phisanulok Rd, par exemple).

En cas d'urgence médicale ne vous permettant pas de vous déplacer par vos propres moyens jusqu'à Bangkok, et si vous ne pouvez être soigné dans l'une des cliniques des ambassades, vous pourrez recourir aux ambulances qui se trouvent à proximité de Udon Thani ou de Khon Kaen, en Thaïlande. Le Wattana Private Hospital (☎ (66 42) 241031/3), à Udon Thani est le plus proche. Lao Westcoast Helicopter (☎ (021) 512023, fax 512055), Hangar 703, à l'aéroport de Vattay, pourra assurer votre évacuation en urgence. Si l'un de ses

appareils est disponible, et après l'obtention d'une autorisation gouvernementale, vous serez transporté à Udon Thani moyennant 1 200 \$US. Le Si Nakharin Hospital (☎ (66 43) 237602/6), à Khon Kaen, est censé être le meilleur hôpital du nord-est de la Thaïlande. Si nécessaire, les patients peuvent être évacués sur Bangkok depuis les établissements précités.

Affections liées à l'environnement
Coup de chaleur. Cet état grave, parfois mortel, survient quand le mécanisme de régulation thermique du corps ne fonctionne plus : la température s'élève alors de façon dangereuse. De longues périodes d'exposition à des températures élevées peuvent vous rendre vulnérable au coup de chaleur. Évitez l'alcool et les activités fatigantes lorsque vous arrivez dans un pays à climat chaud.

Symptômes : malaise général, transpiration faible ou inexistante et forte fièvre (39°C à 41°C). Là où la transpiration a cessé, la peau devient rouge. La personne qui souffre d'un coup de chaleur est atteinte d'une céphalée lancinante et éprouve des difficultés à coordonner ses mouvements ; elle peut aussi donner des signes de confusion mentale ou d'agressivité. Enfin, elle délire et est en proie à des convulsions. Il faut absolument hospitaliser le malade. En attendant les secours, installez-le à l'ombre, ôtez-lui ses vêtements, couvrez-le d'un drap ou d'une serviette mouillés et éventez-le continuellement.

Coup de soleil. Sous les tropiques, dans le désert ou en altitude, les coups de soleil sont plus fréquents, même par temps couvert. Utilisez un écran solaire et pensez à couvrir les endroits qui sont habituellement protégés, les pieds par exemple. Si les chapeaux fournissent une bonne protection, n'hésitez pas à appliquer également un écran total sur le nez et les lèvres. Les lunettes de soleil s'avèrent souvent indispensables.

Infections oculaires. Évitez de vous essuyer le visage avec les serviettes réutilisables fournies par les restaurants, car c'est un bon moyen d'attraper une infection oculaire. Si vous avez les mains sales après un trajet poussiéreux, ne vous frottez pas les yeux tant que vous n'aurez pas pu vous les laver.

Souvent, des yeux qui brûlent ou démangent ne sont pas le résultat d'une infection mais simplement les effets de la poussière, des gaz d'échappement ou du soleil. L'utilisation d'un collyre ou des bains oculaires réguliers sont conseillés aux plus sensibles. Il est dangereux de soigner une simple irritation par des antibiotiques.

La conjonctivite peut venir d'une allergie.

Insolation. Une exposition prolongée au soleil peut provoquer une insolation. Symptômes : nausées, peau chaude, maux de tête. Dans cas, il faut rester dans le noir, appliquer une compresse d'eau froide sur les yeux et prendre de l'aspirine.

Mal des transports. Pour réduire les risques d'avoir le mal des transports, mangez légèrement avant et pendant le voyage. Si vous êtes sujet à ces malaises, essayez de trouver un siège dans une partie du véhicule où les oscillations sont moindres : près de l'aile dans un avion, au centre sur un bateau et dans un bus. Évitez de lire et de fumer. Tout médicament doit être pris avant le départ ; une fois que vous vous sentez mal, il est trop tard.

Miliaire et bourbouille. C'est une éruption cutanée (appelée bourbouille en cas de surinfection) due à la sueur qui s'évacue mal : elle frappe en général les personnes qui viennent d'arriver dans un climat à pays chaud et dont les pores ne sont pas encore suffisamment dilatés pour permettre une transpiration plus abondante que d'habitude. En attendant de vous acclimater, prenez des bains fréquents suivis d'un léger talcage, ou réfugiez-vous dans des locaux à air conditionné lorsque cela est possible. Attention ! il est recommandé de ne pas prendre plus de deux douches savonneuses par jour.

Mycoses. Les infections fongiques dues à la chaleur apparaissent généralement sur le cuir chevelu, entre les doigts ou les orteils (pied d'athlète), sur l'aine ou sur tout le corps (teigne). On attrape la teigne (qui est un champignon et non un parasite animal) par le contact avec des animaux infectés ou en marchant dans des endroits humides, comme le sol des douches.

Pour éviter les mycoses, portez des vêtements amples et confortables, en fibres naturelles, lavez-les fréquemment et séchez-les bien. Conservez vos tongues dans les pièces d'eau. Si vous attrapez des champignons, nettoyez quotidiennement la partie infectée avec un désinfectant ou un savon traitant et séchez bien. Appliquez ensuite un fongicide et laissez autant que possible à l'air libre. Changez fréquemment de serviettes et de sous-vêtements et lavez-les soigneusement à l'eau chaude. Bannissez absolument les sous-vêtements qui ne sont pas en coton.

Maladies infectieuses et parasitaires

Bilharzioses. Les bilharzioses sont des maladies dues à des vers qui vivent dans les vaisseaux sanguins et dont les femelles viennent pondre leurs œufs à travers la paroi des intestins ou de la vessie.

On se contamine en se baignant dans les eaux douces (rivières, ruisseaux, lacs et retenues de barrage) où vivent les mollusques qui hébergent la forme larvaire des bilharzies. Juste après le bain infestant, on peut noter des picotements ou une légère éruption cutanée à l'endroit où le parasite est passé à travers la peau. Quatre à douze semaines plus tard, apparaissent une fièvre et des manifestations allergiques. En phase chronique, les symptômes principaux sont des douleurs abdomninales et une diarrhée, ou la présence de sang dans les urines.

Si par mégarde ou par accident, vous vous baignez dans une eau infectée (même les eaux douces profondes peuvent être infestées), séchez-vous vite et séchez aussi vos vêtements. Consultez un médecin si vous êtes inquiet. Les premiers symptômes de la bilharziose peuvent être confondus avec ceux du paludisme ou de la typhoïde.

Le risque de contracter la bilharziose au Laos est assez limité, sauf dans le sud, dans la région du Mékong, où il faut éviter de se baigner.

Diarrhée. Le changement de nourriture, d'eau ou de climat suffit à la provoquer ; si elle est causée par des aliments ou de l'eau contaminés, le problème est plus grave. En dépit de toutes vos précautions, vous aurez peut-être la "turista", mais quelques visites aux toilettes sans aucun autre symptôme n'ont rien d'alarmant. La déshydratation est le danger principal que fait courir toute diarrhée, particulièrement chez les enfants. Ainsi le premier traitement consiste à boire beaucoup : idéalement, il faut mélanger huit cuillerées à café de sucre et une de sel dans un litre d'eau. Sinon du thé noir léger, avec peu de sucre, des boissons gazeuses qu'on laisse se dégazéifier et qu'on dilue à 50% avec de l'eau purifiée, sont à recommander. En cas de forte diarrhée, il faut prendre une solution réhydratante pour remplacer les sels minéraux. Quand vous irez mieux, continuez à manger légèrement. Les antibiotiques peuvent être utiles dans le traitement de diarrhées très fortes, en particulier si elles sont accompagnées de nausées, de vomissements, de crampes d'estomac ou d'une fièvre légère. Trois jours de traitement sont généralement suffisants et on constate normalement une amélioration dans les 24 heures. Toutefois, lorsque la diarrhée persiste au-delà de 48 heures ou s'il y a présence de sang dans les selles, il est préférable de consulter un médecin.

Dysenterie. Affection grave, due à des aliments ou de l'eau contaminés, la dysenterie se manifeste par une violente diarrhée, souvent accompagnée de sang ou de mucus dans les selles. On distingue deux types de dysenterie : la dysenterie bacillaire se caractérise par une forte fièvre et une évolution rapide ; maux de tête et d'estomac et vomissements en sont les symptômes. Elle dure rarement plus d'une semaine mais elle est très contagieuse. La dysenterie amibienne, quant à elle, évolue plus graduellement, sans fièvre

ni vomissements, mais elle est plus grave. Elle dure tant qu'elle n'est pas traitée, peut réapparaître et causer des problèmes de santé à long terme. Une analyse des selles est indispensable pour diagnostiquer le type de dysenterie. Il faut donc consulter rapidement.

Gastro-entérite virale. Provoquée par un virus et non par une bactérie, elle se traduit par des crampes d'estomac, parfois des vomissements et/ou une légère fièvre. Un seul traitement : repos et boissons en quantité.

Giardiase. Ce parasite intestinal est présent dans l'eau souillée ou dans les aliments souillés par l'eau. Symptômes : crampes d'estomac, nausées, estomac ballonné, selles très liquides et nauséabondes, et gaz fréquents. La giardiase peut n'apparaître que plusieurs semaines après la contamination. Les symptômes peuvent disparaître pendant quelques jours puis réapparaître, et ceci pendant plusieurs semaines.

Hépatites. L'hépatite est un terme général qui désigne une inflammation du foie. Elle est le plus souvent due à un virus. Dans les formes les plus discrètes, le patient n'a aucun symptôme. Les formes les plus habituelles se manifestent par une fièvre, une fatigue qui peut être intense, des douleurs abdominales, des nausées, des vomissements, associés à la présence d'urines très foncées et de selles décolorées presque blanches. La peau et le blanc des yeux prennent une teinte jaune (ictère). L'hépatite peut parfois se résumer à un simple épisode de fatigue sur quelques jours ou semaines.

Hépatite A. C'est la plus répandue et la contamination est alimentaire. Il n'y a pas de traitement médical ; il faut simplement se reposer, boire beauoup, manger légèrement en évitant les graisses et s'abstenir totalement de toutes boissons alcoolisées pendant au moins six mois.

L'hépatite A se transmet par l'eau, les coquillages et, d'une manière générale, tous les produits manipulés à mains nues. En fai-

Décalage horaire

Les malaises liés aux voyages en avion apparaissent généralement après la traversée de trois fuseaux horaires (chaque zone correspond à un décalage d'une heure). Plusieurs fonctions de notre organisme – dont la régulation thermique, les pulsations cardiaques, le travail de la vessie et des intestins – obéissent en effet à des cycles internes de 24 heures, qu'on appelle rythmes circadiens. Lorsque nous effectuons de longs parcours en avion, le corps met un certain temps à s'adapter à la "nouvelle" heure de notre lieu de destination – ce qui se traduit souvent par des sensations d'épuisement, de confusion, d'anxiété, accompagnées d'insomnie et de perte d'appétit. Ces symptômes disparaissent généralement au bout de quelques jours, mais on peut en atténuer les effets moyennant quelques précautions :

- Efforcez-vous de partir reposé. Autrement dit, organisez-vous : pas d'affolement de dernière minute, pas de courses échevelées pour récupérer passeports ou chèques de voyage. Évitez aussi les soirées prolongées avant d'entreprendre un long voyage aérien.
- A bord, évitez les repas trop copieux (ils gonflent l'estomac !) et l'alcool (qui déshydrate). Mais veillez à boire beaucoup – des boissons non gazeuses, non alcoolisées, comme de l'eau et des jus de fruits.
- Abstenez-vous de fumer pour ne pas appauvrir les réserves d'oxygène ; ce serait un facteur de fatigue supplémentaire.
- Portez des vêtements amples, dans lesquels vous vous sentez à l'aise ; un masque oculaire et des bouchons d'oreille vous aideront peut-être à dormir. ■

sant attention à la nourriture et à la boisson, vous préviendrez le virus. Malgré tout, s'il existe un fort risque d'exposition, il vaut mieux se faire vacciner.

Hépatite B. Elle est très répandue, puisqu'il existe environ 30 millions de porteurs chroniques dans le monde. Elle se transmet par voie sexuelle ou sanguine (piqûre, transfusion). Évitez de vous faire percer les oreilles, tatouer, raser ou de vous faire soigner par piqûres si vous avez des doutes quant à l'hygiène des lieux. Les symptômes de l'hépatite B sont les mêmes que ceux de l'hépatite A mais, dans un faible pourcentage de cas, elle peut évoluer vers des formes chroniques dont, dans des cas extrêmes, le cancer du foie. La vaccination est très efficace.

Hépatite C. Ce virus se transmet par voie sanguine (transfusion ou utilisation de seringues usagées) et semble donner assez souvent des hépatites chroniques. La seule prévention est d'éviter tout contact sanguin, car il n'existe pour le moment aucun vaccin contre cette hépatite.

Hépatite D. On sait encore peu de choses sur ce virus, sinon qu'il apparaît chez des sujets atteints de l'hépatite B et qu'il se transmet par voie sanguine. Il n'existe pas de vaccin mais le risque de contamination est, pour l'instant, limité.

Hépatite E. Il semblerait que cette souche soit assez fréquente dans certains pays en développement, bien que l'on ne dispose pas de beaucoup d'éléments actuellement. Similaire à l'hépatite A, elle se contracte de la même manière, généralement par l'eau. De forme bénigne, elle peut néanmoins être dangereuse pour les femmes enceintes. A l'heure actuelle, il n'existe pas de vaccin.

Maladies sexuellement transmissibles. La blennorragie, l'herpès et la syphilis sont les plus connues. Plaies, cloques ou éruptions autour des parties génitales, suppurations ou douleurs lors de la miction en sont les symptômes habituels ; ils peuvent être moins aigus ou inexistants chez les femmes. Les symptômes de la syphilis finissent par disparaître complètement, mais la maladie continue à se développer et provoque de graves problèmes par la suite. On traite la blennorragie et la syphilis par les antibiotiques.

Les maladies sexuellement transmissibles (MST) sont nombreuses mais on dispose d'un traitement efficace pour la plupart d'entre elles.

La seule prévention des MST est l'usage systématique du préservatif lors des rapports sexuels.

Typhoïde. La fièvre typhoïde est une infection du tube digestif. La vaccination n'est pas entièrement efficace et l'infection est particulièrement dangereuse.

Premiers symptômes : les mêmes que ceux d'un mauvais rhume ou d'une grippe, mal de tête et de gorge, fièvre qui augmente régulièrement pour atteindre 40°C ou plus. Le pouls est souvent lent par rapport à la température élevée et ralentit à mesure que la fièvre augmente. Ces symptômes peuvent être accompagnés de vomissements, de diarrhée ou de constipation.

La deuxième semaine, quelques petites taches roses peuvent apparaître sur le corps. Autres symptômes : tremblements, délire, faiblesse, perte de poids et déshydratation. S'il n'y a pas d'autres complications, la fièvre et les autres symptômes disparaissent peu à peu la troisième semaine. Cependant, un suivi médical est indispensable, car les complications sont fréquentes, en particulier la pneumonie (infection aiguë des poumons) et la péritonite (éclatement de l'appendice). De plus, la typhoïde est très contagieuse.

Mieux vaut garder le malade dans une pièce fraîche et veiller à ce qu'il ne se déshydrate pas.

Vers. Fréquents en zones rurales tropicales, on les trouve dans les légumes non lavés ou la viande trop peu cuite. Ils se logent également sous la peau quand on marche pieds nus (ankylostome). Souvent l'infection ne se déclare qu'au bout de plusieurs semaines. Bien que bénigne en général, elle doit être traitée sous peine de complications sérieuses. Une analyse des selles est nécessaire.

VIH/sida. L'infection à VIH (virus de l'immunodéficience humaine), agent causal du sida (syndrome d'immunodéficience acquise) est présente dans pratiquement tous les pays et épidémique dans nombre d'entre eux. La transmission de cette infection se fait : par rapport sexuel (hétérosexuel ou homosexuel – anal, vaginal ou oral) d'où l'impérieuse nécessité d'utiliser des préservatifs à titre préventif ; par le sang, les produits sanguins et les aiguilles contaminées. Il est impossible de détecter la présence du VIH chez un individu apparemment en parfaite santé sans procéder à un examen sanguin.

Il faut éviter tout échange d'aiguilles. S'ils ne sont pas stérilisés, tous les instruments de chirurgie, les aiguilles d'acupuncture et de tatouages, les instruments utilisés pour percer les oreilles ou le nez peuvent transmettre l'infection. Il est fortement conseillé d'acheter seringues et aiguilles avant de partir.

Toute demande de certificat attestant la séronégativité pour le VIH (certificat d'absence de sida) est contraire au Règlement sanitaire international (article 81).

Au Laos, le VIH est essentiellement tranmis lors de l'échange de seringues contaminées par les toxicomanes. Les statistiques concernant le sida sont extrêmement difficiles à établir, car ce pays manque d'infrastructures médicales et n'a que peu de moyens à consacrer à la recherche. En 1995, le ministère de la Santé reconnaissait 59 cas de séropositivité officiellement recensés au Laos et 10 morts du sida. Sachant que le Laos a un faible taux de médecins par habitant et que la plupart des gens n'ont, de leur vie, jamais affaire à un hôpital ou à un médecin, le nombre de personnes réellement contaminées est certainement beaucoup plus important. Les observateurs estiment que le sida est au Laos une "bombe à retardement ", même si, dans une certaine mesure, ce pays a la chance d'être peu peuplé.

L'usage de préservatifs diminue largement (mais n'élimine pas complètement) les risques de contracter une maladie sexuellement transmisible. En lao, un préservatif se dit *thông anáamái*. Vous pouvez vous en procurer dans la plupart des pharmacies (khãi yạa). Il est néanmoins recommandé d'apporter les vôtres car les préservatifs locaux peuvent réserver des surprises tant par leur qualité que par leur taille !

Rien ne garantit que les lots de la banque du sang laotienne n'aient pas été contaminés par le virus VIH. Si votre état nécessite une transfusion sanguine, il est beaucoup plus prudent de vous rendre en Thaïlande où des méthodes de détection fiables sont appliquées. En cas de problème de santé grave, la peur de la contamination par le VIH ne devra cependant jamais empêcher de se faire soigner.

Affections transmises par les insectes
Voir également plus loin le paragraphe *Affections moins fréquentes*.

Fièvre jaune. Pour plus de détails, consultez plus haut l'encadré sur les vaccinations.

Paludisme. Le paludisme, ou malaria, est transmis par un moustique, l'anophèle, dont la femelle pique surtout la nuit, entre le coucher et le lever du soleil.

La transmission du paludisme a disparu en zone tempérée, regressé en zone subtropicale mais reste incontrôlée en zone tropicale. D'après le dernier rapport de l'Organisation mondiale de la Santé (OMS), 90% du paludisme mondial sévit en Afrique.

Le paludisme survient généralement dans le mois suivant le retour de la zone d'endémie. Symptômes : maux de tête, fièvre et troubles digestifs. Non traité, il peut avoir des suites graves, parfois mortelles. Il existe différentes espèces de paludisme, dont celui à *Plasmodium falciparum* pour lequel le traitement devient de plus en plus difficile à mesure que la résistance du parasite aux médicaments gagne en intensité.

Les médicaments antipaludéens n'empêchent pas la contamination mais ils suppriment les symptômes de la maladie. Si vous voyagez dans des régions où la maladie est endémique, il faut absolument suivre un trai-

La prévention antipaludique
Le soir, dès le coucher du soleil, quand les moustiques sont en pleine activité, couvrez vos bras et surtout vos chevilles, mettez de la crème anti-moustiques. Les moustiques sont parfois attirés par le parfum ou l'après-rasage.

En dehors du port de vêtements longs, l'utilisation d'insecticides (diffuseurs électriques, bombes insecticides, tortillons fumigènes) ou de répulsifs sur les parties découvertes du corps est à recommander. La durée d'action de ces répulsifs est généralement de 3 à 6 heures. Les moustiquaires constituent en outre une protection efficace à condition qu'elles soient imprégnées d'insecticide (non nocif pour l'homme). L'Organisation mondiale de la santé (OMS) préconise fortement ce mode de prévention. De plus, ces moustiquaires sont radicales contre tout insecte à sang froid (puces, punaises, etc.) et permettent d'éloigner serpents et scorpions.

Il existe désormais des moustiquaires imprégnées synthétiques très légères (environ 350 g) que l'on peut trouver en pharmacie. A titre indicatif, vous pouvez vous en procurer par correspondance auprès du Service médical international (SMI) 9, rue Ambroise-Thomas, 75009 Paris (☎ 01 44 79 95 95 ; fax 01 44 79 95 94).

Notez enfin que, d'une manière générale, le risque de contamination est plus élevé en zone rurale et pendant la saison des pluies. ■

tement préventif. La chimioprophylaxie fait appel à la chloroquine (seule ou associée au proguanil), ou à la méfloquine en fonction de la zone géographique du séjour. Renseignez-vous impérativement auprès d'un médecin spécialisé, car le traitement n'est pas toujours le même à l'intérieur d'un même pays.

Tout voyageur atteint de fièvre ou montrant les symptômes de la grippe doit se faire examiner. Il suffit d'une analyse de sang pour établir le diagnostic. Contrairement à certaines croyances, une crise de paludisme ne signifie pas que l'on est touché à vie.

La résistance de l'agent pathogène aux antipaludéens augmente partout en Asie et, au Laos, il résiste désormais à la chloroquinine. La vallée du Mékong, au sud de Vientiane et la région de Luang Nam Tha, au nord, près de la frontière chinoise, sont les zones les plus sensibes. Le paludisme à plasmodium et falciparum y sont présents, avec une prédominance de la souche à falciparum. Dans les provinces de Sekong, au sud, et d'Attapeu, ces deux formes de paludisme peuvent être transmises simultanément.

Coupures, piqûres et morsures

Coupures et égratignures. Les blessures s'infectent très facilement dans les climats chauds et cicatrisent difficilement. Coupures et égratignures doivent être traitées avec un antiseptique et du mercurochrome. Évitez si possible bandages et pansements qui empêchent la plaie de sécher.

Les coupures de corail sont particulièrement longues à cicatriser, car le corail injecte un venin léger dans la plaie. Portez des chaussures pour marcher sur des récifs, et nettoyez chaque blessure à fond.

Piqûres. Les piqûres de guêpe ou d'abeille sont généralement plus douloureuses que dangereuses. Une lotion apaisante ou des glaçons soulageront la douleur et empêcheront la piqûre de trop gonfler. Certaines araignées sont dangereuses mais il existe en général des anti-venins. Les piqûres de scorpions sont très douloureuses et parfois mortelles. Inspectez vos vêtements ou chaussures avant de les enfiler.

Punaises et poux. Les punaises affectionnent la literie douteuse. Si vous repérez de petites taches de sang sur les draps ou les murs autour du lit, cherchez un autre hôtel. Les piqûres de punaises forment des alignements réguliers. Une pommade calmante apaisera la démangeaison.

Les poux provoquent des démangeaisons. Ils élisent domicile dans les cheveux, les vêtements ou les poils pubiens. On en attrape par contact direct avec des personnes infestées ou en utilisant leur peigne, leurs vêtements, etc. Poudres et shampooings détruisent poux et lentes ; il faut également laver les vêtements à l'eau très chaude.

Sangsues et tiques. Les sangsues, présentes dans les régions de forêts humides, se collent à la peau et sucent le sang. Les randonneurs en retrouvent souvent sur leurs jambes ou dans leurs bottes. Du sel ou le contact d'une cigarette allumée les feront tomber. Ne les arrachez pas, car la morsure s'infecterait plus facilement. Une crème répulsive peut les maintenir éloignés. Utilisez de l'alcool, de l'éther, de la vaseline ou de l'huile pour vous en débarrasser. Vérifiez toujours que vous n'avez pas attrapé de tiques dans une région infestée : elles peuvent transmettre le typhus.

Serpents. Portez toujours bottes, chaussettes et pantalons longs pour marcher dans la végétation à risque. Ne hasardez pas la main dans les trous et les anfractuosités et faites attention lorsque vous ramassez du bois pour faire du feu. Les morsures de serpents ne provoquent pas instantanément la mort et il existe généralement des anti-venins. Il faut calmer la victime, lui interdire de bouger, bander étroitement le membre comme pour une foulure et l'immobiliser avec une attelle. Trouvez ensuite un médecin et essayez de lui apporter le serpent mort. N'essayez en aucun cas d'attraper le serpent s'il y a le moindre risque qu'il pique à nouveau. On sait désormais qu'il ne faut absolument pas sucer le venin ou poser un garrot.

Affections moins fréquentes

Choléra. Les cas de choléra sont généralement signalés à grande échelle dans les médias, ce qui permet d'éviter les régions concernées. La protection conférée par le vaccin n'étant pas fiable, celui-ci n'est pas recommandé. Prenez donc toutes les précautions alimentaires nécessaires. Symptômes : diarrhée soudaine, selles très liquides et claires, vomissements, crampes musculaires et extrême faiblesse. Il faut consulter un médecin ou aller à l'hôpital au plus vite, mais on peut commencer à lutter immédiatement contre la déshydratation qui peut être très forte. Une boisson à base de cola salée, dégazéifiée et diluée au 1/5e ou encore du bouillon bien salé seront utiles en cas d'urgence.

Dengue. Il n'existe pas de traitement prophylactique contre cette maladie propagée par les moustiques. Poussée de fièvre, maux de tête, douleurs articulaires et musculaires précèdent une éruption cutanée sur le tronc qui s'étend ensuite aux membres puis au visage. Au bout de quelques jours, la fièvre régresse et la convalescence commence. Les complications graves sont rares.

Dans certaines régions du Laos, il existe un risque de contracter la fièvre dengue propagée elle aussi par les moustiques. Cette fois-ci, l'insecte (*Aedes*) est diurne. La maladie sévit tant en ville qu'à la campagne, notamment près des eaux stagnantes. Une épidémie se déclare tous les ans à Vientiane au début de la saison des pluies. Protégez-vous particulièrement de mai à juillet.

Encéphalite japonaise. Il y a quelques années, cette maladie virale était pratiquement inconnue. Longtemps endémique en Asie tropicale (ainsi qu'en Chine, en Corée et au Japon), de récentes épidémies ont éclaté pendant la saison des pluies en Thaïlande du Nord et au Vietnam. Un moustique nocturne (le *Culex*) est responsable de sa transmission, surtout dans les zones rurales près des élevages de cochons ou des rizières, car les porcs et certains oiseaux nichant dans les rizières servent de réservoirs au virus.

Symptômes : fièvre soudaine, frissons et maux de tête, suivis de vomissements et de délire, aversion marquée pour la lumière vive et douleurs aux articulations et aux muscles. Les cas les plus graves provoquent des convulsions et un coma. Chez la plupart des individus qui contractent le virus, aucun symptôme n'apparaît.

Les personnes les plus en danger sont celles qui doivent passer de longues périodes en zone rurale pendant la saison des pluies (de juillet à octobre). Si c'est votre cas, il faudra peut-être vous faire vacciner.

Filarioses. Ce sont des maladies parasitaires transmises par des piqûres d'insectes. Les symptômes varient en fonction de la filaire concernée : fièvre, ganglions et inflammation des zones de drainage lymphatique ; œdème (gonflement) au niveau d'un membre ou du visage ; démangeaisons et troubles visuels. Un traitement permet de se débarrasser des parasites, mais certains dommages causés sont parfois irréversibles. Si vous soupçonnez une possible infection, il vous faut rapidement consulter un médecin.

Leptospirose. Cette maladie infectieuse, due à une bactérie (le leptospire) qui se développe dans les mares et les ruisseaux, se transmet par des animaux comme le rat et la mangouste.

On peut attraper cette maladie en se baignant dans des nappes d'eau douce, contaminées par de l'urine animale. La leptospirose pénètre dans le corps humain par le nez, les yeux, la bouche ou les petites coupures cutanées. Les symptômes, similaires à ceux de la grippe, peuvent survenir 2 à 20 jours suivant la date d'exposition : fièvre, frissons, sudation, maux de tête, douleurs musculaires, vomissements et diarrhées en sont les plus courants. Du sang dans les urines ou une jaunisse peuvent apparaître dans les cas les plus sévères. Les symptômes durent habituellement quelques jours voire quelques semaines. La maladie est rarement mortelle.

Évitez donc de nager et de vous baigner dans tout plan d'eau douce, notamment si vous avez des plaies ouvertes ou des coupures.

Opisthorchiase. Cette maladie parasitaire se contracte en consommant des poissons d'eau douce, crus ou insuffisamment cuits.

Le risque d'attraper cette maladie reste toutefois assez faible. L'intensité des symptômes dépend du nombre de parasites ayant pénétré dans l'organisme. A des niveaux faibles, on ne remarque pratiquement rien. Quand la contamination est importante, on souffre d'une fatigue générale, d'une fièvre légère, d'un gonflement ou d'une sensibilité du foie ou de douleurs abdominales générales. En cas de doute, il faut faire analyser ses selles par un médecin compétent.

En région rurale, il conviendra de se montrer particulièrement vigilant en ce qui concerne le *paa dàek*, ce poisson fermenté qui accompagne bon nombre de plats laotiens. A Vientiane et Luang Prabang, le paà dàek est réputé sain, tout simplement parce qu'il est fait à partir de poissons non infectés. Dans le Sud en revanche, le risque augmente.

Les pathologistes considèrent que le risque d'attraper cette maladie reste assez faible. Dans les régions voisines de la Thaïlande (où ces parasites sont endémiques), le gouvernement mène une importante campagne publicitaire pour convaincre la population de s'abstenir de consommer du poisson cru.

En région rurale, on emporte souvent avec soi du pa̱a dàek dans des tubes de bambou jetés en bandoulière. Comme il s'agit d'un met très apprécié, on en offre fréquemment au voyageur de rencontre. A vous de peser soigneusement entre les conséquences sur votre santé et le risque de blesser votre hôte.

On contracte aussi, mais bien plus rarement, ces parasites en se baignant dans les rivières. Selon un médecin tchèque qui a passé de nombreux mois au Laos à étudier l'opisthorchiase, la seule région suspecte se trouve dans le Mékong, aux alentours de l'île Khong, dans le Laos du Sud.

L'intensité des symptômes dépend des douves ayant pénétré dans votre organisme. A des niveaux faibles, on ne remarque pratiquement rien. Quand la contamination est importante, on souffre d'une fatigue générale, d'une fièvre légère, d'un gonflement ou d'une sensibilité du foie ou de douleurs abdominales générales, et l'on découvre des vers et des œufs de vers dans les selles. En cas de doutes sur la maladie, il faut faire analyser ses selles par

un médecin compétent ou dans une clinique de Vientiane ou de Bangkok.

Rage. Très répandue, cette maladie est transmise par un animal contaminé : chien, singe et chat principalement. Morsures, griffures ou même simples coups de langue d'un mammifère doivent être nettoyés immédiatement et à fond. Frottez avec du savon et de l'eau courante, puis nettoyez avec de l'alcool. S'il y a le moindre risque que l'animal soit contaminé, allez immédiatement voir un médecin. Même si l'animal n'est pas enragé, toutes les morsures doivent être surveillées de près pour éviter les risques d'infection et de tétanos. Un vaccin anti-rabique est désormais disponible. Il faut y songer si vous pensez explorer des grottes (les morsures de chauves-souris peuvent être dangereuses) ou travailler avec des animaux. Cependant, la vaccination préventive ne dispense pas de la nécessité d'un traitement antirabique immédiatement après un contact avec un animal enragé ou dont le comportement peut paraître suspect.

Rickettsioses. Les rickettsioses sont des maladies transmises soit par des acariens (dont les tiques), soit par des poux. La plus connue est le typhus. Elle commence comme un mauvais rhume, suivi de fièvre, de frissons, de migraines, de douleurs musculaires et d'une éruption cutanée. Une plaie douloureuse se forme autour de la piqûre et les ganglions lymphatiques voisins sont enflés et douloureux.

Le typhus transmis par les tiques menace les randonneurs en Afrique australe qui risquent d'attraper les tiques du bétail et des animaux sauvages.

Le typhus des broussailles est transmis par des acariens. On le rencontre principalement en Asie et dans les îles du Pacifique. Soyez prudent si vous faites de la randonnée dans des zones rurales d'Asie du Sud-Est.

Tétanos. Cette maladie parfois mortelle se rencontre partout, et surtout dans les pays tropicaux en voie de développement. Difficile à soigner, elle se prévient par vaccination. Le bacille du tétanos se développe dans les plaies. Il est donc indispensable de bien nettoyer coupures et morsures. Premiers symptômes : difficulté à avaler ou raideur de la mâchoire ou du cou. Puis suivent des convulsions douloureuses de la mâchoire et du corps tout entier.

Tuberculose. Bien que très répandue dans de nombreux pays en développement, cette maladie ne présente pas de grand danger pour le voyageur. Les enfants de moins de 12 ans sont plus exposés que les adultes. Il est donc conseillé de les faire vacciner s'ils voyagent dans des régions où la maladie est endémique. La tuberculose se propage par la toux ou par des produits laitiers non pasteurisés faits avec du lait de vaches tuberculeuses. On peut boire du lait bouilli et manger yaourts ou fromages (l'acidification du lait dans le processus de fabrication élimine les bacilles) sans courir de risques.

Typhus. Voir plus haut *Rickettsioses*.

Santé au féminin

Grossesse. La plupart des fausses couches ont lieu pendant les trois premiers mois de la grossesse. C'est donc la période la plus risquée pour voyager. Pendant les trois derniers mois, il vaut mieux rester à distance raisonnable de bonnes infrastructures médicales, en cas de problèmes. Les femmes enceintes doivent éviter de prendre inutilement des médicaments. Cependant, certains vaccins et traitements préventifs contre le paludisme restent nécessaires. Mieux vaut consulter un médecin avant de prendre quoi que ce soit.

Pensez à consommer des produits locaux, comme les fruits secs, les agrumes, les lentilles et les viandes accompagnées de légumes.

Problèmes gynécologiques. Une nourriture pauvre, une résistance amoindrie par l'utilisation d'antibiotiques contre des problèmes intestinaux peuvent favoriser les infections vaginales lorsqu'on voyage dans des pays à climat chaud. Respectez une hygiène intime scrupuleuse et portez jupes ou pantalons amples et sous-vêtements en coton.

Les champignons, caractérisés par une éruption cutanée, des démangeaisons et des pertes, peuvent se soigner facilement. En revanche, les *Trichomonas* sont plus graves ; pertes blanches et sensation de brûlure lors de la miction en sont les symptômes. Le partenaire masculin doit également être soigné. Il n'est pas rare que le cycle menstruel soit perturbé lors d'un voyage.

TOILETTES ET SANITAIRES

Au Laos, comme dans de nombreux autres pays d'Asie, les toilettes à la turque sont la norme, sauf dans les hôtels internationaux et pensions de famille pour touristes. Le trône asiatique traditionnel affleure à la surface du sol et deux pose-pieds encadrent un abîme de porcelaine. Pensez que les utilisateurs de cette position courent moins de risques d'hémorroïdes que les personnes qui s'assoient sur un siège. Vous trouverez, à côté, un seau ou un réservoir en ciment rempli d'eau avec, le plus souvent, un petit bol de plastique. Il sert à se laver et à jeter de l'eau car la chasse d'eau est normalement absente dans ce type d'installation traditionnelle. Dans les campagnes reculées, on s'arrangera de quelques planches posées sur un trou creusé. Le plus souvent, quand vous trouverez des installations à l'occidentale, vous ne pourrez pas jeter le papier hygiénique dans la cuvette. Une corbeille destinée au papier usagé se trouve à côté.

Les toilettes publiques sont rares, en dehors des hôtels et des aéroports. Il est parfaitement normal de s'arrêter en bord de route derrière un arbre ou un buisson pour répondre aux besoins de la nature.

Salle de bains

La majorité des hôtels et pensions de famille du pays n'ont pas d'eau chaude. En ville, les hôteliers équipent généralement leurs meilleures chambres de petits chauffe-eau électriques.

A la campagne, les Laotiens se baignent et se lavent dans les rivières ou les ruisseaux. En ville, les maisons comportent parfois une salle d'eau : on y trouve une grande jatte ou un réservoir de ciment rempli d'eau ainsi qu'un bol de plastique ou de métal. Même dans les habitations équipées d'une douche, l'eau chaude reste fort rare.

Si vous devez vous laver dans un lieu public, portez un *phàa salóng* ou *phàa sìn* (tissus que, respectivement, les hommes et les femmes s'enroulent autour du corps). La nudité en public n'est pas la norme.

VOYAGER SEULE
Comportements envers les femmes
Le statut social de la femme au Laos est assez comparable à celui qu'on observe en Thaïlande où l'égalité avec l'homme en termes de travail, d'héritage et de possession de la terre est souvent plus grande que dans de nombreux pays occidentaux. En revanche, son statut culturel y est inférieur. Comme le rappelle un proverbe que l'on entend souvent, l'homme représente les pattes avant de l'éléphant et la femme les pattes arrière (ils portent au moins tous deux le même poids).

D'après le bouddhisme laotien, il est communément admis que les femmes doivent renaître en homme avant de pouvoir atteindre le nirvana mais, d'après de nombreux enseignants du dhamma, cette croyance n'est étayée ni par les suttas (discours de Bouddha) ni par leurs commentaires. Elle est cependant suffisament répandue pour que les moines reçoivent une ordination bouddhiste complète, tandis que les femmes suivent une ordination moins prestigieuse de huit préceptes.

Il faut savoir que la prostitution est beaucoup moins répandue au Laos qu'en Thaïlande et qu'elle constitue un délit grave. C'est pourquoi les Laotiennes ont moins de réticences à se montrer en public avec un étranger, même si on voit rarement une femme seule en public, à moins qu'elle ne soit mariée. En tous cas, elles boivent de la bière et du *lào-láo* (liqueur de riz) en public, ce que font rarement les

Niveau d'interprétation
Si de nombreux tabous peuvent être transgressés sans problème, il en est un avec lequel il ne faut pas plaisanter. A bord d'un véhicule, que ce soit un camion, un bus ou un bateau, les femmes doivent rester à l'intérieur. Toute tentative de monter sur le toit, ou sur le pont, est très mal perçue par les Laotiens pour qui une telle attitude est *"phìt sąatsanãa"* – contre la religion –, autrement dit contre les coutumes du pays. Les Laotiens expliqueront aux voyageuses que "c'est trop dangereux sur le toit" mais cela cache en réalité une croyance profondément enracinée. La tradition veut qu'une femme ne puisse jamais prendre place au-dessus d'un homme sous peine de lui faire perdre son aura spirituelle. Les hommes craignent même que cela n'annule la protection des tatouages sacrés et des amulettes qu'ils portent. Cette superstition s'étend à la façon dont on suspend le linge pour le sécher. Les vêtements féminins, et en particulier les sous-vêtements, ne doivent pas être accrochés au-dessus des vêtements masculins. ■

Thaïlandaises (même à Bangkok). Aussi, les étrangères seules se font-elles rarement aborder dans les bars et les restaurants ; elles ne sont pas perçues comme des femmes faciles.

Précautions
Les cas de harcèlement sexuel sont beaucoup moins courants au Laos que dans les autres pays d'Asie. En général, les touristes sont traités avec beaucoup de respect et de courtoisie. Néanmoins, les femmes qui voyagent seules dans des régions reculées, ou qui se promènent tard la nuit, doivent respecter les précautions d'usage. Les femmes laotiennes ne se déplaçant presque jamais seules, une femme occidentale non accompagnée étonne souvent les Laotiens, hommes et femmes confondus.

Que porter

Au Laos, porter des vêtements qui ne couvrent pas les cuisses, les épaules et le buste est souvent mal perçu ou jugé irrespectueux. Si les pantalons, les bermudas et les jupes sous le genou sont acceptés, les débardeurs, les chemisiers sans manche et les minijupes sont en revanche à proscrire. Les femmes pourront adopter le traditionnel *phàa sìn* laotien (longue jupe droite) très confortable en voyage. Les Laotiennes elles-mêmes portent ce vêtement pour se rendre dans les administrations et les musées.

COMMUNAUTÉ HOMOSEXUELLE

La culture laotienne accepte très bien l'homosexualité, même si elle n'offre pas toutes les occasions d'expression de la Thaïlande voisine. Cependant, au regard de la loi, il règne une certaine confusion et, au début des années 90, plusieurs interpellations ont été signalées. Les homosexuels étant libres de voir qui bon leur semble sans être victimes de préjugés, les rencontres furtives sont beaucoup moins fréquentes que dans certains pays occidentaux, ou dans des régions du monde moins tolérantes. Les manifestations publiques d'affection, hétérosexuelles ou homosexuelles, sont mal perçues.

VOYAGEURS HANDICAPÉS

Le manque de routes pavées, contre-allées et voies piétonnières rend difficile le déplacement des personnes à mobilité réduite. Rares sont les bâtiments publics équipés de rampes d'accès pour chaises roulantes ; les hôtels ne font guère plus d'efforts en ce sens (unique exception : le Lao Plaza Hotel à Vientiane). Les transports publics sont surchargés et difficiles d'accès.

Les voyageurs en chaise devront sérieusement préparer leur voyage au Laos. Heureusement, un réseau d'information commence à se mettre en place. On peut, grâce à lui, entrer en contact avec des voyageurs ayant précédemment entrepris l'aventure dans des conditions similaires (assurément, la meilleure source d'information).

En France, le CNRH (Comité national pour la réadaptation des handicapés, ☎ 01 53 80 66 66, 236bis, rue de Tolbiac, 75013 Paris) peut vous fournir d'utiles informations sur les voyages accessibles.

Si, comme la majorité des touristes au Laos, vous passez par Bangkok, vous voudrez probablement contacter l'organisation Disabled Peoples International, Council of Disabled People of Thailand (☎ (02) 255-1718 ; fax 252-3676) au 78/2 Thanon Tivanond, Pak Kret, Nonthaburi 11120, et Handicapped International au 87/2 Soi 15 Thanon Sukhumvit, Bangkok 10110.

VOYAGEURS SENIORS

Au Laos, il n'existe généralement pas de tarifs préférentiels pour les voyageurs seniors mais les Laotiens comblent cette lacune en témoignant un respect tout particulier aux personnes âgées. La tradition culturelle du pays veut que la considération vienne avec l'âge. Contrairement à ce que l'on observe en Occident, la jeunesse n'est pas sans cesse glorifiée. Le respect des Laotiens à l'égard des personnes d'un certain âge se manifeste spontanément lorsqu'il s'agit de les aider à monter ou à descendre d'un véhicule ou à porter leur bagages. Ils peuvent également, mais ce n'est pas toujours le cas, céder leur place dans les files d'attente des magasins ou des bureaux de poste.

A la différence de la Chine, du Vietnam ou de la Thaïlande, les Laotiens ne connaissent pas la ségrégation entre générations. Même si les discothèques sont davantage réservées à la jeunesse, les personnes de tous âges y sont les bienvenues. Lors de réjouissances traditionnelles comme les fêtes des temples à la campagne ou des manifestations organisées autour des vats, les jeunes et les moins jeunes mangent et dansent ensemble.

VOYAGER AVEC DES ENFANTS

Comme souvent dans le Sud-Est asiatique, un voyage accompagné d'enfants peut être une expérience fantastique à condition de bien se préparer et de se trouver dans les conditions physiques requises. *Travel with Children* de Maureen Wheeler, publié par Lonely Planet en anglais seulement, donne de nombreux conseils pratiques.

Les Laotiens adorent les enfants. La plupart du temps, vous les verrez fondre devant vos petits qui n'auront aucun mal à trouver des compagnons de jeu et des nounous.

Dans l'ensemble, les parents n'ont pas trop de soucis à se faire sur les questions de santé. Encore faut-il observer quelques règles d'hygiène élémentaire, comme le fait de se laver les mains régulièrement, par exemple. Toutes les précautions d'usage s'appliquent, naturellement et l'on se reportera à la rubrique *Santé* déjà évoquée. Les enfants, c'est important, ne doivent absolument pas jouer avec des animaux rencontrés en route, car la rage est très fréquente au Laos.

DÉSAGRÉMENTS ET DANGERS
Voyage par la route

Jusqu'en 1994, on avait du mal à obtenir un permis de circulation routière pour la simple raison que le gouvernement avait peur que les touristes fussent victimes d'accident plus ou moins naturels. Ceci ternit bien sûr quelque peu l'image d'un pays.

Au Laos, les risques naturels sont évidents. L'état des routes et l'entretien des véhicules, en dehors de la vallée du Mékong, sont de piètre qualité et, en cas d'accident sérieux, l'arrivée à l'hôpital pourrait parfois se compter non pas en heures mais en jours.

Depuis l'abolition du permis de circulation, on peut aller n'importe où dans le pays – dans la mesure où il existe une route pour s'y rendre. Certes, les risques de panne ou d'accident n'ont guère changé, mais, au cours des dernières années, la fiabilité et la fréquence des transports publics interprovinciaux ont augmenté.

A une ou deux exceptions près, la plupart des régions sont sûres, militairement parlant. La Route 13 est désormais entièrement pavée entre Vientiane et Luang Prabang, et l'armée

assure la sécurité de la région située entre Kasi et Muang Phu Khun où sévissait la guérilla hmong. Ce tronçon de route est aujourd'hui réputé aussi sûr que n'importe quelle voie au Laos. Les chauffeurs de bus ont d'ailleurs renoncé à porter des armes. Des rumeurs font cependant état d'attaques mineures de la guérilla, il est donc judicieux de se renseigner à Vientiane ou à Luang Prabang avant de prendre la route. En 1998, elle semblait ne présenter aucun danger et personne n'avait entendu parler de problèmes récents.

Dangereuse elle aussi, la portion occidentale de la Route 7 dans la province de Xieng Khuang, entre l'intersection de la Route 13 (Muang Phu Khun) et le pont de la Nam Ngum près de Muang Sui (à l'est de Phonsavan), fut le théâtre de nombreuses embuscades entre 1993 et 1995. Un ingénieur australien a perdu la vie dans ce secteur au début de 1995 et plusieurs Laotiens sont morts au cours d'attaques à cet endroit. Pour l'instant, les contrôles militaires installés sur cette section de la Route 7 refoulent tout voyageur sans escorte militaire. Dans la mesure où le gouvernement laotien ne laisse presque jamais filtrer d'informations sur la question dans la presse nationale, il est difficile de se faire une idée exacte du nombre de personnes tuées au cours de ces attaques. Lorsqu'elles sont mentionnées, les sources officielles les attribuent aux "bandits" mais il est plus probable qu'il s'agisse en fait de rebelles hmongs, survivants de l'armée démantelée du général Vang Pao, ou des troupes de Chao Fa. Récemment, la zone était déclarée sûre, il vaut mieux se renseigner avant d'emprunter cette route. Il paraît préférable de choisir l'avion jusqu'à Phonsavan ou la route à Nong Khiaw. S'informer à Vientiane ou à Luang Prabang sur la sécurité dans la région est encore la plus sage des précautions.

Au sud de la Route 7 se trouve la zone spéciale de Saisombun. Fait de bouts et de morceaux taillés dans l'est de la province de Vientiane, le sud-ouest du Xieng Khuang et le nord-ouest du Bolikhamsai, en 1994, ce secteur recouvre 7 105 km², soit une superficie plus importante que celle de la province de Bokeo. A l'heure où j'écris ce livre, ce district administratif relativement nouveau n'est absolument pas sûr. Quatre membres, tous Laotiens, du Programme des Nations unies pour le contrôle des drogues sont morts au cours d'une attaque dans cette zone en 1994. Des bus locaux ont été victimes d'embuscades tout aussi meurtrières. Le gouvernement laotien a créé cette nouvelle zone dans l'intention de résoudre une fois pour toutes la question des guérillas et des bandits. Deux bataillons militaires ont été affectés à cette mission. La capitale de la nouvelle zone, Long Tien (ou Long Chen), a servi de base durant la guerre d'Indochine à l'armée hmong, à la CIA et à l'USAF, l'armée de l'air américaine. Aujourd'hui rebaptisée, la ville s'appelle Saisombun.

La Route 6, au nord de Paksan, traverse la zone spéciale de Saisombun juste au sud de Muang Khun (province de Xieng Khuang). Les problèmes de sécurité s'y multiplient en permanence, même si on peut utiliser le tronçon qui relie le nord de Muang Khun à Sam Neua, dans la province de Hua Phan, avec une tranquillité relative.

Des attaques ont également eu lieu (mais non récemment) le long de la route de Luang Nam Tha à Huay Xai, en particulier dans la vicinale de Vieng Phukha, ancien bastion des guérillas hmong. Cette route serait sûre depuis 1995 et des milliers d'usagers l'ont empruntée sans mal. En 1996, une entreprise thaïlandaise a commencé à moderniser cette route et à paver le tronçon allant de Huay Xai à la frontière chinoise. La crise économique thaïlandaise a considérablement ralenti le déroulement des travaux.

Par une curieuse ironie du sort, les zones les moins sûres du Laos d'aujourd'hui sont les anciennes zones libérées, bien que la guerre se soit achevée en 1975. Il n'en reste pas moins que la majorité du territoire laotien au-delà de la vallée du Mékong n'a jamais été vraiment sûre. A l'apogée même du royaume de Lan Xang et plus tard, sous le régime colonial français, les populations

des montagnes ont toujours conservé une grande indépendance. Aujourd'hui comme jadis, montagnes et vallées offrent d'excellentes cachettes aux organisations anti-LPRP et autres rebelles. Le PL a pu en faire l'expérience pendant la guerre.

Engins explosifs non désamorcés

De vastes zones sont contaminées par des engins explosifs non désamorcés, vestiges tragiques de près de cent ans de guerre. Numériquement, la majorité des explosifs non désamorcés que l'on trouve aujourd'hui sont d'origine française, chinoise, américaine, soviétique et vietnamienne et regroupent des obus de mortier, des munitions, des bombes au phosphore blanc, des mines et des bombes à fragmentation. Les bombes américaines (que les Laotiens appellent *bombi*) représentent le plus grand danger potentiel pour les habitants ou les touristes ; elles sont responsables des 130 morts annuelles qui touchent surtout des Laotiens, dont 40% d'enfants. A titre de comparaison, au Cambodge, les Nations unies estiment à 800 le nombre de personnes tuées chaque année par des explosifs non désamorcés. Dans certaines régions, des bombes larguées par l'aviation américaine qui, pour certaines, pèsent jusqu'à 500 kg, n'ont toujours pas été désamorcées. Il est cependant très rare qu'elles explosent accidentellement.

D'après les récentes enquêtes menées par le Lao National UXO Programme (UXO Lao), financé par les Nations unies et placé sous la tutelle du ministère du Travail et des Affaires sociales, les provinces de Salavan, Savannakhet et Xieng Khuang seraient les plus sévèrement touchées (11% des villages). Viendraient ensuite Champasak, Hua Phan, Khammuan, Luang Prabang et Sekong (15% des villages). Mais sur l'ensemble du territoire, 61% des villages ne seraient pas touchés par les engins explosifs non désamorcés.

Statistiquement parlant, le risque de tomber sur des engins explosifs non désamorcés est faible pour les circuits touristiques fréquentés, mais le voyageur devra faire preuve de prudence s'il s'aventure hors des grandes routes dans les provinces mentionnées. Ne touchez jamais aucun objet susceptible d'être un engin non désamorcé, si vieux, rouillé ou inutilisable qu'il paraisse.

Vol

Dans l'ensemble, les Laotiens méritent qu'on leur fasse confiance et le vol ne constitue pas un problème majeur dans ce pays. Il vaut tout de même mieux fermer votre chambre d'hôtel à clé quand vous n'y êtes pas ou la nuit. Surveillez vos bagages dans un bus bondé et ne mettez pas votre argent dans les poches de votre pantalon. Si vous vous déplacez en bicyclette ou en moto à Vientiane, il est préférable de ne mettre aucun objet de valeur dans les sacoches car des bandes de voleurs motorisés risquent de se glisser à vos côtés dans la circulation.

Files d'attente

Les Laotiens suivent la coutume du Sud-Est asiatique qui consiste non pas à s'aligner mais à s'agglutiner tous ensemble sur le point de distribution, guichet de gare ou de poste, comptoir de boutique ou à la montée des bus. Inutile de dire : "j'étais là le premier !" puisque justement, rien ne fonctionne sur cette base-là. Apprenez plutôt à jouer le jeu à la laotienne et propulsez votre argent, votre passeport ou vos lettres aussi près que possible du premier rang.

La paranoïa du petit chef

Certains coins parmi les plus reculés du Laos oriental, comme le fin fond des provinces de Hua Phan et de l'Attapeu, sont renommées pour l'attitude soupçonneuse des représentants officiels envers les visiteurs étrangers. Ce phénomène s'explique en partie par le simple fait que les étrangers sont extrêmement rares. Il se peut aussi que les membres purs et durs du PL, qui mènent toujours la danse dans ces régions, n'aient pas encore assimilé la libéralisation qui se propage partout ailleurs dans le pays.

Le scénario classique démarre au moment où vous vous présentez au poste de contrôle pour remplir vos devoirs auprès

des services de l'immigration provinciale. Il arrive alors qu'un employé passe une demi-heure, si incroyable que cela paraisse, à feuilleter votre passeport. Il va examiner deux ou trois fois chacun des visas qui s'y trouvent. A l'occasion, il voudra conserver vos papiers pour s'assurer que vous ne quitterez pas la ville sans l'avertir.

Vous aurez avantage à conserver votre calme. Soyez patient. Si vous essayez de hâter les choses par un pot-de-vin, il est fort probable que cette pratique n'aboutira qu'à alimenter un cercle vicieux dont feront les frais, entre autres, tous les étrangers qui viendront ultérieurement dans la région.

Si vos papiers ne sont pas en règle, et en particulier si votre visa a expiré, vous pourriez bien rencontrer quelques difficultés. Même si, dans l'ensemble du pays la peine correspondant à ce délit n'est qu'une amende de 5 $US par jour, aux yeux de votre bureaucrate pur et dur vous prendrez vite l'allure d'un élément provocateur. Là aussi, il vaut mieux s'armer de patience et répondre à toutes les demandes d'explication ou de documentation. En général, le pire qui puisse arriver, c'est qu'on vous refoule. Vous devrez alors rebrousser chemin. Il est rare qu'un interrogatoire dure plus de deux jours – durant lesquels, naturellement, votre passeport reste aux mains de la police.

Les incidents de ce type restent cependant tout à fait rares dans l'ensemble. Le nombre croissant d'étrangers qui pénètrent dans les coins les plus reculés du pays devrait les réduire encore.

PROBLÈMES JURIDIQUES

Contrairement à ce qui se pratique généralement dans les autres pays, le Laos révolutionnaire a commencé par se doter en 1988 d'un code de règles juridiques avant d'adopter une Constitution en 1990. Bien que certains droits soient garantis sur le papier, concrètement vous pouvez être mis à l'amende, détenu et expulsé à tout moment et pour n'importe quel motif. Cela se produit de manière récurrente lorsque l'on veut épouser un ressortissant laotien sans l'autorisation du gouvernement. Ce peut être également le cas si la prospérité de vos affaires fait de l'ombre à quelqu'un ayant des relations bien placées dans l'administration.

Pour vous consoler, sachez que les autorités laotiennes n'importunent pas les étrangers pour des broutilles. Dans la plupart des cas il faut avoir commis un délit criminel pour avoir affaire à la justice. Sachez cependant, comme l'atteste Amnesty International – et le confirment les expatriés au Laos –, que les étrangers peuvent ne bénéficier d'aucune assistance juridique.

Il faut donc rester à l'écart de tout ce qui est illégal, en particulier la drogue et la prostitution. Si vous êtes incarcéré, demandez à appeler votre ambassade ou votre consulat au Laos pour qu'il intervienne auprès des autorités. Une telle démarche pourrait éventuellement accélérer la procédure de jugement et votre libération. Mais, si les Laotiens se font fort de ne pas tracasser les étrangers pour des délits mineurs, en cas d'infraction grave, ils sont intraitables.

HEURES D'OUVERTURE

Les bureaux administratifs sont généralement ouverts du lundi au vendredi de 8h à 11h30 et de 13h à 17h. Certaines administrations peuvent fonctionner le samedi matin mais depuis que le gouvernement a décidé, en 1998, de réduire à une heure la pause du déjeuner, c'est de moins en moins le cas. En semaine, il ne faut cependant pas trop compter sur le retour des fonctionnaires à 13h précises.

Les entreprises et les commerces privés sont ouverts un peu plus longtemps. Ils le restent pendant le déjeuner ou ne ferment qu'une heure. Le samedi, certaines entreprises continuent de fonctionner toute la journée, tandis que d'autres n'ouvrent que le matin. A l'exception des restaurants, la plupart des commerces sont fermés le dimanche.

JOURS FÉRIÉS
MANIFESTATIONS ANNUELLES

Comme les calendriers chinois, vietnamien, cambodgien et thaïlandais, le calendrier traditionnel laotien est luni-solaire.

L'année elle-même est solaire, mais le découpage des mois est lunaire (contrairement au calendrier occidental dont les mois et l'année sont solaires).

L'ère bouddhique a 543 ans d'avance sur l'ère chrétienne, ce qui veut dire, par exemple, que l'année 1999 du calendrier occidental correspond à l'année 2542 du calendrier laotien. Selon un système lao plus ancien (que l'on voit sur certaines inscriptions archéologiques), l'année 1 démarre en 638 av. J.-C.

Les fêtes laotiennes sont généralement liées aux saisons agricoles ou aux jours fériés bouddhiques. En lao, fête se dit *bµn* (ou *boun*).

ACTIVITÉS SPORTIVES
Cyclotourisme

L'absence générale de circulation rend le vélo particulièrement attrayant, malgré l'inconvénient parfois sérieux que pose, pour commencer, l'absence même de routes... Pour des randonnées hors des villes, vous avez avantage à apporter votre deux-roues, s'il est en mesure d'affronter des conditions rudes.

En ce qui concerne l'état de la route, les possibilités de ravitaillement et d'hébergement, le meilleur circuit suit la Route 13 de Luang Prabang à la frontière cambodgienne au sud. Durant la saison sèche, cette route peut devenir très poussiéreuse, même sur les tronçons pavés, et les camions, même bien moins envahissants qu'au Vietnam ou en Thaïlande, perturbent la promenade. Parmi les autres possibilités aussi intéressantes (sur routes non pavées mais qui devraient s'améliorer au cours de la prochaine décennie), citons les parcours allant de Luang Prabang à Muang Khua, de Huay Xai à Luang Nam Tha, de Pakse à Attapeu, de Muang Xai à Phonsavan et de Sam Neua à Phonsavan. Les deux derniers parcours étant éloignés de tout, vous devrez vous préparer à camper en route, en cas de besoin.

Marche et randonnée

La géographie, le parc forestier et montagneux du Laos en font une destination de prédilection pour la marche à pied. Les

Festivals et jours fériés

Avril

Pii Mai. A la mi-avril, pour fêter la nouvelle année lunaire, la vie s'arrête dans pratiquement tout le pays. On fait le ménage, on met des vêtements neufs et on asperge d'eau lustrale les effigies du Bouddha. Dans les vats, les fidèles déposent en guise d'offrandes des fruits et des fleurs devant les différents autels et érigent des petits tas de sable ou de pierres dans la cour. Plus tard, les Laotiens descendent dans la rue et s'aspergent d'eau, ce qui n'est pas vraiment désagréable puisque le mois d'avril est l'un des mois les plus chauds de l'année. Cette fête est particulièrement pittoresque à Luang Prabang, où l'on peut assister à des processions d'éléphants. Les 15, 16 et 17 avril sont officiellement chômés.

Mai

Fête internationale du travail. Le 1er mai est férié, mais en dehors de quelques défilés à Vientiane, il ne se passe pas grand-chose dans le pays.

Visakha Bu-saa (Visaka Puja, pleine lune). Cette fête correspond au 15e jour du 6e mois lunaire et commémore la naissance, l'illumination et le *parinibbana* (mort) du Bouddha. Les célébrations se déroulent essentiellement autour du vat, où ont lieu de nombreux sermons et prières et, le soir, de magnifiques processions aux flambeaux.

Bun Bang Fai ("fête des fusées"). Cette cérémonie pré-bouddhique de l'appel à la pluie est désormais célébrée en même temps que le Visakha Puja au Laos et dans le nord de la Thaïlande. C'est sans doute l'une des fêtes les plus folles du pays, elle donne lieu à un véri-table défoulement collectif. Elle s'accompagne de musique, de danses (nombreuses représentations de l'irrévérencieux *mõ lám*), de processions et se termine par des lancers de fusées en bambou. Dans certains endroits, les hommes se noircissent le corps à la suie, tandis que les femmes portent des lunettes de soleil et des phallus en bois pour imiter les hommes. Le lancement des fusées est censé déclencher la saison des pluies qui apportera l'eau nécessaire aux rizières.

Juillet

Khao Phansaa (ou Khao Vatsa, pleine lune). C'est le début de la traditionnelle "retraite des pluies" de trois mois, durant laquelle les moines doivent rester au monastère. Le reste de l'année, ils ont le droit de se déplacer de vat en vat ou simplement de se promener dans la campagne, mais durant la saison des pluies, ils s'abstiennent afin de ne pas endommager les champs cultivés. C'est également durant cette période de l'année que les hommes se font temporairement moines, ce qui donne lieu à de nombreuses ordinations.

Août/septembre

Haw Khao Padap Din (pleine lune). Les vivants rendent hommage aux morts. De nombreuses crémations ont lieu – les os sont exhumés – et le Sangha reçoit des dons afin que les moines prient pour l'âme des trépassés.

Octobre/novembre

Awk Phansaa (Awk Vatsa, pleine lune). Cette fête marque la fin des trois mois de la retraite des pluies. Les moines ont à nouveau le droit de quitter le monastère pour voyager. On leur offre des robes, des sébiles et autres objets dont

treize provinces offrent de nombreuses possibilités de randonnées. Il faut bien dire, pourtant, que, par prudence, les autorités se montrent généralement réticentes à tout itinéraire, supposant que vous passez une ou plusieurs nuits en pleine nature ou dans un village. De nombreux voyageurs organisent leur propre trekking et passent la nuit dans des villages isolés. Il n'existe apparemment pas de règlement l'interdisant, mais les autorités y sont hostiles dans les provinces de Sekong et d'Attapeu.

Les randonnées de jour sont une tout autre histoire et vous pouvez arpenter les montagnes et les forêts dans tous les sens, sauf dans la zone spéciale de Saisombun.

ils auront besoin pour leur vie de renoncement. La veille de cette fête, beaucoup de gens fabriquent de petits bateaux en feuilles de bananiers, dans lesquels ils placent des bougies, de l'encens et d'autres offrandes. Ils les font ensuite flotter le long des rivières. Cette coutume, qu'on appelle le lâi hua fái, ressemble beaucoup au Loy Krathong de Thaïlande.

Le *Bun Nam* (fête des eaux) est célébré en même temps. Dans les villes situées en bordure des fleuves, comme Vientiane, Luang Prabang et Savannakhet, on organise des courses de bateaux (*suang héua*). Dans les villes plus petites, ces courses sont souvent repoussées jusqu'au 2 décembre pour que les habitants ne se trouvent pas ruinés par deux fêtes coûteuses en deux mois.

Novembre

Fête du That Luang (pleine lune). Elle a lieu au Pha That Luang de Vientiane. Le premier jour de la fête, des centaines de moines se rassemblent très tôt le matin pour recevoir les offrandes votives sous forme d'arrangements floraux présentés par les fidèles. Une procession colorée défile ensuite du Pha That Luang au Vat Si Muang. Après une semaine de musique et de feux d'artifice, les célébrations se terminent par une retraite aux flambeaux (*vien thien*) au That Luang. Pour en savoir plus sur cette fête de premier plan, voir le chapitre sur Vientiane.

Décembre

Fête nationale. La victoire du prolétariat sur la monarchie en 1975 est commémorée le 2 décembre. C'est un jour férié ponctué de défilés, discours, etc. Le drapeau national et le drapeau communiste avec la faucille et le marteau flottent dans tout le pays. La célébration est obligatoire, ce qui fait que de nombreuses communautés parmi les plus démunies repoussent à la fête nationale certaines activités traditionnelles du Awk Phansaa, normalement pratiquées un mois plus tôt environ. L'économie ainsi réalisée n'est pas négligeable mais retire beaucoup à l'Awk Phansaa. Jour férié.

Décembre/janvier

Bun Pha Vet. Fête religieuse par excellence, durant laquelle on récite le jataka du prince Vessantara, autrement dit l'histoire de l'avant-dernière incarnation du Bouddha. C'est aussi une période d'ordination pour les moines. La fête se déroule à des dates différentes dans chaque village afin de permettre à tout le monde de recevoir la famille et les amis qui n'habitent pas sur place.

Février

Magha Puja (Makkha Bu-saa, pleine lune). C'est la commémoration de la prédication du Bouddha faite à 1250 disciples, lors de laquelle le maître spirituel a établi les règles fondamentales de la vie monastique et prédit sa propre mort. Célébrée par des prières et des offrandes, la fête se termine par une procession aux flambeaux autour des vats de tout le pays (plus spécialement à Vientiane et dans les ruines du temple khmer de Vat Phu, près de Champasak).

Tet vietnamien et Nouvel An chinois. Célébrées à Vientiane, Pakse et Savannakhet, ces fêtes sont l'occasion de réunions entre amis, d'incessants feux d'artifice assourdissants et de visites dans les temples vietnamiens et chinois. Tous les établissements tenus par des Chinois et des Vietnamiens sont généralement fermés pendant trois jours.

Pour de plus amples informations sur ce district contrôlé par l'armée, consultez *Désagréments et dangers* et *Engins explosifs non désamorcés*.

Parmi les provinces susceptibles de vous offrir une marche relativement sûre en pleine nature, vous retiendrez Bokeo, Luang Nam Tha, Luang Prabang, Vientiane, Khammuan et Champasak. Les dix-sept zones nationales de conservation de la biodiversité devraient proposer des territoires qui méritent vraiment une visite (voir la rubrique *Écologie et environnement* du chapitre précédent).

A l'exception de quelques aménagements ici et là à proximité des villes, les aires de récréation avec installations ouvertes au public n'existent pas au Laos.

Activités nautiques

Fleuves et rivières ouvrent toutes sortes de possibilités d'activité, en particulier le raft, le canoë et le kayak. Cependant, vous ne trouverez aucun équipement moderne sur place. Il vous faudra donc apporter le vôtre. Vous ne trouverez pas non plus l'équivalent de ces voyages sur radeaux de bambous qu'on voit dans toute la Thaïlande, même si le Laos se prête remarquablement à ce genre d'exercice.

Comme dans le cas des bicyclettes, vous ne devriez rencontrer aucune difficulté à importer votre embarcation au Laos. Toutefois, en raison des hasards du transport par voie de terre, le choix de votre destination dépendra de la légèreté de votre bateau.

Pour les pagayeurs expérimentés, tous les cours d'eau principaux qui coulent des flancs occidentaux de la cordillère annamitique vers le Mékong ouvriront d'étonnants horizons. On pourra ainsi profiter, au nord, du Nam Ou, du Nam Tha, du Nam Khan, du Nam Ngum et, naturellement, du Mékong, tous ouverts à la navigation toute l'année. Dans le Centre et le Sud du pays, entre le Nam Theun, le Se Don, le Se Set et le Se Kong ainsi que le Mékong, vous ne serez pas déçu. Des routes rejoignent toutes ces rivières en amont : leur accès reste donc une simple question de transport, public ou privé.

Entre Vientiane et Tha Khaek, plusieurs affluents se jettent dans le Mékong. Plus petits et moins connus que les autres, ils sont tout aussi splendides puisqu'ils traversent des régions de relief karstique. En particulier, le Nam Xan, le Nam Kading et le Nam Hin Bun paraissent des rivières larges et relativement propres. Le choix se limite un peu en fonction des routes qui vous mènent en amont. Consultez le chapitre *Le Sud* pour des informations supplémentaires sur les régions accessibles.

Entre Champasak et la frontière cambodgienne, la région du Mékong est connue sous le nom de Si Phan Don (Quatre mille îles). D'accès facile, elle offre à l'amateur de rames de splendides possibilités d'évasion entre les îles verdoyantes et les rapides.

Derrière ce qui pourrait sûrement passer pour le paradis des rameurs se cache pourtant une sérieuse difficulté : discerner les complications juridiques qu'entraîne le simple fait de glisser sur le réseau hydrographique laotien. Les habitants n'ont besoin d'aucun permis pour lancer leurs embarcations sur le moindre cours d'eau. Techniquement, les étrangers ne sont soumis à aucune réglementation particulière tant qu'ils ne transportent pas de cargaison commerciale ou de passagers moyennant paiement. Pourtant, si vous voyagez de la sorte, préparez-vous à faire face un jour ou l'autre au bureaucrate soupçonneux qui vous harcèlera pour la simple raison que ce que vous faites sort un peu de l'ordinaire. Sur les berges des grands axes de navigation, comme le Mékong et le Nam Ou, des points de contrôle indiquent approximativement les frontières de province. Il faudra penser à faire tamponner vos papiers.

Si vous souhaitez naviguer à la laotienne, vous pourrez acheter de petits canoës de bois, neufs ou d'occasion, pour 40 $US ou 100 $US. Ajoutez 40 ou 60 $US pour un moteur. Quant aux petits hors-bord japonais de 5,5 à 11 chevaux, vous en trouverez dans toutes les grandes villes qu'arrose le Mékong. Ce type de bateau ne convient qu'aux grandes voies navigables car leur poids et leur masse ne sont adaptés ni aux eaux peu profondes ni aux rapides.

COURS ET LEÇONS
Cours de langue

On trouvera des cours accélérés en lao écrit et parlé dans les divers centres de Vientiane dont les noms figurent ci-dessous :

Centre de langue française
    Thanon Lane Xang (☎ (021) 215764)
Lao-American Language Center
    22 Phon Kheng, Ban Phon Sa-at
    (☎ (021) 414321 ; fax 413760)

Saysettha Language Centre
Thanon Nong Bon, Ban Phonxai (☎ (021) 414480)
Vientiane University College
Thanon That Luang, en face du ministère des Affaires étrangères (☎ (021) 414873 ; fax 414346)

Mme Kesone Sayasane, de Burapha Development Consultants (☎ (021) 216708 ; fax 212981), 14 Thanon Fa Ngum, vous donnera des cours de langue lao privés ou vous trouvera un cours répondant à vos besoins.

Cours de méditation

Si vous savez parler lao ou thaï, ou si vous pouvez vous procurer un interprète, vous pourrez sans doute étudier le *vipassana* ou méditation intérieure avec Ajaan Sali, abbé du Vat Sok Pa Luang dans le sud-est de Vientiane. Consultez le chapitre *Vientiane* pour en savoir plus.

TRAVAILLER AU LAOS

Avec l'expansion de l'économie laotienne et l'influx croissant des organisations caritatives et des sociétés internationales, le nombre d'emplois ouverts aux étrangers augmente légèrement. C'est de loin dans la capitale que vous trouverez le plus grand nombre de postes.

Les secteurs couverts comprennent l'enseignement des langues, surtout de l'anglais, en privé ou dans l'un des centres de langues de Vientiane, pour seulement – inflation oblige – 8 \$US environ de l'heure actuellement. Sans être absolument nécessaires, certificats ou diplômes d'enseignant augmentent considérablement vos chances de recrutement.

Si vous avez une formation technique ou une expérience de volontaire international, vous pourrez travailler dans un programme des Nations unies ou pour une organisation non gouvernementale. L'association France-Pays du Mékong pourra vous donner tous les renseignements sur les ONG impliquées au Laos. Vous pouvez leur commander un ouvrage précieux : *Développement, Coopération et innovation sociale en Asie du Sud-Est – Répertoire des associations et des projets de coopération internationale*, éditions France-Pays du Mékong, 14 passage Dubail, 75010 Paris.

En France, quelques organismes offrent des possibilités de travail bénévole sur des projets de développement ou d'environnement. Ces formules ne proposent en général aucune rétribution et sont soumises au suivi d'un stage préalable et au règlement de droits d'inscription. Le participant est habituellement nourri et logé durant la mission.

La liste du corps diplomatique et consulaire à Vientiane, publiée par le ministère des Affaires étrangères, donne l'adresse des principales organisations de l'ONU au Laos. Sous le titre *Directory of Non-Governmental Organisations in Laos*, un autre livret répertorie un ensemble de renseignements sur plus de 60 ONG enregistrées au Laos ainsi que sur leurs programmes. Ces deux publications sont en vente à la librairie Raintrees ou à la State Book Shop de Vientiane. Si vous envisagez de développer votre propre projet humanitaire vous devrez le soumettre au Comité d'investissement et de coopération placé sous l'autorité du gouvernement, comme le font les ONG et les Nations unies.

Il arrive, mais rarement, que les sociétés internationales embauchent localement. Le ministère des Affaires étrangères vous donnera une liste des compagnies établies au Laos.

Une fois que vous aurez un emploi, vous aurez relativement peu de difficultés à obtenir un visa valide vous permettant de travailler et de résider au Laos. On perd vraiment du temps à chercher l'approbation préalable du ministère à Vientiane. D'ailleurs, selon l'organisation qui vous emploiera et le genre de travail concerné, vous aurez parfois à demander des autorisations auprès de plusieurs ministères.

HÉBERGEMENT

Le Laos ne se distingue pas vraiment par la grande variété de ses hôtels mais, à l'inverse de la Chine ou du Myanmar (Birmanie), les étrangers ne sont pas tenus de descendre dans certains établissements (à la rare exception près qu'une pension de famille de province peut être réservée à des représentants du gouvernement). Les tarifs des hôtels pour touristes sont exprimés en dollars, tandis que les pensions de famille et les hôtels moins opulents (fréquents à Huay Xai, Luang Prabang, Savannakhet et Pakse) demandent à être réglés en bahts ou en kips.

Mieux vaut payer sa note dans la monnaie demandée plutôt que de laisser l'hôtel ou la pension opérer une conversion dans une autre devise. Les prix des nuitées indiquées dans ce guide sont données dans la monnaie requise par l'établissement.

En dehors de la vallée du Mékong, la majorité des capitales de province n'a que deux ou trois hôtels ou pensions de famille rudimentaires à offrir (parfois un seul). Pourtant, le nombre et la qualité des chambres paraissent augmenter tous les ans. Les hôtels de Vientiane, Luang Prabang, Savannakhet et Pakse demandent environ 10 à 15 $US la nuit pour des chambres avec s.d.b. et ventilateur. Pour 15 ou 25 $US, vous bénéficierez de l'air conditionné et parfois de l'eau chaude. Si cette dernière n'est pas exactement nécessaire en plaine, elle serait la bienvenue en altitude (où elle est presque systématiquement inexistante). Nous mentionnons systématiquement les hôtels et pensions disposant d'eau chaude.

Dans les petits hôtels d'affaires de Luang Prabang, Muang Xai, Savannakhet et Pakse, les chambres simples et doubles valent entre 5 et 8 $US la nuit. Vientiane abrite quelques pensions de famille où l'on dort pour 5 ou 6 $US avec s.d.b. commune. Dans les coins les plus retirés du pays, des pensions de famille très simples, où l'on partage la s.d.b., ne coûtent que 1 500 à 3 000 K, soit 0,60 à 1,25 $US la nuit. Et si ces établissements accueillent surtout une clientèle locale, les étrangers sont également les bienvenus.

Les grands hôtels, destinés aux hommes d'affaires d'Asie, aux touristes ou aux groupes commencent à se multiplier dans les grandes villes. Pour 25 à 60 $US, on trouve l'air conditionné, la TV et un mini-réfrigérateur dans sa chambre. Le gouvernement prévoit la construction d'hôtels supplémentaires de cette catégorie, au cours de la décennie à venir, avec l'aide de capitaux étrangers, surtout en provenance de Thaïlande, de Singapour et de Taiwan. Le seul groupe qui ait pénétré ce marché hôtelier à ce jour, Accor Australia Pacific, a repris le Belvédère de Vientiane.

ALIMENTATION

La cuisine lao est très proche de la cuisine thaïlandaise. Tous les plats sont préparés avec des produits frais : *phák* (légumes), *pạa* (poisson), *kai* (poulet), *pét* (canard), *mũu* (porc) et *sìn ngúa* (bœuf).

Compte tenu de l'éloignement des côtes, le poisson d'eau douce est plus courant que le poisson de mer ou les crustacés. En région rurale, on trouve plus souvent des animaux sauvages que domestiques dans son assiette, et parmi eux surtout le cerf, le sanglier, l'écureuil, la civette, le lézard (monitor), le gibier (faisan), le dhole (chien sauvage), les rats et les oiseaux. La consommation d'espèces en danger consterne les agences internationales pour la conservation du milieu naturel. Mais ces pratiques s'expliquent en partie par le coût élevé de l'élevage domestique et aussi par le goût prononcé des Laotiens pour le gibier. Dans les villages, les animaux domestiques comme le cochon, le poulet, le canard et le bœuf sont réservés aux cérémonies.

Le jus de citron vert, la citronnelle et les feuilles de coriandre fraîche donnent à cette cuisine son goût particulier. Pour saler, les Laotiens utilisent diverses préparations à base de poisson fermenté, dont les plus courantes sont le *nâam pạa*, une sauce d'anchois fermentés, plus connu chez nous sous le nom de nuoc-mâm (généralement importé de Thaïlande), et le *pạa dàek*, un mélange moins raffiné, typiquement lao, à base de morceaux de poissons d'eau douce fermentés, d'écorce et de "poussière" de riz. Le *nâam pạa dàek* est la sauce que l'on obtient à partir du *pạa dàek* (voir les conseils concernant le *pạa dàek* dans la rubrique *Santé*). Le *Phõng súu lot* – le glutamate – sert souvent d'assaisonnement et, au Laos, de condiment dans les restaurants de nouilles. Reportez-vous à l'encadré de la page suivante.

Les autres assaisonnements courants sont le *khaa*, les *màak phét* (piments rouges), les *màak thua dịn* (cacahuètes pilées – plus souvent utilisées comme condiment), le *nâam màak khāam* (jus de tamarin), le *khịng* (gingembre) et le *nâam màak phâo* ou *nâam káti* (lait de noix de coco). Les piments rouges sont parfois servis en accompagnement, dans des sauces très relevées appelées *jaew*. A Luang Prabang, le *nãng khwái hàeng* (peau de kérabau séchée) entre dans la composition de nombreux plats locaux.

L'un des plats laotiens les plus répandus est le *làap*, une salade composée de viande, de poulet ou de poisson en tranches fines et agrémentée de jus de citron vert, d'ail, de *khào khûa* (riz gluant sauté et pilé), d'oignons verts, de feuilles de menthe et de piments rouges. Elle sera plus ou moins relevé selon le cuisinier. Quand le làap comprend des viandes crues, on l'appelle *díp*, si elles sont cuites, *súk*.

Le làap s'accompagne généralement d'une assiette de laitue, de menthe et de feuilles de différentes sortes. On prend un peu de làap avec ses doigts, on l'enroule dans une feuille de laitue avec les autres herbes et on mange le tout avec des boulettes de riz gluant façonnées à la main.

On trouve aussi beaucoup de *tam màak hung* (plus connu sous le nom de *tam sòm* à Vientiane), une salade pimentée, pilée au mortier, à base de papaye verte, de jus de citron vert, de piments rouges, d'ail, de pàa dàek, de *nàam phàk-kàat* (une pâte de feuilles de laitue bouillies et fermentées) ainsi que divers autres ingrédients. Toutes les échoppes en proposent.

Généralement, le client fait son choix parmi les ingrédients disponibles puis demande au vendeur de lui mixer sa propre salade. Pour varier, demandez au vendeur d'ajouter quelques *màak kàwk*, c'est un fruit acide en forme d'olive. *Sàep lãi* (délicieux) !

De nombreux plats sont assez épicés en raison du penchant laotien pour le màak phét. Mais les Laotiens mangent également beaucoup de plats chinois et vietnamiens, moins épicés en général. Le *fõe* ou *phõ* (soupe de nouilles) constitue un en-cas, voire un petit déjeuner très populaire et s'accompagne pratiquement toujours d'une assiette de laitue, de menthe, de coriandre, de germes de haricots mung, de morceaux de citron vert et parfois de basilic que l'on ajoute à la soupe selon ses goûts.

Dans certaines régions, notamment dans le Sud, on prépare sa propre sauce de fõe à table, en mélangeant du citron vert, des piments rouges frais, du *kápí* et du sucre dans une petite soucoupe prévue à cet effet.

Le *khào pịak sèn*, un autre plat de nouilles, est fréquemment proposé le matin. Ces nouilles de riz rondes sont servies dans un bouillon agrémenté de morceaux de poulet ou, plus rarement, de porc. Il est courant de l'assaisonner avec du gingembre frais écrasé. De nombreux marchands de khào pịak sèn vendent également du *khà-nõm khuu*, une sorte de beignet frit comparable aux pâtisseries chinoises. Quelques vendeurs laissent même sur chaque table des ciseaux destinés à couper le khà-nõm khuu pour le mélanger avec la soupe.

Le *khào pûn*, nouilles de farine nappées de *nâam káti* (une sauce sucrée/épicée à base de noix de coco), est également un plat de nouilles très populaire. Ces nouilles se mangent aussi froides avec divers plats vietnamiens fort prisés en milieu urbain, en particulier le *nãem neúang* (boulettes de porc en barbecue) et *yáw* (rouleaux de printemps).

Comme partout en Asie du Sud-Est, le riz constitue la base de l'alimentation lao. En général, il s'agit de *khào nĩaw* (riz gluant), mais il existe également en ville du riz ordinaire ou *khào jâo*. Le riz gluant se présente dans des petits paniers fermés appelés *típ khào* et on le mange avec les doigts : on le roule en petites boulettes que l'on trempe ensuite dans différents plats. Regardez comment font les autres. C'est encore la meilleure façon d'apprendre ! A la fin du repas, on tient pour un mauvais

Le monosodium de glutamate (MSG) : ami ou ennemi ?

Le monosodium de glutamate, appelé *Phõng súu lot* en lao, est un simple mélange de glutamate, d'eau et de sodium (un tiers seulement du sodium utilisé dans le sel de table). Le glutamate est un acide aminé naturellement présent dans presque tous les aliments. Il est l'un des composants majeurs des sources de protéines naturelles que sont la viande, le poisson, le lait et certains légumes. Comme le sel et le sucre, cet agent de sapidité est employé depuis des siècles en Asie. A l'origine, il était issu de la distillation des algues. De nos jours, il est produit par fermentation et évaporation à partir de mélasse de sucre de canne ou de betterave. En dépit de son apparence blanche et cristalline, le glutamate n'est pas, contrairement à ce que pensent beaucoup de gens, une substance chimique et il n'est pas un substitut du sodium. Lorsqu'on le mélange avec du sel de table (ou avec de la sauce de poisson ou de soja) pour la préparation d'un met, sa saveur permet d'utiliser moins de sel. Même si certains le trouvent fade, le glutamate a un parfum bien à lui.

Contrairement à un mythe très répandu, le corps humain métabolise parfaitement le glutamate. Bien que certaines personnes prétendent être allergiques au MSG (le fameux "syndrome des restaurants chinois"), tous les tests effectués jusqu'à présent ont conclu que les symptômes étaient d'origine psychosomatique, ou qu'il s'agissait d'allergies alimentaires sans rapport avec le MSG. Si vous relevez de la catégorie des personnes pensant souffrir d'une allergie au glutamate, déclarez simplement *baw sai phõng súu lot* ("ne pas assaisonner de glutamate"). ■

présage le fait de ne pas reboucher le panier de típ khào.

Le *khào jâo*, en revanche, se mange avec une fourchette et une cuillère. La fourchette (qui se tient dans la main gauche) sert en fait uniquement à pousser les aliments dans la cuillère. Les baguettes (*mâi thuu*) s'utilisent pour manger le *fõe* et les autres plats de nouilles chinois servis dans des bols.

Où se restaurer

La plupart des restaurants et des échoppes n'ont pas de cartes, notamment en dehors de Vientiane ; il vaut donc mieux avoir un certain nombre de plats en mémoire. De toutes façons, la carte est souvent en lao. La plupart des provinces ont leurs propres spécialités en plus des plats standards. Pour vous faire une idée, vous pouvez demander que l'on vous serve de l'*aahãan phi-sét* (cuisine spéciale), en laissant le soin au restaurateur de vous concocter un menu. Dans les régions plus reculées, comme dans la province de Xieng Khuang, le choix est plutôt limité.

C'est dans les kiosques à nouilles (*hàan fõe*) et les marchés du matin (*talàat sâo*) que l'on trouve les plats les plus écono-

miques. Il existe au moins un marché du matin (qui, en dépit de son nom, dure toute la journée) et plusieurs *hàan fõe* dans la plupart des villes et des villages.

Dans la catégorie supérieure, le bar laotien, *hàan kheûang deum* (boissons uniquement) ou *hàan kịn deum* (boissons et restauration), offre des plats un peu plus variés. Le *hàan aahãan* (restaurant), dont la carte est généralement affichée sur le mur ou sur un tableau (en lao), est l'endroit le plus cher. Dans ces restaurants, on mange essentiellement de la cuisine chinoise ou vietnamienne. Généralement, on reconnaît ceux qui servent de la vraie cuisine lao à la grande cuvette d'eau placée sur un tabouret près de l'entrée. Comme la cuisine lao se déguste avec les doigts, on se lave les mains avant le repas.

Cuisine locale

A l'exception des assiettes de riz et des nouilles, les Laotiens font des commandes collectives. Selon la tradition, chacun prend un plat différent, par exemple, un plat de poulet, un de poisson, une soupe, etc., et tout le monde partage. Les plats sont généralement servis pour deux. Lorsqu'on est nombreux, on demande un ou deux plats en supplément.

Pour commander seul, une de ces "entrées", mieux vaut avoir faim ou savoir se débrouiller en lao pour spécifier que l'on veut une petite portion. D'une manière générale, les Laotiens trouvent bizarre que l'on mange seul au restaurant. Mais en tant que *falang* (étranger), on ne vous en voudra pas. Dans les restaurants thaïlandais et chinois, une solution économique consiste à prendre un *làat khào* (plat de riz garni).

A Vientiane, Luang Prabang, Pakse et Savannakhet, le petit déjeuner est généralement servi avec du pain à la française. Parfois, on le consomme nature avec du *kaa-féh nóm hâwn* (café au lait), parfois avec des œufs (*khai*) ou en sandwich avec du pâté lao et des légumes. Vous pouvez également commander un *sai nâam nóm*, des tartines arrosées de lait condensé sucré. Lorsqu'elles sont fraîches, les baguettes de pain lao sont excellentes.

On trouve également de bons croissants, dans les boulangeries de Vientiane.

Vous trouverez au chapitre *Langue* une liste de plats classiques traduits en français avec leur transcription en alphabet latin et leur graphie en alphabet lao.

BOISSONS
Boissons sans alcool
Eau. L'eau potable stérilisée s'appelle simplement *nâam deum*, qu'elle soit bouillie ou filtrée.

Dans les restaurants et les hôtels, on ne sert que de l'eau stérilisée, il est donc inutile de s'en priver (pour plus de détails sur la question, voir la rubrique *Santé*). Au restaurant, vous pouvez demander un verre (gratuit) ou une bouteille de *nâam pao* (eau plate bouillie ou stérilisée).

La bouteille d'eau gazeuse ou de soda coûte aussi cher que la bouteille d'eau plate, mais elle est plus petite.

Café. Le café lao a la réputation d'être l'un des meilleurs du monde. Les Laotiens n'ont pas l'habitude thaïlandaise d'ajouter

---

Utiliser l'instrument adéquat
Si on ne vous propose pas de baguettes, ne les demandez pas. Lorsque les *falangs* manifestent le désir de les utiliser pour manger de la cuisine lao, ils embarrassent manifestement le propriétaire du restaurant. Ce dernier se montrera également contrarié si vous essayez de manger du riz gluant avec les dites baguettes. Il est préférable de se servir de sa main droite. Pour le riz blanc ordinaire, utilisez plutôt la fourchette et la cuillère (la fourchette dans la main gauche et la cuillère dans la main droite, ou l'inverse si vous êtes gaucher).

L'usage des baguettes est réservé aux plats de riz ou de nouilles à la chinoise présentés dans un bol et aux restaurants exclusivement chinois. Dans un cas comme dans l'autre, on vous donnera automatiquement des baguettes. A la différence des restaurants chinois de nombreux pays occidentaux, au Laos les restaurateurs ne croient pas que vous êtes incapables de vous servir de baguettes. ■

---

des graines de tamarinier moulues dans leur café pour l'aromatiser.

Traditionnellement, le café est torréfié pur par les grossistes, moulu par les vendeurs et filtré juste avant d'être servi. Cependant, les restaurants, surtout dans les hôtels, les pensions et autres établissements pour touristes, servent de l'instantané avec un sachet de succédané de lait.

Même lorsqu'ils sont équipés pour faire un vrai café, les restaurateurs servent parfois du café instantané aux étrangers. Pour obtenir un vrai café, demandez un *kaa-féh thõng* (littéralement "café en sac", parce que le filtre traditionnel est en forme de sac). On dit aussi parfois *kaa-féh tôm* (café bouilli).

Le café traditionnel est servi avec du sucre et du lait condensé sucré si vous ne voulez ni l'un ni l'autre, spécifiez *kaa-féh dạm* (café noir), puis *baw sai nâam-tạa n* (sans sucre). Il n'est pas servi dans une tasse, mais dans un verre, qu'il faut prendre par le bord supérieur pour ne pas se brûler.

Dans le Centre et le Sud du Laos, le café s'accompagne pratiquement toujours d'un thé léger chinois, *nâam sáa*, alors que dans le Nord, on vous offre un verre d'eau chaude.

Thé. On trouve aussi bien du thé indien (noir) que du thé chinois (vert ou légèrement fumé). Ce dernier prédomine dans les restaurants chinois, c'est également celui qui sert à préparer le *nâam sáa*, le thé léger souvent tiède que l'on vous sert gratuitement dans les restaurants.

Les théières que l'on voit souvent sur les tables des restaurants chinois et vietnamiens en contiennent en permanence ; si vous demandez simplement un verre d'eau plate (*jàwk pao*), vous pourrez ensuite boire autant de nâam sáa que vous voudrez.

Pour un thé glacé, demandez simplement un verre de glace ou *nâam kâwn* (environ 50 à 100 K) et versez le thé vous-même. Si vous voulez un vrai thé chinois, demandez un *sáa júin*.

Le thé noir, importé ou non, se trouve dans les restaurants et échoppes où l'on sert du vrai café.

Si vous demandez un *sáa hâwn* (thé chaud), vous aurez une tasse, ou un verre de thé noir sucré avec du lait condensé. Comme pour le café, si vous le voulez sans lait et/ou sans sucre, il faut le spécifier.

Alcools

Bière. La Lao Brewery Co, créée par le gouvernement en 1973 dans les environs de Vientiane, se classe au 13e rang des sociétés laotiennes. LBC est actuellement un partenariat entre le gouvernement (49%) et une holding (51%) de deux compagnies thaïlandaises qui ne produisent ni l'une ni l'autre de bière en Thaïlande. La production atteint actuellement 24 millions de litres par an (contre 3 millions en 1973).

Le fleuron de cette production est la Bia Lao, forme romanisée de "Beerlao", parfois écrit "Beer Lao". On trouve une variété à la pression (*bia sòt* ou "bière fraîche") dans les bars de Vientiane uniquement et, comme toutes les bières lao, elle contient un taux de 5% d'alcool. Son prix avoisine 1 300 K le litre.

La bière lao se vend en bouteilles de verre pour 1 700 ou 1 800 K la bouteille de 660 ml. Les prix augmentent naturellement dans les hôtels et restaurants touristiques. Cherchez la tête de tigre sur l'étiquette. Il existe également une canette de 330 ml.

Importées de Singapour, les bières Heineken et Tiger se vendent en canettes de 330 ml pour le prix d'une bouteille de 660 ml de bière lao. Différentes marques chinoises circulent dans les provinces du Nord, près de la frontière, mais si elles coûtent 40% moins cher que la Beerlao, elles sont 80% moins bonnes !

Spiritueux. En plaine, on boit beaucoup d'alcool de riz, ou *lào láo*. Le meilleur lào láo vient de Phongsali et de Don Khong, aux extrémités nord et sud du pays. On en trouve également pratiquement partout pour 800 à 1 000 K la bouteille de 750 ml.

Le lào láo n'est pas légal à strictement parler, mais tout le monde s'en moque. Le gouvernement distille d'ailleurs sa propre marque, Sticky Rice, pour environ 2 000 K la bouteille.

Le lào láo se boit généralement pur, suivi d'un petit verre d'eau pour le faire passer. Dans une maison laotienne, les gestes accomplis autour du lào láo prennent souvent des allures de rituel. C'est généralement vers la fin du repas du soir que se déroule la cérémonie. L'hôte sort la bouteille et les verres, verse une dose sur le sol ou sur une assiette utilisée pour apaiser les esprits de la maison.

Après quoi, il se verse une autre dose qu'il avale d'un seul trait. Enfin, il sert ses invités qui doivent tous accepter au moins le premier verre au risque d'offenser les esprits de la maison.

Il existe trois marques bas de gamme d'alcool de riz gluant. Leur goût rappelle celui du célèbre "whisky du Mékong" de Thaïlande qu'on trouve aussi sous le nom de Phan Thong (l'étiquette porte les mots Chevreuil d'Or, en français), Sing Thong

(Tigre d'Or) et Mae Khong – toutes valant aux environs de 2 500 K la bouteille de 750 ml. Mieux vaut les boire avec des glaçons et du citron vert, ou, selon les goûts, avec du Coca-Cola importé de Thaïlande, ou du Pepsi fabriqué sur place. Lao Winery Co fabrique également du whisky Highlander (4 400 K la bouteille), du brandy Five Star (3 800 K), du vin aromatisé Hercules Herbal (3 000 K) et du Black 99 (4 300 K), une imitation du scotch.

Dans les provinces rurales, les villageois distillent eux-mêmes leur version, moins forte, connue sous le nom de lào hái, ou liqueur de la jarre, car on la boit tous ensemble en plongeant une longue paille dans la même jarre. Il n'est pas toujours prudent de la consommer car on lui ajoute souvent de l'eau non bouillie pendant et après la fermentation.

Dans les grandes villes, les bars des hôtels de touristes vendent toutes les variétés d'alcools.

Vin. A Vientiane, on trouve facilement de bons vins français et italiens dans les restaurants, les boutiques d'importation et chez quelques rares cavistes. A Luang Prabang, Savannakhet et Pakse, en revanche, le choix est limité. Les vins australiens, américains, sud-africains ou chiliens sont rares.

Luang Prabang s'est rendue célèbre pour une sorte de vin de riz léger, le khào kam. Cette boisson teintée de rouge et assez douce se fabrique à partir de riz gluant. Bien préparée et bien conservée, elle peut avoir un goût fort agréable, mais sent vite le moisi dans le cas contraire.

OÙ SORTIR
Musique et danse
Pour la majorité des Laotiens, s'amuser en dehors des villes consiste à s'asseoir entre amis autour de quelques verres de lào láo pour raconter force anecdotes et histoires drôles et chanter des phéng phêun múang (chansons folkloriques laotiennes). Les fêtes traditionnelles et religieuses sont toujours accompagnées de musique.

Presque toutes les capitales de province possèdent plusieurs salles de danse ou banthóeng que les Laotiens appellent "discos" même si ce sont plutôt des groupes qu'on y entend et non de la musique enregistrée. On y sert à boire et à manger, mais la clientèle a plutôt tendance à prendre un verre. Par décret gouvernemental, la musique est surtout laotienne. Pourtant, dans le Nord, des chansons chinoises et vietnamiennes se mélangent au répertoire de la soirée.

La pop occidentale est expressément interdite mais, à l'occasion, les groupes locaux la mêle parfois à des chansons laotiennes improvisées afin de la rendre plus acceptable aux oreilles de la police. Par chance, les danses ne sont pas soumises à la censure. Elles varient du traditionnel lam wong aux styles country américains, en passant par toutes les variantes pop à la mode. A Vientiane, les ambassades étrangères (et en particulier celles de France et des États-Unis) patronnent à l'occasion des concerts de musique pop, rock ou classique.

Cinéma et vidéo
Il y a quelques années on trouvait plusieurs salles de cinéma à Vientiane, Savannakhet et Luang Prabang mais l'arrivée de la vidéo au Laos a pratiquement tué le cinéma local, à l'exception d'une salle qui survit à Vientiane. Dans les grandes villes, des boutiques louent des versions piratées de toutes les dernières vidéos chinoises, thaïlandaises et occidentales.

MANIFESTATIONS SPORTIVES
On peut voir de temps en temps du football et autres sports du stade au stade national de Vientiane. L'entrée n'est pas très chère. Dans le reste du pays, des jeux interprovinciaux se déroulent sur des terrains ou dans des stades édifiés dans chacune des capitales. Le Laos a participé aux Jeux du Sud-Est asiatique de 1995 à Chiang Mai, en Thaïlande. L'équipe nationale a remporté des médailles de bronze au cours d'épreuves de course et de boxe.

Boxe

Nombreux sont les mordus de sport laotiens qui, dans la partie occidentale du pays, passent leur dimanche après-midi devant la télévision pour le match de *muay thai* (boxe thaïlandaise) diffusé à partir du stade Ratchadamnoen de Bangkok. Malgré une indéniable popularité, le kickboxing n'est pas aussi développé au Laos qu'en Thaïlande, et l'on se cantonne généralement aux combats d'amateurs dans les festivals de villages. Il n'est pas exceptionnel de voir les meilleurs pugilistes traverser le Mékong pour aller combattre sur les rings thaïlandais où l'on gagne mieux sa vie.

Dans le muay thai comme dans sa version laotienne, c'est le corps entier qu'on prend pour cible et l'on peut donc frapper l'adversaire de et partout, sauf avec la tête (unique concession aux règles de sécurité). On vise souvent le cou. Les coudes agressent la tête et le visage, le genou s'envoie dans les côtes et le pied frappe le mollet. On a même vu des combattants attraper la tête de leur adversaire à deux mains et l'abaisser brutalement vers un genou levé. Le coup de poing ne se classe pas parmi les beaux gestes, et le coup de pied ne sert qu'à "amollir" l'adversaire. Le coude et le genou jouent un rôle décisif dans la plupart des matchs.

Encouragée par le gouvernement, la boxe internationale (*múay sāakön*) connaît une popularité croissante malgré le goût prononcé des Laotiens pour la version combat d'Asie du Sud-Est. Dans les festivals locaux, un tournoi de huit matchs inclura fréquemment trois matchs de boxe internationale contre cinq de style laotien.

Kátâw

Ce jeu, dans lequel on s'envoie une balle de rotin tressé (parfois de plastique) d'environ 12 cm de diamètre, est presque aussi populaire au Laos qu'en Thaïlande et en Malaisie.

Si la Thaïlande l'a fait figurer au palmarès des Jeux d'Asie du Sud-Est, ce sont les Malais qui semblent gagner les championnats internationaux le plus souvent.

Dans le jeu traditionnel, les joueurs forment un cercle (dont la taille dépend du nombre de joueurs) et tentent de maintenir le ballon en l'air à coups de pied, comme on le fait au football. On gagne des points sur le style, la difficulté et la variété des acrobaties.

Une variation très en vogue, qu'on voit dans les compétitions locales et internationales, se joue avec un filet de volley-ball – à ceci près que seuls pieds et tête peuvent toucher la balle. Les pirouettes que ces jeux entraînent ont de quoi émerveiller !

ACHATS

Les possibilités de faire des achats intéressants au Laos ne cessent d'augmenter. Vous pourrez trouver bon nombre d'objets typiques d'art lao en Thaïlande, cependant certains ne se trouvent qu'au Laos. L'artisanat traditionnel est parfois moins cher au Laos, à condition de savoir bien marchander.

Attention ! il existe une interdiction absolue d'exporter des antiquités et des images du Bouddha hors du Laos, même si cet interdit n'est guère respecté.

Tissus

Il existe quasiment autant de styles de soieries et de cotonnades que de régions et d'ethnies. Si les textiles laotiens partagent certains points communs avec d'autres tissus d'Asie du Sud-Est, les techniques de tissage laotiennes, elles, sont parfaitement spécifiques à ce pays et l'on reconnaît les tissus produits localement. Pour plus de renseignements, reportez-vous à la rubrique consacrée au tissage.

D'une manière générale, les étoffes du Nord se caractérisent par des dessins géométriques complexes et se présentent sous forme de *phàa nung* (jupe que portent les femmes, enroulée autour de la taille). Elles sont parfois bordées d'un fil d'or ou d'argent.

On trouve également des *phàa bìang*, écharpes lao-thaïes dont les femmes et les hommes se couvrent les épaules lors des mariages et des fêtes.

Dans le Sud, on utilise la technique du *mat-mìi*, qui consiste à nouer puis à teindre le fil avant le tissage. Les taches que l'on obtient donnent au tissu un aspect satiné qui rappelle l'*ikat* indonésien. On s'en sert pour fabriquer toutes sortes de vêtements et de tentures. Les communautés lao theung et môn-khmères réalisent ainsi des motifs racontant de petites histoires, agrémentés parfois de quelques mots khmers, de chiffres ou de symboles non figuratifs. Dans les provinces de Sekong et d'Attapeu, certaines étoffes mêlent les perles au tissage et à la broderie.

Les Hmong et les Mien composent des patchworks brodés formant des dessins apparemment abstraits, mais qui ont en fait une signification rituelle. En hmong, on les appelle des *pa ndau* (tissus à fleurs). Les grands patchworks représentent parfois des scènes de village, avec des représentations humaines et animales.

De nombreuses tribus de la famille des Lao Sung et des Lao Theung confectionnent des sacs à bandoulière tissés selon les traditions australo-thaïes, comme ceux que l'on voit dans toutes les montagnes du Sud et du Sud-Est asiatique. Au Laos, on les appelle *nyaam*. Ceux des Musoe (Lahu) sont particulièrement beaux et solides. Vous les trouverez facilement au marché du matin de Vientiane.

La meilleure solution pour acheter du tissu est de se rendre directement dans les villages tisserands, où l'on peut assister à la fabrication et obtenir des prix de "gros". A défaut, vous trouverez un choix très varié à des prix raisonnables sur les marchés en plein air des villes de province, ainsi qu'au Talaat Sao de Vientiane. Les tailleurs et les boutiques de souvenirs pratiquent les prix les plus élevés.

Sculptures

Les Lao réalisent de très beaux objets sculptés en bois, en os et en pierre. Les sujets, très variés, s'inspirent aussi bien de la mythologie hindouiste ou bouddhiste que des scènes de la vie quotidienne.

Contrairement à la Thaïlande, on trouve au Laos une profusion de pipes à opium avec parfois des tuyaux en os ou en bambou savamment sculptés et des fourneaux en céramique gravée. Mais le choix est toujours plus limité au fil des années.

Les sculptures se vendent dans les magasins d'antiquités et les boutiques d'artisanat. Même si le Laos n'est pas signataire de la convention de Washington portant sur l'interdiction du commerce et de l'exportation de produits tels que l'ivoire, n'achetez pas d'objets en ivoire. Non seulement ce serait contribuer au massacre des éléphants, mais vous risquez fortement de vous les faire confisquer en passant la douane de votre pays au retour.

Bijoux

L'achat des bijoux en or et en argent est très intéressant au Laos, même s'il faut chercher longtemps avant de trouver de belles pièces ouvragées. Les tribus des montagnes (Hmong en particulier), notamment, savent très bien travailler l'orfèvrerie en argent.

On peut également trouver des pierres précieuses et semi-précieuses au Laos : rubis, jade, topaze, etc., mais vous les trouverez plus facilement et à meilleur prix en Thaïlande, à Bangkok (les pierres peuvent être d'origine birmane, surtout les rubis).

Dans la plupart des villes de province, il y a quelques boutiques spécialisées dans la bijouterie. Sinon il faut aller dans les magasins d'antiquités et d'artisanat.

Antiquités

Vientiane, Luang Prabang et Savannakhet regorgent de magasins d'antiquités. Tout ce qui a un petit air rétro s'y trouve en vente : poterie asiatique (porcelaine chinoise ming notamment), bijoux, vêtements, sculptures sur bois, instruments de musique, pièces de monnaie et statuettes en bronze.

En ce qui concerne les véritables antiquités, Lonely Planet invite ses lecteurs à laisser au Laos son patrimoine artistique et culturel.

Comment s'y rendre

PRÉPARATION AU VOYAGE

En France, vous trouverez des adresses, des témoignages de voyageurs, des informations pratiques et de dernière minute dans *Le Journal de Lonely Planet,* notre trimestriel gratuit (écrivez-nous pour être abonné), ainsi que dans le magazine *Globe-Trotters,* publié par l'association Aventure du Bout du Monde (ABM, 7 rue Gassendi, 75014 Paris, ☎ 01 43 35 08 95) qui organise des rencontres entre voyageurs (centre de documentation, projections...). Le *Guide du voyage en avion* de Michel Puysségur (48 FF, éd. Michel Puysségur) vous donnera toutes les informations possibles sur la destination et le parcours de votre choix. Le Centre d'information et de documentation pour la jeunesse (CIDJ, 101 quai Branly, 75015 Paris, ☎ 01 44 49 12 00) édite des fiches très bien conçues : "Réduction de transports pour les jeunes" n°7.72, "Vols réguliers et vols charters" n°7.74, "Voyages et séjours organisés à l'étranger" n°7.51. Il est possible de les obtenir par correspondance en se renseignant sur Minitel 3615 CIDJ. Chaque fiche coûte entre 10 et 15 FF.

Le magazine *Travels,* publié par Dakota Éditions, est une autre source d'informations sur les réductions accordées aux jeunes sur les moyens de transports, notamment les promotions sur les vols. Il est disponible gratuitement dans les universités, lycées, écoles de commerce françaises.

Depuis la Belgique, la lettre d'information *Farang* (La Rue 8a, 4261 Braives) traite de destinations étrangères. L'association Wegwyzer (Beenhouwersstraat 24, B-8000 Bruges, ☎ (50) 332 178) dispose d'un impressionnant centre de documentation réservé aux adhérents et publie un magazine en flamand, *Reiskrand,* que l'on peut se procurer à l'adresse ci-dessus.

En Suisse, Artou (Agence en recherches touristiques et librairie), 8, rue de Rive, 1204 Genève, ☎ (022) 818 02 40 (librairie du voyageur) et 18, rue de la Madeleine, 1003 Lausanne, ☎ (021) 323 65 54, fournit des informations sur tous les aspects du voyage. A Zurich, vous pourrez vous abonner au *Globetrotter Magazin* (Rennweg 35, PO Box, CH-8023 Zurich, ☎ (01) 211 77 80) qui, au travers d'expériences vécues, renseigne sur les transports et les informations pratiques.

Vous trouverez une liste de librairies de voyage dans la rubrique *Préparation au voyage* du chapitre *Renseignements pratiques.*

VOIE AÉRIENNE
Aéroports et compagnies

Vientiane est toujours le seul lieu de débarquement autorisé aux étrangers arrivant par avion au Laos. Le gouvernement a tout de même qualifié l'aéroport de Luang Prabang, qui vient tout juste d'être agrandi, d'"international". Par ailleurs, Lao Aviation a annoncé en 1998 qu'elle prévoyait de mettre en place une ligne Chiang Mai-Luang Prabang. Ces projets ont sans doute pris du retard en raison de la pénurie chronique d'avions que connaît la compagnie.

Vientiane reste donc pour l'instant le seul aéroport international, avec des vols réguliers depuis/vers Bangkok, Chiang Mai, Phnom Penh, Hanoi, Ho Chi Minh-Ville (Saigon) et Kunming.

Lao Aviation affrète un Boeing américain pour chacun de ses vols internationaux, à l'exception de ceux en direction de Chiang Mai pour lesquels un ATR-72 français assure la liaison.

Depuis/vers l'Europe francophone

Il n'existe aucun vol direct pour Vientiane au départ de l'Europe. Il faut changer d'avion à Bangkok (Thai Airways International), à Hanoi (Vietnam Airlines) ou à Singapour (Singapore Airlines).

Les meilleurs tarifs que vous obtiendrez auprès de votre agent de voyages tournent autour de 4 400 FF au départ de Paris.

Au départ de la Belgique, comptez environ 30 000 FB. De Suisse, tablez sur 1 600 FS.

La liste des agences citées ci-dessous est indicative et ne présente aucun caractère d'exhaustivité. Faites jouer la concurrence et comparez les tarifs, les prestations et les conditions. Certaines ne vendent que des vols secs, d'autres des circuits (en groupe ou à la carte) uniquement, ou encore proposent les deux.

Access Voyages
6, rue Pierre-Lescot, 75001 Paris (☎ 01 40 13 02 02, 01 42 21 46 94).
Tour Crédit Lyonnais, 129, rue Servient, 69003 Lyon (☎ 04 78 63 67 77).

Anyway
vente par téléphone uniquement (☎ 0 803 008 008).

Asia
1, rue Dante, 75005 Paris (☎ 01 44 41 50 10 ; minitel 3515 Asia).

Asika
26, rue Milton, 75009 Paris (☎ 01 42 80 41 11 ; fax 01 42 80 41 12 ; e-mail asika@easynet.fr).
Circuits individuels, à la carte

Chinesco
162, bd Masséna, 750013 Paris (☎ 01 45 85 69 69 ou 01 45 85 98 64).

Clio
34, rue du Hameau, 75015 Paris (☎ 01 53 68 82 82 ; fax 01 53 68 82 60).
Circuits

Compagnie des voyages
28, rue Pierre-Lescot, 75001 Paris (☎ 01 45 08 44 88).

Fleuves du monde
17, rue de la Bûcherie 75005 Paris (☎ 01 44 32 54 19 ; fax 01 44 32 12 89).
Circuits

Fnac Voyages
☎ 01 55 21 57 93

Forum Voyages
Plusieurs adresses à Paris et en province :
67, av. Raymond-Poincaré, 75016 Paris (☎ 01 47 27 89 89) ;
140, rue du Faubourg-Saint-Honoré, 75008 Paris (☎ 01 42 89 07 07).
N° Vert pour la province : 05 05 36 37.

Fuaj (Fédération unie des auberges de jeunesse)
9, rue Brantôme, 75003 Paris (☎ 01 48 04 70 30 ; Minitel 3615 Fuaj (1,01 FF la minute).
Vols secs et circuits Laos-Cambodge

Go Voyages
6, rue Troyon, 75017 Paris (☎ 0 803 803 747 ; Minitel 3615 Go ; Internet http://www.govoyages.com)

Havas Voyages
26, avenue de l'Opéra, 75001 Paris (☎ 01 42 61 80 56 et 3615 Havas Voyages sur Minitel).

Ikhar
32, rue du Laos, 75015 Paris (☎ 01 43 06 73 13).
Circuits groupes ou à la carte (Laos seul ou panachage avec les pays limitrophes)

Itinéraires
3615 Itinéraires.

Maison de l'Indochine
76, rue Bonaparte, 75006 Paris (☎ 01 40 51 95 15). Vols secs, circuits groupe ou à la carte (Laos seul ou panachage avec pays limitrophes)

Monde de l'Inde et de l'Asie
15, rue des Écoles, 75005 Paris (☎ 01 46 34 03 20 ; fax 01 43 26 87 77 ; email : mondeinde@aol,com). Vols secs et circuits à la carte (panachage avec pays limitrophes)

Nouveau monde
8, rue Mabillon, 75006 Paris (☎ 01 53 73 78 80).
57, cours Pasteur 33000 Bordeaux (☎ 05 56 92 98 98).
8 rue Haxo, 13001 Marseille (☎ 04 91 54 31 30).
20bis rue Fourré 44000 Nantes (☎ 02 40 89 63 64).
226, chaussée de Vleurgat, 1050 Bruxelles (☎ 2 649 55 33).
Vols secs, circuits, voyages à la carte

Nouvelles Frontières
De très nombreuses agences en France et dans les pays francophones :
87, bd de Grenelle, 75015 Paris (☎ 01 41 41 58 58).
60, rue Galliéni, 97200 Fort-de-France (☎ 04 70 59 70).
2, bd Maurice Lemonnier, 1000 Bruxelles (☎ (0)2 547 44 44) et également à Anvers, Bruges, Liège et Gand.
19, rue de Berne et rue Chaponnière, 1201 Genève (☎ 22 90 68 080).
3, av. du Rond-Point, 1600 Lausanne (☎ 21 26 88 91).
25, bd Royal, 2449 Luxembourg (☎ 46 41 40)

Orients
29 et 36, rue des Boulangers, 75005 Paris (☎ 01 40 51 10 40 ; fax 01 40 51 10 41)
Vols secs, circuits groupes et voyages à la carte

OTU
L'Organisation du tourisme universitaire propose des réductions pour les étudiants et les (jeunes) enseignants sur de nombreux vols. Se

renseigner au 39, av. Georges-Bernanos, 75005 Paris (☎ 01 40 29 12 12) et dans les CROUS de province.

Usit Voyages

Négocie des vols à tarif réduit pour les étudiants de moins de 30 ans et pour tous sur diverses compagnies : 6, rue de Vaugirard, 75006 Paris (☎ 01 42 34 56 90) et 85, bd Saint-Michel, 75005 Paris (☎ 01 43 29 69 50 ; fax 01 43 25 29 85). De nombreuses agences en France.

Voyageurs en Asie du Sud-Est

55, rue Sainte-Anne, 75002 Paris (☎ 01 42 86 16 88)

Quelques compagnies vendent à prix concurrentiel des sièges vacants, une semaine ou deux avant le départ. Renseignez-vous auprès des voyagistes suivants :

Dégriftour (Minitel 3615 DT).

Réductour (Minitel 3615 RT).

Air France(Minitel 3615 AF, rubrique les coups de pouce).

Sur ce serveur d'Air France, le mercredi de 0h01 à 23h59, des billets invendus sont proposés à tous. Destinations de France/France et France/Europe (à venir long courrier).

Belgique

Acotra World

110, rue du Marché aux Herbes, 1000 Bruxelles (☎ 2 512 86 07).

Air Stop

28, rue Fossé-aux-Loups, 1000 Bruxelles (☎ 070 233 188).

Connections

Le spécialiste belge du voyage pour les jeunes et les étudiants. Plusieurs agences en Belgique : Rue du Midi, 19-21, 1000 Bruxelles (☎ 2 550 01 00) ; Av. Adolphe-Buyl, 78, 1050 Bruxelles (☎ 2 647 06 05). Nederkouter, 120, 9000 Gand (☎ 9 223 90 20). Rue Sœurs-de-Hasque, 7, 4000 Liège (☎ 4 223 03 75).

Eole

Chaussée de Haecht 43, 1210 Bruxelles (☎ 2 217 27 44).

Suisse

Jerrycan

11, rue Sauter, 1205 Genève (☎ 22 346 92 82).

SSR

Coopérative de voyages suisse. Propose des vols à prix négociés pour les étudiants jusqu'à 26 ans et des vols charters pour tous (tarifs un peu moins chers au départ de Zurich) : 20, bd de Grancy, 1006 Lausanne (☎ 21 617 56 27 et 21 614 60 30). 3, rue Vignier, 1205 Genève (☎ 22 329 97 33).

Canada

Funtastic Tours

8060, rue Saint-Hubert, Montréal, Québec H2 R 2P3 (☎ 514 270-3186).

Travel Cuts – Voyages Campus

2085, av. Union, suite L-8, Montréal, Québec H3 A 2C3 (☎ (514) 284-1368).

187 College St, Toronto M5T 1P7 (☎ 416 979-2406).

Student Union Building, University of British Colombia, Vancouver BC V6T1Z1 (☎ 604 822-6890).

Agences de trek

Atalante

10, rue des Carmes, 75005 Paris (☎ 01 55 42 81 00) ; circuits à la carte

36-37 quai Arloing, 69256 Lyon Cedex 09 (☎ 04 78 64 16 16)

Artou Atalante ; 8 rue de Rive, CH1204 Genève (☎ 00 41 22 818 02 26/fax29

Club Aventure

18, rue Séguier, 75006 Paris (☎ 01 44320930 ; fax 01 44 32 09 59, Minitel 3615 Clubavt ; internet : http://www.clubaventure.fr).

Esprit d'Aventure et Terres d'Aventure

6, rue Saint-Victor, 75005 Paris (☎ 01 53 73 77 77 ; fax 01 43 29 96 31, Minitel 3615 Terdav). 9, rue des Remparts-d'Ainay, 69002 Lyon (☎ 04 78 42 99 94).

Explorator

16, rue de la Banque, 75002 Paris (☎ 01 53 45 85 85 ; fax 01 42 60 80 00).

Zig Zag

54, rue de Dunkerque, 75009 Paris (☎ 01 42 85 13 93 ; fax 01 45 26 32 85 ; Minitel 3615 Zig Zag Voyage).

Depuis/vers Bangkok

Des vols quotidiens relient Vientiane au départ de l'aéroport international de Bangkok. La Thai et Lao Aviation assurent alternativement cette liaison, suivant les jours de la semaine.

Les vols de la Thai sont souvent complets car elle jouit d'une très bonne réputation auprès des milieux d'affaires. Il est souvent plus aisé d'obtenir un billet avec Lao Aviation. Cependant, quelle que soit la compagnie, il est préférable de réserver tôt pour être certain d'avoir une place. Il vous faudra tout particulièrement arriver en avance pour l'enregistrement des bagages sur la compagnie laotienne, ses employés ayant tendance à laisser les passagers avec réservation au sol, au profit d'un client plus "important". Les vols partant le samedi et le dimanche sont souvent moins chargés que les vols de semaine.

Le voyage dure environ une heure jusqu'à l'aéroport international de Vattay, aux abords de Vientiane. Le tarif, identique sur les deux compagnies, s'élève à 100 $US pour un aller simple en classe économique et à 120 $US en classe affaires (le billet aller-retour coûte le double). Le week-end, la Thai propose parfois des tarifs spéciaux à partir de 75 $US pour un aller simple.

Lao Aviation (vols internationaux seulement) et Thai acceptent le payement par cartes bancaires. Avec les fluctuations récentes du baht, les billets devraient coûter moins cher à Bangkok qu'ailleurs. Début 1998 par exemple, une place pour Vientiane valait 100 $US, et seulement 78 $US si elle était achetée dans la capitale thaïlandaise en bahts. Les deux compagnies peuvent délivrer des billets l'une pour l'autre sur cette ligne. Les petites agences de voyages qui vendent des billets internationaux à bas prix ne peuvent pas concurrencer les tarifs de ces deux compagnies ; certaines ajoutent d'ailleurs une surcharge aux prix indiqués plus haut.

On peut réaliser des économies en prenant d'abord l'avion de Bangkok à Udon Thani, en Thaïlande, avant de continuer en direction de Vientiane par la route de Nong Khai, en passant par le pont de l'Amitié. Udon Thani se situe à 55 km au sud de Nong Khai ; un billet d'avion Bangkok-Udon coûte 52 $US sur la Thai. Cette compagnie prévoit un minibus express direct de l'aéroport d'Udon à Nong Khai pour 100 B par personne. On peut également prendre le bus local pour 20 B. Comptez 35 minutes avec le premier, un peu plus d'une heure avec le second.

Depuis/vers Chiang Mai
Lao Aviation assure des liaisons entre Vientiane et Chiang Mai le jeudi et le dimanche. Le vol dure une heure et coûte 70 $US dans chaque sens. Il est plus intéressant de payer avec des bahts.

Depuis/vers Hanoi
Les vols directs entre Hanoi et Vientiane sont assurés le mercredi, le jeudi, le samedi et le dimanche sur Vietnam Airlines et le lundi, le mardi et le vendredi sur Lao Aviation. Les vols durent environ une heure, pour un prix de 90 $US l'aller simple.

Depuis/vers Ho Chi Minh-Ville (Saigon)
Lao Aviation relie Ho Chi Minh-Ville (Saigon) et Vientiane chaque vendredi, pour 170 $US l'aller simple. Le vol prend à peu près trois heures. Vietnam Airlines propose également, pour le même prix, quatre vols hebdomadaires vers Vientiane, depuis/vers Ho Chi Minh-Ville *via* Hanoi. Chacune des compagnies délivre des billets pour l'autre.

Depuis/vers Kunming
Lao Aviation assure la liaison entre Kunming et Vientiane chaque dimanche, et China Yunnan Airlines (CYA) prend le relais le mercredi, le jeudi et le vendredi. Les deux compagnies demandent généralement 155 $US l'aller simple, mais certains tarifs spéciaux descendent jusqu'à 100 $US. Les vols durent 80 minutes. Sur cette ligne, Lao Aviation et CYA peuvent délivrer des billets l'une pour l'autre.

Depuis/vers Phnom Penh
Lao Aviation relie Phnom Penh à Vientiane le lundi et le vendredi, en une heure et demie, pour 133 $US l'aller simple. Royal Air Cambodge assure aussi cette liaison Phnom Penh-Vientiane le mardi et le jeudi.

Depuis/vers Singapour
Silk Air relie Singapour et Vientiane deux fois par semaine, moyennant 355 $US l'aller simple.

Principales agences de Lao Aviation à l'étranger
Le siège de Lao Aviation (☎ (021) 212058, 212051 ; fax 212056) est installé à Vientiane. Reportez-vous au chapitre *Vientiane* pour un complément d'information.

Les agents et les bureaux internationaux de Lao Aviation sont les suivants :

Cambodge
> Lao Aviation, 58B Sihanouk Ave,
> Phnom Penh (☎/fax (21) 26563)
> Royal Air Cambodge, 62 Tou Samuth St,
> Phnom Penh (☎ (21) 25887)

Canada
> Skyplan Business Development, 200-35
> McTavish P1 NE, Calgary, Alberta (☎ (403)
> 250 1605)

Thaïlande
> Lao Aviation, 491/17, ground floor, Silom
> Plaza, Thanon Silom, Bangkok (☎ (02) 236
> 9822).
> Lao Aviation, 240 Prapokklao Rd, Chiang Mai
> (☎ (053) 418258)

Vietnam
> Vietnam Veterans Tourism Services, 21 Phan
> Din Phung St, Ba Dinh, Hanoi (☎ (4) 236789 ;
> fax 237467)
> 39/3 Tran Nhat Duat, District 1, Ho Chi Minh-
> Ville (☎ (8) 442807 ; fax 442723)

Arrivée à l'aéroport

L'arrivée à l'aéroport international de Vattay se déroule généralement sans encombre. Les formalités de douane et d'immigration sont beaucoup moins lourdes que celles pratiquées ailleurs, surtout dans les régimes communistes. Les bagages à main ne sont généralement pas fouillés, les bagages enregistrés le sont parfois au moment du retrait.

Inutile de vous précipiter au bureau de change de la banque gouvernementale si vous avez des bahts thaïlandais et des dollars US : ils sont tout aussi utilisables à Vientiane que le kip.

Si vous souhaitez demander un visa à l'arrivée, pensez à emporter 50 \$US, car vous ne pourrez les obtenir au bureau de change de l'aéroport.

VOIE TERRESTRE

Le Laos partage des frontières terrestres avec la Thaïlande, le Myanmar, le Cambodge, la Chine et le Vietnam. Tous ces pays autorisent le passage des frontaliers, mais il n'en va pas nécessairement de même avec les étrangers. Les formalités changent plusieurs fois par an, mieux vaut consulter une ambassade ou un consulat laotien pour vous tenir au fait des dernières évolutions.

Depuis/vers la Thaïlande

Nong Khai. Le pont de l'Amitié thaïlando-laotien (Saphan Mittaphap Thai-Lao) enjambe le Mékong entre la province de Nong Khai (à Hat Jommani, exactement), sur la rive thaïlandaise, et la province de Vientiane (Tha Na Leng), sur la rive laotienne. Il constitue actuellement la principale liaison terrestre vers le Laos. Financé par l'Australie, ce pont de 1 240 mètres de long a été inauguré en 1994, à grand renfort de publicité sur l'amélioration qu'il ne devait pas manquer d'apporter aux transports et aux communications entre les deux pays. C'est seulement le deuxième pont construit sur toute la longueur du Mékong (le premier se trouve en Chine).

Il est constitué de deux voies de 3,5 mètres de large, de deux couloirs piétonniers de 1,5 mètres et, au centre, d'un espace pour une ligne ferroviaire. Des bus y font la navette pour 10 B par personne (départs toutes les 20 minutes, de 8h à 17h30), mais il faut prévoir votre propre moyen de transport pour atteindre le pont à partir de Nong Khai. Le bus s'arrête au poste d'immigration thaïlandais, sur le pont, où il faut vous acquitter de 10 B, afin d'obtenir un tampon sur votre visa de sortie. Après quoi, vous remontez dans le bus pour vous arrêter, après la traversée, au poste d'immigration laotien où vous devez payer 20 B pour faire tamponner votre passeport (40 B entre 12h et 14h et durant le week-end).

Depuis le pont, il vous en coûtera 100 B en jumbo (taxi à trois roues) ou 150 B en taxi-bus pour rejoindre Vientiane, distante d'environ 20 km. Vous pouvez également attraper le bus n°14 qui vous conduira en ville moyennant 400 kips. En moyenne, quinze bus passent chaque jour le pont, de 6h30 à 17h, en provenance de Tha Deua (ancien ponton du ferry) vers le marché du matin de Vientiane.

Le gouvernement laotien rend la vie très difficile aux étrangers qui veulent obtenir une autorisation de traverser le pont en voiture, ne serait-ce que pour une visite temporaire.

Chemin de fer. Un accord a été signé en 1998 entre le gouvernement du Laos et une nouvelle compagnie, Lao Railways Transportation, pour la construction d'une voie ferrée sur le pont de l'Amitié. Après une étude de faisabilité qui devrait durer deux ans, la ligne, éventuellement prolongée jusqu'à Vientiane et Luang Prabang, serait opérationnelle en 2004. Mais comme beaucoup d'autres projets d'infrastructure au Laos, les travaux dureront sans doute plus longtemps que prévu, s'ils ont lieu...

Chong Mek. Depuis avril 1993, une voie terrestre a été ouverte à l'intention des visiteurs étrangers, de Chong Mek (province de Ubon Ratchathani en Thaïlande) jusqu'à Champasak. Plus besoin d'un visa particulier pour utiliser ce passage, tous les visas feront l'affaire.

Pour se rendre à Chong Mek à partir d'Ubon, il faut d'abord prendre un bus pour Phibun Mangsahan (15 B), puis changer pour un *sǎwng-thǎew* Phibun-Chong Mek (18 B). A Chong Mek, vous passerez tout simplement la frontière à pied. Les bureaux de l'immigration et de la douane laotiens sont ouverts de 8h à 12h et de 13h à 16h30. Vous vous rendrez ensuite de Ban Mai Sing Amphon (le village-frontière côté laotien) à Pakse, ce qui prend environ une heure de la frontière en bus, taxi ou ferry. Pour plus de détails, reportez-vous aux informations sur *Pakse* dans *Province de Champasak* dans le chapitre *Le Sud*.

Chiang Khong. En 1996, une société thaïlandaise a annoncé la construction d'un nouveau pont sur le Mékong, cette fois-ci entre Chiang Khong et Huay Xai. En 1998, les travaux n'avaient pas encore débuté. S'il est construit, ce pont sera relié à une route de 250 km allant vers la frontière chinoise au nord-est, en passant par les provinces de Bokeo et de Luang Nam Tha. Cette même société devait aussi refaire la route mais là aussi les difficultés conjoncturelles risquent de repousser le démarrage de ce projet.

A partir d'Huay Xai, les seuls moyens de relier le sud (Luang Prabang ou Vientiane) sont pour l'instant le ferry longue distance, le hors-bord ou l'avion. Pour tout renseignement complémentaire, consulter les rubriques *Comment s'y rendre* de chacune de ces destinations.

Trains pour Nong Khai et Ubon. Des trains express au départ de la gare Hualamphong à Bangkok circulent tous les jours en direction de Nong Khai (11 heures) et d'Ubon Ratchathani (10 heures). Ces deux lignes comportent des wagons-lits, moyen très commode de voyager sans perdre sa matinée de l'autre côté de la frontière, tout en économisant une nuit d'hôtel. L'aller simple vaut 238 B (Nong Khai) et 219 B (Ubon) en seconde classe, ou 497 B (Nong Khai) et 457 B (Ubon) en première classe, sans compter les surcharges pour le service express ou les couchettes. Dans l'avenir, ces tarifs devraient augmenter si la société des chemin de fer thaïlandaise venait à être nationalisée.

Depuis/vers le Vietnam
Lao Bao
Les autorités de Lao Bao, petite ville installée à la frontière lao-vietnamienne, près de Sepon (250 km à l'est de Savannakhet), permettent aux visiteurs en possession d'un visa de pénétrer au Laos par voie de terre depuis le Vietnam. Située à 80 km à l'ouest de Dong Ha et à 3 km à l'est de la frontière, le bourg est relié par un bus international à Danang (Vietnam) et à Savannakhet. Vous pouvez emprunter cette ligne à partir de Danang, Dong Ha ou Lao Bao, au Vietnam, et au Laos, à Savannakhet uniquement. La liaison est assurée le dimanche, le mardi et le jeudi (sans garantie) mais le trafic devrait augmenter dans l'avenir.

Le billet de Dong Ha à Savannakhet vaut 15 $US pour les étrangers. Les départs depuis le Vietnam se font à 4h de Danang, à 10h de Dong Ha et à 14h de Lao Bao, le bus arrivant à Savannakhet à 19h. Les gardes-frontières des deux pays peuvent exiger des pots-de-vin.

Vous trouverez aussi des bus locaux qui font la traversée de la frontière dans les deux sens. Ce moyen de transport est moins onéreux que l'express transfrontalier, mais le voyage est aussi moins facile. Il vous faudra par exemple marcher sur 1 km pour relier les postes de contrôle vietnamien et laotien. De plus, le bus de Dong Ha s'arrête à Lao Bao, qui se trouve à 3 km de l'actuel poste-frontière (vous pouvez emprunter une moto taxi pour couvrir cette distance). La liaison Dong Ha-Lao Bao revient de 1 à 4 $US, selon qu'il s'agit d'un bus standard ou de "luxe". Deux départs sont normalement prévus par jour (tôt le matin et à midi), mais les horaires ne sont pas respectés car les bus ne partent que lorsqu'ils sont pleins.

Un restaurant est installé du côté du Laos, à 500 m de la frontière. Vous pourrez y dormir si vous faites la demande très poliment. Il n'y a pas d'hôtel et ce n'est pas peu dire que les installations sont rudimentaires dans les environs.

Il n'existe qu'un départ par jour en bus local à partir du Laos et à destination de Savannakhet. Récemment son départ étaient fixé à 13h (à 8h il y a deux ans) pour 6 heures de trajet. Autrement, vous devrez trouver un moyen de transport jusqu'à Sepon pour y passer la nuit. En sens inverse (du Laos vers le Vietnam), il vous faudra également un visa de l'ambassade ou du consulat vietnamien au Laos. Pour toute information complémentaire, reportez-vous à la rubrique *Savannakhet, Comment s'y rendre*, dans le chapitre *Le Sud*.

Vous obtiendrez un visa pour le Laos à Ho Chi Minh-Ville, Hanoi ou Danang. Si vous quittez le Vietnam ou y entrez par ce circuit, le visa devra comporter le nom du poste-frontière laotien. Votre visa à entrées multiples pour le Vietnam pourra être rectifié au consulat vietnamien de Savannakhet.

Kaew Neua. Un passage assez récent à Kaew Neua (aussi appelé Nam Phao), dans la province de Bolikhamsai, voisin de Cau Treo (Vietnam), permet de rejoindre Vinh au Vietnam, en bus (2 heures 30) depuis la frontière. Il est toujours difficile de trouver un bus reliant Vinh à la frontière, mais les choses devraient s'arranger avec le temps.

Le poste est situé sur la Route 8 de Nam Phao/Kaew Neua à Kham Keut, ce qui représente 40 km de trajet en jumbo. De nombreux bus quittent Kham Keut en direction de Paksan et Tha Khaek, sur la Route 13, avec des liaisons pour Vientiane au nord et Savannakhet au sud.

Autres postes-frontières. Il existe un autre poste sur la frontière lao-vietnamienne, à Sop Hun dans la province de Phongsaly, juste en face de Tay Trang (à 32 km de Dien Bien Phu), qui n'est ouvert pour l'instant qu'aux Laotiens et aux Vietnamiens. Tenez-vous au courant.

Depuis/vers la Chine

A partir du district de Mengla, dans la province du Yunnan du Sud, en Chine, il est possible d'entrer au Laos par Boten (province de Luang Nam Tha), si vous possédez un visa laotien valide. De Boten, des bus partent matin et soir vers les capitales provinciales de Luang Nam Tha et de Muang Xai, lesquelles se trouvent respectivement à trois et quatre heures de distance.

Le consulat laotien à Kunming, en Chine, ne délivre qu'un seul visa de transit de 7 jours. Il coûte entre 25 et 28 $US et il faut compter entre 3 et 5 jours pour l'obtenir. Apportez quatre photos et présentez un visa d'un pays tiers (comme la Thaïlande) tamponné sur votre passeport. La plupart des voyageurs qui arrivent de Kunming passent par Jinghong en direction de Mengla et, de là, traversent la frontière à Mohan. Le voyage en bus de Jinghong prenant la majeure partie de la journée, vous devrez sans doute dormir à Mengla.

Un second poste-frontière sino-laotien est accessible dans cette région, en passant par le district de Bun Neua, dans la province de Phongsali. Les citoyens laotiens et chinois prennent régulièrement ce raccourci à partir du nord-ouest laotien ; on traverse une étroite section de la province du Yunnan, qui s'étend entre les provinces laotiennes de Luang Nam Tha et de Phongsali. Quoique ce poste-frontière soit officiellement réservé aux ressortissants des deux pays, nous avons rencontré des visiteurs japonais qui avaient réussi à traverser la frontière à Bun Neua, avec une permission écrite (préalable) d'un consulat laotien en Chine. Il est conseillé de se renseigner.

Depuis/vers le Cambodge
Les citoyens laotiens et cambodgiens ont le droit de traverser dans les deux sens à Voen Kham, dans la province de Champasak. La rumeur dit que ce passage va s'ouvrir aux étrangers dès que la nouvelle autoroute sera terminée, assurant la liaison de Pakse à Voen Kham. Si vous avez envie de tenter la traversée à ce poste, renseignez-vous auparavant auprès de l'ambassade du Laos à Phnom Penh pour savoir s'il est ouvert.

Depuis/vers le Myanmar
Une rumeur nous est parvenue, mais non confirmée par le gouvernement laotien, selon laquelle on pourrait entrer à partir du Myanmar dans la ville de Xieng Kok (Laos), sur le Mékong, dans la province de Luang Nam Tha. Les voyageurs qui souhaitent essayer cette traversée augmenteront leurs chances de succès s'ils arrivent avec un visa valide.

VOIE FLUVIALE
Depuis/vers la Thaïlande
Depuis l'ouverture du pont de l'Amitié, le ferry Tha Deua de Nong Khai a été fermé à tous les non Thaïlandais et non Laotiens. Cependant, les étrangers non thaïlandais peuvent toujours et en toute légalité traverser le Mékong en ferry, de la Thaïlande vers le Laos, aux points suivants : Nakhon Phanom (en face de Tha Khaek), Chiang Khong (en face de Huay Xai) et Mukdahan (en face de Savannakhet). Ces traversées ne nécessitent plus l'ajout d'une permission spéciale au visa. En cas de besoin, on peut obtenir un visa de tourisme au Laos

dans les agences de voyages de chacune de ces villes. Lorsque le pont entre Chiang Khong et Huay Xai sera inauguré, le service de ferry pour passagers devrait logiquement être interrompu.

Les Thaïlandais ont le droit de franchir la frontière par six autres postes, situés dans les provinces thaïlandaises de Loei et de Nong Khai : Pak Chom, Chiang Khan, Beung Kan, Ban Pak Huay, Ban Nong Pheu et Ban Khok Phai. A l'avenir, l'un de ces postes finira bien par s'ouvrir aux visiteurs étrangers, en particulier à ceux qui traversent le long de la frontière de la province de Sainyabuli.

TAXE DE SORTIE
La taxe internationale de sortie est fixée à 5 $US, montant qui peut être réglé en kips, en bahts ou en dollars seulement.

VOYAGES ORGANISÉS
Reportez-vous à la rubrique *Voie aérienne* où une liste de prestataires est mentionnée.

ATTENTION
Les renseignements donnés dans ce chapitre sont particulièrement susceptibles de changer. Le prix des voyages internationaux est très fluctuant, des forfaits spéciaux et des promotions ne cessent d'apparaître et de disparaître, les routes se construisent ou se transforment, les horaires varient, les règlements et les visas se modifient. Quelques compagnies aériennes et gouvernements semblent prendre un plaisir pervers à mettre au point des structures de prix et des réglementations aussi complexes que possible. Mieux vaut donc vérifier directement auprès du transporteur ou de l'agence de voyages les prestations incluses dans le billet que vous achetez. Les renseignements fournis dans ce chapitre sont des indicateurs. Ils ne peuvent pas se substituer à votre recherche personnelle, qui sera forcément plus à jour.

Comment circuler

AVION

Tous les vols intérieurs, assurés par Lao Aviation, sont centralisés sur l'aéroport international de Vattay (Vientiane), à la fois point de départ et d'arrivée. Une seule exception : un avion maintenu à Pakse, pour certaines liaisons vers le sud.

Lao Aviation n'accepte pas les cartes de crédit pour l'achat de billets sur des vols intérieurs, et tous les paiements doivent se faire en liquide. Pour la clientèle étrangère, les prix sont indiqués en dollars et vous serez obligé de payer au moyen de cette devise. Dans les agences de voyages, il est cependant possible de régler vos billets par carte bancaire. Rendez-vous dans ce cas chez Diethelm Travel et Lao Air Booking, dont les bureaux sont situés dans Thanon Setthathirat, tout près de Lao Aviation.

Depuis janvier 1995, Lao Aviation appartient à 60% à Yunnan Airlines (Chine). Sur les lignes intérieures, les modèles les plus courants sont le Yun-12 et le Yun-7 transportant respectivement 15 et 50 passagers, deux appareils chinois, copies améliorées de l'Antonov russe. La compagnie dispose également d'un ATR-72 pour les vols internationaux et à destination de Luang Prabang. Lorsque Lao Aviation est à court d'avions, la compagnie remet en service son vieil Antonov 24. En 1998, l'ensemble de l'équipement aérien domestique se montait à dix appareils : 1 ATR-72, 1 AN-24, 4 Yun-12 dont un seul oppérationnel, 4 Yun-7 et un hélicoptère ME-8 de 25 places, utilisé en dépannage lorsqu'un avion de ligne est retenu au sol). Tout semble parfaitement opérationnel et il est plus facile de retenir des places qu'il y a deux ans, lorsque seulement trois des huit appareils fonctionnaient de façon régulière.

Le nombre de passagers sur les vols intérieurs du Laos a augmenté plus rapidement que la quantité d'avions disponibles et vous éprouverez peut-être quelques difficultés pour réserver des places. La compagnie nationale laotienne fait des pieds et des mains pour tenir ses plans de vols mais à cause de cette pénurie d'appareils, il est parfois impossible de connaître la date et l'heure d'un vol deux jours avant le départ, voire même la veille.

Le fait de réserver longtemps à l'avance n'est pas d'un grand secours. Si vous achetez à Vientiane un billet Luang Nam Tha-Huay Xai, on vous donnera une date de départ, mais vous ne saurez l'heure qu'en contactant le bureau de Lao Aviation à Luang Nam Tha, la veille du décollage. Ne soyez pas surpris si l'on vous annonce à ce moment là que le vol est retardé d'une journée, ou que l'avion a décollé un jour plus tôt ! A vous de faire preuve de souplesse. Nous vous indiquons dans ce guide les horaires prévus. Dans la pratique, les vols ont souvent une ou deux heures de retard à cause des conditions météorologiques difficiles au-dessus des montagnes qui dominent tous les aéroports du Laos, à l'exception de ceux de Vientiane, Savannakhet et Pakse.

En fait, les lignes aériennes sont exploitées comme la plupart des moyens de transport terrestres du Laos : prévoir un minimum d'avions et, si possible, les faire décoller lorsqu'ils sont pleins pour maximiser les profits. De nombreux tarifs et destinations indiqués par Lao Aviation, notamment les vols pour Attapeu, Muang Khong ou Phongsali, ne sont valables que sur le papier. Pour ces destinations, si vous voyagez à six ou plus, vous pourrez peut-être affréter un avion mais mieux vaut ne pas trop y compter.

Lao Aviation ne publie pas ses résultats sur la sécurité. Pour l'instant, les pilotes doivent compter sur des techniques de vol à vue sauf sur l'ATR-72 à destination de Luang Prabang. Quand une épaisse couverture nuageuse recouvre l'aéroport, ils exécutent des cercles au-dessus de la zone en cherchant un passage par où descendre. S'ils n'en trouvent pas dans le temps alloué par les réserves de fuel, soit ils

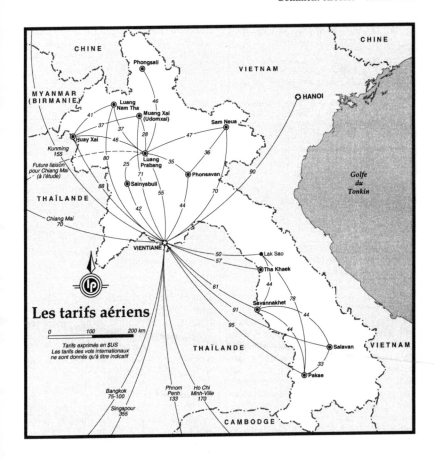

Les tarifs aériens

0   100   200 km

Tarifs exprimés en $US
Les tarifs des vols internationaux
ne sont donnés qu'à titre indicatif

retournent au point de départ, soit ils atterrissent ailleurs. Après un court intervalle à terre, en avant pour un second essai ! En décembre 1993, un Yun-2 s'est écrasé sur une montagne entourée de nuages, près de Phonsavan, tuant tout le monde à bord. Cette méthode comporte, on le voit, quelques insuffisances. Le nouvel aéroport de Luang Prabang est équipé d'un radar et ceux d'Attapeu et de Sam Neua devraient bientôt l'être. Mais il est probable que les installations d'atterrissage assisté électroniquement resteront une exception au Laos-pour de longues années encore.

Tarifs et taxes

Grâce aux subventions, les Laotiens payent leur billet moitié moins cher que les étrangers. Les enfants en bas âge ne payent que 10% du billet ; à partir de 5 ans et jusqu'à 12 ans, ils bénéficient du demi-tarif. Pour les adultes, voir la liste des tarifs aériens dans le chapitre *Comment s'y rendre*.

Sur les vols intérieurs, la taxe d'aéroport s'élève à 300 K. Les passagers doivent également payer 100 K aux responsables de l'immigration de chaque aéroport intérieur pour tout départ ou toute arrivée par voie aérienne.

Tarifs

Bien plus que tous les autres, les tarifs aériens sont soumis aux fluctuations du kip (en fonction du dollar, du yen ou du baht). Ce phénomène, qui touche l'ensemble des transports, est imputable à l'importation des carburants et de la plupart des pièces mécaniques qui sont donc payées en devises, la contre-valeur du kip était particulièrement fluctuante lors de la rédaction de ce guide et les prix que nous vous indiquons ne sont donc pas toujours fiables. ■

Billetterie

Les bureaux de Lao Aviation sont installés à Vientiane. Voir le paragraphe *Comment s'y rendre* dans la rubrique *Vientiane*.

Hélicoptère

La Lao Westcoast Helicopter Company (☎ (021) 512023 ; fax 512055), hangar 703, aéroport de Vattay, dispose d'Écureuil français AS 350B, pouvant transporter 5 passagers ; ils sont pilotés par des expatriés. Ces appareils servent à faire des photos et des relevés aériens ainsi qu'à transporter des passagers n'importe où au Laos (à condition d'être muni d'une autorisation gouvernementale). L'heure de vol coûte environ 1 110 $US toutes taxes comprises.

BUS ET CAMIONS

Les transports interprovinciaux ne cessent de se multiplier. On peut maintenant atteindre toutes les provinces du pays, au moins certaines régions de chacune d'entre elles, par un moyen de transport public routier. Les bus réguliers, surtout de fabrication japonaise ou coréenne, empruntent la Route 13 entre Vientiane et Savannakhet deux ou trois fois par jour. Sur d'autres routes, au sud, comme celle de Pakse à Sekong, des camions à grand fond plat ont été transformés en bus, par l'adjonction de rangées de sièges sous un bâti de bois. Les

autres itinéraires, notamment de Vientiane à Luang Prabang, sont sillonnés par des bus japonais, des camions et des camionnettes découvertes ou bâchées.

Dans le Nord, des camions russes, chinois, vietnamiens ou japonais sont fréquemment convertis en véhicules pour passagers : on ajoute tout simplement deux longs bancs de bois à l'arrière. Ces camions de passagers s'appellent *thaek-sii* (taxi) ou, dans certaines régions, *săwng-thâew*, ce qui signifie "deux rangées", allusion aux deux bancs installés à l'arrière.

En raison des conditions des routes, la fréquence des bus interurbains se limite en général à un ou deux départs par jour. Au fur et à mesure de l'achèvement des grands projets d'infrastructure routière, les possibilités de transports publics ne manqueront pas de se multiplier.

TRAIN

Ce n'est certes pas pour tout de suite mais un partenariat lao-thaïlandais étudie actuellement la faisabilité d'un projet de 1 400 km de rails traversant le Laos. Si ce chemin de fer se matérialise, il rejoindra le réseau thaïlandais à Nong Khai ainsi que les réseaux de Chine et du Vietnam.

VOITURE ET MOTO

Les visiteurs en possession de permis internationaux peuvent conduire au Laos, bien que l'on puisse louer un véhicule avec chauffeur pour un prix inférieur à celui d'une voiture seule dans la plupart des villes (voir le paragraphe *Taxi* plus bas dans la rubrique *Transports locaux* pour toute information supplémentaire sur la location de voiture avec chauffeur ou, si vous souhaitez louer un 4x4, reportez-vous un peu plus bas au paragraphe *Location de véhicules*).

Le nombre total de véhicules dans le pays, voitures, camions, bus, Jeeps et motos confondus, s'élève à 250 000. On compte à peu près quatre fois plus de motos que de voitures. Cela dit, arriver au Laos avec son propre véhicule est quasiment impossible, à moins de travailler pour une compagnie ou une organisation travaillant au Laos (et encore, on se prépare à un véritable casse-tête... laotien). Il est beaucoup plus simple d'acheter ou de louer un véhicule sur place.

A Vientiane, Luang Prabang et Savannakhet, on peut louer des vélomoteurs – moins de 150 cm³ – chez les revendeurs de motos. La location coûte entre 10 et 12 $US la journée. Une Honda Dream II 100 cm³ neuve (assemblée au Laos) vaut 1,4 million de kips (1 475 $US). L'essence revient à environ 700 K le litre dans la vallée du Mékong, et jusqu'à 900 ou 1 000 K dans les provinces éloignées.

Siam Bike Travel (fax (6653) 495987), à Chiang Mai, en Thaïlande, organise des excursions de 1 500 km en moto durant deux semaines. Partant de Thaïlande, on traverse le Laos pour rejoindre la Chine avant de revenir.

Location de véhicules

De petites camionnettes peuvent être affrétées entre les villes ou les provinces. Mais, les routes du Laos entraînant une considérable usure des véhicules, la location peut coûter jusqu'à 100 $US par jour. A Vientiane, on peut louer un 4x4 avec chauffeur pour des excursions en pleine nature, moyennant 120 ou 160 $US la journée. Les prix restent élevés car des organisations des Nations unies n'hésitent pas à payer 300 $US par jour pour les mêmes prestations. Cela dit, pour des locations de longue durée, les prix descendent et l'on peut louer des 4x4 aux environs de 65 $US par jour. L'un des meilleurs bureaux de location de véhicules avec chauffeur, Asia Vehicle Rental (☎ (021) 217493), est installé 8/3 Thanon Lan Xang, à Vientiane.

Route

Le réseau routier laotien est particulièrement peu développé. Bien qu'ils aient totalement équipé le Vietnam et le Cambodge d'un réseau autoroutier, les Français n'ont réalisé qu'une seule grande route au Laos, la Route coloniale 13 qui suit le Mékong, et deux voies de moindre importance, les

Avertissement
Les horaires des transports terrestres mentionnés dans ce guide ne sont qu'indicatifs, l'état des routes et des véhicules affectant fortement la durée du trajet. ■

Routes coloniales 7 et 9 qui permettent de franchir deux cols de la cordillère annamitique.

Dans les années 60 et 70, les Chinois et les Nord-Vietnamiens ont également construit de nombreuses routes dans le Nord (toutes situées dans l'ancienne "zone libérée"). En échange, les Chinois ont eu le droit de couper et d'exporter autant de bois qu'ils voulaient. La plupart de ces routes rayonnent à partir de Muang Xai et de Xieng Khuang et s'arrêtent généralement aux limites de la province. La route qui part de Phonsavan (chef-lieu de la province de Xieng Khuang), par exemple, est en relatif bon état jusqu'à la frontière avec la province de Hua Phan, ensuite quasiment impraticable jusqu'à Sam Neua, puis à nouveau correct jusqu'à la frontière vietnamienne.

En 1996, le Laos comptait 22 321 km de routes répertoriées (8 350 km de plus que l'année précédente), dont la majorité entrait charitablement dans la catégorie "en état de détérioration". On estime à 16% la proportion de routes goudronnées, à 38% celles qui sont nivelées et parfois couvertes de gravier. Les 46% restants étant des pistes non nivelées. Les routes de la périphérie de la préfecture de Vientiane sont carrossables jusqu'à Vang Vieng. La Route 13 en direction de Luang Prabang au nord et de Savannakhet au sud a aussi été remise en état mais la construction des ponts au-dessus des rivières n'est pas terminée. Le trajet n'est donc pas aussi rapide qu'on pourrait le supposer.

Ailleurs, les chaussées sont à nu. Le Laos étant à 70% un pays montagneux, même les trajets relativement courts peuvent prendre

Des gens bien sur de mauvaises routes

Un trajet de 3 heures dans un "bus" laotien archi-bondé (un ancien camion russe bâché, exposé à la poussière et envahi par les gaz d'échappement) peut parfois se transformer en un parcours du combattant de 12 heures. Il arrive aussi que la route et le véhicule soient dans un état si lamentable que vous deviez affronter deux pannes et une crevaison. Enfin, vous attendrez peut-être au bord de la route, sous la chaleur accablante de midi, le bus prévu à 8h et qui doit, sans aucun doute, arriver d'une minute à l'autre. C'est dans ces moments-là que vous vous demandrez si tout cela vaut bien la peine.

La traversée de Sumatra était-elle plus enrichissante lorsque la route était encore défoncée ? Certaines personnes vous diront que oui, qu'à l'époque il s'agissait d'un défi d'où l'on rapportait de vrais souvenirs de voyage. Cette époque-là, au Laos, c'est aujourd'hui. Je pense, quant à moi, que la vraie différence ne tient pas tant aux routes elles-mêmes – ne sombrons pas dans le masochisme – mais à ceux qui les empruntent. Une femme qui tenait un café, au bord d'un voie rapide du Mexique nouvellement goudronnée, m'avait dit un jour : "Quand les routes sont mauvaises, vous ne rencontrez que des gens bien. Sur de bonnes routes, vous croisez toutes sortes de personnes". ■

Joe Cummings

un temps incroyablement long (il faut par exemple 10 à 18 heures pour parcourir 200 km vers l'intérieur) en raison des conditions climatiques.

Si l'on en croit les projets d'aide internationale, le réseau actuel devrait être amélioré et de nouvelles routes construites d'ici la fin de la décennie. De Luang Prabang, la route (Route 13) sera prolongée jusqu'à Pak Mong, au nord de la province, où elle sera reliée à la grande route de Xieng Khuang-Muang Xai, construite par les Chinois. La route de Pakse à Salavan a déjà été

améliorée et constitue actuellement l'une des meilleures du pays. L'objectif national était d'achever la Route 13 de Luang Prabang à la frontière cambodgienne pour 1998 mais le chantier a pris du retard et devrait finalement être terminé pour l'an 2000. Ce projet sera suivi de trois grands axes est-ouest, sur les Routes 1, 9 et 18.

Les Thaïlandais ont également proposé de contribuer à la construction des routes qui relieront la Thaïlande au Vietnam *via* Savannakhet (à destination de Danang), Tha Khaek (à destination de Vinh) et Pakse (à destination d'Ho Chi Minh-Ville) mais, jusqu'à présent, rien n'a été conclu. La Thaïlande, le Myanmar, la Chine et le Laos ont signé un accord en mai 1993, afin de développer le réseau routier dans le nord du pays et de relier la province thaïlandaise de Chiang Rai à Xishuangbanna (Yunnan) dans le sud de la Chine, *via* les provinces laotiennes de Bokeo et de Luang Nam Tha. Depuis 1998, une compagnie thaïlandaise a amélioré environ un tiers des 220 km qui forment la Route 3, de Huay Xai à Boten. Le chantier a cependant été interrompu par la crise économique qui touche l'Asie du Sud-Est et personne ne semble savoir quand ils seront achevés.

Code de la route

Regardez attentivement si aucun véhicule ne tourne à gauche, en venant d'une route transversale. Les Laotiens ont la fâcheuse habitude de se déporter complètement sur la gauche avant de se rabattre sur la droite, ce qui peut être dangereux lorsqu'on ne s'y attend pas. Plutôt que de s'arrêter pour attendre que la chaussée se dégage, les automobilistes se mêlent tranquillement au trafic sans se soucier de ce qui vient derrière, pensant que, s'il survient un gros poids lourd ou un petit véhicule rapide, il se servira sûrement de son klaxon !

Comme souvent en Asie, même si la chaussée est à deux voies, les automobilistes s'en construisent une troisième au centre, virtuelle celle-là, qu'ils n'hésitent pas à emprunter à tout moment, y compris dans les côtes et les virages – que peut-on craindre lorsque Bouddha siège sur le tableau de bord ?

BICYCLETTE

Les bicyclettes sont un moyen de transport très coté dans tout le Laos urbain. On peut en louer à Vientiane, Luang Prabang, Savannakhet, Muang Xai et Don Khong, pour environ 2 000 ou 3 000 K par jour. Il arrive même que certains hôtels et pensions en prêtent gratuitement. Ces vélos de ville thaïlandais ou chinois connaissent divers degrés d'entretien. On peut en acheter un neuf pour 70 ou 90 $US.

Les bicyclettes chinoises sont souvent plus solides, les thaïlandaises plus confortables. Chinois (et de mauvaise qualité) ou fabriqués à Taïwan, les VTT valent entre 90 et 140 $US.

La douane laotienne ne fait aucune objection devant les touristes qui viennent avec leur vélo. Si vous envisagez de circuler sur de longues distances en randonnées, mieux vaut vous munir des objets suivants :

- pompe
- matériel de réparation de crevaison
- clés de vélo
- dérive chaîne
- clé à rayon
- rayons de rechange
- clés à vis à six pans creux, suivant les besoins
- brosse à dents (pour nettoyer les pièces)
- huile pour la chaîne
- patins de freins
- écrous de rechange pour la selle et le guidon
- équipement léger pour la pluie
- hamac, couverture, moustiquaire portable

EN STOP

L'auto-stop en camion, ou plus rarement à bord de véhicules plus petits, constitue un autre moyen pour se déplacer. N'oubliez pas que cette forme de transport n'est jamais très sûre et elle n'est pas recommandée, en particulier pour les femmes.

Pour savoir si les véhicules qui arrivent risquent de vous prendre, regardez la couleur de la plaque minéralogique, vous serez fixé sur leur appartenance. Le fond noir avec des lettres jaunes indique que le véhicule est autorisé à transporter des passagers contre paiement, le rouge sur fond jaune signifie qu'il s'agit d'une voiture privée. La plaque rouge désigne les véhicules militaires (qui ne prennent normalement pas de passagers) et le blanc sur fond bleu les camions du service public, des Nations unies ou d'une ONG. Les mêmes couleurs inversées annoncent une voiture du corps diplomatique ou d'une organisation internationale (qui s'arrêtent parfois). Une plaque blanche aux lettres rouges fait savoir que le volant est à droite !

RIVIÈRE

De tradition, les fleuves et les rivières, qui totalisent 4 600 km de longueur, constituent le véritable réseau de communication du Laos. Le Mékong, la Nam Ou, la Nam Khan, la Nam Tha, la Nam Ngum et la Se Kong en forment les principaux axes. Navigable toute l'année de Luang Prabang au nord à Savannakhet au sud, le Mékong est la voie fluviale la plus longue (2 030 km, avec 70% de son parcours au Laos) et la plus importante du pays. Selon les saisons, des bateaux de 15 à 140 tonnes peuvent circuler sur cette partie du fleuve. Les cours d'eau moins larges accueillent les pirogues traditionnelles utilisées pour la pêche et le transport.

Avec l'augmentation de la circulation routière, les services de passagers diminuent d'année en année. Au Sud, par exemple, seuls quelques services de ferries pour les longues distances (tous au sud de Pakse) fonctionnent encore. Ils cesseront sans doute lorsque la Route 13 sera prolongée jusqu'à la frontière cambodgienne. De même, les liaisons en ferries et en vedettes entre Luang Prabang et Nong Khiaw ont quasiment disparu, au profit des moyens de transport terrestres.

Ferries

De grands ferries diesel conçus pour l'acheminement du fret sont toujours en service entre Huay Xai et Vientiane, mais peu de passagers les empruntent au sud de Luang Prabang depuis que la route en direction de Vientiane est goudronnée. La plus importante des liaisons en ferry long-courrier est désormais celle de Huay Xai à Luang Prabang. Le trafic entre Vientiane et Pakse est aujourd'hui réservé au transport de marchandises. Au sud de Pakse en revanche, quelques petits ferries conduisent encore des passagers jusqu'à Champasak et Don Khong, mais sans doute plus pour longtemps. Pour l'instant, les déplacements en bateaux vers ces destinations restent préférables au voyage par la route.

Certains des ferries long-courriers qui relient Huay Xai à Vientiane possèdent deux ponts avec des dortoirs et sont équipés de cuisines. Si vous voyagez de nuit, assurez-vous avant le départ que vous pourrez prendre un repas à bord. Sinon, emportez quelques provisions. L'équipement est relativement sommaire ; les passagers voyagent, mangent et dorment sur des bancs en bois. Les toilettes, s'il y en a, sont un simple trou percé dans le pont. Les femmes sont censées s'installer à l'intérieur, au fond du bateau. Les hommes ont le droit de s'asseoir sur les ponts avant ou supérieur et même sur le toit.

Les étrangers payent leur billet 50% plus cher que les Laotiens sur la liaison Huay Xai-Vientiane.

Taxis fluviaux

Pour les petits trajets, de Luang Prabang aux grottes de Pak Ou, par exemple, mieux vaut prendre un taxi fluvial, car les gros ferries ne fonctionnent au plus qu'une fois par jour, voire seulement deux fois par semaine. Les plus courants sont les *héua hãng nyáo* ("bateaux à longues queues"), dont le moteur est fixé à l'arrière, mais, pour les traversées très courtes, on peut également prendre un *héua phái* (canot à rames). Les héua hãng nyáo ne sont pas aussi chers qu'on pourrait le croire ; comptez 6 000 K de l'heure environ pour un bateau pouvant accueillir huit à dix personnes. On trouve parfois des bateaux plus grands, transportant jusqu'à vingt passagers pour une somme tournant autour de 8 000 K de l'heure.

Dans la partie supérieure du Mékong, entre Huay Xai et Vientiane, et sur le Nam Ou, entre Luang Prabang et Hat Sa (Phongsali), circulent beaucoup de *héua wái* (hors-bord) thaïlandais, qui sont des yoles plates de cinq mètres de long équipées de moteurs Toyota de 40 CV. Ils sont capables de couvrir en six heures les distances pour lesquelles le ferry met deux jours ou plus. Ils coûtent assez cher, puisqu'il faut compter environ 20 $US de l'heure, mais pour ceux qui assurent un service régulier, il est possible de partager les frais entre passagers.

TRANSPORTS LOCAUX
Taxi

Les quatre grandes villes, Vientiane, Luang Prabang, Savannakhet et Pakse, disposent de quelques taxis, essentiellement empruntés par les représentants des sociétés étrangères. On les trouve uniquement dans les aéroports à l'heure des arrivées, et devant les grands hôtels. Jusqu'au milieu des années 90, on voyait surtout des voitures d'Europe de l'Est ou de Russie avec, ici ou là, une vieille américaine mais, aujourd'hui, ce sont les japonaises qui dominent. Ces taxis se louent à la course, à l'heure ou à la journée. Pour une journée, il vous en coûtera en moyenne entre 20 et 40 $US, dans une ville plus ou moins grande, en fonction du véhicule et de vos talents de négociateur. A la course, vous ne devriez pas payer plus de 0,50 $US du kilomètre.

Dans ces mêmes quatre villes, les taxis les plus courants sont des triporteurs, appelés *thaek-sii* (taxi) ou *sãam-lâw* (samlor ou trois-roues). Les plus grands, importés de Thaïlande, s'appellent *jamboh* (jumbo) et peuvent prendre quatre à six passagers.

A Vientiane, on les appelle parfois *túk-túk* (touk-touk) comme en Thaïlande (même si au Laos ces véhicules sont plus grands que les jumbo), tandis qu'au sud (Pakse, Savannakhet), on les désigne plutôt sous le nom de *Sakai-làep* (Skylab), en raison de leur ressemblance avec des capsules spatiales ! Les tarifs varient en fonction de la ville où vous vous trouvez et de votre capacité à marchander. Les Laotiens paient généralement 500 K du kilomètre. Ils peuvent aller partout où vont les taxis normaux, mais on les utilise rarement pour des distances de plus de 20 km.

Cyclo-pousse

Si le cyclo-pousse *samlor* était autrefois le moyen de transport urbain le plus répandu au Laos (sauf à Luang Prabang), il est aujourd'hui en voie de disparition. On avait l'habitude de l'appeler *cyclo (sii-khlo)*, comme en français, mais ce terme est désormais moins utilisé que samlor (*sãamlãw*). Si vous arrivez à en dénicher un, la course vous coûtera à peu près la même chose qu'un triporteur à moteur, mais on ne l'utilise généralement que pour des trajets de moins de deux kilomètres. Même si leurs conducteurs, vieillissants, semblent plus honnêtes que les chauffeurs d'engins motorisés, il est parfois nécessaire de marchander.

CIRCUITS ORGANISÉS

Au Laos, tous les circuits sont traités par des agences agréées par l'Autorité du tourisme laotien (ATL). Une telle autorisation ne s'obtient pas facilement, puisque l'ATL demande à l'agence de déposer une garantie de 50 000 $US et de posséder, outre deux minibus, des numéros de télex, de fax et de téléphone.

En 1998, il existait environ 16 agences à Vientiane, dont certaines disposaient de succursales dans d'autres villes comme Luang Prabang, Pakse et Phonsavan. Pour la plupart, chacune de ces agences offre un choix de circuits allant de deux nuits seulement à Vientiane jusqu'à 14 jours à Vientiane, Luang Prabang, la Plaine des Jarres (Xien Khuang), Savannakhet, Salavan et Champasak. Certaines agences font de la publicité pour des circuits qu'elles ne sont pas en mesure d'assurer, mais d'autres vous emmènent à peu près partout et peuvent même vous fabriquer des itinéraires sur mesure.

Les prix varient peu d'une société à l'autre. La principale différence tient au nombre de voyageurs qui partent ensemble. Le tarif individuel baisse généralement de 50 à 100 $US par personne supplémentaire. Pour un seul individu, les tarifs s'élèvent facilement à 200 $US par jour (ou davantage). Mais quatre ou six voyageurs s'en tirent à moins de 50 $US par jour et par personne.

Si vous ne craignez pas de partir avec d'autres personnes, demandez à rejoindre un groupe déjà constitué. Si certaines agences l'acceptent volontiers, d'autres préfèrent de tout petits groupes pour augmenter leurs profits. On peut également marchander. Plusieurs lecteurs nous ont décrit leurs aventures en la matière. D'une agence à l'autre, ils ont ainsi réussi à faire baisser les tarifs de quatre d'entre elles.

Si vous organisez un circuit en dehors du Laos, il vous faudra traiter avec un agent agréé par une agence laotienne, ce qui signifie des frais supplémentaires, le tour-opérateur devant payer une redevance à l'agence laotienne.

Tous ces frais peuvent varier considérablement d'une agence à l'autre mais, en général, il est un peu moins cher de réserver un circuit intérieur à partir de Vientiane que d'un autre pays. Dans certains cas, la différence de prix entre les circuits retenus à Vientiane et ceux que l'on organise dans les provinces est également sujet à une nouvelle hausse du prix. C'est ainsi qu'une agence de la capitale demandait 250 $US de supplément pour une visite de Xieng Khuang, laquelle ne coûtait là-bas que 60 $US !

En général, les circuits organisés à Vientiane sont d'un bon rapport qualité/prix. Malgré l'inconvénient que peut représenter la vie en groupe (limités souvent à deux ou quatre personnes) et l'obéissance à un guide, les circuits sont généralement bien préparés et très instructifs. Les guides se montrent souvent souples sur l'itinéraire, ils ajoutent ou retirent volontiers tel ou tel élément (dans les limites du temps, de l'espace et des coûts, naturellement), pour répondre à vos besoins.

À chaque destination, l'agence prévoit l'hébergement (en chambres doubles) et un guide. Les circuits les plus chers incluent le transport (à l'intérieur du pays) et les repas. Sans ces derniers, les prix tombent considérablement, et vous préférerez peut-être manger indépendamment ; c'est souvent l'occasion de bien s'amuser !

Quand ils sont inclus, les repas sont copieux (encore qu'un peu insipides) mais vous pouvez fort bien réclamer les spécialités locales. Dites tout simplement à votre guide que vous souhaitez manger laotien plutôt que des succédanés de cuisine occidentale. Contrairement aux premiers circuits, organisés par les Chinois, au cours desquels on trimbalait les visiteurs d'une usine à une collectivité agricole, les itinéraires laotiens n'essaient pas de présenter un paradis de prolétaires. La rhétorique politique est en fait relativement absente des commentaires guidés.

Tour-opérateurs de Vientiane

On trouvera ci-contre la liste de quelques tour-opérateurs réputés installés à Vientiane :

Diethelm Travel Laos
   (☎ (021) 215920 ; fax 217151) Namphu Square, Thanon Setthathirat, PO Box 2657
Inter-Lao Tourisme
   (☎ (021) 214832 ; fax 216306), au coin de Thanon Pangkham et Thanon Setthathirat, PO Box 2912
Lane Xang Travel & Tour
   (☎ (021) 212469 ; fax 215804), Thanon Pangkham, PO Box 4452
Lao Travel Service
   (☎ (021) 216603 ; fax 216150), 8/3 Thanon Lan Xang, PO Box 2553
Sodetour (Société de développement touristique)
   (☎ (021) 216314 ; fax 216313), 16 Thanon Fa Ngum, PO Box 70
That Luang Tour
   (☎ (021) 215809 ; fax 215346), 28 Thanon Kamkhong, PO Box 3619

Les prix pratiqués par ces compagnies se valent, bien que That Luang Tour et Lane Xang Travel semblent plus disposées à maintenir des tarifs assez bas.

Vientiane

A NE PAS MANQUER

- **Pha That Luang**, symbole national du Laos et l'un de ses sites les plus sacrés **140**

- **Vat Si Saket**, l'un des vats les plus anciens et les plus intéressants de Vientiane **139**

- **Vat Ont Teu** et son immense bouddha de bronze

- Le **parc de Bouddha (Xieng Khuan)**, en bordure de la rivière, une collection de sculptures fantaisistes hindoues et bouddhistes **150**

HISTOIRE

Établie sur un méandre du fleuve, la cité fut l'un des premiers fiefs lao ou *meuang* de la vallée du Mékong qui se soit constitué, à peu près à l'époque où l'Europe sortait de l'âge des ténèbres.

Les Lao qui s'installèrent là choisirent cette région en raison de la grande fertilité des plaines alluviales environnantes. Malgré sa souveraineté précaire, le meuang de Vientiane fut rapidement prospère.

Durant les dix siècles ou à peu près de son existence, le royaume de Vientiane perdit son indépendance à plusieurs reprises et tomba successivement aux mains des Birmans, des Siamois, des Vietnamiens et des Khmers. A l'époque du royaume de Lan Xang ("million d'éléphants"), établi au XIVe siècle par Fa Ngum avec le soutien des Khmers, la capitale se trouvait à Muang Sawa (Luang Prabang), mais au milieu du XVIe siècle, elle fut transférée à Vientiane. Sous le protectorat français, entre la fin du XIXe et le début du XXe siècle, Vientiane fut proclamée capitale du Laos, statut demeuré inchangé depuis la prise du pouvoir par les communistes.

Vientiane peut se traduire par "ville du santal" et se prononce en fait Vieng Chan (en lao, Vieng signifie "ville" ou "endroit entouré de murs" ; Chan est la prononciation lao du mot sanscrit *chandana*). Ce sont les Français qui l'ont traduit en alphabet latin. Avec Ho Chi Minh-Ville (Saigon) et Phnom Penh, Vientiane est l'une des trois villes classiques d'Indochine qui évoque le plus fortement l'exotisme eurasien. Avec son fascinant mélange d'influences lao, thaïlandaise, chinoise, vietnamienne, française, américaine et soviétique, elle correspond d'ailleurs bien à l'idée que l'on s'en fait. Des trois capitales citées, Vientiane est, de loin, celle où règne le plus une atmosphère de détente.

La ville actuelle représente trois entités distinctes : une province, une préfecture et une ville qui abritent respectivement 528 000, 260 000 et 133 000 habitants.

Bien qu'elle soit la plus grande ville du pays, c'est une grosse bourgade que l'on visite aisément. Certains quartiers sont tout à fait charmants, notamment la vieille ville qui s'étend le long du Mékong. Ses boulevards bordés d'arbres et ses temples anciens lui confèrent une atmosphère d'éternité, malgré la circulation (qui s'accentue d'année en année, sans pour autant être très importante) et de nouvelles constructions dans les banlieues.

133

Monarques de Vientiane

Durant un siècle et demi environ, avant la chute du royaume de Lan Xang (1548-1707), Vientiane fut capitale royale. En 1707, l'éclatement du Lan Xang donna naissance à trois États monarchiques : Vientiane, Luang Prabang et Champasak. Le royaume de Vientiane fut régi par les monarques suivants :

Sai Ong Hue	1707-1735
Ong Long	1735-1760
Ong Boun	1760-1778
Interrègne	1778-1782
Nan	1782-1792
In	1792-1805
Chao Anou (Anouvong)	1805-1828

ORIENTATION

La ville s'étend le long du Mékong selon un axe nord-ouest/sud-est avec, en son centre, le district de Chanthabuli. La plupart des administrations, des hôtels, des restaurants et des temples anciens sont concentrés dans le Muang Chanthabuli, près du fleuve. Il subsiste quelques bâtiments de type colonial, datant de la période française, ainsi qu'un certain nombre d'anciennes boutiques sino-vietnamiennes aux côtés de réalisations architecturales compactes inspirées du réalisme socialiste.

Dans ce secteur, de nouveaux panneaux indiquent le nom des rues en anglais et en lao, ce qui facilite considérablement la vie des étrangers. En dehors de Chanthabuli, les noms des rues sont souvent seulement inscrits en lao, et rarement en français.

Si les désignations anglaise et française des différents types de voies sont très variées (par exemple route, rue ou avenue), en lao, il n'existe qu'un terme, *thanōn*. Mieux vaut donc utiliser ce dernier pour demander son chemin.

Les rues principales du centre-ville sont : Thanon Samsenthai, la plus commerçante ; Thanon Setthathirat (qui se prononce Setthathilat, car le son "r" n'existe pas en lao moderne), où se trouvent les temples les plus célèbres, et Thanon Fa Ngum, la rue bordée d'eucalyptus, de figuiers et de tecks qui longe le fleuve.

Perpendiculaire au Mékong, Thanon Lan Xang, le boulevard le plus large de Vientiane, part du palais présidentiel en direction de Talaat Sao (le marché du Matin) pour aboutir au Patuxai, ou arche de la victoire. Ensuite, il se sépare en deux parties pour former Thanon Phon Kheng et Thanon That Luang. La première conduit au monument des soldats inconnus. La seconde mène au Pha That Luang.

Au nord-est de Muang Chanthabuli s'étend Muang Saisettha, où sont regroupés le Pha That Luang et plusieurs ambassades. C'est également le quartier résidentiel, formé de villas neuves de style français et américain, habitées par les expatriés qui travaillent pour des programmes d'aide humanitaire ou des sociétés multinationales.

Les deux quartiers résidentiels lao sont situés au sud-est, dans le meuang de Sisattanak, et à l'ouest, dans Muang Sikhottabong.

Les meuangs de Vientiane sont divisés en *bâan,* regroupant les faubourgs ou les villages avoisinants des vats. L'aéroport de Vattay, par exemple, se trouve dans Ban Wattay, un village situé dans la partie sud du Muang Sikhottabong, autour du Vat Tai.

Guides et plans

Publiée par l'ATL en 1993, la *Vientiane Tourist Map* offre un plan des rues très pratique avec, également, les principaux sites de la ville et l'emplacement, souvent non mentionné, des hôtels et des services publics. On peut se la procurer au service géographique d'État, à la librairie Raintrees, au marché Phimphone et dans plusieurs boutiques de la ville.

Les trois pages de cartes pliantes au dos du *Vientiane Guide* du Women International Group (groupe international des femmes) fournissent des indications plus détaillées, avec un index. Ce livre, fort utile, date de 1995. Il comprend plus de 190 pages de renseignements pratiques sur ce qu'il faut voir et faire à Vientiane. Ciblé davantage vers les expatriés nouvellement installés dans la ville que vers les touristes, il parle, par exemple, de personnel domestique, de réparations électriques... Ce guide est vendu 12 $US à la librairie Raintrees, au marché Phimphone et dans divers magasins de la ville.

RENSEIGNEMENTS
Office du tourisme
L'Autorité du tourisme laotien (ou ATL), également connue sous le nom de Autorité du tourisme national laotien, possède son siège sur Thanon Lan Xang, entre Talaat Sao et le Patuxai. Ce bureau (☎/fax 212013) n'est guère plus qu'une agence de voyages mal déguisée, dont les services et les prix concurrencent mal ceux des agences privées de la ville. Pratiquement inutile sur le plan des renseignements ou même de la politique officielle sur le tourisme (voyez à ce propos la rubrique *Offices du tourisme* au chapitre *Renseignements pratiques*), il est conseillé de se fier au guide ou aux informations que vous trouverez dans divers magasins de souvenirs du centre-ville.

Le bureau de l'ATL ouvre en principe du lundi au vendredi de 8h à 17h mais, comme dans les autres bureaux du gouvernement, le personnel est souvent absent entre 11h30 et 14h30.

Ambassades étrangères
Pour consulter la liste des ambassades à Vientiane, reportez-vous à *Ambassades étrangères au Laos*, dans le chapitre *Renseignements pratiques*.

Bureau de l'immigration
Le bureau de l'immigration de Vientiane, installé dans Thanon Hatsady, près du marché du Matin, est ouvert du lundi au samedi (excepté mardi) de 8h à 11h30 et de 14h à 16h30. Si vous voulez proroger votre visa, munissez-vous de photocopies des premières pages de votre passeport afin d'accélérer les formalités. Vous n'aurez pas besoin de photos. Délivré immédiatement, le renouvellement d'un visa touris-

tique revient à 3 $US par jour. Pour vous faire patienter, la salle d'attente est équipée d'une table de ping-pong. Pensez cependant à amener une balle et des raquettes.

Argent
La Banque pour le Commerce extérieur lao (BCEL), à l'angle de Thanon Pangkham et de Thanon Fa Ngum, près de l'hôtel Lane Xang, offre le meilleur taux de change de la ville. Elle ouvre de 8h30 à 16h30, du lundi au vendredi, et jusqu'à 11h le samedi matin. Plusieurs autres banques, essentiellement thaïlandaises, longent Thanon Lan Xang, entre Thanon Setthathirat et Thanon Saylom. A la BCEL et à la Thai Farmers Bank (80/4 Thanon Lane Xang) on peut retirer de l'argent liquide avec les cartes Visa et Mastercard.

Parmi les autres banques qui offrent ce service, on notera les suivantes :

Bangkok Bank
   28/13-15 Thanon Hatsady
Bank of Ayudhya
   Thanon Lan Xang
Joint Development Bank
   31-33 Thanon Lan Xang
Krung Thai Bank
   Thanon Lan Xang
Nakhornluang Bank
   39 Thanon Pangkham
Siam Commercial Bank
   602/4-5 Thanon Nong Bon, à l'est de Talaat Sao Thanon Samsenthai et Thanon Lan Xang
Thai Farmers Bank
   80/4 Thanon Lan Xang
Thai Military Bank
   69 Thanon Khun Bulom

Des bureaux de change agréés se sont installés Talaat Sao et ailleurs dans la ville. En face de l'Asian Pavilion Hotel, sur Thanon Samsenthai, on accepte la carte Visa, les chèques de voyage et le liquide, le tout avec une commission impressionnante. On peut également changer de l'argent sur le "marché parallèle", dans diverses boutiques de la ville, sans aucune commission, ou bien contacter des changeurs non officiels près de Talaat Sao. Ces derniers offrent généralement les meilleurs taux de Vientiane mais vous avez tout intérêt à arriver

VIENTIANE

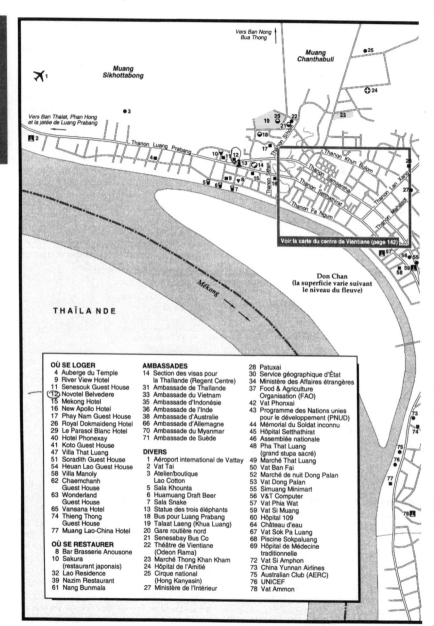

OÙ SE LOGER
4 Auberge du Temple
9 River View Hotel
11 Senesouk Guest House
12 Novotel Belvedere
15 Mekong Hotel
16 New Apollo Hotel
17 Phay Nam Guest House
26 Royal Dokmaideng Hotel
29 Le Parasol Blanc Hotel
40 Hotel Phonexay
41 Koto Guest House
47 Villa That Luang
51 Soradith Guest House
54 Heuan Lao Guest House
58 Villa Manoly
62 Chaemchanh
  Guest House
63 Wonderland
  Guest House
65 Vansana Hotel
74 Thieng Thong
  Guest House
77 Muang Lao-China Hotel

OÙ SE RESTAURER
8 Bar Brasserie Anousone
10 Sakura
  (restaurant japonais)
32 Lao Residence
39 Nazim Restaurant
61 Nang Bunmala

AMBASSADES
14 Section des visas pour
  la Thaïlande (Regent Centre)
31 Ambassade de Thaïlande
33 Ambassade du Vietnam
35 Ambassade d'Indonésie
36 Ambassade de l'Inde
38 Ambassade d'Australie
66 Ambassade d'Allemagne
70 Ambassade du Myanmar
71 Ambassade de Suède

DIVERS
1 Aéroport international de Vattay
2 Vat Tai
3 Atelier/boutique
  Lao Cotton
5 Sala Khounta
6 Huamuang Draft Beer
7 Sala Snake
13 Statue des trois éléphants
18 Bus pour Luang Prabang
19 Talaat Laeng (Khua Luang)
20 Gare routière nord
21 Senesabay Bus Co
22 Théâtre de Vientiane
  (Odeon Rama)
23 Marché Thong Khan Kham
24 Hôpital de l'Amitié
25 Cirque national
  (Hong Kanyasin)
27 Ministère de l'Intérieur

28 Patuxai
30 Service géographique d'État
34 Ministère des Affaires étrangères
37 Food & Agriculture
  Organisation (FAO)
42 Vat Phonxai
43 Programme des Nations unies
  pour le développement (PNUD)
44 Mémorial du Soldat inconnu
45 Hôpital Setthathirat
46 Assemblée nationale
48 Pha That Luang
  (grand stupa sacré)
49 Marché That Luang
50 Vat Ban Fai
51 Vat Dong Palan
52 Marché de nuit Dong Palan
53 Vat Dong Palan
55 Simuang Minimart
56 V&T Computer
57 Vat Phia Wat
59 Vat Si Muang
60 Hôpital 109
64 Château d'eau
67 Vat Sok Pa Luang
68 Piscine Sokpaluang
69 Hôpital de Médecine
  traditionnelle
72 Vat Si Amphon
73 China Yunnan Airlines
75 Australian Club (AERC)
76 UNICEF
78 Vat Ammon

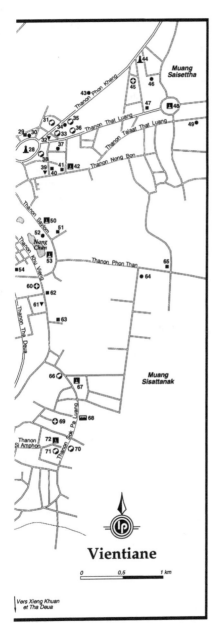

Vientiane

0   0,5   1 km

Vers Xieng Khuan
et Tha Deua

parfaitement au courant des taux en vigueur et à compter soigneusement votre argent. Reportez-vous à la rubrique *Questions d'argent* au chapitre *Renseignements pratiques* pour tout complément d'information sur les restrictions du change, les comptes en banque et les retraits d'argent en liquide.

Poste

La poste fait l'angle de Thanon Lan Xang et de Thanon Khu Vieng, en face de Talaat Sao. Les heures d'ouverture : de 8h à 17h, du lundi au vendredi, jusqu'à 16h le samedi et 12h le dimanche matin.

Téléphone et fax

Le bureau de poste est réservé aux communications interurbaines. Pour l'étranger, il faut s'adresser au Bureau du téléphone international (BTI), Thanon Setthathirat. Les bureaux sont ouverts tous les jours de 7h30 à 22h, et le service de télécopie fonctionne dans une pièce à part de 7h30 à 21h30. Vous trouverez aussi quelques cabines téléphoniques à carte, juste en face de l'immeuble. Les cartes sont en vente au BTI ou au bureau de poste.

Les hôtels ne font pas payer généralement les appels locaux. Le code de Vientiane est le 21.

Courrier

Parmi les différents services de courriers internationaux à Vientiane, vous aurez le choix entre DHL Worlwide Express (☎ 216830 ; fax 214869), 52 Thanon Nokeo Khumman ; TNT Express Worldwide (☎/fax 214361), 8/3 Thanon Lan Xang ; et United Parcel Service (☎ 414392), 12/26 Thanon Nong Bon, Ban Nong Bon.

Agences de voyages

La liste des tour-opérateurs officiels figure dans la rubrique *Voyages organisés* du chapitre *Comment s'y rendre*.

Librairies

La plus grande librairie du Laos est Raintrees (☎ 213060), 52 Thanon Nokeo Khumman, qui vend des livres de poche des guides de voyage, des magazines et autres périodiques. La plupart de ces publications sont en anglais, mais l'on trouve également un petit stock en français et en allemand. Le magasin ouvre du lundi au samedi de 8h30 à 17h.

En outre, la librairie dispose de trois autres petits points de vente situés 54/1 Thanon Pangkham (à côté du bureau de la Thai), ainsi que dans deux hôtels, le Lao Hotel Plaza dans Thanon Samsenthai et le Novotel Belvedere dans Thanon Luang Prabang.

Toute proche, au coin nord-est de Thanon Setthathirat et de Manthatulat, la librairie d'État propose des livres et magazines en lao et en anglais, ainsi que des affiches, des bandes dessinées politiques et quelques objets d'artisanat. La vendeuse vous dira que "Lénine se vend bien, mais personne ne veut de Marx et Engels". La Librairie est ouverte du lundi au samedi de 8h à 11h30 et de 14h à 16h30.

La boutique de souvenirs de l'hôtel Lane Xang compte également quelques livres en anglais, ainsi que des cartes assez chères de Vientiane et du Laos. De chaque côté de Thanon Samsenthai, près de l'hôtel Ekalath Metropole, le marché Phimphone et le Phimphone Minimart proposent aussi quelques livres en anglais et en français.

Centres culturels

Dans Thanon Lan Xang, juste en face du bureau de l'ATL, le Centre de langue française (☎ 215764) propose des cours de français et de lao, des films français chaque semaine et une petite bibliothèque en français (ouvert du lundi au samedi).

Le centre culturel russe (☎ 212030) fait l'angle de Thanon Luang Prabang et Khun Bulom. Ses services sont très similaires.

Blanchissage/nettoyage

La plupart des hôtels et des pensions disposent de services de blanchisserie. On trouve également plusieurs laveries dans le quartier chinois de Vientiane, surtout le long de Thanon Heng Boun et de Thanon Samsenthai, à l'est de Thanon Chao Anou. Les prix généralement demandés dans ces boutiques atteignent 500 K par pièce de vêtement, et en donnant votre linge le matin, vous le reprenez le soir.

Soins médicaux

Les services médicaux de Vientiane s'avèrent plutôt restreints. Dans les deux hôpitaux d'État, Setthathirat (☎ 413783) et Mahasot (☎ 214018), les conditions d'hygiène et les compétences du personnel sont nettement inférieures à celles des hôpitaux thaïlandais voisins. Il existe un service spécial (appelé clinique internationale) pour les étrangers à l'hôpital Mahasot, ouvert 24 heures sur 24, mais il faut avouer que peu d'étrangers y ont recours. Et pourtant, une amie souffrant d'une crise aiguë de paludisme a été hospitalisée dans cet établissement et bien soignée.

L'Hôpital de l'amitié (☎ 413663) comprend 150 lits. Ce nouveau centre est spécialisé dans les traumatismes et l'orthopédie. Dirigé par l'Association médicale franco-asiatique (AMFA), il s'est installé sur le site de l'ancien hôpital soviétique, au nord de la ville sur la route de Tha Ngon. En cas d'urgence, on appelle en principe le service des ambulances-radio. Cependant, des résidents affirment que le service ne fonctionne pas. La nuit, l'hôpital est fermé à clé, sans personnel de service.

Enfin, les services militaires de l'Hôpital 103 (☎ 312 127) et de l'Hôpital 109, respectivement situés dans Thanon Sok Pa Luang et Thanon Khu Vieng, ont une réputation correcte mais acceptent rarement les étrangers.

Si votre état de santé vous permet d'attendre, allez plutôt consulter dans les hôpitaux de Bangkok, qui sont excellents. En cas d'urgence, vous pouvez toujours faire venir une ambulance d'Udon Thani ou de Khon Kaen, en Thaïlande, ou utiliser les services de Lao Westcoast Helicopter. Les noms et les adresses sont indiqués dans la rubrique *Santé* du chapitre *Renseignements pratiques*.

Les meilleures pharmacies de Vientiane se trouvent sur Thanon Nong Bon ou Thanon Mahasot, près de Talaat Sao. La pharmacie Kamsath (☎ 212940, fermée le dimanche) et la pharmacie Sengthong Osoth (☎ 213732, ouverte tous les jours) se situent l'une et l'autre sur Thanon Nong Bon. Le choix de produits offerts est plus étendu qu'ailleurs.

Médecine traditionnelle. L'hôpital de Médecine traditionnelle, *Hong Maw Pin Pua Duay Yaa Pheun Meuang* (☎ 313584), clinique d'État consacrée à la médecine lao, est située à Muang Sisattanak, dans le quartier de Ban Wat Naak. Vous pourrez profiter de ses saunas aux herbes (600 K l'entrée), de ses massages traditionnels (600 K les 15 minutes, 2 500 K l'heure) et vous faire soigner par acupuncture. L'hôpital n'a pas d'autre adresse que celle du quartier, Ban Wat Naak, qui est signalé sur la carte de Vientiane. Si vous vous déplacez en jumbo, demandez au conducteur de vous conduire à Vat Si Amphon, puis dirigez-vous à pied en direction de l'établissement en suivant les pancartes aux lettres rouges.

En cas d'urgence

Chacun des six districts de Vientiane est pourvu d'un poste de police, mais il est peu probable que vous ayez affaire à eux, à moins d'être impliqué dans un accident. Les numéros de téléphone d'urgence qui suivent sont supposés vous apporter une aide immédiate :

Pompiers	190
Police	191
Ambulance	195 ou 13360

Désagréments et dangers

Le taux de criminalité est très bas à Vientiane, mais la ville n'est pas si angélique qu'elle y paraît. La nuit, quelques touristes ont vu leur porte-monnaie, leur sac à main ou sac à dos arraché par deux motocyclistes (apparemment laotiens).

Les voyageurs se font généralement surprendre dans l'obscurité et dans le quartier souvent désert du musée de la Révolution

lao. Les rues particulièrement sensibles sont Thanon Samsenthai, devant le bâtiment, ou encore celles qui longent la place, en face du musée. Évitez donc de fréquenter ces lieux après 21 h, lorsque la circulation se fait moins dense. Si vous êtes en bicyclette ou en moto, ne transportez rien de précieux dans le panier du véhicule, qui serait une cible trop facile pour les voleurs.

Il existe un couvre-feu non officiel à Vientiane. Il s'applique à tous les secteurs de la ville, excepté le centre-ville. Quiconque se trouve dehors après minuit risque des ennuis avec l'armée. Il semble que le phénomène se produise essentiellement aux limites nord-est et nord-ouest de Vientiane. Généralement, les étrangers sont arrêtés par deux ou trois hommes armés, pas forcément en uniforme, et escortés chez eux ou à leur hôtel sans la moindre explication. Ce genre d'incident peut arriver aussi bien aux résidents qu'aux simples touristes. Les expatriés estiment que ce sont des agents de sécurité dont la mission est de "protéger" les gens des rôdeurs. Si vous vous contentez de fréquenter les zones animées, il est peu probable que vous fassiez ce genre de rencontre.

VAT SI SAKET

Moins connu sous son nom complet, Vat Sisaketsata Sahatsaham, ce temple se situe en face du palais présidentiel, à l'est de l'intersection entre Thanon Lan Xang et Thanon Setthathirat. Érigé en 1818 par le roi Anouvong (Chao Anou), c'est probablement le plus vieux temple de Vientiane puisque c'est le seul à ne pas avoir été détruit par le raid siamois de 1828.

Le roi Anouvong, élevé à la cour siamoise et plus ou moins inféodé au royaume, a fait construire le vat dans le style ancien de Bangkok. Le bâtiment est ceinturé par d'épais murs qui forment un cloître semblable (bien que plus petit) à celui de Pha That Luang. C'est probablement pour cette raison que les Siamois ne l'ont pas détruit lorsqu'ils vinrent réprimer la rébellion.

Une nouvelle pancarte devant le temple souligne cependant qu'il a bel et bien été détruit en 1828, et reconstruit en 1935. Peu

Des reliquaires pour conserver les os des défunts

La plupart des vats laotiens possèdent au moins quelques *thâat kádµuk* ("objet contenant des os" ou "stupa abritant des os"). Ces petits reliquaires en forme de stupa renferment les restes (un mélange de cendres et de fragments d'os) de fidèles incinérés. Ils sont généralement alignés le long des murs à l'intérieur du monastère et parfois dispersés sous les arbres du monastère. La construction du reliquaire est commandée par la famille, généralement après un décès, mais parfois même avant. Une plaque est fixée sur le thâat et porte le nom du défunt (*seu*), sa date de naissance (*kpet*), de décès (*mawrana*) et son âge (*lúam aanyu*). L'inscription va jusqu'à préciser le jour de la semaine et l'heure de la mort.

Un cadre avec la photo du défunt est parfois enchâssé dans le marbre ou le ciment au-dessus de l'épitaphe. Les reliquaires peuvent contenir les cendres de plusieurs personnes ou de toute une famille, et, dans ce cas, le thâat comporte une petite porte en bois cadenassée, afin de pouvoir accueillir d'autres cendres.

Les proches se rendent régulièrement au monastère et allument quelques bougies ou déposent des fleurs pour rendre hommage au défunt. *Wán pha*, les deux jours de pleine lune et de nouvelle lune de chaque mois, sont des moments privilégiés pour ces visites. Mais, c'est surtout pendant la fête de Haw Khao Padap Din, qui se tient lors des jours de pleine lune d'août et de septembre, que les familles aiment rendre visite au *thâat kádµuk*. ∎

importe la véritable histoire, le vat est l'un des lieux favoris des étudiants des Beaux-Arts qui viennent exercer ici leurs talents.

Malgré cette influence siamoise, le Vat Si Saket présente une architecture unique en son genre. Les murs internes du cloître sont criblés de petites niches garnies de plus de 2 000 bouddhas en argent et en céramique. Plus bas, sur de longues étagères, sont déposés plus de 300 bouddhas assis et couchés, de taille et de matière différentes (bois, pierre, argent et bronze), généralement sculptés ou moulés dans le plus pur style laotien (pour plus de détails concernant la statuaire religieuse, consulter la rubrique *Arts* du chapitre *Présentation du pays*). La plupart des statues datent de la période de Vientiane, du XVIe au XIXe siècle, mais certaines remontent aux XVe et XVIe siècles, époque de Luang Prabang. On peut également découvrir un bouddha naga de style khmer relativement endommagé ; cette reproduction de Bouddha, assis sur un cobra lové à plusieurs têtes, se trouvait auparavant sur le site khmer voisin de Hat Sai Fong. A l'ouest du cloître s'élève un amas de bouddhas cassés et à moitié fondus, datant de la guerre siamo-lao de 1828.

Entouré d'une galerie de colonnes, le *sim* (salle d'ordination) de style thaïlandais est surmonté d'un toit à cinq pans. A l'intérieur, les murs, décorés de superbes fresques (*jataka*) représentant des scènes de la vie de Bouddha, renferment des centaines de statuettes placées dans des niches semblables à celles du cloître. Les peintures non restaurées, réalisées dans le style de Bangkok, datent des années 1820, les autres ont été remises à neuf en 1913. En 1991, l'Unesco a annoncé qu'elle allait financer la restauration des fresques mais, jusqu'à présent, la peinture continue de s'écailler.

Les motifs floraux du plafond sont inspirés des temples siamois d'Ayuthaya, eux-mêmes influencés par la décoration du château de Versailles. Au fond, l'autel comporte plusieurs reproductions de Bouddha, ce qui porte la statuaire du Vat Si Saket à 6 840 pièces en tout ! Les mensurations du bouddha debout, situé à gauche de l'autel supérieur, sont censées correspondre à celles du roi Anouvong. Le grand porte-luminaire en bois doré placé devant l'autel date de 1819.

Sous la véranda extérieure, derrière le sim, se déroule une longue gouttière en bois de 5 m de long, sculptée en forme de naga (Dieu-serpent). C'est le *láang song nâam pha* (rampe d'arrosage des statues) que l'on utilise pendant le Pii Mai Lao, fête du Nouvel An lao, pour asperger d'eau lustrale les effigies de Bouddha.

A l'extrême gauche de l'entrée du cloître, face à Thanon Lan Xang, se dresse le *hăw tại* (bibliothèque du tripitaka), au toit de style birman. Les textes sacrés qu'il renfermait ont été transférés à Bangkok. Seule une des quatre portes est d'origine, les autres ont été restaurées en 1913.

Les jardins du vat sont parsemés de cocotiers, de bananiers, de manguiers et des pots de bougainvilliers bordent le mur est. Des *thâat kádụuk*, sortes de petits reliquaires en forme de stupa où sont conservées les cendres des fidèles, bordent les murs nord et ouest de l'enceinte du temple. Le Vat Si Saket est ouvert au public du mardi au dimanche (sauf les jours fériés), de 8h à 11h30 et de 14h à 16h30.

L'entrée coûte 500 K. Si vous le souhaitez, vous pouvez faire appel au guide, qui parle français et anglais et dont les services sont gratuits.

HAW PHA KAEW

Un peu plus bas sur Thanon Setthathirat, à environ 100 m du Vat Si Saket, l'ancien temple royal Haw Pha Kaew a été transformé en musée.

Les Lao affirment qu'il a été édifié en 1565 sur ordre du roi Setthathirat, monarque du royaume voisin du Lanna, dans le Nord de la Thaïlande. A la mort de son père, le roi Phothisarat, Setthathirat hérita du trône du Lan Xang et transféra la capitale du royaume à Vientiane. Le Vat Pha Kaew, qui devint le lieu de culte personnel du roi, fut bâti pour abriter le fameux bouddha d'émeraude (*Pha Kaew* en lao, qui signifie "effigie de Bouddha en pierre précieuse", en fait une sorte de jade) que ce dernier avait emporté avec lui en quittant le Lanna. A la suite d'un conflit avec les Lao, en 1779, les Siamois volèrent le bouddha d'émeraude et le déposèrent au Vat Phra Kaew de Bangkok (*Pra* est l'équivalent thaï du terme lao

Pha signifiant effigie de Bouddha). Le Vat Pha Kaew de Vientiane fut ensuite rasé lors de la guerre siamo-lao de 1828.

Il est censé avoir été reconstruit entre 1936 et 1942, d'après les plans exacts du temple original, d'où la difficulté à le dater. En effet, si les architectes ont vraiment respecté le style d'origine, il est peu probable que le premier sim ait été bâti au milieu du XVIe siècle, car l'architecture actuelle ne ressemble à celle d'aucun autre temple siamois, laotien, birman ou cambodgien de cette même période. Elle tient plutôt du style de Bangkok du XIXe siècle. Par ailleurs, s'ils ont opté pour le style plus courant du XIXe siècle (dont le Vat Si Saket est un parfait exemple), parce qu'ils ne disposaient pas des plans d'origine, il est possible que l'édifice initial ait bien été construit en 1565 (dans le cas contraire, on peut également émettre des doutes quant à la véracité de l'histoire du Bouddha d'émeraude).

Une chose est sûre, le Haw Pha Kaew actuel n'impressionne guère que par ses dimensions. Les ornements rococo entourant les portes, les fenêtres et le soubassement semblent inachevés. Mais ce musée regroupe de magnifiques pièces de l'art lao, qui valent à elles seules une petite visite. Une douzaine de sculptures sont alignées le long de la galerie, parmi lesquelles un bouddha en pierre, de style dvaravati, exécuté entre le VIe et le IXe siècle, plusieurs bouddhas debout et assis, en bronze, de style lao, dont les bouddhas "appelant la pluie" (debout les mains sur le côté), "offrant sa protection" (paumes tendues en avant) et "contemplant l'arbre de l'Éveil" (poignets croisés sur la poitrine). On peut également voir toute une collection de stèles portant des inscriptions lao et môn. Il manque à la plupart des bronzes lao (ou laotiens) l'*usnisa* ou fleuron en forme de flamme.

A l'intérieur, le sim abrite divers objets royaux, dont un trône doré, des statuettes bouddhistes (notamment une reproduction du Pha Bang, l'original se trouvant à Luang Prabang), quelques stèles khmères, diverses pièces de sculpture sur bois (portes, porte-luminaires, linteaux), des

VIENTIANE

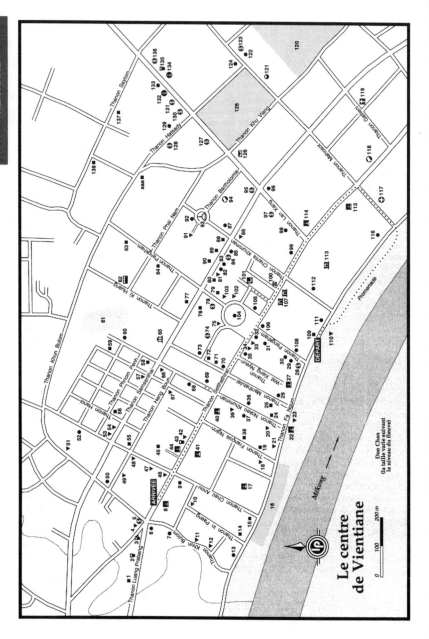

Le centre
de Vientiane

0   100   200 m

Mékong

Promenade

Don Chan
(la taille varie suivant
le niveau du fleuve)

ARRIVÉE

DÉPART

VIENTIANE

OÙ SE LOGER
1 Vientiane Hotel
9 Saysana Hotel
14 Phornthip Guest House
15 Inter Hotel
19 Tai-Pan Hotel
24 Douang Deuane Hotel
25 Samsenthai Hotel
38 Lao International Guest House
45 Lani I Guest House
55 Anou Hotel
56 Vannasinh Guest House
58 Santisouk Guest House et restaurant
59 Syri Guest House
63 Belmont Settha Palace Hotel (en construction)
64 Day Inn Hotel
71 MIC Guest House
72 Phantavong Guest House
76 Settha Guest House
77 Lao Hotel Plaza
79 Pangkham Guest House
80 Lao Paris Hotel
88 Hotel Ekalath Metropole ; Phimphone Market
89 Asian Pavilion Hotel
90 Hua Guo Guest House
109 Lane Xang Hotel
137 Lani II Guest House
138 Lao Elysee Guest House
139 Saylomyen Guest House

OÙ SE RESTAURER
4 Restaurant Phikun
10 Le Vendôme
11 Xang Coffee House
12 Nang Kham Bang
16 Marché de nuit
18 Le Bistrot Snack Bar
20 Le Safran
21 Nazim Restaurant
23 John Restaurant
33 Healthy & Fresh Bakery & Eatery
34 Lo Stivale Deli Café
39 La Terrasse
42 Le Bayou Bar Brasserie
46 Nai Xieng Chai Yene ; Guangdong Restaurant
47 Boulangeries Sweet Home et Liang Xiang
48 Le Chanthy (Nang Janti)
49 Restaurants Nang Suli et Vieng Sawan
51 Vegetarian Food
53 Moey Chin
54 Samsenthai Fried Noodle
57 Restaurant Phikun
66 Uncle Fred's
67 Restaurant Ha-Wai
75 Scandinavian Bakery ; Restaurant Le Provençal
81 PVO
86 Kua Lao
91 Soukvimane Lao Food
102 Restaurant-Bar Namphu ; L'Opera Italian Restaurant
103 Restaurant The Taj
110 Salongxay Restaurant

TEMPLES
8 Vat In Paeng
17 Vat Chanthabuli
27 Vat Xieng Nyeun
40 Vat Mixai
41 Vat Ong Teu Mahawihan
114 Vat Si Saket
115 Haw Pha Kaew

DIVERS
2 Win West Pub (Bane Saysana)
3 Garage Shell
5 Thai Military Bank
6 Centre culturel russe
7 Couleur d'Asie
13 SODETOUR
22 Haw Kang (tombeau chinois)
26 The Art of Silk
28 La Banque pour le Commerce Extérieur Lao (BCEL)
29 Thai Airways International
30 Librairie Raintrees
31 Lane Xang Travel
32 Inter-Lao Tourisme
35 Lao Air Booking
36 Mixay Massage
37 Librairie Raintrees
43 Samlo Pub
50 Supermarché Maningom
52 Association vietnamienne
60 Vientiane Tennis Club
61 Stade national
62 Piscine publique
65 Musée de la Révolution laotienne
68 Galerie Lao
69 Lao Textiles
70 Librairie d'État
73 IMF
74 Bank of Lao PDR
78 Nakhornluang Bank
82 Boutiques de souvenirs et d'artisanat
83 Vins de France
84 Bureau de change
85 Phimphone Minimart
87 Boutique Kanchana
92 Champa Gallery
93 hat Dam ("Stupa noir")
94 Ambassade des États-Unis
95 Siam Commercial Bank
96 EDL (Électricité du Laos)
97 Krung Thai Bank
98 Ministère de l'Éducation
99 Ministère de l'Information et de la Culture
100 Bureau des téléphones publics
101 Mosquée
104 Place de la Fontaine
105 Diethelm Travel
106 Bibliothèque nationale
107 Villas Coloniales
108 Lao Aviation

VIENTIANE

111	Ancien Trésor public	122	Pharmacie	130	Joint Development
112	Cabinet présidentiel		Sengthong Osoth		Bank
113	Palais présidentiel	123	Siam Commercial	131	Bank of Ayudhya
	(Haw Kham)		Bank	132	Services touristiques
116	Union des jeunesses	124	Pharmacie Kamsaat		de Thaïlande ;
	révolutionnaires de la	125	Talaat Sao		consulat de Thaïlande,
	République du Laos	126	Bureau des PTT		section des visas
117	Hôpital Mahasot	127	Vientiane	133	Centre de langue
118	Ambassade de		Commercial		française
	France		Bank	134	Autorité du tourisme
119	Église catholique	128	Bangkok Bank		national laotien (ATL)
120	Talaat Khua Din	129	Bureau de	135	Nightclub Vienglatry
121	Terminal des bus		l'immigration	136	Thai Farmer's Bank

manuscrits sur feuilles de palmier et des tambours de bronze en forme de grenouille. Un grand bouddha de bronze "appelant la pluie", très élancé, frappe par sa grande beauté. Tout aussi unique, un bouddha de bronze du XVIIe siècle adopte, dans le style de Vientiane, la "pose européenne", jambes pendantes comme s'il était assis sur une chaise ou un banc.

Devant l'autel se tiennent plusieurs statues, dont un bouddha khmer de pierre et un bouddha de marbre Mandalay. Les Thaïlandais en visite viennent prier ici. Même si le sanctuaire ne sert plus de vat, on continue à déposer des offrandes d'argent sur une petite plate-forme dominant l'image de bois naga (de Xieng Khuang) après sa dévotion.

Le sim est entouré d'un joli jardin paysager. Derrière l'édifice se dresse une énorme pierre levée (reconstruite), provenant de la fameuse plaine des Jarres, dans la province de Xieng Khuang.

Le Haw Pha Kaew se visite de 8h à 11h30 et de 14h à 16h30, du mardi au dimanche. Il est fermé le lundi et les jours fériés et l'entrée coûte 500 K. On peut parfois bénéficier des services d'un guide parlant français et anglais.

VAT ONG TEU MAHAWIHAN

Plus couramment appelé Vat Ong Teu ("temple du Bouddha lourd"), c'est l'un des temples les plus importants du Laos. Il a été construit par le roi Setthathirat vers le milieu du XVIe siècle (et comme tel, il est contemporain du Pha That Luang) mais, comme tous les édifices religieux de Vientiane, sauf le Vat Si Saket, il a été détruit pendant la guerre avec les Siamois, puis reconstruit entre le XIXe et le XXe siècles. C'est la résidence officielle de Hawng Sangkhalat, vice-patriarche de la communauté monastique qui dirige l'Institut bouddhique, où les moines laotiens viennent étudier le *dhamma*.

Le temple doit son nom au grand bouddha en bronze, pesant plusieurs tonnes, assis à l'arrière du sim et entouré de deux bouddhas debout. Le sim est également connu pour les sculptures en bois ornant sa façade, un chef-d'œuvre de l'art lao.

Le Vat Ong Teu se trouve dans la partie ombragée de Thanon Setthathirat, entre Thanon Chao Anou et Thanon François Nginn.

VAT HAI SOK

Situé en face du Vat Ong Teu, sur Thanon Setthathirat, le temple mérite un coup d'œil pour son toit impressionnant à cinq étages (neuf si l'on compte ceux des galeries), surmonté par un ensemble ouvragé de *nyâwt jâo fâa* (crochets sur l'arête des toits).

VAT MIXAI

Le Vat Mixai se trouve à l'est du Vat Ong Teu et du Vat Hai Sok, dans la même rue. Entièrement entouré d'une galerie, le sim et ses lourdes portes flanquées de deux

suite p. 149

VIENTIANE

Visite architecturale de Vientiane

Cette promenade de 1,6 km vous fera découvrir les principaux sites historiques de la ville et les quartiers moins connus. Le circuit part du **Lane Xang Hotel**, l'hôtel le plus important de la période socialiste de Vientiane (1975-89). Jusqu'en 1994, il fut l'unique source de devises du régime en place. De là, prenez la direction du nord-est, le parcours longe tranquillement Thanon Fa Ngum, une rue parallèle au Mékong. Vous découvrirez presque immédiatement sur votre gauche un immense bâtiment officiel de style colonial, qui abrita le **Trésor public** jusqu'à la révolution.

De l'autre côté de Thanon Fa Ngum, juste à l'est du Salongxay Restaurant, se trouve le départ d'une modeste **promenade au bord du fleuve**. Si vous empruntez la promenade ou le trottoir d'en face, vous passerez devant deux très vieux banians. Plus loin, vous circulerez entre vingt-cinq immenses tecks, vieux de plus de 200 ans, entourés de cocotiers et d'acacias.

De retour sur Thanon Fa Ngum, toujours en direction du sud-est, vous apercevrez sur votre gauche l'imposante clôture en fer forgé qui ceinture le **Palais présidentiel**. Ce vaste château a été construit pour le gouverneur du protectorat français. Après l'indépendance, il a servi de résidence au roi Sisavang Vong (puis à son fils Sisavang Vatthana) de Luang Prabang, lorsqu'il était en visite à Vientiane. Depuis l'exil et la disparition de la famille royale à la fin des années 70, l'immeuble accueille les hôtes et les cérémonies officielles du gouvernement. Le public n'a pas accès aux bâtiments. Sur la gauche, dans une autre vieille résidence coloniale française de Thanon Fa Ngum, se trouve le quartier général de l'**Union des jeunesses révolutionnaires laotiennes**, l'équivalent communiste des scouts.

Plusieurs vendeurs de nourriture et de boissons, abrités sous des parasols colorés, occupent les rives du Mékong, en face de l'hôpital Mahasot, dans Thanon Mahasot. Prenez à gauche dans la rue, puis à nouveau à gauche après le premier bâtiment, dans Thanon Setthathirat. Vous verrez, tout de suite sur la gauche, les portes du **Haw Pha Kaew**, un ancien temple royal. C'est le seul lieu de culte de Vientiane entièrement ceint d'une galerie. Poursuivez vers le nord-ouest et repérez les murs ocres du **Vat Si Saket**, sur votre droite de l'autre côté de la rue. Ce monastère est le plus ancien de la capitale et abrite de nombreuses et anciennes statues du Bouddha et des peintures murales abîmées.

Continuez toujours dans la même direction, passez le mur nord du Palais présidentiel et traversez Thanon Chanta Khumman. Vous longerez sur la gauche deux grands immeubles, **anciennes maisons coloniales françaises**. Les deux bâtiments comptent parmi les résidences coloniales à étage les mieux restaurées du centre de Vientiane (vous en verrez cinq autres en faisant un détour vers le nord par Thanon Samsenthai, entre Thanon Chanta Khumman et Thanon Lane Xang). Plus loin, sur l'autre trottoir, une allée de quelques dizaines de mètres mène à la **mosquée Jamé**. Vous pourrez entendre les appels à la prière quotidiens en tamoul, arabe, lao et anglais.

JULIET COOMBE/LA BELLE AURORE

Un garde géant appelé *nyak*
à Wat Mixai

A l'angle de Thanon Pangkham et de Thanon Setthathirat se dresse la **Bibliothèque nationale**, récemment restaurée avec des fonds français. La grande **fontaine** ou *nâam phu*, en face, est en partie entourée d'anciens magasins coloniaux restaurés. Le grand bâtiment abandonné qui domine le côté ouest de la fontaine accueillait dans le passé le centre culturel français. Les trois derniers étages n'ont jamais été occupés faute d'ascenseur. L'ancien marché du Matin de Vientiane flanquait Thanon Pang kham, au nord de la fontaine.

Vers le nord-ouest, Thanon Setthathirat pénètre au cœur du quartier du temple, dans le centre de Vientiane. En chemin, bifurquez vers la droite dans Thanon Nokeo Khumman pour atteindre une autre résidence coloniale parfaitement restaurée, celle de **Lao Textiles**. De retour sur Thanon Setthathirat, vous découvrirez les principaux monastères bouddhiques du centre de la capitale : **Vat Mixai, Vat Ong Teu, Vat Hai Sok** et **Vat In Paeng**. ■

Pha That Luang

Pha That Luang (grand reliquaire sacré ou grand stupa) est le momunent national le plus important du Laos, symbolisant à la fois la religion bouddhiste et la souveraineté lao. Son nom officiel, Pha Jedi Lokajulamani, signifie "stupa sacré et précieux" et l'image du stupa central apparaît sur le cachet national. Si l'on en croit la légende, les missionnaires ashokan, venus d'Inde, auraient édifié un thâat ou reliquaire pour y enfermer le sternum de Bouddha, au IIIe siècle avant J.-C. ; mais aucune preuve n'est venue le confirmer. En revanche, des fouilles laissent à penser qu'un monastère khmer a pu être construit juste à côté, entre le XIe et le XIIIe siècles de notre ère.

C'est le roi Setthathirat qui fit bâtir le That Luang actuel à l'emplacement du temple khmer, lorsqu'il décida de transférer la capitale du Lan Xang de Luang Prabang à Vientiane, au milieu du XVIe siècle. La construction débuta en 1566 et quatre vats furent édifiés de chaque côté du stupa dans les années qui suivirent. Aujourd'hui il n'en reste que deux, le Vat That Luang Neua au Nord et le Vat That Luang Tai au Sud. Le premier est la résidence du Patriarche suprême (Pha Sangkhalat) de la communauté bouddhiste lao. Le bâtiment principal est une reconstruction qui date du début de ce siècle.

Les fidèles sont censés pouvoir monter sur le monument, c'est pourquoi des marches permettent d'accéder aux différents niveaux. Chacun est orné de motifs architecturaux illustrant la doctrine bouddhiste, que les visiteurs doivent pouvoir contempler en s'y promenant. Surmontée de 323 *sima* (pierres d'ordination), la base couvre une surface de 68 m sur 69. Chacun des quatre côtés est percé d'un passage voûté (*haw vái* ou porte de prière), dont les marches mènent à la seconde terrasse. Cette dernière, mesurant 48 m de côté, est entourée de

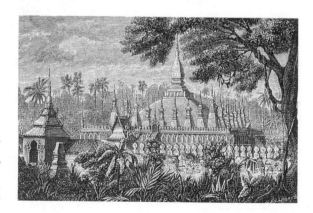

Le That Luang envahi par la végétation, tel qu'il est apparu à Louis Delaporte au XIXe siècle

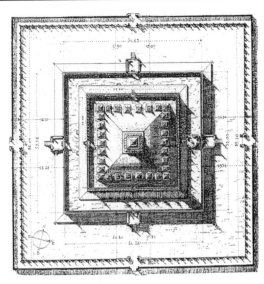

Échelle

120 pétales de lotus et décorée de 288 *sima*, ainsi que de 30 petits stupas symbolisant les 30 perfections bouddhistes (*pálamíi sãam-síp thàat*), qui commencent par la charité et se terminent par la sérénité. Autrefois, chaque stupa renfermait un petit reliquaire en or et et des feuilles d'or, mais ces objets ont été dérobés par des pirates chinois au XIXe siècle, lorsque le That Luang était à l'abandon.

Des portes voûtées conduisent au niveau supérieur, qui fait 30 m de côté. Le grand stupa central en brique, recouvert de stuc, repose sur une coupole couronnée de pétales de lotus qui rappelle le premier reliquaire bouddhique de Sanchi, en Inde.

La flèche curviligne à quatre côtés, qui a perdu une grande partie de ses dorures, ressemble à un bourgeon de lotus allongé ; elle symbolise la graine de lotus plantée au fond d'un lac vaseux qui vient éclore à la surface de l'eau, métaphore du passage de l'ignorance humaine à l'illumination bouddhique. Le stupa est couronné d'une fleur et d'une ombrelle de bananier stylisées. Le thâat a été entièrement redoré en 1995, à l'occasion du vingtième anniversaire de la RDPL. Du sol au pinacle, le That Luang mesure 45 m.

Le cloître qui l'entoure (85 m de côté) présente diverses images du Bouddha. Des représentations classiques khmères et des sculptures lao se dressent de chaque côté de l'entrée principale (à l'intérieur). Les fidèles collent parfois des boulettes de riz sur les murs, notamment durant le festival du That Luang, en hommage à l'esprit du roi Setthathirat.

En 1641, Gerrit van Wuystoff, envoyé par la Compagnie hollandaise des Indes orientales, visita Vientiane et fut reçu au That Luang par le roi Sulinya Vongsa. Le royaume de Lan Xang était à son apogée ; Van Wuystoff fut profondément impressionné par "l'énorme pyramide dont le sommet était recouvert de feuilles d'or pesant mille livres".

Malheureusement, la splendeur du Lan Xang et du That Luang ne dura guère plus de 60 ans. Le stupa et les temples furent détruits par les armées birmanes et siamoise au XVIIIe et XIXe siècles. Vientiane ayant été mise à sac et sa population déportée lors d'une invasion siamoise en 1828, le That Luang resta à l'abandon jusqu'à ce qu'il soit mal restauré par les Français en 1900.

Trente-trois ans après cette première restauration, l'architecte et explorateur français, Louis Delaporte, réalisa un certain nombre d'esquisses du monument. Entre 1931 et 1935, le département d'une universitée française mit en œuvre la reconstruction du monument à partir des dessins de l'architecte. Les Laotiens affirment aujourd'hui que si les Français décidèrent de reconstruire le bâtiment dans les années 30, c'est à cause de la restauration ratée de 1900. Les documents permettant de confirmer ou de réfuter l'une ou l'autre version sont rares. Un rapport de 1910 affirme cependant que les détracteurs de la première restauration effectuée par les Français ont surnommé le stupa central de style moderne, "pointe Morin", du nom de son concepteur. Lors de la rénovation de 1931 à 1935, la pointe a été remplacée par un stupa traditionnel en forme de fleur de lotus, tel qu'il apparaissait sur les esquisses de Delaporte.

Pha That Luang se trouve à environ 4 km au nord-est du centre de Vientiane, au bout de Thanon That Luang. Une statue du roi Setthathirat trône devant l'enceinte.

Un fascicule, vendu à l'entrée, relate l'histoire du temple. Les bureaux du *Vientiane Times* (Thanon Pangham) vendent un petit livre de 56 pages illustré en français, *Le That Luang de Vientiane*, qui décrit le monument et raconte son histoire.

Pha That Luang est le site d'un grand festival au début de novembre. Reportez-vous à *Festivals* dans *Activités culturelles et/ou sportives.*

Pha That Luang est ouvert aux visiteurs du mardi au dimanche de 8h à 11h30 et de 14h à 16h30. Le monument est fermé le lundi et les jours fériés ; l'entrée coûte 500 K.

suite de la p. 144
nyak (gardiens géants) sont de style thaïlandais (Bangkok). L'enceinte abrite une école primaire.

VAT IN PAENG

Traduit grossièrement, le nom de ce monastère signifie "assemblé par Indra", hommage rendu au grand talent qui a présidé aux reliefs de stuc ornant le sim. Au-dessus du pignon, la véranda avant présente une impressionnante façade en bois ornée de mosaïques. Le temple occupe le pâté de maisons à l'ouest de Vat Ong Teu.

VAT CHANTHABULI (VAT CHAN)

Il se dresse au sud du Vat Ong Teu, sur Thanon Fa Ngum, près du Mékong. Les panneaux de bois sculptés de ce sim reconstruit constituent de très beaux exemples du style typiquement laotien. A l'intérieur subsiste le grand bouddha assis, en bronze, datant du temple d'origine. Dans l'enceinte, on peut voir les vestiges d'un reliquaire qui était autrefois ornés d'un bouddha debout "appelant la pluie" ; aujourd'hui, il n'en subsiste plus qu'un.

VAT SI MUANG

Ce monastère, le plus fréquenté de toute la ville, abrite le *lák meŭang* (pilier de la ville/phallus), c'est pourquoi il est considéré comme le siège du génie tutélaire de Vientiane. La légende veut que ce site ait été choisi, en 1563, par un groupe de sages pour accueillir un nouveau vat, lorsque le roi Setthathirat décida d'établir sa capitale à Vientiane. Un large trou fut creusé, afin de recevoir l'énorme pilier de pierre (probablement issu d'un ancien site khmer voisin) que l'on tint suspendu par des cordes. Les tambours et les gongs résonnèrent dans toute la ville pour alerter la population et l'on attendit qu'un volontaire se présente pour se jeter dans le trou en sacrifice. Finalement, une jeune femme enceinte franchit le pas et le pilier retomba lourdement. Certaines personnes pensent à tort que le nom du temple est en partie lié au sacrifice humain de la légende. En réalité, *wat sîi*

meŭang signifie tout simplement "monastère de la ville sainte" en pali-lao.

Détruit en 1828, puis rebâti en 1915, le sim fut édifié autour du *lák meŭang*, qui constitue le centre de l'autel. Devant le pilier recouvert d'une étoffe sacrée se trouve une stèle en bois sculpté, ornée d'un bouddha assis. Celle-ci est entourée d'une guirlande de petites lumières clignotantes rouges et vertes.

Plusieurs autres bouddhas entourent le pilier. On remarquera celui placé sur un coussin, légèrement à gauche de l'autel. Cette statue de pierre plutôt grossière, partiellement endommagée, et qui se trouvait dans l'un des thâat (stupa) d'origine, a survécu à la destruction de 1828. Elle aurait le pouvoir d'exaucer les vœux ou de répondre à certaines questions troublantes. On la consulte en la soulevant trois fois (ou trois fois à deux reprises) de son coussin, tout en répétant mentalement sa requête. Si la prière est exaucée, le fidèle doit revenir au monastère pour déposer des offrandes : bananes, noix de coco, fleurs, encens et bougies (généralement deux pièces de chaque). Ceci explique les nombreux plateaux de fruits, de fleurs et d'encens que l'on voit un peu partout autour du sim !

Derrière le sanctuaire se dresse un *jedi* (stupa), probablement d'origine khmère, à moitié en ruine, au pied duquel les fidèles déposent les statuettes et la poterie cassées, dans l'espoir que les esprits du jedi les protégeront du malheur consécutif à la casse de ces objets. Devant le sim se trouve un petit parc public comprenant une statue sans titre du roi Sisavang Vong (1904-1959). La plaque identifiant cette œuvre fut retirée après la révolution de 1975. Le roi tient à la main un manuscrit en feuilles de palmier représentant le premier code civil du pays.

Le Vat Si Muang se dresse à l'intersection des trois rues où Thanon Setthathirat et Thanon Samsenthai convergent pour former Thanon Tha Deua.

VAT SOK PA LUANG

Vat Mahaphutthawongsa Pa Luang Pa Yai, tel est le nom exact de ce *vat paa* (temple forestier) situé au sud du district de Sisatta-nak. Il est connu pour ses saunas aux herbes, administrés par des laïcs qui résident au temple. La cabine du petit sauna est placée sur une estrade. Pour un résultat optimal, il ne faut pas se laver dans les deux ou trois heures précédant le soin. La décoction d'herbes pénètre mieux les pores dilatés de la peau. Après le sauna, on peut prendre le thé sur la véranda pour se rafraîchir ou se faire masser. Vous payerez 1 000 K pour le sauna et 3 000 K pour un massage de 40 minutes. Le **Vat Si Amphon**, juste à côté, propose également ce genre de sauna (voir la rubrique *Comment s'y rendre*, ci-dessous).

Le Vat Sok Pa Luang est également connu pour ses cours de *vipassana*, une forme de méditation bouddhique qui impose une discipline approfondie du corps et de l'esprit. Le père enseignant est Ajaan Sali Kantasilo. Né en 1932, à Yasothon en Thaï-lande, Ajaan Sali est arrivé au Laos en 1953, à la demande des moines et des laïcs de Vientiane qui souhaitaient étudier cette pra-tique. Il accepte les étudiants étrangers, mais ne parle que lao et thaï, les personnes ne comprenant pas ces langues doivent donc se faire accompagner par un interprète. Avant 1975, de nombreux Occidentaux sui-vaient ses cours mais, depuis, ses disciples sont quasiment tous lao, hormis quelques passionnés occidentaux (reportez-vous au paragraphe *Méditation vipassana*, dans la rubrique *Activités culturelles et sportives*, plus loin dans ce chapitre).

Comment s'y rendre

Tous les chauffeurs de taxi, de jumbo et de tuk-tuk connaissent le Vat Sok Pa Luang. Si vous êtes en voiture ou en vélo, suivez Thanon Khu Vieng sur deux kilomètres et demi, en direction du sud après avoir passé Talaat Sao, jusqu'à ce que vous trouviez une route assez importante sur la gauche (il s'agit de Thanon Sok Pa Luang, mais ce n'est pas indiqué). Tournez à gauche, l'entrée du monastère est à environ 500 m à gauche. Comme le temple est bâti au milieu des bois, vous n'apercevrez, de la route, qu'un grand portail décoré.

Le Vat Si Amphon se situe au sud, sur Thanon Si Amphon. A 100 m environ après Thanon Sok Pa Luang, tournez à droite dans Thanon Si Amphon, le vat est sur la gauche.

THAT DAM

Le "stupa noir" ou That Dam se trouve sur Thanon Bartholomie, entre l'hôtel Ekalath Metropole et l'ambassade américaine. Si l'on en croit la légende, il abriterait un dra-gon endormi à sept têtes, apparu lors de la guerre de 1828 pour protéger les habitants. Ce stupa semble dater de la période du Lanna ou du début de l'époque du Lan Xang et ressemble beaucoup aux stupas thaïlandais de Chiang Saen. Jusqu'à une date récente, That Dam disparaissait sous les mauvaises herbes poussant entre ses briques et ses stucs disjoints. En 1995, des travaux de rénovation ont colmaté fentes et crevasses, sans pour autant détruire l'atmo-sphère ancienne et légèrement ésotérique de l'ensemble.

XIENG KHUAN

On appelle souvent "parc du Bouddha" (Suan Phut) cette collection de sculptures bouddhistes et hindoues disposée dans un champ qui longe le Mékong, à 24 km du centre-ville et à deux pas de Thanon Tha Deua.

Le parc a été conçu et réalisé en 1958 par Luang Pu (Vénéré Grand-Père) Bun-leua Sulilat, un chaman à la fois prêtre et yogi qui décida de fusionner les philoso-phies, les mythologies et les iconographies hindouistes et bouddhistes en un tout énig-matique. Il fit de nombreux disciples au Laos et dans le nord-est de la Thaïlande, où il s'installa au moment de la révolution de 1975. En 1978, il créa le Vat Khaek, de même inspiration, à Nong Khai, où il réside aujourd'hui. A l'origine, Bunleua est censé avoir été le disciple d'un *rishi* (sage) hindou qui vivait au Vietnam. Selon la légende, il marchait dans les montagnes lorsque, tombant dans un trou, il atterrit sur les genoux du rishi ! Il resta plusieurs années dans la grotte, appelée Kaew Ku (ou grotte du bijou).

A la fois bizarres, naïves et très assurées, les sculptures de ciment de Xieng Khuan (ville de l'Esprit) ne manquent pas d'attirer l'attention. On peut admirer des statues de Shiva, Vishnu, Arjuna, Bouddha et autres divinités des panthéons hindou et bouddhique, ainsi que quelques figurines profanes, toutes censées avoir été moulées par des artistes sans talent notoire, sur les directives de Luang Pu. Leur style est remarquablement uniforme. Les enfants auront plaisir à jouer autour des formes les plus fantastiques, comme la déité aux tentacules.

L'enceinte ne comporte qu'un seul édifice, en forme de citrouille, présentant trois niveaux reliés par un escalier intérieur en colimaçon. Ces trois étages symbolisent l'Enfer, la Terre et le Paradis. A l'intérieur, les pièces sont remplies de petites sculptures et agencées de telle sorte que l'on peut y pénétrer ou simplement regarder par la fenêtre, située dans un petit hall que l'on retrouve à chaque niveau. La dernière volée de marches conduit au toit d'où l'on peut contempler les énormes sculptures environnantes.

Quelques marchands vendent des noix de coco, des boissons gazeuses, de la bière, du *pîng kaï* (poulet grillé) et du *tạm màakhung* (salade épicée de papaye verte).

Depuis que Luang Pu a abandonné ce site, la municipalité en a fait un parc public. Il est ouvert tous les jours de 7h30 à 18h, l'entrée coûte 800 K (400 K pour les appareils photos et 600 K pour les camescopes).

Comment s'y rendre

Pour atteindre le parc du Bouddha en bus, prenez les n°14 ou 49, qui partent de la gare routière de Talaat Sao, toutes les 40 minutes environ pendant la journée. Il vous en coûtera 600 K par personne. Autrement, un jumbo de location vaut dans les 5 000 K l'aller simple, 8 000 K pour un aller-retour. Vous pouvez également sauter dans un jumbo que vous partagerez à plusieurs (800 K) jusqu'au ponton du ferry à Tha Deua, puis marcher ou prendre un samlor, afin de couvrir les quatre derniers

kilomètres qui vous séparent du parc. Ou encore, louez une bicyclette si 24 kilomètres ne vous découragent pas, la route étant relativement plate.

PATUXAI

Grand monument rappelant l'Arc de triomphe, le Patuxai est connu sous différents noms. Le nom officiel lao, Patuxai, est à peu près l'équivalent d'arc de triomphe (*pátụu* se traduit également par porte ou portail et *xái* vient du sanscrit *jaya* signifiant victoire). Commencé au début des années 60, il n'a été terminé qu'en 1969 avec du ciment américain censé avoir servi à la construction d'un nouvel aéroport. C'est pourquoi les habitants de Vientiane l'appellent parfois "la piste verticale".

Érigé en l'honneur des victimes des guerres pré-révolutionnaires, il figure sur les cartes touristiques sous le nom d'Ancien Monument, par opposition au nouveau monument à la mémoire des soldats inconnus.

Quel que soit son nom, cette immense arche mérite une rapide visite, notamment par beau temps, d'autant plus qu'on peut s'y rendre à pied puisqu'elle se trouve au bout de Thanon Lan Xang, non loin du centre-ville. De loin, elle ressemble vraiment à son modèle parisien mais, de près, on distingue bien ses caractéristiques lao. Les bas-reliefs, sur les côtés, et les ornements, en haut et le long des corniches, sont typiquement lao. Un escalier conduit aux niveaux supérieurs, d'où l'on peut admirer la vue sur la ville pour 200 K. Les escaliers sont accessibles de 8h à 17h.

MUSÉE DE LA RÉVOLUTION LAO

Le musée de la Révolution (Phiphittaphan Pativat Lao) est une ancienne villa de style classique, dans Thanon Samsenthai. Construite en 1925 pour abriter la résidence du gouverneur français, elle a servi, dans le Laos d'après l'indépendance, de résidence royale, de maison d'accueil réservée aux invités officiels et de bureaux à divers ministères, avant de remplir, depuis 1985, les fonctions de musée. Ce dernier contient essentiellement des objets et des photos témoignant de la longue lutte menée par le Pathet Lao pour accéder au pouvoir. On peut y voir de nombreuses armes, dont les notices sont parfois rédigées en anglais et en lao.

Les salles jouxtant l'entrée sont consacrées à de petites expositions sur la culture et la géographie, tendant à prouver que ces dernières ont influencé la révolution et non le contraire. Les objets les plus intéressants comprennent plusieurs sculptures khmères de grès représentant des déités hindoues, et une exposition d'instruments de musique traditionnels lao.

Les salles intérieures présentent la période coloniale française de 1893 à 1945, la lutte pour l'indépendance de 1945 à 1954, la résistance à l'impérialisme américain de 1954 à 1963, le gouvernement provisoire de 1964 à 1969, et la victoire du communisme de 1975. Les explications se font souvent dans le style communément utilisé par les communistes d'Asie. Ainsi, telle image, qui représente une équipe de travailleurs en train d'aplanir la terre d'une route sous le régime français, est taxée d' "esclavagisme barbare".

On ne parle nulle part des milliers de soldats vietnamiens qui ont occupé le Laos oriental durant la guerre, même si, dans une salle, un buste d'Ho Chi Minh trône à côté de celui de Lénine. Un intéressant diaporama montre les grottes du Pathet Lao à Vieng Xai, mais les explications ne sont données qu'en lao. L'un des objets les plus curieux, un dilatateur de poitrine, est conservé dans une vitrine de verre. Kaysone Phomvihane s'en est servi pendant "la session de gymnastique au cours de l'élaboration du plan de la prise du pouvoir".

Les horaires indiqués (pas toujours respectés) d'ouverture du musée sont de 8h à 11h30 et de 14h à 16h30, du lundi au vendredi, l'entrée revenant à 200 K.

MÉMORIAL DES SOLDATS INCONNUS
Cet édifice blanc semblable à un thâat a été construit à la mémoire des membres du Pathet Lao morts pendant la guerre de résistance de 1964 à 1973. Il se trouve au nord du Pha That Luang sur Thanon Phon Kheng.

MÉMORIAL ET MUSÉE DE KAYSONE PHOMVIHANE
Ouvert à la fin de 1995 pour célébrer le 75e anniversaire de l'ancien président, cette nouvelle installation rend hommage au dirigeant communiste le plus pragmatique d'Indochine. Il ne mérite une visite que si vous vous passionnez pour l'histoire de la révolution laotienne. Modelé par un sculpteur nord-coréen, un buste en bronze de Kaysone orne l'entrée centrale sur laquelle s'organise les salles d'exposition. La première présente des photos des principaux sites culturels et historiques du Laos. Une autre contient une maquette de la maison d'enfance du président, à Ban Na Seng, dans la province de Savannakhet ; on peut également découvrir une évocation de sa jeunesse qui comprend, entouré de photos de famille, le pupitre de l'école française où il a suivi sa scolarité à Ban Tai.

D'autres salles exposent des photographies historiques et des objets relatant la fondation du Lao Issara et du Parti communiste indochinois. Une maquette d'une partie de la "grotte de Kaysone", dans la province d'Hua Phan, renferme un revolver, des jumelles, une radio et d'autres effets personnels. Étant donné la difficulté qu'il y a à obtenir une autorisation de visite de la grotte même à Vieng Xai, vous aurez sans doute là l'unique occasion de voir à quoi elle ressemble. Suivent des expositions de moindre importance sur les événements des années 50 et 60, qui se terminent sur un résumé de la révolution de 1975 et de l'édification de la nation.

Le musée-mémorial se situe dans l'enceinte des anciennes installations militaires du USAID/CIA, juste au sud de la route 13, près du Km 6. Les Américains surnommaient leur quartier général "Six Clicks City" ("Ville aux six déclics") et parfois "Silver City" ("Ville d'argent"). L'endroit comptait alors de nombreux bars, des restaurants, des courts de tennis et des piscines. Il abritait aussi le QG des Américains pendant la guerre secrète. Lors de la prise de Vientiane en 1975, les forces du Pathet Lao repoussèrent les Américains et occupèrent la résidence. Kaysone y vécut jusqu'à sa mort, en 1992.

Si vous venez par vos propres moyens, tournez à gauche, 300 m avant le nouvel orphelinat. Suivez la route sur 300 m, tournez de nouveau à gauche juste avant le portail du poste militaire et continuez sur 800 m. Après le virage sur la droite, vous verrez le musée sur votre droite. Un panneau signale "Aire du musée-mémorial de l'ancien président Kaysone Phomvihane". Les heures d'ouverture (sauf le lundi et les jours fériés) vont de 8h à 11h30, puis de 14h à 16h30. L'entrée coûte 200 K.

PARC NATIONAL ETHNIQUE ET CULTUREL

Cette installation relativement nouvelle se situe sur les rives du Mékong, au Km 18, dans Thanon Tha Deua. Elle ne répond pas encore tout à fait aux espérances que soulève son nom. Jusqu'ici, les seules attractions qu'on y découvre se limitent à un petit zoo comprenant des singes, des ours et des oiseaux, une aire de jeux pour enfants, des statues de dinosaures, quelques boutiques de souvenirs et un panorama sur le pont de l'Amitié thaïlando-laotien. Des événements culturels se déroulent parfois sur une scène. Les bâtiments en construction, de style lao, contiendront de toute évidence des objets relatifs à la culture lao. Les enfants apprécieront certainement cet endroit malgré le peu d'intérêt qu'y trouveront les adultes. Le parc est ouvert tous les jours de 8h à 18h et l'entrée revient à 500 K.

UNIVERSITÉ DE DONG DOK

Les voyageurs souhaitant rencontrer des étudiants voudront sans doute visiter l'université de Dong Dok, connu sous le nom d'université Sisavangvong avant la révolution de 1975. Elle est située à environ 9 km au nord de la ville, sur la route de Tha Ngon (Route 10). Les étudiants de l'Institut des langues étrangères sont généralement ravis de pouvoir échanger quelques mots

avec des gens dont ils étudient la langue (notamment le vietnamien, le français, le japonais et l'anglais).

ACTIVITÉS CULTURELLES ET SPORTIVES
Piscines

Il existe aujourd'hui plusieurs endroits à Vientiane où vous pourrez améliorer votre brasse ou simplement vous rafraîchir. La piscine Sokpaluang, à Thanon Sok Pa Luang dans le sud-est de Vientiane, comprend un grand bassin, un bassin peu profond pour les enfants, un snack-bar qui vend une alimentation lao et *falang* (étrangère, habituellement occidentale) des casiers et des salles pour se changer, le tout pour un prix raisonnable de 1 500 K par personne et par jour. Elle ouvre tous les jours de 9h à 20h.

La piscine publique, près du coin sud-est du stade national, est ouverte tous les jours sauf le lundi et l'entrée ne coûte que 500 K. La propreté du lieu laisse parfois un peu à désirer.

La majorité des filles qui viennent se baigner portent leurs vêtements ordinaires plutôt qu'un maillot de bain (tandis qu'à Sokpaluang, le maillot de bain est obligatoire).

Simple et propre, la piscine du Royal Dockmaideng Hotel, Thanon Lan Xang, ouvre ses portes au public pour 2,5 $US.

En forme de haricot, la piscine de l'hôtel Lane Xang (et son bar) accepte les baigneurs non clients pour le prix de 2 $US, de même que les piscines du Novotel et du Lao Hotel Plaza (entrée 5 $US).

Consultez également les clubs de loisir cités à la rubrique *Où sortir* pour vous renseigner sur la piscine du club de loisirs de l'ambassade australienne (AERC).

Tennis et squash

A côté du stade national, à deux pas de Thanon Samsenthai, le Vientiane Tennis Club propose trois cours éclairés à ses membres. L'abonnement mensuel coûte 1 000 K (plus une inscription de 3 000 K) et un cours pour 45 minutes revient à 500 K. Les étrangers peuvent toujours faire une demande, mais leur nombre est volontairement limité.

L'AERC s'est équipé d'un cours de squash qui accueille seulement les membres de l'AERC. Voir la liste des clubs de loisirs à la rubrique *Où sortir*.

Tennis de table

L'Association vietnamienne de Vientiane, 167 Thanon Chao Anou, possède une table de ping-pong accessible au public. Même si vous n'aimez pas particulièrement ce sport, le bâtiment est intéressant. Il s'agit d'une pension franco-chinoise (ornée de reliefs chinois en stuc) construite en 1933.

Golf

Le Santisuk Lane Xang Golf Club (☎ 812022), situé au Km 14, Thanon Tha Deua, propose un parcours de neuf trous par 35, sur 2,8 km. Les prix restent abordables, entre 7 000 et 9 000 K, plus 3 000 K pour la location du caddie. Le club est ouvert à tous de 7h à 18h et les tongs sont interdites.

Le Vientiane Golf Club (☎ (020) 515 820), au Km 6, sur la Route 13 en direction du sud dispose d'un parcours à neuf trous très intéressant. Le club est réservé aux membres, qui profitent d'un clubhouse et d'une boutique spécialisée.

Gymnastique

L'AERC organise pour ses membres des cours d'aérobic, de step et d'aquagym. Vous trouverez sur place un panneau indiquant les dates et les horaires des cours. Pour plus de détails, reportez-vous aux *Clubs de loisir* dans la rubrique *Où sortir*.

Les non-membres peuvent utiliser le sauna et la salle d'entraînement au Tai-Pan Hotel pour 4 \$US la journée. L'Arlequin, dans le quartier de Si Muang, propose des cours d'aérobic et de danse africaine. Contactez Muriel (☎ 215594) ou Laurence (☎ 217627) pour des informations complémentaires.

Massage et sauna

Mixay Massage (☎ 213576), Thanon Nokeo Khumman est une clinique de massage officielle sérieuse. Elle ouvre tous les jours de 14h à 21h et une heure de massage laotien revient à 5 \$US.

Reportez-vous au passage sur *Vat Sok Pa Luang*, un peu plus haut, pour une description des prestations offertes et au paragraphe *Médecine traditionnelle* dans la rubrique *Renseignements*, pour des informations sur les massages à Hong Maw Pin Pua Duay Yaa Pheun Meuang.

Hash House Harriers

Ce club de course à pied est la seule association d'expatriés n'exigeant pas de cotisation. Pour connaître les différents parcours, consultez le tableau de l'AERC (reportez-vous aux *Clubs de loisirs* dans la rubrique *Où sortir*) qui annonce les lieux de départ de la course, qui se déroule généralement le lundi à 17h30 (à 17h de décembre à février) ; ces informations sont parfois affichées sur la place de la Fontaine, à la boulangerie scandinave, au Tai-Pan Hotel et au marché Phimphone. La participation à cette course de 4 ou 5 km coûte 5 \$US et comprend la bière, les boissons gazeuses et la nourriture servies en fin de parcours.

Les nouveaux venus sont généralement tenus d'écluser un nombre conséquent de bières lao.

Un deuxième club, le Bush Hash, donne rendez-vous tous les samedi à 14h sur la place de la Fontaine pour une course plus physique, à l'extérieur de la ville, dans la "brousse".

Cours de langue

La rubrique *Cours* du chapitre *Renseignements pratiques* vous informera sur les écoles de Vientiane qui enseignent le lao.

Méditation *vipassana*

Ajaan Sali, maître bouddhiste et Mae Kakeo, nonne, proposent une heure de méditation, assise et debout, au Vat Sok Pa Luang, tous les samedi de 16h à 17h. La séance se tient dans un petit pavillon à gauche du *sim* (chapelle où sont ordonnés les moines) et dans le jardin dédié à Ajaan Paan, le précédent maître. Les cours sont ouverts à tous (la moitié des participants sont laotiens et le reste étrangers) et gratuits. Parfois, après les cours, un dialogue s'instaure entre les participants et le maître, qui ne parle que lao.

Deux fois dans l'année, en février ou mars et en septembre ou octobre, Ajaan Sali organise dans le monastère des cours intensifs.

Festivals

Si vous vous trouvez à Vientiane au début du mois de novembre, ne manquez pas le festival That Luang (Bun That Luang), la plus grande foire du temple au Laos. La ferveur religieuse s'accompagne d'une présentation commerciale, et de divers jeux carnavalesques. Les festivités démarrent avec un *wíen thíen* (promenade circulaire) autour du Vat Si Muang, suivi d'une procession vers Pha That Luang, illuminé toute la nuit pendant près d'une semaine. Le festival culmine au matin de la pleine lune avec la cérémonie du *tàak bàat*, au cours de laquelle plusieurs moines venus du pays tout entier reçoivent des aumônes alimentaires de laïcs bouddhistes laotiens. Ce soir-là, le festival se termine sur un dernier *wíen thíen* autour de Pha That Luang, au cours duquel les fidèles portent des *pαasàat* (temples miniatures). Fabriquées à partir de tiges de bananier, ces maquettes sont décorées de fleurs et d'autres offrandes. Des feux d'artifice ponctuent la fête qui se prolonge dans une ambiance bon enfant jusqu'à l'aube.

La fête des eaux ou Bun Nam, à la fin du Phansaa (au mois d'octobre), est l'autre événement annuel de grande ampleur. Des courses de bateaux se déroulent sur le Mékong, qui opposent des équipes de rameurs venues de tout le pays, mais aussi de Thaïlande, de Chine et du Myanmar. Pendant trois nuits, les berges du fleuve sont envahies par des petits restaurants en plein air, des buvettes, des discothèques temporaires et des stands de fête foraine.

OÙ SE LOGER

Vientiane dispose de plus de 60 hôtels et pensions pour accueillir touristes, voya-

geurs, agents secrets, hommes et femmes d'affaires ou autres visiteurs.

Bon nombre d'hôtels et de pensions de la ville affichent leurs tarifs en dollars US ou en baths thaïlandais. Certains, parmi les plus chers, demandent un paiement en monnaie américaine et ce, malgré l'interdiction d'utiliser des devises autres que le kip. Les hébergements meilleur marché acceptent généralement les trois monnaies mais, si le tarif est indiqué en dollars ou en baths et que vous souhaitez payer en kips, vous serez à la merci du taux de change quelque peu arbitraire de l'hôtelier. Tous proposent des réductions de 5 à 20% sur les longs séjours. La différence entre une pension et un hôtel repose sur la gamme de services proposés. Les pensions ne disposent généralement ni de salle de restaurant, ni de bar.

OÙ SE LOGER – PETITS BUDGETS

Au cours de ces deux dernières années, les logements bon marché se sont multipliés à Vientiane, de sorte que l'on peut facilement y séjourner quelques jours ou quelques semaines sans dépenser des fortunes.

Pensions

La *Ministry of Information & Culture (MIC) Guest House* (☎ 212362), 67 Thanon Manthatulat, dans un bâtiment sur plusieurs étages, reste l'adresse la moins chère de la ville. Les grandes chambres de trois lits avec toilettes/s.d.b. et ventilateur reviennent à 9 000 K par personne (plus 3 000 K pour la clim.). Vous pouvez payer en kips, en bahts ou en dollars. Les chambres sont assez propres et sont intéressantes à partager. La MIC offre aussi des services de blanchisserie et de prorogation de visa. Un petit café situé à deux pas, loue des bicyclettes pour 2 000 K par jour.

Dans la même rue, la *Phantavong Guest House* (☎ 214738), 69/5 Thanon Manthatulat, est un établissement privé qui possède 19 chambres avec s.d.b. commune et ventil. pour 6 $US. Une chambre avec s.d.b. et ventil. vaut 8 $US (12 $US avec la clim.). Vous pourrez prendre votre petit déjeuner à n'importe quelle heure de la journée dans la salle à manger. La propreté n'est pas le point fort de l'endroit et certaines chambres sont mal aérées, mais l'établissement est assez apprécié des voyageurs.

La *Santisouk Guest House* (☎ 215303), 77-79 Thanon Nokeo Khumman, surplombe le restaurant du même nom et offre neuf chambres simples et propres. Les pièces sont hautes de plafond avec un plancher en bois et la clim. Les tarifs se montent à 10 \$US avec s.d.b. commune et à 12 \$US avec s.d.b. privée. Le restaurant au rez-de-chaussée propose de bons petits déjeuners.

Un peu plus excentrée, vous trouverez, près du Novotel de Thanon Luang Prabang (Km 2, Ban Khounta), l'accueillante *Senesouk Guest House* (☎ 215567 ; fax 217449). L'établissement propose de nombreuses chambres, toutes équipées avec l'air conditionné. Comptez 300 B pour une double avec s.d.b. commune, 300/400 B pour une simple/double avec s.d.b. et 500 B pour une chambre avec TV et réfrigérateur. En raison de la proximité d'une discothèque, le voisinage de la pension est assez bruyant.

La *Saylomyen Guest House* (☎ 214246) propose huit chambres modestes mais propres avec ventilateur, dans un bâtiment de deux étages, situé sur Thanon Saylom. Une simple avec accès aux sanitaires communs revient à 5 \$US, 6 \$US avec baignoire et 7 \$US si l'on ajoute les toilettes privées. La clim., des toilettes et l'eau chaude vous coûteront 10 \$US. Préférez les chambres sur la cour car la rue est assez bruyante.

Centrale, à la lisière de Chinatown (juste au nord de Thanon Samsenthai), l'agréable *Vannasinh Guest House* (☎/fax 222020), 51 Thanon Phnom Penh, est proche de la catégorie moyenne. Les petites chambres hautes de plafond sont propres et possèdent toutes un ventilateur. Une simple/double avec toilettes communes et douche chaude revient à 8 \$US (10 \$US avec les sanitaires

privés). Les chambres plus grandes, avec clim. et douche chaude, sont à 20 \$US (ou 16 \$US au-delà de trois nuits). L'hôtel propose aussi des suites familiales, comprenant deux chambres, au même prix. On peut négocier pour un long séjour. L'établissement est généralement complet dès midi. Le petit déjeuner est servi dans une petite salle à manger et les propriétaires, Somphone et Mayulee, parlent parfaitement français et anglais.

Également accueillante et bien située, la *Syri Guest House* (☎ 212682 ; fax 219191) se trouve dans un grand immeuble de l'ancien quartier résidentiel de Chao Anou. Les simples/doubles/triples spacieuses, avec ventilateur, s.d.b. commune et eau chaude, valent 10 \$US. Une double avec baignoire (eau chaude) revient à 15 \$US et une double/triple équipée de la télévision, d'un réfrigérateur et de la clim., coûte 20 \$US. L'hôtel loue des bicyclettes moyennant 2 \$US par jour.

Au nord de la place de la Fontaine, un immeuble étroit de quatre étages, abrite la nouvelle *Pangkham Guest House* (☎ 216382) 72/6 Thanon Pangkham. Les petites chambres sans fenêtre, avec ventilateur, toilettes et eau chaude, valent 10 \$US (12 \$US avec la clim.). Les chambres avec fenêtre, qui sont un peu plus grandes, coûtent 16 \$US. Celles donnant sur Thanon Pangkham sont assez bruyantes. Le gérant parle bien anglais et loue des bicyclettes en bon état pour 2 200 K par jour.

Au coin de la rue, dans un nouveau bâtiment commercial, la *Hua Guo Guest House* (☎ 216612 ; fax 222505), 359 Thanon Samsenthai, tenue par un Chinois, propose des chambres assez banales et exiguës, avec TV et clim. Une simple avec douche commune revient à 10 \$US et une double/triple avec douche et eau chaude vaut 15/20 \$US.

Dans le centre, proche du Mékong, la *Lao International Guest House* (☎/fax 216571), 15/2 Thanon François Nginn, au nord du Tai-pan Hotel, comprend onze chambres. Les simples/doubles à l'étage ne valent pas les 10/12 \$US demandés. Vous pouvez prendre une chambre plus petite, climatisée et mieux décorée, avec douche chaude (et éventuellement la TV et un réfrigérateur), à l'étage du dessus pour 20 $US. Un restaurant, au rez-de-chaussée, propose des plats vietnamiens plus ou moins onéreux. L'hôtel loue aussi des bicyclettes et des motocyclettes, pour respectivement 1 et 10 $US la journée.

Quelques immeubles plus loin, nichée dans une rue parallèle, la *Phornthip Guest House* (☎ 217239), 72 Thanon In Paeng, offre des chambres plus soignées. Les simples/doubles spacieuses, propres mais rudimentaires, équipées d'un ventilateur et d'une s.d.b., coûtent de 6,50 à 9 $US et de 10 à 11 $US et jusqu'à 14/16 $US avec la clim. La pension impose un couvre-feu à 23h30.

La *Phay Nam Guest House* (☎ 216768), Thanon Khua Luang est très bien située, tout près de Talaat Laeng (Khua Luang), la gare routière nord d'où partent les bus pour Vang Vieng et Luang Prabang. Le grand bâtiment des années 60, à l'écart de la route, propose des simples/doubles, équipées de s.d.b., de la clim. et d'un réfrigérateur, qui valent de 300 à 400 B, selon leur taille.

Le seul intérêt de la banale *Lao Elysée Guest House* (☎ 213619 ; fax 215628), 168/5 Thanon Khun Bulom, est d'être à deux pas du bureau de l'immigration. L'établissement propose, sur plusieurs étages, des chambres impersonnelles et bruyantes, avec ventilateur, toilettes et douche chaude, pour 7 $US. Vous profiterez de la clim. pour 10 $US et d'une double avec le même confort et la TV pour 13 $US. En bas, un restaurant un peu douteux sert des petits déjeuners.

La *Soradith Guest House* (☎ 412233 ; fax 413651), 150 Thanon Dong Palan Thong (près du marché de nuit Dong Palan), abrite, dans une maison familiale et moderne, vingt chambres bien aménagées et impeccables, toutes équipées de la clim. et de l'eau chaude. Les simples/doubles sont à 10 $US, celles équipées de la TV par

satellite et d'un réfrigérateur sont à 15 $US, et les plus grandes à 20 $US. La pension comprend en outre deux restaurants : le premier, européen, assez cher et le second, plus modeste, qui sert de la cuisine lao et thaï. Le Music Vientiane Café (MVT) occupe le même bâtiment. La chute du kip est sans doute responsable des tarifs assez bas. La simplicité de la pension contraste avec l'élégance du restaurant et du club.

Beaucoup d'autres pensions se situent dans le même ordre de prix autour de Vientiane, mais aucune ne présente un réel intérêt.

Hôtels

L'*Ekalath Metropole Hotel* (☎ 213420, 213421 ; fax 222307), à l'angle de Thanon Samsenthai et Chantha Khumman, a changé au moins trois fois de nom depuis l'Imperial Hotel d'avant 1975. Aujourd'hui, c'est un hôtel à prix moyens et, dans une annexe, des chambres bon marché : simples avec ventilateur, entre 5,50 et 6,60 $US ; doubles avec ventilateur et douche froide commune entre 7,70 et 8,80 $US, ou 12/14 $US la simple/double avec ventilateur et douche froide (toilettes communes).

A l'*Inter Hotel* (☎ 215137), 24/25 Thanon Fa Ngum, à l'angle de Thanon Chao Anou et de Thanon Fa Ngum, près du Mékong, les prix vont de 12 à 16 $US la simple/double, en fonction de la taille de la chambre. Toutes sont climatisées et ont l'eau chaude. La suite de deux chambres avec TV, réfrigérateur et baignoire se monte à 18 $US. L'Inter Hotel (prononcé "Aengtaek" en lao) est souvent plein car bien situé. Attention, le bar-discothèque présente un inconvénient majeur, tous les murs tremblent lorsqu'il est ouvert !

Situé entre Thanon Setthathirat et Thanon Fa Ngum, le *Saysana Hotel* (☎ 213580), Thanon Chao Anou, dispose de simples/doubles climatisées, avec eau chaude à 10 $US. L'adresse sert surtout de refuge pour la nuit aux personnes qui ne peuvent pas (ou ne veulent pas) retrouver leur chemin, en sortant du Victory Nightclub, situé en bas. L'établissement ne semble pas vraiment apprécier les étrangers.

Installé près du fleuve, le *Samsenthai Hotel* (☎ 212166, 216287), 15 Thanon Manthatulat, a connu des hauts et des bas, mais semblait à nouveau correct lors de notre dernière visite. Les simples, modestes, avec ventilateur et s.d.b. commune, sont proposées à 6 \$US, les doubles avec ventil. et toilettes/s.d.b. sont à 8 \$US. Il vous faudra payer 12/15 \$US pour profiter de la clim. et de l'eau chaude. Le restaurant, au rez-de-chaussée, sert des plats chinois et européens.

Le *Vientiane Hotel* (☎ 212928), qui occupe depuis de nombreuses années le 8/3 Thanon Luang Prabang, aurait besoin d'une rénovation complète (il doit appartenir à l'État pour supporter un tel délabrement). Les simples/doubles avec toilettes/s.d.b. et ventilateur valent 9 000/10 000 K (10 800/14 000 K avec la clim.). Les chambres n'ont vraiment rien d'exceptionnel, mais sont parfois réservées par les voyagistes étrangers, dans le cadre de séjours bon marché. Un restaurant laotien se trouve à l'entrée de l'hôtel.

L'*Hotel Phonexay*, proche du Vat Phonxai, à l'angle de Thanon Saylom et de Thanon Nong Bon, est situé dans un grand immeuble délabré (assez sinistre), surtout fréquenté par les Indiens, les Pakistanais et les Bangladais en attente de visa pour la Thaïlande. L'hôtel propose de vastes doubles/triples/quadruples avec ventilateur et s.d.b. pour 6 000/8 000/ 9 500 K ainsi que des quadruples, climatisées, à 15 000 K. Vous trouverez certainement mieux dans le centre-ville, à moins de vouloir améliorer votre apprentissage du bengali ou du punjabi.

OÙ SE LOGER – CATÉGORIE MOYENNE
Pensions

Vientiane dispose de nombreuses pensions de catégorie moyenne qui hébergent le personnel des ONG ainsi que les visiteurs de longue durée qui préfèrent l'atmosphère familiale de ces établissements à l'ambiance des hôtels. De nombreuses chambres dans cette catégorie restent inoccupées (même pendant l'afflux touristique exceptionnel qu'a connu Vientiane en 1997-98). Vous pourrez donc peut-être bénéficier de remises.

L'une des pensions les plus centrales de cette catégorie, la *Lani I Guest House* (☎ 216103 ; fax 215639), 281 Thanon Setthathirat, à côté du Vat Hai Sok, est aussi l'une des plus agréables. Les douze chambres climatisées et confortables de cette maison ancienne coûtent 25 \$US la simple et de 30 à 35 \$US la double (plus une taxe de 10% sur chaque chambre). Chaque chambre est équipée du téléphone, d'une douche avec eau chaude et on peut manger sur une terrasse juste à côté. Sa succursale, le *Lani II*, 268 Thanon Saylom (☎ 213022 ; fax 215639), est installée dans une grande maison en retrait de la rue. On y trouve certainement plus de calme qu'au Lani I. Les tarifs des sept grandes chambres joliment décorées débutent à 15/20 \$US la simple/double avec clim., ventilateur et lavabo dans la chambre. Des toilettes et une douche d'eau chaude vous attendent au fond du couloir. Ajoutez des toilettes privées, une douche à eau chaude et un réfrigérateur, et vous paierez 20/25 \$US, ou bien demandez une chambre plus grande au même tarif. Ces deux pensions louent des bicyclettes à la journée (2 \$US).

En descendant Thanon Samsenthai vers l'est au n°80/4, en face du nouveau Lao Hotel Plaza, vous arriverez à la *Settha Guest House* (☎ 213241 ; fax 215995), confortablement installée dans un immeuble moderne de quatre étages. Les six suites climatisées avec eau chaude et salon particulier valent 16 \$US la simple/double. Rarement plein, les tarifs de l'hôtel se négocient facilement. Au rez-de-chaussée, le restaurant Hong Kong sert naturellement une cuisine chinoise.

La *Koto Guest House* (☎ 412849 ; fax 415323), 229 Thanon Nong Bon, près du Vat Phonxai, compte sept chambres climatisées, aménagées dans un style vaguement japonais (certaines d'entre elles sont dotées de cloisons coulissantes en papier).

Les simples/doubles valent 15/17 $US, avec le petit déjeuner (japonais ou occidental), servi dans le restaurant japonais au rez-de-chaussée.

La *Villa That Luang* (également appelée That Luang Guest House ; ☎ 413370 ; fax 412953), 307 Thanon That Luang, non loin du Pha That Luang, est un endroit propre, tenu par un personnel très serviable. L'établissement propose de grandes chambres avec clim., eau chaude et réfrigérateur pour 20 $US (service quotidien de blanchisserie compris). Comptez 10 $US de plus pour la TV et une ligne téléphonique internationale directe. Un restaurant et un snack-bar sont installés juste à côté. A 500 m du monument, sur Thanon Sisangvone, la *Sisangvone Guest House* (☎ 414753) offre des chambres calmes dans une vieille maison. Une simple climatisée avec douche chaude revient à 400 B et une simple/double avec TV et réfrigérateur, 500/600 B.

Tenue par des propriétaires français, l'*Auberge du Temple* (☎ 214844), 184/1 Thanon Sikhotabang, est une grande maison à 20 m de Thanon Luang Prabang, en face du night-club Blue Star. Joliment décorées, ses huit chambres bénéficient d'un ameublement conçu par le propriétaire lui-même. Deux d'entre elles, équipées de la clim., d'un grand lit et d'une s.d.b. commune avec eau chaude, valent 10 $US. Deux autres, avec deux lits et une s.d.b. commune, 15 $US, et les quatre restantes, doubles avec s.d.b. attenante, 20 $US. Une nuit en dortoir de quatre lits avec ventilateur et s.d.b. commune (eau chaude) vous coûtera 7 $US. Vous obtiendrez une réduction de 10% pour un long séjour. Le petit déjeuner est servi dans une petite salle à manger en bas. Les chambres donnant sur Thanon Luang Prabang sont un peu bruyantes : choisissez plutôt celles sur cour.

Située tout près du Vat Si Muang, à deux pas du Mékong et de la Honour International School, *Villa Manoly* (☎ 212282 ; fax 218907) est une bâtisse imposante et accueillante qui profite d'un environnement agréable et reposant. La maison est meublée d'antiquités et possède une terrasse aménagée à l'étage. Le service est excellent. Les douze simples/doubles équipées d'une douche chaude, valent 20/25 $US.

La *Heuan Lao Guest House* (☎/fax 216258), 55 Ban Si Muang, se trouve encore plus près du vat (de l'autre côté de la rue, en face du parc où est érigée la statue de Sisavang Vong). La pension occupe en réalité une allée (*soi*), près de Thanon Samsenthai et dispose de belles simples/doubles avec s.d.b. et ventilateur à 7 $US. Les mêmes chambres, climatisées et avec eau chaude, sont louées 13 $US et les triples, 15 $US. Vous profiterez de la TV et d'un réfrigérateur pour 25 $US.

A l'est et au sud du centre-ville, plusieurs pensions vous attendent dans les quartiers résidentiels près du Vat Sok Pa Luang. Il est parfois difficile de trouver des taxis ou des jumbos en ville tard le soir, une bicyclette fera alors merveilleusement l'affaire. A la *Chaemchanh Guest House* (☎/fax 312700), 73 Thanon Khu Vieng (en fait à 50 m au nord-est de Thanon Khu Vieng), huit grandes chambres avec clim. et eau chaude coûtent 20 $US. La taille des chambres variant considérablement, demandez à les voir avant de vous engager. Le beau jardin qui entoure la maison ajoute au charme de l'établissement. Le propriétaire propose des plantes à la vente ainsi que des meubles en rotin provenant de son atelier situé Thanon Da Deua, au Km 6.

Tout en briques et en carreaux, la *Thieng Thong Guest House* (☎ 313782 ; fax 312125) occupe un immeuble dans Ban Wat Naak, près de l'ambassade du Myanmar et de Thanon Sok Pa Luang. L'établissement propose treize simples/doubles climatisées, avec l'eau chaude et un réfrigérateur, pour 20 $US (17 $US en cas de séjour prolongé). Le petit déjeuner ou la blanchisserie (au choix) est compris(e). Si vous commandez à l'avance, le petit restaurant installé au rez-de-chaussée vous préparera des plats lao ou européens.

A 200 m au nord-est de Thanon Khu Vieng, dans la paisible Ban Phonsavan Tai,

Muang Sisattanak, la *Wonderland Guest House* (☎/fax 314682), abrite, dans un immeuble de brique à deux étages, dix chambres propres avec un mobilier en rotin. Équipées d'une douche chaude et climatisées, les simples/doubles valent 500 B (certaines possèdent la TV et un réfrigérateur). Une chambre "familiale" avec un grand lit, des lits superposés et tout le confort, revient à 700 B. La moitié d'entre elles s'ouvrent sur de petits balcons. Un restaurant, en bas, et une terrasse aménagée à l'étage complètent l'ensemble. La pension consent parfois des réductions.

Dans le quartier nord de la ville, près de Talaat Thong Khan Kham, à la *Sisavad Guest House* (☎/fax 212719), 93/12 Ban Sisawat Neua, vous pouvez passer la nuit dans des bungalows modernes. Une grande simple/double impeccable, avec clim., vaut 20 $US. Les prix se négocient, en particulier si vous restez longtemps. Toutes les chambres sont équipées d'une douche avec eau chaude et la pension possède une piscine, un plus appréciable quand on voyage avec des enfants. En face, dans un immeuble commercial, la *Sisavad Guest House II* (☎ 212560 ; fax 216586), 161/16 Ban Sisawat Kang, qui appartient à la même famille, est une option un peu moins intéressante que la précédente. Toutes les chambres possèdent la clim., depuis la simple avec toilettes/douche communes et téléphone, à 8 $US, à la simple avec toilettes et douche mais sans le téléphone, à 12 $US. Des simples/doubles avec eau chaude, téléphone et télévision sont disponibles pour 15/20 $US.

Hôtels

Le célèbre *Asian Pavilion Hotel* (☎ 213430 ; fax 213432), 379 Thanon Samsenthai, constitue une bonne adresse pour les budgets moyens. Avant la révolution, c'était l'hôtel Constellation (immortalisé par John Le Carré dans son roman intitulé *Comme un collégien*). Son propriétaire, un ancien colonel de l'armée royale lao qui a fait ses études aux États-Unis, a été envoyé en camp de rééducation de 1975 à 1988. Il a rouvert

l'établissement sous le nom de Vieng Vilay en 1989, avant de le rebaptiser à nouveau après rénovation en 1991. Les chambres simples/doubles à l'arrière coûtent le prix raisonnable de 18 $US, ventil., clim., téléphone et s.d.b. avec eau chaude compris. Dans la catégorie supérieure, les chambres spacieuses avec TV, réfrigérateur et baignoire valent 25 $US (celles encore plus grandes sont à 35 $US). A ces prix s'ajoutent une taxe de service de 10% et une surtaxe également de 10%. Si vous restez deux jours ou plus, les prix descendent respectivement à 22 et 35 $US. Relativement bien tenu, disposant d'un personnel serviable et efficace, calme puisqu'il n'y a pas de discothèque, cet hôtel est surtout fréquenté par les hommes d'affaires. Chambres payables par carte Visa.

De l'autre côté de Thanon Samensthai, un peu plus à l'ouest en direction de Thanon Pangkham, se tient le *Lao-Paris Hotel* (☎ 222229, 213440 ; fax 216382). Dans cet immeuble moderne appartenant à un Vietnamien, les simples avec clim., réfrigérateur et s.d.b. (eau chaude) se louent 10 $US. Les simples/doubles ou triples, équipées en plus de la TV et du téléphone, valent respectivement 15 et 20 $US. En bas, un restaurant sert de la cuisine lao, thaïlandaise, vietnamienne et française.

L'*Hotel Ekalath Metropole* (☎ 213420, 213421 ; fax 222307) dispose de grandes simples/doubles climatisées, avec s.d.b. (toilettes communes), un peu délabrées, pour 11/15,40 $US. Les chambres "de luxe" offrent en plus l'eau chaude, la TV par satellite, le téléphone et un réfrigérateur, pour 36,30/44 $US. Le petit déjeuner en salle est compris et on peut obtenir jusqu'à 50% de réduction pour un long séjour. Pour être le plus au calme possible, demandez une chambre loin de la discothèque. Dans tous les cas, vous trouverez toujours mieux dans les pensions de catégorie moyenne.

L'*Anou Hotel* (☎ 213630 ; fax 213635), à l'angle de Thanon Heng Boun et de Thanon Chao Anou, récemment rénové, propose de modestes simples/doubles pour

30/45 \$US (petit déjeuner compris). Les chambres sont toutes équipées de la clim., de l'eau chaude, de la TV par satellite, d'un réfrigérateur et du téléphone (opérateur). L'adresse est une bonne option et compte tenu de la conjoncture, les prix devraient baisser dans les années à venir. Les cartes bancaires sont acceptées.

Proche du Mékong, le *Douang Deuane Hotel* (☎ 222301 ; fax 222300), Thanon Nokeo Khumman, abrite, sur quatre étages (sans ascenseur), des chambres moyennes sans cachet, mais impeccables. Dotées de lits confortables, de la clim., de la TV, d'un réfrigérateur et d'une baignoire avec eau chaude, les simples comme les doubles valent 22 \$US. La carte Visa est acceptée.

A deux pas du New Apollo Hotel (voir la rubrique *Où se loger – catégorie supérieure*), sur le même trottoir, vers l'ouest, dans Thanon Luang Prabang, vous trouverez le *Mekong Hotel* (☎ 212938 ; fax 212822). L'établissement occupe un immense immeuble qui a servi de résidence à un grand nombre de Russes et d'Européens de l'Est, dans les années 70 et 80. Aujourd'hui tenu par des Chinois, l'hôtel propose des simples/doubles standards, avec clim., douche chaude, téléphone, réfrigérateur et TV, à 20 \$US. Les mêmes chambres, version "luxe" (un peu mieux aménagées), valent 25 \$US. Comptez 30 \$US pour une triple. Les réservations pour les longs séjours sont acceptées. La clientèle se compose essentiellement de Chinois. L'hôtel comprend un service médical, un restaurant chinois, un restaurant/bar thaïlandais et laotien, avec une salle de karaoke et une discothèque.

Paisible, tenu par un Thaïlandais, niché au bord du Mékong, le *River View Hotel* (☎ 216231 ; fax 216232), à l'angle de Thanon Sithan Neua et Thanon Fa Ngum, offre 32 chambres, spacieuses et impeccables. Elles sont toutes climatisées et équipées de l'eau chaude et du téléphone. Les simples valent 15 \$US, les doubles 20/35 \$US et les chambres à cinq lits avec vue, 40 \$US.

Installé au nord-est du centre-ville, *Le Parasol Blanc Hotel* (☎ 216091, 215090 ;

fax 222290), 263 Thanon Si Bun Heuang (juste au nord du Patuxai), dispose de chambres modernes et climatisées, d'une piscine et d'un jardin. Une simple/double avec s.d.b. (eau chaude), ligne internationale directe et télévision par satellite, revient à 33 \$US, blanchisserie comprise. Un restaurant avec un piano-bar offre de la cuisine française, lao et thaïlandaise. Le gérant parle français et la majorité des clients sont français.

Semblable, quoiqu'un peu plus éloigné, le *Vansana Hotel* (☎ 413894, 414189 ; fax 413171), Thanon Phon Than, à l'est du Vat Sok Pa Luang, est doté de grandes chambres tranquilles et bien tenues. Les simples/doubles avec tout le confort (ventil., clim., eau chaude, TV par satellite, réfrigérateur et téléphone) sont proposées à 25/30 \$US. L'établissement abrite un sauna, une piscine, un service de massages, un restaurant et une discothèque et accepte les paiements par carte Visa. Seul inconvénient, les jumbos et samlors ne circulent pas beaucoup dans le quartier et il est préférable d'avoir son propre moyen de transport pour accéder à l'hôtel.

Un peu excentré et tenu par un chinois, le *Muang Lao-China Hotel* (☎ 313325 ; fax 312380), Thanon Tha Deua, est situé au Km 4 sur la route qui mène au ferry de Tha Deua, au bord du Mékong (à côté de l'AERC). Ses vastes doubles propres et climatisées (et aussi bien équipées que celles de l'hôtel précédent), valent 25 \$US (50 \$US la suite de deux chambres). Vous trouverez un café au rez-de-chaussée et côtoierez des clients essentiellement chinois.

Premier établissement de luxe créé à Vientiane, le *Lane Xang Hotel* (☎ 214102 ; fax 214108), Thanon Fa Ngum, fait face au Mékong, non loin des bureaux de Lao Aviation, de la Thai et de la BCEL. Aménagée sur quatre étages, ce merveilleux établissement offrait jusqu'à une époque récente le meilleur hébergement du pays et accueillait une clientèle fortunée. Impeccables et spacieuses, les 109 chambres ont conservé des éléments de décor d'un passé socialiste. Certaines salles de bains immenses, richement équipées, arborent encore le vieux chauffe-eau russe qui cohabite avec le climatiseur dernier cri de marque japonaise, sans oublier le bidet. La suite haut-de-gamme comporte même un énorme séchoir à cheveux digne d'un salon de beauté ainsi qu'une salle à manger dont la table est dressée. Toutes les chambres sont dotées de la clim., de la TV par satellite et d'un minibar. L'hôtel est équipé d'un ascenseur (le deuxième installé au Laos) et abrite un restaurant, un bar, une discothèque et un centre d'affaires. Les clients peuvent utiliser une piscine, un entraînement de golf, un billard, deux courts de badmington, une boutique ainsi qu'un centre de remise en forme avec sauna et équipement de gymnastique. Lors de notre passage, le Lane Xang était une très bonne option, avec des simples/ doubles pour seulement 22/25 $US, de spacieuses suites junior à 45 $US, et des suites de luxe (de la taille d'un appartement) à 55 $US. Les tarifs incluent le petit déjeuner, le service, ainsi que les frais de taxi depuis/vers l'aéroport. La carte Visa est acceptée. Seul inconvénient, durant le week end, des mariages (parfois deux en même temps) se déroulent dans les jardins de l'établissement. Cependant, les soirées se terminent vers 23h30 et ne devraient donc pas troubler votre sommeil.

A côté du somptueux Lao Hotel Plaza, le *Day Inn Hotel* (☎ 214792 ; fax 222984), 059/3 Thanon Pangkham, occupe un bel immeuble à trois étages, qui abritait dans le passé l'ambassade de l'Inde. Entièrement rénové, l'établissement compte de grandes chambres ensoleillées et aérées, avec des meubles en rotin et décorées de tons pastels. Toutes équipées de la TV, d'un réfrigérateur et de grandes s.d.b. (avec baignoire et eau chaude) les simples/doubles/triples reviennent à 65 000/75 000/87 500 K. Au rez-de-chaussée, une cafétéria pratique des prix relativement peu élevés.

OÙ SE LOGER - CATÉGORIE SUPÉRIEURE
Les tarifs de cette catégorie ont pratiquement partout baissé depuis la dernière édition de ce guide, suite à la saturation de l'offre et à la dépréciation du kip.

L'une des meilleures options en matière d'établissement de luxe est sans doute le propre et calme *Tai-Pan Hotel* (☎ 216906 ; fax 216223 ou, depuis Bangkok, ☎ (02) 260-9888 ; fax 259-7908), 2-12 Thanon François Nginn, situé à deux pas du fleuve. Toutes les chambres (aux parquets cirés) de cet établissement moderne de quatre étages s'ouvrent sur une terrasse et sont équipées de la TV par satellite, d'un magnétoscope, d'un réfrigérateur et d'une ligne téléphonique internationale. Tant de confort vous coûtera 49/64 $US dans une simple/double, 54/68 $US dans une chambre de luxe et 65/79 $US dans une suite junior. Les suites à deux chambres valent 75/89 $US et celles à trois chambres (doubles/triples ou quadruples), 125/138/152 $US. Ces tarifs comprennent le petit déjeuner américain, la navette pour l'aéroport, taxes et service inclus. L'hôtel consent des remises de 5% pour les longs séjours et accepte le paiement par carte Visa.

Le plus grand hôtel de Vientiane est certainement le *Novotel Belvedere Vientiane* (☎ 213570 ; fax 213572) qui occupe, lui aussi, quatre étages. Cet établissement de 206 chambres se trouve au Km 2, Thanon Luang Prabang (à l'ouest de l'extrémité ouest de Thanon Samsenthai, près de la statue de l'éléphant à trois têtes). L'hôtel dispose d'un bureau de réservation à l'aéroport (avec une navette gratuite) et abrite un centre d'affaires ouvert 24h/24, un restaurant, une cafétéria, un bar, une piscine, un sauna, des courts de tennis, un centre de remise en forme et de massages laotiens, ainsi qu'un billard, une salle de jeu, une brasserie en plein air et une discothèque. Toutes les chambres sont climatisées et très bien équipées (ligne téléphonique internationale, TV câblée, minibar, séchoir à cheveux et cafetière). Les chambres supérieures et de luxe reviennent respectivement à 150 et 180 $US, les suites junior, affaires et la suite présidentielle sont à 250, 280 et 400 $US (sans les taxes).

L'hôtel accorde parfois des réductions aux sociétés et accepte la plupart des cartes de crédit. Un point de vente de la librairie Raintrees est installé au rez-de-chaussée.

Également dans la catégorie supérieure, l'immense et princier *Royal Dokmaideng Hotel* (☎ 214455 ; fax 214454), Thanon Lan Xang, près du monument Patuxai, occupe cinq étages. Beaucoup de bois et de marbre dans tous les salons et les halls d'accueil. Les grandes chambres, équipées de tout le confort moderne, valent 50/55/91 $US la simple/double/suite, taxes et service non compris. L'hôtel compte une piscine, un centre de massages et de sauna, une boîte de nuit chinoise, un bar, un centre d'affaires, un salon de TV et un service Internet réservé aux clients. L'hôtel est plus connu auprès des résidents (notamment les conducteurs de jumbo) sous le nom de "Royal Hotel", ou plus simplement, le "Royan" (prononciation laotienne de Royal).

Le *New Apollo Hotel* (☎ 213244, 213343 ; fax 213245), 69A Thanon Luang Prabang (anciennement Santiphap Hotel puis Apollo Hotel), propose des chambres assez ordinaires selon les critères internationaux. Chacune possède la clim., l'eau chaude, la TV et un réfrigérateur, pour 45/50 $US la simple/double, 50/55 $US les chambres de luxe et 65 $US les suites. Le petit déjeuner, le service et les taxes sont compris et il est possible de payer par carte bancaire. La boîte de nuit, avec hôtesses, attire une clientèle d'affaires thaïlandaise, japonaise et chinoise. Pour la petite histoire, c'est ici que fut installé le premier ascenseur de Vientiane, à l'époque du Santiphap Hotel.

Le *Lao Hotel Plaza* (☎ 218800 ; fax 218808 ou, depuis Bangkok, ☎ (02) 255-3410 ; fax 225-3457), situé 63 Thanon Samsenthai, près du musée de la Révolution lao, est le plus récent et le plus grand hôtel du pays. L'immense complexe à plusieurs niveaux, propriété de la chaîne thaïlandaise Felix Hotels & Resorts, compte 142 vastes chambres de tout confort (clim., eau chaude, ligne téléphonique internationale, TV par satellite et

réfrigérateur). Les tarifs s'échelonnent de 100/120 $US pour une simple/double standard à 130/140 $US la chambre "affaire". Les suites de luxe, affaires, et présidentielle (avec jacuzzi) valent respectivement 200, 300 et 400 $US. Comptez 10% de taxes en plus. Le prix de la chambre affaires standard inclut le déplacement depuis/vers l'aéroport, les appels téléphoniques locaux, les boissons au piano bar (entre 18h et 19h) et un panier de fruits frais (tous les jours). Lors de notre dernière visite, les prix pratiqués correspondaient à la moitié des prix affichés. Il s'agissait sans doute des tarifs d'ouverture cependant il peut être judicieux de demander une réduction lorsque l'établissement est loin d'être complet. L'hôtel abrite par ailleurs une piscine, un sauna, un jacuzzi, un centre de remise en forme, plusieurs restaurants, une discothèque, un centre d'affaires et un point de vente de la librairie Raintrees. Le paiement par carte de crédit est accepté.

Le vieil immeuble colonial situé en haut de Thanon Pangkham, entre Thanon Phai Nam et Thanon Khun Bulom, en cours de rénovation par une entreprise laotienne, devrait finir par abriter un nouvel hôtel, le *Belmont Settha Place Hotel*. Les travaux avancent lentement et il est difficile d'estimer la date d'achèvement ou la future catégorie de l'établissement. Les prix pourraient se situer entre 65 et 100 $US.

OÙ SE RESTAURER

Vous ne risquez pas de mourir de faim à Vientiane. Snacks, marchands ambulants, échoppes, brasseries en plein air, salons de thé et restaurants ne manquent pas et l'on trouve de tout, des nouilles de riz au filet mignon.

Petit déjeuner

La plupart des hôtels de la ville proposent des petits déjeuners américains (deux œufs, toasts et jambon ou bacon) pour environ 1 500 à 3 000 K. Mais vous pouvez également descendre dans la rue et vous rendre dans les endroits fréquentés par les Laotiens. Le petit déjeuner typique se résume généralement au khào jịi pá-têh, sandwich baguette au pâté lao (qui n'a pas grand-chose à voir avec notre pâté), agrémenté de différents assaisonnements. Les marchands qui vendent ces sandwichs vendent aussi de simples baguettes de pain (khào jịi) – vous trouverez de nombreux marchands ambulants en ville, surtout sur Thanon Heng Boun, entre les Thanons Chao Anou et Khun Bulom.

Au coin nord-ouest des Thanons Pang-kham et Samsenthai, un coffee shop sans nom sert de très bons kạa-féh nóm hâwn (café au lait à la laotienne) et khào jịi khai dạo (deux œufs et une baguette en tranche). Vous pouvez également demander des bei-gnets chinois (pá-kôh ou khào-nõm khuu), ou un simple café avec du pain.

Autre bonne adresse pour le petit déjeu-ner : le *Restaurant Santisouk* (connu aussi sous son ancien nom de *Café La Pagode*), Thanon Nokeo Khumman, près du musée de la Révolution lao. Au menu : différents petits déjeuners occidentaux (dont de mer-veilleuses omelettes aux pommes de terre), des assiettes de pâtisseries et du bon café, à des prix très raisonnables.

Pâtisseries

Située place de la Fontaine, la *Scandinavian Bakery* (☎ 215199), tenu par des expatriés, vend du pain frais, des tartes, des gâteaux, des croissants, des sandwiches et des glaces. Quelques tables à l'intérieur ou dehors atten-dent le consommateur du lundi au samedi de 7h à 19h, et le dimanche de 9h à 19h.

La *Healthy & Fresh Bakery & Eatery* (☎ 215265), juste à l'est du Lo Stivale Deli Café, dans Thanon Setthathirat, propose des yaourts, des sandwiches, des fruits et une grande variété de pâtisseries. Les pro-duits sont délicieux, bien qu'un peu chers. Le magasin est ouvert du lundi au samedi de 7h à 19h.

Deux cafés mitoyens dans Thanon Chao Anou, le *Liang Xiang Bakery House* et la *Sweet Home Bakery,* vendent, de 7h à 21h, de bons croissants et d'autres pâtisseries pour la moitié du prix demandés dans les boutiques falang, mais avec une qualité dif-férente. Chacun de ces cafés place deux ou trois tables en terrasse, si bien qu'on peut manger tout en regardant la rue, ou à l'inté-rieur si l'on préfère. Pour le petit déjeuner, on trouvera des khào jịi khai dạo et autres plats à base d'œufs. Le Sweet Home pro-pose d'excellentes glaces.

Vous trouverez par ailleurs une douzaine de *pâtisseries* installées dans Thanon Say-lom, tout près de Thanon Lang Xang, pro-posant une grande variété de gâteaux et de sucreries européennes, version laotienne, à très bon prix.

Nouilles chinoises et vietnamiennes

On peut déguster des nouilles de toutes sortes à Vientiane, notamment le long de Thanon Heng Boun, de Thanon Chao Anou, de Thanon Khun Bulom et à l'extrême sud de Thanon Samsenthai qui délimite le quartier chinois. Généralement, le choix se fait entre le fõe, nouilles de riz que l'on retrouve pratiquement partout sur le continent sud-est asiatique (appelées kwethio ou kuaytiaw en Thaïlande, en Malaisie et à Singapour), le mii, nouilles chinoises traditionnelles aux œufs, et le khào pûn, fines nouilles de blé nappées d'une sauce laotienne épicée. Le fõe et le mii se mangent en soupe (fõe nâam), nature, dans un bol (fõe hàeng), ou frits (fõe phát).

Installé juste après la Vannasinh Guest House, dans Thanon Samsenthai, le *Sam-senthai Fried Noodle* est le spécialiste des grandes assiettes de fõe khùa (nouilles de riz sautées) au poulet, au porc ou aux cre-vettes. Commandez un phii-sȯht (nouilles spéciales) si vous voulez plus de légumes verts. Le restaurant est ouvert du lundi au samedi, de 10h à 21h environ. Un peu plus loin dans la même rue, au n°201 (à l'angle de Thanon Chao Anou), se tient le *Moey Chin* (sans enseigne anglaise), qui prépare un délicieux riz au canard grillé (khào pét). Il vous accueillera tous les jours de 10h à 14h et de 17h à 22h.

Très propre et avec l'air conditionné, le *Guangdong Restaurant,* Thanon Chao Anou, près des deux salons de thé, offre une petite sélection bon marché de dim sum, du mii frais et une carte comportant différentes spécialités chinoises

L'un des plats de nouilles lao-vietnamiennes que je préfère s'appelle le khào pìak sèn, un bol de nouilles de riz rondes, dans un bouillon de poule avec des morceaux de volaille. La meilleure adresse se trouve dans le centre-ville de Vientiane, sur le côté est de Thanon Pangkham, à mi-chemin entre Thanon Samsenthai et la place de la Fontaine : c'est là que deux vendeurs ambulants exercent leurs grands talents culinaires devant une rangée de boutiques de tailleurs. L'un d'eux contrôle le secteur en face d'Adam Tailleur, l'autre jouxte Saigon Tailor. Les ciseaux que l'on voit entre les baguettes, dans la jarre du comptoir, servent à couper le khào-nõm khuu en bouchées, que l'on ajoute à la soupe avec quelques cuillerées de gingembre écrasé, de la confiture de piments et un assortiment de condiments proposé sur chaque table.

Le *Chanthy (Nang Janti) Cuisine Vietnamienne*, petite boutique sur Thanon Chao Anou, juste au sud de l'angle de Thanon Chao Anou et de Thanon Heng Boun, prépare un très bon khào pûn, dans le style lao-thaï, avec trois garnitures au choix. C'est probablement la meilleure adresse de la ville dans ce domaine. Le Janti propose également des nãem neũang (boulettes de porc en barbecue) et des yãw (rouleaux de printemps), généralement vendus en "combinaison" (sut) avec des khào pûn froids, des feuilles de salade fraîche, de la menthe, du basilic, diverses sauces, des fruits et des bananes vertes en tranches.

Situés presque à l'angle de Thanon Heng Boun, à l'ouest de Thanon Chao Anou, vous trouverez également deux restaurants sino-vietnamiens très populaires : le *Nang Suli* (aussi connu sous le nom de *Lao Chaloen*, ou "Green Hole in the Wall" pour les expatriés) et, à côté, le *Vieng Savan*. Ils sont tous les deux spécialisés dans le nãem neũang et le yãw ; le Vieng Savan est le meilleur. Vous pouvez également commander des sìn jum, fines tranches de bœuf cru que les clients font bouillir dans de petits

chaudrons de lait de noix de coco placés sur la table et qu'ils consomment ensuite avec des sauces.

Plusieurs restaurants d'óp pét (canard rôti) sont regroupés sur le côté est de Thanon Khun Bulom, vers le fleuve ; plus au nord vers le côté ouest, quatre restaurants se suivent, qui préparent tous du fõe. C'est certainement le meilleur endroit de la ville pour cette spécialité, surtout la nuit car le quartier est très animé.

Qualité garantie au *Restaurant Ha-Wai*, 75 Thanon Chao Anou, à côté de l'hôtel Anou. C'est l'un des meilleurs restaurants sino-vietnamiens de Vientiane malgré son apparence un peu miséreuse. La carte comporte de très nombreux plats vietnamiens et cantonais, ainsi que quelques spécialités laotiennes et françaises. Pratiquement rien n'est préparé à l'avance, l'attente est donc parfois un peu longue.

Le nouveau *PVO*, situé Thanon Samsenthai, en face de la Hua Guo Guest House, est une gargote qui propose des bons plats vietnamiens et laotiens à un très bon prix.

Cuisine lao

Si vous souhaitez déguster une vraie cuisine lao, à la fois authentique et bon marché, rendez-vous dans les nombreuses échoppes et auprès des vendeurs ambulants, sur les marchés de nuit de Vientiane. Le plus grand d'entre eux, le *Dong Palan night market*, se trouve à deux pas de Thanon Ban Fai (ou Thanon Dong Palan sur certains plans), derrière les bassins de Nong Chan, près du Vat Ban Fai. Les marchands vendent tous les plats les plus courants, comme le làap et le pîng kai.

Dans le centre-ville, les meilleurs marchands de pîng kai s'assemblent en face du supermarché Maningom, à l'angle de Thanon Khun Bulom et Thanon Heng Boun, de 17h30 à 8 ou 9h du matin. Quelques tables, installées derrière les étals, vous permettent de consommer sur place mais, en général, chacun préfère emporter son plat. Vers l'extrémité nord de Thanon Chao Anou, sur la droite avant l'intersection de Thanon Khun Bulom, un groupe légère-

VIENTIANE

ment plus réduit de marchands propose un pîng kai meilleur marché, ainsi que des tạm (salades épicées et pilées au mortier) ; il s'agit là de papaye verte et de haricots verts en plats à emporter. Si le tạm màak hung (salade de papaye verte épicée) remporte toutes les faveurs, cherchez le fameux étal appartenant à *Thim Manivong*, devant Vat Phoxai, au Km 4, Thanon Tha Deua. Thim a la réputation de fabriquer les meilleurs tạm màak hung de Vientiane.

Un petit marché de nuit en plein air s'installe le long de la haute digue, à côté du Mékong. Cherchez un alignement de tables de bambou et de chaises bien espacées, allant de l'ouest de l'Inter Hotel en direction du sud sur une centaine de mètres. Certains marchands vendent une bière bien fraîche et des boissons gazeuses, d'autres préparent du pîng kai, des tạm màak hung ou des nãem (de la chair à saucisse mélangée à du riz, des herbes et des piments grillés avec une assiette de légumes). Ce coin tranquille vous permet d'admirer des couchers de soleil ou des pleines lunes sur le Mékong (certains marchands ouvrent jusqu'à une heure tardive), tout en dînant agréablement à bas prix.

Si vous souhaitez manger des pîng kai sous un toit, le *Nang Bunmala*, propre, achalandé et peu cher, vous posera un problème car la transcription latine de son nom ne figure nulle part. Il se trouve dans Thanon Khu Vieng. Les poulets que l'on prépare sont beaucoup plus dodus et mieux cuits qu'ailleurs (comptez 3 000 K pour une moitié et 5 000 K pour un animal entier). Ouvert tous les jours de 11h à 22h, le restaurant propose aussi du pîng pét (canard grillé), du pîng pạa (poisson grillé), du tam màak hung (salade de papaye épicée), du riz gluant et de la bière pression.

De petites boutiques spécialisées dans la préparation de làap, de nãem, de riz frit et d'autres petits plats lao, bordent Thanon Fa Ngum, en face du fleuve, entre Vat Xieng Nyeun et Vat Chanthabuli. Au milieu de ces nombreuses enseignes, le *John Restaurant*, prépare en plus des spécialités lao (la carte est traduite en anglais), des petits déjeuners américains, des salades et des sandwiches.

Le Mixay

Adresse préférée des voyageurs, le discret Mixay Restaurant a été détruit fin 1997, lors d'importants travaux de construction dans Thanon Fa Ngum, le long du Mékong. Il devrait pouvoir, avec d'autres cafés, se réinstaller le long de la nouvelle promenade, lorsque celle-ci sera achevée. Il faut espérer que le mythique café sera reconstruit au même endroit et retrouvera ainsi son athmosphère décontractée. L'ancien Mixay occupait, à l'intersection entre Thanon Fa Ngum et Thanon Nokeo Khumman, un bâtiment en bois usé par le temps, ouvert sur trois côtés et donnant sur le Mékong. Certains expatriés l'appellent le "club russe", car il fut l'un des rares endroits où les Russes s'autorisaient à sortir le soir, à l'époque où le Laos bénéficiait du soutien soviétique (1975-1989).

Le menu du Mixay comprenait le làap (traduit par "lard" sur la carte anglaise), qui peut être accompagné de poulet, de porc, de bœuf ou de poisson, et était vraiment savoureux. Cependant, les clients venaient surtout pour la Beerlao (bière pression), servie dans des pichets en plastique. Si l'établissement rouvre ses portes, il offrira un superbe point de vue sur le Mékong avec, au fond, la ville thaïlandaise de Si Chiengmai. Un paysage à contempler en fin de journée, lorsque le soleil baisse à l'horizon. ∎

Les connaisseurs devraient apprécier le *Soukvimarne Lao Food* (☎ 214441), au bout de l'allée qui part de Thanon That Dam, près du That Dam. Parmi les spécialités maison (qui changent tous les jours), mentionnons le kaꞷng pạa khai mot (soupe de poisson avec des larves de fourmi) et le làap pạa (salade de poisson épicée).

Autre excellente adresse de cuisine lao traditionnelle, le *Nang Kham Bang*, qui offre une table accueillante et peu chère au 97 Thanon Khun Bulom, dans une petite maison située non loin du fleuve. Là aussi, le menu est bilingue ; les spécialités de la maison comprennent des grenouilles farcies (kóp yat sài), des cailles rôties (thàwt nok), du poisson rôti (pîng påa), de la laitue au vinaigre (sòm pákàat), du bœuf ou du poulet làap et des yám sìn ngúa. Cet établissement vous reçoit tous les jours pour le dîner.

Comparé aux précédents, le *Kua Lao* (☎ 215777), au coin des Thanons Samsenthai et Chanta Khumman, semble un peu fade et cher, même si la cuisine est parfaitement acceptable. Installé dans une grande demeure coloniale française rénovée, son menu mélange les plats courants lao et thaïlandais, ce qui lui donne la faveur d'une clientèle de touristes thaïlandais. Ouvert tous les jours pour le déjeuner et le dîner.

Encore plus touristique, le grandiose *Lao Residence* (Tamnak Lao) s'est établi sur Thanon That Luang, au nord-est du monument Patuxai, sur le chemin de Pha That Luang. Le menu est plus thaïlandais que lao et, dans l'ensemble, les chefs ont tendance à préparer des plats assez fades afin de plaire à une clientèle de voyages organisés.

Dîner spectacle. Le *Salongxay Restaurant*, situé en face du Lane Xang Hotel, dans Thanon Fa Ngum, propose en soirée des spécialités lao accompagnées de spectacles de danses traditionnelles. L'établissement est ouvert tous les jours, de 11h à 14h et de 17h à 22h. Un dîner comprenant plusieurs plats lao, boissons et dessert, revient à 15 000 K. Une petite brasserie offre des repas en terrasse.

Cuisine européenne

Le nombre de restaurants et de cafés servant de la cuisine occidentale ne cesse de croître d'année en année, à mesure que le Laos s'affirme comme le chouchou des spécialistes de l'aide et du développement. La majorité de ces restaurants dépasse, et de loin, les moyens de la population locale mais, comparé au reste du monde, le rapport qualité/prix reste très intéressant.

Cuisine française. Le *Restaurant Santisouk* (☎ 215303, qui s'appelait jadis le *Café La Pagode*), installé Thanon Nokeo Khum-

man, près du musée de la Révolution lao est une adresse à retenir. Malgré un cadre un peu défraîchi, la cuisine, orientée vers les grillades, s'avère délicieuse. Vous dégusterez, pour moins de 5 000 K, un grand steak ou un filet mignon servi sur une assiette brûlante, un filet de poisson ou un poulet rôti, accompagné de pommes de terre au four et de légumes. Les petits déjeuners mettent également l'eau à la bouche. Le restaurant ouvre tous les jours de 7h à 22h. Sur la carte du centre de Vientiane, le restaurant est indiqué à la Santisouk Guest House.

Un couple de Laotiens vieillissants, qui ont passé la plus grande partie de leur vie à Paris, dirige le *Bistrot Snack Bar* (☎ 215972), en face de l'hôtel Tai-Pan, Thanon François Nginn. On y sert une bonne cuisine française relativement bon marché (poulet à la provençale, bœuf bourguignon avec légumes et pommes de terre ou riz). On goûte aussi une excellente salade chinoise épicée, faite de nouilles en fils, de haricots et de poulet, ainsi qu'une variété de couscous au poulet, au mouton ou aux merguez. Le restaurant est ouvert tous les jours de 8h30 à 23h30.

Diplomates, membres des Nations unies et autres expatriés à haut pouvoir d'achat apprécient particulièrement l'intimité du *Restaurant-Bar Namphu* (☎ 216248), place de la Fontaine, Thanon Pang Kham. Dans un décor soigné, la nourriture et le service sont généralement impeccables et, outre les plats français, la carte comporte quelques spécialités allemandes et lao – le hamburger au fromage bleu, très demandé, ajoute une note américaine. Le bar est aussi fort bien approvisionné. Le prix des entrées tourne autour du dixième du revenu annuel laotien. Ouvert tous les jours de 10h30 à 15h et de 18h30 à 23h30.

Également sur la place de la Fontaine, le *Restaurant Provençal* (☎ 217251) est installé dans un joli cadre de brique et de bois. La direction offre d'agréables amuse-gueules. Suit une bonne liste de vins de France (et le bar ne manque de rien). Quant à la cuisine, elle reste attachée aux plats provençaux (salade niçoise, poulet à la moutarde), ainsi qu'aux spécialités du jour, pour des prix inférieurs à ceux du Namphu. Ce restaurant vous accueille du lundi au samedi pour le déjeuner et le dîner.

Le propriétaire français du *Vendôme* (☎ 216402) s'est installé dans une vieille maison au cœur d'une petite rue derrière Vat In Paeng. Son restaurant au cadre intime comporte une très agréable terrasse éclairée aux chandelles et protégée par un rideau de bambou, ainsi qu'une salle à manger climatisée, où il fait bon se restaurer pour un prix modéré. Le menu comprend un choix de salades et de plats français et lao, ainsi que des pizzas cuites au feu de bois et des desserts. Les prix sont modérés. L'établissement est ouvert du lundi au samedi pour le déjeuner et le dîner.

Tenu par le même propriétaire, dans Thanon Setthathirat, diagonalement opposé à Vat Ong Teu, le *Bayou Bar Brasserie* est un lieu charmant et simple, offrant le choix d'une salle climatisée ou d'un jardinet étroit sur le côté. A des prix fort raisonnables, parmi les plus bas des restaurants européens en dehors du Santisouk et du Bistrot, la carte propose petits déjeuners, pâtes, pizzas, sandwiches, salades, fondues, brochettes, jus de fruits frais, vins et bières lao à la pression. La salade au chèvre (composée de cresson, de laitue, de noix de cajou et de croûtons) est vraiment délicieuse. Les horaires sont les mêmes que ceux du Vendôme.

Deux restaurants bon marché d'inspiration française ont ouvert leurs portes récemment dans Thanon Nokeo Khumman, non loin de la librairie Raintrees. Dans un décor floral, *La Terrasse*, tenue par un Français, sert toute une variété de mets classiques : soupes, omelettes, sandwiches, salades, quiches, fruits de mer au barbecue, mais aussi de la cuisine Tex-Mex (burritos, tacos, nachos, enchiladas), des pizzas et des hamburgers (végétariens, au poisson ou au poulet). *Le Safran*, situé un peu plus loin vers la rivière (en face du Douang Deuane Hotel) bénéficie de la même ambiance mais propose une cuisine plus française.

Cuisine italienne. Vientiane compte désormais deux restaurants italiens haut de gamme. En face du Restaurant-Bar Namphu, sur la place de la Fontaine, le vieux et très populaire *Opera Italian Restaurant* (☎ 215099) est une succursale d'un établissement du même nom à Bangkok. Au menu, pizzas (accompagnées de piments et d'origan fraîchement pilés), pâtes, antipasti, fruits de mer et salades s'accompagnent d'un grand choix de cafés et de vins italiens. Quand la note est particulièrement élevé, le patron offre parfois des liqueurs. Un comptoir vend des glaces à emporter. De qualité stable et régulière, l'établissement reste assez cher.

Plus récent, *Lo Stivale Deli Café* (☎ 215561), 44/2 Thanon Setthathirat, remporte le prix des meilleures pizzas et gnocchi de la ville. Pâtes, soupes, salades, cafés, vins, et délicieux desserts, sans oublier des glaces faites maison, valent également le détour, quoique les prix soient un peu plus élevés que la moyenne de Vientiane, même parmi les restaurants européens. Il est ouvert tous les jours de 10h à 22h et accepte les cartes de crédit.

Divers. Le *Xang Coffee House* (☎ 223173) est situé sur le côté est de Thanon Khun Bulom, vers le fleuve. Dans un style vaguement Tex-Mex, cette adresse bénéficie d'une décoration novatrice et colorée. Le menu couvre une large gamme de plats bon marché : petits déjeuners (européens ou américains), hamburgers, sandwiches, salades, glaces et pâtisseries, ainsi que diverses boissons (expressos, jus de fruits, cocktails), à des tarifs compris entre 1 500 et 3 000 K. Ouvert du mercredi au lundi, de 9h à 21h, le restaurant dispose d'un grand nombre de magazines et de journaux en anglais (dont le *Bangkok Post*) et capte CNN ou la BBC que l'on peut regarder dans une salle équipée d'un téléviseur.

Dirigé par des Américains, l'*Uncle Fred* (☎ 222964), Thanon Samsenthai, près du musée de la Révolution lao, est un fastfood décontracté qui propose une carte exhaustive de plats sans surprise : poulet grillé, fruits de mer, hamburgers, frites, sandwiches, spaghetti, salades et petits déjeuners américains (servis tous les jours). La bière est servie dans des chopes glacées. Ses spécialités sont les glaces maison, les milkshakes et shakes au yaourt. Les prix se situent dans une fourchette allant de 1 800 K (sandwich à l'omelette, avec un supplément mayonnaise) à 5 300 K (steak aux œufs).

Installé dans l'immeuble de la Soradith Guest House, l'*Europe Restaurant* (☎/fax 413651), 150 Ban Dong Palan Thong (près du marché de nuit Dong Palan), est l'établissement le plus élégant de Vientiane. Le menu, du jour, vous permettra de consommer une cuisine suisse sous influences allemande, française et italienne. Les tarifs sont comparables à ceux pratiqués par le bar-restaurant Namphu.

Chaque vendredi et samedi, de 15h à 17h, le hall du *Lao Hotel Plaza* se transforme en salon de thé avec pianiste. On y consomme d'excellentes pâtisseries et des minisandwiches pour un prix de 5 600 K par personne.

Cuisine thaïlandaise

Avec l'arrivée en masse des touristes et hommes d'affaires venus de Thaïlande dans la capitale, les restaurants thaïlandais se sont multipliés. Dans Thanon Samsenthai, juste après le musée de la Révolution lao, le *Phikun* (l'enseigne en anglais précise "Thai Food"), propose tous les plats thaïlandais traditionnels, dont le tôm yam kûng (soupe de crevettes à la citronnelle) et le kài phàt bai kàphrao (poulet frit au basilic). Les curries, assez rares dans la cuisine lao, sont également très bons. Le restaurant possède une autre adresse dans Thanon Luang Prabang, près de la Thai Military Bank, à l'ouest de Thanon Khun Bulom, qui ouvre tous les jours de 11h à 21h.

Le *Vientiane Department Store* (qui fait partie de Talaat Sao) abrite une excellente petite cafétéria offrant une grande variété de plats thaïlandais et lao, de 1 500 à 2 000 K.

Cuisine indienne

The Taj (☎ 212890), Thanon Pangkham, en face de Nakhornluang Bank (au nord de la fontaine), propose une large sélection de savoureux plats d'Inde du Nord : tandoori, curries, plats végétariens et pains indiens. Le service est correct, l'endroit très propre, mais les prix à la carte sont un peu élevés. L'établissement propose aussi chaque jour un déjeuner sous forme d'un grand buffet ainsi que des menus fixes pour le dîner. Le restaurant accepte les cartes bancaires et ouvre tous les jours, de 11h à 14h30 et de 18h à 22h30.

Vous trouverez de la cuisine indienne meilleur marché au *Nazim Restaurant* (☎ 223480), Thanon Fa Ngum, entre Thanon François Nginn et Thanon Nokeo Khumman. Très complet, le menu comprend principalement des plats de l'Inde du Nord (poulet tandoori) et aussi quelques spécialités du Sud, plus épicées (masala dosa) ainsi que des plats malaisiens. Il vous accueille tous les jours de 11h à 23h. Un autre établissement de la même enseigne (☎ 413671), vous accueille de 11h à 14h et de 17h30 à 23h, dans Thanon Phonexay, à proximité de l'ambassade d'Australie et en face du Phonexay Hotel.

Cuisine japonaise

Le *Sakura Japanese Restaurant* (☎ 212274), Soi 3 Khounta Thong (près de Thanon Luang Prabang, vers le Novotel), propose une bonne cuisine japonaise et d'excellents sushi et teishokus.

Cuisine végétarienne

La cuisine végétarienne n'a pas conquis le Laos comme la Thaïlande l'a été, cependant on trouve quelques bonnes adresses spécialisées dans la capitale. L'*Aahaan Pheua Sukhaphaap* (qui signifie "bon pour la santé", l'enseigne en anglais signale "Vegetarian Food") occupe un stand du côté est de Thanon Khun Bulom, au nord de l'intersection de Thanon Samsenthai. Bien entendu dirigé par une Thaïlandaise (de Songkhla), le restaurant propose une nourriture exclusivement végétarienne, composée de fromage de soja, de gluten et de champignons. Vous pourrez manger à moindre prix, tous les jours, de 7h à environ 14h.

Just for fun, minuscule boutique sur Thanon Pangkham, près de la librairie Raintrees, concocte, du lundi au samedi, de 9h à 22h, des plats végétariens inspirés des cuisines thaïlandaise, lao et indienne. Elle sert également du café lao et toutes sortes de tisanes.

Pour des jus de fruits frais, l'une des meilleures adresses de la capitale est le *Nai Xiang Chai Yene* qui se trouve dans Thanon Chao Anou, à quelques pas des boulangeries Liang Xiang et Sweet Home, en direction du fleuve et à côté du Guangdong Restaurant.

Brasseries en plein air

Vientiane regorge de petites gargotes de bambou au toit de chaume, où les habitués passent des heures à boire une bière et à grignoter des en-cas traditionnels, les káp kâem.

Vous en trouverez plusieurs au bord du fleuve, près du River View Hotel, le plus charmant étant la *Sala Khounta*, à 200 m en amont de l'hôtel. Surnommé le "Sunset Bar" par ceux qui ont oublié son nom, il s'agit tout simplement d'une plate-forme en bambou surplombant le Mékong, décorée d'orchidées, de nasses à poissons et de vanneries. Bien que l'on y consomme surtout de la bière lao, les propriétaires, sympathiques et commerciaux, offrent un large éventail d'en-cas lao et vietnamiens, qui changent de semaine en semaine et d'une saison à l'autre. Parmi ces spécialités, ne manquez pas le délicieux yám màak klûay, salade épicée et piquante à base de bananes vertes (avec la peau), de piment, de màak kh≈ua (aubergines), de sauce de poisson, d'ail et de citron vert pilés. Les yâw j∞un (nems vietnamiens), coupés en morceaux et accommodés de khào pûn, de laitue, de menthe, de coriandre et de feuilles de manguier à la vapeur sont aussi excellents. Le service se termine généralement après le coucher du soleil, mais se prolonge parfois lorsqu'il fait chaud.

Un peu en aval, sur le même trottoir, au sud du River View Hotel, la *Sala Snake* offre la même ambiance, sur fond de musique lao traditionnelle enregistrée. Sanit Maniphon, le propriétaire de l'établissement est un musicien de Luang Prabang. Un groupe d'étudiants en musique vient parfois donner des concerts le samedi soir, vers 18h. Dans les environs, vous trouverez encore le *Huamuang Draft Beer Restaurant*, autre gargote installée en bordure du fleuve. La clientèle, plutôt jeune, y consomme de la bière et des plats bon marché en écoutant du rock occidental. Le restaurant ne devrait pas faire long feu car le gouvernement interdit ce genre de distractions.

Toujours vers l'aval, le *Bar Brasserie Anousone* (☎ 222347), plus grand, occupe une *sala* (véranda) de bois, sur le côté ouest de la route. En soirée, ou en journée quand il fait frais, les propriétaires installent des tables en face, sur les berges du fleuve. Le service est correct, de même que la cuisine, et les prix sont raisonnables. La clientèle est composée de *falang* (expatriés européens) et de Laotiens qui ont passé la trentaine. Le restaurant est ouvert le lundi, de 17h à 23h30 et, du mardi au dimanche, de 9h30 à 23h30. Juste à côté, le *Mekong Riverside* (*Sala Khaem Khong* pour l'enseigne en lao) attire une jeunesse plutôt privilégiée qui vient danser au rythme de la pop thaïlandaise. Au coin, dans une rue sale menant à Thanon Luang Prabang, un groupe de jeunes Laotiens entreprenants dirige le *Casper*, café en plein air, qui fait face aux ruines illuminées d'un ancien hôtel particulier de l'époque française. L'endroit offre une bonne ambiance mais risque d'être éphémère.

En plein centre-ville, le *Namphou Garden*, tenu par un Croate, a installé ses tables et ses chaises autour de la fontaine rénovée et éclairée le soir. On y déguste une cuisine lao, européenne ou indienne, accompagnée de bière ou de cocktails, jusqu'à 23h. Lorsque le temps est lourd, les clients se pressent pour profiter de la fraîcheur du lieu.

Au sud-est de la ville, Thanon Tha Deua au Km 12, la brasserie du gouvernement laotien possède son propre bar au toit de chaume, le *Salakham Beer Garden*, où l'on boit, à moindre coût, de la bière lao à la pression (bịa sót, littéralement "bière fraîche", et c'est effectivement le cas) assortie d'amuse-gueules lao.

Mini libres-services

Les marchés en plein air (voir plus loin la rubrique *Achats*) offrent le plus grand choix de produits frais, et au meilleur prix. Mais, si les produits occidentaux vous manquent vraiment, un nombre incroyable de mini libres-services ont ouvert.

Parmi les plus courus, le marché *Phimphone*, au coin de Thanon Samsenthai et Thanon Chantha Khumman, jouxtant l'Hotel Ekalath Metropole, où vous trouverez des biscuits, des boîtes de conserve et des produits surgelés à prix élevés, ainsi que des produits de toilette. Plus petit, le *Phimphone Minimart*, de l'autre côté de la rue, 94/6 Thanon Samsenthai, est encore ouvert, avec les mêmes horaires que le précédent (tous les jours de 7h30 à 22h).

A l'angle de Thanon Heng Boun et Khun Thanon Bulom, le supermarché *Maningom* (☎ 216050) vend du beurre, du lait, du fromage, des yaourts, des céréales pour le petit déjeuner, des biscuits, des conserves et du chocolat d'importation, tous les jours de 7h30 à 21h30.

Simuang Minimart (☎ 214295), 51 Thanon Samsenthai près de la statue du roi Sisavang Vong à Vat Si Muang, propose une excellente sélection de produits alimentaires, de vins et de liqueurs importés. Les cartes de crédit sont acceptées.

Vins de France (*Vinothèque la Cave*, ☎ 217700), 354 Thanon Samsenthai, possède l'une des meilleures caves de vins français d'Asie du Sud-Est.

Au rayon alimentation du *Vientiane Department Store*, Talaat Sao, vous trouverez des produits asiatiques importés de Thaïlande et de Singapour.

OÙ SORTIR

Vientiane n'est plus le haut lieu des plaisirs illicites que décrivait Paul Theroux, en 1975, dans *Railway Bazaar* : "les bordels sont plus propres que les hôtels, la marijuana moins chère que le tabac à pipe et l'opium plus facile à obtenir qu'un verre de bière fraîche". Aujourd'hui, les maisons de tolérance sont closes, les stands de vendeurs de marijuana ont déserté Talaat Sao, et la bière fraîche a définitivement supplanté l'opium au box-office des plaisirs troubles de la nuit. En fait, la plupart des bars, des restaurants et des discothèques ferment à minuit.

Où danser

Vientiane compte au moins six "discothèques". Ce terme employé par les Laotiens est impropre, car ces dernières sont généralement animées par des orchestres. Dans l'ensemble, la clientèle est plutôt jeune, mais différentes générations se côtoient et la musique est très éclectique, du folk laotien (pour danser le *lam vong*) à la presque pop occidentale. La loi qui exige la fermeture de tous les lieux de divertissement à partir de 23h30 semble respectée par la plupart des adresses.

L'endroit le plus fréquenté de la ville, le grand *Nightclub Vienglatry*, est installé dans Thanon Lan Xang, un peu au nord de Talaat Sao et sur le même trottoir. Outre sa piste de danse entourée sur trois côtés de sofas rembourrés et de tables, le Vienglatry présente tous les soirs des groupes laotiens et sert à boire et à manger. On ne vend pas de bière lao mais de la Carlsberg. A 22h30, la fête bat son plein, mais les portes ferment vers minuit.

Parmi les autres boîtes laotiennes combinant des orchestres, des lumières tournoyantes et des coins sombres et romantiques, citons le *Nokkeo Latry*, le *Blue Star* et *Marina* ; toutes situées sur Thanon Luang Prabang, au-delà du Novotel entre les Km 2 et 5.

Clubs des hôtels

Les hôtels Anou, Saysana, Ekalath Metropole et l'Inter Hotel ont chacun leur discothèque de style lao, un peu plus petites que le Nightclub Vienglatry.

L'Anou Cabaret est à nouveau le plus fréquenté, depuis sa réouverture, après plus d'un an de travaux. Dans certains de ces lieux, les hommes devront acquitter un supplément pour profiter de la compagnie d'une hôtesse (un service qui vaut 3 500 K à l'Inter Hotel).

De grandes boîtes de nuit très tape-à-l'œil, comme on en trouve à Hong Kong, attirent leur clientèle au *New Apollo Hotel* et au *Royal Dokmaideng Hotel*. Le Club Disco du *Lao Hotel Plaza* est le plus moderne du Laos mais ne connaît pas encore le succès attendu. La seule discothèque susceptible de ne pas respecter l'heure de fermeture légale (23h30) est celle du *Novotel*.

Bars

En dehors des hôtels, les bars ne sont pas très nombreux à Vientiane. Jusqu'à ces quatre ou cinq dernières années, les seuls qui existaient menaient une activité à la limite de la légalité. Aujourd'hui pourtant, plusieurs d'entre eux tiennent un commerce plus ou moins conforme à la loi laotienne. Tous servent de la bière et d'autres breuvages qui relatent, à leur manière, le passé colonial du pays : champagne français, whisky Johnny Walker et vodka Stolichnaya – et bien d'autres marques encore. Toujours est-il que Vientiane abrite moins de bars que la moyenne des villes de cette taille.

Le *Samlo Pub*, Thanon Setthathirat (en face du Vat In Paeng), est un bar fort bien approvisionné, qui s'est agrandi récemment. On y sert de la bière lao à la pression.

Les autres adresses qui valent le détour comprennent le bar, minuscule mais au service inébranlable, du *Restaurant-bar Namphu*. Par temps chaud le soir, le Namphou Garden installe des tables dehors, autour de la fontaine.

Si vous cherchez un peu plus de couleur locale et des lieux moins chers que ces repaires d'expatriés, vous avez tout intérêt

à essayer l'un des nombreux bars à bịa sót (bière pression) de la ville. Ce sont généralement des salles indescriptibles, meublées de tables en bois, tout au fond d'une boutique – cherchez les pichets de plastique remplis de bière sur les tables.

De son côté, *Bane Saysana*, aussi connu sous le nom de *Win-West Pub*, suit le modèle thaïlandais et s'efforce de produire un ersatz d'atmosphère occidentale. On le trouvera tout près de la station Shell, à l'intersection de Thanon Luang Prabang, Thanon Setthathirat et Thanon Khun Bulom.

Cinéma et vidéo

Les cinémas laotiens ont tous fermé, conséquence de l'apparition ces dernières années des magasins de vidéo. Avant qu'il ne soit distribué en salle, un nouveau film est déjà copié sur cassette en Thaïlande puis aussitôt vendu dans les magasins vidéo de la capitale.

Le Centre de langue française (☎ 215764), Thanon Lan Xang, présente des films français (doublés en anglais) tous les jeudi à 19h15. Le prix d'entrée s'élève à 500 K et les séances sont ouvertes à tous. Le programme de la semaine (suivante) paraît dans le *Vientiane Times* ; appelez le centre pour tout renseignement. Il dispose par ailleurs d'un service de location de vidéos, mais à vous de trouver le magnétoscope...

L'*Australian Embassy Recreation Club* propose des projections sur un téléviseur grand écran, tous les samedi à 19h (ou à 18h30 si ce sont des films pour enfants).

Vous pouvez visionner des films russes, gratuitement, au *Russian Cultural Centre* (☎ 212030), à l'angle de Thanon Luang Prabang et Thanon Khun Bulom, tous les samedi, à 16h.

En ville, plusieurs boutiques vous loueront des vidéos en thaïlandais ou en anglais pour 500 ou 800 K la soirée. *Settha Video*, sur Thanon Setthathirat, en face du Vat Ong Teu, propose une grande sélection de films en anglais. A deux pas, *OK Video* est moins fourni.

Cirque national
Établi par les Soviétiques lorsque leur influence était au plus fort, aujourd'hui connu sous le nom de Hong Kanyasin ou cirque national, l'ancien cirque russe donne de temps à autre des représentations avec une troupe laotienne. Le *Vientiane Times* se charge des annonces. Dans le même local, se donnent des concerts de musique pop et classique, patronnés par l'ambassade de France. Ces événements musicaux reçoivent généralement une grande publicité préalable.

Clubs de loisirs
L'Australian Embassy Recreation Club (☎ 314921) se trouve à l'extérieur de la ville, Thanon Tha Deua au Km 3. Il dispose d'une magnifique piscine, juste à côté du Mékong. Bien qu'une cotisation annuelle soit demandée, il est possible d'y adhérer pour une courte période ou de se faire inviter par un membre. Le Club est ouvert de 10h à 22h, mais les membres peuvent aller à la piscine dès 7h.
Le Centre de langue française, dans Thanon Lan Xang, possède une bibliothèque de plus de 20 000 ouvrages en français, ainsi que quelques vidéocassettes.

ACHATS
On peut acheter à Vientiane tout ce qui se fait au Laos : artisanat des tribus montagnardes, bijoux, tissus traditionnels et sculptures. Les principaux magasins se trouvent à Talaat Sao (au marché du Matin), sur les trottoirs est à la fin de Thanon Samsenthai (près de l'hôtel Asian Pavilion et de l'hôtel Ekalath Metropole), sur Thanon Setthathirat et Thanon Pangkham.

Matériel informatique
Il n'est pas facile de trouver des boutiques vendant du matériel et/ou des logiciels pour ordinateurs. Si vous utilisez un système DOS/Windows, vous aurez avantage à vous rendre à la boutique Microtec Computer (☎ 213836 ; fax 212933), 168-169 Thanon Luang Prabang, après l'Hotel New

Apollo. Alice Computer (☎ 314999), dans Thanon Tha Deua au Km 2, est aussi une bonne adresse.
Il existe d'autres magasins, plus petits :

Intercom Computers
  (☎ 219222), Thanon Samsenthai (face au Lao-Paris Hotel)
KPC
  (☎ 215709), 34/3 Thanon Chao Anou
V&T Computer
  (☎ 215803 ; fax 214064), 482/2-3 Thanon Samsenthai (près du Vat Si Muang)

Matériel de pêche
Une boutique, située 275/1 Thanon Setthathirat, vend tous les articles de pêche : cannes, lignes, filets, amorces, etc.

Meubles et objets d'intérieur
Plusieurs ateliers de la ville fabriquent des meubles bon marché en bambou, en rotin et en bois (teck et bois de rose, entre autres essences).
Couleur d'Asie (☎ 223008), Thanon Khun Bulom (face au mur ouest du Vat In Paeng) importe de beaux meubles de style asiatique, ainsi qu'un certain nombre d'objets décoratifs, dont du linge de maison. Après avoir admiré ces produits, vous pourrez déguster un café lao ou un thé, ainsi que des en-cas dans le salon de thé du magasin.
Phai Exclusive (☎ 214804), 3 Thanon Thong Tum, réalise du mobilier et des accessoires en bambou (et vend aussi de très intéressantes fiches sur l'histoire de l'architecture à Vientiane).
Le Saylom Rattan Furniture Co (☎ 215860), dans Thanon Khun Bulom, et le Bambou and Rattan Handicraft (☎ 412606), 257 Ban Jommani Tai, Route 13 sud, créent de nombreux meubles en rotin (et en bambou pour le second). Les produits sont fabriqués d'après le catalogue ou sur commande spécifique.
La qualité des meubles en bois varie considérablement d'un magasin à l'autre. On nous a conseillé la Lao Wood Industry, Thanon Tha Deua, au Km 10.

VIENTIANE

Artisanat, objets d'art et antiquités

Plusieurs boutiques le long de Thanon Samsenthai et de Thanon Pangkham vendent des objets fabriqués par les Lao, les Thaï et les ethnies des montagnes. Hmong-Lao Handicrafts (☎ 212220), Thanon Samsenthai, est spécialisée dans la broderie hmong, dont de grands carrés décorés de scènes champêtres. Quelques échoppes importent des pipes à opium ciselées (des vraies, qui n'ont rien à voir avec les banales pipes vendues en Thaïlande). Si vous êtes intéressé, essayez la boutique sans enseigne, au 350 Thanon Samsenthai.

La boutique Kanchana (☎ 213467), en face de l'hôtel Ekalath Metropole, dans Thanon That Dam, dispose d'un vaste choix. Soieries, cotonnades anciennes et modernes, argent ancien, sculptures sur bois et autres objets d'art traditionnel sont vendus chez Lao Phattana Co-op (☎ 212363), 53 Thanon Pangkham, et Somsri (☎ 216232), 18-20 Thanon Setthathirat.

T'Shop Lai Galerie (☎ 223178), installé dans Thanon In Paeng, à côté du Restaurant Le Vendôme, propose une grande variété d'objets d'art moderne et traditionnel.

Le Nikone Handicraft Centre (☎ 212191), 1B Thanon Dong Mieng, près du Cirque national, se spécialise dans l'artisanat de qualité et les articles de décoration intérieure.

La Champa Gallery (☎ 216299), immédiatement au nord-ouest de That Dam, présente les collages colorés et très artistiques de Monique Mottahedeh ainsi que le travail d'autres artistes. La Galerie lao (☎ 212943), en face de Lao Textiles, 92/2 Thanon Nokeo Khumman, expose des œuvres d'artistes contemporains laotiens et vietnamiens.

Vous trouverez des drapeaux ornés de la faucille et du marteau, ainsi que le drapeau national du Laos, dans tous les formats, à la papeterie et boutique de fournitures de bureau du 268-270 Thanon Samsenthai, près de la Vannasinh Guest House.

Bijoux

La plupart des bijouteries de Vientiane sont regroupées sur Thanon Samsenthai. Les bijoux en or et en argent sont les plus intéressants. Saigon Bijoux (☎ 214783), n°367/369, a assez bonne réputation et accepte les cartes Visa et MasterCard. Vente et réparation de bijoux en or et en argent, réalisation de nouvelles pièces sur demande.

La boutique indienne Bari Jewellers (☎ 212680), 366-368 Thanon Samsenthai, est l'un des rares endroits où l'on peut également acheter des pierres précieuses.

Vous trouverez aussi de beaux bijoux en or et en argent à Talaat Sao.

Tailleurs et cordonniers

Les boutiques de tailleur de Thanon Pangkham vendent également du tissu et confectionnent des vêtements bien coupés. Queen's Beauty Tailor (☎ 214191), située au n°21 sur la place de la Fontaine, a bonne réputation et pratique des prix raisonnables, mais le service est un peu long (compter deux à trois semaines). Mai Tailleur (☎ 215616),77/5 Thanon Pangkham, et Nova Tailleur, non loin de l'angle, 64 Samsenthai, ne prennent qu'une semaine.

Teng Liang Ki, 78/2 Thanon Pangkham, réalise des chaussures pour hommes en cuir à des prix très intéressants, ainsi que des réparations de chaussures et de bagages. On trouve également quelques cordonniers à Talaat Thong Khan Kham et le long de Thanon Khu Vieng, près de Talaat Sao.

Textiles et vêtements

Talaat Sao (le marché du Matin, même s'il ouvre toute la journée) est une excellente adresse pour tout achat de tissus. Les étals des Indiens et des Pakistanais regorgent de tissus de style contemporain, tandis que les Laotiens se spécialisent dans les techniques traditionnelles de leur pays. Beaucoup d'entre ces derniers proposent des tissus anciens et modernes, ainsi que des articles utilitaires comme des sacs qu'on porte en bandoulière (certains fabriqués à partir de carrés d'étoffe ancienne), des coussins et des oreillers. Lao Antique Textiles

(☎ 212381), à l'étal A2-4, offre une bonne sélection même si la concurrence ne cesse de s'améliorer. Mme Chathone Thattana-kham, la propriétaire, tient également une galerie de textiles chez elle et travaille la céramique et l'argent, 72/08 Thanon Tha Deua (près du Km 2), dans Ban Suanmon.

Si vous souhaitez réaliser votre propre métier à tisser ou collectionner les pièces de ces machines, rendez-vous dans une boutique installée à peu près en face de Lao Antique Textiles. Vous trouverez tout le matériel nécessaire sauf la charpente du métier, géné-ralement gravée. En revanche, on peut y trou-ver des navettes ciselées à la main.

Lao Textile (☎ 212123), Thanon Nokeo Khumman (cherchez une ancienne demeure franco-lao à deux étages), vend des tissus haut de gamme contemporains, dont les motifs originaux s'inspirent des dessins et des techniques de tissage traditionnels. L'Américaine qui conçoit ces tissus, Carol Cassidy, emploie des tisserandes laotiennes travaillant sur des métiers scandinaves modifiés, afin de produire des pièces plus larges que ce que l'on trouve habituellement au Laos. Les tissus ainsi créés mélangent des techniques de tapisserie, de tissage de brocarts, d'*ikat* et des trames d'ikat. On ne travaille que sur soie et on applique des tein-tures entièrement naturelles. La clientèle peut acheter des écharpes, des châles, des tentures murales et des accessoires de déco-ration intérieure. Les prix sont ceux que l'on peut attendre d'une maison de tissage qui a exposé dans les galeries et les musées du monde entier. Ouvert du lundi au vendredi de 8h à 12h et de 14h à 17h, le samedi de 8h à 12h ou sur rendez-vous.

Hai Ngeun Mai Kham (☎ 313223), petite boutique installée dans le Lane Xang Hotel, est spécialisée dans les vieux textiles lao et les vêtements fabriqués selon les techniques traditionnelles, notamment en soie. Vous verrez aussi une bonne sélection de petits objets, de peintures ou d'argenterie.

Subventionné par l'Union des femmes lao, l'Unicef et l'Agence suédoise de déve-loppement international, The Art of Silk (☎ 214308), en face de l'hôtel Samsenthai,

sur Thanon Manthatulat, propose une large sélection de soieries et de cotonnades modernes et traditionnelles. Un petit musée du textile se trouve au-dessus du magasin.

Pour visiter un atelier de tissage, rendez-vous dans le quartier des tisserands de Ban Nong Bua Thong, au nord-est du centre-ville, dans le Muang de Chanthabuli. Envi-ron vingt familles, la plupart originaires de Sam Neua dans la province de Hua Phan, vivent et travaillent là ; certaines vendent directement leurs produits au public et accueillent les visiteurs intéressés par la fabrication. La galerie Phaeng Mai de la famille Nanthavongduansy (☎ 217341) est la mieux équipée pour recevoir les visi-teurs. Elle est installée dans une grande maison blanche à deux étages, dans le centre du quartier.

Yani (☎ 212918), dans Mixay Arcade, Thanon Setthathirat, est une petite boutique tenue par une couturière vietnamienne formée à Paris. Certains vêtements fémi-nins, inspirés du style lao, sont tout à fait ravissants.

Lao Cotton (☎ 215840), l'atelier du pro-jet-pilote des femmes tisserandes lao-tiennes, un programme des Nations unies, se trouve dans Ban Khunta, près de Thanon Luang Prabang, à 2,5 km à l'ouest du centre de Vientiane. Spécialisé dans les cotonnades laotiennes tissées à la main, l'atelier propose toutes sortes de tissus modernes et traditionnels : chemises, robes, sacs, sets de table, nappes, etc. Les che-mises d'homme à manches courtes sont très intéressantes. Le magasin est ouvert du lundi au samedi, de 9h à 17h.

Talaat Sao

Le marché du Matin, à l'est de l'intersec-tion entre Thanon Lan Xang et Thanon Khu Vieng, est ouvert tous les jours de 6h à 18h. On y trouve absolument de tout : tissus, vêtements, literie, couverts, articles de toilette, bijoux, montres, appareils élec-troniques.

Au centre de ce quartier, un bâtiment abrite le grand magasin Vientiane, essen-tiellement approvisionné en produits importés (boîtes de conserve, vêtements, électro-ménager, artisanat, cassettes) de Thaïlande, de Chine, du Vietnam et de Singapour. Un petit supermarché vend également du savon, de l'alimentation et de la bière. Certains rayons acceptent la carte Visa.

Autres marchés

A l'est de Talaat Sao et derrière le terminal des bus de Thanon Khua Vieng se trouve le marché Khua Din (Talaat Khua Din), qui propose des produits frais, de la viande, des fleurs et autres marchandises variées. Depuis trois ans des rumeurs signalent qu'il devrait changer d'adresse.

Thong Khan Kham (Talaat Thong Khan Kham), appelé parfois marché du Soir parce qu'il était initialement destiné à remplacer l'ancien marché du Soir de Ban Nong Duang (détruit par un incendie en 1987), est l'un des plus grands marchés de produits frais. Comme Talaat Sao, il est ouvert toute la journée, mais mieux vaut y aller le matin. C'est le plus grand marché de Vientiane et on y trouve de tout. Il est situé au nord du centre-ville, dans Ban Thong Khan Kham, à l'intersection de Thanon Khan Kham et de Thanon Dong Miang. Non loin, quelques marchands vendent des paniers et de la poterie. L'ancien Talaat Nong Duang, plus connu sous le nom de Talaat Laeng (marché du Soir), comprend encore quelques marchands mais l'endroit est assez déprimant.

Le marché That Luang situé au sud-est du Pha That Luang, dans Thanon Talat That Luang, propose l'une de ses spécialités : les pattes d'ours et les serpents.

COMMENT S'Y RENDRE
Avion

Les départs et arrivées à Vientiane se passent généralement sans encombre. La taxe d'aéroport s'élève à 5 $US. A l'étage se trouve un restaurant correct.

Pour toutes informations concernant les vols sur le Laos, consulter le chapitre *Comment s'y rendre*.

Compagnies aériennes. Le siège de Lao Aviation (☎ 212058) est installé 2 Thanon

Pangkham, non loin de l'hôtel Lane Xang. Ce bureau s'occupe des réservations pour les vols internationaux affrétés par Lao Aviation, China Southern Airlines, Royal Air du Cambodge et Air France. La compagnie française ne propose pas de vols au départ de Vientiane, mais il est possible de réserver au départ de Bangkok. En semaine, Lao Aviation est ouvert de 8h à 12h et de 14h à 17h, jusqu'à 12h le samedi. Le bureau des réservations sur vols intérieurs se situe dans un petit bâtiment jouxtant l'immeuble principal. Les numéros de téléphone de Lao Aviation à l'aéroport de Vattay sont les suivants : ☎ 512028 et 512000.

Situés en face de Lao Aviation, les bureaux de Thai Airways International (Thai, ☎ 216143) sont ouverts de 8h à 17h les jours de semaine et le samedi jusqu'à midi. D'autres compagnies sont installées à Vientiane : Malaysia Airlines (☎ 218816), au premier étage du Lao Hotel Plaza, Silk Air (☎ 217492), au deuxième étage du Royal Dokmaideng Hotel et Vietnam Airlines (☎ 217562), dans Thanon Dong Palan, près du marché de nuit Dong Palan.

Lao Air Booking (☎ 215560), 43/1 Thanon Setthathirat, effectue les réservations pour Lao Aviation (vols internationaux uniquement), Royal Air du Cambodge et Vietnam Airlines. Lao Air Service (☎ 213372 ; fax 215694), 77 Thanon Fa Ngum, vend des billets pour Lao Aviation, Malaysia Airlines, Silk Air et Thai Airways International.

Route

Bus vers le sud. La gare principale, édifiée avec l'aide japonaise, en 1990, est située près de Talaat Sao sur Thanon Khu Vieng. De là, des bus desservent les villes de la province de Vientiane ainsi que quelques destinations plus au sud.

Une seconde gare routière, construite sur la Route 13 près du Km 6, fait également circuler des bus vers le sud, en direction de Tha Khaek, Savannakhet et Pakse, par exemple. La fréquence des départs et les tarifs sont identiques. Si vous prévoyez de voyager en bus interprovincial à partir de Vientiane, vous serez bien inspiré de vous rendre à la gare routière la veille, afin de confirmer l'heure de votre départ, laquelle semble varier de mois en mois. Pour de longues distances comme Savan ou Pakse, il est possible d'acheter son billet à l'avance.

Senesabay Bus Co (☎ 218052) assure la liaison Vientiane-Savannakhet en bus de luxe. Les prospectus ventent un service de boissons et d'en-cas et l'air climatisé. Les places sont numérotées et le voyage dure huit heures avec seulement deux arrêts, à Paksan et Tha Khaek. Le bus part tous les matins à 7h du bureau de la compagnie, situé en face du théâtre de Vientiane (Odeon Rama), près de Talaat Laeng (Talaat Thong Khan Kham), ou encore à 7h15, depuis le terminal des bus de Talaat Sao. Les billets coûtent 10 000 K (même tarif qu'avec la compagnie nationale) et sont vendus à la fois au bureau de Senesabay ou au terminal de Talaat Sao. Une autre compagnie privée, Angkham Bus Co (☎ 414848), a ouvert un bureau au Km 5, Route 13 sud (après Angkham Toyota). Chaque jour, deux bus climatisés partent vers Savannakhet, à respectivement 7h et 8h. Le tarif est aussi de 10 000 K par personne.

Bus vers le nord. Un autre terminal de bus vient récemment d'être mis en service sur le parking de Talaat Laeng, près de Thanon Khua Luang. Les bus empruntent la Route 13 en direction du nord et desservent Thalat, Vang Vieng et Kasi. Les chauffeurs de jumbo appellent la gare *kíw la khua lŭang*, ou "file des bus Khua Luang".

Les bus à destination du nord, vers Luang Prabang, partent à l'angle du marché, au croisement de Thanon Khua Luang et de Thanon Nong Duang. Trois départs quotidiens sont prévus, à 6h30, 7h30 et 23h et le billet aller coûte 13 000 K.

Les bus mettent 11 heures pour relier Luang Prabang et de nombreux voyageurs choisissent de faire une escale de nuit à Vang Vieng.

Pont de l'Amitié. Pour traverser le pont de l'Amitié thaïlando-laotien, reportez-vous au chapitre *Comment s'y rendre*. Pour les tarifs depuis/vers Vientiane, voir les informations sur les taxis et les taxis-motos plus loin dans la rubrique *Comment circuler*.

Train
Consultez le chapitre *Comment s'y rendre* pour tout renseignement sur l'utilisation des trains thaïlandais et leur accès à la frontière.

Voie fluviale
Ferry longue distance. Une seule voie fluviale, le Mékong, relie Luang Prabang, au nord, à Vientiane. Le service fluvial en direction de Luang Prabang est devenu très irrégulier, depuis que la Route 13 s'est améliorée en direction de Vang Vieng et de Luang Prabang : la majorité des Laotiens empruntent aujourd'hui la route, plus rapide et moins chère.

Il faut généralement quatre ou cinq jours pour rejoindre Luang Prabang, trois ou quatre jours pour en revenir, en fonction du type de bateau, du chargement et de la hauteur des eaux. En pleine saison sèche, on peut mettre jusqu'à une semaine dans les deux sens. Lorsque les eaux sont trop basses, la liaison directe à bord des grands ferries à deux ponts est interrompue et les passagers doivent voyager à bord de bateaux plus petits et changer à mi-chemin, à Pak Lay.

Les ferries pour Luang Prabang partent de l'embarcadère de Kao Liaw (Tha Heua Kao Liaw) dans Ban Kao Liaw, à 7,7 km à l'ouest du Novotel (3,5 km à l'ouest de l'embranchement de la Route 13 qui part vers le nord). Les départs ont généralement lieu entre 8h et 9h et le nombre maximal de passagers par bateau est généralement de 20 personnes. Rendez-vous à Kao Liaw la veille de votre départ, afin de vous assurer qu'il aura bien lieu et pour réserver votre place à bord.

Comme il n'existe plus de service régulier de ferry pour Luang Prabang, les tarifs sont négociables au coup par coup. La plupart des bateliers demandent 35 000 K minimum pour le trajet. Les bateaux font plusieurs escales en route et les passagers dorment généralement à bord, sauf à Pak Lai où on peut coucher dans l'une des deux ou trois petites pensions. Le trajet jusque Pak Lai coûte 15 000 K environ. Les passagers qui empruntent ce bateau lent entre Vientiane et Luang Prabang ne sont plus très nombreux. Sachez qu'il est inconvenant pour les femmes de voyager sur les ponts avant et supérieur, elles s'installent généralement à l'intérieur.

Vedettes. Un service de bateaux rapides transporte six passagers à la fois en *héua wái* (vedettes), pour un prix de 25 000 K par personne, en direction de Pak Lai, 42 000 K pour Tha Deua et 51 000 K pour Luang Prabang. Il faut compter une journée entière pour atteindre Tha Deua ou Luang Prabang, quatre ou cinq heures pour Pak Lai. Il faudra payer le tarif élevé de six personnes pour louer l'un de ces bateaux. Les vedettes appareillent au débarcadère de Kao Liaw.

COMMENT CIRCULER

Si le centre de Vientiane se visite facilement à pied, pour explorer les environs, en revanche, il est nécessaire d'emprunter les transports locaux.

Si le trafic à Vientiane a régulièrement augmenté depuis que le pouvoir d'achat des Laotiens leur permet d'acquérir davantage de voitures, l'explosion du nombre de véhicules qu'on attendait sur le pont de l'Amitié thaïlandais-laotien ne s'est pas produite. Les véhicules particuliers immatriculés en Thaïlande rencontrent de considérables obstacles bureaucratiques lorsqu'ils pénètrent au Laos. Les véhicules neufs et non immatriculés, en revanche, entrent plus facilement.

Mélangé aux nouvelles importations japonaises, vous découvrirez un parc vieillissant de Citroën, de Peugeot et de Renault des années 40, des Chevrolet et des Ford américaines des années 60 et 70, ainsi que des Volga soviétiques et des Lada de la fin des années 70 et du début des années 80.

Desserte de l'aéroport

L'aéroport international de Vattay n'est qu'à dix minutes en taxi du centre-ville, au nord-ouest. En jumbo (moto-taxi), la course aéroport/centre-ville revient à 4 000 K, en taxi 5 000 K ou 100 B, bien que les chauffeurs demandent parfois plus. Compte tenu des fluctuations du kip (et du baht), le prix ne devrait pas dépasser les 2 ou 3 $US, en kips ou en bahts.

Vous pouvez aussi partager le véhicule pour 1 000 K par personne. Il suffit pour cela de suivre les Laotiens en sortant de l'aéroport.

Si vous allez plus loin que le centre-ville, disons dans l'est de Vientiane, au-delà de Vat Si Muang, il vous en coûtera à peu près 1 500 K par personne en jumbo, 6 000 K en voiture.

Il n'existe pas de bus reliant directement l'aéroport à la ville mais, si vous faites à pied une centaine de mètres au sud de la gare vers Thanon Luang Prabang, vous pourrez prendre le bus qui va en ville pour 300 K.

Pour aller de la ville à l'aéroport, un jumbo revient à 2 000 K, une voiture à 2 500/3 500 K. Vous pouvez également prendre, pour 300 K, un bus Phon Hong à partir du marché du Matin.

Bus

Vientiane dispose d'un réseau de bus urbains, mais il n'est pas vraiment orienté vers le quartier central de Chanthabuli, où sont regroupés la plupart des hôtels, des restaurants, des sites et des magasins. Ce réseau dessert essentiellement les quartiers situés au nord, à l'est et à l'ouest du centre. Dans la zone de la préfecture de Vientiane, le prix du billet est très bon marché, de l'ordre de 300 K pour 20 km.

Taxi

Les taxis ne sont pas très nombreux à Vientiane, la plupart étant stationnés devant les grands hôtels ou l'aéroport, à l'heure des arrivées uniquement. En ville, la plupart des taxis sont de vieilles Toyota qui après 20 ans de service à Bangkok retrouvent une nouvelle jeunesse ici. On peut aussi voir des

Bus au départ de Vientiane		
Destination	**Nombre de départs par jour***	**Tarifs (kip)**
Ban Keun	toutes les 20 min	1 500
Luang Prabang	3	13 000
Paksan	6	2 500
Pakse	3	15 000
Savannakhet	2	10 000
Thalat	toutes les 20 min.	1 500
Tha Deua et Vat Xieng Khuan (parc du Bouddha)	toutes les 40 min.	600+
Tha Khaek	2	5 000*
Vang Vieng	toutes les 20 min.	5 000*

* du terminal de Talaat Sao
+ du terminal de Talaat Laeng (Khua Luang)

taxis avec compteur mais, comme les chauffeurs n'utilisent pas leur compteur, ils constituent le moyen de transport le plus cher que vous puissiez utiliser.

Pour les petits trajets en ville, mieux vaut prendre un cyclo-pousse ou un jumbo. Les taxis sont généralement réservés aux longs trajets et se louent à l'heure ou à la journée. A Vientiane, la voiture avec chauffeur revient à 20 ou 25 $US la journée si l'on ne sort pas de la ville. Si vous souhaitez aller plus loin, par exemple vers Ang Nam Ngum ou Vang Vieng, il vous en coûtera entre 30 et 40 $US par jour.

Pour une course allant du pont de l'Amitié au centre de Vientiane, le chauffeur de taxi vous demandera en moyenne 200 B et jusqu'à 10 000 K. La somme est raisonnable si vous considérez que les chauffeurs demandent parfois la moitié du prix pour un transport de l'aéroport au centre de la capitale, alors que le pont se trouve à peu près cinq fois plus loin.

Taxi trois-roues

Les taxis trois-roues peuvent généralement prendre deux ou trois passagers. Les plus gros (appelés jumbos ou tuk-tuks) comportent deux petits bancs à l'arrière pouvant accueillir quatre, cinq, voire six passagers. Ils coûtent à peu près le même prix que les cyclo-pousse, mais ils sont bien sûr plus rapides.

Les chauffeurs acceptent aussi bien les courses de 500 m que celles de 20 km. Même s'ils demandent généralement 1 000 K aux touristes, le prix normal d'une course en jumbo se situe autour de 500 K par personne pour 2 km ou moins, avec 200 K ou 300 K supplémentaires par kilomètre en plus ; le marchandage est de rigueur.

Les jumbos collectifs qui effectuent des trajets réguliers (de Thanon Luang Prabang à Thanon Setthathirat ou de Thanon Lan Xang au That Luang, par exemple) reviennent à 400 K par personne, il n'est pas nécessaire de marchander.

Du pont de l'Amitié au centre de Vientiane, le prix de la course s'élève normalement à 2 000 K, même si de nombreux chauffeurs demandent 200 B aux nouveaux arrivés de Thaïlande (le prix d'un taxi normal). Le jumbo collectif entre le pont et Talaat Sao ne coûte que 600 K.

Vous pouvez soit héler des jumbos vides qui passent dans la rue soit vous approcher des têtes de stations. Il en existe deux, l'une dans Thanon Khu Vieng près de Talaat Sao, et l'autre dans Thanon Chao Anou, au croisement de Thanon Heng Boun.

Location de motos

En face de la fontaine dans Thanon Setthathirat, Vientiane Motor loue des motos chinoises (80 cm^3) pour 10 $US la journée ou 12 $US pour des japonaises assemblées en Thaïlande (100 cm^3).

Cyclo-pousse

Les *sǎam-lâw* (samlor) sont en voie de disparition. Ils demandent 800 K du kilomètre (mais n'engagez pas les services d'un samlor pour une distance dépassant deux ou trois kilomètres).

VIENTIANE

Bicyclette

Si l'on ne veut pas marcher, la bicyclette constitue le moyen le plus pratique et le moins cher pour faire le tour de Vientiane. De nombreuses pensions en louent sur une base de 2 000 K environ la journée. La boutique Kanchana, face à l'hôtel Ekalath Metropole, dans Thanon That Dam, et Queen's Beauty Tailor (place de la Fontaine) en proposent pour 2 $US la journée.

Les environs de Vientiane

DE VIENTIANE A ANG NAM NGUM

La Route 13 relie Vientiane à Luang Pra-bang au nord. Peu recommandé dans le passé en raison de problèmes d'insécurité dans les environs de Kasi, le trajet est aujourd'hui considéré comme sûr. Depuis la réfection de la route, l'armée laotienne sur-veille en permanence la région située au nord de Kasi. Seul le temps permettra de confirmer que la voie est réellement à l'abri des guérillas et des bandits hmong. Des inci-dents auraient eu lieu en 1997 et 1998, mais ces informations n'ont pu être confirmées. Nous n'avons qu'une certitude : la route ne présentait aucun danger entre Vientiane et Vang Vieng ces dernières années.

La route d'Ang Nam Ngum (bassin de Nam Ngum) fourmille de centres d'intérêt. Le marché de **Ban Ilai**, dans le district de Muang Naxaithong, vend de la vannerie et de la poterie, ainsi que divers ustensiles de la vie quotidienne. On peut également admi-rer trois cascades à Muang Naxaithong. La première, **Nam Tok Tat Khu Khana** (aussi appelée Hin Khana), est facile d'accès, à une dizaine de kilomètres environ à l'ouest du village de Ban Naxaithong, près du Km 17. Le tournant qui vous emmène à la seconde, **Nam Tok Tat Son**, n'est pas signalé mais il est tout près de Ban Hua Khua, à 25 km de Vientiane et 100 m après le pont de Ban Hua Khua. Les chutes d'eau n'ont rien d'exceptionnel à cet endroit (il s'agit en réalité d'une série de rapides en escalier), mais une aire de pique-nique accueillante et les chemins de randonnée conduisant à des grottes de pierre à chaux ne manquent pas d'attraits. Pour atteindre **Nam Tok Tat Nam Suang**, quittez la Route 13 vers l'ouest près du Km 40 (suivez le pan-neau indiquant le Centre pour le projet lao-australien), entre Ban Nakha et Ban Nong Sa. Tournez à gauche à 3 km de la route, avant un pont métallique. Les chutes se déversent à 500 m de ce pont. Un peu plus au nord, vous verrez des *kâeng*, ou rapides,

A NE PAS MANQUER

- **Ang Nam Ngum**, un lac artificiel parsemé d'îles pittoresques
- **La réserve de Phu Khao Khuai**, un plateau forestier, habitat de nombreuses espèces sauvages
- **Les grottes de calcaire autour de Vang Vieng**, au milieu d'un paysage de campagne

ainsi que quelques tables dans une aire de pique-nique.

Au Km 52 de la route nationale, visitez le **Talaat Lak Haa-Sip Sawng** ("marché du Km 52"), un grand marché quotidien qui attire les Hmong et autres minorités locales. Un peu plus au nord, s'étend la ville prospère de **Phon Hong**, à la jonction de l'embranchement qui mène à Thalat et Ang Nam Ngum. La Route 13 continue ensuite vers le nord jusqu'à Vang Vieng. Phon Hong est le meilleur endroit pour déjeuner entre Vientiane et Vang Vieng.

Aussi connu sous le nom de zoo Thula-khom, le **jardin zoologique de Vientiane** est à 60 km de Vientiane, le long de la Route 10. Si les espèces présentées sont peu nom-

ENVIRONS DE VIENTIANE

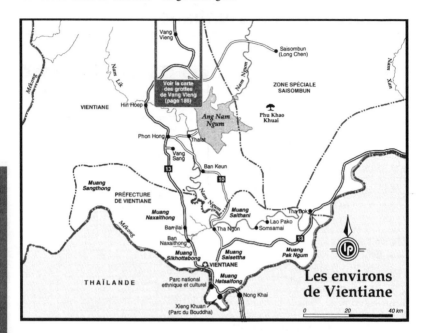

breuses (à l'exception des cerfs qui pullulent littéralement), le paysage ne manque pas de charme et les conditions de vie des animaux sont bonnes. L'entrée vaut 1 000 K et le jardin est ouvert tous les jours de 8h et 16h30. Pour y accéder par transport public, prenez un bus en direction de Ban Keun (800 K) et demandez à descendre à "Suan Sat Vieng Chan".

A **Vang Sang**, à 65 km au nord de Vientiane par la Route 13, une dizaine de sculptures de Bouddha en haut-relief daterait du XVIe siècle. Des spécialistes locaux estiment que les sculptures sont d'origine môn et remontent au XIe siècle. Hypothèse peu probable, car il n'y a aucune trace archéologique môn dans le secteur. Personne ne peut cependant affirmer que les sculptures ne symbolisaient pas une halte pour les voyageurs bouddhistes venus des cités-États môn-khmères du sud du Laos ou du nord de la Thaïlande. Deux de ces bouddhas mesurent plus de quatre mètres de haut. Le nom de l'ensemble signifie Palais des éléphants, allusion à un cimetière découvert dans les environs. Une vingtaine de mètres plus loin se dresse un autre groupe de sculptures. Pour atteindre Vang Sang, prenez le tournant indiqué au Km 62, près de Ban Huay Thon, et suivez la route de terre sur 1,8 km en direction du sanctuaire.

Thalat (Thaa Laat), à mi-chemin entre Phon Hong et Ang Nam Ngum, est réputée pour son marché qui vend toutes sortes de gibiers : cerfs, fourmiliers épineux, rats, etc., pour une consommation locale.

La route de Thalat à Ang Nam Ngum offre de nombreux endroits agréables pour pique-niquer au bord de l'eau.

ANG NAM NGUM

Situé à environ 90 km de Vientiane, l'immense lac artificiel de Ang Nam Ngum a été créé par le barrage construit sur la Nam Ngum. La centrale hydroélectrique produit une grande partie de l'énergie consommée dans la vallée de Vientiane, le reste est exporté vers la Thaïlande. Près de 250 km^2 de forêt ont été inondés lors de la construction du barrage. Plusieurs plates-formes d'exploitation forestière, dont la plupart sont des filiales thaïlando-laotiennes, utilisent des scies hydrauliques submersibles pour couper les tecks immergés. Le poisson, lui, est pêché par une coopérative financée par la Suisse.

Le plan d'eau est parsemé de petites îles pittoresques qui méritent le déplacement. A l'embarcadère principal de Nakheun, on peut louer des bateaux de vingt personnes pour 15 000 K de l'heure.

Après la prise de Vientiane par le Pathet Lao, en 1975, 3 000 prostituées et délinquants furent exilés pendant plusieurs années sur les îles de Ang Nam Ngum, les hommes sur une île et les femmes sur une autre.

Où se loger et se restaurer

L'excursion à Ang Nam Ngum peut se faire dans la journée, mais il est également possible de dormir sur place. L'hôtel flottant géré par la *Nam Ngum Tour Co* compte de grandes chambres propres, avec eau chaude et clim., à 15 000 K. Le bateau-hôtel est agréable, mais il ne quitte généralement l'embarcadère que lorsqu'il est plein ; vu du quai, le panorama n'est pas particulièrement plaisant à cause des déchets rejetés par les scieries avoisinantes.

Un peu à l'écart du lac, près du barrage, se trouvent plusieurs *EDL Bungalows*, où logeaient les ingénieurs

japonais qui travaillaient à la conception de l'ouvrage. Les bungalows sont maintenant loués aux touristes pour 15/20 \$US la simple/double. Toutes les chambres ont l'eau chaude et la clim.

Un modeste hôtel sur Don Dok Khon Kham, île située à une dizaine de minutes en bateau, propose des chambres simples/doubles pour 12 000 K (restauration possible). L'eau courante et l'électricité ne sont en service que le soir. Le transport en bateau vers cette île coûte 2 000 K.

Sur Don Santiphap, ou île de la Paix, beaucoup plus loin sur le lac, un hôtel plus ancien propose des cabines rudimentaires pour 5 000 K par personne. L'endroit est assez délabré et il n'y a ni eau courante ni électricité. Vous pourrez rejoindre cette île en 30 minutes pour 2 500 K par personne.

A côté de l'hôtel flottant, on peut manger du poisson d'eau douce dans un agréable restaurant flottant, où le poisson est conservé au bout d'une longe sous le pont. Le cuisinier n'a qu'à soulever une grille pour le récupérer et le jeter ensuite, encore vivant, sur le feu.

Comment s'y rendre

Il est relativement facile de se rendre à Ang Nam Ngum par les transports en commun. Vous pouvez prendre le bus pour Kheuan Nam Ngum (barrage de Nam Ngum) qui part à 7h du terminal de Talaat Sao et coûte 1 000 K. Le trajet dure environ trois heures par la Route 13, *via*

Scène de pêche sur le lac Ang Nam Ngum

Thalat. Si vous le ratez, vous devrez prendre le bus jusqu'à Thalat (84 km de Vientiane, 1 500 K, deux heures et demie de trajet), puis faire du stop ou trouver un jumbo (400 K) jusqu'au lac. De Vientiane, quatre ou cinq bus assurent la liaison quotidienne jusqu'à Thalat.

En taxi, la course depuis la capitale vous reviendra à 35 ou 40 $US environ. Au retour, demandez au chauffeur de prendre la Route 10 qui passe par Ban Keun, elle est plus jolie et cela vous évitera de refaire le même trajet. La distance est à peu près identique.

PHU KHAO KHUAI

En quittant la Route 13 à l'ouest de Tha Bok, une route en cailloux mène à la montagne du Buffle d'Eau, plateau partiellement forestier à environ 670 m d'altitude et culminant à 1 026 m. Des cimes de 2 000 m l'entourent. L'accès à ce plateau fut longtemps interdit aux étrangers après la révolution de 1975, en raison de la présence d'une base "secrète" des forces armées et aériennes laotiennes. Aujourd'hui, cette zone de conservation de la biodiversité offre un havre de fraîcheur de mars à mai. A d'autres époques de l'année, la température peut tomber et le brouillard se lever.

En 1994, des études internationales ont confirmé la présence d'éléphants sauvages et de gibbons dans ce secteur. Les habitants rapportent également la présence d'espèces rares, telles que le gaur, l'ours noir d'Asie, le tigre, la panthère longibande, l'houppifère du Siam ou le paon vert. Environ 88% de la zone de Phu Khao Khuai est recouverte de forêt, mais 32% seulement entrent dans la catégorie de la forêt dense. L'ensemble recouvre 2 000 km². A l'ouest, une partie de la zone, soit 710 km², regroupant la base militaire et quelques villages, sera bientôt détachée de la zone pour faciliter la mise en application des mesures de conservation.

Malgré un droit d'entrée de 600 K, les visiteurs ne trouveront aucune installation prévue à leur intention. Avant d'arriver, achetez de quoi manger dans les villages, dont certains ont une population hmong réimplantée.

Comment s'y rendre

Les transports publics ont oublié Phu Khao Khuai. Il faut deux heures pour atteindre la zone de conservation de la biodiversité depuis Vientiane, en prenant la Route 13 sud (section pavée) et la route de cailloux qui se dirige vers l'est à partir de Tha Bok.

On peut accéder à la partie ouest de la zone, et au sommet du même nom, en empruntant, au sud, une piste sinueuse qui abandonne la Route 10 à l'est du pont Tha Ngon au-dessus de la Nam Ngum. Cette voie devient parfois impraticable durant la saison des pluies. Mieux vaut être équipé d'un véhicule solide et surélevé pour négocier un relief plutôt redoutable... De nombreux militaires sillonnent le secteur, et l'on franchit deux postes de contrôle.

LAO PAKO

Cette station écologique, bâtie en bambous, est située sur les rives de la Nam Ngum et offre une merveilleuse détente après Vientiane. Construite et dirigée par un couple de Germano-autrichiens dans un coin reculé de la province de Vientiane (à environ 55 km de la capitale), Lao Pako offre des nuits tranquilles à la campagne.

Les loisirs sont nombreux : se baigner, faire du bateau sur la rivière, jouer au volley-ball ou au badminton, se promener dans les villages voisins ou visiter les vats et les chutes d'eau. Les propriétaires ont eu un rôle décisif dans la création d'une réserve forestière de 40 hectares, sur la rive opposée. Ils subventionnent également les écoles du village.

Les logements bâtis sur le domaine utilisent les matériaux de construction locaux. Une longue maison de bois et de bambou renferme un dortoir de sept lits, où l'on peut séjourner pour 14 000 K par personne, et trois pièces à 45 000 K la simple/double. Les bungalows privés avec s.d.b. coûtent 60 000 K. Un *sala*, en plein air, permet de dormir à même le sol pour 6 000 K. Des buffets à la laotienne sont servis sous un abri en plein air. Chaque mois, la célébration de la pleine lune est l'occasion de faire des barbecues et de partager du *lào-hái* (liqueur lao) préparé dans un village voisin, Ban Kok Hai, situé à 15 minutes seulement de là, au bord de la rivière.

Un autre village sur la rive mérite le détour. A Tha Sang ("atterrissage des éléphants"), un vat abrite un bouddha allongé et un chedi classique, comme on en trouve dans le Laos central.

Pour les réservations (conseillées pour le week-end et les vacances), appelez le ☎/fax (021)312234.

Comment s'y rendre
La voiture constitue le meilleur moyen de locomotion pour se rendre à Lao Pako. A défaut, le bus qui vous mène en une heure et demie à Somsamai (bus n°19 de Talaat Sao, 500 K, trois fois par jour à 6h30, 11h30 et 15h), sur la Nam Ngum, fera aussi l'affaire. Ensuite un canoë à moteur vous conduira aux installations (25 minutes, 3 000 K).

VANG VIENG
Cette petite bourgade, à environ 160 km au nord de Vientiane et à 230 km au sud de Luang Prabang par la route 13, est nichée dans un méandre de la rivière Nam Song. Si la ville elle-même (25 000 habitants) n'est pas dépourvue de charme, le plus intéressant est toutefois le site alentour. Paradis des amateurs de spéléologie, les falaises de calcaire qui longent la rive ouest de la rivière regorgent de galeries et de cavernes inexplorées. Les grottes, qui tirent leur nom de la mythologie locale, sont toutes censées abriter des esprits.

Même si vous n'avez pas l'intention de les explorer, la balade le long de la rivière est agréable. Les bateaux à moteur sont rares et les pêcheurs font avancer leur pirogue à la gaffe, préservant ainsi la quiétude du site.

A part une usine de ciment construite par les Chinois à 7 km au sud de la ville et une petite piste d'atterrissage (connue sous le nom de Lima Site 6 pendant la guerre d'Indochine) peu utilisée entre la Route 13 et la

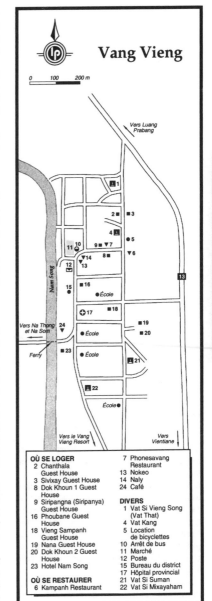

Vang Vieng

Vers Luang Prabang

Vers Na Thong et Na Som

Nam Song

Ferry

Vers le Vang Vieng Resort

Vers Vientiane

OÙ SE LOGER
2 Chanthala Guest House
3 Sivixay Guest House
8 Dok Khoun 1 Guest House
9 Siripangna (Siripanya) Guest House
16 Phoubane Guest House
18 Vieng Sampanh Guest House
19 Nana Guest House
20 Dok Khoun 2 Guest House
23 Hotel Nam Song

OÙ SE RESTAURER
6 Kampanh Restaurant
7 Phonesavang Restaurant
13 Nokeo
14 Naly
24 Café

DIVERS
1 Vat Si Vieng Song (Vat That)
4 Vat Kang
5 Location de bicyclettes
10 Arrêt de bus
11 Marché
12 Poste
15 Bureau du district
17 Hôpital provincial
21 Vat Si Suman
22 Vat Si Mixayaham

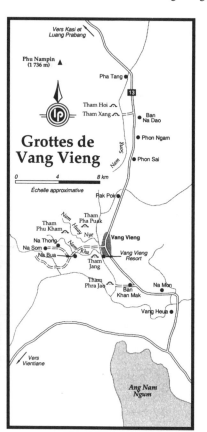

Vers Kasi et
Luang Prabang

Phu Nampin
(1 736 m)

Pha Tang

**Grottes de
Vang Vieng**

Tham Hoi
Tham Xang
Ban
Na Dao

Phon Ngam

Phon Sai

0   4   8 km

Échelle approximative

Pak Pok

Tham
Pha Puak

Tham
Phu Kham   Nye

Na Thong
Na Som

Na Bua   Tham
Jang

Vang Vieng

Vang Vieng
Resort

Tham
Phra Jan   Na Mon
Ban
Khan Mak

Vang Heua

Vers
Vientiane

Ang Nam
Ngum

Grottes

Tham Jang. La plus connue des grottes de Vang Vieng fut utilisée par les habitants pour se protéger au début du XIXe siècle des Yunnanese chinois (Jiin Haw). Des escaliers conduisent à l'entrée de la grotte principale. Jusqu'à une époque récente, on ne s'éclairait qu'au moyen de torches enflammées ou de lampes électriques mais, aujourd'hui, les gardiens du lieu tourneront un interrupteur dès que vous aurez acquitté les 2 500 K du droit d'entrée. Celui-ci doit être réglé au moment de l'entrée dans le complexe hôtelier de Vang Vieng, avant de rejoindre le pont suspendu qui surplombe la rivière. En plus des frais d'entrée, vous payerez le droit de traverser le complexe lui même : 400 K pour un gros véhicule ou une voiture, 100 K pour une bicyclette et 200 K si vous êtes en moto ou à pied. Il est aussi possible d'accéder aux grottes en pirogue depuis Vang Vieng, mais il est fort probable que vous soyez aussi obligé de payer le droit d'entrée.

Dans la salle principale, une ouverture dans la roche permet d'admirer la vue sur la vallée. Plus loin, une source claire se jette dans la rivière. A partir de là, vous pouvez remonter le courant à la nage et vous enfoncer jusqu'à 80 mètres dans la grotte. Attention à l'intérieur : n'emportez rien de précieux avec vous et préférez les visites en petits groupes.

Tham Baat ("grotte de la sébile") abrite une sébile en fer rouillé censé avoir appartenu à un ermite ayant vécu dans ces cavernes. Seuls les plus agiles parviendront à rejoindre cette grotte.

Tham Pha Puak. Un peu plus au nord de Tham Jang, vous pouvez grimper dans cette grotte située dans un affleurement de karst et entourée par les Phaa Daeng, qui portent très bien leur nom ("falaises rouges"). Pour y accéder, il faut franchir la rivière Nam Song à gué, après le Nam Song Hotel (en pirogue lorsque les eaux sont hautes, ou dans une carriole en bois tirée par un petit tracteur en saison sèche).

ville, Vang Vieng reste à l'écart de la vie moderne. Les oiseaux tropicaux abondent dans les environs. Plusieurs monastères de la région datent des XVIe et XVIIe siècles, dont le Vat Si Vieng Song (Vat That), le Vat Kang, le Vat Khua Phan, le Vat Sisumang, le Vat Si Suman et le Vat Phong Phen. En dehors de la ville, on compte quelques villages hmong, dont deux se trouvent à 7 et 13 km à l'ouest de la ville de l'autre côté de la Nam Song.

Vang Vieng possède un bureau de poste, un marché central, une gare routière et un hôpital provincial.

Vous devrez ensuite traverser les rizières en direction de la formation, elle-même entourée de cavernes plus petites dont les entrées se trouvent toutes dans les falaises calcaires. L'intérêt de la visite tient pour une grande partie à la balade.

Tham Phu Kham. Pour rejoindre cette grotte, passez la rivière à l'intersection du Nam Song Hotel, puis empruntez une route de campagne sur 6 km, jusqu'au village de Na Thong, situé après Na Bua. Les tracteurs-taxis qui font la traversée de la rivière se rendent généralement à Na Thong pour quelques centaines de kips. Continuez sur le même chemin encore un kilomètre, jusqu'à une colline au nord du village et suivez les panneaux pour accéder à la grotte. Au moment de traversez le ruisseau aux eaux turquoises qui serpente au pied de la formation rocheuse, un droit de passage est demandé (1 000 K). Une montée assez raide de 200 mètres mène à la caverne à travers la brousse. La grotte abrite dans une de ses salles un bouddha thaïlandais de bronze en position couchée, offert par un visiteur. Des galeries partent de la caverne principale.

Tham Phra Jao. Il vous faudra déployer plus d'efforts pour atteindre cette grotte qui n'a rien d'exceptionnel mais donne l'occasion d'une agréable randonnée dans la nature. Suivez la Route 13 vers le sud sur 6 km, jusqu'au village de Ban Khan Mak, puis descendez un chemin sur le côté pour rejoindre la Nam Song. Louez une pirogue pour passer la rivière (ou traversez à pied en saison sèche), engagez-vous sur le sentier qui part de l'autre rive jusqu'à ce qu'il s'enfonce dans une bananeraie. Dirigez-vous alors vers l'unique arbre (un diptérocarpacée géant) posté en sentinelle près de la caverne (admirez les énormes ruches suspendues à son sommet et les marches fixées à l'arbre pour faciliter la récolte du miel). Vous ne tarderez pas à apercevoir l'entrée de la grotte, en forme de cœur. De taille moyenne, elle abrite notamment une image du Bouddha.

Tham Xang. Pour visiter la "grotte de l'Éléphant", prenez la Route 13 vers le nord sur 8 km, jusqu'à Ban Na Dao. Bifurquez vers l'ouest sur un grand chemin, juste après le Km 165, jusqu'à ce que vous croisiez la rivière. Traversez le pont s'il ne s'est pas effondré ou hélez une pirogue. Sur l'autre rive, rejoignez l'affleurement isolé visible à ses grands diptérocarpacées et son petit temple rustique. Dans la caverne, assez étroite, vous découvrirez quelques images et une "empreinte du pied" du Bouddha, ainsi qu'un stalactite en forme d'éléphant (qui donne son nom à la grotte). Vous apprécierez plus particulièrement ces lieux lorsqu'ils baignent dans la luminosité du matin.

Tham Hoi. Si vous vous trouvez à Tham Xang, prolongez votre marche vers le nord-ouest pour découvrir cette grotte qui, paraît-il, s'enfonce dans la roche calcaire sur plusieurs kilomètres. Passez sur un petit pont et traversez les rizières le long de la falaise de calcaire toute proche. Vous devriez apercevoir l'entrée de la grotte, surveillée par un grand bouddha peint.

Guides et cartes. Pour visiter ces grottes, demandez à un pêcheur ou un passeur de vous montrer le chemin – la plupart seront ravis de vous guider dans deux ou trois grottes pour quelques centaines de kips. Hormis les mois les plus secs, durant lesquels on peut facilement traverser à gué, il vous faudra sans doute avoir recours à un passeur pour traverser la rivière en pirogue. La plupart des cavernes sont accessibles à pied depuis le centre-ville (environ 2 km vers le sud-ouest).

Si vous souhaitez faire un circuit plus complet pour visiter d'autres grottes, adressez-vous aux pensions, qui vous mettront en relation avec un guide. Puk, jeune Laotien qui parle quelques mots d'anglais, organise des visites d'une demi-journée pour des petits groupes. On peut le contacter par le biais de la Siripangna (Siripanya) Guest House. Il demande généralement 23 000 K pour deux personnes (éventuellement moins si vous êtes plus nombreux).

ENVIRONS DE VIENTIANE

Il est aussi possible d'acheter des cartes faites à main levée pour quelques centaines de kip, dans les petits restaurants situés près du marché.

Où se loger

Le nombre de pensions a augmenté ces deux dernières années car les voyageurs en provenance ou à destination de Luang Prabang sont nombreux à faire une étape à Vang Vieng. Installée au bord de la rue principale, la *Sivixay Guesthouse* abrite, dans un vieil immeuble, des chambres très simples pour les chauffeurs routiers à 3 000 K, avec s.d.b. et toilettes communes. La pension possède deux bâtiments récents situés en retrait de la route, plus au calme. Ils comprennent quatre chambres propres, contenant chacune deux lits, des toilettes et une douche froide, pour 5 000 K. En face, la *Chanthala Guest House*, moins agréable, occupe un immeuble de deux étages destiné aux routiers. Vous paierez 3 000 K pour une chambre d'une propreté douteuse avec toilettes et douches communes. Les gérants ne sont pas très accueillants avec les étrangers.

Une petite route mène à la *Nana Guest House*, une pension moderne et propre, installée elle aussi au centre-ville, mais un peu plus à l'est. Un escalier en colimaçon conduit à cinq grandes doubles équipées de toilettes, d'une douche avec eau chaude et d'un ventilateur. Elles sont louées au prix raisonnable de 10 000 K. L'établissement possède par ailleurs un petit parking à l'avant du bâtiment. La *Dok Khoun 2 Guest House*, à deux pas dans la même rue, propose des simples/doubles, dotées d'un grand lit ou de lits jumeaux, à 5 000 K. L'endroit est impeccable et accueillant. Seules les chambres situées à l'étage sont équipées de toilettes et de douches privées.

D'autres pensions vous attendent aux alentours de la rue principale, près du marché principal. La *Siripangna* (*Siripanya*) *Guest House*, à côté du Phonesavang Restaurant, loue des chambres simples et sans cachet avec s.d.b. à 4 000 K. Le personnel de l'établissement est sympathique et peut

organiser une visite des grottes. La *Dok Khoun 1 Guest House*, installée de l'autre côté de la rue, offre des chambres plus jolies au prix de 5 000 K.

Construit au sud du marché, presque en face du bureau du district, l'immeuble en béton de la *Phoubane Guest House* abrite des chambres humides, avec des équipements communs, à 3 000/4 000 K la simple/double. Le restaurant extérieur et l'aire de repos situés devant la pension seraient très agréables si le service n'était pas aussi lent et le personnel si indifférent. Tournez au coin dans une rue qui mène à la voie rapide pour rejoindre la *Vieng Samphanh Guest House*, qui dispose de plusieurs simples/doubles séparées par des cloisons de bambous à 2 000/3 000 K. C'est l'endroit le moins cher de la ville, mais pas forcément le plus rutilant.

L'*Hotel Nam Song*, tenu par un Français et situé sur un petit promontoire en face de la rivière Nam Song, offre des chambres très propres et confortables, équipées de toilettes, d'une douche chaude, d'un ventilateur et d'un mini réfrigérateur. La clim. devrait être installée sous peu. Les chambres d'angle sont à 25 $US, celles qui donnent sur la rivière à 20 $US et les pièces sur l'arrière à 16 $US. L'hôtel possède une agréable véranda face à la rivière, et un grand jardin. Le petit déjeuner revient à 3 000 K par personne.

Un peu en dehors de la ville, mais proche de la rivière et de la grotte de Tham Jang, le *Vang Vieng Resort* (☎ (021) 214743, téléphone mobile 130440) propose des petites maisons à tuiles rouges (certaines en duplex), calmes et confortables, à 20 $US. Toutes les chambres sont équipées de toilettes et d'une douche chaude. L'hôtel possède aussi, dans un bâtiment attenant, des chambres en bambou, avec douche froide, louées 8 000 K. Malgré leur situation, les maisons ne valent pas les chambres de l'Hotel Nam Song et le personnel est parfois désagréable. Tout récemment, un Canadien d'origine laotienne aurait repris la direction de l'établissement, avec l'intention de baisser les tarifs et d'améliorer le service.

Où se restaurer

Plusieurs petits stands de nouilles jouxtent le marché. Le *Kampanh Restaurant,* sur la route principale, est une bonne référence. *Nokeo* et *Naly,* installés au tournant de la rue qui se trouve près du marché, servent les habituels plats de riz et de nouilles lao. Nokeo agrémente son fõe et son khào lâat nàa (bœuf, poulet ou porc grillé avec du riz) d'une grande quantité de légumes verts, pour le plaisir des clients. Vous trouverez aussi de quoi vous restaurer au marché du jour.

L'imposant *Phonesavang Restaurant,* à côté de la Siripangna Guest House, est relativement bien tenu et tente de proposer aux client occidentaux une cuisine sans trop de piments et autres épices trop agressives pour les palais sensibles. Il est parfois difficile de se faire comprendre par le personnel, bien que celui-ci fasse beaucoup d'efforts. Le service devrait s'améliorer avec le temps.

Autre adresse appréciée des randonneurs, un *café* de rue sans nom, à côté de l'Hotel Nam Song. La nourriture est à peu près acceptable et la bière, tout juste fraîche. Mais les couchers de soleil rendent le cadre splendide. Celui-ci constitue également un excellent point pour observer la vie quotidienne au bord de la rivière : traversée, pêche, ramassage des escargots, lessive et baignade.

Comment s'y rendre

La Route 13 est pavée tout le long jusqu'à Vang Vieng. De Vientiane, des săwng-thâew quittent le terminal de Talaat Laeng toutes les 20 minutes (un peu moins la nuit). De Vang Vieng, la fréquence des véhicules est la même et ils partent du secteur du marché. Le billet aller coûte 5 000 K pour trois heures de route. Si vous voyagez par vos propres moyens, faites une escale pour admirer le point de vue sur la rivière Hin Hoep. C'est ici, sur le pont, que le Pathet Lao, le prince Souvannaphouma et le prince Bounome ont signé un traité de paix de courte durée, en 1962.

ENVIRONS DE VIENTIANE

Quelle sécurité pour la Route 13 ?

Jusqu'en 1995, les véhicules qui faisaient la navette sur la Route 13 au nord de Kasi subissaient épisodiquement les attaques des guérillas hmong. D'autres incidents auraient eu lieu depuis la réfection de la chaussée en 1996, mais les informations ne sont pas de première main et ne peuvent être confirmées. Un ami allemand installé à Luang Prabang a appris qu'en mars 1998, l'armée avait fermé la route aux environs de Kasi pendant quelques heures et les habitants auraient entendu des tirs. Il n'a pu me dire s'il s'agissait réellement d'"exercices", comme l'affirmait la version officielle, ou d'un incident plus grave.

L'armée laotienne a établi une base au nord de Kasi pour y loger des soldats avec leur famille dans des cabanes de chaume le long de la route. Une autre mesure de sécurité a consisté à couper les épais bosquets en bordure de route qui permettaient aux rebelles d'apparaître et de disparaître sans être vus.

Personnellement, je ne me priverais pas de voyager sur cette route, que ce soit en transport public ou privé (je l'ai fait pour la dernière fois en 1998), mais compte tenu du penchant du gouvernement pour le secret concernant les actions militaires, il est impossible de garantir que le trajet est sûr. Une chose est certaine : il est bien moins dangereux que pendant les années 80, quand 10 à 15 personnes étaient tuées chaque année sur la route.

C'est à vous de décider. Des centaines, voire des milliers de voyageurs ont pris la Route 13 sur toute sa longueur, entre Luang Prabang et Vientiane, sans rencontrer aucun problème. Par ailleurs, des millions de Laotiens l'empruntent chaque année. Une autre solution consisterait à prendre un vol de Lao Aviation (le dernier accident d'un avion de la compagnie, en 1993, a fait plus de victimes que les troubles dans la région de Kasi cette année) ou à quitter Vientiane en bateau, un voyage qui présente d'autres dangers. ■ **Joe Cummings**

De grands bus (souvent en bois, mais parfois équipés de vrais sièges) font le trajet de/vers Luang Prabang en 6 heures (11 000 K). Si vous souhaitez descendre à Kasi sur la route pour Vang Vieng, comptez 10 000 K pour quatre heures de voyage. Trois départs sont prévus par jour, deux le matin et un au milieu de l'après-midi.

Vous pouvez aussi affréter un sãwng-thâew pour faire le trajet de Vang Vieng à Luang Prabang, au prix de 130 000 K (l'équivalent de 50 $US ou 2 600 B). Cette solution permet de voyager plus confortablement sans avoir à supporter de fréquents arrêts pour le même tarif (11 000 K par personne), à condition de réunir douze passagers. Le voyage reviendra un peu plus cher si vous êtes moins nombreux.

Comment circuler

Vous pouvez aisément parcourir la ville à pied. Une boutique installée dans la rue principale entre la Sivixay Guesthouse et le Kampanh Restaurant loue des bicyclettes à la journée (2 $US). Il est possible de passer la rivière avec un deux-roues pour visiter les villages et les grottes à l'ouest de la Nam Song. Vous pouvez aussi louer des sãwng-thâew au marché et rejoindre les cavernes situées hors de la ville. Comptez 10 $US pour un circuit de 20 km au nord ou au sud de Vang Vieng.

KASI

Cette ville n'est rien de plus qu'un simple arrêt repas pour les passagers des bus et les chauffeurs de camion qui empruntent la Route 13 entre Luang Prabang et Vientiane. A 40 km au nord de Kasi, en prenant vers l'est en direction de la province de Xieng Khuang, après l'intersection des Routes 13 et 7, vous découvrirez le site de l'ancien fort français de Muang Phu Khun. On peut y voir les ruines d'un bâtiment en brique et en stuc qui devait abriter le quartier des officiers (certaines personnes affirment qu'il s'agit d'un immeuble de l'administration pour la construction de la

Route 13, datant du début du siècle). Chaque pièce possède une cheminée, ce qui prouve que les températures sont souvent fraîches dans la région.

La section de la voie rapide qui longe une crête avec de superbes vues, entre Kasi et Muang Phu Khun, a déjà été attaquée par des rebelles. Deux postes armés installés dans ce secteur sont censés assurer la sécu-rité de la route. Mais le silence du gouvernement sur tout ce qui touche de près ou de loin l'insurrection ne permet pas de savoir si le district est vraiment sûr.

Plus au nord, en direction de Luang Prabang, le paysage est plus spectaculaire encore. Parsemé de pics escarpés, il comprend certaines des plus hautes formations de calcaire d'Asie du Sud-Est. Cette terre isolée et désolée semble taillée sur mesure pour les rebelles. A partir du Km 228, vous apercevrez sur votre droite (ou sur votre gauche si vous vous dirigez vers le sud) le **Phu Phra,** l'un de ces pics découpés, considéré comme sacré à la fois par les tribus animistes des montagnes et les bouddhistes.

Où se loger et se restaurer

Si vous devez passer la nuit à Kasi, la *Somchith (Nang Som Jit) Guest House,* installée au-dessus d'un magasin restaurant de la grand-rue au centre-ville, offre des doubles convenables avec s.d.b. commune à 5 000 K.

Tous les bus, sãwng-thâew et camions s'arrêtent près des restaurants de la grand-rue, dont les plats de nouilles et de riz sont convenables.

Comment s'y rendre

Kasi est à environ deux heures au nord de Vang Vieng par la Route 13. Le trajet en bus (énormes camions à plateau pourvus de bancs en bois) coûte 1 500 K depuis Vang Vieng. Pour continuer jusqu'à Luang Prabang, il faut suivre une route récemment rénovée pendant 4 à 6 heures (la durée dépend de l'état du véhicule et de la conduite du chauffeur). Comptez 10 000 K pour le billet.

Le Nord

Province de Luang Prabang

D'après le recensement effectué en 1995, la province montagneuse de Luang Prabang compte 365 000 habitants (contre 434 000 en 1960 – baisse due à l'émigration des réfugiés) appartenant à 12 groupes ethniques différents, dont 46% de Lao Theung, 40% de Lao Loum et 14% de Lao Sung. La majorité de la population, dont plus de 80% travaillent dans l'agriculture (culture du riz essentiellement) et 17% dans le commerce, vit dans le district du chef-lieu. Coupée des grands marchés du pays pendant des siècles en raison de l'insuffisance des voies de communication (même le Mékong n'est pas navigable toute l'année), la province a développé une petite économie fragile, de type insulaire, reposant sur la production et les services traditionnels locaux.

Maintenant que la Route 13 permet d'atteindre la province en une journée au départ de Vientiane, sa situation devrait évoluer.

Histoire

Les archéologues ont découvert dans la province de Luang Prabang de grosses pierres taillées en forme de tambour, gravées de motifs semblables à ceux des tambours en bronze de Dông Son, au Vietnam. La question est désormais de savoir si ces vestiges sont liés à la culture Dông Son et, le cas échéant, de déterminer s'ils lui sont antérieurs ou postérieurs (de 500 av. J.-C. à l'an 100). Il est également possible que ces objets puissent avoir un lien avec les jarres préhistoriques de la plaine des Jarres, dans la province de Xieng Khuang.

On a aujourd'hui acquis la certitude que les premiers meuang lao-thaï se sont instal-

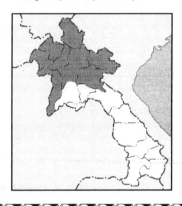

lés dans les hautes vallées du Mékong et de ses principaux affluents, la Nam Khan, la Nam Ou et la Nam Seuang (Xeuang) entre le VIIIe et le XIIIe siècles. C'est ici que le Lan Xang, premier royaume lao, a été constitué en 1353 par le conquérant Fa Ngum, avec le soutien des Khmers. A cette époque, la ville s'appelait Muang Sua (Java), sans doute à cause de l'invasion par les Javanais du royaume de Chenla qui, du VIe siècle au VIIIe siècle, regroupa le Sud du Laos et le Nord du Cambodge.

En 1357, elle devint Muang Xieng Thong ("district de la cité royale") mais, lorsque le roi Fa Ngum accepta des mains

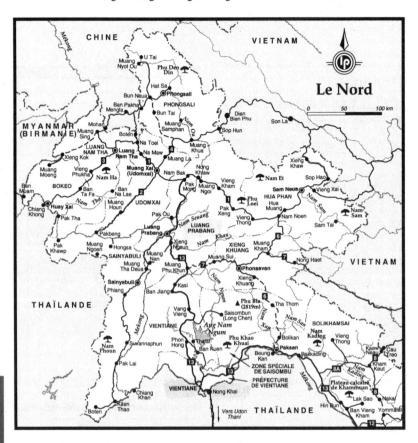

Le Nord

du souverain khmer le bouddha cinghalais appelé Pha Bang ("grande statue sacrée"), la ville-État prit le nom de Luang ("grand" ou "royal") Prabang (ou Phabang). Elle demeura capitale du Lan Xang jusqu'en 1545, date à laquelle le roi Phothisarat décida de transférer son centre administratif à Vientiane.

Durant toute la période du Lan Xang, Luang Prabang fut néanmoins considérée comme le siège de l'autorité monarchique. A la mort du roi Sulinya Vongsa, en 1694, le royaume éclata. L'un des petits-fils du souverain proclama l'indépendance de Luang

Prabang, qui devint le rival des États monarchiques de Vientiane et de Champasak.

Dès lors, le pouvoir de Luang Prabang s'affaiblit et la monarchie se soumit successivement aux Siamois, aux Birmans, et aux Vietnamiens. En 1887, après une attaque particulièrement meurtrière du groupuscule "Black Flag" de l'armée chinoise, le royaume de Luang Prabang se résigna à devenir protectorat français. A cette époque, la France établit son Commissariat dans la capitale royale. Les représentants français, de même que les gouvernements indépendants qui suivirent, autori-

La chapelle funéraire royale se trouve dans le plus beau temple de Luang Prabang, le Vat Xieng Thong, sous tutelle royale jusqu'en 1975

Luang Prabang
En haut : coucher du soleil sur le Mékong, autrefois l'axe principal de circulation au Laos
A gauche : fenêtre sculptée du Vat Saen à Luang Prabang, la capitale des arts traditionnels
A droite : jeune moine devant un autre temple de la ville richement décoré, Vat Long Khun

sèrent toutefois le maintien de la famille royale ; ce n'est qu'avec la prise du pouvoir par le Pathet Lao, en 1975, que la monarchie fut définitivement abolie.

Les derniers roi, reine et prince de Luang Prabang furent emprisonnés dans une grotte au nord-est du Laos, où ils moururent, l'un après l'autre, entre 1977 et 1981, faute de nourriture et de soins médicaux adéquats. Le gouvernement n'a pas encore publié de rapport complet sur leur destin après la révolution.

LUANG PRABANG

La ville de Luang Prabang (officiellement Nakhon Luang Prabang, mais souvent appelée Muang Luang par les habitants de la région) commence juste à sortir de la torpeur dans laquelle l'avaient plongée les longues décennies de guerre qui ont précédé la révolution. La population totale du district compte 63 000 habitants, la ville elle-même ne regroupe que 16 000 résidents. La cité ne s'est guère étoffée depuis Auguste Pavie. Luang Prabang comptait déjà 10 000 habitants à l'époque de l'administration coloniale française. Mis à part l'installation de l'électricité et la présence grandissante de voitures, de camions et de motos, la ville n'a pas encore vraiment été touchée par le monde moderne. L'heure de pointe, au moment de la sortie des écoles, se traduit par un surcroît de bicyclettes dans les rues.

Luang Prabang est devenue une destination touristique privilégiée grâce à ses nombreux temples anciens. Trente deux temples antérieurs à la colonisation française existent toujours. A 700 m d'altitude, au confluent de la Nam Khan et du Mékong, elle occupe un site privilégié entre de belles montagnes. Son splendide Musée du Palais royal est aussi célèbre que les temples Vat Xieng Thong et Vat Mai Suwannaphumaham.

Les toitures des temples réfléchissant la lumière, les vestiges de l'architecture coloniale et sa diversité ethnique (des Hmong, des Mien et des Thaïs viennent en ville pour le marché) séduisent même les plus blasés des touristes. En outre, les conditions d'hébergement à un prix raisonnable et le grand nombre de chambres disponibles incitent à rester plusieurs jours.

La situation a changé depuis que la Route 13 est entièrement refaite car, pour la première fois dans toute l'histoire du Laos, il est possible de se rendre de Vientiane à Luang Prabang dans la journée. Une autre route reliera bientôt Luang Prabang à la frontière chinoise et la ville deviendra alors un relais pour le commerce entre la Chine, le Laos et la Thaïlande. Espérons que la bretelle de contournement prévue sera effectivement construite et que la route ne traversera pas directement la ville. La récente promotion de la cité au rang de "Patrimoine de l'humanité" par l'Unesco contribuera à préserver ses joyaux.

Monarques de Luang Prabang

Jusqu'au règne de Sai Setthathirat, la capitale du royaume de Lan Xang se trouvait à Luang Prabang, elle fut ensuite transférée à Vientiane. En 1707, le Lan Xang fut divisé en trois États royaux : Vientiane, Luang Prabang et Champasak. A partir de cette date, le royaume de Luang Prabang fut régi par les souverains suivants :

Kitsalat	1707-1725
Khamon Noi	1726-1727
Inta Som	1727-1776
Sotika Kuman	1776-1781
Vong	1781-1787
Interrègne	1787-1791
Anulat	1791-1817
Manthatulat	1817-1836
Sukaseum	1836-1851
Tiantha	1851-1872
Oun Kham	1872-1887
Interrègne	1887-1894
Sakkalin	1894-1904
Sisavang Vong	1904-1959
Sisavang Vatthana	1959-1975*

* Si l'on en croit l'histoire officielle lao, Sisavang Vatthana n'a jamais été couronné.

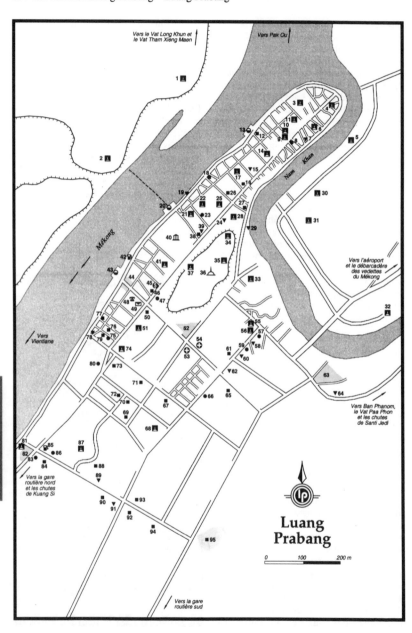

Vers le Vat Long Khun et
le Vat Tham Xieng Maen

Vers Pak Ou

Nam Khan

Mékong

Vers l'aéroport
et le débarcadère
des vedettes
du Mékong

Vers
Vientiane

Vers Ban Phanom,
le Vat Paa Phon
et les chutes
de Santi Jedi

Vers la gare
routière nord
et les chutes
de Kuang Si

NORD

Luang
Prabang

0   100   200 m

Vers la gare
routière sud

OÙ SE LOGER
12 Auberge Calao
16 Villa Santi
18 Mekong Guest House
26 Pa Phai Guest House
27 Saynamkhan Guest House
38 Phoun Sab Guest House
46 New Luang Prabang Hotel
50 Phousi Hotel
61 Rama Hotel
65 Viengkeo Hotel
67 Mouang Luang Hotel
69 Somchith Guest House
70 Boun Gning Guest House
71 Souan Savan Guest House
72 Vannida Guest House
73 Hotel Souvannaphoum
76 Viradessa Guest House
77 Vinnida 2 Guest House
79 Vanvisa Guest House
84 Sirivongvanh Hotel
88 Suan Phao Guest House
90 Keopathoum Guest House
92 Muangsua Hotel
93 Maniphone Guest House
94 Manoluck Hotel
95 Phou Vao Hotel

OÙ SE RESTAURER
7 Bar-Restaurant Duang Champa
15 Lao Food Vegetarian
19 Bane Hous, View Khaem Khong
24 Le Saladier
29 Khem Karn Food Garden
39 Boulangerie Luang Prabang
44 Marché de nuit
58 Restaurant Luang Prabang
60 Visoun Restaurant
62 Yoongkhun Restaurant
64 Vieng Mai Restaurant
78 Nang Somchan Restaurant
89 Villa Sinxay
91 Malee Lao Food

TEMPLES
1 Vat Chom Phet
2 Vat Xieng Maen
3 Vat Xieng Thong
4 Vat Pakkhan
5 Vat Sa-at
6 Vat Khili
9 Vat Sop
10 Vat Sirimungkhun
11 Vat Si Bun Heuang
4 Vat Saen
17 Vat Nong Sikhunmeuang
21 Vat Chum Khong
22 Vat Xieng Muan
25 Vat Paa Phai
28 Vat Pha Phutthabaat
30 Vat Paa Khaa
31 Vat Phon Song
32 Vat Tao Hai
33 Vat Aphai
34 Vat Thammo
35 Vat Tham Phu Si
37 Vat Paa Huak
41 Vat Mai Suwannaphumaham
51 Vat Ho Siang
55 Vat Aham
56 Vat Wisunalat
68 Vat Manolom
74 Vat Pha Mahathat (Vat That)
81 Vat Pha Baat Tai
87 Vat That Luang

DIVERS
8 Ban Khily
13 Bateaux pour Pak Ou
20 Débarcadère des ferries
23 Ban Xieng Muan (future masion du Patrimoine)
36 That Chomsi
40 Musée du palais royal
42 Station-service
43 Ferries longue distance
45 Lane Xang Bank
47 Bureau de l'UNESCO
48 Bureau du téléphone
49 Poste
52 Talaat Dala
53 Hôpital de la province
54 Clinique chinoise
57 Croix-Rouge laotienne
59 Bureau de l'immigration
63 Talaat Vieng Mai
66 Lao Aviation
75 Orfèvres
80 Bureau de la province
82 Talaat That Luang
83 Trésorerie de la province
85 Station-service
86 Ministère des Finances

NORD

Orientation

Bâtie au confluent du Mékong et de la Nam Khan, la ville forme une péninsule arrondie dominée, en son milieu, par le mont Phu Si (parfois orthographié Phousi). La plupart des temples se trouvent entre le Phu Si et le Mékong. Il suffit d'une journée ou deux pour faire le tour de la ville à pied, mais de nombreux visiteurs prolongent leur séjour afin d'en savourer plus longtemps l'atmosphère.

Les noms des rues varient énormément d'un plan de ville à l'autre. Ainsi, la rue principale qui s'étire vers le nord-est de la

La sauvegarde de Luang Prabang

Marthe Bassene, une Française mariée à un médecin colonial, écrivait dans son journal en 1909 : "Oh, quel délicieux paradis du far niente que ce pays protégé du progrès et de l'ambition dont il n'a pas besoin par un courant violent. Luang Prabang sera-t-elle, dans ce siècle des sciences exactes, des profits rapides et du triomphe de l'argent, le refuge des derniers rêveurs, des derniers amoureux et des derniers troubadours ?"

L'Unesco semble avoir répondu par l'affirmative à la question de Mme Bassene lorsque au début des années 90 ses instances et de nombreuses personnes se sont mobilisées pour inscrire la ville sur la liste du Patrimoine de l'humanité. Dans une enquête préliminaire, l'Unesco avait déjà estimé que Luang Prabang était "la ville la mieux préservée de l'Asie du Sud-Est" et, le 2 décembre 1995, l'organisation l'a inscrite sur la liste du Patrimoine de l'humanité, ce qui lui a permis d'avoir accès au fond de sauvegarde des Nations unies. Désormais, l'avenir de Luang Prabang semble relativement assuré.

Le cœur historique et culturel de la cité est une péninsule qui s'étire sur un kilomètre de long et 250 mètres de large à la confluence du Mékong et de la Nam Khan. C'est là que se situent les édifices religieux les plus importants de la ville et des demeures jadis occupées par les anciens notables et l'aristocratie marchande. Cet élégant quartier abrite des bassins, des palmiers et des maisons en bois anciens ou à colombages (des treillages en bambou enduits de mortier naturel) construites dans le style lao. On peut également admirer des demeures coloniales en brique et stuc couvertes de tuiles et des maisons néocoloniales qui mêlent les styles lao et français avec, au rez-de-chaussée, des murs en brique et plâtre et, à l'étage, des murs en bois. Quelques bâtiments administratifs français installés non loin du carrefour de Thanon Phothisalat et de Thanon Kitsalat furent construits entre 1909 et 1920, mais la plupart des résidences coloniales encore visibles de nos jours furent édifiées entre 1920 et 1925.

L'Unesco emploie sur place à plein temps sept architectes (deux Français et cinq Laotiens). Jusqu'à présent, ils ont identifié 679 structures historiques dans la ville et les ont classé selon leur mode de construction et le matériau utilisé. Après avoir obtenu l'aval du gouvernement, l'étape suivante devrait leur permettre de développer une typologie architecturale pour chacun des édifices. Ceux-ci devraient bénéficier d'une protection juridique. Outre la sauvegarde et la restauration des édifices d'architecture locale, le programme de l'Unesco préconise un examen minutieux des projets de constructions nouvelles, ainsi que la réhabilitation et l'entretien des marécages naturels situés dans le périmètre de la cité.

Si les agents de l'Unesco parviennent à préserver et à mettre en valeur le charme de l'actuelle Luang Prabang, ils contribueront au maintien du pôle touristique le plus important du Laos et permettront de conserver intact l'un des rares sites encore préservé de l'Asie. Dans cette optique, la cité pourrait mériter le nom de "refuge des derniers rêveurs". ∎

NORD

péninsule est parfois appelée Thanon Phothisalat à son extrémité sud-ouest, puis Thanon Xieng Thong dans son extrémité nord-est. Ce peut être aussi alternativement Thanon Sisavang Vong, Thanon Navang ou Thanon Sakkarin ! Thanon Sisavang Vong (du nom de l'avant-dernier souverain) a cependant perdu les faveurs du gouvernement, qui n'est pas encore fixé sur Thanon Sakkarrin (du nom d'un autre roi), ni d'ailleurs sur le tronçon nord qui porte un nom antérieur à 1975 (les plans officiels laotiens ne l'emploient jamais). Si l'Unesco arrive à obtenir gain de cause, cette rue pourrait à nouveau s'appeler avenue Auguste Pavie, comme à l'époque de l'administration française. Heureusement, lorsque les habitants vous renseignent sur la route à suivre, ils ne donnent presque jamais le nom des rues et préfèrent vous indiquer des points de repère connus.

En dehors de la ville, les centres d'intérêt comprennent les grottes de Pak Ou au nord, auxquelles on accède par le fleuve, et les chutes de Kuang Si et de Taat Sae au sud (il faut prendre la route).

Guides et cartes. Si vous le trouvez, le livre de Thao Boun Souk (nom de plume de Pierre-Marie Gagneaux) intitulé *Louang Prabang*, édité en 1974 par le Bulletin des amis du royaume lao, aujourd'hui disparu, est un excellent ouvrage en français. La plupart des guides de la ville y puisent leurs commentaires. Les guides touristiques s'appuient considérablement sur ce petit livre. Pourtant, à la lumière de récentes recherches, les historiens locaux contestent certaines dates qu'il mentionne.

En 1994, le service géographique national et l'Autorité du tourisme laotien (ATL) ont publié un bon plan bilingue et en couleurs de la ville, intitulé Plan touristique de Luang Prabang n°2. On le trouvera dans les principaux hôtels pour touristes, à 2 \$US environ.

Renseignements

Office du tourisme. L'ATL (☎ 212092) possède une antenne dans le bâtiment du Bureau de la province, dans Thanon Pha Mehn (appelé également Thanon Phalanxai sur certaines cartes). On vous donnera un plan touristique de Luang Prabang et quelques brochures publiées par le gouvernement dans lesquelles vous ne trouverez guère de renseignements. En revanche le personnel semble assez bien informé. Les heures d'ouverture sont plutôt farfelues.

Information de l'Unesco sur le Patrimoine de l'Humanité.
L'Unesco a ouvert un centre d'information dans l'ancien bureau des douanes, dans Thanon Navang/Phothisalat. La Maison du Patrimoine, second centre d'information et d'exposition publique, plus vaste, est en cours d'aménagement à Ban Xieng Muan. La restauration de l'ancienne maison lao en bois, bâtie sur des piliers en tek, qui doit l'abriter n'est pas encore achevée. La documentation est encore limitée, mais l'Unesco doit publier sous peu une carte du Luang Prabang historique.

Immigration. Concernant les entrées et les sorties de la province, les services de l'immigration de Luang Prabang sont les plus stricts de tout le pays. Si vous arrivez par avion, vous découvrirez que la procédure du *jâeng khào/jâeng àwk* est aussi scrupuleuse que dans la plupart des aéroports du pays. Si vous arrivez par ferry, par vedette ou en bus, vous trouverez également des postes de contrôle de l'immigration au débarcadère et à la gare routière.

Si vous utilisez un véhicule privé, veillez à présenter votre permis le jour de votre arrivée. Le service de l'immigration de Luang Prabang a l'amende facile et il se fait un plaisir de vous sanctionner si vous tardez à vous présenter. Son bureau (☎ 212435), installé dans Thanon Wisunalat, vous fournira la liste de toutes les amendes à payer au cas où vous auriez négligé de faire contrôler ou proroger votre visa. Leurs montants sont les plus élevés de tout le Laos ; il est inutile de rappeler aux fonctionnaires que les autres provinces demandent moins.

Certaines petites pensions apposent encore des notices avertissant les voyageurs qu'ils doivent se présenter au bureau principal de l'immigration, même s'ils ont déjà montré leurs papiers aux postes d'entrée officielle. Depuis 1998, cette démarche n'est plus nécessaire.

Argent. La Lane Xang Bank, 65 Thanon Phothisalat, à côté du New Luang Prabang Hotel, change les bahts thaïlandais, les dollars américains, canadiens et australiens ainsi que les francs français, les francs suisses, les deutsche mark et les livres sterling (en espèces ou en chèques de voyage) contre des kips. Il est normalement impossible d'effectuer la conversion inverse en raison d'un prétendu manque de devises. La banque accepte également la carte Visa, mais seulement pour obtenir des kips (au taux de change du dollar) pour un retrait minimum équivalent à 100 \$US et moyennant une commission de 3%. Cet établissement est ouvert du lundi au samedi de 8h30 à 15h30. La Lane Xang Bank possède également un guichet de change à l'intérieur du bureau de poste.

NORD

Poste. L'ancien bureau de poste français a été délaissé au profit d'un immeuble moderne, installé à l'angle de Thanon Phothisalat et de Thanon Kitsalat, en face de l'hôtel Phousi. Vous pouvez passer des appels nationaux et internationaux depuis la cabine téléphonique à carte installée devant le bureau de poste. Les cartes de téléphone sont vendues aux guichets. Il est ouvert de 8h30 à 17h, les jours ouvrés.

Téléphone. Un nouveau bureau téléphonique, sis au coin de la poste, permet d'effectuer des appels interurbains et internationaux de 7h30 à 22h. Comme dans le reste du Laos, on paie sa communication tout de suite et en liquide uniquement, et il est impossible de passer des appels en PCV. Le bureau du téléphone ne fonctionne pas toujours. Si c'était le cas, vous seriez obligé de téléphoner depuis la poste.

L'indicatif téléphonique de Luang Prabang est le 71.

Agences de voyages. Même si le personnel de la Luang Prabang Tourism Company (☎ 212199) affirme qu'il a encore le monopole des services touristiques de la ville (comme avant la privatisation), sachez qu'il n'en est rien. Vous pouvez également vous adresser à SODETOUR (☎/fax 212092) dans Thanon Khaem Khong, à Diethelm (☎ 212277) dans Thanon Phothisalat, à Inter-Lao Tourism (☎ 212034) dans Thanon Khingkitsalat, à Lane Xang Travel (☎/fax 212753) dans Thanon Wisunalat et à Lao Travel Service (☎ 212317) dans Thanon Navang.

Toutes ces agences proposent à peu près les mêmes excursions de 3 jours dans la province. Ces circuits comprennent la visite de villages de montagne. Aucune de ces agences n'a reçu l'autorisation d'organiser des périples incluant une nuit dans le village, mais la pratique en est courante. Lane Xang Travel semble être la plus à l'écoute des voyageurs qui souhaitent sortir des sentiers battus.

Soins médicaux. L'hôpital provincial, situé sur le trottoir ouest de Thanon Kitsalat, et la clinique subventionnée par les Chinois, installée en face, sont les seuls établissements publics de soins de Luang Prabang. Ni l'un ni l'autre ne sont, paraît-il, vraiment fiables ; les étrangers gravement blessés ou malades sont pratiquement toujours rapatriés par avion à Vientiane, pour être transférés d'urgence dans les hôpitaux du nord-est de la Thaïlande. Il sera plus rapide de se faire directement évacuer sur Chiang Mai, en Thaïlande, lorsque la liaison aérienne aura été établie (le bruit court que ce serait dans les deux ans à venir).

Désagréments et dangers. A la fin de la saison sèche (de février à mai), l'air peut devenir irrespirable en ville en raison de l'agriculture sur brûlis pratiquée dans les collines et les massifs environnants. En mars et en avril, l'air est tellement chargé de fumée que les habitants eux-mêmes se plaignent d'avoir mal aux yeux et d'éprouver des difficultés respiratoires. Il est alors impossible de prendre des photos du paysage, sauf en de rares journées où des vents puissants dégagent la vallée. Lorsque arrive la saison des pluies (fin mai-début juin), l'air s'éclaircit jusqu'à l'année suivante. Le risque de déforestation dans la région est réel. Il pourrait en résulter l'érosion massive des sols et, par conséquent, des inondations.

Promenades

Si vous arrivez à Luang Prabang par vos propres moyens, il est très facile de visiter la ville à pied, car la plupart des sites sont regroupés dans le quartier nord-est. Pour profiter de la fraîcheur, nous vous conseillons de faire la visite en deux étapes, l'une en début de matinée, l'autre en fin d'après-midi ; ce qui vous laisse également le temps de vous reposer et de déjeuner tranquillement. La plupart des sites mentionnés ci-dessous font l'objet d'une description détaillée quelques pages plus loin.

Commencez par une promenade matinale au très vivant **Talaat Dala** (*Tálàat*

Daa láa ou marché dara), au coin de Thanon Kitsalat et de Thanon Latsavong. Le quartier du marché constitue le centre commercial de la ville, regroupant toutes sortes de magasins et de marchands, plus ou moins intéressants. Continuez ensuite le long de Thanon Kitsalat en direction du sud-est, vous passerez devant l'hôpital provincial (à droite) et trouverez d'autres boutiques sur votre gauche.

Au prochain grand carrefour, tournez à gauche et passez l'hôtel Rama. A environ 150 mètres sur la gauche, vous découvrirez le **Vat Visunalat**, l'un des plus vieux temples de la ville. Au coin est de l'enceinte se dresse la coupole du **That Makmo** ou "stupa de la pastèque". Au nord de ce monastère, visitez le **Vat Aham**, autre temple historique connu pour ses deux énormes banians.

Sortez par la porte est du Vat Aham, prenez sur votre gauche (nord-ouest) la route relativement fréquentée qui relie le centre-ville à l'aéroport. Continuez jusqu'au bout en direction du nord-ouest, puis tournez à droite dans la rue qui serpente entre la rivière Khan, en contrebas à droite, et le Phu Si en surplomb à gauche. De cette route, on a une très belle vue sur la rivière. Si vous avez faim, vous pourrez également admirer le panorama depuis les jardins du Khem Karn Food Garden ou de l'une des échoppes installées au bord de l'eau. Ou alors, gravissez à pied les marches raides et en zigzag, décorées de *naga* (dragons aquatiques) qui montent à **Vat Thammothayalan** (en face de Khem Karn), l'un des rares monastères qui restent encore actifs à Phu Si. De là-haut, vous aurez une belle vue sur la Nam Khan.

Pour la seconde partie du circuit, commencez par le **musée du Palais royal,** dans Thanon Phothisalat. Si vous souhaitez le visiter, sachez qu'il ouvre du lundi au vendredi, mais seulement de 8h30 à 10h30. Depuis le musée, continuez ensuite au nord-est dans Thanon Phothisalat, en direction de la pointe est de la péninsule formée par le confluent du Mékong et de la Khan. En chemin, vous passerez devant plusieurs temples de moindre importance, dont le

Vat Saen, le **Vat Sop**, le **Vat Si Muang Khun** et le **Vat Si Bun Heuang**, tous en enfilade sur le trottoir gauche (nord) de la rue. Des deux côtés de la rue, vous découvrirez un certain nombre de charmants **bâtiments de style colonial français** en brique et en stuc, des maisons traditionnelles de bois et de mortier et des habitations de style hybride franco-laotien. La majorité des bâtiments de l'époque coloniale datent des années 20 et 30.

Arrivé au bout de la rue, prenez sur la gauche et suivez la rivière qui contourne le **Vat Xieng Thong** ; ce très ancien sanctuaire mérite d'ailleurs une halte prolongée. Ressortez ensuite du côté de la rivière et dirigez-vous vers l'ouest (à gauche). Sur votre gauche, de petites rues transversales mènent à d'anciens temples plus petits qui ne figurent pas au programme des visites organisées : **Vat Paa Phai**, **Vat Xieng Muan** et **Vat Chum Khong**.

Lorsque vous aurez dépassé l'arrière du musée du Palais royal, tournez dans la première rue à gauche en direction du sud. Elle rejoint Thanon Phothisalat. Sur votre droite, se dresse le **Vat Mai Suvannaphumaham**, célèbre pour sa façade ornée de motifs dorés. Sur le trottoir opposé, en face du musée du Palais royal, un escalier mène sur la face nord-ouest du mont Phu Si. A droite des marches, si vous trouvez le détenteur des clefs, entrez admirer les fresques du *sim* (salle des ordinations) abandonné du **Vat Paa Huak**, c'est l'un des plus anciens temples de la ville.

Si vous êtes prêt pour l'escalade, montez l'escalier jusqu'au sommet du **Phu Si**, d'où vous pourrez admirer la vue sur la ville. Vu du **That Chomsi** ("grand stupa") datant du XIXᵉ siècle, à l'ouest, le coucher de soleil est un spectacle magnifique sauf à la fin de la saison sèche car l'éclat du soleil est terni.

Musée du Palais royal (Haw Kham)
Cette visite constitue une bonne initiation à l'histoire du pays et une bonne entrée en matière avant de visiter Luang Prabang. Construit en 1904, au début de la période

NORD

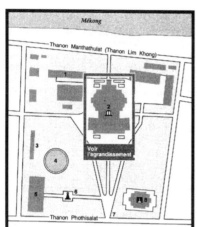

Musée du Palais royal

0   10   20 m

Échelle approximative

1 Cuisine/réserve	11 Salle à manger
2 Musée du palais royal	12 Chambre de la reine
3 Abri du bateau royal	13 Bibliothèque
4 Bassin des lotus	14 Salle du trône
5 Salle de conférence	15 Réception de la reine
6 Statue du roi Sisavang Vong	16 Réception du secrétariat
7 Entrée principale	17 Billets et renseignements
8 Haw Pha Bang	18 Salle d'entrée
9 Chambre du roi	19 Réception du roi
10 Collections d'instruments de musique et de danse	20 Galerie
	21 Galerie de devant
	22 Pha Bang

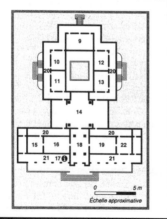

0   5 m

Échelle approximative

coloniale française, le palais (appelé Haw Kham ou "palais royal") était à l'origine la demeure du roi Sisavang Vong et de sa famille. Ce site a été choisi en raison de son accessibilité ; en effet, les visiteurs officiels pouvaient débarquer et être directement reçus au pied de la résidence royale.

A la mort de Sisavang Vong, en 1959, c'est son fils Sisavang Vatthana qui a hérité du trône. Le Pathet Lao prétend que la révolution de 1975 a empêché qu'il ne soit véritablement couronné, les diplomates étrangers contestent cette version. Quoi qu'il en soit, après avoir été "conseiller suprême du président" pendant deux ans, le roi (ou prince héritier) Sisavang Vatthana et sa femme ont été envoyés en exil dans une grotte du nord-est du Laos, où ils sont morts. Le palais fut alors transformé en musée.

On peut lire dans la brochure officielle éditée par le ministère de l'Information et de la Culture que : "A son retour de Luang Prabang, Sisavang Vatthana a emménagé dans sa résidence privée, près du temple de Xieng Thong, et a offert le palais royal au gouvernement".

Sur le plan architectural, c'est un édifice en forme de double croix mélangeant le style traditionnel lao et le style classique français. Les marches conduisant à l'entrée, située sur le côté de la croix inférieure, sont en marbre italien. Divers objets religieux ayant appartenu aux souverains sont exposés dans le grand hall d'entrée. On peut admirer l'estrade de l'ancien patriarche suprême de la communauté bouddhiste lao, une tête de bouddha offerte au roi par l'Inde, représentation inhabituelle de Bouddha défunt, entouré de deux personnages, un autre bouddha assis, peu commun, portant une sébile (normalement lorsqu'il porte la sébile, il est représenté debout), ainsi qu'un bouddha debout, en marbre, "contemplant l'arbre de l'Éveil", caractéristique du style de Luang Prabang.

A droite du hall d'entrée se trouve l'ancienne salle de réception du roi, où sont exposés les bustes des souverains lao, ainsi que deux grands paravents en laque dorée

NORD

illustrant le *Ramayana*, réalisés par Thit Tanh, un artisan local. Les grandes fresques représentent des scènes de la vie traditionnelle lao ont été peintes, en 1930, par l'artiste française Alix de Fautereau. Aux différentes heures de la journée, la lumière qui pénètre par les fenêtres situées sur le côté de la pièce éclaire le mur sur lequel est dépeint le moment de la journée correspondant.

La première salle à droite, qui donne sur l'extérieur, abrite la plus belle collection du musée, dont le **Pha Bang**. Ce bouddha debout de 83 cm, en alliage (or, argent et bronze), pèse entre 43 kg et 53,4 kg. La légende veut que la statue ait été moulée au Ier siècle ap. J.-C. à Ceylan, puis offerte au roi khmer Phaya Sirichantha, qui la donna à son tour au roi Fa Ngum, en 1359, afin de légitimer son titre de souverain bouddhiste lao. Si son style révèle incontestablement une origine khmère, son moulage semble, lui, nettement plus récent. Par deux fois, les Siamois ont remporté la statue en Thaïlande (1779 et 1827), mais elle fut finalement rendue aux Lao par le roi Mongkut (Rama IV), en 1867. D'après de nombreuses rumeurs, l'objet exposé ne serait qu'une copie, l'original étant conservé dans un coffre, à Vientiane ou à Moscou. Celui-ci se caractériserait par ses yeux couverts d'une feuille d'or et par une des chevilles percée d'un trou.

On peut également voir dans cette salle de grandes défenses d'éléphant ornées de bouddhas, des bouddhas assis khmers, des bouddhas debout de l'époque de Luang Prabang, une superbe frise lao provenant d'un temple local et trois magnifiques *saew mâi khân* (paravents de soie brodés de motifs religieux) confectionnés par la reine.

La salle de réception du Premier secrétaire, située à gauche du hall d'entrée, renferme des tableaux, des objets en argent et en porcelaine de Chine, officiellement offerts par le Myanmar, le Cambodge, la Thaïlande, la Pologne, la Hongrie, la Russie, le Japon, le Vietnam, la Chine, le Népal, les États-Unis, le Canada et l'Australie. En fonction de leur provenance, ils sont regroupés par pays "socialistes" ou "capitalistes".

Le salon de réception de la reine était installé dans la salle suivante, à gauche. Les grands portraits du roi Sisavang Vatthana, de la reine Kham Phouy et du prince héritier Vong Savang ont été réalisés en 1967, par un artiste russe du nom d'Ilya Glazunov. On peut également voir les drapeaux de la Chine et du Vietnam, ainsi que des répliques des sculptures du Musée national indien de New Delhi.

Derrière le hall d'entrée, vous découvrirez la salle du trône, où sont présentés des vêtements, des sabres en or et en argent, ainsi que la chaise (ou selle) qu'utilisait le roi pour monter à dos d'éléphant. Les vitrines abritent une collection de petits bouddhas en cristal et en or retrouvés à l'intérieur du That Makmo. Aux murs, les mosaïques aux motifs compliqués sur fond rouge ont mobilisé les forces de huit ouvriers pendant trois ans et demi. Elles constituent l'une des principales curiosités artistiques de ce palais.

Derrière cette salle, les vestibules ou galeries conduisent aux appartements privés de la famille royale. Les chambres ont été conservées en l'état après le départ du roi, de même que la salle à manger et la salle des sceaux et des médailles. Il est également intéressant de visiter la salle où sont aujourd'hui rassemblés des instruments de musique classique et des masques servant aux représentations du *Ramayana*. C'est quasiment le seul endroit du pays où l'on peut voir ce genre d'objets.

La construction du Haw Pha Bang, un pavillon religieux abondamment décoré au nord-est de l'enceinte du Musée, est quasiment terminée. Tôt ou tard, le Pha Bang devrait y trouver sa place.

Une imposante statue en bronze représentant le roi Sisavang Vong est installée en face dans l'angle sud-est de l'enceinte du Musée.

Visite du musée. Le musée du Palais royal (☎ 212470) est ouvert du lundi au vendredi, de 8h30 à 10h30. Vous devrez

NORD

acquitter un droit d'entrée de 1 100 K sauf pendant la période du Pii Mai Lao, mi-avril, où le tarif augmente de 1 000 K. On ne porte ni chaussures ni sandales dans le musée (les chaussettes sont acceptées). Les appareils photographiques sont autorisés mais vous laisserez tous vos sacs auprès du personnel, à l'entrée.

Il est demandé aux visiteurs étrangers de ne porter ni short, ni tee-shirts, ni robes "bain-de-soleil". Si les Laotiens peuvent conserver leurs vêtements ordinaires, en revanche les Laotiennes sont priées de renoncer à leurs pantalons, shorts et jupes pour revêtir obligatoirement leur "costume ethnique"(*phàa sìn*).

Vat Xieng Thong

Situé à l'extrémité nord de la presqu'île formée par le Mékong et la Nam Khan, le Vat Xieng Thong ("monastère de la cité royale") est le plus beau temple de Luang Prabang. Édifié en 1560 par le roi Saiset-thathirat, il est demeuré sous tutelle royale jusqu'en 1975. Comme le palais royal, le Vat Xieng Thong a été bâti tout près du Mékong. Le *hǎw tại* (bibliothèque du tripi-taka) a été ajouté en 1828, le *hǎw kạwng* (tour du tambour) en 1961.

Avec le Vat Mai Suvannaphumaham, c'est le seul vat de Luang Prabang qui fut épargné par les troupes du Drapeau noir des Ho lors du sac de la ville en 1887. Leur chef, Deo Van Tri (un Thaï Khao ou Thaï blanc de la province de Lai Chau, au nord du Vietnam), avait été moine à Luang Prabang. Après avoir profané le temple il y a établi son quartier général.

La toiture du sim, dans le plus pur style de Luang Prabang, descend jusqu'au sol (on retrouve cette architecture héritée de la période des royaumes de Lan Xang et de Lanna dans le nord de la Thaïlande). La façade arrière est ornée d'une impressionnante mosaïque représentant "l'arbre de la vie" sur fond rouge. A l'intérieur, les colonnes de bois aux décorations très élaborées soutiennent un plafond paré de *dhammachakkas* (roues de dhamma). Sur les murs intérieurs on peut

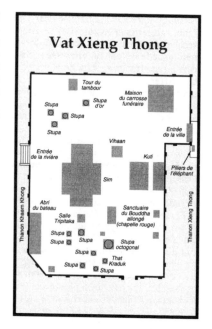

également admirer des peintures dorées réalisées au pochoir et narrant les exploits du légendaire roi Chanthaphanit. Son existence n'est attestée par aucune source écrite.

A l'est du sanctuaire se dressent plusieurs petites chapelles (*hǎw* en lao signifie en fait salle/édifice) et reliquaires renfermant des bouddhas d'époque. La *hǎw tại pha sǎi-nyàat* (sanctuaire du bouddha couché), baptisée "chapelle rouge" par les colons français, abrite un bouddha couché particulièrement rare, qui date de la construction du monastère. Ce fleuron de la statuaire classique lao (la plupart des autres bouddhas couchés imitent les styles thaï-landais ou lanna) présente de magnifiques proportions. La robe est recourbée aux chevilles, telles des volutes de fumée émanant d'une fusée, et la main droite s'écarte de la tête dans un geste sobre et gracieux. Cette statue a été présentée à Paris lors de l'Exposition coloniale de 1931, puis conservée à Vientiane, avant de revenir à Luang Prabang en 1964.

De chaque côté du bouddha couché, les murs de la chapelle rouge sont coiffés de décors dorés à la feuille. Devant la statue sont placés plusieurs bouddhas assis en bronze, de périodes et de styles différents et, de chaque côté de l'autel, de petites tapisseries brodées représentent un stupa et un bouddha debout. La mosaïque de la façade arrière a été posée à la fin des années 50, en l'honneur du 2 500e anniversaire de l'accession de Bouddha au *parinibbana* (nirvana posthume). C'est une œuvre unique en son genre, car elle n'illustre pas une scène religieuse mais les exploits de Siaw Sawat, héros d'un célèbre roman lao, intégrés à des scènes villageoises locales.

Près de la porte est de l'enceinte s'élève le *hóhng kép mîen* (abri du char funéraire royal). A l'intérieur, vous pourrez admirer l'impressionnant char funéraire de 12 mètres de haut (réalisé par l'artisan local Thit Tanh), ainsi que les diverses urnes funéraires des membres de la famille royale (les cendres du roi Sisavang Vong, de la reine et du frère du roi sont toutefois enterrées au Vat That Luang, au sud de la ville). Les vitrines renferment des marionnettes royales utilisées pour les spectacles de *lakháwn lek*. Les panneaux dorés extérieurs représentent des épisodes du *Ramayana* teintés d'érotisme.

L'entrée au Vat Xieng Thong coûte 250 K.

Vat Visunalat (Vat Vixoun)

Ce temple, construit à l'est du centre-ville, en 1513, sous le règne de Chao Visunalat (ce qui en fait le plus ancien temple de Luang Prabang), a été restauré en 1896-1898, après avoir été incendié par les pirates ho du Black Flag. Comme l'édifice d'origine était en bois, les restaurateurs ont cherché à donner aux balustrades des fenêtres du sim l'apparence du bois lamé, bien que le bâtiment actuel soit en brique et en stuc. Cette technique, utilisée en Inde du Sud et par les Khmers, est peu fréquente dans l'architecture lao. Le toit avant qui recouvre la galerie de chaque côté est également une pièce unique. A l'intérieur, le haut plafond du sim abrite une collection de bouddhas en bois doré "appelant la pluie" et des *sima* (pierres d'ordination) de Luang Prabang datant des XVe et XVIe siècles. Ces collections ont été mises à l'abri dans le temple par le prince Phetsalat après l'invasion ho. Le Pha Bang a été conservé ici de 1507 à 1715, puis de 1867 à 1894.

Devant le sim s'élève le That Pathum ("stupa lotus"), haut de 34,5 m, dont la construction débuta en 1503 sur ordre de Nang Phantin Xieng, femme du roi Visun, et dura 19 mois. A l'intérieur, les ouvriers avaient déposé des petits bouddhas en métaux précieux et d'autres objets sacrés ; nombre d'entre eux ont été volés lorsque les Ho ont détruit le temple (ceux qui restent sont exposés au musée du Palais royal) ; le stupa a été restauré en 1895 puis de nouveau en 1932, après qu'il avait été abîmé par des pluies torrentielles. On l'appelle plus couramment That Makmo ou le "stupa de la pastèque" en raison de sa coupole.

Vat Aham

Situé entre le Vat Visunalat et la Nam Khan, le Vat Aham est l'ancienne résidence du Sangkhalat (patriarche suprême de la communauté bouddhiste lao). Deux grands banians ornent ce lieu presque désert, où seuls quelques fidèles viennent déposer leurs offrandes. Le principal autel des génies de la ville se dresse en effet au pied de ces arbres.

Vat Mai Suvannaphumahan

Résidence temporaire du Sangkhalat (après le Vat Aham), inaugurée en 1821 (d'après certaines sources, il aurait été construit en 1797), le Vat Mai ou "nouveau monastère" se trouve tout près de l'hôtel Phousi et de la poste centrale. Le toit du sim, formé de cinq pans en bois, est un parfait exemple du style de Luang Prabang. La véranda est remarquable par ses piliers décorés et ses somptueux murs aux motifs dorés qui relatent la légende de Vessantara (Pha Vet), l'avant-dernière incarnation de Bouddha, au milieu de scènes du *Ramayana* et de la vie des villages environnants. Sur le côté, un abri renferme deux ravissants bateaux de course très élancés que l'on sort en avril, à l'occasion des fêtes du Nouvel An lao, et en octobre, lors de la fête de l'Eau. Richement décoré de guirlandes de fleurs, chaque bateau pouvait transporter cinquante rameurs et un barreur.

A l'instar du Vat Xieng Thong, le Vat Mai fut épargné par les Ho de Chine qui, selon certaines sources, auraient trouvé le sim trop beau pour le détruire. Les vingt autres pièces sont plus récentes.

Le Pha Bang, ordinairement exposé au musée du Palais royal, est présenté ici pendant les célébrations du Nouvel An.

Un droit d'entrée de 200 K est demandé.

Vat That Luang

Selon la légende, le Vat That Luang aurait été fondé par des missionnaires ashokan, venus d'Inde au IIIe siècle av. J.-C. Pourtant, rien ne confirme cette version, le sim actuel a d'ailleurs été édifié en 1818, sous le règne de Manthatulat. Les cendres du roi Sisavang Vong sont enfermées dans le grand reliquaire central, érigé en 1910. Un autre petit *thât* (stupa), datant de 1820, se dresse devant l'énorme sanctuaire et abrite quelques bouddhas et autres objets de l'époque de Luang Prabang. Ce temple compte le plus grand nombre de moines de la ville.

Vat Manolom

Guère impressionnant de l'extérieur, le Vat Mano se trouve juste derrière les murs à peine visibles de la cité, et il occupe probablement le site du plus ancien temple de Luang Prabang. D'après les annales de la ville, il fut édifié en 1375 à l'emplacement d'un petit temple fondé par le roi Fa Ngum. Son sim, aujourd'hui en ruines, a abrité le Pha Bang de 1502 à 1513, et il renferme encore un imposant bouddha en bronze assis, coulé en 1372.

Cette statue qui mesure environ 6 mètres de haut, pèse près de 2 tonnes. Certaines parties du bronze ont 15 mm d'épaisseur. Ce bouddha représente un talisman important et il aurait sans doute dû être transféré dans un autre temple si on avait trouvé le moyen de le déplacer.

On prétend que les bras de ce bouddha se seraient détachés lors d'une bataille entre les Thaïs et les Français à la fin du XIXe siècle. Après les combats, les forces coloniales auraient emporté les reliques, à l'exception d'un morceau d'avant-bras, aujourd'hui placé à côté de l'un des pieds. A proximité du sim, on peut voir quelques vestiges d'un temple plus ancien, le Vat Xieng Kang, construit en 1363.

Le Vat Mano se trouve à l'ouest du bureau de Lao Aviation, dans Thanon Samsenthai, au sud-est des pensions Boun Gning et Vannida.

Phu Si

Les temples érigés sur les pentes du mont Phu Si, qui s'élève à 100 mètres au-dessus de la ville, sont de construction récente, mais il semble probable que la colline ait été couverte de sanctuaires plus anciens à des époques antérieures. Du sommet, la vue sur la ville est splendide.

Au pied de la colline se dressent deux des plus anciens temples (aujourd'hui abandonnés) de Luang Prabang. Le **Vat Paa Huak**, sur la face nord, près du musée du Palais royal, présente une magnifique façade ornée de sculptures sur bois et de mosaïques représentant Bouddha chevauchant l'éléphant à trois têtes, monture réservée généralement au dieu Indra de la mythologie hindoue. Les portes dorées et sculptées sont souvent fermées à clef mais, dans la journée, le gardien accepte généralement de les ouvrir moyennant quelques centaines de kips. A l'intérieur, les fresques datant du XIXe siècle sont en excellent état, compte tenu de l'absence de restauration. Elles figurent des scènes historiques, notamment les visites de diplomates et de guerriers chinois arrivant par bateau et à

suite p. 211

L'architecture des temples

Le Laos ne s'est jamais distingué sur le plan architectural. Ceci est partiellement dû au fait que la plupart des constructions entre le XVIe et le XVIIIe siècles étaient en bois : les incendies, les intempéries, les invasions et le bombardement tactique des B-52 n'ont épargné que peu d'entre elles.

L'édifice le plus représentatif du style lao est le Pha That Luang ("grand stupa sacré") de Vientiane (pour plus de détails, voir le chapitre *Vientiane*). Le *thâat* (du pali-sanscrit *dhatu*, qui signifie élément ou composant – il s'agit en général d'une relique sacrée) est un monument en forme de flèche ou de dôme élevé en l'honneur du Bouddha. Cette silhouette particulière a peut-être été inspirée par le bâton et la sébile dont se munissait Bouddha lors de ses promenades. De nombreux thâat sont censés abriter des dhatu – fragments du corps du Bouddha, par exemple un cheveu, un ongle ou un morceau d'os. Étant donné le nombre de thâat disséminés dans toute l'Asie bouddhiste, il est fort improbable que tous ceux que l'on tient pour reliquaires le soient effectivement.

La superstructure curviligne à quatre faces du That Luang est caractéristique du style lao – la plupart des stupas d'origine purement lao sont construits sur ce modèle (on trouve également des stupas lao dans le nord-est de la Thaïlande, essentiellement peuplé de Lao d'origine). On dit souvent qu'il symbolise un bouton de lotus censé incarner l'effet apaisant du bouddhisme sur les passions humaines Les autres stupas laotiens sont inspirés soit du style siamois, soit du style khmer, à l'exception du That Mak Mo ou "stupa de la pastèque" de Luang Prabang, qui est hémisphérique et peut-être d'influence cingalaise.

*Page précédente :
Le patrimoine culturel du nord et du sud du Laos a considérablement souffert des bombardements. Les pillages ont également joué un rôle destructeur : le Haw Pha Kaew, ou temple du bouddha d'émeraude à Vientiane, a été mis à sac par les Siamois en 1828, et n'a été reconstruit qu'au XIXe siècle*

A droite : Les façades et les toits des temples du Laos sont finement ouvragés. On distingue les jâo fâa (aux angles) et les nyâwt jâo fâa (sur l'arête centrale du toit), chargés d'une signification spirituelle

Qu'est-ce qu'un vat ?

Le vat désigne l'enceinte où résident les moines ; sans moines, il ne peut y avoir de vat. Le terme vient du mot pali-sanscrit *avasa* signifiant habitation. Dans n'importe quelle région du Laos, le vat comprend les édifices suivants : le *uposatha* (sim), le *hāw tai* (bibliothèque du tripitaka) où sont conservées les écritures bouddhistes, le kuti (résidence des moines), le *hāw kawng* (abri du tambour), le *sālá long thám* (place où les moines et les laïcs viennent écouter le thám (du sanscrit dharma ou doctrine bouddhiste) ainsi que différents thâat (stupas). Les petits stupas sont des *thâat kádùuk* (stupas en os), qui abritent les cendres des fidèles ; le jour du wán pha (jour de culte qui a lieu deux fois par mois), de nombreuses personnes viennent allumer des cierges autour des thâat kádùuk de leurs proches.

De nombreux vats présentent également un *hāw phii khún* vat (autel des génies), destiné à l'esprit tutélaire du temple – en dépit du fait que le culte des esprits est aujourd'hui interdit au Laos. D'autres bâtiments peuvent être ajoutés en fonction des besoins de l'administration du vat. ■

Le *uposatha* (ou *sim* en lao), le bâtiment où les jeunes moines sont ordonnés, constitue toujours la partie la plus importante des vats bouddhiques Theravada. Au Laos, trois principaux types de constructions prédominent : les styles de Vientiane, de Luang Prabang et de Xieng Khuang. Les sim de Vientiane sont de grands édifices rectangulaires de briques, couverts de stuc et rappellent le style thaïlandais. L'ensemble de l'édifice repose sur une plate-forme à plusieurs niveaux Les toits saillants présentent plusieurs décrochements (toujours en nombres impairs : trois, cinq ou sept et parfois neuf) correspondant aux différentes doctrines bouddhistes qui ont été codifiées par groupes selon ces nombres (les trois caractéristiques de l'existence, les sept niveaux d'illumination, etc.). L'arête des toits est pratiquement toujours ornée d'un motif rappelant les flammes d'un feu et se termine par des sortes de crochets appelés *jâo fâa* ("maîtres des cieux"). Si l'on en croit la légende, ces crochets serviraient à attraper les esprits malins qui descendent du ciel sur le sim. Semblable aux baleines d'un parapluie, le *nyâwt jâo fâa* ("le plus haut jao faa") qui court le long de l'arête centrale du toit supporte parfois de petits pavillons ou des *naga* (serpents de mer mythiques) dans un agencement à deux niveaux figurant le mont Meru, centre mythique du cosmos selon la doctrine bouddhiste hindoue.

Le style Vientiane

Le *sim* de style Vientiane se caractérise généralement par une vaste véranda aux imposantes colonnes surplombées d'un toit décoré.
Certains sim lao présentent également une
véranda plus sobre à l'arrière, tandis que ceux
qui sont entièrement entourés d'une galerie
sont d'influence thaïlandaise. L'une des plus
belles caractéristiques du style de Vientiane est
le panneau en bois sculpté qui orne souvent la
partie supérieure de la véranda de façade. Le
motif représente généralement un personnage
mythique tel que le kinnari, mi-homme mi-oiseau,
ou Bouddha lui-même, sur un fond de feuillage
dense stylisé.

Les artisans du Lan Xang étaient d'excellents
sculpteurs sur bois. Ces portiques constituent le
point d'orgue de l'art lao et s'intègrent parfaitement dans la tradition des motifs sculpturaux et
musicaux que l'on retrouve dans toute l'Asie du
Sud-Est, du Myanmar à Bali.

*En haut : le style
Vientiane est
reconnaissable au
panneau en bois
sculpté qui orne
souvent la partie
supérieure de la
véranda*

*A droite : un
bouddha en bronze
dans la véranda du
Haw Pha Kaew à
Vientiane*

BERNARD NAPTHINE

Le style de Luang Prabang

L'architecture de Luang Prabang s'apparente au style du Siam septentrional ou du Lanna, ce qui n'est pas vraiment surprenant quand on sait que le Laos et la Thaïlande ont fait partie des mêmes royaumes. Comme à Vientiane, les toits sont étagés, mais ceux de Luang Prabang descendent très bas, parfois jusqu'au sol, donnant l'impression que le sim est sur le point de prendre son envol. Les Laotiens affirment que la ligne du toit ressemble aux ailes d'une poule protégeant ses poussins.

Les temples de Luang Prabang sont également connus pour les reliefs dorés enjolivant les portes et les murs extérieurs de certains édifices. Le Vat Xieng Thong en est un parfait exemple. Le socle sur lequel est érigé l'édifice est beaucoup plus modeste que celui du style de Vientiane.

BETHUNE CARMICHAEL

Ci-dessus : détail d'un bas-relief agrémentant une porte du Vat Xieng Thong à Luang Prabang

A gauche : les temples de Luang Prabang se caractérisent par leurs toits étagés. L'influence du nord de la Thaïlande est perceptible

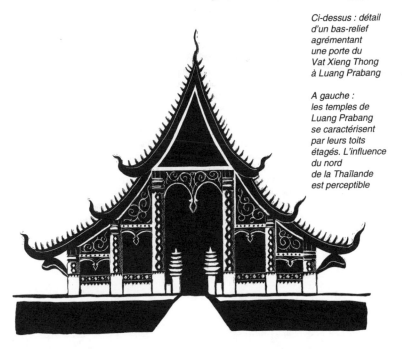

Les temples du style Xieng Kuang ont été durement touchés par les bombardements pendant la guerre

Le style Xieng Khuang

Compte tenu des nombreux bombardements dont la province a été victime pendant la guerre, il reste très peu de sim de style de Xieng Khuang. Les amateurs de temples pourront toutefois en admirer quelques exemples à Luang Prabang. Comme à Vientiane, l'édifice est bâti sur une plate-forme à plusieurs niveaux ; le toit, plus trapu que celui de Luang Prabang, est généralement d'une seule volée et repose sur des poutres en console, de sorte que vu de face, le sim présente une forme quasiment pentagonale. Le soubassement curviligne est beaucoup plus gracieux que celui des précédents styles.

On rencontre plus rarement des temples de style thaï lü, bouddhiques Theravada comme les temples lao des plaines. Ceux-ci se caractérisent par d'épais murs de stuc blanchis à la chaux, des toits à deux ou trois décrochements, des fondations curvilignes et des linteaux en forme de naga (serpent d'eau mythique) surplombant les portes et les escaliers. Les stupas octogonaux et dorés sont souvent enveloppés de pièces de tissu brodées de perles et de petits morceaux de feuilles d'aluminium. Si l'on trouve quelques exemples d'influence thaï lü dans certains temples de Luang Prabang et de Muang Sing, la majeure partie d'entre eux sont situés dans la province de Sainyabuli, difficilement accessible par la route, ainsi que dans les provinces thaïlandaises de Nan et de Phrae.

suite de la p. 204
cheval le long du Mékong. Les trois grands bouddhas assis, de même que les plus petits, debout et assis, datent à peu près de la même époque. Il est possible qu'ils soient même antérieurs.

Sur la face nord de la colline subsistent les vestiges du **Vat Pha Phutthabaat**, construit en 1395 sous le règne de Phaya Samsenthai, à l'emplacement d'une "empreinte de Bouddha". L'architecture emprunte à plusieurs styles, mais subit principalement l'influence du style thaï-landais de l'époque du Lanna ou de Chiang Mai, avec des apports vietnamiens.

Pour grimper jusqu'en haut du Phu Si, il faut payer 650 K à l'entrée nord, située près du Vat Paa Huak (il n'est pas nécessaire de payer l'entrée pour visiter ce dernier).

Au sommet se dresse le **That Chomsi**, monument de 24 m de haut érigé en 1804 et restauré en 1914. Ce thâat est le point de départ d'une procession colorée, célébration du Nouvel An lao à la mi-avril. Si vous redescendez par le sentier de l'autre côté de la colline, vous arriverez à une petite grotte appelée **Vat Tham Phu Si**. Ce n'est pas vraiment un vat puisqu'il n'abrite qu'un gros bouddha appelé Pha Kachai en bas. Sur une hauteur voisine, vous apercevrez un canon russe, vestige de la DCA, transformé par les enfants en manège.

Autres temples

Le quartier nord-est de la ville, près du confluent du Mékong et de la Nam Khan, regroupe une kyrielle de monastères historiques, toujours en activité. En face de Thanon Phothisalat, au nord-est de la Villa Santi (voir plus loin la rubrique *Où se loger*), le **Vat Saen**, de style thaïlandais, a été construit en 1718, puis restauré en 1932 et en 1957. Le supérieur Ajaan Khamjan, qui fut ordonné dans ce temple en 1940, est l'un des moines les plus respectés de Luang Prabang et sans doute de tout le Laos. Derrière la Villa Santi, près de la rue qui longe le fleuve, le modeste **Vat Nong Sikhunmeuang**, édifié en 1729, a été restauré en 1804, après avoir brûlé en 1774.

Au sud-ouest de la Villa Santi se dresse, légèrement en retrait de la rue, le **Vat Paa Phai** "temple de la forêt de bambous", dont les fresques classiques thaï-lao, surmontant la façade aux sculptures sur bois doré, sont vieilles d'au moins un siècle. Elles retracent des scènes de la vie quotidienne de l'époque à laquelle elles ont été peintes. Juste à l'ouest de ce temple se trouvent le **Vat Chum Khong** et le **Vat Xieng Muan**, dont le sim date de 1879. Ce dernier renferme de remarquables sculptures et présente un plafond orné de *naga* dorés, sans doute d'influence thaï lü car ce type de motif est rarement utilisé sur les plafonds. Ces deux vat sont connus pour leurs *háang thin* (rampes de bougies) se terminant par des naga aux deux extrémités.

Le **Vat Pha Mahathat**, au sud-ouest de l'hôtel Phousi, tient son nom du thâat érigé dans la cour à l'époque du Lanna, en 1548. Le sim, construit en 1911, porte de nombreuses ornementations : fenêtres et portique en bois sculpté, piliers dorés à rosaces, bas-reliefs inspirés des *jataka* (épisodes de la vie de Bouddha) à l'extérieur et toit caractéristique du style de Luang Prabang bordé de clochettes. Les imposants naga de style Lanna qui courent le long des escaliers ressemblent à ceux du Vat Pha Doi Suthep de Chiang Mai, en Thaïlande.

Situé à 3 km au sud-est de la ville, facilement accessible à pied ou à vélo, le **Vat Paa Phon Phao** est un lieu de méditation connu pour les enseignements d'Ajaan Saisamut. Sa mort, en 1992, ayant profondément affecté la communauté bouddhiste, les moines sont venus des quatre coins du pays pour assister à ses funérailles. Le Santi Jedi ("pagode de la Paix"), construit en 1988, attire de nombreux touristes. Près du sommet, ce grand stupa jaune de trois étages est ceint d'une terrasse extérieure d'où l'on peut admirer la vue sur les plaines environnantes. Les peintures des murs intérieurs relatent toutes sortes d'histoires religieuses, ponctuées d'admonestations morales. Le Santi Jedi est ouvert tous les jours de 8h à 10h et de 13h à 16h30.

NORD

En ville, derrière le marché That Luang, se trouve le **Vat Pha Baat Tai** ("temple de l'empreinte du Sud"), un temple moderne lao-vietnamien. Le bâtiment lui-même présente peu d'intérêt, mais il est très agréable de venir s'y reposer, en contemplant le coucher du soleil depuis la terrasse ombragée qui surplombe le Mékong, derrière le sanctuaire.

De l'autre côté du Mékong
Le district de Xieng Maen, sur la rive du Mékong opposée au centre-ville, rassemble plusieurs temples remarquables. Ce district a joué un rôle historique, car c'est là que se terminait la route qui reliait Luang Prabang aux divers royaumes du nord de la Thaïlande (Nan, Phayao, par exemple).

Vat Long Khun. Presque en face du Vat Xieng Thong, sur l'autre rive, se trouve le débarcadère le plus pratique pour partir explorer Xieng Maen. Outre un portique de 1937, ce vat comporte des parties plus anciennes datant du XVIIIᵉ siècle et quelques fresques jakata dont les couleurs pâlissent. Lors des couronnements à Luang Prabang, le futur roi avait coutume d'effectuer une retraite de trois jours à Vat Long Khun avant de monter sur le trône. Mené à terme en janvier 1995 par le département des Musées et de l'Archéologie, avec l'aide de l'École française d'Extrême-Orient, un projet de restauration a donné une nouvelle vie aux constructions du monastère et leur a rendu leur beauté.

Fondé en 1889, et abandonné depuis, le **Vat Tham Xieng Maen** est installé dans une grotte calcaire de 100 m de profondeur (elle-même connue sous le nom de Tham Sakkalin Savannakuha), un peu au nord-ouest du Vat Long Khun. De nombreuses images de Bouddha provenant de temples incendiés ou tombés en ruines y sont entreposées ; les fidèles viennent les asperger d'eau lustrale à l'occasion du Pii Mai Lao (Nouvel An lao). La grande entrée de pierre taillée, construite autour de l'ouverture de la grotte, présente un bel ouvrage de reliefs sculptés sur les bases des marches. Elle est flanquée de deux grandes maisons des esprits en ruines et de deux grands arbres, des champas. Une grille de fer barre généralement l'entrée de la grotte. Demandez au Vat Long Khun qu'on vienne vous l'ouvrir et qu'on vous guide à l'intérieur. Une donation de 500 K est réclamée pour ce faire. Très longue, très sombre, la grotte est glissante par endroits, un guide s'avère donc une bonne idée. Apportez une torche électrique. Plusieurs autres grottes sont disséminées dans les environs et s'explorent facilement avec l'assistance des habitants, mais aucune n'atteint la dimension de Tham Sakkalin Savannakuha.

Au sommet de la colline qui surplombe le Vat Long Khun et le Vat Tham, vous découvrirez le **Vat Chom Phet** (fondé en 1888), dans un site calme et serein permettant d'admirer la vue sur la ville et le fleuve. Un petit thâat contient les ossements de Chao Thong Di (femme du roi Sakkalini), morte en 1929.

Non loin, le **Vat Xieng Maen**, édifié en 1592 par Chao Naw Kaewkumman, fils de Setthathirat, a dû être reconstruit en 1927. Le sim actuel contient quelques objets datant du temple initial, les portes sont également d'origine. C'est un haut lieu de culte pour les habitants de Xieng Maen, car il a abrité le Pha Bang pendant 7 jours et 7 nuits, à son retour vers Vientiane, en 1867.

Comment s'y rendre. On peut louer des bateaux à partir du ponton nord des ferries de Luang Prabang en direction du Vat Long Khun, pour 3 000 K aller-retour, ou bien attendre un ferry, peu fréquent, qui ne réclame que 100 K par passager.

Marchés
Le marché principal de Luang Prabang, **Talaat Dala**, est installé à l'intersection de Thanon Kitsalat et de Thanon Latsavong. Malgré ses dimensions modestes, comparées à celles des marchés de Vientiane, il présente tout de même un impressionnant éventail d'articles de métal, d'ustensiles de cuisine et de denrées alimentaires (séchées ou en conserve), ainsi que des tissus et des objets d'artisanat.

Le principal marché de produits frais, **Talaat That Luang** (également appelé Talaat Sao), se trouve à l'intersection de Thanon Pha Mehn et de Thanon Phu Wao, près du fleuve, et du Vat Pha Baat Tai. Toujours pour les produits frais, rendez-vous au **Talaat Vieng Mai**, à l'extrémité nord-est de Thanon Photisan. Il existe également un petit marché matinal de fruits et légumes, installé dans Thanon Kitsalat, près du Mékong qui, à partir de 17h, devient un marché de nuit où l'on vend des fruits.

Massages et sauna

Dans une jolie maison franco-lao de caractère, la Croix-Rouge propose des saunas traditionnels aux plantes pour 4 000 K ou des massages lao et suédois moyennant 8 000 K. Situé dans Thanon Visunalat, l'établissement est ouvert du lundi au samedi de 17h à 19h30 et le dimanche de 9h à 11h (seuls les massages sont prodigués le dimanche matin).

Fêtes

Les deux fêtes annuelles les plus importantes de Luang Prabang sont le Pii Mai Lao (le Nouvel An lao), qui se déroule en avril (reportez-vous à l'encadré sur le Nouvel An lao), et les courses de bateaux durant le Bun Awk Phansaa, en octobre.

Où se loger – petits budgets

Des hôtels ne cessent de s'ouvrir à Luang Prabang et, depuis la précédente édition, pas moins d'une douzaine de pensions ont vu le jour et davantage devraient encore s'installer.

Près du Mékong. L'ancien quartier des orfèvres, à proximité du Mékong, qui est également appelé le Ban Vat That (en raison de sa proximité du Vat Pha Mahathat, ou "Vat That" en raccourci), compte une kyrielle d'auberges sans prétention. En face du fleuve dans Thanon Mahin Ounkham (ou Thanon Lim Khong), la *Vannida 2 Guest House* est une bâtisse sur deux niveaux à toit plat construite dans les années 60. Les chambres, dotées de

hauts plafonds, coûtent 6 000 K la simple/double/triple avec douche et toilettes communes.

Juste à côté, au centre de Ban Vat Thai, est installée la sympathique *Viradessa Guest House*. Dans cette maison construite après l'indépendance, un lit en dortoir revient à 2 000 K et, pour une chambre à 2 lits, vous débourserez 3 500/4 000 K en simple/double.

La *Vanvisa Guest House* (☎/fax 212925), propose 6 chambres aménagées à l'arrière d'une échoppe vendant des tissus, des antiquités et des objets artisanaux. Une chambre revient à 5 $US avec s.d.b. commune et à 8 $US avec s.d.b. privée. Sa propriétaire, une Laotienne cultivée, organise parfois des dîners familiaux et improvise même des cours de cuisine.

Le *Khem Karn Food Garden* (reportez-vous à la rubrique *Où se restaurer*), dans Nam Khan, dispose, derrière son restaurant, de 3 bungalows sommaires qui se louent 15 000 K la nuit. Les sanitaires sont communs.

Quartier historique des temples. Secteur privilégié de l'architecture coloniale et des monastères, ce quartier situé de part et d'autre de Thanon Phothisalat abrite quelques nouveaux établissements offrant des chambres bon marché. La *Phoun Sab Guest House*, un ancien magasin niché entre le musée du Palais royal et la boulangerie Luang Prabang Bakery, propose des chambres à deux lits, sommaires mais propres, pour 5 $US avec une douche chaude en commun. D'autres, à 8 $US sont dotées d'une douche chaude privée. Un café tout simple est installé au rez-de-chaussée et il est possible de louer des bicyclettes.

En face du Vat Paa Phai, la sympathique *Pa Phai Guest House* (☎ 212752) vous accueille dans le cadre d'une vieille maison de style lao-français construite sur deux niveaux et dotée d'un petit jardin en façade. Des murs en bambous séparent les chambres, qui sont louées 8 000 K la simple et 15 000 K la double avec s.d.b. commune.

La même famille tient également la *Mekong Guest House* (même n° de ☎), une demeure plus vaste à deux étages construite après l'indépendance, située à deux pâtés de maisons du Mékong. Une grande chambre à deux lits avec s.d.b. commune coûte 7 000 K ou 13 000 K avec s.d.b. privée.

Le restaurant *Lao Food Vegetarian*, dans Thanon Xieng Thong, à deux numéros de la Villa Santi, est en train d'aménager 6 chambres dans un ancien bâtiment colonial partiellement restauré. Les doubles avec s.d.b. extérieures sont proposées à 20 000 K. Ce nouvel établissement devrait s'appeler *Le Marche Guest House*.

Thanon Visunalat. Ce quartier central, idéalement situé pour se rendre au Talaat Dala, au bureau de l'immigration, à la Croix-Rouge et dans plusieurs restaurants, manque singulièrement de charme. Le *Rama Hotel* (☎ 212247), dans Thanon Visunalat, fut l'un des premiers établissements non-gouvernementaux à ouvrir ses portes après la révolution de 1975. Cet hôtel, simple mais bien tenu, propose 27 grandes chambres propres avec ventilateur et s.d.b. privée (mais de l'eau froide) moyennant 10 000/15 000 K la simple/double. Le restaurant installé à côté se transforme en discothèque le soir et il est donc préférable de demander une chambre au calme sur l'arrière ou au dernier étage. Vous pouvez également attendre 23h30 pour vous coucher, c'est l'heure à laquelle la musique cesse.

Le *Viengkeo Hotel* (☎ 212271), à l'angle de Thanon Setthathirat, est installé dans une maison pittoresque à deux étages qui compte 7 chambres, pas très soignées, à deux ou trois lits, pour lesquelles il est demandé 4 $US la nuit avec s.d.b. commune. Certaines chambres plus récentes, situées dans un autre bâtiment à l'arrière, sont mieux tenues et coûtent 6/7 $US la simple/double avec une douche privée et l'eau froide, ou 8 $US avec une douche chaude. Le personnel est un peu négligent et personne ne parle ni le français ni l'anglais. L'établissement dispose d'une terrasse en véranda donnant sur la rue. On peut trouver des adresses plus intéressantes.

Ban Vat That. Ce quartier essentiellement résidentiel qui s'étend entre le Vat Manolom et le Vat That Luang est ombragé et calme. La *Vannida Guest House* (☎ 212374), 87/4 Thanon Noranarai (ou Thanon Souvannaphouma), vous accueille dans une maison vieille de 80 ans et pleine de caractère, qui appartenait jadis à Chao Khamtan Ounkham, frère cadet du roi Sisavang Vatthana. Il fut gouverneur de la province de Luang Prabang avant de mourir d'un accident d'avion en 1953 à Sainyabuli. La plupart des chambres sont proposées à 8 000/10 000/12 000 K en simple/double/triple avec des toilettes et des douches chaudes communes. La chambre n° 1, située au rez-de-chaussée est la plus grande. Elle possède une douche chaude (15 000 K). On peut prendre son petit déjeuner dans la grande salle à manger du rez-de-chaussée aux murs décorés de photos anciennes représentant des personnalités de Luang Prabang. Le propriétaire parle bien le français et l'anglais, mais depuis l'ouverture de la *Vannida 2 Guest House* le long du Mékong, il n'est pas toujours sur place.

Dans un renfoncement de la même rue, à 50 m au sud-est, la *Boun Gning Guest House* (☎ 212274) propose dans une maison à un étage 16 chambres aux fenêtres munies de stores. En simple/double avec des sanitaires communs vous payerez 5 000/7 000 K. Toutes les chambres ont des ventilateurs. Il est possible de prendre le petit déjeuner dans la petite salle à côté de la réception.

A un pâté de maison au nord-est, la *Souan Savan Guest House* (☎ 213020), 132 Thanon Bunkhong, est un établissement moderne imposant en forme de croix sur deux étages. Il dispose de chambres spacieuses et demande 10 000 K en simple/double avec une s.d.b. commune ou 12 000 K avec une s.d.b. privée. Au rez-de-chaussée on peut se relaxer dans un salon agréable. Le propriétaire envisage d'installer l'eau chaude et la clim. sans augmenter ses tarifs. Si c'est effectivement le cas, cet hôtel offrira le meilleur rapport qualité/prix de toute la ville.

La *Somchith Guest House* (☎ 212522), dans Thanon Jittalat (le prolongement sud-ouest de Thanon Latsawong), abrite quelques chambres agréables dans une bâtisse moderne en bois à 2 étages. On y loge en simple/double avec des sanitaires communs et de l'eau chaude pour 7 000/10 000 K.

Thanon Phu Vao. Cette artère relativement importante de l'extrémité sud de la ville abrite quantité de restaurants, de pensions et d'hôtels dont les tarifs se situent entre ceux des établissements bon marché et ceux de la catégorie moyenne.

La *Suan Phao Guest House*, située derrière le Vat That Luang dans une rue perpendiculaire à Thanon Phu Vao, est une adresse peu onéreuse. Cette petite maison moderne ne présente aucun caractère particulier et ne possède que deux chambres, une double à 7 000 K et une triple à 12 000 K avec une s.d.b. commune dont une douche seulement offre de l'eau chaude.

La *Keopathoum Guest House* (☎ 212978), au milieu de Thanon Phu Wao, dispose sur deux étages de chambres équipées de toilettes et douches privées assez bon marché (20 000 K). Dans la même rue, un peu plus loin au sud-est, la *Maniphone Guest House* (☎ (071) 212636) propose des tarifs et des prestations similaires à un hôtel standard. Les chambres, peu luxueuses mais bien tenues, se louent entre 10 000 et 20 000 K et possèdent toutes des toilettes et des douches privées.

Où se loger – catégorie moyenne
Quartier historique des temples. Près des berges de la Nam Khan, la récente *Saynamkhan Guest House* (☎ 212976, fax 213009) est installée dans une demeure coloniale restaurée à 2 étages. Vous la trouverez juste en face du Vat Phu Phutthabaat, dans une rue qui fait le tour de la péninsule en longeant la rivière (la rue porte plusieurs noms : Lim Khong, Khaem

Khong et Khingkitsalat). Si l'extérieur du bâtiment est très beau, les aménagements intérieurs laissent à désirer. Au lieu de restaurer le plancher d'origine, les propriétaires ont préféré poser de la moquette et du linoléum bon marché à l'étage. Le rez-de-chaussée est un peu mieux agencé avec son bar confortable et sa petite terrasse ouverte sur l'extérieur. Pour une chambre propre avec la clim., la télévision et un petit réfrigérateur, comptez 20/25 \$US la simple/double ou 30 \$US si vous souhaitez une chambre plus spacieuse avec une baignoire.

Plus loin au nord-est dans la même rue, à l'angle de Thanon Kitsalat et Thanon Phothisalat, le *Phousi Hotel* (☎ 212292) jouit d'un bon emplacement, celui de l'ancien commissariat français. Les chambres à un lit coûtent 28 \$US en simple/double et celles à 2 lits sont facturées 35 \$US en simple/double. Les chambres plus spacieuses et un peu mieux meublées se louent 40 \$US en simple/double. Les taxes et le service sont inclus. Toutes les chambres sont équipées de la clim., d'une s.d.b. avec eau chaude, d'une TV, d'un réfrigérateur, d'un minibar et d'un téléphone. Le Phousi possède un restaurant ainsi qu'un snack-bar dans le jardin, à l'avant du bâtiment. Bien que situé en centre-ville, c'est un établissement tranquille. Durant la saison fraîche, il est fréquenté par de petits groupes de touristes. Les cartes de crédit sont acceptées.

A proximité du même carrefour, le *New Luang Prabang Hotel* (☎ 212264), à côté du bureau de la Luang Prabang Tourism Company, propose 15 chambres de taille moyenne réparties sur trois étages. Elles ont toutes la clim., un réfrigérateur et l'eau chaude. Les simple/doubles valent 30 \$US. Le restaurant attenant sert le petit déjeuner, le déjeuner et le dîner. C'est un établissement correct mais assez quelconque.

Thanon Phu Vao. Le *Muangsua Hotel* (☎ 212263), dans Thanon Phu Vao, possède des chambres économiques avec ventilateur (15 $US), des chambres à un lit avec la clim. (20 $US) et des chambres à deux lits avec la clim. (25 $US). Ses 17 chambres sont toutes équipées de toilettes et d'une douche (eau chaude). Le week-end, une discothèque fonctionne au fond du bâtiment mais, comme au Rama Hotel, elle ferme à 23h30.

A côté, le *Manoluck Hotel* (☎ 212250, fax 212508), 121/3 Thanon Phu Vao, est construit dans un style lao moderne (décorations classiques et équipements modernes). Il dispose de 30 chambres avec réfrigérateur, TV par satellite, clim., téléphone et s.d.b. privée avec eau chaude coûtant 30 ou 40 $US si elles possèdent plusieurs lits. La plupart donnent sur l'arrière et sont ainsi protégées du bruit de la rue. En revanche, la réception et le restaurant sont situés en façade. Vous pourrez déguster des plats lao, chinois, thaïlandais, vietnamiens et européens. L'hôtel propose un service de blanchisserie, de location de voitures, de motos, de bicyclettes et de transport vers/depuis l'aéroport. Les cartes de crédit sont acceptées.

Le *Sirivongvanh Hotel* (☎ 212278), un grand bâtiment en béton installé dans Thanon Phu Vao, en face du Vat That Luang, propose des chambres bien équipées pour 25 000/27 000 K la simple/double. L'entrée se trouve à l'arrière et non sur la rue, laissant supposer qu'il s'agit d'un repère de couples illégitimes.

Où se loger – catégorie supérieure
Quartier historique des temples. La *Villa Santi* (☎/fax 212267), Thanon Xieng Thong, à mi-chemin entre le musée du Palais royal et le Vat Xieng Thong, est le premier hôtel de Luang Prabang à tirer parti de l'architecture coloniale française. Ancienne résidence de l'épouse du roi Sisavong Vong puis de la princesse héritière Minalai, elle a été reprise par le gouvernement en 1976, puis rendue à la famille princière en 1991. Le gendre de la princesse a entièrement refait l'intérieur de cette ancienne demeure (120 ans), décorée d'objets d'art et d'antiquités lao.

Reconvertie en pension en 1992, elle dispose de 11 chambres confortables ; simples/doubles avec climatisation et s.d.b. à 45 $US. L'aile ouverte en 1995 (14 chambres) imite de près l'architecture classique franco-lao de Luang Prabang. Là, les chambres valent aussi 45 $US et les plus grandes de 70 à 85 $US. Vous pourrez déguster la cuisine régionale dans les salles de restaurant à l'étage de chacun des bâtiments ; dans le plus ancien, quelques tables sont installées sur la terrasse adjacente qui donne sur la rue. Le sauna et les massages traditionnels vous sont proposés. Durant la haute saison (de décembre à février), le Santi affiche souvent complet.

Face au Mékong, à proximité du Vat Xieng Thong, une splendide maison coloniale des années 30 restaurée abrite l'accueillante *Auberge Calao* (*Heuan Phak Le Ca-Lao Guest House*) (☎ 212100). Fruit d'une association lao-canadienne, cette imposante demeure de style sino-portugais dispose de 5 chambres spacieuses avec clim., s.d.b. privée et une véranda surplombant le Thanon Lim Khong et le fleuve. Construite par un Sino-Laotien, cette bâtisse fut occupée par un commerçant français entre 1936 et 1968. On lui doit l'une des plus belles restaurations architecturales de la ville. Le restaurant en terrasse sert de la cuisine lao et occidentale. Les chambres sont raisonnablement facturées 45 $US en basse saison et 55 $US en haute saison.

Ban Vat That. Situé en face du bureau provincial, dans Thanon Phothisalat, l'ancienne résidence du prince Souvannaphouma est devenu en 1995 l'*Hotel Souvannaphoum* (☎ 212200) après les travaux de restauration dirigés par des Français. Le gouvernement a exigé du propriétaire qu'il supprime le "a" final pour éviter toute référence à la monarchie. Ses chambres spacieuses, bien décorées et climatisées, sont proposées à 54/60 $US en simple/double et ses suites à 70/80 $US. Il dispose également de quelques chambres plus petites facturées 50/55 $US. Le grand salon du rez-de-chaussée est idéal pour lire ou écrire ses cartes postales. Dans la salle à manger adjacente on sert de la cuisine française et lao. Une aile nouvelle a été ajoutée au bâtiment d'origine pour abriter des chambres spacieuses avec clim., s.d.b. et terrasse privée donnant sur le jardin, pour 50/55 $US en simple/double.

Thanon Phu Vao. Du haut de ses 2 étages, le *Mouang Luang Hotel* (☎/fax 212790), dans Thanon Bunkhong, fait figure de palace avec son toit lao tarabiscoté et ses parquets en bois sombre ciré. Ses 35 chambres remarquables par leur hauteur de plafond possèdent toutes la clim., un minibar et une s.d.b. en marbre avec baignoire. Les deux suites sont agrémentées d'un salon. Il faut débourser 45 $US pour une chambre et 60 $US pour une suite. Le restaurant en plein air propose une carte lao et européenne. La piscine devrait fonctionner à nouveau sous peu. Les cartes de crédit sont acceptées.

Vous découvrirez le *Phu Vao Hotel* (☎/fax 212194, fax 212534) au sud de la ville, perché sur la Phu Vao (la "colline des cerfs-volants"). Géré par des Européens, cet hôtel possède 57 chambres modernes et 2 suites dotées de la clim., d'une s.d.b. privée et d'un téléphone. Il propose une piscine au milieu de jardins paysagers, un piano-bar et un grand restaurant servant des plats lao et français. Les chambres valent de 45 à 60 $US, celles avec vue sur la ville étant les plus chères.

Où se restaurer

Cuisine régionale. La cuisine de Luang Prabang est très particulière. Parmi les spécialités locales, citons le *jaew bong*, un condiment qui ressemble à de la confiture, à base de piments et de viande de buffle boucanée ; le *âw lám*, soupe de viande séchée, agrémentée de champignons, d'aubergines et d'une racine amère particulièrement relevée (les racines et les herbes au goût amer et corsé constituent la grande spécificité de la cuisine de Luang Prabang) ; le *phák nâam*, un délicieux

cresson que l'on trouve rarement ailleurs et le *khái pâen*, une mousse de rivière séchée, frite dans l'huile et parsemée de graines de sésame servi avec du jaew bong. Le *Khào kam* est un vin rouge local assez doux et légèrement pétillant, fabriqué à partir de riz gluant. On en vend des bouteilles pour pas cher, un peu partout à Luang Prabang. Selon les marques, il peut être excellent ou infect.

Le restaurant *Malee Lao Food* sert une excellente cuisine authentiquement lao. C'est un établissement simple tenu par Malee Khevalat, dans Thanon Phu Vao. Spécialités maison : le *áw lám*, le *khái pâen*, le *phák nâam*, le *làap* (mélangé avec des aubergines selon la tradition locale) à base de kérabau (buffle domestique), de cerf ou de poisson, le *áw ppa-dàek* (curry à base de sauce de poisson), le *tam-sòm* (salade de papaye verte), le *pîng nâam-tók* (brochettes de viande marinée), le *tôm jaew ppa* (soupe épicée de poisson et d'aubergines), le *kaeng awm* (ragoût très amer et très fort) et le *sáa* (salade de poisson ou de poulet émincé avec de la citronnelle et du gingembre).

Le Malee sert également du *lào láo* maison, alcool distillé ici avec du la-sá-bîi (herbe censée aiguiser l'appétit), du khào kam (vin de riz local) et de la bière lao. Les prix sont très raisonnables ; on peut faire un festin à 3 ou 4 en partageant 4 ou 5 plats arrosés d'une bonne bière ou d'un lào láo pour moins de 10 000 K. Le Malee est ouvert tous les jours de 10h à 22h.

Le *Nang Somchan Restaurant* (☎ 252021) est également une adresse à recommander pour déguster des spécialités locales au déjeuner ou au dîner. Cet établissement en plein air, simple mais agréable, est situé à proximité des pensions de Ban Wat That. La carte comprend un vaste choix de plats lao et des spécialités de Luang Prabang. Ses plats végétariens lao sont les meilleurs de toute la ville.

Cuisine lao, thaïlandaise et chinoise. Plus simple mais aussi fort bon, le *Vieng Mai Restaurant* (qu'un panneau en anglais définit comme "Lao restaurant") est un petit établissement de bois près de Talaat Vieng Mai. On y goûtera un délicieux làap, des tôm yám pạa (soupe de poissons et d'herbes à la citronnelle), des jẹun pạa (poisson frit) et du riz gluant.

A quelques mètres de la Villa Santi, *Lao Food Vegetarian* est un charmant petit café en plein air qui fait face à une vieille demeure coloniale. Vous dégusterez différent plats végétariens lao classiques, dont le *làap* à base de tofu, ainsi que des curries thaïlandais, des salades, des assiettes de nouilles, accompagnés de jus de fruits et de bière lao. La carte comporte également quelques plats de poisson. Le service peut être très lent.

Le *Yoongkhun Restaurant*, en face du Rama Hotel, prépare une bonne "salade Luang Prabang", délicieux mélange de cresson local, d'œufs durs, de tomates et d'oignons avec un assaisonnement très spécial. Les longs haricots sautés à la poêle, les sandwiches aux œufs préparés avec de la baguette fraîche, le curry de poulet et les desserts aux fruits sont également très bons. Le tôm yám (soupe à la citronnelle au poisson ou au poulet) est la spécialité de la maison. Quelques numéros plus loin, à l'est du Yoongkhun, le *Visoun Restaurant*, sert surtout de la cuisine chinoise. Ces deux établissements ouvrent très tôt le matin et ne ferment que tard le soir. Leurs cartes, bilingues, proposent une grande variété de plats. Le matin, le Visoun sert des khào-nõm khuu et autres pâtisseries.

En continuant cette rue vers le nord-est, on arrive au *Luang Prabang Restaurant*, où l'on peut manger à l'intérieur ou en terrasse. La clientèle, essentiellement *falang*, apprécie les plats chinois et laotiens que le chef a soin de rendre nourrissants, quoi qu'un peu fades.

Dirigée par un Français et sa femme laotienne, la *Villa Sinxay* est un établissement très propre installé dans Thanon Phu Wao, de l'autre côté de la Keopathoum Guest House. Pour une somme très raisonnable, on vous servira de la bonne cuisine lao et thaïlandaise au petit déjeuner, au déjeuner et au dîner.

Au bord de l'eau. Plusieurs petits restaurants au toit de chaume, installés en plein air au bord du Mékong, préparent une cuisine laotienne correcte, notamment le *View Lhaem Khong* et le *Bane Hous*. Sur la rive ouest de la Nam Khan, le *Khem Karn Food Garden* (aussi appelé *Sala Khem Kane*) est un établissement avec une agréable terrasse d'où l'on découvre un joli panorama.

Un petit marché de nuit s'est établi sur les rives du fleuve, dans Thanon Kitsalat, près du débarcadère des ferries longue distance de Vientiane. Ses activités commencent à 17h. Le soir venu, les marchands éclairent leur étals à la bougie ; entre autres délices, on peut s'offrir d'excellentes tomates farcies (*màak dẹn yat sài*). Goûtez également les khào-nõm bạ-pîng, crêpes de riz à la noix de coco râpée.

Cuisine européenne. La nouvelle boulangerie *Luang Prabang Bakery* (☎ 212617), dans Thanon Phothisalat, prépare toutes sortes de pâtisseries maison, de yaourts, de fromages, de sandwiches, de glaces et du café à des prix modérés. On peut s'asseoir à l'intérieur ou autour des quelques tables disposées sur le trottoir. L'établissement est ouvert tous les jours de 7h à 19h et il est assez fréquenté à l'heure du petit déjeuner.

Le *Bar-Restaurant Duang Champa*, installé dans une maison coloniale toute blanche à 2 étages située à côté de la Nam Khan, est le premier restaurant privé appartenant à un *falang*. Sur sa carte assez longue, vous découvrirez des steaks-frites, du poulet grillé-frites, des pâtés, des sandwiches, des glaces et quelques plats lao. Le vin français est servi au verre ou à la bouteille. L'établissement est ouvert tous les jours de 9h à 23h.

Dans la librairie-galerie Baan Khily de Thanon Xieng Thong, le café *Bo Ben Nyang* (☎ 212611), propose un choix de thés, de cafés et des collations légères que l'on déguste en admirant les quatre temples qui lui font face.

A un pâté de maisons au nord-est de la boulangerie Luang Prabang Bakery et de la

NORD

Phoun Sab Guest House dans Thanon Phothisalat, *Le Saladier*, installé dans une ancienne échoppe coloniale, permet de goûter toutes sortes de salades, de burgers, de grillades françaises, de risotto, de soupes, de spaghettis, d'omelettes, de sandwiches, de steaks de buffle et de desserts, accompagnés de jus de fruits, de vins, de bières et de cocktails. Juste à côté, l'ouverture de la pizzeria *Le Potiron* dans ce quartier historique a été plutôt controversée.

Hôtels. Des principaux hôtels de la ville, la *Villa Santi* prépare la meilleure et la plus authentique cuisine lao. La cuisinière est en effet la fille de Phia Sing, dernier chef personnel du roi. Généralement, le petit déjeuner est servi à l'occidentale (œufs et toasts), mais il est possible de demander du fõe à la place.

En revanche, le déjeuner et le dîner sont typiquement laotiens ou français. Les plats lao sont beaucoup plus recommandables que les français. Si la carte compte des vins français, essayez cependant la boisson maison, appelée "Retour du dragon", mélange de liqueur de banane et de khào kam.

Le restaurant de l'*Auberge Calao* propose un menu lao et occidental ; orientez plutôt votre choix sur le second.

La salle à manger de l'*Hotel Souvannaphoum* a la réputation de servir une excellente cuisine française dans un cadre raffiné. Les restaurants des hôtels *Phousi* et *Phou Vao* proposent des cuisines lao et internationale convenables, mais les plats laotiens, comme au restaurant Luang Prabang, répondent au goût d'une clientèle falang. Toutefois, le service du Phou Vao est plus soigné. Il fait parfois office de night-club ; on vient y jouer au billard et des groupes s'y produisent certains week-ends.

Où sortir
Après 22h, une grande partie de Luang Prabang semble dormir à poings fermés ou somnoler au-dessus d'une bouteille de khào kam.

La seule discothèque régulière de la ville jouxte le *Rama Hotel*. C'est un endroit très discret avec un orchestre autour duquel se retrouve une clientèle laotienne fidèle qui passe aisément du lam wong à la pop music. L'orchestre s'arrête de jouer à 23h30 et l'assemblée se volatilise immédiatement. La discothèque du *Muangsua Hotel* ne fonctionne que le week-end.

Achats
Au cœur de la ville, le Talaat Dala propose la meilleure sélection de textiles et d'objets d'artisanat, en particulier des objets en argent modernes ou anciens à des prix raisonnables. Orfèvre de qualité, Thithpeng Maniphone tient, dans Ban Wat That, un atelier qui mérite une visite. Suivez, pour le trouver, les panneaux en face de l'Hotel Souvannaphoum. Cet artisan a façonné des bijoux d'argent pour les souverains de Luang Prabang avant 1975 et, aujourd'hui, la famille royale de Thaïlande compte parmi ses meilleurs clients. Quinze ouvriers fabriquent les modèles qu'il dessine, mais il se réserve toujours les travaux les plus délicats, qui comprennent des épées et des lances cérémonielles.

Baan Khily (☎ 212611), dans Thanon Xieng Thong, offre un beau choix d'objets d'artisanat de grande qualité en particulier des papiers saa faits à la main. Vous pourrez y acheter des ouvrages sur le Laos et le Sud-Est asiatique, des livres d'arts et visiter, à l'étage, les expositions temporaires. L'Allemand à qui appartient cet établissement connaît bien la région et il se fera un plaisir de répondre à vos questions.

Vous trouverez également des tissus et d'autres objets artisanaux lao dans les petites boutiques de cadeaux de la Villa Santi et de l'hôtel Phou Vao. La galerie Luang Prabang, au sud de l'hôpital Provincial, propose des tee-shirts, des cartes postales et de l'artisanat.

Pour les pellicules, adressez-vous à Sakura Photo, Thanont Setthathirat, près des hôtels Rama et Viengkeo. C'est là que vous trouverez le plus grand choix ; ils vendent aussi des pellicules diapos Fujichrome 100.

Comment s'y rendre

Avion. Les travaux très coûteux de réfection de l'aéroport de Luang Prabang (☎ 212173), partiellement financés par la Thaïlande, sont désormais achevés. La piste et la tour de contrôle sont en mesure d'accueillir des appareils plus importants en provenance de Vientiane et de Chiang Mai, en Thaïlande. Le nouveau terminal a été conçu par l'architecte laotien Hongkad Souvannavong qui a également dessiné les plans de la nouvelle ambassade du Laos à Bangkok et de l'Assemblée nationale de Vientiane. Vous trouverez à l'aéroport un restaurant, une cabine téléphonique à carte, un bureau de poste, un comptoir de change, une agence de la Lane Xang Bank, un guichet de l'ATL (qui ne fonctionnait pas encore lors de la rédaction de ce guide), une salle d'attente climatisée et des toilettes modernes.

Lao Aviation assure une liaison quotidienne et parfois biquotidienne avec Vientiane. Le vol ne prend que 40 minutes et coûte 55 $US en aller simple pour les étrangers. Il existe quatre liaisons hebdomadaires depuis/vers Phonsavan (35 minutes, 35 $US) et trois vols par semaine en provenance de Huay Xai (50 minutes, 46 $US), plus un ou deux vols depuis/vers Luang Nam Tha (30 minutes, 37 $US) et Udomxai (35 minutes, 28 $US). La fréquence des vols depuis/vers Luang Nam Tha et Muang Xai dépend en grande partie du nombre de passagers et de la disponibilité des appareils. La seule manière de savoir s'il y a ou non un vol est de s'informer auprès de Lao Aviation la veille du départ.

Si vous prenez l'avion pour Luang Prabang, essayez d'obtenir un siège près de la fenêtre, la vue sur les montagnes et la ville à l'atterrissage est magnifique.

Billets. Lao Aviation (☎ 212172) est installée dans la même rue que l'hôtel Rama, (mais à l'ouest des Thanon Kitsalat/Settha-

thirat), sur le trottoir sud en direction du Vat Manolom. Même si vous avez déjà votre réservation, confirmez votre retour 24 heures avant le départ de Luang Prabang.

Voie terrestre. Reportez-vous à la rubrique *Désagréments et dangers* au chapitre *Renseignements pratiques* pour être informé des éventuelles attaques de rebelles entre Kasi et Luang Prabang.

Depuis/vers Vientiane.

Depuis que la Route 13 est entièrement goudronnée, le trajet entre Vientiane et Luang Prabang (420 km) se parcourt beaucoup plus aisément.

Les bus directs pour Luang Prabang quittent Vientiane depuis un arrêt situé dans Thanon Khua Luang, à proximité de la gare routière. Pour plus de renseignements, reportez-vous à la rubrique *Comment s'y rendre* au chapitre *Vientiane*. De nombreux visiteurs font escale à Vang Vieng.

A Luang Prabang, les bus partent de la nouvelle gare routière installée au sud sur la Route 13, à quelques kilomètres de la sortie de la ville. Ils se rendent à Vientiane pour 13 000 K (10 heures). Pour aller à Kasi (4 heures) vous payerez 10 000 K, et le voyage jusqu'à Vang Vieng vous coûtera 11 000 K (6 heures). Les départs s'effectuent à 7h, 8h30 et 12h. A 7h, vous voyagerez à bord d'un vrai bus, mais à 8h30 et 12h vous aurez affaire à des camions-bus de fabrication soviétique avec un habitacle de bois. La circulation des bus de/vers Vientiane allant croissant, ces véhicules soviétiques devraient bientôt être remplacés. Il est également possible d'emprunter des săwng-thăew pour se rendre à Vang Vieng pour 130 000 K. Renseignez-vous à la gare routière sud ou en ville. La gare routière est en réalité un simple parking sale où sont installés une salle d'attente couverte et quelques marchands ambulants.

Depuis/vers Muang Xai et Luang Nam Tha.

Luang Prabang est reliée à la province de Muang Xai par une route passant à Pak

Mong. *Via* Muang Xai, on peut rejoindre la province de Nam Tha. Les sãwng-thâew pour Pak Mong quittent la gare routière nord une ou deux fois par jour, le matin. Le trajet dure environ 2 heures et coûte 3 000 K. Au départ de Pak Mong, il faut compter à nouveau 2 heures et 3 000 K pour rejoindre Muang Xai. La durée de ces trajets est simplement indicative car, comme partout au Laos, il faut tenir compte de nombreux paramètres (nombre de passagers et d'arrêts, conditions météorologiques et de circulation).

Pour plus de détails, reportez-vous au paragraphe *Comment s'y rendre* dans la rubrique *Muang Xai* de la section *Province d'Udomxai*.

Depuis/vers Nong Khiaw, Xieng Khuang et Sam Neua.

Il est possible d'atteindre Xieng Khuang en empruntant la Route 7, mais elle présente des risques tant géographiques que politiques. Pour le moment, le seul itinéraire sûr pour aller de Luang Prabang à Xieng Khuang par la route consiste à prendre le bus pour Pak Mong (3 000 K, 2 heures), au nord, puis à emprunter un sãwng-thâew pour rejoindre Nong Khiaw. Ensuite, il faut trouver un autre bus allant vers le sud-est sur la Route 1, jusqu'à la jonction avec la Route 6 à Nam Noen, dans le sud de la province de Hua Phan. A Nam Noen vous devrez à nouveau prendre un bus pour Phonsavan. Il arrive qu'à Pak Mong ou à Nong Khiaw on puisse attraper le direct qui relie Muang Xai à Phonsavan. Des sãwng-thâew assurent quotidiennement la liaison directe pour Nong Khiaw en 4 heures, moyennant 4 000 à 4 500 K par personne. Pour plus de détails, reportez-vous un peu plus loin à la rubrique *Nong Khiaw* et, dans la section *Province de Xieng Khuang*, à la rubrique *Phonsavan*.

Depuis Nam Noen, vous pouvez prendre des bus pour le nord-est afin de rejoindre Sam Neua, dans la province de Hua Phan. Pour plus de renseignements, reportez-vous à la rubrique *Sam Neua* dans la section *Province de Hua Phan*. Au départ de Luang Prabang, il est également possible de gagner deux villes de la province de Luang Prabang situées à proximité de la Route 7, entre Nong Khiaw et Nam Noen : Vieng Kham (5 500 K en 5 ou 6 heures, 2 départs quotidiens) et Vieng Thong (10 000 K en 10 heures, un départ quotidien). Si vous empruntez ces deux bus, vous devrez attendre aussi longtemps qu'à Nong Khiaw la liaison Nong Khiaw–Nam Noen. Mais on peut consacrer un peu de temps à Vieng Kham et à Vieng Thong autour desquelles vivent beaucoup de Hmong bleus.

Bateau. Le ferry constitue l'un des principaux moyens de transport entre Luang Prabang et Huay Xai, à la frontière avec la Thaïlande. C'est moins vrai pour la desserte des autres villes. A Luang Prabang, le ponton principal, Thaa Héua Méh, accueille les bateaux effectuant de longs trajets sur le Mékong. Il est situé à l'extrémité nord-ouest de Thanon Kitsalat. Les départs des bateaux longue distance pour Nong Khiaw et Vientiane sont indiqués exclusivement en alphabet lao sur le tableau du Bureau de la navigation.

Lorsque le niveau des eaux est trop bas dans le port principal, un second embarcadère fonctionne en face du musée du Palais royal.

Les vedettes utilisent un autre débarcadère, à Ban Don, à 6 km au nord de Luang Prabang. Un jumbo pour Ban Don à partir de Talaat Dala vous coûtera 3 500 K. Dans l'autre sens, les étrangers doivent payer un forfait de 1 000 K en jumbo, qu'ils partagent à plusieurs. Individuellement, ce voyage vous reviendra à 6 000 K.

Depuis/vers Pakbeng et Huay Xai.

En l'absence de route directe entre Huay Xai et Luang Prabang, cette liaison est toute indiquée si vous visitez le Laos selon un itinéraire nord–sud. Le poste-frontière sur le Mékong à Huay Xai (300 km), dans la province de Bokeo, est désormais ouvert aux étrangers munis d'un visa pour le Laos. Pakbeng (160 km), à la jonction des province de Sainyabuli et d'Udomxai, consitue une escale idéale ou encore le point de départ d'un voyage dans le nord-est vers Muang Xai.

Les bateaux les plus lents mettent deux jours pour aller à Huay Xay, avec escale pour la nuit à Pakbeng. Le prix par passager revient à 28 000 K à partir de Luang Prabang, et à 14 000 K seulement jusqu'à Pakbeng.

Les bateaux plus petits et plus rapides rejoignent Pakbeng en 3 heures et Huay Xay en 6 ou 7 heures. Les prix demandés au sortir de Luang Prabang s'élèvent respectivement à 19 000 K et 38 000 K. La location d'une vedette correspond généralement au tarif de six passagers. Mais le pilote se satisfera du prix de quatre personnes, car il arrive fréquemment qu'il transporte également un fret. Si vous voulez partager la location avec d'autres, il vaut mieux venir se renseigner à l'embarcadère nord la veille du départ. Le lendemain, il faut commencer à faire la queue dès 6h. Depuis qu'un Thaïlandais s'est tué dans un accident au sud de Pakbeng, en 1992, les passagers des vedettes doivent porter un gilet de sauvetage et un casque.

Les tarifs des vedettes sont fréquemment cités en bahts, même si les paiements en kips ou en dollars sont également acceptés.

Depuis/vers Vientiane. Plusieurs fois par semaine, les bateaux-cargos de l'embarcadère de Kao Liaw relient Vientiane à Luang Prabang par le Mékong. La durée du trajet (430 km) varie selon la hauteur des eaux, mais il faut généralement compter quatre ou cinq jours pour remonter le courant et trois jours en sens inverse. La Route 13 étant désormais assez sûre et rapide, rares sont les voyageurs qui empruntent ces embarcations, sauf peut-être les commerçants transportant des marchandises fragiles. Pour en savoir plus, reportez-vous à la rubrique *Comment s'y rendre* au chapitre *Vientiane*.

Le trajet en vedette pour descendre le cours d'eau dure de 8 à 9 heures et coûte 51 000 K pour les étrangers. Si vous voulez affréter une vedette pour vous tout seul, comptez 315 000 K. On peut s'arrêter en

cours de route à Muang Tha Deua (9 000 K par passager ou 60 000 K) et à Pak Lai (25 000 K par passager ou 105 000 K).

Depuis/vers Nong Khiaw et Muang Kua. Une autre route reliant Luang Prabang à Muang Xai, dans la province d'Udomxai, passe par Nong Khiaw dans le nord de la province de Luang Prabang, le long de la rivière Nam Ou. Le débarcadère de Nong Khiaw s'appelle parfois Muang Ngoi, du nom du village qui se trouve sur la rive opposée de la Nam Ou. On l'appelle aussi Nambak, comme le village plus important situé à l'ouest. Des vedettes partagées entre Luang Prabang et Nong Khiaw valent 8 000 K pour remonter la rivière, 5 200 K pour la descendre. Le voyage dure deux heures et demie quand il y a assez d'eau. En saison sèche, certains tronçons du cours supérieur peuvent réserver de méchantes surprises et la majorité des pilotes ne s'y risqueront pas. A partir de Nong Khiaw, il faut compter une heure à l'ouest de Nam Bak en camion-bus.

Si vous souhaitez vraiment vous rendre à Nong Khiaw en bateau, vous devrez peut-être affréter une vedette (15 000 K). A Nong Khiaw, il est plus facile de trouver des bateaux pour Muang Khua ou Hat Sa.

En remontant plus en amont à partir de Nong Khiaw, les villages riverains de Muang Khua (205 km de Luang Prabang) et de Hat Sa (265 km) servent de base à des excursions dans la province de Phongsali. Lorsqu'elles circulent, les vedettes qui se dirigent vers Muang Khua demandent 27 000 K par personne au départ de Luang Prabang pour un voyage de quatre à cinq heures.

Renseignez-vous très précisément sur les conditions de la rivière avant d'embarquer sur la Nam Ou. A partir de la mi-février, il n'est pas rare qu'un pilote de vedette s'échoue à Nong Khiaw et ne ramène pas son navire avant les pluies, en mai ou juin !

Il est possible d'emprunter un cargo lent depuis Luang Prabang pour Nong Khiaw (7 500 K par personne) ou pour Muang Khua (15 000 K), mais cette solution est réservée aux amoureux des voies navigables.

NORD

En effet, le trajet en săwng-thâew (4 000/4 500 K) ne prend que 4 heures, alors que le bateau cargo met 2 jours.

Comment circuler

Desserte de l'aéroport. Quand on partage un jumbo ou qu'on circule en mini-camion, on paie un forfait de 2 000 K par étranger (le prix baisse si l'on est Laotien) de l'aéroport vers la ville. En sens inverse, on peut généralement louer le jumbo tout entier pour 2 500 à 3 000 K.

Transport local. On peut aller pratiquement partout dans la ville à pied. Jumbos et samlors à moteur coûtent environ 800 K pour le premier kilomètre et 500 K le kilomètre supplémentaire. Plusieurs pension louent des bicyclettes à la journée pour 2 000 à 3 000 K.

LES ENVIRONS DE LUANG PRABANG
Grottes de Pak Ou

Ces fameuses grottes se trouvent à environ 25 km de Luang Prabang en bateau, à l'embouchure de la Nam Ou (Pak Ou signifie "embouchure de la Ou"). Il s'agit de deux grottes creusées au pied de la falaise calcaire, face à la rivière, dans lesquelles sont déposés des bouddhas de styles et de tailles très variés (mais essentiellement des bouddhas debout du style classique de Luang Prabang). La plus basse, qui s'appelle Tham Ting, est accessible du fleuve par une série de marches ; elle est éclairée par la lumière du jour. Les escaliers qui partent sur la gauche mènent à la seconde grotte, plus haut. Celle-ci, appelée Tham Phum, est plus profonde et nécessite une lampe de poche. L'entrée dans ces grottes revient à 2 000 K.

Avant d'arriver à Pak Ou, vous pouvez demander au passeur de vous arrêter dans les différents petits villages qui bordent le Mékong. En face des grottes, à l'embouchure de la Nam Ou, se dresse une impressionnante falaise appelée Pha Hen, un endroit très apprécié par les pêcheurs des environs.

Villages près de Pak Ou. Le village le plus visité s'appelle **Ban Xang Hai**, ce qui signi-

fie "village des potiers", car c'était autrefois le centre de l'industrie artisanale locale.

Aujourd'hui, les pots sont fabriqués ailleurs, mais les villageois (70 habitants environ) s'en servent pour le commerce du lào láo local. Non loin, une équipe d'archéologues australiens a retrouvé des pots datant d'au moins 2 000 ans.

A **Ban Thin Hong**, en face du village des Jarres, tout près de Pak Ou, une grotte a été récemment découverte. On y a trouvé des objets vieux de 8 000 ans, certains en bronze, d'autres en pierre et en métal. On a également retrouvé des poteries, des squelettes et des tissus.

De l'autre côté de Pak Ou, sur la berge nord de la Nam Ou, un sentier escarpé longe la falaise et mène à un **village hmong** peu visité.

Durant la saison sèche (de janvier à avril), les villageois des environs pagaient jusqu'aux bancs rocheux et sableux qui se trouvent au milieu du fleuve et lavent le sable à l'aide d'énormes batées en bois pour en extraire de l'or.

Comment s'y rendre. On peut louer des bateaux à l'embarcadère situé derrière le musée du Palais royal. Les "bateaux à longues queues", qui accueillent jusqu'à 10 passagers, coûtent environ 20 000 à 25 000 K la journée, essence comprise. Le trajet dure entre une heure et demie et deux heures pour remonter la rivière, une heure pour la descendre sans compter les arrêts éventuels dans les villages.

Si vous vous arrêtez dans les villages, cela prendra naturellement plus de temps. Les hors-bord en partance de Ban Don mettent une demi-heure pour remonter le fleuve et entre 20 et 25 minutes pour descendre ; l'excursion, de deux heures ou moins, revient à 3 000 K. Les hors-bord prennent jusqu'à six passagers.

Si vous choisissez une visite guidée pour aller à Pak Ou, le guide fera au moins une halte dans l'un des villages. Pour déjeuner, on pique-nique généralement dans la *sala* (abri) entre les grottes.

Ban Phanom et tombe de Mouhot

Ce village thaï lü, à environ 4 km à l'est de Luang Prabang, après l'aéroport, est très connu pour ses soieries et cotonnades tissées main. Pendant le week-end, un petit marché vend du tissu mais, que vous arriviez à n'importe quel moment, les villageois s'empresseront de vous montrer leur production. Certains sont parfois très insistants. Même si vous n'avez pas envie d'acheter, il est intéressant d'assister au travail sur métier. Une pièce de tissage coûte entre 3 000 et 50 000 K. Certaines des femmes qui les confectionnent gagnent en moyenne 80 000 K par jour, ce qui est très correct au Laos.

Entre Ban Phanom et le fleuve se trouve la modeste tombe de l'explorateur français Henri Mouhot, qui a "découvert" Angkor Vat. Il a succombé à la malaria le 10 novembre 1861, à Luang Prabang ; sa tombe était à l'abandon lorsque les membres d'une organisation d'aide étrangère l'ont trouvée en 1990. La tombe de Mouhot se situe à environ 4 km sur la Nam Khan, à partir de Ban Phanom. Suivez la route qui longe la rivière et vous verrez un banc de bois sur la gauche. Descendez le sentier qui lui fait face vers la rivière. Environ 300 m plus loin en amont à partir du banc, vous atteindrez une tombe blanchie à la chaux. Si tout cela vous paraît trop compliqué, demandez au village qu'on vous accompagne, moyennant un pourboire de 500 K.

Comment s'y rendre. Plusieurs săwng-thâew par jour relient Luang Prabang à Ban Phanom, au départ de Talaat Dala (300 K). A pied, comptez à peu près une demi-heure.

Chutes de Kuang Si

Situées à 32 km au sud de la ville, ces très belles chutes descendent en cascade sur des formations calcaires dans lesquelles elles ont creusé plusieurs petits bassins couleur turquoise. Dans la partie inférieure, transformée en jardin public, des abris et des tables de pique-nique ont été installés. Des marchands vendent des boissons et de la nourriture.

La plupart des visiteurs restent en bas mais, à gauche des chutes, un sentier forestier mène au second niveau plus retiré, où l'on peut se baigner. Ici, les chutes abritent une grotte de 10 m de profondeur. Vous pouvez ensuite continuer jusqu'en haut pour voir le cours qui alimente la cascade ; le sentier devient un peu glissant. Le mieux est de venir ici entre la fin de la mousson, en novembre, et le plus fort de la saison sèche, en avril.

En chemin, vous passerez par Ban Tha Baen, un joli village khamu arrosé par un petit cours d'eau avec un barrage en bois et plusieurs petites cascades. Les propriétaires de la Vanvisa Guest House de Luang Prabang doivent ouvrir prochainement une pension de style lao dans ce village.

Comment s'y rendre. Dans les agences locales, les excursions pour les chutes coûtent entre 50 et 60 $US, transport et déjeuner sur place compris. A Luang Prabang, les guides non officiels proposent le trajet en jumbo moyennant 18 000 K pour 2 personnes (26 000 K pour 4 personnes). Si vous ne souhaitez pas faire tout le voyage en jumbo, vous pouvez descendre le Mékong en bateau sur 25 km (une heure) puis emprunter un jumbo pour atteindre les cascades. Des guides peuvent se charger d'organiser cette excursion en bateau pour le même prix qu'un trajet direct en jumbo.

Taat Sae

Au confluent de la Huay Sae et de la Nam Khan, les chutes de Taat Sae présentent des formations de calcaire à plusieurs niveaux, semblables à celles de Kuang Si, à ceci près que les bassins qui en résultent sont plus nombreux, les chutes plus courtes et le site beaucoup plus proche de Luang Prabang. Très apprécié des pique-niqueurs du week-end, l'endroit reste pratiquement vide en semaine.

A trente-cinq minutes en jumbo au sud de la ville, on quitte la Route 13 pour traverser le village lao parfaitement intact de Ban Aen, sur la Nam Khan. Pour un aller-retour, les chauffeurs de jumbo vous

Les paysages naturels du nord du Laos sont dominés par les formations de calcaire, les grottes et les chutes d'eau. Les cascades de Kuang Si, près de Luang Prabang, en sont un bel exemple

Comment imaginer que le paisible village de Muang Khua (en haut) ait été durement touché par les bombardements américains lors de la guerre d'Indochine ? Quelques tristes vestiges, tel cet obus (en bas), témoignent de la violence des affrontements. Des bombes non désamorcées font encore des victimes chaque année demanderont 16 000 K pour deux personnes (20 000 K pour quatre) comprenant l'attente durant votre visite. On peut aussi aisément se rendre à Ban Aen en bicyclette. Un panneau indique "Tat Se" lorsqu'il faut quitter la Route 13.

A partir des rives de Ban Aen, vous louerez un bateau qui vous mènera aux chutes, à cinq minutes en amont. Il vous en coûtera 2 000 K pour chaque voyage.

Choisissez plutôt de faire une excursion aux cascades d'août à novembre, c'est l'époque où le niveau de l'eau est le plus élevé.

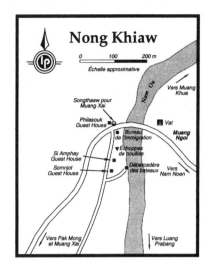

NONG KHIAW (MUANG NGOI)

Tout voyageur qui utilise la route ou la rivière à partir de la capitale en direction des provinces de Luang Prabang, de Muang Xai, de Xieng Khuang, de Phongsali ou de Hua Phan a toute chance de passer quelque temps à Nong Khiaw, village sur la rive ouest de la Nam Ou au nord de la province de Luang Prabang. La Route 1, qui s'étend d'ouest en est de Boten à Nam Noen (au croisement de la Route 6 dans la province de Hua Phan), traverse la rivière grâce à un pont d'acier. La Route 13, au nord de Luang Prabang, rejoint la Route 1 à environ 33 km à l'ouest de Pak Mong.

Avec l'amélioration des conditions de circulation, le village de Nong Khiaw ("étang vert") s'est considérablement développé mais il n'offre aux regard des visiteurs qu'une succession de maisons, de pensions et d'échoppes à nouilles. Il n'y a pas l'électricité mais certains particuliers font fonctionner des générateurs en soirée.

Les quelques voyageurs intrépides qui sont allés explorer les formations karstiques de la région savent que Nong Khiaw mérite plus qu'un arrêt avant de prendre un bus ou un bateau. En une journée, vous pourrez vous rendre dans les forêts environnantes, et gagner la grotte calcaire de Tham Pha Tok où les villageois trouvèrent refuge pendant la guerre d'Indochine. On peut aussi admirer la cascade toute proche. Non loin de là, vous pourrez découvrir d'autres grottes et quelques villages hmong. Loi, le propriétaire de la Somnjot Guest House, vous emmènera à Tham Pha Tok ou à d'autres sites pour 10 000 K par personne.

Nong Khiaw est parfois appelé Muang Ngoi, du nom du groupe de cabanes installées sur la rive orientale. D'autres fois, on l'appelle Nam Bak du nom d'un village situé en réalité à 23 km à l'ouest de Nong Khiaw par la route.

Où se loger et se restaurer

Quelques pensions certes rustiques, mais charmantes et bon marché, sont installées près du pont et du débarcadère. Après avoir traversé le pont de la Route 1 en venant des provinces de Xieng Khuang et Hua Phan, vous trouverez sur votre droite la *Philasouk Guest House*. Cette maison récente à deux étages construite en bois propose des chambres pour 3 000 K par personne, mais le prix peut se négocier : 5 000 K pour 2 personnes paraît envisageable. Les chambres sont simples mais confortables et propres, dotées de moustiquaires et les matelas sont fermes. Des sceaux propres et des toilettes sont à votre disposition derrière la pension. C'est

NORD

le seul établissement de Nong Khiaw ayant son propre générateur. Il fonctionne de la tombée de la nuit à 22h. Au rez-de-chaussée, la salle à manger propose une nourriture correcte.

En allant du pont vers le village, il faut tourner à gauche pour trouver l'*Amphay Guest House*, une pension beaucoup plus modeste demandant seulement 1 000 K pour ses chambres sommaires éclairées aux bougies.

Plus loin sur votre gauche, la sympathique *Somnjot Guest House* propose de singulières chambres carrées sans électricité pour 1 000 K.

Quelques très simples *noodle shops* installés en face de la Philasouk Guest House préparent des soupes de poissons, du riz gluant et des nouilles. Quant à la pension *Philasouk*, elle propose une carte conséquente.

Comment s'y rendre

De plus en plus de voyageurs empruntent les bus de la Route 13 et non plus le bateau au départ de Luang Prabang. Il est toujours possible d'arriver par vedette, mais la location est onéreuse car il est rare de trouver plusieurs personnes pour partager les frais. Il est moins coûteux de louer un sãwng-thâew pour Luang Prabang.

Route. Les sãwng-thâew pour Muang Xai partent de la Philasouk Guest House 3 fois par jour, en matinée. Il est néamoins recommandé de le vérifier la veille auprès de l'une des pensions du village. Un trajet direct pour Muang Xai revient à 4 000 K par personne. Il est également possible d'emprunter les sãwng-thâew se rendant plus fréquemment à Pak Mong dans le sud-ouest (à l'intersection de la Route 1 et de la Route 13) pour 1 500 K, puis de changer de sãwng-thâew pour rejoindre Muang Xai (3 000 K). Il faut environ 4 à 5 heures pour atteindre Muang Xai. Tout dépend du nombre de passagers et d'arrêts.

Les sãwng-thâew ou les bus allant de/vers Luang Prabang mettent 4 heures et coûtent de 4 000 à 4 500 K par personne.

Des informations concernant les trajets pour Nong Khiaw depuis l'est de la Nam Ou sont fournies aux rubriques *Phonsavan*, dans la section *Province de Xieng Khuang*, et *Sam Neua*, dans la section *Province de Hua Phan*.

Bateau. Les traversées en bateau sur la Nam Ou, au sud de Nong Khiaw, sont moins fréquentes. On peut néanmoins toujours emprunter des vedettes qui sont plus rapides que les bus publics et les sãwng-thâew. Si vous trouvez d'autres passagers pour partager le prix de la course, le trajet en bateau de/vers Luang Prabang peut revenir à 15 000 K par personne pour 2 heures 30 de navigation. En revanche, si vous êtes seul, comptez 100 000 K pour la location d'une vedette (certains conducteurs demandent même davantage à Nong Khiaw).

Les vedettes en direction du nord vers Muang Khua (sud de la province de Phongsali) sont plus fréquentes car, en venant de Luang Prabang, la voie d'eau est beaucoup plus rapide que la route. Vous pouvez louer une vedette pour 60 000 K ou partager la course avec 5 autres passagers (11 000 K par personne). Le trajet dure 4 heures. A Muang Khua, vous pouvez continuer vers le nord jusqu'à Hat Sa, à côté de Phongsali.

NAM BAK ET PAK MONG

Ces deux villes, situées respectivement à 23 km et 33 km à l'ouest de Nong Khiaw, ne sont guère plus que des dépôts de marchandises sur la Route 1, entre la Nam Ou et Muang Xai. Pak Mong (aussi appelé Ban Pak Mong), à la jonction de la Route 1 et de la Route 13, a éclipsé Nam Bak depuis la réfection de la Route 13 au nord de Luang Prabang. Un bureau de poste, des pensions et des marchands de nouilles sont à votre disposition dans ces deux bourgades. Mais c'est à Pak Mong que vous trouverez les bus en correspondance pour Muang Xai et Luang Nam Tha, à l'ouest, pour les provinces orientales de Hua Phan et Phonsavan, ainsi que pour Luang Prabang, au sud.

Le trajet en săwng-thâew de Pak Mong à Muang Xai/Luang Prabang revient à 3 000 K et dure environ 2 heures. Pour Nong Khiaw, vous mettrez une heure et payerez 1 500 K.

Province de Xieng Khuang

Lorsqu'on arrive dans la province de Xieng Khuang par avion, on est frappé par la beauté imposante des hautes montagnes vertes, les formations karstiques et les vallées verdoyantes. Mais lorsque l'appareil se prépare à atterrir, on distingue très bien les cratères quasiment pelés, creusés par les bombes. Avec Hua Phan, Xieng Khuang a été l'une des provinces du Nord les plus dévastées par la guerre. Pratiquement toutes les villes et tous les villages ont été bombardés au moins une fois entre 1964 et 1973. C'est également le site de nombreuses batailles terriennes qui se sont déroulées au cours des 150 dernières années.

La province compte environ 200 000 habitants (la population a considérablement augmenté depuis la révolution, sans doute grossie par l'arrivée en masse des Vietnamiens), dont la plupart sont des Lao des plaines, des Vietnamiens, des Thaï Dam, des Hmong et des Phuan.

L'ancien chef-lieu, Xieng Khuang, a été pratiquement rasé par les bombardements, c'est pourquoi Phonsavan (souvent écrit Phonsavanh sous l'influence vietnamienne) est devenue chef-lieu de la province après la révolution de 1975. La mystérieuse plaine des Jarres (Thong Hai Hin) se trouve non loin de là.

Dans le centre de la province, région de Phonsavan et de la plaine des Jarres, le climat est agréable toute l'année, en raison de l'altitude (1 200 m en moyenne) ; il n'y fait pas trop chaud en été, pas trop froid en hiver et pas trop humide durant la saison des pluies.

Durant les mois les plus froids, décembre et janvier, les visiteurs pourront prévoir des pull-overs, ainsi qu'une petite veste pour le soir et le début de matinée.

Histoire

Au XVIᵉ siècle, la province de Xieng Khuang a fait partie du royaume de Lan Xang, avant de devenir une principauté indépendante, puis un État vassal du Vietnam, connu sous le nom de Tran Ninh. Dès le début du XIXᵉ siècle et jusqu'à 1975, le centre de la province, y compris la plaine des Jarres, a été le théâtre d'innombrables luttes. En 1832, les Vietnamiens capturèrent le roi Phuan, qui fut publiquement exécuté à Hu ; le royaume devint alors une préfecture de l'Annam et les habitants furent contraints d'adopter les us et coutumes vietnamiens. Lorsque les Ho chinois vinrent à leur tour piller la région, à la fin du XIXᵉ siècle, le Xieng Khuang accepta la protection des Siamois, puis celle des Français.

C'est ici que les principaux affrontements entre le Lao libre et le Vietminh eurent lieu, de 1945 à 1946. Dès que les Français eurent quitté l'Indochine, les Nord-Vietnamiens y installèrent leurs troupes, afin de consolider le flanc arrière d'Hanoi. En 1964, les Nord-Vietnamiens et le Pathet Lao avaient établi au moins seize postes de DCA dans la plaine des Jarres, sans compter le vaste arsenal clandestin dont ils disposaient. A la fin des années 60, ce vaste champ de bataille subissait le bombardement quasi quotidien des avions américains, ainsi que les affrontements terrestres entre l'armée hmong, formée par les Américains, et les forces du Pathet Lao soutenues par l'armée nord-vietnamienne. Les soldats américains stationnés au Laos avait baptisé la zone "PDJ" (plaine des Jarres).

En 1969, près de 1 500 bâtiments de la ville de Xieng Khuang et plus de 2 000 habitations dans la plaine des Jarres furent rasés lors d'un seul raid aérien (dans le cadre de la guerre secrète menée au Laos par l'armée de l'air américaine et la CIA), rayant ainsi définitivement de la carte de nombreux petites villes et villages. Les bombardements tactiques incessants obligèrent la population entière à se réfugier dans les grottes ; "les bombes tombaient comme des semences" raconte l'un des survivants.

Les troupes nord-vietnamiennes ont largement contribué aux dommages au sol. Elles ont ainsi détruit, outre la ville proche de Muang Sui, célèbre pour ses temples, les villes et les villages que contrôlait le RLA dans le secteur occidental de la province.

Maintenant que la paix est rétablie, les villageois ont retrouvé une vie plus ou moins normale, mais les campagnes demeurent infestées d'engins explosifs non désamorcés, notamment dans le centre et à l'est de la province. Un dangereux héritage qui n'est pas près de disparaître.

PHONSAVAN

Le nouveau chef-lieu du district de Xieng Khuang (57 000 habitants) s'est incroyablement développé au cours des années 90 ; il dispose de deux rues principales goudronnées et longées de boutiques au toit en zinc, il y a deux marchés, quelques bâtiments administratifs, une banque et quelques hôtels modestes. A l'emplacement de la sépulture de plusieurs soldats inconnus, le gouvernement a récemment fait ériger un monument dédié à l'amitié lao-vietnamienne. Et, dans un pavillon de style bouddhique trône le buste de Kaysone, désormais obligatoire dans toutes les villes du pays.

La région de Phonsavan et de l'ancien chef-lieu de Xieng Khuang est le centre historique de la culture et de la langue phuan (branche de la famille des Thaï-kadaï, comme les tribus lao, siamoises et thaï). Mais la présence vietnamienne ne cesse d'augmenter et vous entendrez parler autant vietnamien que lao ou phuan dans les rues.

Sur certaines cartes laotiennes, Phonsavan s'appelle "Muang Pek" (*Meúang Pæk*). En dehors de la province, la plupart des Lao (dont Lao Aviation) appellent la capitale "Xieng Khuang".

Renseignements

Les membres du personnel des hôtels Muang Phuan, Phu Doi et de l'Auberge de la Plaine des Jarres vous fourniront tous les renseignements concernant les sites, les moyens de transport et les guides. Sousath Tourism (☎ 312031 ; fax 312003), installé au Maly Hotel, constitue également une bonne source d'information.

Mis à part les établissements équipés d'un générateur indépendant, Phonsavan n'a l'électricité que de 18h à 23h.

Argent. Il y a bien une agence de l'Aloun May Bank en face de l'hôtel Phu Doi, mais les horaires d'ouverture sont assez irréguliers. Ne comptez pas changer vos chèques de voyage ici, prévoyez suffisamment d'espèces. La banque a également ouvert un guichet de change à l'aéroport.

Poste et communications. Il existe une poste sur la route principale, près des deux marchés. Les communications nationales se sont considérablement améliorées depuis qu'une liaison satellite a été établie. Le code d'accès à Phonsavan est le 61.

Services médicaux. Installé sur la route du nouvel aéroport, l'hôpital lao-mongol n'est pas trop mauvais comparé à l'équipement d'autres provinces laotiennes mais, en cas de traumatisme sérieux, il reste parfaitement incompétent.

Désagréments et dangers. Prenez garde aux engins explosifs non désamorcés dans les champs qui entourent Phonsavan. Les zones boueuses cachent des "bombettes", explosifs de la taille d'un poing issus de bombes à fragmentation lâchées dans les années 70.

Un tiers du secteur occidental de la province de Xieng Khuang – à l'ouest de la Nam Ngum – reste l'un des rares terrains d'activité de la guérilla hmong. En dehors des camions transportant de la bière, du ciment ou d'autres marchandises, relativement peu de Laotiens empruntent la Route 7 sur ce tronçon. La dernière attaque

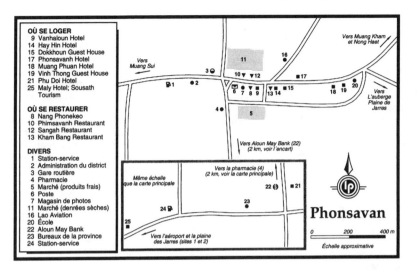

OÙ SE LOGER
9 Vanhaloun Hotel
14 Hay Hin Hotel
15 Dokkhoun Guest House
17 Phonsavanh Hotel
18 Muang Phuan Hotel
19 Vinh Thong Guest House
21 Phu Doi Hotel
25 Maly Hotel; Sousath Tourism

OÙ SE RESTAURER
8 Nang Phonekeo
10 Phimsavanh Restaurant
12 Sangah Restaurant
13 Kham Bang Restaurant

DIVERS
1 Station-service
2 Administration du district
3 Gare routière
4 Pharmacie
5 Marché (produits frais)
6 Poste
7 Magasin de photos
11 Marché (denrées sèches)
16 Lao Aviation
20 École
22 Aloun May Bank
23 Bureaux de la province
24 Station-service

Phonsavan

s'est déroulée en février 1998, sur la Route 7, à 10-20 km à l'ouest de Muang Sui.

Tant que vous ne voyagez pas à l'ouest de Muang Sui, vous ne devriez pas rencontrer de problèmes. La saison des pluies reste la plus propice aux attaques de la guérilla. L'est de Muang Sui est assez sûr. Néanmoins, début 1997, à Phonsavan, un couvre-feu a été imposé à 21h car des terroristes hmong sévissant à l'ouest de Xieng Khuang menaçaient de racketter les propriétaires d'hôtels et de restaurants. La plupart des commerçants continuent d'être armés pour parer à toute éventualité.

Où se loger – petits budgets

Le *Hay Hin Hotel*, bâtisse de bois très simple mais sympathique, situé sur la rue principale, à proximité du marché, loue des chambres à deux lits, avec moustiquaire et s.d.b. commune à eau froide, pour 5 000 K la nuit. Si murs et matelas restent fort minces, les sanitaires brillent de propreté. Plus loin vers l'est, dans la même rue, le *Dokkhoun Guesthouse* (☎ 312189), un bâtiment blanc de 2 étages avec un balcon, offre des chambres acceptables avec moustiquaire

et matelas de meilleure qualité, moyennant 5 000 K avec s.d.b. commune ou 7 000 K avec toilettes et douche chaude privées.

En longeant la même rue vers l'est, vous trouverez le *Muang Phuan Hotel* (☎ 312046) aux chambres similaires, quoique plus nombreuses, avec s.d.b. commune, à 5 000 K la simple/double, ou 6 000 K en simple/double avec s.d.b. privée, ainsi que des chambres munies de 4 lits avec s.d.b. commune pour 8 000 K par personne. Dans l'annexe, à l'arrière du bâtiment, on dort plus au calme. L'hôtel possède son propre restaurant.

En continuant sa route plus à l'est, toujours sur la même rue, on tombe sur le *Muong Phuan Hotel*, aux chambres similaires quoique plus nombreuses, avec s.d.b. attenante, où l'on pourra passer la nuit pour 5 000 K la simple/double. A l'arrière, dans l'annexe, on dort plus au calme. Cet hôtel comporte également un restaurant.

A côté du Muong Phuan, la *Vinh Thong Guesthouse* (☎ 212622) a l'air parfaitement honnête de l'extérieur, mais elle est mal tenue. Autre inconvénient, le personnel, entièrement masculin et fort peu amène, passe ses soirées autour d'une bou-

NORD

teille. Les chambres à deux lit, fort simples, coûtent 7 000 K la simple/double avec s.d.b. commune.

Malgré sa jolie façade en marbre, le nouveau *Phonsavanh Hotel* (☎ 312206), un établissement de 3 étages, ne propose que des chambres quelconques avec une douche froide privée facturées 10 000 K la simple et 13 000 K la double. Le restaurant du rez-de-chaussée est propre.

Du côté du marché, le *Vanhaloun (Vanearoune) Hotel* (☎ 312070) loue sur 2 étages des chambres en simple avec s.d.b. commune à 5 000 K et des chambres plus grandes avec une s.d.b. privée et des toilettes pour un montant de 8 000 à 10 000 K. Cet établissement est très propre et on peut s'y restaurer.

Où se loger – catégories moyenne et supérieure

A quelques kilomètres au sud-ouest de la gare routière et du marché, en prenant la direction de l'aéroport et de la plaine des Jarres (Site 1), vous découvrirez le *Maly Hotel* (☎ 312031, fax 312003), un établissement bien tenu qui propose 11 chambres confortables (il devrait bientôt en compter 21) équipées de toilettes privées et d'une douche chaude pour une somme variant de 8 à 20 \$US la nuit. L'agréable restaurant situé en rez-de-chaussée prépare sans doute l'une des meilleures cuisines de la ville, en particulier lorsqu'on passe commande. Le propriétaire, qui parle français et anglais, organise des excursions dans la vallée des Jarres ou les villages des environs, à Tham Piu ou encore vers des sites un peu plus éloignés (comme Sam Neua et Vieng Xai, dans la province voisine de Hua Phan).

A côté, face à l'Aloun May Bank, le *Phu Doi Hotel* appartient à l'armée. Dans cette bâtisse à 2 étages en forme de V, les 8 \$US demandés pour des chambres ordinaires avec toilettes et douches (froides) communes sont disproportionnés. Certaines chambres moins sommaires avec une douche chaude et un matelas confortable sont facturées 12 à 30 \$US.

L'*Auberge de la Plaine des Jarres* (aussi connue localement sous le nom d'hôtel Phu Pha Daeng), sur une hauteur qui surplombe la vallée, est une sorte de motel paisible proposant des bungalows de deux pièces avec cheminée et eau chaude. Il y a également un salon/restaurant avec cheminée et vue sur la vallée. L'établissement appartient à une agence de voyages de Vientiane, qui loue généralement les chambres aux clients qui prennent le voyage organisé pour Xieng Khuang. Les chambres coûtent de 40 à 50 \$US. En hiver, lorsque les températures nocturnes descendent en dessous de zéro, le feu de cheminée et l'eau chaude sont tout à fait appréciables. A la saison des pluies, la route qui mène aux collines peut être impraticable et le seul restaurant du secteur en profite pour afficher des tarifs prohibitifs.

Où se restaurer

A côté des hôtels nantis de restaurants (Auberge de la Plaine de Jarres, hôtel Muang Phua, hôtel Maly), s'égrènent, le long de la rue principale de la ville, plusieurs échoppes de nouilles et deux restaurants qui servent régulièrement du riz. Tôt le matin, au *marché* installé derrière le bureau de poste, là où s'achètent les produits frais, vous pourrez manger des nouilles.

Propre et bien tenu, le restaurant *Sangah* (Sa-Nga), près du marché et de la poste, offre un long menu de cuisine chinoise, thaïlandaise et lao, dont de bons yám, tôm yám, khào khùa et fõe, plus quelques plats occidentaux. Quelques expatriés qui travaillent à Phonsavan ont survécu grâce au régime quotidien de steak-frites qu'ils ont trouvé là. Le *Phimsavanh* voisin propose le même menu. Exactement en face du Sangah, le *Nang Phonekeo* (*Phonkaew*), très accueillant, sert le meilleur fõe de la ville.

Au *Kham Bang Restaurant*, qui a récemment ouvert à côté du Vanhaloun Hotel dans l'artère principale, on se restaure en plein air. Il propose un grand choix de plats lao et chinois. C'est l'un des rares établissements à servir le petit déjeuner.

Où sortir

Une nouvelle discothèque, la *Xieng Khuang Mai*, s'est ouverte dans la rue qui longe l'arrière de la gare routière. C'est là que viennent se montrer ceux qui ont un peu d'argent – comme les militaires et les commerçants. En allant vers l'ouest après la station-service située à côté de la gare routière, vous trouverez la *Savanh Raty* Un peu plus à l'ouest, de l'autre côté de la rue, le *Chitavan Club*. Ces deux *banthóeng* (discothèques) attirent une clientèle plus populaire. Dans ces trois établissements, on joue un mélange de pop lao, thaïlandaise et vietnamienne.

Le *Pilot Club*, près du Phu Doi Hotel, sur la route qui mène à la plaine des Jarres, a des allures d'entrepôt. Les groupes y jouent de la musique live pour distraire les soldats stationnés à proximité mais vous serez le bienvenu si toutefois vous trouvez l'endroit qui n'est indiqué par aucune enseigne et n'ouvre ses portes que le week-end.

Achats

Le marché installé à côté de l'arrêt des bus, recèle quelques tissus de qualité et des produits artisanaux, en particulier des objets en argent de facture hmong.

Le Noi Xok Khai, magasin d'artisanat proche du Maly Hotel, sur la route de la plaine des Jarres, vend des tissus, des objets en argent, du bois sculpté et toutes sortes d'objets fabriqués dans la région.

Comment s'y rendre

Avion. Les hélicoptères soviétiques ME-8 qui assuraient la liaison avec Phonsavan ont été remplacés par des Yun-12 chinois à turbopropulseurs et la vieille piste d'atterrissage vietnamienne a été reconstruite par les Russes. Les vols depuis/vers Vientiane décollent une ou deux fois par jour (40 minutes, 44 \$US), et depuis/vers Luang Prabang quatre fois par semaine (35 minutes, 35 \$US). On notera les retards fréquents

sur cette ligne. Le bureau de Lao Aviation (☎ 312027), cabane de bois à deux pas de la rue principale, ouvre tous les jours de 7h à 11h et de 13h30 à 15h30, mais cet horaire n'a strictement rien de rigoureux.

Route. En venant du nord, c'est-à-dire d'Udomxai dans le nord de la province de Luang Prabang, ou de Hua Phan, la route constitue le meilleur moyen d'arriver à la province de Xieng Khuang. Ce n'est pas le cas si l'on vient du sud de Luang Prabang.

Depuis/vers Udomxai et Sam Neua. La Route 1, remplie d'ornières et de nids de poule, se dirige vers l'est et traverse Udomxai, ainsi que le nord de la province de Luang Prabang. Elle aboutit à la Route 6 où l'on change de bus au village de Nam Noen, pour continuer vers le sud et Phonsavan. Mieux vaut interrompre ce voyage par une nuit à Nong Khiaw au nord de Luang Prabang, pour démarrer tôt le lendemain et rallier Phonsavan d'un trait (12 heures de voyage avec changement à Nam Noen). On trouve plus facilement des transports publics tôt le matin que l'après-midi dans cette région. On peut également passer la nuit dans la lugubre pension de Nam Noen. Attendez-vous à payer environ 9 000 K de Nong Khiaw à Nam Noen (8 à 9 heures), et de nouveau 5 000 K pour gagner de là Phonsavan (4 heures).

Il faut compter 12 heures pour couvrir les 238 km qui séparent Phonsavan de Sam Neua, capitale de la province de Hua Phan (Routes 6 et 7). On change de bus à Nam Noen. Du point de vue logistique, l'un des modes de transport les plus astucieux consiste à prendre l'avion de Vientiane à Sam Neua, puis le bus vers le sud et Phonsavan. Pour plus de renseignements, reportez-vous à la rubrique sur Sam Neua.

Depuis/vers Vientiane et Luang Prabang. On peut également rejoindre Xieng Khuang par la route, à partir de Vientiane ou du sud de la province de Luang Prabang, en empruntant les Routes 13 et 7 (le croisement de ces deux axes se situe à Muang Phu Khun, à 38 km au nord de Kasi). Mais c'est un voyage harassant de deux ou trois jours sur une route de haute montagne, et le tronçon occidental de la Route 7 n'est pas très sûr, en raison d'attaques de rebelles jusqu'à Muang Sui, à l'est. On traverse des postes de contrôle militaires et il est fort peu probable qu'on vous laisse passer sans autorisation spéciale du département de la Défense.

Depuis/vers Pakxan. La Route 6 relie Phonsavan à Pakxan dans la province de Bolikhamsai, mais elle est dans un état déplorable, surtout au sud de Tha Thom (102 km de Phonsavan). Le tronçon sud de la route 6 traverse également la zone "dangereuse" de Saisombun.

De février à juin, on peut utiliser la route pour rejoindre Tha Thom, puis le bateau sur la Nam Xan pour Pakxan (trois jours pour descendre, cinq ou six pour remonter). Si cette combinaison route-rivière est plus astucieuse que la Route 6 de bout en bout, le danger d'attaques à Saisombun rend ce projet de voyage périlleux.

Divers. Au départ de la gare routière, en face du marché des denrées sèches, des bus publics assurent la liaison avec Muang Kham (51 km, 2 heures, 3 000 K, 4 fois par jour) et Nong Haet (117 km, 3 heures, 3 500 K, 2 fois par jour). Des camions russes ou chinois se rendent à Muang Sui (51 km, 2 à 3 heures, 3 000 K, une fois par jour) et à Nam Noen (138 km, 4 heures, 5 000 K, une fois par jour).

Des taxis à partager, surtout de vieilles Volga et des Toyota, assurent la liaison avec Muang Kham pour 4 000 K par personne. Ce prix varie suivant les quantités d'essence vietnamienne qu'on peut se procurer à Phonsavan.

Comment circuler

Les jumbos constituent le principal mode de transport public de la ville. Le prix standard qu'on demande aux étrangers dans un rayon de trois kilomètres s'élève à 1 000 K. Un aller simple pour Thong Hai Hin (plaine des Jarres, Site 1) représente 10 000 K aller et retour pour six personnes maximum. Ce prix comprend le temps d'attente.

On peut également louer des voitures et des jeeps par l'intermédiaire d'un service de guides, à Sousath Tourism à l'hôtel Maly (ou dans n'importe quel autre pension), pour effectuer de belles balades dans les environs.

LA PLAINE DES JARRES

La vaste plaine des Jarres entoure Phonsavan du sud-ouest au nord-est. On y découvre d'immenses récipients d'origine inconnue, répartis en une douzaine de groupes. Le plus grand amas, le Site 1 ou **Thong Hai Hin** ("plaine des jarres de pierre"), se situe à 15 km au sud-ouest de Phonsavan et comprend 250 jarres pesant entre 600 kg et une tonne chacune, jusqu'à 6 tonnes pour la plus grande.

Malgré le mythe local, les jarres ont bel et bien été taillées dans la pierre (un agglomérat du tertiaire appelé *molasse*, mélange de grès et de granit). Mais cette pierre ne semble pas provenir de la région. D'après un géologue rencontré sur les lieux, il s'agirait d'un grès provenant des montagnes qui séparent les provinces de Xieng Khuang et de Luang Prabang.

Plusieurs jarres de taille plus petites ont été dérobées par des collectionneurs, mais il en reste encore plusieurs centaines dans la plaine sur les cinq sites principaux. Le Site 1, le plus grand et le plus facile d'accès, comprend deux pavillons et des toilettes construites pour la visite du prince héritier de Thaïlande. C'est aussi sur ce site que l'on verra la jarre la plus importante. Elle serait un trophée du mythique roi Hai Jeuam. Le droit d'entrée se monte à 1 000 K.

Près du Site 1 se trouve une base aérienne laotienne qui gâche un peu l'atmosphère du lieu, comme d'ailleurs les pavillons. Les clairières en forme de bouteille que l'on distingue sur les collines

La plaine des Jarres

Non loin de Phonsavan, on peut découvrir d'énormes jarres en pierre éparpillées au milieu de prairies qui comptent parmi les sites les plus mystérieux du Laos. On ignore toujours la fonction de ces jarres mais un certain nombre de théories ont été avancées. Pour certains, elles auraient servi de sarcophages ; pour d'autres, il s'agirait simplement de récipients destinés à la fermentation du vin ou à la conservation du riz. Rien ne permet pour le moment de confirmer l'une ou l'autre de ces hypothèses. Quelques couvercles de pierre gisent à côté de certaines jarres. On a également découvert à proximité des quartzites et des vases qui auraient contenu des ossements humains.

M. Colani, une archéologue française de renom, qui a consacré trois ans à l'étude de la plaine des Jarres dans les années 30, a découvert dans l'une des jarres du Site 1 une figure en bronze de forme

JOE CUMMINGS

Cette jarre vieille de 2 000 ans est une des plus grandes, et les archéologues ne savent toujours pas à quoi elles servaient

humaine ainsi que de minuscules perles en pierre. L'emplacement original de ces objets et des autres découvertes de M. Colani, dont des photos ont été publiées en 1935 dans son ouvrage *Mégalithes du Haut Laos*, demeure un mystère. Sur la jarre n°217 du Site 1, une figure humaine sculptée dans la pierre a échappé à la vigilance de M Colani. Les photographies aériennes laissent penser qu'il existerait une "piste" parsemée de jarres de moindre taille, reliant les différents sites de Xieng Khuang où apparaissent les jarres monumentales. Certains chercheurs espèrent que les prochaines fouilles permettront de dégager des jarres encore fermées dont le contenu serait intact.

Il est communément admis que ces jarres sont vieilles de 2 000 ans mais, en l'absence d'éléments organiques (fragments d'os ou nourriture) il est impossible de les dater avec certitude. On pourrait établir un lien entre les jarres et les étranges mégalithes ("les menhirs" de M Colani) découverts à proximité de la Route 6 en direction de Sam Neua et (ou) avec les pierres en forme de tambour de Dông Son découvertes dans la province de Luang Prabang. Toutes ces énigmes rendent la région propice aux recherches archéologiques mais leurs investigations ont été ralenties par des années de guerre et la présence d'engins explosifs non désamorcés. Le principal archéologue du gouvernement laotien étudie actuellement dans une université australienne afin de mener de nouvelles recherches en profondeur. Dans quelques années nous devrions en savoir beaucoup plus sur ces jarres.

La légende locale raconte qu'au VIe siècle, la région, qui faisait alors partie du Muang Pakan, subissait les exactions d'un souverain cruel du nom de Chao Angka. Touché par le sort des villageois, un héros lao-thaï du nom de Khun Jeuam serait venu du sud de la Chine pour renverser Angka. Afin de célébrer sa victoire, Khun Jeuam aurait fait construire les jarres pour y laisser fermenter de l'alcool de riz. Les jarres auraient été moulées puis cuites au four. C'est une grotte calcaire présentant des trous noircis de fumée au plafond qui aurait constitué ce fameux four (ancien abri stratégique du Pathet Lao durant la guerre). ■

NORD

Engins explosifs non désamorcés à Xieng Khuang

Vestiges tragiques de près de cent ans de guerre, les engins explosifs non désamorcés concernent plus de la moitié de la population laotienne, à cause des accidents souvent mortels ou même des expropriations qu'ils ont provoqués. On dénombre des obus de mortier, des capsules de phosphore blanc (utilisées comme cibles pour les bombes), des mines antipersonnel et des bombes à fragmentation, d'origines française, chinoise, américaine et soviétique. D'après un rapport relatif aux engins explosifs non désamorcés, la majorité des accidents ont eu lieu à Xieng Khuang au cours des cinq années juste après la fin de la guerre, lorsque les villageois ont regagné leurs villages. En 1974, les engins explosifs non désamorcés étaient responsables de trois à quatre accidents par jour pour l'ensemble du Laos. Actuellement, environ 40% des 60 à 80 accidents annuels concernent des enfants. En effet, en dépit des mises en garde répétées, les jeunes Laotiens continuent de jouer avec ces engins, notamment avec les "unités explosives légères" dispersées par les bombes à fragmentation qui ont malheureusement l'apparence de ballons innoffensifs.

Les chasseurs sont également susceptibles de vouloir s'emparer du contenu de ces engins explosifs afin d'en extraire de la poudre et de récupérer des balles en acier pour leurs fusils. Ce genre de manipulation dangereuse a causé de nombreux accidents. Plusieurs équipes travaillent à débarrasser la province des engins explosifs non désamorcés, notamment dans le cadre d'un nouveau programme national financé par le fonds des Nations unies. L'organisation est parvenue à accroître considérablement l'aide multilatérale dans ce domaine. ■

environnantes abritent des pièges à hirondelles : apparemment, les oiseaux viennent pour se rouler dans la poussière.

On accède facilement à deux autres sites par la route de Phonsavan. Le Site 2, à 25 km au sud de la ville, est connu localement sous le nom de **Hai Hin Phu Salato**. On y voit 90 jarres éparpillées sur deux collines adjacentes. Les véhicules peuvent accéder au bas de ces collines, et l'on ne couvre ensuite qu'une faible distance à pied (mais la pente est raide).

Plus impressionnant encore, le Site 3, qui comprend 150 jarres, s'appelle **Hai Hin Laat Khai**. Il se situe à 10 km au sud du site 2 (à 35 km de Phonsavan), sur une colline d'où l'on a un point de vue magnifique, près du charmant village lao de Ban Sieng Dii, dans le secteur de Muang Kham, au sud-est de Phonsavan. Ce village abrite un petit monastère où sont exposés les restes de statues de bouddha endommagées par la guerre. Les villageois qui habitent des maisons de taille largement supérieure à la moyenne habituelle dans les plaines laotiennes, cultivent du riz, de la canne à sucre, des avocats et des bananes. Pour atteindre les jarres, il faut couvrir environ deux kilomètres à pied sur les digues des rizières et à flanc de coteau.

Nombre de sites plus petits parsèment le district de Muang Kham, mais aucun ne contient plus d'une quarantaine de jarres. Seuls les Sites 1, 2 et 3 sont raisonnablement exempts d'engins explosifs non désamorcés. Prenez tout de même les précautions qui s'imposent : restez soigneusement près du site et suivez les sentiers.

Comment s'y rendre

Vous pouvez louer un jumbo à partir de Phonsavan. Pour le Site 1, situé à 15 km du marché de Phonsavan, il vous en coûtera 10 000 K aller et retour. Pour les Sites 2 et 3, vous avez intérêt à louer une jeep avec chauffeur par l'intermédiaire de l'un des hôtels. Sousath, au Maly Hotel de Phonsavan, demande 50 \$US la journée pour le transport et la visite à 4 des Sites 1 et 2. L'excursion comprend un arrêt à Ban Sieng Dii, à proximité du Site 3 et dans un village hmong de la région de Muang Kham.

DE PHONSAVAN A NONG HAET

La meilleure route de la province est actuellement la Route 7, qui relie Xieng Khuang au Nord Vietnam *via* Muang Kham et Nong Haet.

Près du Km 27 sur la route de Muang Kham (côté nord de la route) se déroule **Nong Pet**. Cette grande source très pittoresque, entourée de rizières, serait la source de la Nam Ngum.

Un grand **marché hmong** se tient le dimanche matin, à partir de 7h, à environ 30 km à l'est de Phonsavan en direction de Muang Kham. Le long de la route entre Muang Kham et Nong Haet, il n'est pas rare d'apercevoir de petits champs de pavot – qui fleurissent en janvier – près des villages hmong. Vous pourrez également voir des sépultures thaï dam sur cet itinéraire : ce sont de grandes tombes blanches ornées de drapeaux de prière, sur lesquelles sont déposées des offrandes et une pile d'objets ayant appartenu au défunt.

Muang Kham, à 33 km à l'est de Phonsavan, n'est guère plus qu'un simple comptoir commercial, mais compte de nombreux sites de jarres dans les environs (consulter la rubrique *La Plaine des Jarres* ci-dessus). Une échoppe toute simple appelée *Nang Kham Pui* s'est établie à côté de la gare routière et propose des nouilles et du riz gluant.

A 56 km environ de Phonsavan, en direction de Nong Haet, s'étend le village hmong de **Ban Na Sala**. Il est perché sur la colline, à 2 km de la route. En continuant à l'est sur la route 7, à 120 km de Phonsavan, vous pourrez visiter le marché de **Nong Haet**, à seulement 25 km environ de la frontière vietnamienne.

Reportez-vous au paragraphe précédent, *Comment s'y rendre*, pour tout renseignement sur les bus et les taxis collectifs ralliant Muang Kham et Nong Haet.

Sources d'eau minérale

On peut visiter deux sources chaudes près de Muang Kham. **Baw Yai** ("grande source"), la plus grande des deux, surgit à 18 km de Muang Kham et à 51 km de Phonsavan. Construite à l'origine par la femme de Kay-

sone Phomvihane à l'intention des hommes politiques en visite, une station s'est développée avec bungalows et installations thermales. La source se niche dans une région forestière et l'on peut s'y baigner grâce à de nombreuses canalisations de bambou.

Plus loin, sur un secteur dégagé, deux grandes salles privées accueillent les baigneurs dans des baignoires à l'américaine. On se trempe dans l'eau chaude de la source pour 800 K. Une nuit dans les bungalows adjacents revient à 2 500 K par personne. Baw Yai est maintenant ouvert au public. L'entrée coûte 1 000 K pour les étrangers et 1 500 K par véhicule.

Baw Noi ("petite source") alimente un torrent à quelques mètres de la Route 7, quelques kilomètres avant Baw Yai sur la route de Muang Kham. En s'asseyant dans le torrent, à la confluence de l'eau chaude de la source et de l'eau froide du torrent, on peut "ajuster" la température en se déplaçant d'un courant à l'autre.

Tham Piu

La première fois que nous avons voulu visiter cette grotte en 1989, les guides locaux avaient du mal à la localiser, mais elle fait désormais partie des circuits organisés dans la province. Elle est située près de l'ancien village de Ban Na Meun. Environ 400 réfugiés du village, dont une majorité de femmes et d'enfants, ont été tués lors d'une attaque à la roquette (probablement tirée par un avion de combat Nomad T-28 de l'Armée de l'air royale laotienne, mais une autre version mentionne un avion américain). Le sol de cette vaste grotte, creusée dans une falaise calcaire, est donc jonché de gravats provenant de l'effondrement partiel des parois et de débris de l'ancien abri à deux étages édifié par les villageois. Près de l'entrée subsistent quelques ossements humains déterrés. La propagande officielle affirme que les personnes tuées au cours des bombardements étaient en majorité des femmes et des enfants laotiens. Selon d'autres sources, cette grotte aurait servi d'hôpital aux troupes vietnamiennes. La venue de res-

NORD

ponsables vietnamiens dans les années 80 pour rapatrier au Vietnam les ossements humains et les objets qui subsistaient dans la grotte semble accréditer la deuxième thèse.

Certes la vue de Tham Piu est émouvante, mais le chemin forestier qui y mène est encore plus intéressant, car il passe à travers plusieurs villages hmong et thaï dam. Depuis l'entrée de la grotte, on peut admirer la vue sur la forêt et les plaines environnantes. Un torrent et un petit barrage d'irrigation au pied de la falaise ajoutent au pittoresque du paysage. Une autre caverne connue sous le nom de Tham Piu Sawng (Tham Piu 2) se cache un peu plus haut sur la même falaise. Son ouverture donne accès à une salle plus large. Comme elle n'a pas été bombardée, les formations sont restées dans leur condition d'origine. N'oubliez pas votre lampe électrique.

Tham Piu n'est qu'à quelques kilomètres à l'est de Muang Kham sur la Route 7.

Comment s'y rendre. La location d'une jeep avec chauffeur, pour un aller et retour de Phonsavan à Tham Piu, revient à 20 ou 30 \$US environ.

Si vous voulez vous rendre à Tham Piu en transport en commun, prenez le bus pour Nong Het et demandez à descendre à l'embranchement pour Tham Piu. De là, suivez la route en direction du nord. A environ 1 km de la falaise, il faut s'engouffrer dans les bois où un réseau de sentiers mène au pied de la paroi, puis grimper le long d'un raidillon jusqu'à l'entrée de la grotte. N'hésitez pas à demander votre chemin aux villageois que vous croisez, afin d'éviter de vous perdre ou de poser le pied sur un engin explosif non désamorcé. Mieux encore, trouvez quelqu'un à Phonsavan qui connaît le chemin et proposez-lui de vous accompagner pour l'après-midi.

LE VIEUX XIENG KHUANG (MUANG KHUN)

L'ancien chef-lieu du Xieng Khuang a été tellement bombardé durant la guerre d'Indochine (et dévasté au XIXe siècle par les incessantes invasions chinoises et vietnamiennes) qu'il était pratiquement désert en 1975.

Vingt ans après la fin de la guerre, il est à nouveau habité (la population y est en fait plus nombreuse qu'à Phonsavan, avec 14 000 habitants), mais il ne subsiste qu'un seul édifice de la période coloniale française, un vieux commissariat qui sert aujourd'hui de centre social. La charmante architecture provinciale franco-lao d'autrefois a cédé la place à une longue rangée de modestes bâtiments en bois aux toits métalliques posés de guingois, de chaque côté de la route poussiéreuse qui vient de Phonsavan. Officiellement la ville a été rebaptisée Muang Khun ; la population locale comprend des Phuan, des Thaï Dam et des Thaï Neua, ainsi qu'un petit nombre de Lao des plaines et de Vietnamiens.

Plusieurs temples bouddhiques, construits entre le XVIe et le XIXe siècle, gisent en ruines. A l'est de la ville, les fondations et les piliers du **Vat Si Phum**, qui abrite un grand bouddha assis, tiennent encore debout.

Sur le site du **Vat Phia Vat**, seuls le **That Phuan** (parfois encore appelé That Chomsi), un *jedi* de 25 à 30 m de haut datant de l'époque du Lan Xang/Lanna, et quelques bouddhas épars ont survécu aux bombardements. Malheureusement, les seuls temples du style de Xieng Khuang subsistant aujourd'hui au Laos se trouvent à Luang Prabang (ils se caractérisent par la forme pentagonale de leur façade antérieure).

Ban Naa Sii, près de Vat Phia Vat, est un village thaï dam de taille fort respectable.

Où se loger et se restaurer

La ville compte un petit hôtel en bois où dormir pour 2 000 K. Une ou deux échoppes de nouilles sont regroupées près du marché, dans le centre. Le *Raan Khai Foe* (l'enseigne annonce laconiquement "Restaurant"), en face du marché, est le meilleur endroit pour déjeuner.

Achats

En vous renseignant, vous pourrez peut-être acheter en ville des tissus réalisés par

Vestiges de la guerre

L'architecture et l'économie de la province de Xieng Khuang restent encore très marquées par la guerre. Les Laotiens récupèrent les enveloppes des bombes en forme de torpille et les transforment en objets usuels ou les revendent à la ferraille. Les plus recherchées sont celles mesurant un mètre cinquante de long qui contenaient les bombes à fragmentation ; au moment du largage, elles se séparaient en deux, dans le sens de la longueur, et disséminaient 600 à 700 petites bombes de la taille d'une balle de tennis (contenant chacune 250 grains d'acier) sur un rayon de 5 km.

Couchées, elles servent de bac à fleurs ; debout, de clôture ou de soutien pour les greniers à riz et les maisons au toit de chaume. On peut en voir des centaines dans les villages qui longent la route 7, entre Phonsavan et Hanoi, ainsi qu'autour de l'ancien chef-lieu du Xieng Khuang. Les cuillères en fer blanc vendues sur les marchés sont, parait-il, faites avec des débris d'avions américains.

Les fermiers de la région récupèrent notamment des morceaux de F-105 Thunderchiefs, d'A-1 Skyraiders et autres appareils américains qui se sont écrasés près de chez eux pendant la guerre. Ils les entassent sous leurs maisons ou dans un coin de leurs champs pour les utiliser ou les revendre aux ferrailleurs qui passent de village en village. La ferraille est ensuite rachetée par de petits entrepôts de Phonsavan. Elle est finalement fondue à Vientiane ou en Thaïlande et sert à produire du métal bon marché.

Récemment, le gouvernement laotien a déclaré illégal le commerce des armes de guerre en tout genre. En vertu des articles de loi 71 et 72, on encourt une peine d'emprisonnement de 6 mois à 5 ans pour l'achat, la vente ou le vol de ces armes. ■

les tribus thaï (notamment phuan, thaï dam et thaï neua) mais ne comptez pas trouver des textiles anciens. Les collectionneurs vietnamiens et occidentaux ont depuis longtemps mis la main dessus.

Comment s'y rendre

Quatre bus par jour assurent la liaison entre Phonsavan et Xieng Khuang pour 2 500 K par personne. Comme partout ailleurs dans cette province, il vous faudra certainement faire appel à un guide et louer une voiture ; le tout revient à environ 50 $US.

MUANG SUI

Jadis cité des anciens temples bouddhistes, Muang Sui offre une architecture provinciale pittoresque. Elle est devenue l'un des quartiers généraux de la faction "neutraliste" et le "Site Lima 108", c'est-à-dire une piste d'atterrissage des avions américains durant la guerre d'Indochine.

L'armée nord-vietnamienne a totalement détruit Muang Sui vers la fin de la guerre, après avoir chassé le RLA hors de la province de Xieng Khuang.

Comme Xieng Khuang, la ville se reconstruit actuellement et fait partie d'un nouveau district qu'on appelle Muang Phu Kut (population de 20 200 habitants) appelé Ban Nong Tang sur les cartes officielles.

Parmi les ruines de plusieurs temples anciens, celles du **Vat Ban Phong** abritent encore quelques moines. On pouvait autrefois y admirer un bouddha de bronze dans le style de Xieng Khuang, datant du XIVe siècle, appelé Pha Ong. Les communistes laotiens auraient transféré ce bronze à Vieng Xai, dans la province de Hua Phan mais il demeure invisible là-bas. Le lac **Nong Tang**, proche de la ville mérite le détour.

Il est impossible de se loger à Muang Sui. N'oubliez pas qu'il subsiste beaucoup de bombes non désamorcées dans le secteur, et que la guérilla hmong représente toujours un réel danger à l'est de la ville, le long de la Route 7. La partie la plus dangereuse de la région s'étend à 10-20 km à l'ouest de Muang Sui, après le pont sur la Nam Jat.

NORD

Comment s'y rendre

La Route 7 entre Muang Sui et Phonsavan est en très mauvais état. De grands camions-bus quittent tous les jours la gare routière de Phonsavan aux environs de 7h et, à l'occasion, vers 13h également. Selon les conditions de la route et le nombre d'escales en chemin, ce trajet de 51 km qui coûte 3 000 K peut prendre de deux à quatre heures. La Route 7 en direction de Muang Sui présente un état de délabrement extrême sur toute sa longueur. La Nam Ngum traverse la route à l'est de Muang Sui et, durant la saison des pluies, on doit passer le gué en ferry. A Phonsavan, vous pouvez louer une jeep avec un chauffeur et un guide anglophone pour vous rendre à Muang Sui. Le trajet aller-retour revient de 50 à 80 $US selon que l'on passe par Sousath Tourism ou par un autre intermédiaire. Faute d'hébergement à Muang Sui, passer la journée à visiter la ville avec un guide est une bonne solution.

Province de Hua Phan

La province montagneuse de Hua Phan, au nord-est du pays, est entourée au nord, à l'est et au sud-est par le Vietnam, au sud-ouest par la province de Xieng Khuang et à l'ouest par celle de Luang Prabang. Elle compte 246 000 habitants, dont environ 46 800 vivent à Sam Neua ("Sam du Nord", en référence à sa position vers l'extrémité nord de la Nam Sam), le chef-lieu. La région regroupe également 22 minorités ethniques, principalement des Thaï Khao, des Thaï Daeng, des Thaï Meuay, des Thaï Neua, des Phu Noi, des Hmong, des Khamu, des Chinois du Yunnan et des Vietnamiens. L'influence vietnamienne est très marquée car Sam Neua est plus proche (et plus accessible) d'Hanoi que de Vientiane. Comme la province se trouve à l'est de la cordillère annamitique, elle ne reçoit pas les émissions télévisées et radiophoniques thaïlandaises.

Durant la plus grande partie de la seconde moitié de notre millénaire, Hua Phan a été tantôt un royaume thaï neua indépendant, tantôt une partie de l'État vassal de l'Annam, du nom de Ai Lao. Dans les années 1880, la région est ensuite devenue le protectorat siamois de Chao Thaï Neua. Hormis les deux ans (1891-1893) durant lesquels elle s'est trouvée sous la domination du royaume de Luang Prabang, la province de Hua Phan n'a réellement été intégrée au Laos que sous le régime colonial français. Le commissariat français établi à Sam Neua a d'ailleurs accordé une grande autonomie aux souverains et aux chefs de village thaï neua. Mais, à la fin de la guerre d'Indochine, toute trace de la présence française avait disparu.

Depuis 1989, les gouvernements laotiens et américains coopèrent activement pour lutter contre la drogue dans la province de Hua Phan. Les États-Unis ont consacré plus de 14 millions de dollars aux cultures de substitution et à la construction de routes, d'écoles, d'hôpitaux, de barrages pour l'irrigation et de générateurs électriques. En 1998, le service de l'Information du gouvernement laotien affirmait que "grâce à l'irrigation de plus de 460 ha de nouvelles rizières les villageois renoncent volontiers à la culture de l'opium".

Sur le plan touristique, la région s'enorgueillit surtout du fait que Vieng Xai a été le fief du Phathet Lao pendant la majeure partie de la guerre. Les tissus confectionnés par les tribus thaï (style de Sam Neua) constituent une autre curiosité locale. Il paraît que les plus beaux sont ceux qui proviennent des districts de Muang Xon et de Sop Hao.

SAM NEUA (XAM NEUA)

Dissimulé au fin fond d'une longue et étroite vallée formée par la Nam Sam, à quelque 1 200 m au-dessus du niveau de la mer, Sam Neua est, jusqu'ici, l'une des capitales provinciales les moins visitées du pays. Des collines verdoyantes, dont le Phu Luang, fort pointu, dominent la ville. Mais

NORD

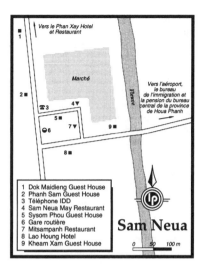

Vers le Phan Xay Hotel et Restaurant

Marché

Vers l'aéroport, le bureau de l'immigration et la pension du bureau central de la province de Houa Phanh

Fleuve

Sam Neua

1 Dok Maidieng Guest House
2 Phanh Sam Guest House
3 Téléphone IDD
4 Sam Neua May Restaurant
5 Sysom Phou Guest House
6 Gare routière
7 Mitsampanh Restaurant
8 Lao Houng Hotel
9 Kheam Xam Guest House

0   50   100 m

à part ce beau cadre naturel, il n'y a pas grand-chose à dire sur l'agglomération. La population de la région se compose essentiellement de Lao, de Vietnamiens et de Hmong, auxquels s'ajoutent quelques Thaï Dam, Thaï Daeng et Thaï Lü.

Sur une éminence, on trouvera la mairie, la poste et le commissariat. Ce dernier est situé derrière un bâtiment plus récent, aux toits pointus cernés de bleu. C'est là qu'il vous faut passer les contrôles d'entrée et de sortie dans la province. La province d'Hua Phan possède son propre bureau de tourisme à Sam Neua, qui a récemment embauché un employé anglophone et apparemment beaucoup plus enclin que ses prédécesseurs à fournir aux touristes les informations dont ils ont besoin.

A voir et à faire

Selon les habitants, Sam Neua peut se vanter d'abriter le **marché** qui s'est le plus rapidement développé dans la région. Des biens de consommation importés de Chine et du Vietnam voisinent avec les produits frais et locaux. Les textiles de Sam Neua, à l'intérieur du bâtiment principal, se ven-

dent à des prix très intéressants mais la qualité ne vaut pas celle des marchés de Vientiane. Les tribus hmong, thaï dam, thaï daeng et thaï lü fréquentent ce marché. Pour de nombreux connaisseurs, le tissage Thaï Daeng offre une qualité de tissu incomparable. Outre des étoffes, vous trouverez des rats (vivants pour 3 500 K, un peu plus chers s'ils sont dépecés) et des feuilles de banane farcies avec des insectes. Les artisans fabriquent des cuillères et des fourchettes en aluminium de récupération avec les débris laissés par la guerre. Certains peuvent réaliser en 10 minutes une bague en argent à la taille du client.

Surmonté d'une étoile rouge, le **monument de l'Indépendance** de 1979 se dresse sur une hauteur au nord-ouest de la ville. Après une ascension facile, on peut admirer une vue sans grand faste puis continuer sa promenade vers le **Vat Pho Xai**, situé à deux kilomètres environ du marché. Le seul monastère de la ville (cinq moines à demeure, ce qui est le minimum requis pour les cérémonies d'ordination monastiques) présente un modeste sim, détruit pendant la guerre et reconstruit en 1983.

Deux petits **thâat**, sur la route du monument de l'indépendance, constituent les seuls vestiges des temples locaux de l'avant-guerre.

Où se loger

Les rats sont nombreux dans la capitale laotienne. Près de l'extrémité ouest d'un pont situé sur la Nam Sam, non loin du marché, se dresse l'hôtel *Lao Houng*. Bien que construit en 1975 par les Vietnamiens autour de deux cours intérieures, cet établissement vétuste paraît beaucoup plus ancien. Géré par l'État jusqu'à une époque toute récente, l'hôtel est actuellement une propriété privée mais il reste très primitif. Les chambres ordinaires à 2 lits équipées de moustiquaire et de sanitaires communs coûtent 8 $US, ou 10 $US avec toilettes et douches privées. Les chambres plus grandes qui disposent de douches avec de l'eau chaude sont facturées 12 $US, tandis que les suites agrémentées d'un salon spa-

NORD

cieux, d'un grand lit, de toilettes et d'une douche chaude privées sont à 15 \$US. Sachez cependant que les rats pullulent dans cet hôtel au point de troubler le sommeil des voyageurs. Dans le jardin attenant à l'établissement on sert de la bière *Beerlao* fraîche. Le Lao Houng accueille les danseurs tous les samedi soirs jusqu'à minuit.

En face du marché, à la diagonale du Lao Houng Hotel, se dresse la *Kheam Xam Guest House* qui, avec ses trois étages, est désormais le plus haut bâtiment de Sam Neua. Une salle de télévision est aménagée au rez-de-chaussée. A chaque étage, les 3 chambres (6 000 K la nuit) sont dotées de 2 ou 3 lits jumeaux protégés par des moustiquaires. La s.d.b. commune est propre. Apparemment, les rats n'ont pas encore établi leurs quartiers dans cet établissement.

Dans le même secteur, mais plus proche de l'arrêt des bus, la *Sysom Phou Guest House* propose des lits dans un dortoir vétuste, séparé de la cuisine et du salon par un simple rideau. On peut y dormir pour 1500 K. Les chambres privatives mais avec une s.d.b. commune valent 4 000 K en simple/double et 5 000 K en triple. Cet établissement abrite plus de rats que tous les autres hôtels de la ville car il est sale et, en plus, situé juste à côté du marché.

A l'angle du Lao Houng, dans une rue qui monte du marché, le nouveau *Phanh Sam Guest House* est un bâtiment en béton à deux étages agrémenté de balcons dans sa partie supérieure. Ses 20 petites chambres au décor dépouillé se louent 5 000 K en simple/double. Le personnel est sympathique et on peut se restaurer.

A côté dans la même rue, la *Dokmaidieng Guest House* est un cube de 3 étages proposant des chambres avec s.d.b. commune à 5 000 K. Les rats sont moins nombreux qu'au Lao Houng ou à la Sysom. Plus loin sur la même artère, à environ 500 m, le *Phanxay Hotel*, un établissement commercial de 2 étages, offre le même niveau de confort que le Sysom. On y loge en dortoir moyennant 3 000 K par personne ou dans des chambres avec s.d.b. pour 7 000 K. Aucun supplément n'est perçu pour les rats ! L'hôtel dispose d'un restaurant dans le bâtiment adjacent.

Proche de l'aéroport, la *Guest House of the Central Office of Houa Phanh Province,* dont le nom en gros caractères couvre la façade, est gérée par l'État. Elle dispose de chambres spacieuses mais poussiéreuses dans un ancien bâtiment de bureaux. Dotées de 2 lits étroits en bois et d'un vaste salon, elles se louent 6 000 K. Lorsque tous les établissements de la ville affichent complet, cette pension peut être déserte sauf si l'on tient compte des poulets qui se promènent librement au rez-de-chaussée.

Où se restaurer

Pour en finir avec l'omniprésence des rats à Sam Neua, signalons que le sympathique *Kheam Xam Restaurant* jouxtant la pension du même nom sert des fõe à la viande de rat.

On peut manger des fõe plus classiques au *Sam Neua May Restaurant*, un établissement propre installé à côté du marché. Si vous êtes tenté par des plats lao, essayez le *Mitsampanh Restaurant*, situé dans une ruelle à une vingtaine de mètres en face du Sam Neua May.

L'enceinte du marché recèle deux échoppes préparant du riz et des nouilles. Si vous souhaitez manger autre chose qu'un fõe, il faut commander à l'avance. *Joy's Place*, la meilleure des deux, est ouverte tous les jours de 6h30 à 21h. *Hin Restaurant* propose le même genre de plats, mais c'est moins propre et le service laisse à désirer.

Comment s'y rendre

Avion. Lao Aviation assure deux vols quotidiens entre Vientiane et Sam Neua (75 minutes, 70 \$US l'aller simple). Les horaires varient en fonction des avions disponibles. Seuls les Yun-12 peuvent effectuer la descente dans l'étroite vallée de Sam Neua dans des conditions de sécurité acceptables. Lors de la rédaction

Samana

Hua Phan doit son infamante réputation aux camps de rééducation, établis dans la partie est de la province à la suite de la révolution de 1975. Ces camps, qui portent le nom de samana en lao, mélangeaient les travaux forcés à un endoctrinement politique pour "réhabiliter" des milliers de fonctionnaires de l'ancien régime. Si la majorité de ces camps avait fermé en 1989, on pense que le Camp de rééducation n°7 reste encore actif aujourd'hui près de la frontière vietnamienne. Un autre camp, situé près du village de Sop Hao, retiendrait lui aussi des prisonniers.Selon Amnesty International, trois prisonniers politiques (tous d'anciens hauts fonctionnaires du gouvernement de la RDPL) ont été condamnés à 14 années d'emprisonnement dans un camp de rééducation de la province de Hua Phan pour s'être pacifiquement exprimés en faveur d'un système politique multipartite en 1992. Aucun avocat n'était présent à leur procès. Ils sont tombés gravement malade et l'un d'entre eux, Thong-souk Saysangkhi, qui fut ministre des Sciences et de la Technologie, est décédé en février 1998, à l'âge de 59 ans, des suites de mauvais traitements. Trois autres prisonniers politiques ont été condamnés à la perpétuité en 1992 après avoir été maintenus en détention préventive pendant 17 années. D'après Amnesty International, deux autres prisonniers internés à Sop Hao depuis 1975 n'ont été libérés qu'en 1994.

Toujours selon l'organisation, les conditions de vie dans ces camps sont "extrêmement pénibles et très en deçà des normes internationales minimales". Les prisonniers n'ont pas accès aux soins médicaux. Ils sont privés de visites et il leur est interdit de lire et d'écrire.

On estime à 30 000 le nombre de personnes internées entre 1978 et 1979, ce qui est le chiffre le plus important de toute l'opération. Le gouvernement laotien n'a jamais publié de déclaration pour confirmer ou démentir l'existence de ces camps. ■

de ce guide, un Yun–12 a perdu une aile lors d'un atterrissage difficile à Sam Neua et la flotte de la Lao Aviation s'en est trouvé encore réduite.

L'aéroport se trouve à 3 km du centre-ville, où sont regroupés le marché et les principaux établissements hôteliers. Faire le trajet à plusieurs en jumbo revient à 1 000 K par personne.

Route. On peut atteindre Sam Neua par la route, en provenance des provinces de Xieng Khuang et d'Udomxai. La Route 6 de Xieng Khuang se classe avantageuse-ment, selon les normes laotiennes, entre Phonsavan et Nam Noen, petite escale de camionneurs au croisement des Routes 6 et 1, au nord de la frontière de la province de Hua Phan. Entre Nam Noen et Sam Neua, en revanche, la route de terre devient tortueuse et très mauvaise malgré de splen-dides paysages, et traverse de nombreux villages hmong, lao et khamu. On doit généralement changer de bus (en fait, on prend un camion diesel russe ou chinois

converti) à Nam Noen. De Phonsavan à Nam Noen, le trajet prend 4 à 5 heures et coûte 5 000 K alors que de Nam Noen à Sam Neua vous débourserez 6 000 K pour un voyage de 6 heures. A l'occasion, une fois par semaine, un camion-bus effectue une liaison directe entre Sam Neua et Phon-savan pour 12 000 K, mais la durée totale du voyage prend un minimum de 11 heures.

Au sud-est de Sam Neua, la Route 6 rejoint la Route 1 en provenance de Nong Khiaw (province de Luang Prabang) et de Muang Xai (province d'Udomxai). De/vers Nong Khiaw, il faut changer de bus à Nam Noen. Le tronçon entre Nong Khiaw et Nam Noen coûte 8 000 K et dure de 8 à 9 heures (ou plus longtemps, en fonction de la fréquence des pannes) sur des routes balayées par les vents mais offrant de beaux paysages. On traverse des villages peuplés de Hmong bleus. Une zone faisant partie du projet international de contrôle des narcotiques est installée dans le district de Meuang Hiam. A Nam Noen, vous devrez prendre un camion pour Sam Neua.

NORD

Il arrive souvent que l'on soit obligé de passer une nuit sur place en attendant l'arrivée d'un camion-bus.

La frontière vietnamienne au poste de Sop Hao est désormais ouverte aux ressortissants laotiens et vietnamiens, mais il est peu probable que les touristes étrangers soient autorisés à la franchir. L'accès à cette région est limité car elle abrite les derniers goulags post-révolutionnaires de la RDPL. La route de Sam Neua à Sop Hao étant apparemment bonne, ce poste devrait logiquement devenir le point de passage pour Hanoi, si la frontière s'ouvre aux étrangers.

LES ENVIRONS DE SAM NEUA

Le long de la Nam Sam, à côté de Sam Tai, une zone de 580 km² de collines forestières, entre Vieng Xai et Sam Tai dans le secteur sud-est de la province, fut déclarée en 1993 **Zone nationale de conservation de la biodiversité de Nam Sam**. On tient cette région pour l'habitat naturel de l'éléphant sauvage, du gaur, de la panthère longibande, du tigre, du banteng, de divers gibbons et de l'ours malais. Malgré ce statut de zone protégée, et bien qu'on n'atteigne le secteur qu'en 4x4 à partir de Vieng Xai, les cultures sur brûlis des tribus montagnardes d'une part et l'abattage des cèdres par une société du Yunnan d'autre part, menacent sérieusement la couverture forestière naturelle.

A environ 37 km au sud de Sam Neua en quittant la route de Nam Noen, **Taat Saloei** est une cascade qu'il faut voir surtout après la saison des pluies.

La route de Sam Neua à **Sop Hao**, au nord-est sur la frontière vietnamienne, traverse plusieurs villages tribaux thaï et hmong. L'ancien camp de l'armée française de Sop Hao a été transformé en "camp de rééducation" (centre de détention de prisonniers politiques) et les autorités n'apprécient pas la présence d'étrangers dans cette zone qualifiée de secteur sensible.

Suan Hin

Le "jardin de pierre" est un site bien plus intéressant que son nom ne le laisserait

supposer. Il fut décrit par l'archéologue française M. Colani qui, en 1935, a consacré une thèse aux *Mégalithes du Haut Laos*. Longtemps mis en parallèle avec Stonehenge (Grande-Bretagne) à cause de ses blocs de pierre hauts de 2 mètres taillés en forme de pilier, Suan Hin est aussi mystérieux que la plaine des Jarres. Les deux sites sont sans doute historiquement liés. La pierre de ces mégalithes est la même que celle employée pour la fabrication des jarres. Des tunnels sont creusés sous certains des piliers. Des chercheurs s'interrogent sur leur éventuelle vocation funéraire mais leur finalité reste en fait aussi obscure que celle des piliers et des jarres.

Ces piliers se trouvent à 4 km de la Route 6. Les premiers se dressent à 45 km environ au sud-est de Sam Neua. Comme il n'est pas facile de les trouver, il est préférable de louer un véhicule pour Hua Muang, situé aux deux tiers de la distance entre Sam Neua et Nam Noen sur la Route 6. Une fois à Hua Muang, demandez à quelqu'un de vous guider jusqu'à ce "jardin de pierre". Il est également possible d'emprunter les transports publics depuis Sam Neua ou Nam Noen (vous arriverez plus tôt si vous partez de cette dernière localité), et de demander à descendre à l'embranchement pour Ban Pakha, près de Hua Muang. Une fois sur la route de Ban Pakha, faites-vous indiquer la direction de Suan Hin. Évidemment, ces dernières solutions sont un peu hasardeuses dans la mesure où vous pouvez très bien ne rencontrer personne ou ne pas arriver à vous faire comprendre.

A Phonsavan, la capitale de la province de Xieng Khuang, Sousath Travel peut vous fournir un véhicule et un guide pour Suan Hin, moyennant 80 $US la journée. Vous pouvez également vous renseigner auprès de l'office du tourisme de Sam Neua.

DE SAM NEUA A VIENG XAI

Même si vous n'obtenez pas d'admission préalable aux grottes de Vieng Xai (voir ci-dessous), le secteur mérite malgré tout une promenade qui vous permettra d'en admirer les beautés. Entre les Km 11 et 12, en venant de Sam Neua, le gros village de **Ban Hua Khang** est peuplé de Hmong Lai, ou Hmong rayés.

Après le Km 13, le long de jolies petites vallées que surmontent des rizières en terrasses, vous découvrirez des **formations karstiques**, dont certaines ouvrent sur des grottes. Au Km 20, un croisement vous dirige, à droite, vers Vieng Xai (9 km), puis Nam Maew, sur la frontière vietnamienne (87 km de Sam Neua), alors que l'autre route mène à Sop Hao.

Six kilomètres avant le tournant vers Vieng Xai en venant de Sam Neua, vous découvrirez **Taat Nam Neua** (80 m). On peut aller à pied jusqu'à leur sommet : traversez le pont sur la Nam Neua après la bifurcation vers Vieng Xai. Pour tout embrasser d'un seul regard depuis le bas, prenez l'embranchement de gauche. Deux kilomètres plus loin, s'étendent des rizières en terrasse, à main droite. Un sentier serpente sur 1 km à travers champs, entre un ruisseau et des bois de bambous, avant d'atteindre le fond de la vallée. Il vous faudra peut-être demander de l'aide aux habitants, car le sentier n'est pas si facile. Couvrez-vous les jambes et les chevilles de lotion insecticide, afin de décourager les sangsues qui ne manqueront pas de vous approcher. Comme toujours, les chutes sont beaucoup plus belles après la saison des pluies (vous pourrez aussi vous baigner dans les bassins inférieurs).

VIENG XAI

A l'origine, on les appelait Thong Na Kai ("champs du poulet") parce que le gibier pullulait dans la région. Le nom qu'a reçu à présent cet ancien quartier général du Pathet Lao signifie "cité fortifiée de la victoire". Le secteur, qui compte une population de 32 800 habitants, se compose essentiellement d'une saisissante vallée, bordée de collines verdoyantes aux falaises de calcaire truffées de grottes. Plusieurs d'entre elles ont d'ailleurs abrité des officiers du Pathet Lao durant la guerre d'Indochine.

La petite capitale régionale semble diminuer de taille alors que Sam Neua s'agrandit. Son marché central aligne des marchands démunis qui ne peuvent pas s'offrir le prix du transport jusqu'à la capitale régionale, à 29 km de là.

Grottes

Il existe 102 grottes répertoriées dans la région ; une douzaine d'entre elles ont joué un rôle durant la guerre. Les grottes de Vieng Xai sont à la fois une espèce de mémorial de la révolution et une attraction touristique mais, en réalité, les autorités locales les traitent un peu comme s'il s'agissait d'un secret militaire. Dans son ouvrage *Stalking the Elephant Kings*, Christopher Kremmer raconte ses péripéties pour parvenir à entrer dans ces grottes, au milieu des années 90. Son livre rapporte le court séjour de la famille royale dans ces lieux à la fin des années 70.

Celles-ci se cachent au cœur d'une étroite vallée, dont les flancs de calcaire, très abrupts, entourent un peu plus loin la ville de Vieng Xai. Les chefs du PL s'en sont servi dès 1964, leur situation les rendant pratiquement inattaquables tant par terre que par air. Aujourd'hui, les plus importantes, historiquement parlant, ont reçu le nom des personnes qui les ont jadis occupées. On s'y rend aisément à pied depuis la ville.

Perchée au creux d'une falaise calcaire, **Tham Thaan Souphanouvong** s'appelait Tham Phaa Bong avant la guerre. Jugée digne d'un roi, elle abrita le prince Souphanouvong, surnommé le "Prince rouge". Outre les formations naturelles, des murs de bois et des planchers divisaient la grotte en plusieurs espaces : chambres, salle de réunion et armurerie, entre autres. Un beau jour, Souphanouvong fit construire devant l'entrée de la caverne une maison paysanne qui fait aujourd'hui l'objet du même mélange de vénération et de peur que la grotte elle-même.

Tham Thaan Kaysone fut le bureau et la résidence du chef du PL, qui remplit d'ailleurs les fonctions de Premier ministre et de président de 1975 à sa mort, en 1992. La grotte s'étend sur 140 m dans le flanc de la falaise, que l'on escaladait à l'aide de cordages avant que des marches ne soient construites. En entrant, vous passerez devant un buste de Kaysone. Les diverses pièces comprennent une cellule du parti politique, une salle de réception, une chambre, une salle de récréation, une salle de réunion et une bibliothèque. La cave ouvre, à l'arrière, sur une clairière qui servait de lieu de réunion et de cuisine de plein air. Kaysone fit, lui aussi, construire une belle demeure de deux étages devant sa grotte. Quant à **Tham Thaan Khamtay**, qui doit son nom au Premier ministre actuel, Khamtay Siphandone, c'est une caverne creusée artificiellement dans la roche, divisée, comme les autres, en divers espaces et fermée par un fronton de style franco-chinois. Parmi les trois grottes ouvertes aux touristes, seule celle-ci n'est pas éclairée. Les cartels sont rédigés en lao, exclusivement.

L'une des grottes les plus profondes, **Tham Xieng Muang**, plonge sur 200 m et servit d'hôpital. Dans les autres grottes, on installa des filatures, des presses et d'autres services dont le PL avait besoin pour assurer son autonomie.

Visite des grottes. Avant de pénétrer dans l'une de ces grottes, les visiteurs doivent se présenter au bureau, reconnaissable à sa couleur moutarde, devant Tham Thaan Souphanouvong, pour acquitter un droit d'entrée de 1 500 K. Un guide laotien est imposé par le gouvernement pour toutes les visites. Jusqu'à présent, aucun ne parle français ou anglais, et ce sont peut-être davantage des surveillants que des guides. Les fonctionnaires demandent souvent aux visiteurs étrangers s'ils ne sont ni journalistes ni écrivains avant de les autoriser à pénétrer dans les grottes.

Lors de la rédaction de ce guide, seules les grottes de Souphanouvong, Kaysone et Khamtay étaient ouvertes au public et l'on pouvait prendre des photos de l'extérieur et

de l'intérieur. Une enseigne en alphabet lao apposée à l'entrée de la grotte de Souphanouvong stipule que les visiteurs ne peuvent pénétrer dans les grottes sans s'être au préalable présentés aux autorités administratives. On ne peut apporter ni nourriture ni fleurs.

Où se loger et se restaurer

Pour l'instant, mieux vaut séjourner à Sam Neua qu'à Vieng Xai tant pour le gîte que pour le couvert.

Construit par les Vietnamiens en 1973 pour servir de "lieu de rééducation", le *Vieng Xai Hotel* (qui porte aussi le nom d'Hotel n°2) se dresse à la lisière de la ville, en bordure d'un étang. Encore plus décrépit que son homologue de Sam Neua, le Lao Hong, il n'a pourtant pas trente ans ! Mais ses fenêtres n'ont plus de vitres pour la plupart (ou seulement quelques fragments) et bon nombre de portes ont perdu poignets et loquets. La chambre vaut malgré tout 3 500 K la nuit en simple/double et l'on partage les toilettes et la douche.

Les deux boutiques de fõe du marché sont les seuls endroits de la ville où se restaurer. On ne trouve normalement pas de riz sur place, à moins de l'acheter sur le marché et de le faire cuire soi-même.

Comment s'y rendre

Air Lao, qui appartient à l'armée, assure deux liaisons hebdomadaires entre Vieng Xai et Vientiane, mais il est impossible d'en déterminer les horaires exacts, à moins de se présenter le matin au minuscule aéroport de Vieng Xai, au cas où.

Il faut compter environ 45 minutes en voiture privée ou une bonne heure en transport public pour couvrir les 29 km qui séparent Sam Neua de Vieng Xai. La route est en très mauvais état, avec de multiples nids de poules. Les camions transportant des passagers circulent 2 ou 3 fois par jour entre Sam Neua et Vieng Xai. Le trajet coûte 1 500 K. Si vous comptez vous y rendre en camion, prévoyez de passer la nuit sur place au cas où vous ne trouveriez pas de départ en fin de journée.

NORD

Vous pouvez vous faire conduire en moto de Sam Neua à Vieng Xai. La demi-journée revient à 18 000 K ou 7 $US.

NAM NOEN

Lorsqu'on se rend de Nong Khiaw à Phonsavan ou de Sam Neua à Phonsavan, on traverse forcément Nam Noen, localité située à la jonction des routes 6 et 7. La *Nam Noen Guesthouse*, une construction basse en bois avec des barreaux aux fenêtres, peut vous héberger dans des chambres ressemblant à des dortoirs mais équipés de moustiquaires, moyennant 2 000 K par personne. En face de cette pension, le *Nang Lam Phom* prépare du riz gluant et des nouilles instantanées. La localité recèle aussi une ou deux échoppes de nouilles.

Le bus de/vers Nong Khiaw, Phonsavan et Sam Neua arrive à Nam Noen vers 12h ou 13h au plus tard. Passé 14h, il est impossible de trouver un véhicule, sauf si l'un d'eux a été retardé par une panne. Mais c'est peut-être tôt le matin qu'il est le plus facile de trouver un moyen de transport.

DE NONG KHIAW À NAM NOEN

La Route 7 entre Nong Khiaw et Nam Noen offre des panoramas de toute beauté avec de nombreuses montagnes toujours verdoyantes, même en saison sèche lorsque le reste du paysage vire au marron : les rivières, les falaises couvertes de fougères et les village des Hmong bleus et rayés. Les districts de **Muang Vieng Kham** et de **Muang Vieng Thong** sont habités par des Hmong bleus et plusieurs autres ethnies. Vieng Kham, à 50 km environ à l'est de Muang Ngoi, est un village assez important avec des vat et deux ou trois échoppes pour se restaurer. **Bang Wang Way** est le premier village que l'on rencontre après Vieng Vang lorsqu'on se dirige vers l'ouest. Il est beaucoup plus prospère que les autres et même, un peu plus grand que Vieng Kham. En plus des Hmong, vous verrez quantité de Lao des plaines souvent penchés sur des métiers à tisser qu'ils ont installés entre les pilotis de leurs maisons.

Province de Phongsali

Entourée sur trois côtés par la Chine et le Vietnam, Phongsali est la province la plus inaccessible du Nord du Laos. L'ensemble de la province compte environ 152 000 habitants appartenant à 22 groupes ethniques différents : Kheu, Sila, Lolo, Hanyi, Hmong, Pala, Oma, Eupa, Loma, Pusang, Mien, Iko, Ho, Thaï Dam, Thaï Khao, Thaï Lü, Phuan, Khamu, Phai, Vietnamiens et Yunnanais. Les Phu Noi (qu'on reconnaît aisément à leurs jambières blanches) représentent l'ethnie la plus nombreuse. Viennent ensuite les Thaï Lü, les Ho, les Iko et les Khamu. Avant le traité sino-français de 1895, la province de Phongsali était une principauté indépendante sous contrôle thaï-lü, attachée au Xishuangbanna dans le sud du Yunnan.

La densité de la Phongsali s'élève à 9,4 habitants au km². C'est la plus basse du pays après le Sekong et l'Attapeu. La culture du pavot s'est largement répandue parmi les Hmong, les Mien et les Lolo de la province. Comme dans l'Udomxai et le Luang Nam Tha, la présence chinoise a fortement augmenté avec l'ouverture récente d'une route et le développement de la construction.

Phu Den Din ZNCB, la zone de conservation de la biodiversité la plus septentrionale du Laos, couvre 1 310 km² au nord-est de la province ; voisine de la réserve naturelle Muong Nhe du Vietnam, elle longe la frontière lao-vietnamienne. Les montagnes de la région atteignent 1 948 m, avec une végétation composée à 77% de forêt primaire. Plusieurs mammifères menacés vivent dans la région et, parmi eux, l'éléphant, le tigre, la panthère longibande, le banteng, le gaur et l'ours noir d'Asie.

PHONGSALI

Construite sur les pentes abruptes du Phu Fa (1 625 m), à une altitude tournant autour de 1 400 m, la ville de Phongsali

NORD

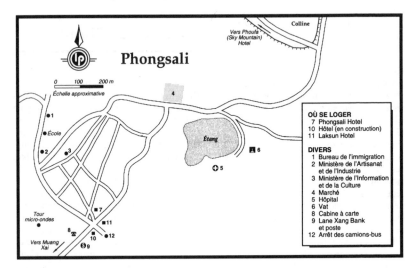

offre toute l'année un climat frais, encore plus appréciable lors de la saison chaude, de mars à mai. En réalité, le climat ressemble plus à celui du nord du Vietnam. Les températures peuvent descendre à 5°C la nuit et 10°C le jour. Brouillards et plafond nuageux bas ne sont pas rares le matin, à toute époque de l'année. Les averses peuvent être abondantes et froides. Munissez-vous d'un pull-over, d'une veste et de vêtements imperméables, même entre mars et mai.

La capitale du district (population de 25 000 habitants) est entourée de collines vallonnées d'où la forêt a disparu. Si vous vous attendez à voir toutes sortes de minorités aux vêtements colorés peupler le marché et la ville, vous serez déçu – à moins de tomber sur un important jour férié, comme le Nouvel An laotien, en avril, quand toute la province converge vers la cité.

Pour explorer les villages des tribus montagnardes, allez dans le nord-est de la province, qui ne comporte pas de routes. Il vous faudra marcher deux jours ou davantage.

Un petit **musée** ethnologique, établi avec l'aide française, s'abrite dans l'un des bâtiments du gouvernement. Il présente un inventaire des costumes traditionnels et des modes de vie de plusieurs groupes ethniques de la région.

Phongsali abrite quelques demeures de l'époque coloniale. On peut agréablement flâner dans ses ruelles.

Renseignements

L'électricité fonctionne de 18h à 21h seulement. Il existe une poste, à 200 m au sud-ouest de l'hôtel Phongsali de l'autre côté de la rue par rapport à la cabine téléphonique à cartes.

Immigration. Au débarcadère de Hat Sa, à l'est de la ville, personne ne semble pressé de contrôler vos papiers ni d'apposer les *khào/jâeng àwk* obligatoires à l'entrée et à la sortie de chaque province. En ville, le service de l'immigration est installé sur la colline qui domine l'école. C'est un bâtiment à 2 étages décoré de carrelage bleu, au nord-est du quartier des hôtels. Si la porte de devant est fermée, rendez-vous à l'arrière du bâtiment où les portes sont normalement ouvertes aux heures légales des administrations.

Argent. Juste à côté de la poste, au sud-est de l'hôtel Phongsali, une succursale de la Lane Xang Bank peut changer en kips des dollars US, des bahts thaïlandais ou des yuans chinois (mais pas de chèques de voyage).

Désagréments et dangers. Un lecteur nous a informé qu'à Phongsali une faux guide anglophone proposait d'organiser des randonnées en demandant aux touristes de lui confier leurs passeports. Les papiers d'identité servaient ensuite d'instrument de chantage pour leur soutirer des sommes considérables. D'après la lettre, la police locale n'était pas d'un grand secours.

Si vous envisagez d'engager une personne pour vous emmener en randonnée (à Phongsali ou ailleurs au Laos), assurez-vous d'être bien clair sur les termes de l'accord avant de conclure. En aucune circonstance vous ne devez confier votre passeport, sauf aux agents des services de l'immigration. Évidemment, si ces derniers sont malhonnêtes, vous n'aurez pas grand recours. Ce genre de mésaventure est rare au Laos, mais mieux vaut rester prudent.

Où se loger

Phongsali compte aujourd'hui trois lieux d'hébergement. Le meilleur, le *Phongsali Hotel*, construit par les Chinois et situé en plein centre-ville, est un magnifique édifice de quatre étages, le plus haut de la province. Ses 28 chambres, simples, offrent pour leur majorité trois lits (avec de bons matelas). On partage les s.d.b. et les toilettes et on paie 6 000 K par personne. Le personnel parle lao, phu noi et chinois.

En face du Phongsali, le rustique *Laksun Hotel* vous accueille dans une structure de bois à deux étages, sous un toit métallique. Quelques chambres assez élémentaires sont équipées de moustiquaires et coûtent 2 000 K le lit. En bas, le restaurant sert une cuisine honorable.

Tout en bois, le *Phoufa Hotel*, installé sur la colline du même nom (Phu Fa), servit de consulat chinois et de base militaire dans les années 60. Aujourd'hui, ses chambres fort simples comptent trois lits chacune (matelas plus que ferme), des moustiquaires et des sanitaires communs pour 2 000 K par personne. De l'hôtel, une vue magnifique s'offre au regard. Au rez-de-chaussée est installé un restaurant sans prétention. Juste avant la publication de ce guide, le tarif de cet hôtel était passé de 10 à 15 $US la nuit. Lors de votre passage, il s'appellera peut-être le *Sky Mountain Hotel* (traduction anglaise de Phu Fa).

Un nouvel hôtel est en construction à côté de la principale gare routière, en diagonale par rapport au Phongsali Hotel.

Ha Sa. La localité abrite une *guesthouse* avec des chambres à plusieurs lits facturées 1 500 K par personne.

Où se restaurer

Les restaurants des trois hôtels demandent des prix raisonnables. La carte du *Phongsali*, la plus étendue, propose des plats chinois et quelques spécialités laotiennes. Il est préférable de commander car l'hôtel ne possède pas de réfrigérateur pour conserver les aliments. Plusieurs *boutiques de nouilles* ponctuent la rue principale en direction du marché. Le fõe y est l'un des moins chers du pays, entre 500 et 800 K. La bière lao est bien plus chère que la bière chinoise. Le lào láo se teinte de vert en raison des herbes qui lui donnent une douceur particulière.

Comment s'y rendre

Avion. Sur ses tarifs, Lao Aviation indique des vols pour Phongsali à 87 $US mais dans les faits, aucun avion de ligne ne dessert la ville. Les visiteurs officiels arrivent généralement de Vientiane en hélicoptère.

Route. De Muang Xai (province d'Udomxai), empruntez la Route 4 dans le sens nord-est jusqu'à la jonction située à environ 30 km à l'ouest de Muang Khua. Vous êtes alors au sud de Phongsali et vous devez aller vers le nord en suivant une route en partie refaite jusqu'à Phongsali.

Des bus quotidiens assurent (tôt le matin) la liaison dans les deux sens, à condition qu'il y ait suffisamment de passagers. Le trajet dure 10 heures (280 km) et coûte 11 000 K par personne. La Route 4 a été sérieusement endommagée par des chutes de pierres et elle est actuellement en cours de réfection. La nouvelle route vers le nord (elle n'a pas encore de numéro) est plutôt bonne, même si elle n'est pas goudronnée.

Depuis Hat Sa. Du débarcadère de la petite ville de Hat Sa, les passagers partagent un 4x4 pour rejoindre Phongsali (20 km). Initialement construite par les Français, cette piste délabrée porte le surnom de "route du bison" car elle convient mieux à ces gros animaux qu'aux voitures. Il faut compter une heure et demie pour couvrir la distance (3 000 K par personne) bien que la réfection de la route doive raccourcir le temps de voyage.

Depuis la Chine. On peut également rallier la province de Phongsali par la route, en provenance de la province de Luang Nam Tha *via* le Yunnan. Si la frontière Yunnan-Phongsali s'ouvre au tourisme des étrangers dans un proche avenir (elle est aujourd'hui ouverte aux Chinois et aux Lao), il sera beaucoup plus aisé d'atteindre Phongsali depuis Mengla, dans le Yunnan, que depuis la majeure partie du Laos. Des négociations sont en cours entre les gouvernements provinciaux de Luang Nam Tha et du Yunnan afin de permettre aux étrangers de traverser cette petite région chinoise. Près de la frontière chinoise, à côté de Phongsalia, la route du campement laotien de Ban Pakha (un village de réfugiés Akha ayant fui la Chine après l'avènement du communisme dans les années 40) est relativement bonne. Les bus locaux demandent environ 2 000 K et mettent 2 heures pour gagner Bun Neua, où l'on prend une correspondance pour le dernier tronçon (à nouveau 2 heures et 2 000 K) vers Phongsali. En cas de panne, sachez qu'une pension est établie à Bun Neua.

Fleuve. On peut gagner Phongsali par la rivière Nam Ou depuis Muang Khua. Vous pouvez rejoindre cette localité par la route de Muang Xai (de 4 à 6 heures, 4 500 K), ou par bateau depuis Nong Khiaw (pour plus de détails reportez-vous à la rubrique *Nong Khiaw*, dans la partie *Province de Luang Prabang*). Les bateaux s'arrêtent à Hat Sa, très proche de Phongsali par la route. Lorsque le niveau de l'eau est trop bas, la navigation cesse. C'est généralement le cas à partir de mars ou d'avril, mais tout dépend de l'importance de la mousson.

A Muang Khua, les horaires des bateaux pour Hat Sa sont irréguliers mais en tout cas, ils partent exclusivement le matin. Sur un bateau lent, vous mettrez 5 ou 6 heures et payerez 15 000 K alors qu'avec une vedette, vous effectuerez le trajet en 1 heure 30 ou 2 heures pour seulement 18 000 K.

Muang Khua et Hat Sa sont également accessibles depuis Luang Prabang par la Nam Ou (sauf en période de basses eaux). Pour plus de détails, reportez-vous au paragraphe *Comment s'y rendre* dans la rubrique *Luang Prabang*.

MUANG KHUA
Cette petite ville s'étale à l'intersection de la Nam Ou (principale artère de transport qui traverse la province du nord au sud) et de la Route 4, qui relie l'Udomxai et la province de Phongsali à Dien Bien Phu, au Vietnam.

La Lane Xang Bank de Muang Khua change vos dollars, vos bahts et vos yuans (espèces seulement) en kips. La ville n'a pas l'électricité mais certains hôtels sont équipés de générateurs individuels pour un usage nocturne.

Où se loger et se restaurer
La *Muang Khua Guesthouse*, pension de quatre étages, peinte en blanc, n'annonce pas son nom en alphabet latin, vous devrez donc, pour la reconnaître, chercher la date "1989" sur la rampe du 3e étage... C'est le plus accueillant des trois hôtels de la ville et celui où le générateur fonctionne le plus

longtemps. On demande 2 000 K par personne pour une chambre propre de trois ou quatre lits. Les toilettes et les salles d'eau sont communes.

Le *Nang Aen Kaew Hotel* (sans panneau en caractères latins) porte le nom de la charmante Laotienne qui le dirige. On y trouvera cinq chambres fort sombres mais assez propres, à 3 000 K l'une. Les installations sanitaires, elles, ne brillent pas par leur propreté. L'hôtel se dresse en face de l'arrêt de bus principal.

En haut de la ville, le *Muang Khoua Hotel* demande 4 000 K par chambre. Ce bâtiment d'un étage comprend une aire de parking. On partage les sanitaires.

Le Muang Khoua a ouvert son propre *restaurant chinois* et ne craint qu'un seul rival dans la ville, le *restaurant* situé près de la Muang Khua Guesthouse.

Comment s'y rendre

Reportez-vous à *Comment s'y rendre* dans les rubriques précédentes *Phongsali* et *Nong Khiaw,* et à *Muang Xai* de la *Province d'Udomxai* pour toute information sur les moyens de transport vers Muang Khua. Le postier de Muang Khua parle assez bien anglais.

Province d'Udomxai

Cette province montagneuse du Nord du Laos est coincée entre les provinces de Luang Prabang à l'est, de Phongsali au nord-est, de Luang Nam Tha au nord-ouest et de Sainyabuli au sud. Une partie du nord de la région partage une frontière avec la province chinoise du Yunnan (Mengla, dans le district chinois de Xishuangbanna, est à moins de 60 km). La population s'élève à 211 000 habitants, parmi lesquels on dénombre quelque 23 minorités ethniques différentes ; on y rencontre surtout des Hmong, des Iko, des Mien, des Phu Thaï, des Thaï Dam, des Thaï Khao, des Thaï Lü, des Thaï Neua, des Phuan, des

Khamu, des Lamet, des Lao Huay et des Chinois du Yunnan (Ho).

La présence chinoise s'est récemment intensifiée, avec l'arrivée d'ouvriers du bâtiment qualifiés ainsi que de commerçants en provenance de Kunming, chef-lieu du Yunnan. Dans les années 60 et 70, les Chinois étaient très appréciés dans la province d'Udomxai car ce sont eux qui ont construit le réseau routier goudronné à deux voies. Durant la guerre, ce réseau routier a facilité le déplacement et le ravitaillement des troupes du Pathet Lao et de l'armée nord-vietnamienne. Suite au schisme idéologique de 1979, provoqué par la situation au Cambodge (la Chine soutenait les Khmers rouges, tandis que le Laos épaulait le Vietnam), les Chinois ont suspendu toute forme d'aide jusqu'au début des années 90. Les nouveaux arrivés sont maintenant souvent perçus comme les agents de l'infiltration économique chinoise. En effet, la construction des routes et l'industrie du bâtiment ne sont plus financées par un programme d'aide, et la main-d'œuvre et les matériaux, essentiellement chinois, sont dûment payés par les Laotiens.

De par son réseau routier (qui, bien que s'étant considérablement détérioré depuis les années 70, demeure le meilleur du Nord du pays), l'Udomxai est la plus accessible de toutes les provinces septentrionales du pays.

MUANG XAI (UDOMXAI)

Le chef-lieu de la province d'Udomxai est communément appelé Muang Xai, mais certaines cartes indiquent encore Udomxai. Avant la guerre d'Indochine, on n'y trouvait pas grand-chose. Mais le secteur devint un centre de l'armée chinoise et, aujourd'hui encore, cette ville en pleine effervescence importe ses richesses de Chine.

Après les magnifiques paysages qui longent le Mékong et la Route 2 depuis Pakbeng (ou depuis l'est *via* Nong Khiaw et la Nam Ou), la ville est un peu décevante. Elle est en fait constituée de deux longues bandes d'asphalte et de poussière, là où les Routes 1 et 2 se rejoignent, flanquées de

NORD

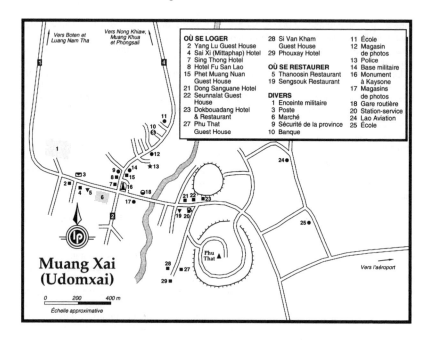

Vers Boten et
Luang Nam Tha

Vers Nong Khiaw,
Muang Khua
et Phongsali

OÙ SE LOGER
2 Yang Lu Guest House
4 Sai Xi (Mittaphap) Hotel
7 Sing Thong Hotel
8 Hotel Fu San Lao
15 Phet Muang Nuan
   Guest House
21 Dong Sanguane Hotel
22 Seunnalat Guest
   House
23 Dokbouadang Hotel
   & Restaurant
27 Phu That
   Guest House

28 Si Van Kham
   Guest House
29 Phouxay Hotel

OÙ SE RESTAURER
5 Thanoosin Restaurant
19 Sengsouk Restaurant

DIVERS
1 Enceinte militaire
3 Poste
6 Marché
9 Sécurité de la province
10 Banque

11 École
12 Magasin
   de photos
13 Police
14 Base militaire
16 Monument
   à Kaysone
17 Magasins
   de photos
18 Gare routière
20 Station-service
24 Lao Aviation
25 École

**Muang Xai
(Udomxai)**

Phu
That

Vers l'aéroport

0   200   400 m

Échelle approximative

huttes en bois, de baraques en béton et de bâtiments en construction qui s'étendent au milieu d'une vallée déboisée. En quittant la rue principale, vous découvrirez quelques quartiers fort pittoresques aux allures bien villageoises.

La population se compose de Lao Theung et de Lao Sung (60%), de Chinois (25%) et de Lao Lum (15%). Quelque 4 000 ouvriers chinois circulent dans la région et l'on entend plus parler yunnanais que lao dans les cafés et les hôtels.

La plupart des véhicules de la ville sont immatriculés au Vietnam ou en Chine ; c'est également ici que transitent les voitures japonaises assemblées en Thaïlande et destinées au marché chinois.

Le grand **marché** du centre-ville constitue la seule curiosité locale. Véritable carrefour culturel, tous les groupes ethniques de la région y sont représentés, y compris les Hmong et les tribus thaï.

La plupart des produits sont d'origine chinoise ou vietnamienne. La partie la plus intéressante du marché se situe à l'arrière, là où les petits fermiers vendent des produits frais et des herbes.

Désormais à Muang Xai l'électricité fonctionne toute la journée.

Renseignements
Immigration. Excepté à l'aéroport de Muang Xai, personne à Udomxai ne semble se soucier de tamponner vos papiers. Sans doute est-on trop occupé à régulariser la situation des foules de migrants chinois. Si vous voulez tout de même rester en règle, allez au commissariat, à 500 m au nord-est du carrefour principal. Le service de l'immigration s'est installé dans la salle n°9.

Argent. Vous pouvez utiliser des yuans chinois, des dollars US, des bahts ou des kips. La Lane Xang Bank, à la périphérie de la bourgade, sur la route de Phongsali, accepte les dollars, les bahts et les yuans, mais ne change pas les kips. Les chèques de voyage n'étant pas encore acceptés, mieux vaut donc vous munir d'espèces.

Poste et communications. La poste, un grand bâtiment blanc et moutarde flanqué d'une tour de télécommunication à 400 m à l'ouest de la gare routière, vous accueille du lundi au vendredi, de 8h à 16h, et le samedi de 8h à 12h. Dans le même immeuble, le bureau téléphonique ouvre tous les jours de 8h à 11h30 et de 14h à 16h30, puis de 18h30 à 21h. C'est là que vous pourrez acheter des cartes téléphoniques pour passer vos appels nationaux ou internationaux depuis la cabine située juste devant. L'indicatif téléphonique de Muang Xai est le 81.

Où se loger
Au cours des deux ou trois dernières années, les points d'hébergement se sont multipliés dans la ville. Dans l'ensemble, les prix tournent autour de 10 000 K, parfois un peu moins. Presque tous les hôtels et les pensions sont dirigés par des migrants chinois. Plusieurs servent essentiellement de maisons closes à l'usage des travailleurs chinois.

Les deux meilleures adresses de Muang Xai, si l'on cherche à éviter le bruit et la poussière de la rue, se trouvent au bout d'un chemin de terre battue vers l'extrémité est de la ville. Le début de cette rue est situé à 400 m de la gare routière. Le *Phouxay* (*Phuxay*) *Hotel* (☎ 312140), propriété de Lao Petroleum, est installé dans l'ancien consulat chinois à deux pas de la rue principale, près de la lisière sud de la ville. Ses chambres propres comportent deux ou trois lits, avec moustiquaire et ventilateur au plafond. On partage la s.d.b. et les toilettes. La chambre est louée 3 500 K. Deux chambres avec s.d.b. et toilettes, se louent 4 500 K ou 5 500 K si un petit salon leur est adjoint. Les chambres donnent sur une cour. La salle à manger ne paraît accueillir que les groupes.

A côté, l'agréable et très familiale *Si Van Kham Guest House* (☎ 312253) qui annonce seulement "guest house" sur son enseigne, loue ses simples (s.d.b. commune) pour 4 000 K la simple/double et les chambres avec s.d.b. adjacente, 6 000 K. Vous disposez d'un salon à l'étage et dans la cour, vous pouvez lavez votre linge et le mettre à sécher. La salle à manger est au rez-de-chaussée.

Installé en face de la Si Van Kham, la nouvelle *Phu That Guest House* ne possède que 6 chambres tout à fait quelconques et plutôt malodorantes. Pour une double avec douche froide, vous payerez 6 000 K. L'établissement ne dispose que d'une seule petite chambre à un lit avec une douche commune. Elle est proposée à 5 000 K, ce qui est un peu cher. Mais on peut négocier.

A l'est en tournant le dos à la route conduisant au Phouxay Hotel et à la Si Van Kham Guest House, vous pourrez choisir parmi trois petites pensions économiques entourées d'échoppes et dotées d'un restaurant en rez-de-chaussée. Depuis l'ouest, vous passerez d'abord devant le *Dong Sanguane Hotel,* qui loue des chambres à deux lits très sommaires avec une s.d.b. commune pour 3 000 K par personne, et une suite à trois lits avec un salon et une s.d.b. privée moyennant 5 000 K par personne.

A quelques mètres à l'est, la *Seunnalat Guest House* (☎ 312384) est plus récente et plus propre. Elle compte deux chambres de 5 et 7 lits, facturées 2 000 K par lit. Si vous êtes en fond, vous pouvez vous offrir une chambre à 3 lits avec un ventilateur au plafond, une moustiquaire et une douche (eau chaude) pour 15 000 K. Les chambres à 2 lits avec les mêmes prestations coûtent 12 000 K. Des chambres moins chères (8 000 K) à deux lits et avec une douche froide sont également disponibles. Le restaurant de taille confortable installé au rez-de-chaussée semble très peu fréquenté. Encore plus à l'est, le long de la même rue commerçante, le *Dokbouadang Hotel & Restaurant* (☎ 312142) est similaire.

A l'angle nord-ouest du principal carrefour entre la Route 1 et la Route 2/4 (la Route 2 devient la Route 4 au nord de la Route 1), le propriétaire chinois du *Sing Thong Hotel* demande 15 \$US pour ses chambres très sommaires avec s.d.b. mais eau froide réparties sur 3 étages. Ce bâtiment en forme de L jouxte une discothèque fréquentée par des prostituées. Cet établissement bien trop cher n'est guère recommandable.

Au nord du Sing Thong sur la Route 4, *l'Hotel Fu San Lao* (☎ 312198) occupe 3 étages. Son propriétaire refuse d'afficher les prix des chambres. Cet établissement n'est, de toute façon, pas très reluisant. Dans la discothèque faiblement éclairée du rez-de-chaussée, des jeunes filles du Yunnan s'occupent de la clientèle masculine. Comme dans tous les établissements de la ville tenus par des Chinois, l'anglais et le laotien ne sont guère parlés. De l'autre côté de la rue, un cube de 3 étages abrite la *Phet Muang Nuan Guest House* (☎ 212214) qui prétend ne plus avoir une chambre après 12h, bien qu'elles soient proposées au tarif prohibitif de 6 000 K avec une s.d.b. commune ou 8 000 K avec une s.d.b. privée.

En continuant vers l'extrémité ouest de la ville, vous trouverez la *Yang Lu Guest House,* également tenue par un Chinois. Elle est située à côté du bureau de poste, à 200 m environ à l'ouest du principal carrefour. Ce bâtiment blanc de 2 étages dispose de chambres sombres avec des lits inconfortables à 5 000 K, ainsi que des dortoirs de 5 lits (souvent occupés par des ouvriers chinois) à 1 500 K le lit. Les sanitaires sont communs. Cette pension ne semble pas être une maison de passe.

A côté de la Yuan Lu, le *Mittaphap Hotel* (le nom chinois est le *Xai Si Hotel*) loue sur 4 étages des chambres pas très propres à 3, 4 et 5 lits garnis de matelas inconfortables, avec s.d.b. commune, pour 3 500 K par personne. Les chambres à deux lits avec de bons matelas, un ventilateur, la TV et des douches (eau chaude) se louent 10 000 K. Il faut ajouter 5 000 K si l'on veut la clim. Le patio du 4e étage offre une belle vue sur la ville. Au rez-de-chaussée vous trouverez un restaurant et une salle de billard. Le personnel parle très peu anglais ou français. Si vous souhaitez être au calme, évitez les chambres donnant sur la rue, même si l'agitation décroît entre 22h et 5h30.

Où se restaurer

Assez propre et très fréquenté, le *Thanoosin Restaurant,* entre le marché et le Mittaphap (Xai Si) Hotel, propose une carte en anglais de 4 pages avec des plats lao, thaïlandais et chinois peu chers et copieux.

Situé en face du Dong Sanguane Hotel, le *Sengsouk Restaurant,* un établissement simple, tout en bois mais malheureusement pas très propre, prépare le meilleur fõe de la ville et met à votre disposition une carte en anglais. On peut aussi y manger du riz frit, des curries de poulet et quelques plats végétariens.

Six ou sept cafés de construction sommaire sont installés sur l'artère principale dans le secteur du marché. Les restaurants des pensions sont corrects, mais il vaut mieux commander. Celui de la *Si Van Kham Guest House* est le plus réputé d'Udmoxai.

Comment s'y rendre

Avion. Lao Aviation effectue la liaison avec Vientiane et Muang Xai deux fois par semaine. Le trajet dure 20 minutes et coûte 71 \$US l'aller simple pour les étrangers. En direction de Luang Prabang, les vols sont plus fréquents : cinq par semaine (1 heure 35 pour 28 \$US). Enfin, des avions décollent toutes les semaines depuis/ vers Huay Xai (50 minutes, 37 \$US).

Les bureaux de Lao Aviation sont installés dans un petit bâtiment en bois, sur la route qui mène à l'aérodrome.

Route. Les routes partant de Muang Xai, construites par les Chinois, sont encore en bon état, à l'exception de celle qui longe le Mékong jusqu'à Pakbeng. L'essentiel du transport public interprovincial s'effectue en camion-bus japonais. Ils stationnent, chacun devant son panneau (rédigé en lao), dans une aire de terre battue à 250 m à l'est du croisement principal (carrefour des Routes 2 et 1), attendant qu'un nombre suffisant de passagers se présente au départ. La meilleure heure se situe entre 7h et 8h.

Pakbeng et Luang Nam Tha. Il faut compter 7 heures de bus sur la Route 2 pour parcourir les 144 km qui séparent Pakbeng de Muang Xai. Pour plus de détails, reportez-vous à la rubrique *Pakbeng* plus loin dans cette partie.

Luang Nam est situé à 117 km au nord-ouest de Muang Xai, *via* la Route 1 praticable en toute saison. En camion, le trajet dure 5 heures et coûte 3 000 K par passager (40 000 K en location-charter).

Nong Khiaw et Luang Prabang. Située sur les rives de la Nam Ou, dans le nord de la province de Luang Prabang, la Route 1 relie Muang Xai à Nong Khiaw (129 km à l'est). En bonne état et praticable en toute saison, cette route est desservie par des bus réguliers qui effectuent le trajet jusqu'à Nong Khiaw en 3 ou 4 heures. Une place coûte 4 500 K (en location-charter, vous débourserez 50 000 K).

Il est également possible de continuer par la route jusqu'à Luang Prabang au départ de Muang Xai, *via* Pak Mong, à 48 km environ à l'ouest de Nong Khiaw. Les sãwng-thâew relient Pak Mong en 2 heures environ (mais tout dépend des conditions de circulation), 6 fois par jour pour 3 000 K par personne. A Pak Mong, il est relativement facile d'emprunter un sãwng-thâew pour Luang Prabang (2 heures, 3 000 K). Trois fois par jour, ces véhicules assurent une liaison directe entre Muang Xai et Luang Prabang. Le voyage dure environ 5 heures et coûte 6 000 K.

Muang Khua et Phongsali. Dans le sud de la province de Phongsali, la Route 4 relie Muang Xai à Muang Khua (situé au nord-est) puis elle continue encore plus à l'est en

direction de la frontière vietnamienne. Le trajet en camion-bus à destination de Muang Khua coûte 4 000 K et prend 4 heures. Dès que les travaux de réfection de la route seront achevés, la durée du trajet sera ramenée à 2 heures et les tarifs devraient baisser en conséquence. De Muang Khua, il est également possible d'emprunter un bateau sur la Nam Ou jusqu'à Hat Sa, juste à côté de Phongsali. Pour des informations complémentaires, reportez-vous à la rubrique *Phongsali* plus haut dans ce chapitre. Des sãwng-thâew se rendent directement de Muang Xai à Phongsali. Vous débourserez 11 000 K et voyagerez pendant 10 heures, avec un arrêt de 2 heures à proximité du Km 70.

Boten. Depuis Muang Xai, trois ou quatre bus quotidiens (4 heures, 4 000 K) permettent de rejoindre Boten, poste-frontière entre le Laos et la Chine.

Voie fluviale. Pour des informations concernant les transports fluviaux sur le Mékong à Luang Prabang, reportez-vous plus bas au paragraphe *Comment s'y rendre* à la rubrique *Pakbeng*.

Lorsque la Nam Ou est suffisamment haute (normalement de juin à janvier, voire même février) vous pouvez prendre une vedette de Luang Prabang à Nong Khiaw. Ce genre de traversée est plutôt réservé aux voyageurs qui apprécient de prendre leur temps, car il est désormais plus économique et plus rapide d'emprunter la route pour Luang Prabang, *via* Pak Mong (voir plus haut). Reportez-vous à la rubrique *Nong Khiaw* dans la section *Province de Luang Prabang* pour connaître les détails concernant cette route.

LES ENVIRONS DE MUANG XAI

Au nord et au sud de la ville, on découvrira de nombreux villages hmong. Ces tribus ont en effet quitté la haute montagne, soit en raison du déboisement dû à la culture sur brûlis, soit à la suite des pressions exercées par le gouvernement qui souhaite favoriser leur intégration.

NORD

A l'est de la ville, sur la Route 1, la **Taat Lak Sip-Et** ("cascade du Km 11") dégringole le long d'une falaise calcaire avant de se jeter dans un affluent de la Nam Beng. Il y a également des *baw nãam hàwn*, ou **sources chaudes**, à 28 km de Muang Xai, près de Muang La, sur la route qui longe la Nam Pak en direction de Phongsali.

VERS MUANG XAI *VIA* PAKBENG

Le voyage de Huay Xai ou Luang Prabang à Muang Xai par le fleuve et la route vaut vraiment la peine d'être fait. Il faut compter trois heures de hors-bord ou une journée de ferry sur le Mékong pour gagner Pakbeng (où l'on rejoint la route de Muang Xai). Le paysage alterne entre falaises rocheuses escarpées, plages de sable, vallons, villages de pêcheurs et vastes étendues de forêt tropicale.

Si vous avez le temps, passez la nuit à Pakbeng (voir plus loin *Pakbeng*). Pour rejoindre Muang Xai, il faut ensuite prendre la Route 2, construite par les Chinois, dont une grande partie longe la rivière Nam Beng. Bien que goudronnée, elle est très mauvaise par endroits mais elle devrait être refaite dans les années à venir. En chemin, vous découvrirez des villages phu thaï, thaï lü, hmong, thaï dam, lao et khamu, et traverserez une forêt primaire, déboisée par endroits à cause de l'essartage (voir *Végétation* de la rubrique *Faune et flore* dans le chapitre *Présentation du pays*).

Au bout de 90 km (environ au tiers du trajet), vous pourrez faire une halte à **Muang Houn**, le plus grand village situé entre Pakbeng et Muang Xai. La bourgade ne compte qu'une pension, dont les chambres se louent pour 1 500 ou 3 000 K la nuit. On trouvera également pléthore d'endroits où se restaurer. Si l'on préfère, on pourra acheter des produits frais. Entre les Km 18 et 21, au sud de Muang Xai, une douzaine de villages hmong cultivent le pavot. 52 km séparent Muang Houn de Pakbeng.

Deux jolies cascades se déversent non loin de la route. La plus importante, **Taat Yong**, se situe à 12 km de marche du Km 87. Une route devrait bientôt être construite afin de permettre aux visiteurs de s'y rendre en voiture. Un autre projet, plus curieux, prévoit la réalisation de villages types présentant les coutumes lao loum, lao theung et lao sung, près de Pakbeng (c'est la conception du tourisme "culturel" selon l'ATL). Jusqu'à présent, cette idée est fort heureusement restée dans les lymbes.

PAKBENG

Ce gros bourg champêtre au confluent du Mékong et de la Nam Beng (Pakbeng signifie "embouchure de la Beng") s'étend à mi-chemin entre Luang Prabang et Huay Xai (province de Bokeo). Le Mékong forme ici la frontière entre les provinces d'Udomxai et de Sayabouri ; Pakbeng est bâtie sur la rive nord, c'est pourquoi elle appartient à la première.

La ville est avant tout un marché et une étape pour les voyageurs qui se rendent à Muang Xai, Huay Xai et Luang Nam Tha. Environ 500 maisons en bois, accrochées à flanc de colline. Près des embarcadères, vous découvrirez plusieurs échoppes et cafés, les plus éloignés étant les plus intéressants. On rencontre souvent des Hmong et des Thaï dans la rue principale, où quelques vendeurs proposent des tissus locaux et de l'artisanat.

On peut visiter deux monastères modérément intéressants, à gauche de la route nord qui surplombe la Beng. Le **Vat Khok Kho** présente un sim de construction relativement récente et un *kuti* (résidence des moines) en bois.

Un peu plus loin à droite, une volée de marches mène, après une petite école, au **Vat Sin Jong Jaeng**, un sanctuaire plus ancien datant du début de la période coloniale française. La façade avant du petit sim classique lao est ornée d'une fresque, sur laquelle on distingue des personnages au long nez portant des moustaches – sans doute des voyageurs hollandais ou français. A l'intérieur, on peut admirer plusieurs bouddhas de périodes différentes. L'enceinte comprend un thâat de style laotien édifié en 1991 ; la base de ce reliquaire, dont le sommet est doré à la feuille, renfermerait des objets sacrés (*sáksít*) – probablement des statuettes du Bouddha en cristal ou en argent, des étoffes de prières et des rosaires ayant appartenu à d'illustres bonzes. Le père supérieur du Vat Sin Jong Jaeng, âgé de 82 ans, est un personnage très respecté.

Si vous trouvez un guide, les villages environnants méritent une petite visite ; renseignez-vous dans n'importe quel hôtel.

Où se loger et se restaurer

Le *Soukchareun Sarika Hotel*, un établissement tout en bois, a brûlé juste après la précédente édition de ce guide et les travaux de reconstruction en béton sont en cours. Il bénéficie d'une situation privilégiée sur le fleuve.

Quantité de petites pensions pas chères et construites en bois se sont ouvertes le long de la rue principale qui descend du débarcadère. La plupart demandent environ 3 000 K en simple et de 4 000 à 5 000 K en double, pour des chambres exiguës à un ou deux lits avec des matelas peu confortables, une moustiquaire et des sanitaires communs au rez-de-chaussée ou sur l'arrière.

La première en venant du débarcadère est la *Xai Khong Pattana Guest House* qui n'a rien d'exceptionnel si ce n'est qu'elle est facile à trouver et toute proche de 2 restaurants. A côté sur la gauche, vous pourrez loger dans la plus jolie pension de toute la ville. La *Monsavan Guest House*, bâtiment de 2 étages aux murs de bambous, est bien tenue. Ses sympathiques propriétaires veillent à la propreté des installations sanitaires. Vous débourserez 5 000 K par personne.

Toujours sur la gauche, la *Phanh Thavong* propose plusieurs chambres à l'arrière de son restaurant, au prix de 4 500 K. Immédiatement sur la droite, vous pourrez jeter votre dévolu sur les chambres très sommaires de la *Monhmany Guest House* pour seulement 4 000 K. A proximité, près du bureau de l'agriculture, le *Puvien (Phu Vieng) Hotel* appartient à l'État et loue des chambres banales et peu reluisantes (en bois à l'étage et en ciment au rez-de-chaussée) à 4 000 K.

La *Mime Guest House*, installée juste à côté, offre le même type de chambres, mais avec une véranda à l'étage, moyennant 3 000 K la simple et 5 000 K la double. Les petits groupes organisés se rendent parfois dans cette pension.

Le long de la rue qui part de l'embarcadère, plusieurs petits *restaurants* servent du fõe et quelques plats chinois, notamment *Bounmy* et *Kham Niaw* qui disposent de menus en anglais. Un *marché* se tient quotidiennement dans le centre-ville, sur la gauche où l'on peut acheter des plats cuisinés lao.

Comment s'y rendre

Route. Deux sãwng-thâew empruntent la Route 2 tous les jours entre Pakbeng et Muang Xai moyennant 5 500 K par passager. Dans les deux sens, le départ s'effectue aux environs de 8h et de 10h. Le trajet dure 7 heures. Généralement, on peut louer un camion-bus pour 45 000/55 000 K. En évitant les arrêts, les véhicules légers ne mettent que 5 heures. Certains voyageurs affrètent des jumbo, mais compte tenu de l'état de la route et de l'absence de réelle suspension pour absorber les chocs, voyager ainsi relève du masochisme.

Si vous manquez l'un des sãwng-thâew directs entre Muang Xai et Pakbeng, vous pouvez toujours vous rabattre sur les sãwng-thâew circulant plus fréquemment à destination de Muang Houn, à 92 km au sud-ouest de Muang Xai, sur la route de Pakbeng. Ils partent 10 fois par jour, coûtent 3 500 K et mettent environ 4 à 5 heures. A Muang Houn, il est aisé de trouver un autre sãwng-thâew pour Pakbeng, à 2 heures de route, moyennant 2 000 K. Les conditions sont les mêmes en sens inverse. On peut prendre un bus de Pakbeng à Muang Houn puis trouver assez facilement un véhicule pour Muang Xai. Si vous restez coincé à Muang Houn, vous pourrez loger dans l'une de ses deux ou trois pensions rudimentaires.

NORD

Pour le moment, la Route 2 est en très mauvais état. Un projet financé par la Banque mondiale devrait permettre de la goudronner entièrement d'ici 2002.

Voie fluviale. Depuis Luang Prabang ou Huay Xay le trajet en bateau coûte 14 000 K par personne. Le trajet prend entre 8 et 10 heures si vous descendez le courant, de 11 à 14 heures si vous le remontez.

En hors-bord, le trajet dure environ 3 heures dans les deux sens et revient à 19 000 K par personne. Il faut généralement attendre à l'embarcadère que 6 passagers se présentent. S'il manque une personne, les plus riches acceptent parfois de payer la différence, ce qui permet d'avoir un peu plus de place pour s'asseoir.

La location d'un hors-bord coûte entre 120 000 K et les dollars et les bahts sont acceptés.

Le trajet en hors-bord plaira aux amateurs de sensations fortes, car les pilotes n'hésitent pas à franchir les rapides à 80 km/h ou plus. Depuis qu'un passager thaïlandais a trouvé la mort dans un accident survenu près de Pakbeng en 1992, les autorités laotiennes ne transigent plus sur le port du gilet de sauvetage et du casque.

Province de Luang Nam Tha

Entourée par le Myanmar au nord-ouest, la Chine au nord, la province d'Udomxai au sud et à l'est, et la province de Bokeo au sud-ouest, Luang Nam Tha (ou, plus court, Nam Tha) est une province montagneuse peuplée de très nombreuses minorités, dont une forte proportion de Lao Sung. La population de la province se monte à 114 500 habitants, soit 39 ethnies (le plus grand nombre du pays) : Hmong, Iko, Mien et Samtao côtoient Thaï Daeng, Thaï Lü, Thaï Neua, Thaï Khao, Thaï Kalom, Khamu, Lamet, Lao Loum, Shan et Yunna-

nais. Comme dans la province d'Udomxai, la présence chinoise s'accroît rapidement avec l'arrivée d'ouvriers qualifiés yunnanais qui viennent travailler dans l'industrie du bâtiment ou à la construction des routes.

Au début des années 60, la moitié ouest de la province a été un important foyer d'activité contrôlé par la CIA. A Ban Thuay, Nam Yu et Vieng Phukha ("Lima Sites" 118A, 118 et 109), William Young, fils de missionnaire élevé dans des villages lahu et shan du nord du Myanmar et de la Thaïlande, dirigeait une petite armée d'indigènes anticommunistes financée par l'agence. La majeure partie de l'opium et de l'héroïne transportés pour le compte de la CIA par Air America ou d'autres compagnies aériennes, provenait de cette région ou y transitait. Les Occidentaux paraissent entretenir une mythologie romantique sur Nam Tha. Celle-ci se traduit d'une certaine façon par l'abondance de projets de la Banque mondiale, des Nations unies et de diverses ONG dans la province.

Au sud de la capitale, une forêt tropicale qui s'étend sur 445 km^2 entre la Nam Ha et la Nam Tha a été déclarée, en 1993, zone nationale de conservation de la biodiversité de Nam Ha. Elle compte parmi les secteurs forestiers les plus denses du pays (environ 96% de couverture forestière primaire), et abrite un grand nombre d'espèces rares de mammifères. Un second secteur à l'ouest de la Nam Ha devrait recevoir prochainement un statut semblable.

Les gouvernements chinois et laotien ont récemment ouvert le poste-frontière de Boten (prononcer Baw Taen) aux voyageurs étrangers, ce qui fait de Luang Nam Tha une nouvelle voie d'accès dans le pays et inaugure une nouvelle ère de voyages entre la Chine, le Laos et la Thaïlande.

LUANG NAM THA

La capitale de la province se relève des cendres de la guerre. Son développement rapide lui permet de jouer le rôle de pôle commercial entre la Chine, la Thaïlande et le Laos. La ville comprend deux centres. Le plus ancien se situe au sud du terrain d'aviation et du débarcadère, et l'autre, à

NORD

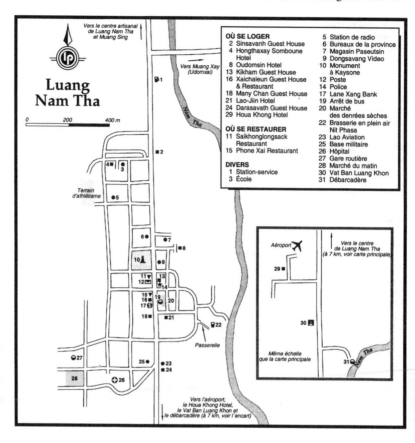

OÙ SE LOGER
2 Sinsavanh Guest House
4 Hongthaxay Somboune Hotel
8 Oudomsin Hotel
13 Kikham Guest House
16 Xaichaleun Guest House & Restaurant
18 Many Chan Guest House
21 Lao-Jiin Hotel
24 Darasavath Guest House
29 Houa Khong Hotel

OÙ SE RESTAURER
11 Saikhonglongsack Restaurant
15 Phone Xai Restaurant

DIVERS
1 Station-service
3 École
5 Station de radio
6 Bureaux de la province
7 Magasin Paseutsin
9 Dongsavang Vidéo
10 Monument à Kaysone
12 Poste
14 Police
17 Lane Xang Bank
19 Arrêt de bus
20 Marché des denrées sèches
22 Brasserie en plein air Nit Phasa
23 Lao Aviation
25 Base militaire
26 Hôpital
27 Gare routière
28 Marché du matin
30 Vat Ban Luang Khon
31 Débarcadère

sept kilomètres au nord, à l'arrivée de la route de Muang Sing, Boten et Muang Xai, abrite le marché principal.

Ces deux centres ne sont guère plus qu'un amas de maisons de bois et de bâtiments en ciment agglutinés autour de l'aéroport et du marché. Comme à Muang Xai, on ne découvre bien la ville qu'en s'éloignant des rues principales qui débordent d'animation.

Dans les environs de l'aéroport, deux vat cinquantenaires, le **Vat Ban Vieng Neua** et le **Vat Ban Luang Khon**, n'offrent qu'un intérêt secondaire. En traversant la Nam Tha à leur hauteur, on tombe sur un village

Thaï Dam regroupant une cinquantaine de familles. Un autre village, plus important, abrite une population thaï kalom.

Luang Nam Tha abrite deux **marchés**. Le premier, consacré aux denrées sèches, n'est guère étendu et se trouve à proximité de la principale artère nord-sud de la ville. Il est ouvert de 8h à 16h. Le second est un immense marché du matin qui se tient en face de la principale gare routière, à plusieurs pâtés de maisons à l'ouest. Il fonctionne de 5h à 8h. C'est le seul marché du Laos sur lequel nous avons vu des chauves-souris frugivores.

Renseignements

Immigration. Le terrain d'aviation mis à part (mais à l'heure des départs et des arrivées seulement), il est encore plus difficile de faire tamponner ses papiers à Luang Nam Tha qu'à Muang Xai. Malgré la présence d'un petit commissariat à côté du marché des denrées sèches, la police ne semble pas manifester grand intérêt à l'égard de vos documents. Mais si vous insistez vraiment, les officiers du poste de contrôle militaire à l'extrémité sud de la ville appliqueront avec la componction voulue des encres rouges et noires aux endroits adéquats.

Argent. Approximativement en face du marché des denrées sèches, la Lane Xang Bank vous accueille du lundi au vendredi de 8h à 15h30 et le samedi de 8h à 11h30. On change vos chèques de voyage (en $US seulement) pour des kips, moyennant une commission de 3 $US. On accepte également des dollars, des bahts et des yuans. Pour toutes ces transactions, les taux appliqués sont légèrement inférieurs de 10 à 15 K à ceux de Vientiane. Au marché des denrées sèches est installé un guichet de change, ouvert tous les jours de 8h30 à 15h30.

Où se loger

Au nord. Quatre nouvelles pensions ont ouvert leurs portes depuis la dernière édition, et elles offrent un bien meilleur rapport qualité/prix que les 3 hôtels de Luang Nam Tha. Bien située dans le périmètre de la banque, de l'autre côté du marché des denrées sèches, la *Many Chan Guest House* abrite dans les deux étages de sa bâtisse en bois des chambres simples mais agréables pour 2 000/4 000 K la simple/double. Elle possède également une grande chambre d'angle à 3 lits avec un lavabo louée 6 000 K. Dans le salon, un broc de *nâam sáa* est mis à la disposition des hôtes. Son sympathique propriétaire, un ancien pilote de Lao Aviation, parle anglais.

En continuant la route vers le nord, la *Sinsavanh Guest House*, est également

nouvelle. Dans cette maison en bois à 2 étages, peinte de couleur claire, les chambres à 2 lits sont équipées de moustiquaires et ne coûtent que 2 500 K. C'est l'établissement le moins cher de la ville. La famille à laquelle elle appartient est accueillante. En outre, la s.d.b. commune est vaste et propre et il est agréable de fréquenter le salon installé en terrasse.

Un peu plus onéreuse, la *Darasavath Guest House*, en face de la rue conduisant à l'hôpital provincial, dispose, derrière son agréable restaurant en plein air, de chambres très convenables facturées de 4 000 à 8 000 K avec s.d.b. à l'arrière.

Les trois pensions tenues par des Chinois ne peuvent être recommandées que dans des cas désespérés. La *Kikham Guest House*, en face du bureau de poste, est la moins pire des trois avec ses chambres sordides installées au-dessus du restaurant et louées 5 000 K. Plus proche du marché, la *Xaichaleun Guest House & Restaurant*, n'est guère plaisante. Toute la journée, des Chinois y disputent des parties de cartes très arrosées. De plus, le personnel refuse d'indiquer les prix et de faire visiter les chambres.

Le petit *Lao Jiin Hotel* (en anglais le panneau indique *Hotel-Restaurant-Video*), dans une rue après le marché des denrées sèches, comporte une salon vidéo, un restaurant peu reluisant et des lits dans des boxes dépouillés pour seulement 1 000 K la nuit.

A 250 m environ au nord du marché des denrées sèches, une piste partant à l'est de l'artère principale conduit à l'*Oudomsin Hotel*, un établissement en bois comptant 16 chambres. Les chambres sommaires à deux lits avec une moustiquaire et des sanitaires communs coûtent 5 000 K, et les chambres à 3 lits avec sanitaires privés sont à 8 000 K. Comparées aux prestations proposées par de meilleures pensions, ces chambres sont trop chères. Le restaurant n'est pas toujours ouvert et la discothèque fonctionne jusqu'à 23h. La présence de rats peut rendre certaines nuit agitées.

NORD

Nettement plus haut de gamme, en tout cas pour Luang Nam Tha, l'*Hongthaxay Somboune Hotel* (☎ (086) 312078, fax 312079), à 500 m au nord de l'embranchement pour l'Oudomsin Hotel et à 150 m à l'ouest de la rue principale, offre 28 chambres. Celles à 2 lits avec la clim. et une douche (eau chaude) sont à 10 000 K la simple/double, et pour avoir de meilleurs matelas, il faut compter 12 000 K la simple/double. Le jardin paysagé est agréable et une petite boutique vend des tissus et des vêtements locaux en coton et en soie tissés mains. La discothèque, particulièrement fréquentée le week-end, cesse ses activités à 23h30, après quoi l'on peut dormir tranquillement.

Au sud (terrain d'aviation). L'*Houa Khong Hotel* s'est établi juste en face du terrain d'aviation. Il se compose de bungalows indépendants, comprenant chacun une grande salle meublée de rotin et deux ou trois chambres, certaines avec s.d.b. et ventilateur (3 500 K par personne). Un restaurant ouvre sa table dans la propriété. L'établissement est toujours désert.

Na Maw. A peu près à mi-chemin entre Muang Xai et Luang Nam Tha se trouve un hôtel de bois, perché au-dessus d'une boutique, dans la petite ville de Na Maw. On y passe la nuit pour 2 000 K.

Où se restaurer
Le *Darasavath Restaurant*, en face de la pension du même nom, propose les meilleurs petits déjeuners de la ville pour ce qui est du *khào jii khai dạo* (du pain français avec des œufs) ou du *khào piaak* (soupe de riz). Les autres plats, lao, thaïlandais ou occidentaux, sont corrects, tout comme le service.

Le *Phone Xai Restaurant* (anciennement Luang Nam Tha Restaurant), un petit établissement en bois installé à l'angle du marché des denrées sèches, sert des plats lao et thaïlandais acceptables. Il est généralement ouvert tôt le matin et ferme à 20h ou à 21h.

Pour déguster une cuisine lao plus savoureuse, il faut se rendre à côté du bureau de poste au *Saikhonglongsack Restaurant*, une échoppe simple et propre, proposant du riz gluant et du riz blanc "normal".

Le restaurant de l'*Hongthaxay Hotel* sert des mets lao et chinois corrects. Un ou deux établissements installés au marché du matin à proximité du principal arrêt de bus préparent de succulents fõe.

En descendant la Nam Tha, le *Nit Phasa* (anciennement Jampa Thong Restaurant) est devenu un bar à bières en plein air donnant sur un bassin avec des poissons. On ne peut pas manger et il faut s'enduire de produit contre les moustiques.

En dépit de son impressionnante carte, le restaurant du *Houa Khong Hotel*, installé en face de l'aéroport, ne sert que des nouilles et du riz frit. C'est l'endroit indiqué pour grignoter quelque chose ou boire un thé en attendant que le ciel s'éclaircisse et permette à votre avion de décoller.

Achats
Dans une rue donnant sur l'artère principale dans la ville nouvelle, Paseutsin Shop vend des tissus locaux. La petite boutique du Hongthaxay Somboune propose un excellent choix de tissus et de vêtements ainsi que quelques bijoux.

Sur le trottoir de droite, à 2 kilomètres de Luang Nam Tha sur la route pour Muang Sing, vous découvrirez le Centre artisanal de Luang Nam Tha, financé par l'Union européenne et dirigé par une Britannique. C'est l'occasion de faire une ballade agréable au bord de l'eau, de s'arrêter pour acheter toutes sortes d'objets artisanaux et même de consommer des rafraîchissements. Les prix, fixes et affichés en dollars, sont plus élevés qu'au marché ou chez les artisans auprès desquels on peut marchander. La finalité du centre est de permettre aux villageois de vivre de leurs productions artisanales en leur offrant des bénéfices plus subtentiels.

Comment s'y rendre
Avion. Un Yun-12 de Lao Aviation assure la liaison Luang Nam Tha/Vientiane trois

fois par semaine (1 heure 10 minutes de vol pour 80 $US). Des vols bihebdomadaires rejoignent en principe Luang Prabang (35 minutes, 37 $US) mais, en réalité, l'horaire suit la demande. Deux fois par semaine, un avion décolle depuis/vers Huay Xai (40 minutes, 41 $US). La liaison avec Muang Xai a été interrompue à cause d'une pénurie d'appareils de Lao Aviation.

En ce qui concerne les vols moins réguliers, comme les liaisons vers Luang Prabang et Huay Xai, mieux vaut s'informer au bureau de Lao Aviation (☎ (086) 312080, 312053) à côté de la Darasavath Guest House, deux jours avant la date du départ souhaité. N'oubliez pas qu'en cas d'hésitation sur l'annulation ou le maintien d'un vol, votre réservation pourrait s'avérer décisive.

Route. A partir de Luang Nam Tha, pour rejoindre le nord ou le sud, en direction de Huay Xai, plusieurs options s'offrent à vous. La nouvelle gare routière se trouve en face du marché du matin. C'est là que démarrent tous les bus au départ de Luang Nam Tha. Dans l'autre sens quelques bus continuent d'utiliser l'ancienne gare routière (en face de la Many Chan Guest House).

Depuis/vers Muang Xai. La Route 1 assure, en 4 ou 5 heures, la liaison Nam Tha-Muang Xai (117 km au sud-est) et ce, par tous les temps. Les camions-bus demandent 5 000 K par personne (soit 60 000 K pour un charter). Les départs ont lieu des deux villes tôt le matin et tôt l'après-midi, cinq fois par jour.

Depuis/vers Huay Xai. Reportez-vous un peu plus bas au paragraphe *Comment s'y rendre* de *Huay Xai* dans la section *Province de Bokeo.*

Depuis/vers Boten. Une route secondaire, en direction du nord, quitte la Route 1 aux deux tiers du trajet pour Muang Xai, et rejoint directement Boten sur la frontière chinoise. Les camions-bus en route pour

Boten partent quatre fois par jour, le matin et l'après-midi de Luang Nam Tha, pour un voyage de deux ou trois heures sur des routes lamentables (3 000 K).

Depuis/vers Muang Sing. Quatre ou cinq camions-bus par jour font la navette entre Luang Nam Tha et Muang Sing. Le voyage dure environ deux heures (3 000 K).

Voie fluviale. Quand le niveau de l'eau est suffisamment élevé, les bateaux de passagers descendent la Nam Tha en direction de Pak Tha, sur le Mékong, pour 15 000 K par personne. Cette ville se trouve à 36 km environ en aval de Huay Xai. S'il n'y a pas suffisamment de passagers, il est possible de louer un bateau pour Pak Tha moyennant de 50 à 100 $US, selon la taille et l'état de l'embarcation. Il s'agit d'un très beau périple, mais on ne pourra plus le faire si le projet de barrage voit le jour. Sur le chemin, vous pourrez vous arrêter à Ban Na Lae, un charmant village abritant une pension rudimentaire et une échoppe qui sert des nouilles.

Comment circuler

Le trajet en jumbo entre la nouvelle gare routière et la rue principale coûte 800 K. Pour rejoindre l'aéroport en jumbo depuis la rue principale, à 7 km de là, vous débourserez 3 000 K. Les camions-bus partagés parcourent ce trajet plusieurs fois par jour et ne demandent que 400 K par passager.

MUANG SING

Établie dans les vastes plaines fluviales du Nam La, au nord-ouest de Luang Nam Tha, Muang Sing est un fief traditionnel de la culture thaï lü, ainsi qu'un carrefour commercial où se rencontrent Thaï Dam, Lao Huay (Lenten), Iko, Hmong, Mien, Lolo et Yunnanais. La population totale du district s'élève à 23 500 habitants, ce qui le place au second rang de la province, après Luang Nam Tha.

De la fin du XVIe siècle jusqu'au début du XIXe siècle, Muang Sing a appartenu à la principauté de Chiang Khong.

Vers la frontière
chinoise (10 km)

1 ■
■ 2
3 ■ 4 ■
■ 5
■ 6
■ 7
10 ■ ■ 8
■ 9
11 ◫ ⬭ 12
15
16 13 14 ■
17 ■
18
19
Vers Xieng
Kok 18

Muang Sing

0   100   200 m
Échelle approximative

Vers Luang
Nam Tha

OÙ SE LOGER	DIVERS
1 Sangdaeone Hotel	3 Wat Luang Ban
2 Noy Vanasay	Xieng Jai
Guest House	4 Collections de
5 Singthong Guest House	Muang Sing
6 Hôtel (en cours	11 Poste
de rénovation)	12 Arrêt de bus
7 Vieng Phon Guest House	13 Marché
8 Viengxay Guest House	15 Garnison française
9 Senkhatiyavong	16 Monument
Guest House	à Kaysone
10 Blue House	18 Station-service
14 Singxai Hotel	19 Vat Nam Kaew
17 Boua Chan Guest House	Luang

très marquée par l'influence chinoise depuis les années 60. On rencontre souvent des soldats chinois qui se promènent dans les rues et des hommes appartenant aux tribus des collines voisines coiffés d'une casquettes mao vert olive. La présence chinoise apparaît d'autant plus qu'on y voit nombre de tracteurs chinois (appelés *khabuan* en lao), avec des plaques chinoises. Ils font la navette avec la frontière chinoise pour transporter des passagers et des marchandises. Ils vont vendre du sucre de canne en Chine et rapportent de l'ail et des oignons à Muang Sing.

Renseignements

Muang Sing n'a pas encore de banque. Il convient donc d'apporter avec vous le liquide dont vous aurez besoin pour la durée de votre séjour.

L'électricité fonctionne de 18h30 à 21h30. La plupart des pensions fournissent des thermos d'eau chaude très pratiques pour réchauffer l'eau des douches lorsque les nuits sont froides.

A voir et à faire

Parmi les constructions héritées de l'époque coloniale française, subsiste une ancienne **garnison** en brique et plâtre vieille de 75 ans qui abritait jadis des troupes marocaines et sénégalaises. Elle sert désormais d'avant-poste à un petit contingent de l'armée laotienne et si certains de ses édifices sont en train d'être restaurés, d'autres tombent en ruine. Le long de l'artère principale vous verrez plusieurs bâtisses d'architecture franco-lao, avec des rez-de-chaussée en brique et en stuc, et les étages en bois. L'une de ces demeures a été restaurée et doit abriter la **collection Muang Sing** rassemblant des objets de l'époque coloniale. A l'heure de la rédaction de ce guide, on ne pouvait pas encore la visiter.

Les deux temples bouddhistes de la ville témoignent de l'influence thaï lü. Le **Vat Sing Jai (Vat Luang Ban Xieng Jai)**, dans l'artère principale, est un monastère qui se caractérise par des marches imposantes et

En 1803, la ville est ensuite passée sous la domination du royaume de Nan. Lorsqu'en 1885, plusieurs princes shan sont venus y chercher refuge (ainsi que dans le sud du Yunnan), afin de fuir l'empire britannique, les Anglais ont revendiqué la région. Suite à un accord signé en 1896 avec les Français, ces derniers ont finalement abandonné leurs prétentions sur l'ensemble des territoires situés sur la rive droite du Mékong.

Le bras de la "route de la Chine" qui conduit à Mengla, au Yunnan, traverse Muang Sing ; c'est pourquoi la région est

NORD

d'étroites fenêtres. Dans le rustique *wihāan* (le bâtiment principal), moins typique, on peut admirer des *thong* classiques de style thaï lü. Ce sont de longues bannières de prière tissées avec des tissus colorés et des bambous. Les piliers rouges et laqués à l'argent sont également un élément caractéristique des temples thaï lü. Un peu plus au nord, à l'entrée de la route pour Xieng Kok, le **Vat Nam Kaew Luang** offre également de beaux spécimens d'architecture thai lü à l'abri d'un monastère qui était autrefois un *wihāan*. Avant le couloir menant au wihāan, les antichambres en brique de terre séchée sont moins originales, même s'il s'agit d'un élément d'architecture rapporté du Yunnan.

L'extrémité nord de la ville est le meilleur endroit pour découvrir des maisons thaï lü au toit de chaume (des *heuan hong* ou "maison des cygnes").

Le principal marché de Muang Sin – appelé *talàat nyai* en lao et *kaat long* en thaï lü – était autrefois le premier marché de l'opium du Triangle d'or. C'est sans doute aujourd'hui le marché le plus coloré du Laos du Nord. Vous y verrez des produits frais, des vêtements et des denrées de base. Il est fréquenté par une population polyglotte de Thaï Dam, Thaï Lü, Thaï Neua, Hmong, Iko, Yunnanais, Shan et Mien. Les tissus traditionnels, en particulier les cotons et les soies des Thaï Lü aux teintures naturelles sont également proposés à la vente par les villageois que l'on rencontre autour des pensions et des restaurants.

Un certain nombre de **villages** environnant peuplés de Lao Theung, de Lao Sung et d'Iko sont accessibles à pied depuis Muang Sing. En général, on trouve des villages d'Iko et de Hmong sur les collines situées à l'ouest et au nord-ouest de Muang Sing, ainsi que des rapatriés mien au nord-est et des Thaï Dam au sud. Les Thaï Dam réalisent de nos jours les plus beaux tissages de la région. Le village le plus proche s'appelle **Nong Bua**. Si vous souhaitez être accompagné par un guide, renseignez-vous autour des pensions.

Il n'y a pas grand-chose à voir à la frontière sino-laotienne située à 10 km de

---

L'histoire d'O

D'après les statistiques de 1996, le district de Muang Sing avait produit 4,5 tonnes d'opium, soit 3% de l'opium produite cette année-là dans tout le Laos. Plus de deux tiers de cet opium serait consommé dans le district lui-même, où il est utilisé comme médicament ou comme nourriture, en rémunération d'un travail, pour accueillir des invités et pour des cérémonies spirituelles. D'après des chiffres plus sombres, il y aurait 1 400 toxicomanes à Muang Sing, qui figurerait ainsi en cinquième position à l'échelle du pays. Comme partout ailleurs au Laos, les tribus vivant dans les collines semblent les plus exposées. Près d'un membre sur dix de la tribu iko du district serait dépendant. Ces chiffres ont évidemment des répercutions sur la capacité de travail des hommes (les femmes, moins touchées par ce fléau, se voient contraintes d'assurer une surcharge de travail), et la production agricole s'en ressent.

La consommation d'opium est traditionnellement tolérée chez les personnes âgées, mais de plus en plus de jeunes des villages en prennent, ainsi que de l'héroïne. A Muang Sing, les toxicomanes originaires des tribus des collines ou du Yunnan proposent parfois ouvertement de l'opium au *falang* de passage, donnant ainsi le mauvais exemple aux jeunes non toxicomanes, et chacun sait où se trouve les "planques" locales. Cette situation explosive mènera tôt ou tard à la corruption de la police et à des arrestations, voire aux deux. Si vous êtes tenté de goûter un peu d'"O", gardez à l'esprit que votre comportement peut avoir des répercussions socio-culturelles graves. Quelque temps après votre expérience, vous serez reparti à des milliers de kilomètres alors que sur place, les villageois sont contraints de vivre quotidiennement avec cette tentation. ∎

Muang Sin. Sur l'étroite route pavée vous rencontrerez trois villages, dont **Ban Nakham**, au Km 100 (à environ 4 à 5 km de la frontière chinoise), dont les maisons en briques de terre séchée laissent supposer un habitat yunnanais. **Pang Hai**, le minuscule village lao au poste-frontière, ne rassemble que quelques constructions en bois.

Festival de That Muang Sing

Durant la pleine lune du douzième mois lunaire (qui tombe généralement entre la mi-octobre et la mi-novembre), toute la ville et la moitié de la province se rejoignent pour le festival de That Muang Sing (*bun thâat meúang sīng*). Concentré autour d'un stupa thai lü sur une colline sacrée du sud de la ville, le festival combine des éléments de culte bouddhiste théravada et animistes et comprend de nombreuses cérémonies, associées au festival de That Luang à Vientiane (qui se déroule d'ailleurs à la même époque).

Le thâat se dresse à environ 10 m de haut. Construit dans le style de Lanna-Lan Xang, sur une base octogonale blanchie à la chaux et pourvue de marches, il comprend également une flèche dorée. Sur un côté, un lieu saint contient une rangée d'images du Bouddha, montées sur un autel thaï lü en forme de sarcophage.

Le festival commence quelques jours avant la pleine lune. Les participants montent le long d'un sentier qui serpente vers le thâat, au sommet de la colline, et accomplissent leurs dévotions par des offrandes de bougies, de fleurs et d'encens qu'ils déposent à la base du stupa. Cette tradition s'appelle un *wíen tíen*.

Au matin de la pleine lune, les moines bouddhistes de toute la province se rassemblent au stupa pour le *tàak bàat* ou aumônes alimentaires. Danses traditionnelles et stands de jeux se multiplient, et des vendeurs proposent du khào lãam (riz gluant sucré cuit au four dans le bambou), des nouilles et toutes sortes d'autres petits en-cas.

Au cours de ce festival, bon nombre de marchands chinois viennent du Yunnan vendre des cigarettes chinoises à bas prix, de la bière et des pommes. Bientôt, les acti-vités du festival gagnent toute la ville : la musique pop laotienne résonne toute la nuit au milieu des danses et des chansons, on boit, on mange, et les marchands de plats préparés bordent la grande rue de tables qu'éclairent des bougies.

Malgré ses origines thaï lü, le festival de That Muang Sing se célèbre dans pratiquement tous les groupes ethniques de la région, tant pour sa valeur sociale que pour les plaisirs qu'il apporte. C'est le plus grand événement de l'année et l'une des meilleures occasions de visiter Muang Sing.

Où se loger

Plusieurs nouvelles pensions se sont ouvertes depuis la précédente édition. Toutes – à l'exception de la Singxai et de la Boua Chan situées à proximité du marché – sont installées le long de la rue principale et vous n'aurez aucun mal à les trouver. En dehors de la Singxai, toutes sont à 2 étages.

La *Viengxay Guest House,* un établissement de taille confortable sur la rue principale, non loin du marché, est assez fréquentée. Ses grandes chambres aménagées dans les étages se louent 3 000 K en double et 5 000 K en triple. La véranda au dernier étage est agréable pour lire, se détendre et regarder le spectacle de la rue. Des toilettes et des douches propres se trouvent à l'arrière du bâtiment. L'électricité fonctionne un peu plus longtemps qu'ailleurs en soirée car la pension possède son propre générateur. Un restaurant assez vaste occupe le rez-de-chaussée. La *Vieng Phon Guest House* et la *Senkhatiyavong Guest House,* situées de part et d'autre de cet établissement, offrent des prestations assez similaires.

En face des pensions Viengxay et Senkhatiyavong se dresse le plus récent des établissements hôteliers de la ville et, lors de notre passage, il n'avait pas encore de nom. Cette maison étant la seule de la rue à être peinte en bleu, les voyageurs la nomment la *Blue House.* Ses chambres propres avec 2 ou 3 lits, une moustiquaire et un miroir sont proposées à 4 000 K. A la

NORD

Thaï Lü

Les Thaï Lü dominent la culture et le commerce du district de Muang Sing. Ces marchands zélés ont réussi à préserver leurs traditions malgré les pressions que la présence chinoise et laotienne ont exercées. Ils vivent dans la relative prospérité qu'ils ont su développer en faisant de leur région un centre d'échanges entre la Thaïlande, le Laos et la Chine.

La société matrilinéaire des Lü pratique un mélange de bouddhisme Théravada et d'animisme. Bien que traditionnellement endogames, c'est-à-dire préférant se marier au sein de leurs propres clans, les membres de cette population commencent à choisir des conjoints parmi les Thaï Lü ou les Thaï Neua d'autres districts. Les femmes jouiraient de libertés et de pouvoirs politiques plus importants qu'ailleurs au Laos. Les villages s'installent généralement sur la rive est des rivières ou des fleuves et disposent d'au moins un vat au nord et d'un cimetière à l'ouest. D'après un conte populaire très connu, la divinité du cygne serait descendue du ciel pour apprendre aux Thaï Lü à construire des maisons sur pilotis afin de les protéger des animaux et des inondations. Elle leur aurait aussi conseillé de construire des toits très bas pour se protéger du soleil, du vent et de la pluie. Les petites fenêtres aux volets clos appelées *pong liem* permettent aux habitants de voir ce qui se passe dehors sans que l'on voit chez eux. En hommage à cette légende, ces maisons traditionnelles sont appelées *des heuan hong* ou "maison cygne". Le *su khwan khuay*, l'une des coutumes les plus remarquables de ce peuple, est une cérémonie *basi* qui consiste à attacher avec des cordes les meilleurs bisons d'eau de trait. ■

différence des autres pensions de la ville, les s.d.b. présentent l'avantage d'être judicieusement installées au 2e étage où ouvrent également la plupart des chambres. Les propriétaires sont sympathiques.

Derrière le marché, le *Singxai Hotel*, un établissement en béton, dispose de chambres à 3 lits facturées 6 000 K. Chaque chambre possède les toilettes et une s.d.b. privée. La nourriture servie dans un bâtiment séparé n'est pas bonne et le service laisse à désirer. Situé en retrait de l'artère principale, cet hôtel présente l'avantage d'être plus calme que les autres.

La *Singthong Guest House*, un grand bâtiment blanc de 2 étages construit dans le style chinois, loue des chambres à 2 lits au confort sommaire mais avec une moustiquaire pour 5 000 K par personne. Les s.d.b. sont plus vastes que dans de nombreux établissements et il y a un lavabo.

Dans la rue qui longe le marché à l'est de l'artère principale, la *Boua Chan Guest House* ressemble beaucoup aux autres pensions à étages, mais ses chambres sont un peu plus grandes. Toutes offrent 3 lits, des moustiquaires, des serviettes de

toilette, des miroirs et des vaporisateurs d'insecticide. Les s.d.b., propres, sont installées au rez-de-chaussée.

Un peu plus au nord le long de la rue principale, de l'autre côté du cours d'eau qui traverse la pointe nord de la ville, la *Noy Vanasay Guest House* est gérée par une famille laotienne très sympathique qui possède 3 chambres à 2 lits au confort simple mais propres, louées 4 000 K. La s.d.b. est située au rez-de-chaussée tout comme la salle à manger.

Encore plus au nord, le *Sangdaeone Hotel* est plus grand et bien tenu. Dans ce nouveau grand bâtiment rectangulaire en béton vous trouverez 6 chambres en étage avec un balcon, moyennant 6 000 K. Les balcons donnent sur les montagnes et la vue est encore plus jolie depuis le toit auquel on peut accéder. Le restaurant est installé au rez-de-chaussée, tandis que les douches et les toilettes sont reléguées sur l'arrière.

Où se restaurer

La plupart des pensions disposent d'une petite salle à manger au rez-de-chaussée. Les cartes fournies à la *Viengxay* et à la *Vieng*

Phon proposent, notamment, des omelettes, du tofu, des frites, des plats lao et chinois (à la Viengxay les condiments sont traduits en anglais et en français). Le *Sangdaone Hotel* sert une cuisine de qualité.

En dehors des pensions, on peut manger des fôe dans les échoppes de la rue principale ou au marché.

Comment s'y rendre
La route tortueuse et partiellement goudronnée qui va de Luang Nam Tha à Muang Sing longe sur 58 km la Nam Tha, la Nuam Luang et la Nam Sing qu'elle traverse d'ailleurs en différents endroits. Elle côtoie également de magnifiques paysages de forêt tropicale et plusieurs villages tribaux. Mais, durant la saison des pluies, elle peut s'avérer impraticable, en tous cas très difficile en raison des inondations et des glissements de terrain.

Trois ou quatre bus-camions partent tous les jours de Luang Nam Tha à 8h, 9h, 10h et 11h, mais il se peut qu'ils soient moins fréquents s'il n'y a pas de passagers ou qu'ils quittent la ville plus tôt s'ils sont pleins. Le trajet coûte 3 000 K et dure environ 2 heures. Ces grands camions russes ou chinois avec deux rangées de banquettes à l'arrière – dont le moindre interstice sert à entreposer des marchandises – arrivent souvent de Chine.

A Muang Sing, tous les transports en commun partent du marché.

Si vous empruntez la route non goudronnée à l'extrémité sud de la ville, au bout de 70 km, à la frontière avec le Myanmar, vous arriverez à Xieng Kok, un village lao sur les rives du Mékong. Les camions pour Xieng Kok quittent Muang Sing plusieurs fois par semaine tôt le matin. Le trajet dure toute la journée et la place coûte 15 000 K. Lorsque les conditions de circulation sont mauvaises, on passe parfois la nuit dans un village.

Depuis/vers la Chine. La frontière chinoise se trouve à 10 km de Muang Sing. On ne peut théoriquement pas la franchir sans une autorisation délivrée par l'ATL à Vientiane ou par une agence de voyages. Les douaniers laotiens acceptent généralement que les étrangers se rendent en Chine pour quelques heures s'ils laissent leur passeport en dépôt. Il n'y a pas grand-chose à visiter du côté chinois, et c'est seulement après plusieurs kilomètres que l'on voit se dresser le bâtiment rutilant des douanes chinoises installé au bout d'une chaussée à deux voies débouchant à Zaho.

Comment circuler
A Muang Sing, dans la rue principale, on peut louer des bicyclettes à la journée (2 000 K) dans des échoppes signalées par un panneau. Certaines bicyclettes sont en mauvais état et il est préférable d'y aller tôt le matin si l'on veut avoir le choix.

XIENG KOK
C'est par une route tortueuse qui longe la plupart du temps la Nam Ma qu'on accède à ce village lao, situé à environ 75 km de Muang Sing sur le Mékong. Seul poste-frontière officiel entre le Myanmar et le Laos, il n'ouvre en principe qu'aux Birmans et aux Laotiens mais l'auteur s'est laissé dire que des étrangers ont pu se procurer des visas de tourisme de 28 jours pour 30 $US. Vous aurez sans doute avantage à vous procurer un visa à l'ambassade du Myanmar, à Vientiane ou Bangkok, avant de tenter de traverser la frontière dans ce village.

Xieng Kok serait une plaque tournante du trafic de l'opium et de l'héroïne.

La plupart des visiteurs viennent à Xieng Kok pour descendre le Mékong jusqu'à Huay Xai. Pour plus de détails, reportez-vous à la rubrique *Comment s'y rendre*.

Où se loger et se restaurer
Une toute nouvelle *guesthouse* vient de s'ouvrir à l'extrémité de la ville. Elle ne porte pas encore de nom mais vous la reconnaîtrez à sa couleur bleue. Elle propose des chambres propres à 2 000 K par lit avec des sanitaires collectifs. Les deux restaurants de Xieng Kok préparent une cuisine lao simple mais d'une qualité remarquable pour une si petite bourgade.

Comment s'y rendre

Des camions allant de Muang Sing à Xieng Kok circulent trois à cinq fois par semaine. Renseignez-vous à l'arrêt situé devant le marché de Muang Sing. Le voyage de 75 km (pour 15 000 K) prend la journée, parfois un jour et demi selon les conditions de la route. Mais celle-ci pourrait faire l'objet de travaux d'amélioration dans un futur proche.

Si vous parvenez à entrer au Myanmar, vous pourrez emprunter un camion-bus japonais vers le sud-ouest, afin de rejoindre la route qui relie Thachilek (sur la frontière birmano-thaïlandaise en face de Mae Sui) à Kengtung dans l'État de Shan. De Kengtung, vous pourrez prendre un avion ou un bus. Les étrangers n'ont toujours pas le droit de circuler en bus à cause des combats que se livrent l'armée mong thaïe, d'importantes troupes rebelles shan et le gouvernement de Yagon.

Généralement, les étrangers qui se retrouvent à Xieng Kok finissent par emprunter une vedette à 6 places pour descendre le Mékong jusqu'à Huay Xai. Le trajet dure de 3 à 4 heures et revient à 15/20 $US par personne ou à 120 $US si on loue toute l'embarcation. Il est également possible d'emprunter un bateau plus lent mais il faut négocier âprement pour obtenir un prix correct.

Par Ban Muam. Il est plus économique de se rendre en vedette à Ban Muam plutôt qu'à Huay Xai. Ban Muam, à environ 2 heures de bateau, est un dépôt important de vedettes stationnées à la frontière de la Thaïlande, du Myanmar et du Laos. Tous les bateaux doivent s'y arrêter pour que l'administration des douanes et de l'immigration contrôle les papiers des passagers.

Prendre une vedette entre Xieng Kok et Ban Muam coûte environ 15 000 K par personne lorsqu'elle transporte 6 passagers, et emprunter une autre vedette pour Huay Xai, à 1 heure 30 de là, revient à 12 000 K par personne. On paie ainsi moitié moins cher qu'en louant un bateau entre Xieng Kok et Huay Xai.

Pour remonter le fleuve en sens inverse, les tarifs sont à peu près les mêmes mais le trajet prend une demi-heure de plus.

BOTEN

Situé sur la frontière chinoise, au coin nord-est de la province de Luang Nam Tha, ce village constitue un des points d'accès principaux des voitures japonaises de contrebande passant de Thaïlande en Chine. A part des alignements de véhicules poussiéreux, il n'y a pratiquement rien à voir.

Le poste-frontière de Boten est aujourd'hui officiellement ouvert à toutes les nationalités. Avec l'amélioration de la route en direction de Luang Nam Tha, le village se transforme en une sorte de ville avec des pensions rudimentaires et des échopes à nouilles. Pour trouver mieux, il faut se rendre à Mengla, en Chine.

Le poste-frontière côté Laos ouvre de 8h à 12h et de 14h à 16h, mais fonctionne, côté Chine, de 8h à 17h. Le meilleur moment pour effectuer la traversée de Chine vers le Laos est tôt le matin, lorsque les transports publics en direction de Luang Nam Tha et de Muang Xai sont les plus fréquents. Reportez-vous au paragraphe *Comment s'y rendre* de la rubrique *Luang Nam Tha* et, plus haut, *Muang Xai* dans la section *Province d'Udomxai*, pour tout renseignements sur les transports depuis/vers Boten.

Dans un sens comme dans l'autre vous aurez besoin d'un visa pour entrer en Chine ou au Laos. Auprès du consulat du Laos à Kunming, vous ne pourrez obtenir qu'un visa de transit valable 7 jours.

Province de Bokeo

Coincée entre le Mékong, qui sert de frontière avec la Thaïlande, et la province de Luang Nam Tha, la plus petite province du Laos (et la deuxième moins peuplée) compte seulement 113 500 habitants. Jadis, Bokeo portait le nom de Hua Khong ("tête du Mékong"). Son nom actuel signifie "mine de pierre précieuse", en raison de petits dépôts de saphir dans le district de Huay Xai. Frontalière de la Thaïlande et du Myanmar, la province se situe à moins de cent kilomètres de la Chine. D'où le battage incessant sur le "quadrilatère économique", cette zone d'échanges entre quatre nations qu'envisagent principalement des corporations thaïlandaises et chinoises.

Malgré sa petite superficie, la province de Bokeo abrite 34 minorités ethniques. Bokeo est la province regroupant le plus de Lahu, une tribu montagnarde très répandue dans le nord du Myanmar et de la Thaïlande. Elle est aussi la principale région d'origine des Lao Huay.

Pendant des années, l'industrie du tourisme laotienne a mis en avant un itinéraire circulaire par voie de terre passant par Luang Prabang, Muang Xai, Luang Nam Tha et Bokeo.

Avec la réouverture et l'amélioration de la route de Huay Xai à Luang Nam Tha, ce projet est sur le point de se réaliser : une société thaïlandaise vient de remporter l'appel d'offres concernant la construction d'une liaison routière directe entre la Thaïlande et la Chine, passant par le Laos et comprenant un nouveau pont sur le Mékong entre Chiang Khong et Huay Xai.

La crise économique de 1998 a freiné certains aspects de ce projet (notamment la construction d'un pont) mais les travaux se poursuivent sur la route.

HUAY XAY

Pendant des siècles, Huay Xay a servi de port de débarquement aux caravanes dirigées par les Hui (musulmans chinois), venant du Yunnan et se rendant à Chiang Rai et Chiang Mai, dans l'ancien Siam ; aujourd'hui, les barges yunnanaises continuent d'apporter de nombreux produits chinois. Sur la rive thaïlandaise, Chiang Khong constitue également un important centre commercial (les vedettes que l'on voit sur les rivières du nord du Laos, par exemple, sont importées de Chiang Khong).

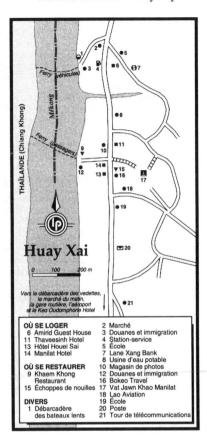

Huay Xai

0 100 200 m

Vers le débarcadère des vedettes,
le marché du matin,
la gare routière, l'aéroport
et le Keo Oudomphonic Hotel

OÙ SE LOGER
6 Amirid Guest House
11 Thaveesinh Hotel
13 Hôtel Houei Sai
14 Manilat Hotel

OÙ SE RESTAURER
9 Khaem Khong Restaurant
15 Échoppes de nouilles

DIVERS
1 Débarcadère des bateaux lents

2 Marché
3 Douanes et immigration
4 Station-service
5 École
7 Lane Xang Bank
8 Usine d'eau potable
10 Magasin de photos
12 Douanes et immigration
16 Bokeo Travel
17 Vat Jawn Khao Manilat
18 Lao Aviation
19 École
20 Poste
21 Tour de télécommunications

Aujourd'hui, Huay Xai est une ville très animée, dont les activités commerciales se concentrent autour du débarcadère. Un grand nombre de boutiques se construisent sur la rue principale qui entoure le pied de la colline dominant le fleuve.

Une volée de marches en forme de naga permet d'accéder au **Vat Jawm Khao Manirat**, un monastère prospère qui surplombe la ville et le fleuve. Bâti en 1880, le temple en teck, de style shan, abrite une stèle datant de 1458, offerte par un ancien prince de Chiang Khong. Nombre des jataka peints en couleurs vives sur l'exté-

Lao Huay

Également connu sous le nom de Lene Tene, Lenten ou Laen Taen (vêtus de bleu), les Lao Huay, ou Lao Fleuve, sont classés par le gouvernement parmi les Lao Sung, bien qu'ils ne vivent pas et n'aient jamais vécu autre part que dans les vallées fluviales. Du point de vue ethnolinguistique, ils se rangent néanmoins dans la famille des Hmong Mien, dont la majorité habite en altitudes plus élevées.

Les Lao Huay construisent leurs habitations (de longues maisons de palmes et de chaume de bambou logeant plusieurs familles) en bordure de rivières et de torrents qui servent à l'irrigation des rizières, grâce à de simples pompes hydrauliques de bois. A la différence des Mien, auxquels ils sont étroitement reliés, ils ne cultivent pas le pavot pour le commerce mais seulement pour leur consommation. On identifie facilement les femmes Lao Huay grâce à la grande pièce (généralement une ancienne piastre indochinoise, parfois accompagnée d'autres pièces plus petites) suspendue dans leur chevelure, longue et raide, ainsi que par leur absence de sourcils qu'elles ont coutume d'épiler totalement à 15 ans. Les deux sexes apprécient particulièrement les vêtements (blouses et pantalons flottants) bleu foncé ou noirs bordés de rouge.

Pour écrire, les Lao Huay utilisent les caractères chinois, sur du papier bambou fait à la main. Leur système de croyances se fonde sur un taoïsme mêlé de pratiques liées au culte des ancêtres et d'animisme. Des esprits s'attachent à la famille, à la maison paternelle, au village, au ciel, à la forêt, à la terre, à l'eau et aux oiseaux. Environ 5 000 Lao Huay vivent au Laos. Dans la province de Bokeo, ils se concentrent surtout dans le district Nam Nyun. Ce groupe ethno-linguistique ne se rencontre pas au Myanmar ni en Thaïlande, quoi qu'il y ait quelques villages lao huay dans le Yunnan (Chine) et au nord du Vietnam. ■

rieur du sim ont été financés par des Laotiens rentrés des États-Unis.

Le **Fort Carnot**, construit par les Français, situé lui-aussi sur la colline, est actuellement occupé par les troupes laotiennes et se trouve en dehors des limites autorisées aux visiteurs.

Le principal marché du matin, appelé **Talaat Muang Bokeo Huay Xai,** ou plus simplement Talaat Sao, se tient au sud de la ville. C'est aussi le principal dépôt du transport routier.

Les ferries en provenance de Chiang Khong s'arrêtent surtout à Huay Xai pour que les voyageurs puissent prendre un autre bateau vers le sud-est en direction de Pakbeng ou de Luang Prabang, ou encore monter dans un camion à destination du nord-est, jusqu'à Luang Nam Tha.

Renseignements

Immigration. Huay Xay est un poste-frontière accessible à tous les touristes munis d'un visa valide. On pourra s'en procurer dans plusieurs agences de Chiang Khong.

La plus fiable, Ann Tour, est logée dans une petite échoppe au nord de la pension Ban Tammila. Un visa de tourisme de quinze jours coûte 6 $US. Si vous laissez votre passeport (et point n'est besoin de photo) le matin à 8h30, vous pourrez passer le reprendre à 15h.

Bokeo Travel, dans la rue principale en descendant du décardadère vers le sud, organise des voyages dans les villages avoisinants, dont des villages lao huay, ou vers une mine de saphir à 12 km au sud. L'agence demande un prix de base de 30 $US par jour, incluant une voiture avec chauffeur et un guide anglophone.

Argent. La Lane Xang Bank, nouvellement installée en face de l'Arimid Guest House, est ouverte du lundi au vendredi de 8h à 15h30. La ville dispose également d'un comptoir de change dans l'enceinte du bureau des douanes et de l'immigration, à côté du débarcadère des ferries. Les dollars, les chèques de voyage et les espèces (bahts ou yens, exclusivement) peuvent être convertis en kips dans ces deux endroits, mais la transaction inverse est impossible.

Poste et communications. Un bureau de poste et de téléphone vous accueille tous les jours, à quelques centaines de mètres au sud de l'hôtel principal, de 8h à 16h. On peut téléphoner jusqu'à 22h. L'indicatif téléphonique de Huay Xai est le 84.

Où se loger

Toute suite à droite en venant du débarcadère des ferries, vous trouverez le *Manilat Hotel*, un établissement bien tenu proposant des chambres sobres mais propres avec un ventilateur et une douche (eau chaude) privée à 8 000 K (ou 200 B) en simple/double. Le restaurant du rez-de-chaussée est bon et pas cher. L'*Hotel Houei Sai*, un peu plus au sud du même côté de la rue, offre des prestations similaires mais ses prix sont nettement plus élevés.

En se dirigeant vers le nord, toujours dans la même artère, vous repérerez sur votre droite le *Thaveesinh Hotel*, un établissement récent de 3 étages, qui a le mérite d'être propre et de louer des chambres avec un grand lit et un ventilateur pour 10 000 K la nuit, ainsi que des chambres à 2 lits avec un ventilateur pour 12 000 K. Les chambres avec la clim. coûtent 16 000 K avec un grand lit et 20 000 K avec 2 lits. Toutes sont équipées d'une douche chaude.

Toujours vers le nord, à 400 m de là, on arrive à l'*Arimid* (*Aalimit*) Guest House, un endroit sympathique en face de la station-service, où on loge dans des bungalows en bois couverts de chaume. Tous possèdent une s.d.b. privée équipée d'un petit chauffe-eau (l'eau n'est pas toujours disponible). Ils sont louées 8 000/10 000 K en simple/double par un couple de propriétaires parlant le français et l'anglais. L'embarcadère pour les bateaux lents à destination de Pakbeng et Luang Prabang se trouve à 200 m.

Dans la direction opposée, à mi-chemin du centre-ville et du débarcadère des ferries, le *Keo Oudomphone Hotel* (☎ 312002, fax 312006), un établissement de 3 étages bien tenu, dispose de chambres très propres à 10 000/12 000 K la simple/double avec un ventilateur, et à 16 000 K en simple/double pour la chambre "spéciale" avec un ventilateur et la clim. Toutes ont une douche avec de l'eau chaude.

Où se restaurer

Le *Khaem Khong Restaurant*, dont les tables en bois disposées sous un toit de chaume donnent sur le débarcadère des ferries, prépare du riz frit, des nouilles sautées et du tôm yám corrects. L'*Arimid Guest House* sert de la bonne cuisine et de la bière fraîche, mais le service est très lent. Le café installé au rez-de-chaussée du *Manilat Hotel* est plus efficace et plus authentique mais il ferme tôt le soir.

On peut manger des plats de nouilles et de riz bon marché dans les stands en plein air installés à proximité des hôtels *Manilat* et *Houei Sai.*

Comment s'y rendre

Avion. L'aéroport, construit par les Américains, est situé à quelques kilomètres au sud de la ville. Lao Aviation assure deux vols hebdomadaires entre Huay Xai et Vientiane (88 $US). Le trajet dure 1 heure 20. En revanche, depuis/vers Luang Prabang la liaison est assurée une ou deux fois par jour. Le vol, qui coûte 46 $US l'aller simple, dure 50 minutes.

On trouve aussi des vols hebdomadaires depuis/vers Luang Nam Tha (41 $US) et Muang Xai (37 $US). Tous s'effectuent sur des Yun-12.

Lao Aviation (☎ 312022) est installé en centre-ville en retrait de la rue principale. Son bureau est ouvert du lundi au samedi de 8h à 16h.

Route. La route du nord-est pour Luang Nam Tha est en train d'être refaite. Les rebelles hmong ont cessé leurs activités dans la région de Vieng Phukha, mais la production et le trafic d'héroïne le long de

NORD

la frontière birmane rendent le secteur sensible lorsque l'on s'écarte de la route principale.

Les camions de passagers allant à Luang Nam Tha, à 217 km au nord-est, demandent 20 000 K pour un trajet de 10 heures si la route est bonne, mais il est souvent impossible de l'emprunter pendant la saison des pluies. Pendant la saison sèche, il est utile d'avoir un foulard pour se protéger de la poussière. Lorsque cette route sera entièrement refaite, il sera possible de circuler toute l'année et les bus ne devraient plus mettre que 5 ou 6 heures (selon le nombre d'arrêts). Si l'on descend à Vieng Phukha (à 120 km de Huay Xai) le trajet revient à 6 000 K et on peut trouver une pension sur place.

A Huay Xai, la gare routière des camions-bus est située à côté du marché du matin, non loin du stade provincial, à 2 km environ au sud du débarcadère des ferries de Chiang Khong. Les bus, un par jour dans les deux sens, partent de Luang Nam Tha et de Huay Xai aux alentours de 7h.

Voie fluviale

Depuis/vers la Thaïlande. Des "bateaux à longue queue" assurent la traversée depuis Chiang Khong, en Thaïlande, pour 20 B. En sens inverse, le tarif est le même (ou son équivalent en kip), mais il faut s'acquitter d'une "taxe de sortie" de 1 000 K. A Huay Xai, les ferries s'arrêtent juste à côté du Manilat Hotel.

Un pont devait être construit en 1997 entre Chiang Khong et Huay Xai mais la crise économique a mis un terme au projet.

Bateaux lents vers le sud. Les ferries longue distance – les "bateaux lents" (*héua sáa*) – qui descendent le Mékong de Pakbeng à Luang Prabang partent tous les jours vers 9h. Il s'agit en réalité de cargos

---

Paa Béuk

La partie du Mékong qui passe par Huay Xay est une zone de pêche très réputée pour le poisson-chat géant (*paa béuk* en lao, *Pangasianodon gigas* pour les ichtyologistes), probablement le plus gros poisson d'eau douce du monde. Il lui faut environ 6 à 12 ans (personne ne sait exactement) pour atteindre sa taille adulte ; il mesure alors 2 à 3 m de long et peut peser jusqu'à 300 kg. Les Laotiens disent qu'il est capable de descendre le fleuve depuis la province de Qinghai (où il prend sa source), dans le nord de la Chine. En Thaïlande et au Laos, c'est un mets particulièrement apprécié ; sa chair très abondante a un goût subtil, semblable à celle du thon ou de l'espadon, mais légèrement plus claire.

La paa béuk se pêche uniquement entre la mi-avril et le mois de mai ; lorsque le fleuve présente 3 à 4 m de fond. Il remonte le courant pour aller frayer dans le lac Tali, dans la province chinoise du Yunnan. Au début de la saison, les pêcheurs thaïlandais et lao organisent une cérémonie particulière en l'honneur de Chao Mae Paa Béuk, la déesse reine des poissons-chats géants du Mékong. Le rite consiste, entre autres, à sacrifier des poulets à bord des barques. Une fois la cérémonie terminée, les pêcheurs désignent par tirage au sort celui qui lancera le filet le premier, puis chacun tente sa chance à son tour.

40 à 60 poissons-chats sont ainsi pêchés au cours de la saison. Les pêcheurs vendent immédiatement leurs prises, au prix de 20 $US le kilo (un poisson entier peut rapporter jusqu'à 4 500 $US à Bangkok). La majeure partie de la pêche finit dans les restaurants de Bangkok et de Chiang Mai, car ceux de Huay Xay et de Chiang Khong n'ont pas les moyens de payer ce prix ; le transport jusqu'à Vientiane revient trop cher.

Afin de protéger l'espèce, le ministère thaïlandais de la Pêche a lancé, en 1983, un programme d'élevage d'alevins destinés au repeuplement du fleuve. Les œufs des femelles prises sont prélevés par massage des ovaires et conservés jusqu'à ce que l'on attrape un mâle ; on récupère ensuite le sperme du mâle pour les fertiliser. Depuis 1983, plus d'un million de *paa béuk* ont ainsi pu être relâchés dans le Mékong. ∎

réservant quelques places pour les passagers. Sur place, certains continuent de prétendre qu'il n'y a plus de bateau lent pour obliger les passagers à embarquer sur des vedettes. Le moyen le plus sûr d'emprunter ces cargos consiste à se rendre sur place dans l'après-midi précédent le jour de votre départ pour conclure un arrangement. On peut aussi se présenter vers 7h le jour même mais il faut alors faire preuve de détermination.

Si vous aller jusqu'à Luang Prabang, le voyage inclut deux nuits, la première à Pakbeng et la seconde au mouillage, près d'un village appelé Ban Khok Kaat (cela peut changer en fonction du niveau des eaux). Le tarif des bateaux lents pour Pakbeng est de 14 000 K ou 300 B. Sur le chemin de Pakbeng, le navire fait escale à Pak Tha (5 000 K ou 100 B par personne) et à Pak Khawp (9 500 K ou 300 B). On s'arrête à Pak Tha si l'on souhaite prendre un bateau pour Luang Nam Tha, mais il est plus intéressant d'effectuer ce trajet en sens inverse.

On peut affréter l'un des plus petits bateaux lents dont la capacité n'excède pas 20 personnes (mais ils en transportent parfois beaucoup plus) pour 125 000 K jusqu'à Pakbeng. Le trajet dure toute la journée (de 9h à 18h environ, en fonction du niveau des eaux).

Le voyage jusqu'à Luang Prabang en bateau lent coûte 28 000 K ou 600 B (250 000 K ou 4 000 B en location-charter). Ces tarifs varient en fonction du prix du diesel, qui dépend lui-même du taux de change du dollar. Ils sont donc sujets à des fluctuations importantes.

Le débarcadère des bateaux lents se trouve au nord du centre-ville, à côté de celui des ferries transportant les véhicules vers/depuis la Thaïlande. Avant d'embarquer, vous pouvez faire des provisions au marché installé sur la colline à 100 m de là.

Bateaux rapides. Le trajet sur des bateaux rapides ou des vedettes à 6 passagers (*héua wái* en lao) pour Pakbeng ou Luang Prabang revient respectivement à 19 000 K/400 B et 38 000 K/800 B (on peut régler en kips ou en dollars, mais les bahts sont plus appréciés). La traversée en vedette ne dure que 3 heures jusqu'à Pakbeng, ou 6 heures jusqu'à Luang Prabang. En location-charter, ces deux destinations vous coûteront respectivement 114 000 K et 228 000 K. Le débarcadère des vedettes se trouve à environ 2 km au sud du centre-ville. On peut acheter des en-cas et des boissons.

LES ENVIRONS DE HUAY XAI

Il est possible de se rendre dans les villages des tribus des collines à peu de distance de Huay Xai. Pour certains on peut y aller à pied, mais pour ceux du nord et du sud, un court trajet en voiture s'impose. Le village lao huay de **Ban Nam Sang** semble être connu de tous. On y accède en moins d'une heure (17 km) soit en louant un camion-bus au marché du matin à Huay Xai (200 B l'aller simple), soit en prenant un sãwng-thâew régulier depuis le même marché. Il part le matin vers 8h ou 8h30 et la place coûte 1 000 K. Arrivé sur les lieux, il est préférable de se renseigner d'abord auprès du *phùu nyai bâan*, le chef du village. Cet homme relativement jeune ne semble manifestement pas hostile à voir des visiteurs dans son village.

Nous vous demandons de ne pas apporter avec vous de bonbons, de tee-shirts, de produits pharmaceutiques ou toute autre objet pour les donner aux villageois, car ce geste de "générosité" menace d'ébranler leur mode de vie traditionnel et de créer une culture de la dépendance transformant Ban Nam Sang en un village de mendiants.

Les villageois sont très attachés à leur identité culturelle et peu enclins à quémander. Si vous voulez donner quelque chose, versez au chef du village une petite contribution financière pour l'école (il suffit de dire *sãmláp hóng hían* –"pour l'école"). Si vous éprouvez un réel attachement pour les Lao Huay, gardez-vous de donner quoi que ce soit directement aux villageois.

NORD

Province de Sainyabuli

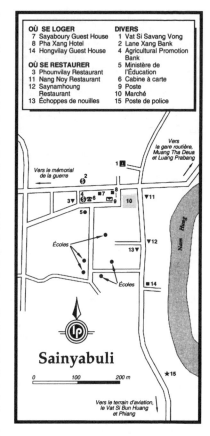

Vers la gare routière, Muang Tha Deua et Luang Prabang

Vers le mémorial de la guerre

Écoles

Écoles

Nam Hiang

Sainyabuli

0   100   200 m

Vers le terrain d'aviation, le Vat Si Bun Huang et Phiang

Bien qu'elle ne soit pas très loin de la capitale du pays, cette province en forme de "L" retourné, entre la Thaïlande à l'ouest, et Vientiane et Luang Prabang à l'est, est l'une des plus reculées du Laos.

Elle est très montagneuse (plusieurs sommets dépassent 1 000 m, l'un d'eux culmine même à 2 150 m) et dépourvue de routes dignes de ce nom, à l'exception de la voie nord-sud qui va du chef-lieu de la province à la frontière thaïlandaise (province de Loei). La population s'élève à environ 292 000 habitants, parmi lesquels on dénombre des Lao, des Thaï Dam, des Thaï Lü, des Khamu, des Htin, des Phai, des Kri, des Iko et des Mabri. Nombre de ces minorités vont et viennent entre Sainyabuli et la Thaïlande, car la frontière n'est pas vraiment gardée.

Sainyabuli (qu'on orthographie également Sayaburi et Xaignabouri) partage 645 km de frontière avec six provinces thaïlandaises différentes. La partie nord-ouest de cette province joue un rôle militaire et commercial de premier plan car Pakbeng, d'où part un lien routier (Route 2) avec l'Udomxai du Nord et la frontière chinoise à Boten, se trouve à moins de 50 km de la frontière thaïlandaise.

Riche en bois (en particulier le teck) et en lignite, la province de Sainyabuli passe aussi pour le "grenier à riz" du Laos du Nord, la majorité des provinces septentrionales étant trop montagneuses pour produire le riz nécessaire à la population régionale. On récolte également du maïs, des oranges, du coton, des arachides et du sésame.

Le Sud de la province fut le théâtre d'une brève mais violente escarmouche entre les Thaïlandais et les Laotiens, en 1988. A l'aide d'une carte américaine de 1960, les Laotiens déclarèrent que la frontière devait suivre un affluent de la Nam Heuang, tandis que les Thaïlandais identi-

fiaient le tracé de la frontière en question sur un autre bras de la rivière et produisaient, pour soutenir leur thèse, un traité franco-siamois de 1908. Les Laotiens envoyèrent des troupes pour occuper les 77 km² de territoire disputé, sur quoi les Thaïlandais lancèrent des attaques aériennes contre le Laos – ce qui ne manquait pas d'audace, quand on songe qu'une armée de 50 000 soldats vietnamiens était déployée sur le sol laotien. Plus d'une centaine de soldats des deux pays périrent avant qu'on ne parvienne à un compromis sur le tracé de la frontière.

NORD

Mabri

Le long de la frontière lao-thaïlandaise, dans la province de Sainyabuli, subsiste un seul village d'une soixantaine de Mabri (on trouve aussi les orthographes Mrabri ou Mlabri), que les Laotiens surnomment les *khàa tawng leuang*, ou esclaves des feuilles de bananier jaunes. Les hommes revêtent souvent un petit morceau de tissu qui cache leur aine, tandis que les femmes portent les vêtements d'autres tribus. Ce groupe, le plus nomade et le plus menacé de toutes les ethnies du Laos et de la Thaïlande, a coutume de déménager lorsque les feuilles des huttes jaunissent, c'est-à-dire environ toutes les deux semaines, d'où leur nom lao. Leur nombre s'est considérablement réduit pour tomber sans doute à 250 (dont 150 vivent en Thaïlande), et les experts pensent que rares sont les Mabri qui continuent leurs migrations traditionnelles.

Par le passé, les Mabri vivaient uniquement de la chasse et de la cueillette, mais aujourd'hui bon nombre d'entre eux cultivent la terre pour le compte d'autres ethnies, comme les Hmong. Ils reçoivent en échange des cochons et des vêtements. On connaît peu de choses sur leur système de croyance, sinon que ces animistes ne s'estiment pas dignes de cultiver la terre pour eux-mêmes. Leur organisation sociale matrilinéaire permet la monogamie en série, si bien qu'une Mabri peut changer de compagnon tous les cinq ou six ans en gardant les enfants de l'union précédente. Ce peuple possède une connaissance approfondie des plantes médicinales. Quand un membre de la tribu meurt, son corps est laissé dans un arbre en pâture aux oiseaux.

Au contraire de la Thaïlande où des agences gouvernementales et non gouvernementales tentent de contribuer à l'intégration des Mabri, personne au Laos n'a tenté de protéger ce peuple quasiment menacé d'esclavagisme dans une économie rurale de plus en plus capitaliste. A cause de leurs croyances antimatérialistes, les Mabri exécutent des tâches manuelles en échange d'une compensation minime ou inexistante. ■

De nos jours, des poches de résistance de la longue guérilla menée par les Hmong, en particulier par les 2 000 soldats Chao Fa (les "seigneurs du ciel"), persistent dans la province et menacent de créer de sérieux problèmes au gouvernement de Vientiane.

Longeant le Mékong sur la rive est de la province, une série de falaises de calcaire blanc-gris (**Pha Xang**, ou falaises des éléphants) tire son nom de la ressemblance qu'elle présente de loin avec une colonne de pachydermes en marche. Sur la bordure ouest de la province, la nouvelle zone de conservation de la biodiversité (**Nam Phoun**) couvre une étendue accidentée de 1 150 km^2 de forêts, qui devraient préserver l'habitat naturel de l'éléphant, du rhino de Sumatra, du gaur, du gibbon, de l'ours noir d'Asie et du tigre.

Le Sud de la province présente plusieurs chutes d'eau spectaculaires, dont les **Nam Tok Na Kha** (150 m, à 3 km de Ban Nakha), les **Nam Tok Ban Kum** (105 m, à 5 km de Ban Kum) et les **Taat Heuang** (35 m, à 40 km de Ban Meuang Phae). Malheureusement, aucun de ces villages n'est jusqu'ici vraiment accessible par la route, et ce recoin de la province a la réputation de servir de repaire de contrebandiers et de rebelles potentiels. Le gouvernement de Vientiane considère l'essentiel de la province de Sainyabuli comme peu sûr, en raison des troubles causés le long de la frontière thaïlandaise par les bandits, la contrebande à grande échelle et le trafic des stupéfiants et des bois précieux, en particulier le teck.

Les **Taat Jaew** (30 m), à 1 km à pied au nord-ouest de Muang Tha Deua, attirent les pique-niqueurs.

Hormis les splendides paysages montagneux et les cascades, la région n'offre que peu d'attraits. Elle n'a jamais prospéré à l'époque des anciens royaumes de Lang Xang et de Vientiane et les Khmers ne sont pas remontés aussi haut.

Les touristes sont plus nombreux à Pak Lay qu'à Sainyabuli même.

SAINYABULI

La capitale s'étend sur les rives de la Nam Hung, affluent du Mékong. Le district de cette région (60 000 habitants) abrite un grand nombre de Mien, qui contrôlent le marché principal et plusieurs entreprises florissantes de la ville.

Il n'est pas rare de voir des soldats en ville.

Mis à part deux vat, la cité présente peu d'intérêt touristique. Les terres qui entourent le **Vat Si Bun Huang**, au sud de la ville après le commissariat, dans un village voisin, contiennent les fondations de brique de monuments bouddhiques vieux, dit-on, de plus de 500 ans. En ville, le **Vat Si Savang Vong**, construit, d'après la rumeur publique par le roi Sisavang Vong sur le site d'un ancien temple, présente, sur son mur frontal, une version colorée de la vie dans un enfer bouddhiste.

La province de Sainyabuli compte plus d'éléphants que n'importe quelle région du Laos. Un **camp d'éléphants** de trait se situe à environ 45 minutes en voiture au sud de Sainyabuli, dans le district de Phiang.

On parle très peu anglais à Sainyabuli. N'oubliez pas votre petit livre d'expressions courantes.

Renseignements

Immigration. Il n'y a pas si longtemps, les services de l'immigration se méfiaient ostensiblement des étrangers. Aujourd'hui, cette attitude s'est considérablement assouplie, même si l'on persiste à décourager les voyages dans le sud de la province. Le seul endroit où l'on souhaite vérifier et tamponner vos papiers est le commissariat, situé au sud de la ville.

Argent. La Lane Xang Bank, à 50 m à l'ouest de la pension Sayaboury, sur l'autre côté de la rue, ouvre du lundi au vendredi de 8h à 11h et de 14h à 16h. La banque ne change que des espèces, soit des dollars soit des baths, à un taux inférieur à celui de Vientiane.

Poste et communications. La poste vous accueille du lundi au vendredi de 8h à 16h. On peut téléphoner tous les jours, de 8h à 20h.

Où se loger et se restaurer

Au *Pha Xang Hotel*, accueillant établissement installé sur deux étages à côté de la poste, les chambres à deux lits avec s.d.b. (eau froide) reviennent à 7 000 K par personne. Un agréable balcon permet de s'asseoir à l'arrière du bâtiment, où le restaurant et la boîte de nuit sont également situés. Les groupes cessent de jouer dès 23h 30.

La *Hongvilay Guest House*, au sud du marché à côté de la Nam Hung, renferme dix chambres aux matelas convenables où dormir pour 10 000 K la simple/double (s.d.b. et toilettes communes). A l'arrière du bâtiment, vous découvrirez un restaurant avec vue sur le fleuve.

La *Sayaboury Guest House* reçoit sa clientèle sur des sols de marbre, à 100 m à l'ouest de la rue principale. Ses dix très belles chambres, sa grande salle à manger et son salon de thé à l'étage en font un établissement réservé aux représentants du gouvernement laotien.

Relativement récent, le *Phounvilay Restaurant* propose une carte rédigée en anglais avec des plats lao et chinois de qualité pour un prix raisonnable. Le propriétaire parle l'anglais et il projette d'ouvrir une pension derrière le restaurant. Le *Saynamhoung Restaurant* dispose également d'une carte en anglais. Si les plats n'ont rien d'exceptionnel, les portions sont conséquentes.

Le *Nang Noy Restaurant*, à l'est du marché, près de son entrée principale, propose une gamme étendue de poissons, de volailles, de viandes et de plats de légumes. En dehors des hôtels et des pensions, c'est le seul vrai restaurant de la ville.

Il existe plusieurs échoppes de nouilles sur la rue principale. Certaines vendent des plats de riz. En outre, on peut acheter des plats préparés sur le marché.

Comment s'y rendre
Avion. Lao Aviation affrète officiellement 3 vols par semaine entre Sainyabuli et Vientiane, mais aucun n'est assuré. Lorsque la liaison sera rétablie, le voyage durera 45 minutes et coûtera 42 $US l'aller-simple.

Route. Il n'existe encore aucune route directe qui relie Vientiane à Sainyabuli. Il faut prendre la route partiellement goudronnée au sud-ouest de Luang Prabang, jusqu'à Muang Nan, sur la rive est du Mékong, puis emprunter le bac pour gagner Muang Tha Deua, sur la rive ouest, et continuer jusqu'au chef-lieu de la province. Le bac assure régulièrement la traversée des passagers, moyennant 200 K.

Autrement, on peut prendre la route qui va au nord vers Sainyabuli, depuis Kaen Thao, sur la rivière Nam Heuang, en face des villages thaïlandais de Ban Pak Huay et Ban Nong Pheu, tous deux postes-frontières légaux pour les Thaïlandais et les Laotiens uniquement.

Les bus circulant entre Luang Prabang et Muang Tha Deua partent vers 7 ou 8h. La place coûte 3 000 K et le trajet dure environ 3 heures 30. En route, ils s'arrêtent à Muang Nan, 20 minutes avant d'arriver à Muang Tha Deua. Le tarif inclut la traversée en ferry. De Muang Tha Deua à Sainyabuli, il faut compter une heure et débourser 1 000 K.

La gare routière principale se trouve à 2 km au nord de la ville.

Voie fluviale. Les ferries de passagers étant désormais relativement peu fréquents entre Vientiane et Luang Prabang, peu de gens s'arrêtent à Pak Lai. Si vous arrivez à trouver un bateau pour Pak Lai, vous payerez environ la moitié de la somme perçue pour aller à Vientiane (ou à Luang Prabang, selon votre point de départ). Depuis Pak Lai des camions bus continuent le trajet par la route

jusqu'à Sainyabuli pour 5 000 K, en 5 ou 6 heures si les conditions climatiques sont bonnes ; mais à la saison des pluies, la route peut se révéler impraticable.

LES ENVIRONS DE SAINYABULI
Pak Lai
Cette petite ville, même si c'est là qu'aboutit la majorité des voyageurs plutôt qu'à Sainyabuli – tout simplement parce qu'il s'agit d'une escale des ferries sur le Mékong, entre Vientiane et Luang Prabang. Une succursale de la Lane Xang Bank change des dollars en kips.

Où se loger et se restaurer. Pak Lai compte deux pensions d'État. La plus agréable est réservée aux seuls fonctionnaires. L'autre ne porte ni enseigne ni panneau d'aucune sorte. Elle se situe à un kilomètre en amont du débarcadère, juste avant une scierie. Cherchez, à la fin de la route sur la gauche, le dernier immeuble à deux étages. Les chambres à deux lits offrent un confort rudimentaire, avec moustiquaire, pour 3 000 K par personne. Toilettes et s.d.b. se trouvent en bas. Le gérant parle bien anglais et prévoira des repas si vous les lui demandez à l'avance.

Juste au sud du débarcadère, en face du terrain d'athlétisme, deux restaurants servent de la soupe, du riz frit et quelques plats lao. On trouvera également deux échoppes de nouilles sur le marché, à 500 m au nord du débarcadère.

Comment s'y rendre. Pak Lai est inaccessible par la route plusieurs mois de l'année, à cause des crues. Les camions-bus depuis/vers Sainyabuli circulent de fin novembre à mai, pour un tarif de 5 000 K. Le trajet dure 5 ou 6 heures mais, avec l'amélioration de la route, les durées diminueront.

Le bateau lent de Vientiane à Pak Lai met un jour et demi pour parcourir 216 km. Les vedettes couvrent la même distance en 4 heures. Pour ces bateaux, comptez à peu près la moitié du tarif appliqué entre Vientiane et Luang Prabang.

NORD

Muang Ngoen

Ce village reculé de l'extrême nord de la province, à proximité de la frontière avec la Thaïlande, abrite une communauté traditionnelle de Thai Lü. Leurs maisons sur pilotis avec des toits pointus retombant presque jusqu'au sol ressemblent à celles découvertes à Muang Sing et dans le district de Xishuangbanna, en Chine. L'agriculture demeure l'activité principale. Elle est désormais plus lucrative grâce à l'ouverture de la frontière entre la Thaïlande et le Laos, à proximité de Ban Huay Kon. Seuls les ressortissants laotiens et thaïlandais sont autorisés à la franchir.

Le **Vat Ban Kong** est un temple traditionnel thaï lü où les moines continuent d'utiliser des feuilles de palmiers pour conserver les textes bouddhistes.

Le district de Muang Ngoen abrite plus de cent éléphants domestiqués. Ils servent à l'agriculture et au transport. Ces pachydermes sont essentiels à la vie du village, qui leur consacre chaque année une cérémonie *basi*.

Où se loger. Il n'y a pas de pension à Muang Ngoen, mais les visiteurs correctement habillés peuvent être autorisés à rester dans le vat.

Comment s'y rendre. Le plus simple consiste à emprunter la route partant de la berge du Mékong en face de Pakbeng, dans la province de Luang Prabang, et de faire environ 35 km. Il faut se renseigner à Pakbeng sur les véhicules disponibles. La meilleure solution est peut-être de faire signe au premier véhicule en provenance de Pakbeng.

Le Sud

Alors que Vientiane se modernise progressivement, que le Nord, et sa population montagnarde, est dominé par la culture des tribus thaï, le Sud reste sans conteste la région la plus représentative de la culture lao.

Les régions du Sud rural ont conservé leurs traditions culturelles et leurs habitudes de vie, qui n'ont guère changé depuis des générations : tissage des vêtements, agriculture en autarcie, pratique scrupuleuse du bouddhisme. Les régions rurales du Mékong sont peuplées de Lao des plaines et les montagnes du Sud, quant à elles, d'un mélange de tribus thaï et de groupes môn-khmers.

Davantage boisée que le Nord, la partie sud possède aussi une faune plus riche.

Seules deux provinces méridionales, Savannakhet et Champasak, sont visitées par les touristes.

Provinces de Bolikhamsai et de Khammuan

Ces deux provinces occupent une région d'altitude moyenne, où les pentes des montagnes s'inclinent doucement au sud-ouest vers la vallée du Mékong. Les Lao des plaines, qui parlent un dialecte propre à ces provinces, forment le plus grand groupe ethnique. Viennent ensuite, par ordre décroissant, les tribus thaï, phuan, ta-oy (Tahoy), kri, katang, maling, tri, hmong.

Le **plateau calcaire de Khammuan**, cette grande région naturelle (1 580 km²) est composée de forêts tropicales et ponctuée de torrents aux eaux turquoises. Son étonnant relief karstique traverse le centre de Khammuan, qui fut déclaré zone nationale de conservation de la biodiversité en 1993. Bien que la majeure partie de cette zone protégée ne

A NE PAS MANQUER

- **Les ruines antiques de la période d'Angkor,** au Vat Phu Champasak

- Les splendides **îles et rapides** du Mékong, Si Phan Don

- L'admirable **plateau des Bolaven,** avec ses chutes d'eau et sa faune

soit pas accessible par la route, les populations locales en exploitent le bois et le sous-sol et y pratiquent la chasse. Cette zone est l'habitat favori du langur Douc (espèce en danger), du langur de François et d'autres espèces de primates. Reste à savoir si les autorités sauront, dans l'avenir, faire respecter cette zone de protection et de conservation de la faune et de la flore qu'est le plateau calcaire de Khammuan

Nakai-Nam Theun est la plus grande de toutes les zones nationales de conservation de la biodiversité. Avec ses 3 710 km², elle recouvre une grande partie du Khammuan oriental, en bordure de la frontière vietnamienne, ainsi qu'une petite partie du Bolikhamsai. La forêt (composée de grandes futaies d'arbres à feuilles persistantes des climats secs et humides, d'une

SUD

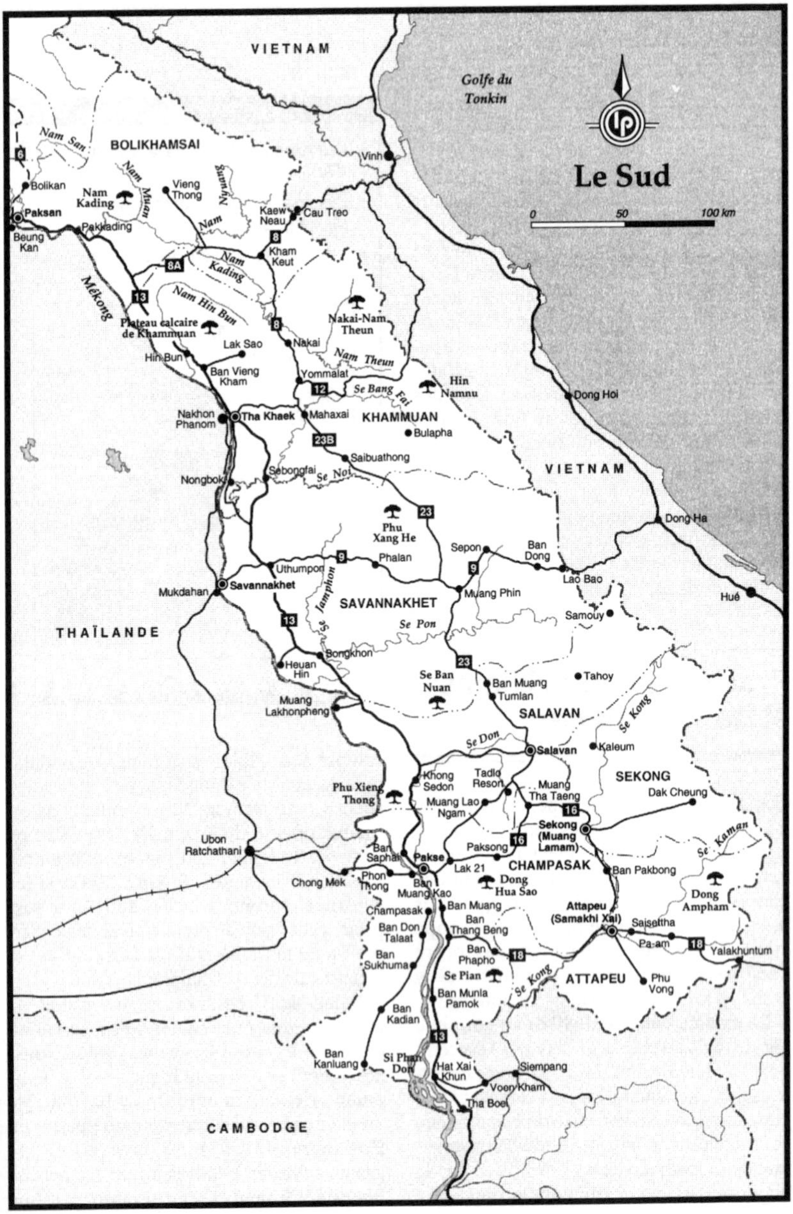
Le Sud
0
50
100 km
Golfe du Tonkin
VIETNAM
BOLIKHAMSAI
Nam San
Nam Muan
Nam Kading
Nam Hin Bun
Nam Theun
Nam Kading
Nam Sanyu
Mékong
Bolikan
Paksan
Beung Kan
Pakkading
Vieng Thong
Kaew Neau
Cau Treo
Kham Keut
Vinh
Plateau calcaire de Khammuan
Nakai-Nam Theun
Lak Sao
Hin Bun
Ban Vieng Kham
Nakai
Yommalat
Se Bang Fai
Hin Namnu
KHAMMUAN
Bulapha
Nakhon Phanom
Tha Khaek
Mahaxai
Saibuathong
Sebongfai
Se Noi
Nongbok
Dong Hoi
VIETNAM
Phu Xang He
Dong Ha
Sepon
Ban Dong
Phalan
Uthumpon
Lao Bao
Mukdahan
Savannakhet
Muang Phin
Hué
SAVANNAKHET
Se Jamphon
Se Pon
Samouy
THAÏLANDE
Bongkhon
Heuan Hin
Se Ban Nuan
Ban Muang
Tumlan
Tahoy
Muang Lakhonpheng
SALAVAN
Se Kong
Se Don
Salavan
Kaleum
Khong Sedon
Tadlo Resort
Muang Tha Taeng
SEKONG
Dak Cheung
Phu Xieng Thong
Muang Lao Ngam
Sekong (Muang Lamam)
Ubon Ratchathani
Ban Saphai
Pakse
Paksong
Se Kaman
Chong Mek
Phon Thong
Ban Muang Kao
Lak 21
CHAMPASAK
Dong Hua Sao
Ban Pakbong
Dong Ampham
Champasak
Ban Muang
Attapeu (Samakhi Xai)
Ban Don Talaat
Ban Thang Beng
Saisettha
Pa-am
Yalakhuntum
Ban Sukhuma
Ban Phapho
Se Plan
Se Kong
ATTAPEU
Phu Vong
Ban Munla Pamok
Ban Kadian
Ban Kanluang
Si Phan Don
Hat Xai Khun
Siempang
Voen Kham
Tha Boei
CAMBODGE
6
8
8A
13
8
12
23B
23
9
9
13
23
16
16
18
18
13

SUD

grandè variété de pins, de cyprès et de mangroves) occupe 93% de la superficie de la région. Nakai-Nam Theun constitue donc un habitat d'une importance capitale pour la faune forestière. Plus d'une douzaine d'espèces menacées vivent dans la région, et parmi elles, l'éléphant (l'une des colonies les plus importantes du pays), le muntjac géant (natif de la région), le gaur, le banteng et le saola (bœuf Vu Quang), bovidé à cornes inconnu jusqu'en 1992 et découvert dans la réserve naturelle voisine de Vu Quang, au Vietnam. Depuis, le saola a été vu sur le plateau du Nakai, au Laos, dont un tiers seulement fait partie de la zone nationale de conservation de la biodiversité de Nakai-Nam Theun.

PAKSAN
La capitale du Bolikhamsai, ville de 35 000 habitants au confluent de la Nam San et du Mékong, est un centre commercial et une base militaire mais ne présente guère d'intérêt pour le touriste. Sur la rive opposée à Paksan s'étend la ville thaïlandaise de **Beung Kan**, poste-frontière réservé aux Laotiens et aux Thaïlandais.

Jusqu'au milieu des années 90, on décourageait les étrangers de passer la nuit à Paksan pour cause de guérilla liée au parti de libération Thaï Isan, groupe anticommuniste dirigé par des activistes syndicalistes lao-thaïlandais et deux anciens députés de Thaïlande. Cependant, au cours des cinq ou six dernières années, aucun incident n'a été signalé. La population locale se compose essentiellement de Phuan, groupe tribal thaïlandais. Au sein de ce groupe, plusieurs communautés chrétiennes passent pour suspectes aux yeux des autorités laotiennes. En fait, la région est devenue beaucoup plus sûre depuis l'amélioration de la route entre Vientiane et Paksan.

Où se loger
Le *Paksan Phattana Hotel* (ou *Phudoi Phathana Hotel*) propose, à l'arrière de la bâtisse principale, des simples/doubles pas toujours en bonne état, louées 7 000 K.

Celles situées dans le bâtiment central sont à 8 000 K. Toutes possèdent deux lits, un ventilateur et des sanitaires collectifs. La proximité de la discothèque rend parfois l'établissement bruyant.

Vue de l'extérieur, la *Phonxay Guest House* peut sembler sinistre, mais ses chambres sont plus grandes qu'au Paksan Phattana. Les simples/doubles avec un ventilateur et des toilettes et une douche communes valent 6 000 K.

Où se restaurer
Deux restaurants et plusieurs échoppes de nouilles sont installés à côté du Paksan Phattana Hotel. Le *Sainamsan Restaurant* donne sur la rive et le *Nang Daet* (l'enseigne indique "Nang Deth"), dans la rue principale, préparent les mêmes plats. Le Sainamsan est un peu plus cher.

Comment s'y rendre
De Vientiane, le bus n°18 (gare routière de Talaat Sao) assure la liaison avec Paksan deux fois par jour (7h30 et 10h). Le voyage dure deux à trois heures et le billet coûte 1 300 K. D'autres bus partent d'une petite gare, près du Km 6, à l'extérieur de Vientiane. Lorsque le tronçon Vientiane-Paksan de la Route 13 sera terminé (constructions de ponts et revêtement de la voie) le trajet ne devrait pas dépasser une heure et demie.

Si seul le Vat Pha Baat Phonsan vous intéresse, il n'est pas nécessaire d'aller jusqu'à Paksan car le vat se trouve de l'autre côté de la frontière de la préfecture de Vientiane, avant la ville. Dans l'état actuel des routes, il faut compter une heure depuis Vientiane en voiture particulière, et une heure et demie en transport public. Montez dans un bus en direction de Paksan et demandez qu'on vous dépose au vat. Il est possible de faire le trajet aller-retour dans la journée.

LES ENVIRONS DE PAKSAN
Vat Pha Baat Phonsan
A 80 kilomètres à l'est de Vientiane, *via* la Route 13 (direction Paksan), se trouve un

Les cornes d'un dilemme

La découverte, en 1992, du saola ou bovidé à cornes fuselées (Pseudoryx nghetinhensis), dans la réserve naturelle de Vu Quang, dans le centre-ouest du Vietnam, tout près de la frontière laotienne, a suscité un intérêt considérable et l'on espère bien découvrir dans la région d'autres grands mammifères inconnus à ce jour. Des études menées en 1993 et 1994 ont confirmé l'existence de cet animal à cornes fuselées. Il vivrait en particulier dans les régions septentrionales de la zone nationale de conservation de la biodiversité de Nakai-Nam Theun. Cette réserve couvre la partie orientale de la province de Bolikhamsai, dans la cordillère annamitique. On estime que son habitat recouvre quelque 4 000 km^2 de forêts d'arbres à grandes feuilles persistantes situés entre 200 et 2 000 m d'altitude, avec une prédilection pour les altitudes de 500 à 1 000 m, des deux côtés de la frontière lao-vietnamienne.

Les chercheurs de la Wildlife Conservation Society ont étudié un saola vivant, capturé dans la province de Khammuan, pour la première fois en 1996. L'animal ressemble à l'antilope, d'une hauteur de 80 ou 90 cm au garrot et pèse jusqu'à 100 kg. Longues et effilées, ses cornes caractéristiques se recourbent légèrement vers l'arrière et mesurent entre 40 et 50 cm. Pour l'instant, la communauté scientifique étudie la question de savoir si le saola appartient à la sous-famille des Bovinae (qui comprend les bovins sauvages, les antilopes à cornes spiralées et les nilgai) ou à celle des Caprinae, dont les représentants sont apparentés à la chèvre. Ce bovidé à cornes fuselées et dorées est l'un des trois mammifères dont le genre a été déterminé. Cet animal devrait bientôt se voir attribuer sa propre sous-famille zoologique.Il est difficile d'estimer le nombre total de ces animaux. Sa découverte récente prouve que les populations de saolas sont rares. En 1994, le nom de cet animal fut ajouté à l'annexe 1 de la liste établie par la convention des Nations unies sur le commerce international des espèces en danger (CITES).

Dans la région, la chasse représente une menace, car les familles laotiennes et vietnamiennes de la cordillère annamitique possèdent au moins un fusil de fabrication artisanale et un arsenal de pièges. Les fusils automatiques font également partie de la panoplie locale, et les munitions ne sont pas chères. L'abattage des arbres pose lui aussi des problèmes, réduisant l'habitat naturel dans les montagnes de Nam Theun, habitat du saola. Malgré la protection officielle de l'espèce dans l'ensemble de la région, couverte par la zone nationale de conservation de la biodiversité et la réserve naturelle de Vu Quang au Vietnam, la forêt primaire et la vie sauvage continuent à subir les conséquences de l'activité humaine et à se dégrader. A moins que des mesures ne soient prises pour assurer véritablement la protection d'une zone spéciale, la survie du saola est menacée. Sa disparition sonnerait l'alarme pour le devenir de la biodiversité au Laos. ■

Le premier saola vivant fut capturé dans la province du Khammuan en 1996.

grand temple *pha bàat* (empreinte de Bouddha), important lieu de pèlerinage des Lao des plaines de Bolikhamsai et de Vientiane.

Une "empreinte" extrêmement stylisée, ainsi qu'une représentation de grande taille de Bouddha allongé sont placées sur un promontoire en grès, à côté de structures monastiques anciennes et de kiosques de bambou. Un stupa de 1933, richement décoré, rappelle le That Ing Hang de Savannakhet. Une tour renferme un tambour de deux mètres de diamètre, l'un des plus larges au Laos. Cependant, cette construction récente ne met pas le temple en valeur. Le Vat Pha Baat Phonsan accueille une grande fête lors de la pleine lune, au cours du troisième mois lunaire (vers le mois de juillet).

Nam Kading

La Kading, qui se jette dans le Mékong à 50 km à l'est de Paksan, est l'une des rivières les moins exploitée par la main de l'homme. Elle traverse une vallée forestière entourée de hautes collines et ponctuée de formations calcaires. Connue pour ses eaux turquoises (en raison du calcaire), elle offre des occasions d'admirer la faune et la flore dans un cadre naturel magnifique. La vallée abrite de nombreuses espèces rares ou menacées : muntjac géant, langur de François, langur Douc, gibbon, ours noir d'Asie, panthère longibande, tigre, éléphant, saola ainsi qu'une grande variété d'oiseaux.

Des routes de terre longent la rivière en amont de Nam Kading. On peut donc descendre le cours d'eau en canoë, en raft ou en kayak. On ne manquera pas, à 60 km environ de la Route 13, le **Taat Wang Fong**, petite chute d'eau très pittoresque dans un cadre magnifique.

Ban Nape

La région qui entoure Ban Nape, à environ 200 km au sud-est de la capitale par les Routes 13 et 8, près de la frontière vietnamienne, est célèbre pour les spectaculaires formations calcaires qui la bordent. Les transports publics étant irréguliers sur la Route 13, vous devrez louer un véhicule pour vous rendre à Ban Nape.

THA KHAEK

Pendant une courte période, la capitale de la province de Khammuan fut l'avant-poste des royaumes môn-khmers de Funan et de Chenla. La ville portait alors le nom de Sri Gotabura (Sii Khotabun en lao). Aujourd'hui, son nom, issu de l'époque coloniale française, signifie "point d'amarrage des hôtes", en référence aux navires de commerce étrangers. Jusqu'à la guerre (jusqu'à ce que la NVA et le Pathet Lao coupent la route au nord de Vientiane), Tha Khaek était une ville dynamique, réputée pour ses maisons de jeu où affluaient les visiteurs d'un jour, thaïlandais pour la plupart.

A la révolution, la population comptait jusqu'à 85% de Vietnamiens, dont beaucoup avaient fui le mouvement Viet Minh au nord du Vietnam. Ce groupe déclina lentement jusqu'à la fin des années 70. Aujourd'hui, Tha Khaek est un avant-poste paisible dont les activités principales sont le transport des marchandises et le commerce. La ville compte 68 300 habitants, pour la plupart des Lao des plaines, des Vietnamiens et des Thaïlandais.

L'architecture franco-chinoise voisine avec des constructions plus récentes et le tout ressemble à ce qu'on trouve à Vientiane et à Savannakhet. A l'extrémité ouest de Thanon Kuvoravong, près de la rivière, se trouve une petite place ornée d'une modeste fontaine. Rares sont les étrangers qui s'arrêtent ici. Pourtant cette petite cité à la fois nonchalante et accueillante mérite une pause de deux ou trois jours, surtout pour ceux qui sont intéressés par la culture urbaine de la vallée du Mékong.

En face de Tha Khaek, côté thaïlandais, Nakhon Phanom est un poste-frontière ouvert aux étrangers. Des investisseurs thaïlandais ont projeté de construire une route de Tha Khaek à la frontière du Vietnam, pour faciliter les échanges commerciaux entre la Thaïlande, le Laos et le Viet-

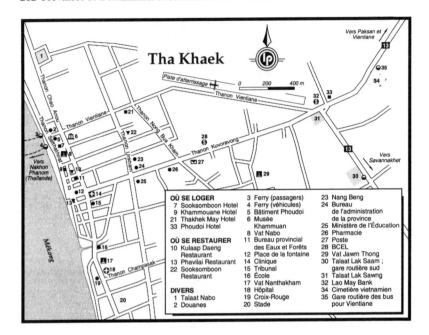

Tha Khaek

OÙ SE LOGER
7 Sooksomboon Hotel
9 Khammouane Hotel
21 Thakhek May Hotel
33 Phoudoi Hotel

OÙ SE RESTAURER
10 Kulaap Daeng
    Restaurant
13 Phavilai Restaurant
22 Sooksomboon
    Restaurant

DIVERS
1 Talaat Nabo
2 Douanes

3 Ferry (passagers)
4 Ferry (véhicules)
5 Bâtiment Phoudoi
6 Musée
   Khammuan
8 Vat Nabo
11 Bureau provincial
    des Eaux et Forêts
12 Place de la fontaine
14 Clinique
15 Tribunal
16 École
17 Vat Nanthakham
18 Hôpital
19 Croix-Rouge
20 Stade

23 Nang Beng
24 Bureau
    de l'administration
    de la province
25 Ministère de l'Éducation
26 Pharmacie
27 Poste
28 BCEL
29 Vat Jawm Thong
30 Talaat Lak Saam ;
    gare routière sud
31 Talaat Lak Sawng
32 Lao May Bank
34 Cimetière vietnamien
35 Gare routière des bus
    pour Vientiane

nam (et même au-delà, puisque cette route ouvrirait l'accès au golfe du Tonkin). Il a même été question de construire un pont international sur le Mékong, entre Nakhon Phanom et Tha Khaek. Ces deux projets sont pour l'instant suspendus en raison de la précarité de la situation économique en Thaïlande.

Renseignements
Argent. Le bureau de la Banque pour le commerce extérieur lao (BCEL) est installé au nord de Thanon Kuvoravong, à environ 200 m à l'est du bureau de poste. On peut changer des bahts, des dollars et des kips. Les espèces, les chèques de voyage et les avances sur carte Visa sont acceptés. L'agence de la Lao May Bank, à l'angle de Thanon Kuvoravong et de la Route 13, ne change que les espèces.

Poste et communications. On peut envoyer du courrier et passer des appels longue distance au bureau de poste principal de Thanon Kuvorarong. L'indicatif de Tha Khaek est le 52.

A voir et à faire
Le grand **Talaat Lak Sawng** (marché du Km 2) propose des articles de quincaillerie, des vêtements et des produits frais. Outre les habituelles boutiques d'or, un grand nombre de marchands font le commerce d'objets en argent.

Le **musée de Khammuan**, près du Vat Nabo, occupe une salle dans un bâtiment gouvernemental, qui ne paraît pas avoir d'autre fonction. Les objets exposés sont rarement légendés, si ce n'est en lao. On peut admirer des poteries vieilles de 2 000 ans, de la vannerie, des fusils français et japonais, quelques tissus anciens, des photographies des sites touristiques de la province, ainsi qu'une très grande collection de clichés représentant des responsables politiques provinciaux.

SUD

Où se loger

Le *Khammouane Hotel* (☎ 212216), grand immeuble de quatre étages à la façade blanche et incurvée, face au Mékong, reste le meilleur hébergement de la ville. Entouré de palmiers, il a dû faire sensation lors de son inauguration, mais, le temps aidant, le bâtiment a perdu de son éclat depuis (certes, les couchers de soleil sur le fleuve restent spectaculaires). Les grandes chambres simples et claires, avec TV, réfrigérateur, clim., eau chaude et bon matelas, coûtent 10 000 K la simple, 15 000 K la double et 17 000 K la triple. En lao, cet hôtel s'appelle "Khammuan Sai Khong", mais les samlor ne paraissent le connaître que sous l'appellation "Sii San" (quatre étages). Le personnel est sympathique et le restaurant, juste à côté, pourra vous livrer des repas dans la chambre.

Si vous surveillez votre porte-monnaie, le *Thakhek May Hotel* (☎ 212043) se dresse à quelques groupes de maisons du fleuve, dans Thanon Vientiane. L'établissement dispose de chambres simples, dans un immeuble carré de deux étages, pour 8 000 K la simple/double, avec s.d.b. commune et ventilateur. Moyennant 10 000 K la simple/double, vous aurez le choix entre une chambre avec s.d.b. commune et clim., ou avec s.d.b. privée et ventilateur. L'extérieur de l'établissement et ses corridors ne paient pas de mine, mais les chambres sont tout à fait correctes.

En remontant le fleuve à partir du Khammouane Hotel, on tombe sur le *Sooksomboon Hotel* (☎ 212254, 212225), logé dans un ancien commissariat de l'époque coloniale française. L'intérieur a été refait dans un style Art déco empreint de surréalisme. Grandes et claires, les chambres du bâtiment principal bénéficient de plafonds élevés, de la clim., de l'eau chaude et de la TV, le tout pour 20 000 K. Un autre immeuble (du type motel) offre, à l'arrière, des simples/doubles avec ventilateur et eau chaude pour 10 000 K. La taxe de 10% est en sus.

Plus moderne, le *Phoudoi Hotel* (☎ 212048), près de l'embranchement principal de la Route 13, dans le quartier est de la ville, loue de petites chambres avec lits jumeaux, TV, ventilateur et douche (eau chaude) pour 16 500 K. Le rapport qualité/prix n'est certes pas à la hauteur du Khammouane Hotel et le service laisse à désirer.

Derrière se trouve la discothèque Baw Phaw Daw, acronyme de "Bolisat Phattanakhet Phu Doi". C'est ainsi qu'on appelle le conglomérat soutenu par l'armée, propriétaire de l'hôtel, qui domine la vie économique et politique de la province de Khammuan.

Lak Sao. A Lak Sao (reportez-vous plus loin au paragraphe *Les environs de Tha Khaek*), on peut descendre au *Phoudoy Hotel* du Baw Pha Daw (chambres à partir de 14 000 K). Une pension située à 3 km environ à l'ouest du centre-ville propose aussi des chambres sommaires pour 10 000 K.

Où se restaurer

Si les petits restaurants et les boutiques de nouilles ne manquent pas à Tha Khaek, aucun d'entre eux ne décroche le prix d'excellence culinaire. Le *Kulaap Daeng (Red Rose) Restaurant*, derrière le Khammouane Hotel, dans Thanon Chao Anou, prépare de bons plats thaïs, lao et chinois sur commande (*aahāan taam sang*). Plus luxueux, le *Sooksomboon Restaurant*, dans Thanon Unkham, semble ouvert uniquement le soir.

Le *Phavilai Restaurant*, dans Thanon Kuvoravong, près du débarcadère et de la place de la fontaine, prépare du riz et des plats de nouilles lao-chinois. Le matin, vous trouverez également plusieurs marchands de khào jii sur la place de la fontaine.

Un peu en amont de cette place, se dresse une petite échoppe de nouilles sans enseigne. Les deux femmes qui la dirigent fabriquent un excellent fõe hàeng, ou "nouilles au riz sec", servi dans un bol accompagné d'herbes et de condiments, mais sans bouillon. On peut aussi manger un fõe habituel.

Il existe un grand nombre de vendeurs de nouilles à Talaat Lak Sawng, ainsi que des petites boutiques de nouilles et de riz près de Talaat Lak Saam (Talaat Suksombun) et du côté de la gare routière de Vientiane, sur la Route 13. Goûtez les melons doux de Tha Khaek.

Achats

Des jeunes filles de Nang Beng confectionnent à la demande des *phàa bịang* (châle traditionnel) et des *phàa nung* (jupe sarong) sur des métiers à tisser du centre du Laos. Vous les verrez travailler devant leur maison de Thanon Unkham.

Comment s'y rendre

Avion. Lao Aviation a mis en place une ligne des plus irrégulières entre Vientiane et Tha Khaek, pour le prix de 57 $US l'aller simple (tarif pour étrangers). Les horaires de Lao Aviation ont beau annoncer une liaison hebdomadaire entre Vientiane et Lak Sao, les avions ne décollent en fait qu'avec un minimum de six réservations – ce qui n'arrive pas tous les jours. Le vol dure une heure dix minutes et coûte 50 $US.

Route. Chaque jour, deux bus directs quittent la gare routière de Vientiane pour Tha Khaek (360 km, 6 à 7 heures de trajet). Le prix du billet s'élève à 5 000 K. Pour le même prix, vous pouvez prendre un bus en direction de Savannakhet ou de Paksan et descendre à Tha Khaek.

A Tha Khaek, la gare routière principale (vers Vientiane et les autres directions septentrionales) se trouve près d'un cimetière vietnamien sur la Route 13, au nord-est de la ville. Pour le Sud et Savannakhet, les bus partent de Talaat Lak Saam (Talaat Suksombun).

Le bus pour Savannakhet met deux heures et le billet coûte 1 700 K. Cinq départs quotidiens se succèdent de 6h à midi.

Pour les trajets dans la province, des camions à couverture de bois circulent sur deux routes principales. Ils se dirigent vers

Mahaxai (et la zone nationale de conservation de la biodiversité de Nakai-Nam Theun) et vers Nyommalat (aux environs de la zone de conservation du plateau calcaire de Khammuan). Pour les deux destinations, deux bus quotidiens, l'un à 7h30 et l'autre à 12h, quittent la gare routière Vientiane, située près du cimetière. Comptez 1 000 K pour Mahaxai et Nyommalat, et 400 à 500 K pour les arrêts intermédiaires.

Voie fluviale. Le service de transporteurs en provenance de Vientiane est interrompu. S'il est à nouveau en service (ce qui ne se produira vraisemblablement qu'en cas d'inondation massive de la Route 13), le périple Vientiane-Tha Khaek dure huit à dix heures, selon le nombre d'escales.

Depuis/vers Nakhon Phanom. Les transporteurs traversent fréquemment le Mékong de 8h à 17h, en semaine, et de 8h à 12h20, le samedi (35 B l'aller simple). Sur la rive de Tha Khaek, le débarcadère des passagers se situe à 300 m au nord du Khammouane Hotel. Quant au transporteur de véhicules, on le trouvera entre l'hôtel et le débarcadère.

A partir de Bangkok, Nakhon Phanom est desservie par des bus.

Comment circuler

Le trajet en jumbo vers la gare routière coûte 700 K.

LES ENVIRONS DE THA KHAEK

Vat Pha That Si Khotabong, également connu sous le nom de Vat Sikhotabun et de Pha That Meuang Ka, est situé à 8 km au sud de la ville. Il date du XIXe siècle et abrite un grand bouddha assis, commandé par le roi Anouvong (Chao Anou). Selon les légendes locales, il aurait été construit sur le site d'un thâat du Xe siècle, sur ordre du roi Nanthasen au cours d'une période où Tha Khaek faisait partie d'une principauté nommée Sio Khotabun. Considéré comme l'un des principaux thâat du Laos, Si Khotabong fut restauré dans les années 50 et agrandi deux décennies plus tard. Il est visible depuis la rive thaïlandaise du fleuve et accueille une fête de premier plan au cours de la pleine lune du troisième mois lunaire (généralement en juillet).

Des formations calcaires spectaculaires se dressent dans la région (en particulier le long de la rivière Se Bang Fai près de **Mahaxai**, à 50 km à l'est sur la Route 12). Elles constituent certainement le principal atout touristique de la région. A **Tha Falang**, on atteint en pirogue des rochers sculptés par l'eau sur la belle rivière Nam Don, à 14 km à l'est de Tha Khaek par la Route 12. Également appelé Wang Santiphap, Tha Falang (ou "point d'amarrage des Français") offre un beau paysage boisé en bordure d'un cours d'eau. Les colons affectionnaient l'endroit où ils avaient coutume de venir pique-niquer.

Parmi les célèbres grottes calcaires des environs, **Tham Xieng Liap** est un tunnel coupé par un torrent sous un pic de 300 m de haut, et **Tham Phaa Baan Tham** une grotte transformée en lieu saint bouddhiste. Quant à **Tham Naang Aen**, les habitants aiment y passer le week-end, en raison de la brise fraîche qui souffle depuis l'intérieur de la grotte. **Tham Phaa Xang**, de son côté, permet de se promener dans des grottes reliées par des échelles. Les grottes de la région constituent l'habitat principal de nombreuses espèces de chauves-souris. On accède à ces lieux par la Route 12 entre le Km 8 et le Km 16, sur le chemin de Tha Khaek à Mahaxai. Il n'y a pas de transport en commun, il faut donc prévoir votre propre solution.

La route qui se dirige vers l'est permet de rejoindre **Lak Sao** (qu'on orthographie également Lak Xao) à Ban Vieng Kham (environ 30 km au nord de la ville sur la Route 13, à mi chemin entre Hin Bun et Tha Khaek). Sans beaucoup d'intérêt jusqu'alors, Lak Sao (Km 20) est depuis cinq ans, l'un des projets d'investissements majeurs de la Phattanakhet Phu Doi Company. Dirigée par un général de l'armée laotienne, cette entreprise s'occupe d'abattage de bois, de transport de marchandises et d'immobilier touristique. Le district compte actuellement 24 000 habitants et devrait devenir une zone industrielle et commerciale entre le Vietnam, le Laos et la Thaïlande, reliées par les Routes 8 et 12. Lak Sao est aussi réputé pour son marché d'animaux sauvages (oiseaux, écureuils, rats, lapins et reptiles, mais aussi espèces rares et menacées).

Province de Savannakhet

Savannakhet est la province la plus peuplée du Laos (671 000 habitants, soit environ 15% de la population totale) et un important carrefour commercial entre la Thaïlande et le Vietnam. La population est formée de Lao, de Thaï Dam, de plusieurs groupes mineurs dont les Môn-Khmers (Lave, Katang, Pako, Suay, Bru, Mangtong, Kaleung, Chali), de Vietnamiens et de Chinois. Ici se trouvent les villages lao les plus typiques du pays, notamment dans la vallée du Jamphon, près de Ban Kengkok (au sud-est du chef-lieu).

C'est également dans la province de Savannakhet que sont conservés les vestiges les plus intéressants de la piste Ho Chi Minh, principale voie de ravitaillement utilisée par les forces nord-vietnamiennes pendant la guerre d'Indochine. C'est aussi la route d'accès des visiteurs qui arrivent du Vietnam par Lao Bao.

A environ 85 km au nord de la capitale, la **zone nationale de conservation de la biodiversité de Phu Xang He** (1 050 km²) s'étend sur une région de collines, recouvertes d'une forêt dense d'arbres à feuilles persistantes et caduques. Selon des études internationales, il existerait là près de 17 espèces d'oiseaux menacées (dont le faisan du Siam et le pic à col rouge), ainsi que des animaux comme l'éléphant, le muntjac géant, le gaur, le loris, le langur Douc et le tigre.

SAVANNAKHET

Officiellement connu sous le nom de Muang Khanthabuli (mais plus communément appelé Muang Savan ou simplement Savan), ce district de 124 000 habitants,

SUD

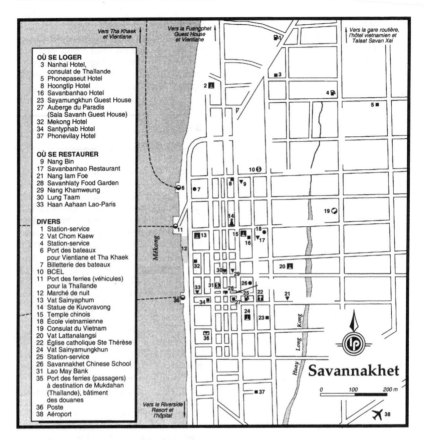

OÙ SE LOGER
3 Nanhai Hotel,
  consulat de Thaïlande
5 Phonepaseut Hotel
8 Hoongtip Hotel
16 Savanbanhao Hotel
23 Sayamungkhun Guest House
27 Auberge du Paradis
  (Sala Savanh Guest House)
32 Mekong Hotel
34 Santyphab Hotel
37 Phonevilay Hotel

OÙ SE RESTAURER
9 Nang Bin
17 Savanbanhao Restaurant
21 Nang Iam Foe
28 Savanhlaty Food Garden
29 Nang Khamweung
30 Lung Taam
33 Haan Aahaan Lao-Paris

DIVERS
1 Station-service
2 Vat Chom Kaew
4 Station-service
6 Port des bateaux
  pour Vientiane et Tha Khaek
7 Billetterie des bateaux
10 BCEL
11 Port des ferries (véhicules)
  pour la Thaïlande
12 Marché de nuit
13 Vat Sainyaphum
14 Statue de Kuvoravong
15 Temple chinois
18 École vietnamienne
19 Consulat du Vietnam
20 Vat Lattanalangsi
22 Église catholique Ste Thérèse
24 Vat Sainyamungkhun
25 Station-service
26 Savannakhet Chinese School
31 Lao May Bank
35 Port des ferries (passagers)
  à destination de Mukdahan
  (Thaïlande), bâtiment
  des douanes
36 Poste
38 Aéroport

Vers Tha Khaek
et Vientiane

Vers la Fuangphet
Guest House
et Vientiane

Vers la gare routière,
l'hôtel vietnamien et
Talaat Savan Xai

Mékong

Huay Long Kong

Savannakhet

Vers le Riverside
Resort et
l'hôpital

0   100   200 m

juste en face de la ville thaïlandaise de Mukdahan, est devenu un important centre commercial entre la Thaïlande et le Vietnam. La Route 9 vers l'est rejoint Lao Bao, à la frontière vietnamienne, puis continue jusqu'au port de Dong Ha, au sud du golfe du Tonkin. C'est également un centre d'exploitation forestière avec plusieurs scieries installées à la périphérie de la ville.

Renseignements
Consulats étrangers. Le consulat de Thaïlande (☎ 212261) possède une antenne au Nanhai Hotel. Le consulat du Vietnam (☎ 212182) se trouve dans Thanon Sisavangvong. Tous deux délivrent des visas.

Argent. Vous pouvez changer des espèces à la Lao May Bank de Thanon Khanthabuli, et à la BCEL de Thanon Udomsin.

Poste et communications. Le bureau de poste se trouve dans Thanon Khanthabuli, juste au sud du centre-ville. L'indicatif de Savan est le 41.

Agences de voyages
Implantée dans les locaux de l'hôtel Savan-

banhao, dans Thanon Saenna, l'agence de tourisme de Savannakhet (☎ 212733) vous renseignera sur les sites touristiques et vous proposera des excursions pour Sepon, la piste Ho Chi Minh, Heuan Hin et d'autres sites. Une succursale de Sodetour (☎ 212260) est installée à l'Auberge du Paradis.

Centre-ville

Comme en témoignent l'école vietnamienne, le temple bouddhique Mahayana et l'église catholique, la présence vietnamienne, bien qu'ayant diminué après la guerre, est encore très forte.

Tout comme à Vientiane et à Luang Prabang, il reste de nombreuses bâtisses datant de la période coloniale, ainsi que des bâtiments franco-chinois, dont la plupart sont regroupés dans le petit **centre d'affaires**, près de l'intersection de Thanon Khanthabuli et de Thanon Si Muang. L'activité de la ville est concentrée autour des embarcadères, au bord du Mékong. Des bateaux lourdement chargés de marchandises chinoises et vietnamiennes (notamment des céramiques) transitent ici avant de partir pour la Thaïlande.

Le **Talaat Yai** ("grand marché"), dans Thanon Sisavangvong, près de la gare routière, est un marché animé ouvert toute la journée.

Le long de Thanon Phetsalat, dans le centre-ville, près du Vat Sainyamungkhun, deux terrains de pétanque sont utilisés par des hommes âgés laotiens et vietnamiens.

Vat Sainyaphum

Situé au bord du fleuve, ce sanctuaire est le plus grand et le plus ancien temple de la ville. Le *sim* (salle d'ordination), non restauré, date de la fondation du temple, en 1896. L'enceinte comprend également une grande école secondaire religieuse élégamment décorée. Grâce à cette école, le monastère compte près de 200 résidents.

Vat Lattanalangsi

Presque aussi grand que le Vat Sainyaphum, ce temple, édifié en 1951, abrite une école primaire religieuse. Le sim a la particularité d'avoir des fenêtres vitrées (les vitres sont très rares dans les temples). Parmi les autres édifices, on peut voir un reliquaire au goût criard dédié à Brahma, un *sáaláa lóng thám* (salle du sermon) de construction récente, ainsi qu'un abri renfermant un bouddha couché de 15 m et des fresques inspirées des *jataka* (scènes de la vie du Bouddha).

Où se loger – petits budgets

Les hôtels les moins chers étaient autrefois regroupés dans la vieille ville, près des embarcadères. Il n'en reste plus qu'un en activité, le rudimentaire mais correct *Santyphab Hotel* (☎ 212277), Thanon Tha Dan, à deux pâtés de maisons, à l'est de l'embarcadère principal. L'établissement dispose de simples/doubles avec s.d.b. commune pour 4 500 K avec ventilateur ou 6 500 K avec la clim.

Installé dans une ancienne villa coloniale, au bord du Mékong, le *Mekong Hotel*, dirigé par des Vietnamiens, est équipé de grandes chambres aux hauts plafonds, avec ventilateur, clim., sol carrelé et nombreuses boiseries. Les chambres sont en mauvais état et le tout sent le renfermé. L'endroit semble d'ailleurs peu fréquenté, sauf la nuit, où la discothèque située au rez-de-chaussée se remplit de Vietnamiens venus se distraire avec des entraîneuses. La simple/double coûte 8 000 K.

Un établissement un peu plus raffiné est situé sur Thanon Saenna, dans le centre-ville. Il s'agit de quatre maisons de deux étages situées dans une série de cours intérieures. Le *Savanbanhao Hotel* (☎ 212202) abrite des chambres spacieuses à un lit avec ventilateur et s.d.b. (eau froide) à l'extérieur qui se louent 4 500 K (7 000 K avec la clim.). Les chambres à deux lits avec la clim. et s.d.b. privée (eau froide) sont proposées à 7 500 K. Celles à un ou deux lits avec clim. et s.d.b. privée (eau chaude) sont à 9 000 K (12 000 K avec la TV). Les chambres au tarif intermédiaire disposent d'un bon rapport qualité/prix. L'hôtel abrite également le siège de l'agence de tourisme de Savannakhet.

SUD

A l'extrémité sud de la ville, deux adresses méritent d'être citées. La *Sayamungkhun Guest House* (☎(041) 212426) propose des grandes chambres impeccables dans une vaste maison de Thanon Latsavongseuk pour 6 000 K avec ventilateur, de 8 000 à 12 000 K avec la clim. Chacune des chambres possède toilettes et douches indépendantes, celles en retrait de la route sont beaucoup plus tranquilles.

Le *Phonevilay Hotel* (☎ 212284), 137 Thanon Phetsalat, est constitué de plusieurs bungalows disposés autour d'une cour. De tailles variées, les chambres offrent un confort – et des qualités de matelas – proportionnel aux prix. Pour 5 000 K, on loue une chambre à deux lits, avec ventilateur et douche (eau froide) commune. Pour 7 000 K, les deux lits s'accompagnent de la clim. et d'une douche. Pour trois lits, avec clim. et douche d'eau chaude, il faut compter 14 000 K en simple/double/triple. A 10 000 K en simple/double, la chambre s'agrandit et comporte TV, réfrigérateur et autres équipements.

Les propriétaires du Phonevilay gèrent également le nouveau *Riverside Resort* (☎ 212775) qui regroupe des bungalows tranquilles surplombant le Mékong, à environ 1 km au sud de la ville, en direction de l'hôpital. Pour une chambre avec ventilateur, toilettes et douche privées, vous payerez 5 500 K (9 000 K avec la clim.). La chambre "spéciale" avec clim., TV, réfrigérateur et eau chaude est proposée à 12 000 K.

La *Fuangphet Guest* House (☎ 212517), à côté de Talaat Savan Xai et de la gare routière, dispose de sept chambres sur deux étages. Celles avec clim. et s.d.b. privée sont à 12 000 K, et pour 15 000 K vous aurez droit au réfrigérateur et à l'eau chaude. Vous trouverez un restaurant au rez-de-chaussée et une petite terrasse à l'étage.

Si vous devez prendre un bus à l'aube, ou si vous souhaitez dormir dans l'établissement le moins cher de la ville, un hôtel tenu par des Vietnamiens et situé à côté de

la gare routière, au nord de la ville, vous propose ses chambres très simples à deux ou trois lits pour 1 500 K par personne.

Où se loger – catégories moyenne et supérieure

Située dans le centre-ville, l'*Auberge du Paradis (Sala Savanh Guest House*, ☎ 212445), Thanon Kuvoravong, près de la place principale, est installée dans une villa française rénovée datant de 1926. Les vastes chambres climatisées avec eau chaude, ventilateur et moustiquaire valent 20 $US la simple/double. On peut déjeuner dans le jardin à l'arrière (prévenir à l'avance). Vous trouverez une succursale de Sodetour dans cet hôtel.

A deux pâtés de maisons, au nord de Thanon Udomsin et au bout de Thanon Sisavangvong, le *Phonepaseut Hotel* (☎ 212158) dispose de chambres modernes et propres donnant sur une petite cour. La piscine de 25 m de long, située de l'autre côté de la rue, est probablement la plus belle de tout le Laos. Elle est gratuite pour les clients de l'hôtel et coûte 800 K pour les visiteurs. Toutes les chambres sont équipées d'un réfrigérateur, de la TV, de la clim. et de douches chaudes. Une simple/double coûte 25 $US (20 $US en basse saison). C'est là que descendent généralement les membres des organisations internationales. La présence d'une discothèque à proximité rend l'établissement quelque peu bruyant le soir.

Le *Hoongtip Hotel* (☎ 212262), grande bâtisse sur quatre étages de style néogothique au coin de Thanon Phetsalat et Thanon Udomsin, demande 21 $US pour de grandes chambres modernes et climatisées avec eau chaude. Construit avec des matériaux de mauvaise qualité, le bâtiment se dégrade rapidement. L'hôtel compte également un restaurant et une boîte de nuit, mais pas d'ascenseur.

Plus au nord, à la lisière de la ville, à deux pas de Thanon Latsavongseuk, se trouve l'immense *Nanhai Hotel* (☎ 212371 ; fax 212381) qui se dresse sur six étages. Construit par une entreprise chi-

A Pakse, dans le sud du pays, la façade de cet immeuble n'est pas sans rappeler l'influence française

BETHUNE CARMICHAEL

JOE CUMMINGS

Le Sud du Laos

En haut : Don Det et son liséré de cocotiers, l'une des îles sur le Mékong, dans le sud du pays
En bas : difficile d'imaginer cadre plus bucolique que le Tadlo Resort, près de Salavan

noise du Guangzhou, l'hôtel offre des prestations de qualité. Les petites chambres avec téléphone et s.d.b. privée sont proposées à 20 $US. Les simples/doubles plus vastes avec TV par satellite sont louées 32/34 $US. Le petit déjeuner est inclus. Les suites avec réfrigérateur sont disponibles moyennant 52/54 $US. Cet établissement est doté d'un ascenseur, d'une piscine, d'un karaoke, d'une cafétéria et d'un restaurant préparant de la cuisine chinoise, thaïe et française. Dans la pure tradition chinoise, un thermos d'eau chaude et des tasses à thé en céramique avec couvercle sont mis à disposition dans chaque chambre.

Où se restaurer

On ne peut pas dire que Savannakhet soit la capitale lao de la gastronomie. Néanmoins on y trouve des cuisines thaïlandaise, chinoise et vietnamienne correctes. Parmi les spécialités locales, citons le sìn sawăn, bœuf rôti boucané, et le jaew pạạ dàek, une épaisse sauce de piments pilés, d'oignons, de sauce de poisson et de racines de lotus.

Le long des berges du Mékong, en face du Mékong Hotel et du Vat Sainyaphum, un petit marché de nuit fonctionne, comme son nom l'indique, en soirée. La plupart des vendeurs ne proposent que des biscuits en sachet et des boissons fraîches. Quelques uns préparent toutefois des tạm màak hung (salade de papaye verte épicée), du poulet grillé et des kebabs. L'endroit est rafraîchissant et très agréable pour assister au coucher du soleil sur Mukdahan.

Dans le bâtiment des douanes et de l'immigration qui domine le port des ferries, un restaurant appelé le *Say Chai* sert des plats lao simples et de la bière fraîche.

Dans le centre-ville sont regroupés de nombreux petits restaurants sino-vietnamiens de catégorie moyenne. La cuisine lao est parfois difficile à dénicher, mais le *Nang Khamweung*, un très modeste restaurant avec deux tables sur Thanon Phetsalat (à un pâté de maison au nord de Thanon Si

Muang), est connu pour son làap au bœuf ou au buffle et pour son riz gluant ; il est ouvert tous les jours de 12h à 23h. Vous trouverez à deux pas de Nang Khamweung, de l'autre côté de la rue, le *Lung Taam*, un autre restaurant lao authentique.

De l'avis des locaux, il semble que le hâan khãi fõe, appelé *Nang Iam*, à l'est de l'église catholique, près de Huay Longkong (troisième maison à gauche à partir de Thanon Latsavongseuk), soit le meilleur endroit pour déguster un grand bol de bœuf fõe (700 K) servi avec toutes sortes de condiments, notamment des sauces à base de petits piments jaunes et mauves particulièrement forts.

En face du Hoongtip Hotel, le *Nang Bin* est une bonne boutique de nouilles où l'on trouve aussi du café. Quelques autres boutiques ponctuent la rue suivante, Thanon Phetsalat (vers le nord). Au coin sud-est de Talaat Yai, plusieurs stands de café servent un bon petit déjeuner.

Un petit marché de nuit, *Savanhlaty Food Garden*, est installé près du fleuve, sur une petite place non loin de l'église catholique. On y trouve une cuisine lao, chinoise ou thaïlandaise bon marché et de bonne qualité. Côte à côte, deux *restaurants vietnamiens* nichés dans un trou de souris servent, outre la cuisine vietnamienne habituelle, une bonne variété de plats thaïlandais. Il vous en coûtera environ 1 300 K pour un plat accompagné de soupe ou de riz et 2 000 K pour un menu complet.

Le *Haan Aahaan Lao-Paris* (*Lao & French Food Restaurant*, ☎ 212792), anciennement appelé le Four Seasons Restaurant, est installé dans les murs d'un vieux magasin chinois, non loin du fleuve. Géré par un sympathique couple lao-vietnamien ayant vécu plusieurs années en France et en Thaïlande, cet établissement propose des plats lao, vietnamiens et français, dont des nãem néuang, des baguettes au thon, du bœuf coréen, des spaghettis, des steaks, des frites, du café lao et du vin français vendu au verre. Les petits déjeuners sont savoureux.

L'établissement est ouvert tous les jours de 8h à 22h et les prix sont raisonnables.

Dans une rue au nord de la Lao May Bank, vous tomberez sur une boutique de glaces appelée *Nang Bunliem*.

Les hôtels *Phonepaseut, Savanbanhao, Hoongtip* et *Nanhai* ont leurs propres restaurants. Le *Savanbanhao* (dont le restaurant se trouve en face de l'hôtel) prépare une nourriture tout à fait décente. Le Hoongtip et le Nanhai pratiquent des prix un peu plus élevés.

Plusieurs échoppes de nouilles et de riz ont élu domicile à proximité de la gare routière. La *Khiw Lot* est un peu meilleure que les autres.

Où sortir

Les hôtels *Savanbanhao, Phonepaseut* et *Mékong* abritent chacun une discothèque avec des orchestres lao.

Comment s'y rendre

Avion. Lao Aviation (☎ 212140) dispose de Yun-12 effectuant tous les jours sauf le vendredi, la navette entre Vientiane et Savannakhet. Les étrangers paient 61 $US pour un aller simple (65 minutes).

Des vols entre Savan et Pakse (44 $US, 50 minutes) sont annoncés par la compagnie mais cette liaison ne fonctionne en réalité que lorsqu'un groupe affrète l'avion.

Route. A Vientiane, trois ou quatre bus par jour quittent la gare routière Talaat Sao pour rejoindre Savannakhet en 8 ou 9 heures. Le trajet coûte 10 000 K. Dans les deux sens, les bus partent vers 7h30, 10h et 11h. Depuis deux ans, les conditions de circulation sont meilleures entre Vientiane et Savan.

Depuis/vers Pakse, un billet coûte 5 000 K et le voyage s'effectue en 6 heures environ. Les départs ont généralement lieu aux alentours de 6h. Le trajet sera moins pénible lorsque les travaux sur la Route 13 seront terminés.

La gare routière de Savan (la *khíw lot* ou "la queue du bus") se trouve à côté de

Talaat Savan Xai, à l'extrémité nord de la ville. Les passagers qui partent à l'aube peuvent consommer sur place du café et des nouilles. Fait unique au Laos, on trouve même sur place un motel proposant des chambres bon marché.

Depuis/vers Lao Bao (Vietnam). On peut entrer et sortir du pays en toute légalité par Lao Bao, sur la frontière lao-vietnamienne. Depuis Savan, un bus quotidien se rend à la frontière par la Route 9 (départ à 5h30, arrivée vers midi, 5 000 K). Dans l'autre sens, les bus partent à 13h et 19h.

Les 250 km de route sont rudes dans des bus généralement bondés. La situation devient franchement difficile durant la saison des pluies, de juin à octobre.

Dong Ha, qui se trouve sur le principal axe routier et ferroviaire reliant le Nord et le Sud du Vietnam, est à seulement 75 km de Lao Bao. A la gare routière de Savan, vous pourrez réserver une place pour les bus directs à destination de Danang (28 000 K, 508 km), Hué (18 000 K, 409 km), Dong Ha (14 000 K, 329 km), Vinh (27 000 K, 629 km) et Hanoi (39 000 K, 916 km). Si vous n'avez pas encore de visa pour le Vietnam, vous pourrez vous en procurer un au consulat vietnamien de Savannakhet ou de Pakse.

Depuis/vers Mukdahan (Thaïlande). Des bacs traversant le Mékong relient régulièrement Savannakhet et Mukdahan, entre 8h30 et 17h en semaine, et 8h30 et 12h30 le samedi ; la traversée coûte 30 B depuis la Thaïlande, 1 100 K depuis le Laos.

Il est permis d'entrer et de sortir du pays *via* Savannakhet. La plupart des étrangers obtiennent automatiquement un visa de 30 jours à leur arrivée en Thaïlande. Si vous souhaitez rester plus longtemps, vous devrez vous rendre au consulat de Thaïlande situé à l'Hotel Nanhai, à Savannakhet.

Comment circuler

Vous serez certainement amené à emprunter les samlor. Les tarifs tournent autour de 800 K du kilomètre. Le *sakai-laep* ou "skylab" est l'équivalent local du jumbo. Il est ainsi surnommé en raison de ses faux airs de laboratoire spatial. Vous n'aurez aucun mal à en trouver à proximité du débarcadère des ferries de passagers.

Vous pourrez louer une bicyclette pour 3 000 K par jour au Santyphab Hotel.

LES ENVIRONS DE SAVANNAKHET
That Ing Hang
On pense qu'il a été édifié vers le milieu du XVIe siècle (à peu près à la même époque que le Pha That Luang de Vientiane). Ce reliquaire, haut de 9 m, très bien proportionné, est le deuxième édifice religieux le plus sacré du Sud du Laos après le Vat Phu de Champasak. Construit à l'emplacement du quartier général des troupes de Chao Fa Ngum, lors de la prise de Muang Sawa au milieu du XIVe siècle, le That Ing Hang occupe sans doute un ancien site sacré datant du royaume de Sii Khotabun.

En dehors de la base cubique d'inspiration môn, le That Ing Hang a été en grande partie reconstruit sous le règne du roi Sai Sethathirat (1548-1571). On peut admirer un stupa traditionnel lao et une ombrelle en or pesant 40 *baht* (450 g).

La partie inférieure renferme une collection de bouddhas. Selon la coutume religieuse, les femmes ne sont pas autorisées à pénétrer dans cette salle. Les stucs extérieurs sont quasiment intacts, mais les sculptures placées dans les niches sont des œuvres récentes de facture assez médiocre. That Ing Hang fut restauré par l'autorité française en 1930.

Le cloître est ceint de hauts murs sur trois côtés et d'un mur plus bas à l'avant, chacun orné de portails ouvragés. Les bouddhas anciens du petit sim situé à côté du reliquaire principal méritent d'être vus, mais il faut trouver une bonne âme pour se faire ouvrir la porte. Les bâtiments en bois, derrière le sanctuaire, sont les résidences d'une poignée de bonzes.

A la pleine lune, en février ou en mars, le temple est le cadre d'une grande fête, au cours de laquelle on organise des processions et des feux d'artifice.

Comment s'y rendre. Le That Ing Hang se trouve à 12 km au nord-est de Savannakhet par la Route 13, puis à 3 km en suivant la piste qui part vers l'est. Tous les bus qui se rendent dans le Nord passent par cette bifurcation.**That Ing Hang**

Heuan Hin
Il s'agit de ruines khmères et cham (le nom lao signifie "maison de pierre") situées en bordure du Mékong, au sud de Savannakhet. Datant de 553 à 700, elles intéresseront surtout les amateurs d'art de l'époque pré-Angkor car il ne reste que quelques murs et un tas de moellons en latérite (argile rouge). Il ne subsiste aucune sculpture. Le seul linteau découvert sur ce site se trouve à Paris.

Lorsqu'il y a suffisamment de fond, le mieux est d'affréter un bateau pour se rendre sur le site. Le trajet dure trois heures de "bateau à longue queue" (70 km). Par la route, il faut d'abord suivre la Route 13 pendant 75 km, puis tourner à l'ouest sur une route assez mauvaise, longue de 15 km. Le Savannakhet Tourism Co, au Savanbanhao Hotel, propose un forfait comprenant un véhicule, un conducteur et un guide pour Heuan Hin et That Phon (voir plus bas) moyennant 70 $US l'aller-retour.

That Phon
Datant probablement du XVIe siècle, ce grand stupa blanc arrondi, semblable au That Makmo de Luang Prabang (censé renfermer des bouddhas de grande valeur) se trouve à 65 km au sud de Savannakhet, sur la route qui mène à Heuan Hin.

SEPON (XEPON) ET LA PISTE HO CHI MINH
L'une des villes les plus proches de la piste Ho Chi Minh, Sepon (ou "Xepon", 35 600 habitants), se trouve à environ 170 km à l'est de Savannakhet par la Route 9. Détruite durant la guerre, elle compte actuellement parmi ces cités de bois qui constituent l'héritage à long terme des bombardements du Laos oriental pendant la guerre d'Indochine.

SUD

La piste Ho Chi Minh

La fameuse piste Ho Chi Minh, réseau complexe de sentiers et de routes en graviers, part à l'est de Savannakhet puis longe la frontière lao-vietnamienne.

Dans les années 50, le Vietminh l'empruntait pour infiltrer le sud du territoire occupé par les Français, mais elle est surtout associée à la guerre d'Indochine (1963-1974). Entre 1966 et 1971, plus de 600 000 soldats de l'armée nord-vietnamienne, sans compter les 100 tonnes de provisions et les 500 000 tonnes de matériel qui les accompagnaient, ont transité par elle. Abritant baraquements, dépôts de combustible, ateliers de réparation et DCA, la piste était constamment surveillée par 25 000 hommes.

Pendant la majeure partie de la guerre, les Nord-Vietnamiens ont nié son existence. De leur côté, les Américains contestaient les bombardements. En dépit du pilonnage, le trafic n'a jamais été interrompu durant plus de quelques jours (1,1 million de tonnes de bombes ont été larguées au cours des bombardements tactiques qui ont débuté en 1965 ; en 1969, les bombardiers, notamment les B-52, effectuaient jusqu'à 900 sorties par jour). Selon certaines estimations, les Nord-Vietnamiens n'auraient subi que 15 à 20% de pertes. En effet, seule une bombe sur 300 faisait des victimes. Les Américains ont même essayé de larguer des canettes de bière Budweiser (pour tenter d'enivrer les troupes !), des détergents pour laver la vaisselle (afin de rendre la piste glissante) et des quantités phénoménales de défoliants et d'herbicides.

Sepon, à environ 170 km à l'est de Savannakhet par la Route 9, est distante de 20 km de la piste. La piste est plus facilement accessible depuis le village de Pa-am, dans la province d'Attapeu, à droite de la route principale. Au sud, la piste débouche au Cambodge où elle rejoint la "piste Sihanouk" partant du golfe de Thaïlande.

À différents endroits de la piste, on peut voir des restes de la guerre en particulier des bases antiaériennes et des tanks soviétiques. Les marchés au métal étant trop éloignés pour en faire le commerce, les épaves sont donc encore nombreuses. Cependant, près des zones de peuplement, seuls quelques cratères et un ou deux tanks sont encore visibles. Comme dans beaucoup d'autres villes de l'est du pays détruites pendant la guerre, les habitants de Sepon n'ont pu bâtir que des maisons en bois.

Certaines maisons de Ban Dong, à 34 km à l'ouest de la frontière vietnamienne près de la Route 9, sont partiellement reconstruites avec des bouts de ferraille. L'est de la province est aussi l'une des principales régions (avec Saravan, Sekong et Attapeu, plus au sud) où des équipes lao-américaines, dirigées par un colonel américain de Vientiane, recherchent encore les soldats américains portés disparus. On pense que 80% des hommes qui n'ont pas été retrouvés au Laos (519 en 1993) ont été tués le long de la piste Ho Chi Minh. ■

Sepon constitue l'un des points de départs pour visiter la piste Ho Chi Minh, dont les abords se trouvent à 15 ou 20 km à l'est de la ville. Les débris de la guerre que l'on peut voir ne sont que la partie la plus petite de l'iceberg, le reste étant maintenant caché sous la végétation. A moins d'aimer la randonnée à l'écart des routes (il vous faudra de toute façon un guide en raison des mines), le voyage jusqu'à Sepon ne vaut pas vraiment la peine.

A 34 km de là, le petit village de Ban Dong est à quelques kilomètres à l'est de la frontière vietnamienne. Le village abrite un petit marché où l'on échange des produits vietnamiens et chinois.

Où se loger

Quelques pensions rustiques existent à Sepon.

Comment s'y rendre

Le bus de Savan à la frontière vietnamienne s'arrête à Sepon (billet : 4 000 K). Le bureau de tourisme de Savannakhet, au Savanbanhao Hotel, peut louer une voiture avec chauffeur pour cinq passagers maximum, moyennant 100 $US.

SUD

Province de Salavan

Le plateau des Bolaven, qui chevauche les provinces de Salavan, de Sekong, de Champasak et d'Attapeu, constitue la grande curiosité de la région. Aux abords du Se Set (affluent du Se Don), on peut voir des cascades et visiter des villages traditionnels lao. A l'instar de la plaine des Jarres (province de Xieng Khuang), le plateau des Bolaven jouit d'un climat agréable. Pour le logement, consulter plus en avant dans ce chapitre la *Province de Champasak*.

Les quelque 256 000 habitants que compte la province appartiennent à des minorités môn-khmères relativement peu connues : Ta-oy (Tahoy), Lavai, Alak, Laven, Katang, Ngai, Tong, Pako, Kanay, Katu et Kado. Il n'existe aucune tribu Lao Sung dans la région.

La forêt couvre 51% de la surface de la région, dont seulement une petite partie est protégée.

La **zone de conservation de la biodiversité de Phu Xieng Thong** s'étend sur 995 km² en bordure du Mékong, dans la partie occidentale de la province (à environ 40 km au nord de Pakse). C'est la seule zone protégée du Laos qui comprenne des plaines fluviales typiques, avec leurs bancs de sable côtiers. La rive opposée est protégée par le parc national Pha Taem de Thaïlande. Les deux rives se caractérisent par des alternances de falaises, d'affleurements de grès (dont certains contiennent des grottes décorées de peintures rupestres préhistoriques), de broussailles, de maquis et de forêts tropicales d'arbres à feuilles caduques. Certaines espèces rares sont réfugiées dans la région : éléphant, gaur, banteng, langur Douc, gibbon, ours noir d'Asie, panthère longibande, tigre et crocodile du Siam.

A l'extrémité nord-est du territoire, le district de **Samouy** faisait partie, dans le passé, de la province de Savannakhet. Cette région frontalière du Vietnam s'avère d'un accès difficile, mais une route de 162 km, accessible en saison sèche, sera bientôt tracée en direction de Samouy (et de Tahoy). On passera, pour l'emprunter, par la Route 23, au nord de la capitale. Samouy est le poste-frontière officiel entre Da Lai, au Vietnam, et le district, mais seuls les Lao et les Vietnamiens y ont accès.

SALAVAN

Avant d'être rebaptisée Salavan (Sarawan en thaï) par les Siamois en 1828, cette région servait d'avant-poste au royaume Champasak et s'appelait Muang Man. Elle était essentiellement peuplée de minorités môn-khmères. Le chef-lieu de la province a été pratiquement rasé pendant la guerre, occupé tantôt par les forces de l'armée royale tantôt par celles du Pathet Lao. Reconstruit en briques et en bois, il abrite environ 40 000 habitants. Seul le bureau de poste témoigne du passage des Français.

Jusqu'à une époque récente, le marché local était réputé pour la vente de produits naturels, mais ce commerce paraît s'être désormais déplacé vers Lak Sao, au nord de la province de Khammuan. Salavan approvisionne en denrées les agriculteurs des districts voisins. Une importante tôlerie a récemment ouvert ses portes dans la banlieue sud de la ville. C'est le plus gros employeur industriel de Salavan.

Renseignements

La Phak Tai Bank accepte de changer des dollars et des bahts (des espèces uniquement) en kips.

Une cabine téléphonique à carte est installée devant le bureau de poste et communications. L'indicatif de Salavan est le 31.

Où se loger et se restaurer

A 2 km environ de la gare routière, la *Saise Guest House* (☎ 3171) appartient à l'État et se compose de trois bâtiments. Elle comporte des chambres à 5 lits/3 lits avec ventilateur et s.d.b. commune à 8 000 K/9 000 K par personne. Elle offre également des doubles avec clim. et s.d.b. commune à

11 000 K et dispose d'une chambre pour quatre personnes avec clim. et s.d.b. privée (14 000 K).

Le *Nong Vilaivone* (☎ 3209) demeure le meilleur restaurant en ville. Cet établissement construit en bambou avec ventilateurs au plafond est agréable et bien entretenu. Il est installé en face du bureau du ministère des Finances. Sa carte propose des plats lao, chinois et vietnamiens coûtant 5 000 K environ.

On trouvera plusieurs échoppes de nouilles dans les environs du marché, et un petit marché de nuit le long d'une rue latérale, près du marché principal. On y vend des plats lao préparés.

Le *Bouavan Ratree*, à la fois restaurant et night-club, prépare des mets lao, accompagnés de concerts de musique lao.

Comment s'y rendre

Avion. Lao Aviation assure officiellement les liaisons Vientiane-Salavan (91 $US) et Savannakhet-Salavan (44 $US). Suspendu depuis les travaux de réfection de la piste de Salavan en 1995, ce service devrait fonctionner à nouveau.

Route. Des camions-bus relient régulièrement Salavan depuis Pakse, dans la province de Champasak, *via* Khong Sedon, entre 6h et 11h du matin (2 500 K). La Route 20, l'une des meilleures du pays, relie les deux villes (150 km) en 2 heures 30.

Moyennant 3 000 K par personne, les camions mettent de 3 à 4 heures pour couvrir les 90 km depuis/vers Sekong sur la Route 16 (reportez-vous à *Comment s'y rendre* de la rubrique *Sekong* dans *Province de Sekong*). Depuis cette ville, vous pouvez poursuivre votre route vers Attapeu.

En provenance du nord sur la Route 13, descendez à Khong Sedon pour une correspondance vers Salavan en camions-bus, au lieu de continuer jusqu'à Pakse.

Durant la saison sèche, on peut prendre la Route 23, qui passe par Tumlan et rejoint la Route 9 dans la région de Sepon.

La Route 23 relie Salavan à Lao Bao, mais elle est en très mauvais état en amont de la ville : le passage des gués pose un vrai problème et tous les ponts en béton, construits par l'administration française, ont été bombardés pendant la guerre d'Indochine. Des tribus austro-asiatiques vivent dans la région.

LES ENVIRONS DE SALAVAN

Le lac de **Nong Bua**, à 14 km à l'est de la ville, près de la source de la Don (Se Don), doit sa notoriété à une colonie de crocodiles de Siam (*khàe* en lao), que l'on peut voir durant la saison des pluies. Malheureusement, ils sont de moins en moins nombreux. Dans le lointain, se dessine le sommet du **Phu Katae**, haut de 1 588 m.

Le lac de **Nong Kangdong**, dans la région de Khong Sedon, au sud-ouest de la capitale, abriterait également des crocodiles. Ce district compte également un stupa vieux de 300 ans, en ruine, **That Kadaotuk**, qui mesure 10 m de haut. C'est un lieu de pèlerinage régional important.

A **Tumlan**, village katang installé à une quarantaine de kilomètres au nord de la capitale (par la Route 23), on découvre une maison de près de 100 m de long qui abrite une trentaine de familles. On peut y observer les techniques de tissage locales. Les textiles katang diffèrent considérablement de ceux du Nord du Laos, plus connus. Bandes de couleurs et dessins y sont plus nombreux car plus étroits.

Le district de **Tahoy** (Ta-oy), à l'est de Tumlan, regroupe une importante communauté ethnique ta-oy et compte 26 000 habitants, éparpillés sur la partie orientale des provinces de Salavan et de Sekong. Les Ta-oy vivent dans les vallées forestières des régions montagneuses (altitudes de 300 à 1 000 m), qu'ils partagent avec des Katu et d'autres groupes môn-khmers. Comme ces derniers, ils pratiquent un mélange d'animisme et de chamanisme. Au cours de leurs cérémonies, les Ta-oy plantent des totems de bambou en forme de losanges à l'entrée de leurs villages pour en interdire l'accès aux étrangers. Les textiles qu'ils produisent sont très prisés, tant à l'échelle locale que par les collectionneurs de Vientiane. Les visiteurs ne peuvent séjourner que dans la maison du chef de district.

Province de Champasak

La longue histoire de la région de Champasak a commencé sous les royaumes de Funan et de Chenla entre le Ier et le IXe siècles de notre ère. Du Xe siècle au XIIIe siècle, Champasak a appartenu à l'empire cambodgien d'Angkor. A l'époque de son déclin, entre le XVe et la fin du XVIIe siècle, elle a été intégrée au royaume de Lan Xang, avant de devenir indépendante au début du XVIIIe siècle. Le royaume lao de Champasak a connu trois monarques : Soi Sisamut (neveu de Sulinya Vongsa, 1713-1737), Sainyakuman (1737-1791) et Fai Na (1791-1811). Pendant la domination française, il était connu sous le nom de Bassac ou Pasak, une contraction de Champasak.

La province actuelle (qui regroupe les trois provinces distinctes de l'ancien régime : Champasak, Sedon et Sithandon) compte environ 500 000 habitants, appartenant à la famille des Lao des plaines (nombreux Phu Thaï), des Khmers et à certains petits groupes môn-khmers – Suay, Ta-oy (Tahoy), Lavai, Chieng, Nyaheun, Laven, Kaseng, Katang, Nge, Inthi, Oung, Katu, Kien, Salao, Tahang et Kate – dont la plupart vivent sur le plateau des Bolaven.

Le bois représente la principale source de revenu de la région, suivi du café, du thé, de la cardamome, du rotin et d'autres produits agricoles. La province est également connue pour ses soieries (*mat-míi*) et cotonnades tissées main, à base de fils teints, suivant la méthode des nœuds.

PAKSE

Pakse (64 000 habitants) est une ville relativement récente, fondée par les Français en 1905, au confluent du Mékong et du Se Don. Aujourd'hui chef-lieu de la province de Champasak, elle présente peu d'intérêt, si ce n'est d'être le point de départ pour visiter le plateau des Bolaven, les ruines khmères du Vat Phu Champasak, Si Phan Don ("quatre mille îles") ou Ubon Ratchathani, en Thaïlande. Il ne reste que quelques bâtiments de l'époque coloniale, principalement d'architecture franco-chinoise. L'immeuble de la **Société chinoise** (Thanon 10, dans le centre-ville), richement décoré, en offre l'un des meilleurs exemples.

Très animé, le grand **marché** propose un excellent choix de produits, en raison de la proximité des terres fertiles du plateau des Bolaven. Le marché couvert a été détruit par un incendie en 1997 et les étals sont désormais vides. Les commerçants se sont installés à l'extérieur pour vendre des vêtements, de l'équipement ménager et des boites de conserve. Dans l'avenir, le marché devrait être reconstruit. Un commerce actif avec la Thaïlande et une grande usine pharmaceutique, située à quatre kilomètres au sud de la ville, complètent l'activité économique de Pakse.

En face de l'embarcadère, sur la rive gauche du Mékong, se trouve **Ban Muang Kao**, d'où part la route vers Chong Mek, située à la frontière thaïlandaise. C'est ici que le bois à destination de la Thaïlande est chargé sur les barges.

On peut faire de petites excursions d'une journée dans les environs de Pakse, en se rendant par exemple aux chutes de **Taat Sae**, à 8 km par la Route 13. Les tisserands de **Ban Saphai**, village situé à 15 km au nord, travaillant la soie et le coton, produisant en particulier de célèbres *phàa sálóng*, longs sarongs que portent les hommes.

La plupart des habitants de Pakse sont d'origine chinoise ou vietnamienne ; à l'occasion du Tet (Nouvel An chinois et vietnamien), la ville est éclairée de feux d'artifice trois jours durant.

Renseignements

Office du tourisme. L'ATL de la province de Champasak (☎ 212021) dispose d'un

SUD

bureau sur la berge de la Don, à proximité du centre-ville. Son personnel se montre serviable et se charge de la location de voitures.

Consulat du Vietnam. Les visas pour voyager au Vietnam peuvent être obtenus auprès du consulat du Vietnam (☎ 212058, 212827) situé en retrait de la Route 13, dans le quartier du Ban Vat Pha Bat.

Argent. Vous pouvez changer des bahts ou des dollars (espèces) contre des kips, à la succursale BCEL située près du marché central et du Pakse Hotel. Elle ouvre en semaine de 8h30 à 15h30 et le samedi de 8h30 à 10h. Sur la Route 13, la Phak Tai Bank change également de l'argent mais à un taux moins intéressant.

Poste et communications. La poste principale fait l'angle de Thanon 8 et Thanon 1, au sud-ouest du centre-ville. Un bureau de téléphone, fax et télégraphe se trouve dans Thanon 1, non loin du Champasak Palace Hotel. Le code régional de Pakse est le 31.

Agences de voyages. Vous pourrez organiser vos circuits dans le plateau des Bolaven, le Vat Phu Champasak ou la Don Khong (île de Khong) avec Sodetour (☎ 212122), située près du débarcadère sur Thanon Thasala Kham ; Lane Xang Travel & Tour (☎ 212281), à côté du Suksamlan Hotel sur Thanon Vat Luang ; Inter-Lao Tourisme (☎ 212226), sur la Route 13, près de la Phak Tai Bank ; DAFI Travel & Tours (☎ 212329), 146-148 Route 13 ; ou Lao Travel Service (☎ 212503), sur la Route 13.

Toutes ces agences organisent des excursions en bateaux privés contenant jusqu'à vingt personnes, vers le Vat Phu Champasak (40 $US) ou Don Khong (200 $US).

Services médicaux. Pakse abrite l'hôpital de la province (☎ 212018, 212041).

Musée de l'Héritage historique de Champasak.
Construit sur la Route 13, à proximité de l'Hotel Residence du Champa, ce musée renferme des antiquités et des documents relatifs à l'histoire de la province. Dans l'entrée, juste après les drapeaux rouges et les drapeaux lao, on peut s'arrêter devant des photos anciennes (dont de nombreux portraits de personnalités politiques originaires du sud du pays, dont Kaysone Phomvihane, Nouhak Phoumsavan et Khamtay Siphandone). La première salle abrite une petite collection de minéraux, quelques clichés en noir et blanc du Vat Phu Champasak et deux très jolis linteaux en grès datant du VIIe siècle. Ils ont été découverts à Um Tomo, non loin de Champasak.

Parmi les objets exposés aux rez-de-chaussée, on trouve des instruments de musique, des stèles rédigées en tham, datant des XVe et XVIIIe siècles, une jarre du XIe ou du XIIe siècle, un petit *lingam* (phallus de Shiva), des décorations en stuc, des poteries et une maquette du Vat Phu Champasak.

Dans les étages, le musée présente des pièces ethnologiques comme des mannequins revêtus de vêtements ethniques, des tissus et des bijoux de Nyaheun, Suay et Laven. Les larges bracelets en métal portés aux chevilles et les boucles d'oreille en ivoire sont particulièrement intéressants car plus guère portés de nos jours. L'exposition consacrée aux tissus des ethnies du Sud est également assez instructive car elle montre la diversité des motifs ornant les *phàa sìn*. Parmi les autres objets présentés, on peut admirer des instruments en bambou, des céramiques, des paniers, des bouddhas en bronze, des divinités en grès, des outils agricoles, des pièges pour la chasse et des selles d'éléphant. Si vous vous intéressez à l'histoire de la guerre, ne manquez pas la photo réunissant le Neo Lao Issara (le Front de libération du Laos) et les soldats vietnamiens, ainsi que celle des prisonniers français à Sam Neua après la défaite de Dien Bien Phu.

La plupart des pièces présentées comportent des légendes en lao, doublées en version française ou anglaise, à l'exception

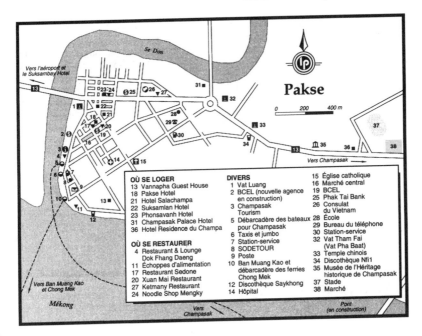

Pakse

OÙ SE LOGER
13 Vannapha Guest House
18 Pakse Hotel
21 Hotel Salachampa
22 Suksamlan Hotel
23 Phonsavanh Hotel
31 Champasak Palace Hotel
36 Hotel Residence du Champa

OÙ SE RESTAURER
4 Restaurant & Lounge
   Dok Fhang Daeng
11 Échoppes d'alimentation
17 Restaurant Sedone
20 Xuan Mai Restaurant
27 Ketmany Restaurant
24 Noodle Shop Mengky

DIVERS
1 Vat Luang
2 BCEL (nouvelle agence
   en construction)
3 Champasak
   Tourism
5 Débarcadère des bateaux
   pour Champasak
6 Taxis et jumbo
7 Station-service
8 SODETOUR
9 Poste
10 Ban Muang Kao et
   débarcadère des ferries
   Chong Mek
12 Discothèque Saykhong
14 Hôpital

15 Église catholique
16 Marché central
19 BCEL
25 Phak Tai Bank
26 Consulat
   du Vietnam
28 École
29 Bureau du téléphone
30 Station-service
32 Vat Tham Fai
   (Vat Pha Baat)
33 Temple chinois
34 Discothèque Nfi1
35 Musée de l'Héritage
   historique de Champasak
37 Stade
38 Marché

des témoignages photo-graphiques relatifs à la période révolution-naire du parti communiste et aux dignitaires laotiens.

Le musée est ouvert tous les jours de 7h30 à 11h30 (sauf en mars, de 8h à 16h). L'entrée coûte 200 K.

Temples

La ville compte environ une vingtaine de vats, dont les plus grands sont le **Vat Luang** et le **Vat Tham Fai** (tous deux fondés en 1935). Une école religieuse, au Vat Luang, présente de hauts piliers de béton ornés, de lourdes portes en bois gravées et des fresques ; le talent de l'artiste s'est exprimé dans l'art canonique, sans que l'aspect tra-ditionnel de l'ensemble n'en soit affecté.

Derrière le sim, un bâtiment en bois abrite une école religieuse plus ancienne. Un thâat renferme les cendres de Khamtai Loun Sasothith, ancien ministre du gouver-nement royal lao, mort en 1959.

Le Vat Tham Fai, près du Champasak Palace Hotel, offre moins d'intérêt, mais sa vaste enceinte est le cadre de somptueuses fêtes religieuses. Il est connu également sous le nom de Vat Pha Baat, en raison du petit lieu saint qui s'y trouve, où est conservée une empreinte de Bouddha.

Où se loger – petits budgets

Construit sur cinq étages, le *Phonsavanh Hotel* (☎ 212842), sur la Route 13 à proximité du pont sur la Se Don, propose 18 chambres de confort très sommaire pour 5 000/6 000/7 000 K en simple/double/triple avec accès aux sanitaires communs (eau froide). Le salon du rez-de-chaussée est spartiate. Son seul intérêt réside dans le tableau des messages laissés par les voyageurs précédents.

Près du marché du centre-ville, le grand *Pakse Hotel* (☎ 212131) offre 38 chambres un peu plus confortables. Les tarifs débutent

SUD

à 8 000 K pour une simple/double avec ventilateur au plafond et s.d.b. commune. Une simple/double de même standing mais plus calme, située sur l'arrière vous coûtera 9 500 K, et 12 000 K une simple/double avec clim. et baignoire (eau froide). Quelques simples avec s.d.b. et clim., situées sur l'avant, sont louées 11 500 K et les triples avec baignoire et ventilateur, 11 500 K (15 000 K avec la clim.).

Propre et accueillant, le *Suksamlan Hotel* (☎ 212002), Thanon 14, dispose de 24 chambres climatisées avec des lits corrects, baignoire et eau chaude. Comptez pour une simple/double, 10/12 $US. Il est essentiellement fréquenté par les Thaïlandais qui séjournent ici pour affaires. Près de l'aéroport, le *Suksambay Hotel*, qui lui est associé, offre les mêmes prestations.

La *Vannapha Guest House* (☎ 212502), dans Thanon 9, après l'hôpital à proximité de la Nam Pa Pa Lao (Lao Water Co), est une maison tranquille à deux étages. Les chambres du rez-de-chaussée se louent 8 000/10 000 K. Elles possèdent un ou deux lits, ventilateur et s.d.b. commune. Les chambres à l'étage ont la clim. et une s.d.b. privée (15 000 K). Dans un bâtiment séparé, les chambres avec ventilateur et s.d.b. privée coûtent 10 000 K. Le petit restaurant à l'extérieur sert de bons fõe et du khào pịak sèn.

Où se loger – catégories moyenne et supérieure

Le *Salachampa Hotel* (☎ 212273), à deux rues vers le sud-est du Suksamlan, est installé dans une villa française restaurée. Les simples/doubles dans des chambres avec parquet, hauts plafonds et s.d.b. privées, sont à 25 $US. Dans un bâtiment annexe, quelques chambres sans charme sont proposées à 20 $US. Toutes possèdent la clim. et des douches chaudes. Le petit déjeuner est servi sur une agréable terrasse donnant sur la cour.

A l'extrémité sud-est de la ville, sur la Route 13, près de la gare routière, l'Hôtel Résidence du *Champa* (☎ 212120 ; fax 212765) comprend trois maisons modernes décorées de marbre et de teck. Les

33 chambres possèdent toute la TV par satellite, la clim. et l'eau chaude. Certaines sont équipées d'une baignoire, d'autres d'une douche. Les simples/doubles valent 30 $US. Les repas servis dans la salle à manger sont d'excellente qualité. L'établissement compte également une petite boutique de cadeaux et de souvenirs proposant des objets d'artisanat en provenance d'Attapeu et de Sekong. L'hôtel prend en charge gratuitement le trajet en tuk-tuk depuis la gare routière, le débarcadère ou l'aéroport. Même sans être centrale, l'adresse est d'un bon rapport qualité/prix et les propriétaires parlent français et anglais.

Le *Champasak Palace Hotel* (☎ 212 263 ; fax 212781), le plus grand établissement de Pakse, se dresse sur la Route 13, à un kilomètre à l'est du centre-ville. Connu jadis sous le nom lao de Wang Nyai Chao Bounome (ou palais du prince Bounome), cet édifice de cinq étages en bordure de la Se Don a servi de résidence au dernier prince de Champasak et Premier ministre du Royaume du Laos de 1960 à 1962, Chao Bounome na Champasak. Le prince commença la construction du palais en 1968, puis se réfugia à Paris où il mourut dix ans plus tard. La rénovation, réalisée par une société thaïlandaise, a laissé intacts les carrelages et les boiseries en teck du rez-de-chaussée, mais l'essentiel de la décoration intérieure a été refait. Le mobilier en plastique casse l'atmosphère de la salle à manger et du bar, où les meubles en rotin et en bambou auraient mieux convenu. La terrasse et le jardin sur l'arrière offrent une jolie vue. Construit par les Soviétiques en 1990, un pont métallique jouxte l'hôtel.

Les chambres simples/doubles sont à 25/27 $US (35/37 $US pour la qualité supérieure), tandis que les suites de luxe (petit déjeuner américain, taxes et service compris) atteignent 144 $US.

Toutes les chambres sont équipées de la clim., d'une s.d.b.privée (eau chaude), d'une TV couleur, du téléphone et d'un réfrigérateur. Vous trouverez dans l'hôtel : cafétéria, salon, restaurant de cuisine lao, thaïlandaise, chinoise et occidentale, club de billard et centre de remise en forme. C'est le seul établissement de la ville acceptant la carte de crédit (Visa).

Où se loger – à la périphérie de la ville
Le long de la Huya Nyang Kham, au sud de la ville à proximité du Km 5, vous pourrez dormir à la *Houyyangkham (Huay Nyang Kham) Guest House* (☎ 212755, fax 212756), établissement paisible offrant une vue bucolique sur la rivière et la montagne. L'établissement compte vingt chambres réparties dans cinq petites maisons bien tenues. Chacune coûte 15 000 K avec ventilateur et douche privée (eau chaude) ou 25 000 K avec clim. Une discothèque fonctionne dans les environs, et des maisons à toit de chaume occupent les berges de la rivière. L'adresse est recommandée si vous restez plusieurs jours à Pakse ou si vous souhaitez séjourner en dehors du centre-ville.

Les propriétaires de l'Hotel Residence du Champa sont en train de construire un hôtel face au Mékong, au sud de la ville, non loin du pont. Cet établissement devrait s'appeler le *Champa Residence II* ou *La Boucle du Mékong*. Ses cinq maisons seront de catégorie supérieure et quelques chambres de catégorie moyenne seront proposées dans un bâtiment de type motel. Pour en savoir plus, adressez-vous à l'Hotel Residence du Champa (☎ 212120 ; fax 212765).

Où se restaurer
La plupart des restaurants et des cafés de Pakse servent une cuisine chinoise et vietnamienne. Le marché central du centre-ville vend des plats lao à emporter.

La cuisine tout à fait acceptable du *Restaurant Sedone*, en face de la BCEL dans le quartier du marché, près du Pakse Hotel, concocte différents plats : soupes de nouilles, plats de riz, petits déjeuners, glaces et excellentes frites, sans oublier le café lao.

Le *Xuan Mai restaurant*, de l'autre côté du Pakse Hotel, prépare un bon fõe et du

khào pûn. D'excellentes nouilles au canard (mii pét) sont mitonnées dans un *restaurant* parfaitement insignifiant, juste en face du Salachampa Hotel. Simple et propre, *Noodle Shop Mengky*, au nord du Phonsavanh Hotel, propose des plats de nouilles.

De bonne qualité, les restaurants *Paliane* et *Suksamlan*, à côté du Suksamlan Hotel, proposent surtout de la cuisine chinoise. Le restaurant du Champasak Palace Hotel bénéficie de menus lao, thaïlandais et chinois parfaitement honorables, à des prix très modérés. A noter que cet hôtel comporte le seul bar convenable de Pakse.

Le *Restaurant & Lounge Dok Fhang Daeng*, Thanon 11, à l'ouest du marché, près du fleuve, sert des plats vietnamiens, laotien, thaïlandais et chinois. Ouvert la nuit seulement, il est souvent vide, sauf lorsque des groupes le réserve.

Les plats vietnamiens sont meilleurs chez *Mai Kham*, dans Thanon 35, mais si vous êtes non-fumeur, l'absence de ventilation peut s'avérer gênante. Le *Ketmany Restaurant*, à l'est de la Phak Tai Bank, sur le tronçon nord de la Route 13, est un établissement chinois relativement propre servant des plats chinois et européens ainsi que des glaces.

En face du débarcadère principal des ferries, vous pourrez acheter des boissons fraîches et manger sur le pouce sur la terrasse abritée de parasols. Dans la rue donnant sur l'Hotel Salachampa, deux *vendeurs de baguettes* préparent toutes sortes de khào jii dans le matin dont certaines au lait condensé sucré ou au pâté lao.

Au *Nang Manisuk Restaurant*, à côté de l'aéroport, on peut se restaurer correctement et à moindre frais en attendant un avion.

Où sortir
Si vous souhaitez danser au son d'un orchestre lao, allez au *Sop Sengtavan Cabaret* (derrière la Sodetour près du débarcadère), à la *Saykhong Disco* (vers le sud-est en longeant le Mékong) ou au nouveau et populaire *N°1 Disco*, sur la Route 13, face au Vat Tham Fai.

Comment s'y rendre

Avion. Lao Aviation dispose d'un Yun-7 (ou utilise parfois son unique Antonov 24) assurant une liaison quotidienne entre Pakse et Vientiane. Le vol dure 80 minutes et l'aller simple coûte 95 $US.

D'autres vols depuis/vers Pakse sont officiellement annoncés, en particulier vers Savannakhet (44 $US), Don Khong (29 $US), Salavan (33 $US) et Attapeu (26 $US). En réalité, ces liaisons ne sont assurées que si l'on affrète un appareil.

A Pakse, le bureau de Lao Aviation (☎ 212252) se trouve à côté de l'aéroport, à 2 km au nord-ouest de la ville sur la Route 13.

Route. Il y a deux gares routières : l'une à 7 km au nord de la ville et l'autre à 8 km au sud. A la gare routière nord (*khíw lot lák jét* ou "queue pour le bus Km 7"), les bus sont à destination de Vientiane, Savannakhet et Tha Khaek.

Des bus directs entre Vientiane et Pakse circulent une fois par jour sur la Route 13 (15 000 K). Le départ s'effectue dans les deux sens à 6h et vous n'arriverez que 13/14 heures plus tard. Le bus vers le nord s'arrête à Tha Khaek (9 000 K, environ 10 heures). Deux bus quotidiens depuis/vers Savannakhet partent à 5h et 10h (5 000 K, 6 heures de trajet).

Les bus pour le sud partent de la gare routière sud (*khíw lot lák bæt* ou "queue pour le bus Km 8"). Des camions-bus depuis/vers Champasak partent à 9h, 11h et 13h. Le voyage prend deux heures et coûte 2 000 K. On peut aussi prendre un camion-bus en direction de Ban Don Talaat, car ils s'arrêtent aussi à Champasak pour le même prix.

Citons enfin les départs en direction de Taat Lo (7h et 9h, 2 heures 30, 1 500 K) Salavan (8h et 13h, 3 heures, 2 000 K), de Sekong (6h, 5/6 heures, 5 000 K), d'Attapeu (5h ou 6h, 5 heures, 5 000 K) et de Paksong (nombreux départs de 6h à 14h, 90 minutes, 2 000 K).

Pour toute information sur le transport routier de Pakse à Don Khong, reportez-vous à *Comment s'y rendre* de la rubrique sur *Si Phan Don* plus loin dans ce chapitre.

Seuls quelques bus traditionnels partent de Pakse. Ce sont généralement des camions avec une carrosserie de bois. Ils sont bondés et les bagages sont empilés sur le toit, de sorte que la moyenne horaire du véhicule ne dépasse pas les 15 km/h. Du Km 8 (au sud de la ville) jusqu'à la frontière cambodgienne, la route est dans un état déplorable. L'alternative consiste à prendre le bateau. Le voyage est plus lent qu'avec le camion-bus mais le confort est nettement meilleur.

L'Asian Development Bank finance deux routes vers le sud qui transiteraient par Pakse. Les échanges commerciaux et les voyages entre la Thaïlande, le Laos, le Vietnam et le Cambodge devraient s'en trouver considérablement facilités. Ces deux routes sont, d'une part, l'ADB 6 qui reliera Chong Mek à Pakse et se poursuivra vers Attapeu et Yalakhountum à la frontière vietnamienne ; d'autre part, partant de Pakse, l'ADB 7 rejoindra Voen Kham sur la frontière cambodgienne (et remplacera ou améliorera la Route 13). Les travaux devraient se terminer en 1999.

Voie fluviale. Les bateaux en direction de Champasak mettent environ une heure et demie pour descendre le fleuve, et une heure de plus pour le remonter (coût : 1 000 K). Un ou deux navires partent du débarcadère de Pakse entre 7h et 8h, puis entre 12h et 13h.

La plupart des bateaux peuvent contenir une trentaine de passagers et on peut louer une embarcation moyennant 50 000 K.

Les bateaux pour Dong Khong mettent environ 8 heures (5 000 K). Le trafic s'est accru depuis les travaux de rénovation de la Route 13, au sud de Pakse. Les bateaux font la navette tous les jours pendant la saison sèche, et tous les deux jours pendant la mousson. Pour plus de détails sur la circulation des bateaux à destination de Dong Khong, reportez-vous à la rubrique *Si Phan Don* plus loin dans ce chapitre. La Route 13 étant entièrement goudronnée jusqu'à Hat Xai Khun, en face de Don Khong, le service des bateaux devrait bientôt s'arrêter.

Depuis/vers Chong Mek, Thaïlande.

Toute la journée, des bacs effectuent la traversée entre l'embarcadère situé au confluent du Mékong et de la Se Don et Ban Muang Kao, sur la rive ouest du Mékong. La traversée coûte 500 K (minimum quatre personnes), mais on peut également louer un bateau pour 2 000 K. Le service des ferries sera obsolète après la construction d'un pont enjambant le Mékong, à quelques kilomètres au sud de la ville. Les travaux devraient s'achever en mars 2001.

De Ban Muang Kao à la frontière lao-thaïlandaise, le trajet en taxi collectif (le véhicule ne part que lorsque six passagers sont présents) revient à 2 000 K par personne, 9 000 K en taxi individuel. Le poste-frontière de Ban Mai Sing Amphon, côté laotien, à 45 minutes de route (40 km) est ouvert de 4h à 18h. Le passage de la frontière se fait à pied, il suffit de se présenter au bureau de l'immigration laotien, puis d'attraper un sãwng-thãew en Thaïlande à destination d'Ubon Ratchathani *via* Phibun Mangsahan. Le contrôle au service thaïlandais de l'immigration ne pose généralement pas de problème. Cependant, on peut vous demander de vous présenter au bureau de l'immigration thaïlandaise à Phibun Mangsahan si les douaniers thaïlandais n'ont pas tamponné votre passeport à la frontière.

Comment circuler

Il existe trois sortes de transports locaux aux alentours de Pakse : le samlor, avec ou sans moteur, le jumbo et le tuk-tuk. Ce dernier mode de transport diffère du jumbo car il compte deux rangées de sièges, toutes deux dans le sens de la marche. En partageant les frais, une course en ville revient à 500 K par personne.

Si vous louez un véhicule en individuel, comptez en moyenne 1 000 K (samlor), 2 000 K (jumbo) et 3 000 K (tuk-tuk).

PLATEAU DES BOLAVEN

Situé au nord-est de la province de Champasak, le plateau fertile des Bolaven (Phu Phieng Bolaven en lao) était inexploité avant que les colons français n'y cultivent du café, du caoutchouc et des bananiers, au début du XXe siècle. Les premiers planteurs français ont quitté le pays dans les années 50, lors de l'indépendance, les autres ont suivi lorsque les bombardements américains se sont intensifiés dans les années 60.

Aujourd'hui, les Laotiens cultivent de l'arabica et du robusta. Les ouvriers des plantations de café sont souvent issus de la tribu laven, l'un des principaux groupes ethniques du plateau des Bolaven, qui signifie "lieu des Laven". Les agriculteurs alak et katu cultivent du café et font sécher leur récolte à même le sol ou sur de vastes plates-formes installées à côté de leur village. Le café est vendu en unité de 20 l (soit le contenu d'un bidon d'huile recyclée) à des grossistes de Pakse.

Actuellement, le cours mondial du café étant assez bas, la production est peu importante, même si le café lao se vend à des prix qui comptent parmi les plus élevés du monde. Autres produits agricoles de la région : les arbres fruitiers, la cardamome et le rotin.

En dehors des Laven, le plateau est également peuplé de plusieurs groupes môn-khmers, dont les Alak, les Katu, les Ta-oy (Tahoy) et les Suay. Les Katu et les Alak vivent dans des huttes disposées en cercle et sont très connus pour leurs sacrifices de kérabaus (généralement à la pleine lune de mars), destinés à rendre hommage à l'esprit du village. Le nombre de bêtes sacrifiées (de 1 à 4) varie en fonction du cheptel et du bénéfice issu des récoltes agricoles de l'année précédente. Durant la cérémonie, les hommes du village portent des masques et des boucliers en bois. Munis de lance, ils dansent autour des kérabaus installés au centre du village. Les buffles sont mis à mort à coups de lance. La viande est ensuite partagée entre les familles du village qui déposent un morceau dans un panier accroché à un poteau, devant la maison, en offrande aux esprits.

SUD

Les Katu ont une autre coutume : ils confectionnent à l'avance, pour chaque membre de la famille, des cercueils en bois qui sont entreposés sous les greniers à riz en attendant d'être utilisés.

Parmi les autres tribus, les Suay (qui s'appellent entre eux Kui) sont réputés être les meilleurs dresseurs d'éléphants qui sont utilisés dans les forêts pour défricher et transporter le bois de coupe. Les Alak, les Katu et les Laven se distinguent par les tatouages sur le visage des femmes, une coutume qui tend à disparaître sous l'influence lao. Le gouvernement fournit maintenant l'électricité gratuite à de nombreux villages des Bolaven.

On peut visiter plusieurs **villages katu et alak** sur la route entre Pakse et Paksong, à l'ouest du plateau. Quelques autres sont également installés près de Tadlo Resort (voir ci-dessous la rubrique *Où se loger*), non loin à pied. A Lao Ngam (à ne pas confondre avec Muang Lao Ngam sur la route de Salavan), à environ 40 km à l'est de Pakse, se tient un grand marché fréquenté par les minorités locales. D'autres villages se visitent sur la piste qui relie Paksong et Salavan au nord, notamment dans les environs de Muang Tha Taeng, à la limite des provinces de Sekong et de Salavan.

Le Se Set compte plusieurs chutes dont les plus visitées sont **Taat Lo** et **Taat Phan**, toutes deux à quelques kilomètres à l'ouest de Paksong. Taat Lao (prononcer *tàat láw*) n'est pas très haute (environ 10 m), mais est très large ; on peut tout à fait se baigner dans le grand bassin profond formé en contrebas. Le Tadlo Resort qui se trouve à côté offre des logements confortables.

Pendant la saison sèche, les autorités relèvent les écluses le soir. Cette manœuvre double le débit du fleuve. Faites attention de ne pas vous trouver en aval de la rivière à ce moment là, généralement après le coucher de soleil.

Prenant leur source à Huay Bang Lieng, les cascades de **Taat Fan** font 120 m de haut. Au niveau du Km 38 sur la Route 13, vous trouverez un sentier débouchant sur un petit canyon d'où vous pourrez les admirer.

Kaa-féh Láo (café lao)

Au sud du Laos, notamment dans le district de Paksong, d'excellents cafés robusta et arabica sont cultivés dans la région du plateau des Bolaven. Bolaven Coffee Plantation, l'une des plus grosses entreprises du pays, produit plus de 6 000 tonnes de café par an, dont 90% sont destinés à l'exportation. Les marchés les plus importants sont la France (14%) et le Vietnam (10%). Le prix de la tonne de café lao est supérieur à celui des cafés d'autres provenances.

A Vientiane, on peut acheter du café lao de qualité. "Pakkong Lao Coffee" propose dans ses paquets marrons du café en grain et du café moulu.

Promenades à dos d'éléphant

Le Tadlo Resort propose des promenades sur ses deux éléphants pour 5 000 K l'heure. Une promenade classique dure environ deux heures. On traverse des cours d'eau, des forêts et des villages. Le Tadlo organise aussi des promenades jusqu'au village Alak. Cette balade est assez amusante car on emprunte des "chemins" impraticables à pied. Si vous passez par l'intermédiaire de Sodetour pour un circuit à travers le plateau des Bolaven, sachez que cette promenade à dos d'éléphant est incluse dans le forfait. On peut acheter un éléphant pour approximativement le même prix qu'une moto Honda neuve.

Où se loger

Installé à côté des chutes de Taat Lo, *Tadlo Resort* est une petite entreprise privée possédant quelques bungalows en chaume. On peut loger dans des chambres modestes avec s.d.b. commune (eau froide) pour 15/20 \$US la simple/double. Les chambres avec s.d.b. privée (eau froide) sont facturées 20/25 \$US. Dans la catégorie supérieure, Tadlo Resort propose deux bungalows avec ventilateur et s.d.b. privée (eau chaude) donnant sur les chutes. Cet

SUD

établissement abrite une très agréable salle à manger extérieure et des coins de repos.

Pour réserver une chambre (c'est recommandé, sauf pendant la saison des pluies), contactez la Sodetour à Vientiane ou à Pakse. Vous pouvez également écrire à l'adresse suivante : Tadlo Resort, PO Box 04, Salavan, à l'attention de "Nhonh".

Moins chère, la *Saise Guest House* est une bonne alternative à proximité des cascades de Taat Lo. Géré par le gouvernement, cet établissement est installé à environ 200 m en aval du Resort Tadlo. Il abrite deux bâtiments distincts. Le premier, une grande maison blanche en retrait de la rivière, est en mauvais état avec des simples à 8 000 K et des doubles à 10 000 K (douche et sanitaires communs). En revanche, les chambres proposées dans la "maison verte" aussi appelée *heúan khïaw*, près de la rivière, juste en face du restaurant du Tadlo Resort, sont plus séduisantes. Officiellement, ce bâtiment s'appelle *Heuan Mittaphap Lao-Thai* (*Lao-Thai Friendship House*). Ses six chambres donnent sur la rivière. Deux d'entre elles sont équipées de sanitaires privés. Les chambres "VIP" avec un balcon dominant les chutes sont proposées à 10 000 K et les autres à 8 000 K. Pour loger dans la "maison verte", adressez-vous à la maison blanche.

Où se restaurer

Quel que soit l'établissement où vous logerez, vous serez très certainement amené à fréquenter le charmant *restaurant* en plein air du Resort Tadlo. La nourriture – lao, thaïe et européenne – est assez savoureuse et pas trop ruineuse. On peut également venir avec ses provisions achetées à Pakse ou à Salavan.

Comment s'y rendre

A 7h et 9h, des camions-bus effectuent le trajet de Pakse à Salavan (2 heures 30 et passent devant l'entrée de Tadlo Resort). Le prix du billet est de 1 500 K. Tadlo Resort se situe à 100 km au nord-est de Pakse et à environ 1,5 km à l'est de la route

de Salavan. Après Muang Lao Ngam, le bus prend l'embranchement en direction de Tadlo, à une trentaine de kilomètres avant Salavan. Descendez du bus à un petit village appelé Ban Saen Wang Nyai situé après le pont qui enjambe la Se Set. Demandez à la pharmacie située près de l'arrêt qu'elle vous garde vos bagages, si vous ne voulez pas les porter durant votre marche d'un kilomètre et demi.

Si vous vous dirigez vers Paksong, centre principal du commerce local du café, les bus pour Pakse coûtent 2 000 K (1 heure 30). Un ou deux camions par jour assurent également la liaison depuis Salavan (2/3 heures, 2 500 K).

CHAMPASAK

Cette petite ville de 38 000 habitants, sur la rive ouest du Mékong, n'est plus que l'ombre de ce qu'elle fut à l'époque coloniale. Une fontaine dérisoire trône au centre de la rue principale non goudronnée, les maisons de style colonial qui la longent connaissent différents stades de délabrement (l'une d'entre elles a appartenu à Chao Bounome na Champasak et une autre à son père, Chao Ratsadanai, dernier roi de Champasak).

Les ruines du Vat Phu Champasak, un ancien sanctuaire khmer de l'époque d'Angkor, se trouvent à 8 km au sud-ouest de la ville. Le bureau de l'Unesco, chargé de mener des études sur la restauration du Vat Phu, fonctionne une partie de l'année dans la cité. Une collection d'objets religieux vieux de près de 1 500 ans est conservée dans un entrepôt à proximité du bureau de l'Unesco, en attendant la construction d'un musée. A l'angle de ce bâtiment est également installé le bureau du Projet des recherches en archéologie. Il travaille en collaboration avec le musée Guimet de Paris et le ministère de l'Information et de la Culture à Vientiane.

A Dong Daeng, l'île principale en face de Champasak, les villageois de Si Mungkhun, Xieng Vang, Bung et Sisuk survivent grâce à la culture des cocotiers et à la pêche dans le Mékong.

SUD

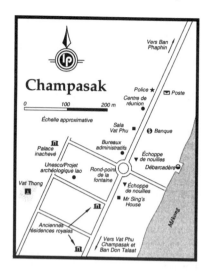

Champasak

0   100   200 m

Échelle approximative

Temples

Champasak abrite deux temples relativement intéressants. En ville, à l'ouest du bureau de l'Unesco, dans une rue en terre parallèle à l'artère principale, on peut découvrir le Vat Nyutthitham, un édifice datant du tout début du siècle appelé le **Vat Thong**. Le sim ancien abrite une véranda voûtée à colonnades agrémentée d'un relief en stuc aux couleurs pastel. Ce vat était fréquenté par la famille royale et le *thâat kádụuk* (reliquaire) renferme, notamment, les cendres du roi Nyutthitham (décédé en 1885), de Chao Ratsadanai (1946), de Chao Bounome (1975).

A environ 8 km au sud de la ville, en face du Mékong, vous pourrez admirer le Vat Phuthawanaram, le plus vieux temple en activité de Champasak, plus connu sous le nom de **Vat Muang Kang**. Le sim du Vat Muang Kang renferme un curieux *hăw tạai* (bibliothèque tripitaka) mélange d'architecture coloniale et d'architecture bouddhiste lao. Il est entouré d'une véranda fermée de style thaï et d'une salle à moitié en plein air construite en grosses briques de plâtre appelée la *săala lóng thám* (salle des psaumes). L'intérieur est

dépouillé. Dans une salle au sol recouvert de bois précieux on peut voir un imposant trône *thammat* ou dhamma. Les toits sur trois niveaux du sim et du *hăw tạai* sont décorés avec des mosaïques colorées. La petite boîte avec des vitraux en cristal sur la crête supérieure de la corniche rappelle l'architecture birmane.

Ces boîtes renfermaient des images de Bouddha, mais la légende locale attribue un pouvoir magique à celle se trouvant en haut du *hăw tạai* : à l'occasion d'un jour précis dans le calendrier lunaire (lors de la fête du Vat Phu), un rayon de lumière mystique venant du fleuve traverserait le *khâew* (cristal) et viendrait illuminer le sommet de la Sri Lingaparvata, la montagne sacrée sur laquelle le Vat Phu Champasak fut édifié.

On peut se rendre au Vat Muang Kang en bateau pour quelques kips, depuis le débarcadère de Champasak ou bien à bicyclette (ou à moto) en empruntant l'étroit sentier en bordure du fleuve. Dans la foulée, vous pourrez visiter le Vat Muang Kang et vous rendre à Um Muang, de l'autre côté du Mékong. Pour plus de renseignements, reportez-vous à la rubrique *Um Muang* plus loin dans cette section.

Où se loger et se restaurer

Le *Sala Vat Phou*, réincarnation de l'ancien Champasak Hotel, se trouve dans un bâtiment rénové de deux étages, proche du débarcadère principal et du carrefour de la fontaine. Neuf chambres de taille moyenne à plafond haut, avec ventilateur et eau chaude se louent 22/25 \$US la simple/double (30 \$US avec clim.). Le dortoir à l'arrière dispose de cinq lits (5 \$US par personne). On peut prendre ses repas dans la salle à manger de l'hôtel, mais il est préférable de commander à l'avance. Vous pouvez réserver une chambre par l'intermédiaire de Sodetour à Pakse (☎ 212175, 212122) ou à Vientiane (☎ (021) 216314).

Si vous voulez loger à moindre frais, adressez-vous à *Mr Sing's House*, une échoppe de nouilles et de riz installée juste au sud du carrefour de la fontaine. A

Champasak dans l'Antiquité

Bien qu'il ne subsiste plus de vestiges, Champasak a été un centre important de la culture du pré-Angkor. Le site originel de la cité s'appelle Muang Kao ("la vieille ville") et se trouve à environ 4 km au sud de l'actuel centre-ville, à la confluence de la Huay Sawa et du Mékong.

Les photographies aériennes permettent de voir les vestiges d'une cité rectangulaire mesurant 2,3 km de long sur 1,8 km de large, cernée par une muraille double sur trois de ses côtés et protégée sur son flanc est par le Mékong. Il subsiste quelques petit *baray* (en khmer des "bassins" à vocation rituelle), les fondations de monuments circulaires en brique, les vestiges d'un système d'irrigation élaboré, des statues hindoues, des pierres gravées (dont un linteau du XIIe siècle de style Sambor Prei Kuk), des instruments en pierre et des céramiques.

Cette cité rectangulaire présente des similitudes avec Muang Fa Daet, au nord-est de la Thaïlande et avec Sambor Prei Kuk, au nord-ouest du Cambodge. Elle aurait pu faire partie de l'État môn ou de l'État cham aux premiers siècles de l'ère chrétienne. Une très importante stèle du Ve siècle découverte sur le site porte des inscriptions en sanskrit indiquant que la cité fut fondée par le roi Devanika et qu'elle s'appelait Kuruksetra. Cette inscription est la plus ancienne jamais découverte en sanskrit en Asie du Sud-Est. La stèle évoque également la montagne Sri Lingaparvata sur laquelle Vat Phu Champasak est érigé. Vénéré depuis l'Antiquité, ce massif représente, dit-on, le phallus de Shiva (aujourd'hui, de nombreux Lao l'appellent encore le pic Phu Khuai ou "Mont pénis").

La cité aurait également un lien avec les royaumes môn-khmers de Funan et de Chenla.

Deux *nandi* (taureaux de Shiva) sculptés, découverts en 1990-1991, portent des inscriptions nommant la cité Sri Citrasena et la plaçant sous la protection du roi khmer Mahendravarman. Champasak est passée sous la domination khmère au VIIIe siècle et l'est restée jusqu'au XIIIe ou XIVe siècle. Elle s'est successivement appelée Samapura, Champa Nakhon et Nakhon Champasak.

Les rares vestiges de l'ancienne cité sont extrêmement fragiles. Les restaurations de style Angkor du Vat Phu Champasak menacent d'effacer les traces d'une culture antérieure. L'Unesco a décidé de créer une zone de protection comprenant tous les sites archéologiques de la province. Si le projet aboutit, ce sera le premier site d'Asie du Sud-Est consacré à la préservation des sites antérieurs à Angkor. Cela permettra aussi aux archéologues de mieux comprendre les relations entre les développements urbains du pré-Angkor, de l'Angkor classique et du post-Angkor. ∎

L'ancien Champasak

l'arrière du restaurant, quelques chambres au confort sommaire sont louées 5 000 K par personne.

Deux pensions devraient ouvrir bientôt. La première sur la petite île boisée de Don Pha Kham. Autrefois, Chao Bounome na Champasak, possédait une villa et il est possible qu'elle soit restaurée et transformée en hôtel. La seconde va sans doute être construite à la jonction de la route de Ban Don Talaat et de Vat Phu Champasak, au sud de Champasak.

Excepté Sala Vat Phou et Mr Sing's, vous n'aurez guère le choix pour vous restaurer en ville. Vous trouverez trois *fõe shops* installés entre le débarcadère et le carrefour central, dans une rue à l'est. Ces échoppes sont généralement ouvertes de 7h à 21h. Celle surmontée d'un toit en tôle juste à côté du carrefour prépare le meilleur fõe, notamment celui au poulet. On peut également manger du riz frit. Mr Sing's propose des plats de riz et de la bière fraîche. Le marché du matin, qui se tenait devant le débarcadère, a brûlé en 1997, mais il devrait être reconstruit.

Lors de la fête annuelle du Vat Phu (qui se déroule généralement en février) les hôtels et les pensions affichent souvent complet et il est préférable de réserver une chambre.

Certains voyageurs dorment à même le sol du Vat Phu Champasak. Si vous avez l'intention de les imiter, il est recommandé de choisir un endroit sûr ou de s'adresser aux commerçants ayant déployé leurs tentes dans les rues. La vie nocturne est passablement agitée et le risque de se faire voler son argent ou ses papiers n'est pas à négliger.

Comment s'y rendre

Plusieurs ferries quotidiens quittent Ban Muang sur la rive est du Mékong vers Ban Phaphin à 5 km au nord de Champasak (750 K par personne avec un minimum de deux passagers ou 1 500 K). Pendant les trois jours de la fête du Vat Phu, en février, les bateaux circulent 24h/24. De Ban Phaphin à Champasak, vous devriez débourser 500 K supplémentaires pour effectuer le trajet en sãwng-thãew ou à bord de tout autre véhicule privé. Louer une voiture pour aller de Champasak à Ban Phaphin coûte entre 3 000 et 4 000 K.

On peut également louer un transporteur (deux canoës arrimés par des planches qui en font une sorte de catamaran), pour aller de Ban Muang au débarcadère du marché de Champasak, juste en face (près du Sala Vat Phou et des boutiques de fõe), pour 3 000 K à 4 000 K.

Des bus relient Ban Muang à Pakse toute la journée (1 500 K). Vous pourrez également monter à bord d'un bus à destination de Hat Xai Khun, ou des localités situées sur le tronçon sud de la Route 13, puis descendre à l'intersection de Ban Thang Beng. Depuis Ban Thang Beng, le trajet en jumbo jusqu'au débarcadère de Ban Muang coûte 3 500 K. Les jumbo fréquentent peu cette route et l'alternative consiste à faire du stop.

Comment circuler

Des bicyclettes peuvent être louées au Sala Vat Phou (2 500 K par jour). Les jumbo circulant en ville demandent environ 500 K du kilomètre. Si vous souhaitez voyager dans de meilleures conditions, vous pouvez louer les services d'un 4X4 pour Vat Phu Champasak (11 $US), Phu Asa (30 $US), Pakse (30 $US) ou Taat Lo (60 $US).

VAT PHU CHAMPASAK

Signifiant littéralement "temple-montagne", cet ancien sanctuaire khmer a été édifié au pied du Phu Pasak (familièrement appelé Phu Khuai), à 8 km au sud-est de Champasak. Quoique de dimensions réduites, comparé aux sites de l'époque d'Angkor à Siem Reap au Cambodge ou Buriram en Thaïlande, le Vat Phu laisse une impression très forte. Les ruines, les plus anciennes, datent du royaume de Chenla (du VIe au VIIIe siècle) et de la période d'Angkor (du IXe au XIIIe siècle), mais la datation n'est pas certaine. Le gouvernement aurait l'intention de le restaurer et de créer un musée à Champasak, avec l'aide de fonds internationaux. Des fouilles ont été effectuées en collaboration avec le musée Guimet à Paris et l'Unesco ainsi que quelques restaurations destinées à lutter contre l'érosion.

Bien des siècles avant que le vat ne soit édifié, la population locale considérait que cette montagne était sacrée. Les tribus austro-asiatiques vivant dans la région rendaient un culte animiste aux esprits associés à la montagne et à la grotte de sa source sacrée. On a également émis

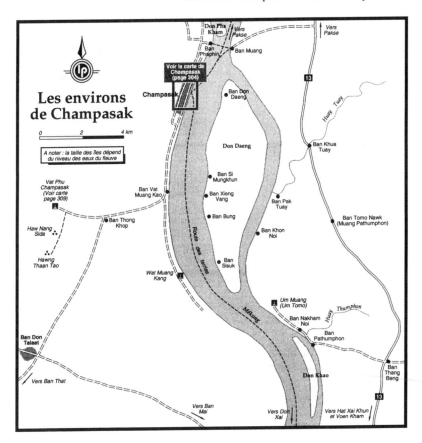

Les environs de Champasak

0   2   4 km

A noter : la taille des îles dépend
du niveau des eaux du fleuve

Don Pha Kham
Vers Pakse
Ban Phaphin
Ban Muang
Vers Pakse
13
Huay Tuay
Voir la carte de
Champasak
(page 304)
Champasak
Ban Don Daeng
Don Daeng
Ban Khua Tuay
Vat Phu Champasak (Voir carte page 309)
Ban Vat Muang Kao
Ban Si Mungkhun
Ban Xieng Vang
Ban Pak Tuay
Ban Bung
Ban Tomo Nawk (Muang Pathumphon)
Haw Nang Sida
Ban Thong Khop
Ban Khon Noi
Hawng Thaan Tao
Ban Sisuk
Wat Muang Kang
Route des ferries
Mékong
Um Muang (Um Tomo)
Huay Thumphon
Ban Nakham Noi
Ban Pathumphon
Ban Don Talaat
Don Khao
Ban Thang Beng
13
Vers Ban That
Vers Ban Mai
Vers Don Xai
Vers Hat Xai Khun et Voen Kham

l'hypothèse selon laquelle, au IVᵉ siècle, il aurait été consacré à Bhadresvara (une divinité indienne secondaire liée au culte de Shiva) par un monarque cham répondant au nom de Bhadravarman.

Le site archéologique comprend trois niveaux auxquels on accède par une longue allée entrecoupée de marches et flanquée, çà et là de statues de lions et de *naga* (dragon d'eau). La partie inférieure se compose de deux palais en ruines datant du XXᵉ siècle, d'où les derniers monarques lao assistaient à la fête annuelle du Vat Phu, au bord du vaste bassin rectangulaire destiné aux ablutions religieuses et aux courses de bateaux. Le second bassin est désormais à sec. Ces bassins s'appellent des *baray* en khmer ou des *năwng sá* en lao. L'escalier encadré de dragons qui mène au sanctuaire date du XIᵉ siècle ; il est bordé de *dàwk jampaa* (frangipanier), arbre national laotien.

Les deux **pavillons** du niveau intermédiaire, joliment sculptés dans des blocs de grès rectangulaires, sont censés être d'anciens lieux de culte, l'un étant réservé aux femmes, l'autre aux hommes. Les

Vat Phu Champasak

L'emplacement de Vat Phu Champasak a probablement été choisi par les Khmers hindouistes d'Angkor en raison de l'aspect particulier de la source qui jaillit près du sommet de la colline (75 m environ) ; en effet, elle présente la forme d'un lingam ou phallus de Shiva. Selon les historiens, Phu Pasak était en fait déjà un lieu sacré à l'époque du royaume de Chenla. Certains spécialistes pensent que Champasak a pu être la capitale du Chenla ou même du royaume antérieur de Funan (prononciation déformée de phanom, signifiant "colline" en khmer).

Quelle que soit son origine, ce temple était le siège d'un culte étroitement associé aux monarchies indianisées de l'ancienne Indochine, notamment l'immense empire khmer qui, deux siècles plus tard, fit d'Angkor sa capitale.

La configuration du site obéit à une progression logique sur trois niveaux, reliés par une longue promenade. L'ensemble s'étage harmonieusement de la rivière à la plaine puis à la montagne. ■

sculptures du pavillon de droite ont été mieux préservées. Le Vat Phu a été plus tard converti en temple bouddhique, mais on peut encore admirer les sculptures hindouistes d'origine sur les linteaux : représentations de Vishnou, de Shiva et de Kala, ce dernier étant le dieu du Temps et de la Mort. Le dernier niveau daterait du VIe siècle, époque du royaume de Chenla, tandis que les deux premiers auraient été construits à la fin de la période d'Angkor (du XIe au XIIIe siècle). L'accès principal est surmonté d'un relief décoratif représentant Shiva et Parvati, son énergie féminine, assis sur Nandin, le taureau qui sert de monture à Shiva, avec ce qui semble être Lakulisa (une divinité shivaïte obscure ressemblant à Bouddha) en dessous. L'entrée est ornée de magnifiques reliefs de la déesse Parvati.

Après les vestiges du **pavillon de Nandin** (dédié à la monture de Shiva) et les deux galeries latérales, un escalier en latérite mène au niveau supérieur. Six pavillons en brique, dont il ne subsiste que les fondations, séparent les deux premières terrasses du sanctuaire principal. Les racines des arbres et les mousses retiennent les briques en certains endroits, et les disjoignent ailleurs.

Le long de l'extrémité nord de la promenade se dresse une impressionnante statue khmère dont certains pensent qu'elle représente un monarque de la période d'Angkor. Il se pourrait aussi que ce ne soit qu'un simple *dvarapala*, ou sentinelle. En descendant de la promenade, vous pourriez vous dirigez vers la pelouse au nord pour y découvrir les vestiges d'un *yoni*, le symbole cosmique de la matrice associée au shaïvisme. Les pèlerins se rendant à Vat Phu offrent des fleurs et brûlent de l'encens en l'honneur de la divinité. Tout à côté du yoni, deux **statues khmères** prostrées sans bras ni tête sont à moitié enterrées dans le sol. Plusieurs légendes locales circulent à propos de ces divinités probablement hindoues. A l'est de la promenade, on peut voir sur un mur en ruines les vestiges d'un imposant **Ganesha** (le fils de Shiva à tête d'éléphant).

Le **sanctuaire** principal renfermait autrefois un grand lingam baigné par les eaux de la source sacrée, amenées par un système d'adduction en pierre. Le linteau de l'entrée sud retrace l'histoire de Krishnavatara, au cours de laquelle Krishna tue son oncle Kamsa ; ce même sujet a été repris sur les linteaux du Prasat Muang Khaek, dans la province thaïlandaise de Nakhon Ratchasima, et ceux du Prasat Phanom Rung, dans la province thaïlandaise de Buriram, ce qui laisse à penser que ces trois sanctuaires étaient liés. Les fouilles indiquent également que le Vat Phu était lié au Khao Phra Vihaan (à 130 km à l'est, à la frontière entre la Thaïlande et le Cambodge), temple personnel du monarque khmer Suryavarman I, au début du XIe siècle. Le lingam du Vat Phu aurait été utilisé lors de cérémonies destinées à "libérer" les pouvoirs sacrés du lingam de Khao Phra Vihaan.

Aujourd'hui, ce sanctuaire contient, alignées sur un autel, un ensemble de représentations primitives, presque clownesques, de Bouddha. Les fidèles des environs ont rendu des sculptures ou des fragments volés dans les ruines (essentiellement des balustres de fenêtre en pierre), en pensant qu'à Vat Phu, tout spoliateur jouera de malchance.

La terrasse supérieure offre un vaste panorama sur les plaines environnantes ; le soir, on entend les singes jouer dans les arbres. Derrière se trouve la grotte peu profonde d'où jaillit la source sacrée. On peut voir les conduits en pierre qui amenaient l'eau jusqu'au sanctuaire. La source reste toujours sacrée et les Laotiens pensent que passer la tête sous ce jet d'eau porte bonheur.

Sculpté dans un gros rocher derrière le sanctuaire, un **trimurti** de style khmer représente la trinité brahmanique : Shiva, Vishnou et Brahma. Non loin de là, quelques moines bouddhistes Theravada résident dans un vat très simple, d'où l'on a la plus belle vue sur les plaines environnantes.

C'est un endroit frais et ombragé où il est agréable de pique-niquer.

A l'est du sanctuaire, un vat plus récent occupe le niveau supérieur du sentier menant, au nord, au **rocher au crocodile**, dont la sculpture stylisée rappelle la physionomie du reptile. C'est sans doute sur ce site que se déroulaient les sacrifices humains à l'époque du royaume de Chenla. En continuant sur le même sentier, vous verrez un **éléphant** sculpté en bas-relief dans la roche. Ces deux sculptures représentent une étape importante pour les pèlerins qui se rendent au Vat Phu.

Horaires et entrée
Le site est ouvert tous les jours de 8h à 16h30. L'entrée coûte 400 K par personne auxquels il faut ajouter 800 K pour un appareil photo et 3 000 K pour un caméscope. Pendant la fête du Vat Phu, l'entrée est gratuite.

Autres sites relatifs au Vat Phu
Au sud du Vat Phu, trois petits sites de la période d'Angkor en très mauvais état de conservation peuvent se visiter. Ils se

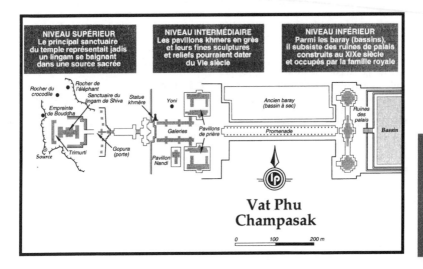

NIVEAU SUPÉRIEUR
Le principal sanctuaire du temple représentait jadis un lingam se baignant dans une source sacrée

NIVEAU INTERMÉDIAIRE
Les pavillons khmers en grès et leurs fines sculptures et reliefs pourraient dater du VIe siècle

NIVEAU INFÉRIEUR
Parmi les baray (bassins), il subsiste des ruines de palais construits au XIXe siècle et occupés par la famille royale

Rocher du crocodile
Rocher de l'éléphant
Empreinte de Bouddha
Sanctuaire du lingam de Shiva
Statue khmère
Source
Trimurti
Gopura (porte)
Pavillon Nandi
Yoni
Galeries
Pavillons de prière
Ancien baray (bassin à sec)
Promenade
Ruines des palais
Bassin

Vat Phu Champasak

0   100   200 m

trouvent le long de l'ancienne route qui reliait jadis le Vat Phu Champasak au Vat d'Angkor de Siem Reap, au Cambodge.

A un bon kilomètre au sud du Vat Phu, en empruntant la piste conduisant au sud à la promenade de la terrasse, s'étend un **Haw Nang Sida**. Cet amas de pierres en grès et en latérite a peut-être servi d'"hôpital" aux pèlerins d'Angkor. Peu d'études ont été consacrées à ce Haw Nang Sida ("la salle de Sida", référence à une légende locale n'ayant rien à voir avec la fonction originelle du monument), mais les recherches de l'Unesco devraient prochainement permettre d'en savoir plus. A un kilomètre au sud du Haw Nang Sida en suivant la même route, on découvre les vestiges du **Hawng Thaan Tao** ("la salle de la tortue"), qui aurait été un sanctuaire dédié à Vishnou sous le règne de Jayavarman VII, au XIIIe siècle. Quelques kilomètres plus loin, à proximité du village de **Ban That,** se dressent trois stupa rappelant les monuments en triptyque édifiés à Lopburi et à Sukhothai, en Thaïlande. Les représentations symboliques de la trinité hindoue de Shiva, Brahma et Vishnou de ces trois *prang* (ou tours de style khmer) sont en très mauvais état. Le stupa situé le plus au nord est presque entièrement effondré. On rapporte que ce site aurait également été édifié sous le règne du roi Jayavarman VII, au XIIIe siècle. Un grand *baray* (bassin) à sec a été creusé à proximité.

En raison de la puissance des courants lors de la saison des pluies, il n'est pas toujours possible de se rendre à pied sur ces sites en venant du Vat Phu. On peut atteindre Ban That par jumbo au départ de Champasak ou de Ban Thong Khop.

Festivals

La fête locale la plus importante s'appelle le **Bun Vat Phu Champasak** (fête du Vat Phu Champasak). Elle fait partie du Magha Puja (Makkha Bu-saa) du premier mois lunaire qui se déroule généralement en février. Des milliers de pèlerins convergent du sud du Laos et du nord-est de la Thaïlande trois jours durant. Les cérémonies bouddhistes culminent le troisième jour (le jour de la pleine lune du calendrier lunaire) lorsqu'en début de matinée les moines reçoivent les aumônes. La cérémonie se poursuit en soirée par une procession avec des chandelles (*wíen thíen*) autour des sanctuaires.

Durant ces trois journées, les pèlerins se regroupent autour de la colline pour prier et déposer des fleurs et de l'encens en offrande aux pieds des divinités hindoues, au lingam, au yoni et aux autres divinités non bouddhistes. Certaines années, un buffle d'eau est sacrifié. Parmi les diverses manifestations, on peut assister à des courses de bateaux dans le bassin, à des matchs de boxe thaïe, à des combats de coqs (quelquefois remplacés par des combats de taureaux), à des spectacles de danse et de comédie ainsi qu'à des concerts. Les étals des commerçants se succèdent sur la rue principale entre Ban Thong Khop et le pied de la colline. Les pèlerins y achètent de la nourriture, des jouets et de l'équipement ménager bon marché. Trois ou quatre zones sont réservées aux discothèques en plein air animées par des groupes qui viennent parfois de Vientiane. Après le crépuscule, la bière et le lào láo coulent à flot.

En juin, on procède au **sacrifice d'un kerabau**, en l'honneur de Chao Tengkham, le génie tutélaire de Champasak. Le sang de ce buffle est offert au chaman local qui entre dans une sorte de transe pour invoquer le génie qui protégera la récolte de riz.

Comment s'y rendre

Vat Phu Champasak est situé à 46 km de Pakse, à 13 km de Ban Phaphin et à 8 km de Champasak. Un trajet en jumbo à plusieurs entre Champasak et Ban Thong Khop (le village situé en face du Vat Phu) devrait vous coûter environ 500 K par personne. On peut également louer les services d'un jumbo pour se rendre directement au Vat Phu ou à Muang Kao (la vieille ville) pour environ 4 000 K l'aller simple (ou 10 000 K avec le retour). Il est possible de monter à bord des camions-bus et des bus à destination de Ban Don Talaat (500 K), plus au sud, en demandant de s'arrêter à Ban Thong Khop.

UM MUANG

Um Muang (plus communément appelé Muang Tomo ou encore Um Tomo) est un ancien temple khmer en ruines de la même période que les édifices les plus anciens du Vat Phu Champasak (du VIᵉ au IXᵉ siècle). Il se trouve à environ 45 km au sud de Pakse par la Route 13, au milieu d'une forêt, sur les bords d'un petit affluent du Mékong. L'ensemble comprend une esplanade bordée de lingam et deux sanctuaires en latérite en ruines. Le moins délabré des deux contient un grand vestibule, des linteaux sculptés de motifs Vaishnava, parmi lesquels un *mukhalinga*, un lingam ou phallus de Shiva sur lequel ont été creusés quatre visages (mukha). Des linteaux en grès sont disséminés sur les rochers, sous les arbres. Un vaste abri en fer blanc renferme un bouddha en bronze de style Sukhotai, provenant de Thaïlande.

Comment s'y rendre

De Ban Muang (le village situé en face de Champasak, au bord du Mékong) ou de Champasak, on peut affréter un bateau pour Ban Nakham Noi (le village le plus proche des ruines) pour 10 000 K aller-retour (ou 5 000 K l'aller) ; vous disposerez d'environ une heure pour faire le tour du site. Le village se situe à un kilomètre au sud des ruines. Escaladez la rive près de l'embouchure de l'affluent (Huay Thumphon) qui mène au village, tournez ensuite à gauche et longez un petit cours d'eau, direction nord dans la forêt. A la fourche suivante, continuez tout droit pendant dix minutes environ, jusqu'à quelques huttes au toit de fer sur votre droite, dans la forêt, qui abritent quelques vestiges. Si vous n'avez pas le sens de l'orientation, les enfants du village seront ravis de vous guider.

On peut également accéder au site par la route depuis Pakse, en tournant à l'ouest à Ban Thang Beng (30 km) et en continuant ensuite sur Ban Nakham Noi, avant de finir à pied *via* Ban Pathumphon (au sud de Nakham Noi).

Si vous voyagez en bateau, vous pouvez combiner un trajet jusqu'à Um Muang avec une escale à Vat Muang Kang, sur la rive occidentale du Mékong. La location à la demi-journée d'un bateau au départ de Champasak ou de Ban Muang vous reviendra à environ 20 000 K ou 8 $US.

BAN PHAPHO ET KIET NYONG

Le village Suay tout proche de Ban Phapho (27 km à l'est de la Route 13), dans le district de Pathumphon, abrite une école pour éléphants où une centaine de pachydermes sont dressés pour accomplir des travaux liés à l'agriculture et à la sylviculture. Plusieurs villages de la région entretiennent une quinzaine, voire une vingtaine d'éléphants de trait, dont la principale fonction consiste à transporter des sacs de riz et autres denrées.

Tout près, à Kiet Nyong, vous pourrez demander au chef d'équipe Thaan Nu d'organiser des expéditions d'une demi-journée à dos d'éléphant (le gouvernement laotien n'autorise pas les sorties incluant une nuitée). Le tarif s'élève à 10 000 K (ou 4 $US) par éléphant pour la demi-journée ; chaque animal transporte deux personnes. La promenade aboutit généralement au sommet d'une colline locale, le **Phu Asa**, qui doit son nom à un héros de la guerre contre les Siamois. Depuis ces hauteurs, on aperçoit un village, un étang et des rizières. Vous pouvez également explorer les vestiges d'une curieux assemblage de pierres au sommet de la colline. Des colonnes de deux mètres de haut en ardoise et surmontées par des plaques épaisses forment un demi-cercle. Certains habitants affirment que ces piliers remontent au XIXᵉ siècle et qu'ils servaient à la défense du site. Si c'est effectivement le cas, la plupart ont disparu. Pour d'autres, il s'agirait de mégalithes. Comme pour de nombreux autres sites archéologiques au Laos, l'origine de ces piliers suscite de nombreuses légendes, des explications multiples et des polémiques.

Comment s'y rendre

On atteint Ban Phapho et Kiet Nyong par une voie longue de 27 km, qui quitte la Route 13 près de Ban Thang Beng.

SI PHAN DON (QUATRE MILLE ÎLES)

Sur 50 km, au nord de la frontière cambodgienne, le Mékong peut atteindre jusqu'à 14 km de large durant la saison des pluies. C'est la plus grande largeur sur les 4 350 km qu'il parcourt (du plateau tibétain jusqu'à la mer de Chine méridionale). Lorsque les eaux baissent, durant la saison sèche, c'est une magnifique région parsemée de centaines, voire de milliers d'îles et îlots (si l'on compte tous les bancs de sable).

Dans les grandes îles permanentes, les villageois, indifférents au temps qui passe, mènent une vie paisible, rythmée par la vie du fleuve.

Les communautés vivent dans une certaine autarcie, car les produits des cultures (riz, canne à sucre, noix de coco et légumes), de la pêche et du textile suffisent dans l'ensemble à leurs besoins.

Les villages des îles tirent souvent leur nom de leur position relativement en amont ou en aval. L'amont des îles, qui se trouve dans la direction générale du septentrion, s'appelle le *hũa* ou tête, tandis que l'aval se nomme le *hãang* ou queue.

C'est ainsi que Ban Hua Khong serait un village à l'extrémité nord de la Don Khong, tandis que Ban Hang Khong se situerait au sud.

De l'époque coloniale, il reste une petite voie ferrée abandonnée (la seule construite au Laos), un ou deux embarcadères et quelques villas sur les îles Don Khong, Don Det et Don Khon. La région compte également quelques chutes et des rapides impressionnants, près de la frontière cambodgienne, ainsi qu'une espèce rare de dauphins d'eau douce.

La meilleure saison pour visiter Phan Don s'étend de novembre à janvier, lorsque le temps est sec et frais. De mars à avril, il peut faire très chaud. La plupart des rizières sont alors à sec et les arbres prennent une couleur marron avant de perdre leur feuillage.

Pendant la saison des pluies, de juin à octobre, les petites routes sans revêtement sont souvent impraticables.

Don Khong (île de Khong)

Portant le nom du fleuve (utilisant la prononciation thaï *khõng* plutôt que le *khãwng* lao), cette grande île mesure 18 km du nord au sud, et 8 km dans sa plus grande largeur. Les 55 000 habitants qui la peuplent sont principalement regroupés dans deux villages, Muang Khong à l'est, et Muang Saen à l'ouest, reliés par une route non goudronnée de 8 km.

La majorité des îles avoisinantes et une partie de la terre ferme appartiennent au district de Don Khong. Comme le suggère son surnom, l'actuel président, Khamtay Siphandone, est né à Phan Don (Don Khong pour être exacte). Il a été question que le gouvernement crée une province séparée, Si Phan Don, qui comprendrait ce district de la province de Champasak.

A voir et à faire. On peut faire le tour de l'île à bicyclette (qu'on louera par exemple à l'Auberge Sala Done Khong). On peut également louer un jumbo pour la journée, quoique certains endroits dont on trouvera la description ci-dessous ne soient guère accessibles par ce moyen de transport.

L'île offre des paysages magnifiques. Rizières et collines doucement vallonnées, au centre, s'entourent de potagers ponctués de hameaux comprenant, pour leur majorité, un vat parfois vieux de plus d'un siècle.

Muang Khong, la plus grande ville du district, compte trois hôtels et pensions, quelques petits cafés, un marché et deux vats. C'est au petit matin, entre 4h et 6h, que l'activité se fait la plus intense, lorsque le petit marché bat son plein.

Le **Vat Phuang Kaew** se dresse au centre de Muang Khong et s'enorgueillit d'une immense représentation naga moderne de Bouddha, tournée vers l'est et le fleuve. La population locale croit que le prêtre du vat a usé de pouvoirs surnaturels pour contrer les efforts du gouvernement qui cherchait à le déposer après la révolution.

A Ban Xieng Wang, quartier au nord de Muang Khong, le **Vat Jawm Thong**, le plus ancien de l'île, remonte à la période de Chao Anou (1805-28). Le sim principal

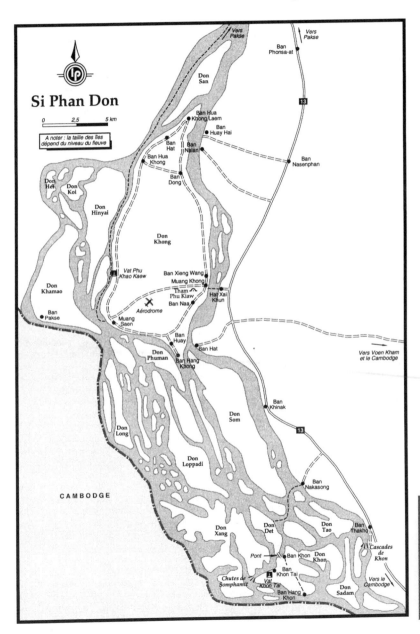

Si Phan Don

0   2,5   5 km

À noter : la taille des îles
dépend du niveau du fleuve

présente un plan au sol cruciforme unique en son genre. Mais briques et stucs s'écroulent sous le toit de tuiles. Les volets de bois sculptés comptent parmi les curiosités. A gauche d'un bouddha en ciment parfaitement inintéressant, un vieux bouddha de bois penché dans un coin tient, d'une main, la pose *abhaya mudra* (offrant la protection). D'après certains habitants, un architecte khmer aurait construit ce sim. On trouve effectivement des plans au sol similaires dans la province nan de Thaïlande, ce qui rend plausible une conception thaï lü (bien que les Thaï Lu ne soient jamais descendu si bas vers le sud). Les terrains sablonneux s'ombragent de bétels, de cocotiers et de manguiers.

A un kilomètre au sud-ouest de Muang Khong, sur certaines collines plus ou moins situées derrière le bureau du maire, un sentier conduit au **Tham Phu Khiaw** (ou grotte de la montagne verte). Sacrée durant des décennies sinon des siècles, cette grotte comprend un bon nombre de représentations du Bouddha, et elle fait l'objet de pèlerinages locaux durant le Nouvel An lao, célébré en avril. Le reste de l'année, le sentier disparaît sous la verdure et il vous faudra chercher l'assistance d'un guide local pour une ascension de 30 minutes.

A l'est, près du fleuve, le **Vat Ban Naa** illustre bien le style propre aux temples de l'île.

Au nord-ouest de celle-ci, **Ban Hua Khong** est connue pour être le lieu de naissance, en 1924, de Khamtay Siphandone, qui commença postier, à l'époque française, et termina président de la République, fonction qu'il occupe encore. Thaan Khamtay a rénové le **Vat Hua Khong Pha Nyai**, qui n'a vraiment rien d'esthétique à son actif sinon un vieux bâtiment monastique de bois. Le vat doit son nom au grand bouddha assis, en ciment, qu'on voit dans le sim principal. La zone qui s'étend entre Hua Khong et Ban Dong (à l'est) est couverte de rizières.

On peut atteindre à pied **Muang Saen**, situé à l'opposé de Muang Khong. La promenade s'effectue sous le soleil car les rizières alentours ne supportent par l'ombre. De Muang Khong, un jumbo en direction de Muang Saen revient à 2 500 K dans chaque sens. En bicyclette, comptez 45 minutes. Cette petite ville très animée compte un débarcadère pour les bateaux en provenance de Pakse, bien loin au nord. Le **Vat Phu Khao Kaew**, sur une petite colline au nord de Muang Saen (à 3 ou 4 km de l'embranchement des routes nord-sud et est-ouest), fut érigé sur le site de ruines khmères. Cherchez un groupe de frangipaniers sur le flanc est de la colline pour découvrir le sentier qui mène au temple ou, mieux, louez un taxi à trois roues à Muang Saen (3 000 K environ). Vous y verrez un gong de bronze très inhabituel, en forme de cloche.

A l'extrémité sud de l'île, deux villages plus modestes abritent, eux aussi, des vats anciens. Il s'agit de **Ban Huay** et de **Ban Hang Khong**. Dans ce dernier, le **Vat Thep-sulin Phudin Hang Khong**, plus souvent appelé Vat Hang Khong, présente de grands terrains autour d'un petit sim de brique et de stuc. Là est regroupée une collection de représentations de Bouddha. En face de la plus grande image, on en remarque deux autres très grâcieuses, tout en bois, en pose abhaya mudra. Elles font l'objet d'une vénération spéciale, comme en témoignent les robes de tissu dont la population locale les a revêtues.

D'autres figures plus petites, en cristal et en bois, s'alignent sur une étagère posée contre le mur du fond. Également intéressants, une *wihǎan* de bois sculpté et peint (sanctuaire de Bouddha) ainsi que le sǎalǎa lóng thám illustrent, avec une certaine naïveté, l'art du fer-blanc le long des avant-toits. Le **Vat Silimangkhalaham**, à Ban Huay offre un exemple de styles architecturaux similaires, sur des terrains moins bien entretenus.

Festivals. Une course de bateaux (Bun Suang Heua) se déroule sur la Don Khon au début de décembre, aux environs de la fête nationale. Quatre ou cinq jours d'activités carnavalesques culminent avec des courses de bateaux à côté de Muang Khong, sur la côte est de l'île.

Jadis, les insulaires célébraient cette fête un mois plus tôt, à la fin de la retraite bouddhiste des pluies (Awk Phansaa) mais, aujourd'hui, elle est associée aux célébrations de la fête nationale, décision prise par le gouvernement par souci d'économie. Les fêtes précédentes comprenaient des matchs de boxe nocturnes qui se déroulaient sur un ring en plein air.

Où se loger. La venue de nombreux groupes sur l'île permet aux hôteliers et aux aubergistes de maintenir des prix artificiellement élevés. Près du débarcadère des ferries, juste à côté de la plus grande boutique de nouilles de la ville, la *Done Khong Guest House* offre trois chambres, simples mais propres, dotées de trois lits avec des sanitaires en commun. Comptez 10 000 K par personne. La propriétaire parle bien le français et un peu l'anglais. Son restaurant sert une cuisine toute simple.

Plus au nord, vers Ban Xieng Wang, le *Bungalow Souksan* (ou *Suksan Guest House*) compte cinq bungalows comprenant chacun deux petites chambres avec ventilateur et s.d.b. privée (eau froide) louées 10 000 K. Des bungalows plus ou moins spacieux équipés de la clim. (de 18h à 23h seulement) et de douches chaudes sont proposés entre 35 et 40 \$US. Dans un bâtiment séparé, un peu en retrait, on peut loger dans une sorte de dortoir aménagé avec des matelas à même le sol pour 4 000 K la nuit. Cet établissement possède un restaurant très agréable donnant sur la rivière.

L'ancien gérant de l'Auberge Sala Done Khong vient d'ouvrir la *Villa Kang Khong*, une maison traditionnelle très propre, en teck. Chacune des six chambres soignées comporte deux lits, un ventilateur et des sanitaires à l'occidentale. Le tarif s'élève à 15 \$US. Le salon aménagé sur le devant est pour le moins impressionnant avec son mobilier artisanal en bois. La maison fait face au débarcadère, plus ou moins en retrait de la Done Khong Guest House.

A environ 200 m au sud du débarcadère, l'*Auberge Sala Done Khong*, dans une vieille maison en teck (☎/fax 212077), offre des chambres joliment décorées et spacieuses. Celles équipées d'un ventilateur sont à 20 \$US (25 \$US avec la clim. de 17h30 à minuit). Toutes les chambres ont des toilettes et une douche (eau chaude) privées. Les tarifs indiqués sont ceux appliqués au voyageur individuel. Les groupes ou les personnes réservant par l'intermédiaire de Sodetour à Vientiane ou Pakse paient respectivement 35 \$US et 45 \$US.

Au sud de l'Auberge Sala Done Khong, vous trouverez la *Muong Khong Villa* (☎ (031) 212503 à Pakse, (031) 213011 à Dong Khong), un établissement plus récent comprenant des bungalows propres mais petits avec du mobilier en rotin. Les chambres avec la clim. (seulement en soirée) et une s.d.b. occidentale avec une douche (eau chaude) sont proposées au voyageur individuel pour 25 \$US. Si vous réservez, en individuel ou en groupe (en passant par l'intermédiaire de Lao Travel Service à Pakse), les tarifs sont plus élevés. Le propriétaire des lieux parle bien le français et un peu l'anglais. Le restaurant attenant propose de la bonne cuisine lao et française.

Où se restaurer. Don Khong est connu dans tout le pays pour son lào láo, qui passe pour le meilleur du Laos. On en trouve au marché et dans tous les restaurants.

Près du ponton de Muang Khong se tiennent deux *hâan kạn deum* (boutiques pour boire et manger) parfaitement convenables. Près du débarcadère, une grande *boutique de nouilles* sert du khào nïaw et, si vous l'avez commandé avant, du khàa jâo. Le *Bungalow Souksan* abrite un ravissant petit restaurant de bois qui surplombe le fleuve. Le menu inclut des plats végétariens, chinois, lao et falang, sans oublier une belle sélection de petits déjeuners. Dans cette rue qui mène au Souksan se trouvent plusieurs petits cafés et snacks lao. L'un d'eux, le *Pon's*, dispose d'une carte traduite en anglais et en français et propose des plats lao classiques. Ses fŏe coûtent deux fois plus cher que dans les autres établissements du village.

La salle à manger de l'*Auberge Sala Done Khong* offre de la bonne cuisine lao et française et accueille des clients qui ne résident pas à l'hôtel mais qui réservent. La *Muong Khong Villa* offre des prestations similaires.

Comment s'y rendre. Bien que situé à l'extrême sud du pays, Si Phan Don n'est pas trop difficile d'accès.

Avion. Lao Aviation n'assure plus de liaison régulière entre Pakse et Don Khong, mais il est possible d'affréter un Yun-7 (15 places) pour 150 $US environ.

Le terrain d'aviation, construit pas l'US Air Force pendant la guerre d'Indochine, se trouve à 4 km de la route en venant de Muang Khong ou de Muang Saen.

Route. Depuis Pakse, deux camions-bus partent tous les jours vers Muang Khong *via* Hat Xai Khun, juste en face de Muang Khong sur la rive est du Mékong (terre ferme). Le trajet, long de 120 km, prend au moins cinq ou six heures dans l'état actuel de la route. Lorsque le revêtement de la chaussée sera achevé, la durée du trajet devrait nettement diminuée. Le prix de 4 000 K comprend la courte traversée en ferry vers Muang Khong. De Pakse, les camions-bus partent, quand ils sont complets, entre 7h et 9h. Dans l'autre sens, ils quittent Muang Khong entre 6h30 et 7h30.

Si vous ratez le bus en direction de Khong, vous pouvez tenter votre chance avec les camions en direction de Ban Khinak (8h et 13h), Ban Nakasong (10h30) ou Voen Kham (13h). Tous ces camions s'arrêtent à Hat Xai Khun (3 500 K).

Les jours sans lune, ou *wán sĭn dáp*, il peut n'y avoir qu'un seul départ quotidien, voire aucun, faute de passagers. Les habitants de la région considèrent en effet que ces dates sont peu propices au voyage. Les

autres jours, en revanche, vous pouvez vous attendre à un bus surpeuplé, comme nul part ailleurs dans le pays.

Hat Xai Khun se trouve à environ un kilomètre à l'ouest de la Route 13. Si vous venez par vos propres moyens (ou si vous êtes descendu à Hat Xai Khun), vous pourrez traverser le fleuve en ferry à Muang Khong, pour 2 000 K pour les piétons étrangers (500 K pour les Laotiens) et 3 000 K pour un véhicule. Les petits bateaux se louent pour la traversée, moyennant 2 000 K, en direction du débarcadère principal et 2 500 K pour le débarcadère situé au-dessous de l'Auberge Sala Done Khong.

Le débarcadère des transporteurs de véhicules devrait, selon des rumeurs persistantes, se déplacer vers le sud, à Ban Nokhok, en face de Ban Naa sur la Don Khong. Il profiterait ainsi d'un chenal plus profond et d'une route plus courte entre la terre et l'île. Les petits bateaux continueront à circuler à partir de Hat Xai Khun.

Voie fluviale. Les transporteurs en provenance de Pakse mettent le cap vers le sud aux alentours de 8h tous les matins. Arrivez de bonne heure au débarcadère si vous voulez de la place. Informez-vous précisément avant d'embarquer (ou la veille), afin de connaître le terminus du navire.

La bateau ira jusqu'à Don Khong en fonction de l'étiage. Au cours de la saison des pluies ou immédiatement après, les bateaux parviennent au débarcadère de Muang Saen en remontant la Don Khong par l'ouest. Le trajet dure dix heures et coûte 5 000 K. De Muang Saen à Muang Khong, le trajet en jumbo coûte 1 000 K par personne si vous voyagez à plusieurs, ou 6 000 K si vous le louez.

A la fin de la saison sèche, les grands transporteurs ne peuvent atteindre Don Khong et il devient alors très difficile d'organiser un périple sur le fleuve. De la fin de l'année jusqu'en février, des petits bateaux assurent la navette depuis Pakse. Cette période est sujette à modification selon la taille de l'embarcation et du niveau des eaux.

Quand le niveau des eaux est bas, les bateaux peuvent ne pas dépasser Ban Munla Pamok (1 500 K), à environ 20 km au nord de l'extrême nord de Don Khong. De là, vous pourrez sans doute louer un petit bateau et effectuer le reste du voyage pour 20 000 K. Une pension vous attend à Ban Munla Pamok.

A la fin de la saison sèche, quand le niveau d'eau est particulièrement bas, les navires en provenance de Pakse s'arrêtent parfois à Don Sai (1 000 K). Même s'il est possible de passer la nuit sur cette grande île, située en gros aux deux tiers de la distance entre Pakse et Don Khong, on ne peut pas continuer jusqu'à Don Khong, même en louant un bateau.

Les agences de voyages de Pakse ou de Muang Khong peuvent louer des bateaux transportant jusqu'à vingt personnes, entre les deux villes, pour environ 200 $US l'aller. Ceux de dix passagers coûtent moins cher, certes, mais le confort diminue lui aussi et le voyage s'éternise… Vous devez pouvoir organiser une excursion moins onéreuse en vous adressant directement au débarcadère.

Une compagnie répondant au nom d'Indocruise (tél/fax. 412740, PO Box 4415, Vientiane) appareille le Vat Phou pour des périples de quatre jours et trois nuits entre Pakse et Don Khong. Cette péniche en acier comporte plusieurs cabines de bois, comprenant deux lits et une s.d.b. Le tarif tout compris tourne aux alentours de 400 $US par personne. On peut réserver auprès de Lane Xang Travel & Tours à Pakse.

Depuis/vers le Cambodge. Depuis Hat Xai Khun, en face de la côte est de la Don Khong, on n'est qu'à 35 km à l'est de Voen Kham, tout près de la frontière cambodgienne. La traversée entre Tha Boei (côté laotien) et Phumi Kampong Sralau (côté cambodgien) n'est pour l'instant permise qu'aux Laotiens et aux Cambodgiens, mais les représentants officiels de la province de Champasak espèrent ouvrir prochainement ce poste-frontière à tous les

étrangers. Le côté cambodgien du fleuve est le théâtre d'activités sporadiques des Khmers rouges et des bandits.

Les transporteurs en provenance de Muang Saen, sur la Don Khong, se dirigent directement vers la côte cambodgienne du Mékong à Phumi Kampong Sralau. Il existe également des camions-bus pour Voen Kham en partance de Pakse et de Hat Xai Khun.

Comment circuler. On peut louer des bicyclettes à l'Auberge Sala Done Khong pour 4 000 K par jour ou au Done Khong Guest House pour 3 000 K. Elles sont particulièrement pratiques si l'on souhaite visiter l'île. On trouvera également des jumbo à Muang Khong et à Muang Saen, pour environ 500 à 800 K le kilomètre.

L'Auberge Sala Done Khong, le Bungalow Souksan et le Pon's Restaurant louent des bateaux qui accueillent une dizaine de passagers pour un tarif de 25 000 à 30 000 K. L'Auberge Sala Done Khong peut également affréter un bateau pour vingt passagers (50 000 K la journée). Un circuit typique commence à 8h par Don Khon, où les passagers débarquent et se rendent à pied à Taat Somphamit et au vieux pont français, entre Don Khon et Don Det. Puis le bateau poursuit sa route vers Ban Nakasong, où l'on loue des taxis-motocyclettes pour les chutes de Khon Phapheng. Le bateau rejoint Muang Khong entre 14h et 15h.

Des trajets en bateau sont organisés pour des tarifs similaires.

Don Det et Don Khon

Ces deux îles au sud de Don Khong, près de la frontière cambodgienne, constituaient un important point de passage pour le ravitaillement entre Saigon et le Laos, durant la période coloniale française. Pour éviter les rapides et les chutes, les Français avaient même construit une petite voie ferrée de 14 km entre les deux îles, reliées par un pont et se terminant aux deux extrémités par des embarcadères en béton. Les bateaux empruntant le Mékong entre le

Vietnam et le Cambodge déchargeaient, à la pointe sud de Don Khon, leurs marchandises. Celles-ci étaient ensuite acheminées en train vers d'autres bateaux qui les attendaient, au nord de Don Det, pour être transportées par voie fluviale jusqu'à Pakse, Savannakhet et Vientiane. Les trains ont cessé de fonctionner depuis les attaques japonaises de 1945.

Ces ouvrages impressionnants sont encore debout, mais une grande partie de la ligne de chemin de fer a été démantelée par les habitants des environs pour la construction des passerelles et des rigoles.

Don Khon, la plus grande des deux îles, est connue dans tout le Laos pour ses cultures de noix de coco, de bambou et de kapok. Certaines familles fabriquent encore leur encens à partir d'arbres et de plantes aromatiques pour les offrir en offrande aux temples.

Le village principal, **Ban Khon**, abrite encore plusieurs villas coloniales. Le **Vat Khon Tai**, vers l'extrémité sud-ouest du village, est un temple lao bâti à l'emplacement d'un ancien sanctuaire khmer dont on ignore la date exacte de construction ; il pourrait remonter à la période de Chenla. Il ne subsiste de ce monument que de grands blocs de latérite, ainsi que les fondations et quelques frontons et colonnes.

Derrière le sim lao en bois se dresse un jedi du début du siècle, à côté d'un ancien lingam khmer, posé sur un piédestal moderne.

A 1,5 km à l'ouest, à l'extrémité ouest de Don Khon, une série de rapides très impressionnants appelés **Taat Somphamit** (également appelés Li Phi). On peut les voir depuis Don Xang, une grande île au nord-ouest de Don Khon. Un droit d'entrée de 800 K est perçu à Don Khon. Si vous traversez le pont entre Don Khon et Don Det, vous payerez également 800 K. En venant du Bungalow Souksan, sur la Don Det, vous marcherez 2 km jusqu'au pont. Il vous faudra parcourir 2 km de plus pour atteindre les chutes. Conservez votre ticket de passage sur le pont afin de ne pas débourser à nouveau 800 K.

Promenade et dauphins. L'île de Don Khon offre une jolie promenade de 5 km, le long de l'ancienne voie ferrée. Une locomotive à vapeur rouille au départ de la voie, au nord de l'île ; évitez de toucher les buissons alentours, car leurs fruits peuvent provoquer des éruptions cutanées. Plus loin, vous traverserez une forêt, des rizières et des hameaux. Au bout, vous arriverez à un ancien embarcadère en pierre ; sur la rive droite, on découvre le Cambodge. Les ponts pour les piétons sont très abîmés. Mieux vaut s'abstenir de les emprunter à moins d'aimer les émotions fortes.

De décembre à mai, on a parfois la chance d'apercevoir des dauphins Irrawaddy, à l'extrémité sud de l'île, en fin d'après-midi (durant la saison des pluies, les eaux sont troubles et trop profondes). Le meilleur endroit pour les voir est une petite île de sable un peu plus au sud. Des bateaux peuvent vous y mener pour 7 000 K. Quel que soit le site d'observation que vous choisissez, la meilleure heure pour observer les dauphins est tôt le matin ou en fin d'après-midi.

Lorsque les Khmers Rouges sévissent dans les environs, les traversées sont annulées. Ce fut le cas au début de l'année 1998 après une mutinerie de Khmers Rouges à Anlong Veng.

Malgré des rumeurs contraires, la totalité de l'île de Don Khon est ouverte, selon les services de l'immigration laotienne et l'ATL, sans aucune restriction à l'encontre des étrangers. Comme toujours dans le Laos rural, veillez à ne pas nuire à la survie des traditions locales.

Où se loger et se restaurer. A une centaine de mètres du débarcadère sur la Don Det, le *Bungalow Souksan (Souksan)* abrite trois cabanes sur pilotis en bambou et en chaume. Comptez de 3 000 à 5 000 K la nuit selon la saison. Les sanitaires sont en commun. Le propriétaire envisage de créer une sorte de dortoir avec des lits moins onéreux. Pour se restaurer, on peut commander des plats lao simples et familiaux. Les noix de coco fraîches abondent.

Les dauphins en voie d'extinction

Le dauphin Irrawaddy (*Orcaella Brevirostris*, *paa khaa* en lao) est une espèce rare. Le dauphin adulte atteint environ 2,5 m de long. Il habite des écosystèmes côtiers des mers tropicales, ainsi que des rivières et des lacs d'eau douce. Il ressemble un peu à la baleine Beluga qui est beaucoup plus grosse.

Si le dauphin Irrawaddy peut vivre en eau salée, il est tout de même rare de l'apercevoir en mer. Les spécimens sont surtout visibles dans les fleuves Padma au Bangladesh, Ayeyarwady au Myanmar (Birmanie) et Mékong au Laos et au Cambodge.

Les dauphins sont menacés par les pêches aux filets et aux explosifs pratiquées dans le Mékong inférieur et ses affluents (la Se Kong, la Se Pian et la Se Kaman) : leur population a considérablement baissé. Elle est estimée actuellement entre 100 et 300 individus.

Pour les Lao et les Khmers, les dauphins sont la réincarnation d'êtres humains ; de nombreuses légendes racontent que des pêcheurs et des villageois, accidentellement tombés à l'eau ou attaqués par des crocodiles, furent sauvés par ces animaux. Ils ne sont donc pas chassés. En revanche, lorsqu'un dauphin se prend dans les mailles des filets-araignées destinés aux autres poissons, les pêcheurs laotiens se refusent à couper le filet. Incapable de remonter à la surface pour respirer, le dauphin se noie.

En collaboration avec le ministère des Eaux et Forêts et de l'Environnement, les agents du Projet des zones lacustres de Siphandone s'efforcent de convaincre les habitants d'employer à nouveau des pièges en bambou, et d'utiliser des petits filets de pêche dans les zones protégées de 10 à 60 m de profondeur. Le système est basé sur la gestion des ressources en propriété collective plutôt que sur une interdiction gouvernementale. L'opération consistant à dédommager les pêcheurs laotiens de Don Khon et de Don Sadam qui sacrifient leurs filets pour libérer les dauphins n'a pas eu beaucoup d'impact jusqu'à maintenant.

La population des dauphins est également sérieusement menacée par la pêche à l'explosif pratiquée au Cambodge, où l'on peut facilement se procurer des grenades et autres petits engins bon marché. Cette méthode, totalement interdite au Laos, consiste à faire exploser la charge sous l'eau, puis à ramasser le poisson mort remonté à la surface. Les pêcheurs cambodgiens font exploser jusqu'à 20 charges chaque jour dans la région de Stung Treng.

Pour tenter de conjurer des croyances locales, les Khmers rouges auraient décimé des milliers de dauphins dans le grand lac de Tonle Sap, dans le nord du Cambodge. En ce qui concerne le Mékong, l'avenir du dauphin se joue beaucoup plus au Cambodge qu'au Laos. Les experts estiment que, selon le taux de mortalité actuel, et si rien n'est fait, l'espèce aura disparu dans une dizaine d'années.

Pour un supplément d'information ou pour envoyer un don au projet du dauphin Irrawaddy, écrivez à Ian Baird, c/o CESVI, PO Box 860, Paske, Lao PDR. Pour agir en faveur de la protection des dauphins Irrawaddy dans le bas Mékong, vous pouvez adresser des lettres au Premier ministre Hun Sen, palais du Gouvernement, Phnom Penh, Cambodge, en demandant l'interdiction des filets-araignées en nylon et des explosifs et qu'une telle interdiction soit renforcée. ■

A Don Khon, une entreprise laotienne de Pakse restaure un ancien hôpital colonial français appelé à devenir l'*Auberge Sala Don Khon*. Les chambres coûteront de 20 à 35 \$US la nuit.

Comment s'y rendre. A Ban Nakasong, vous pouvez louer un bateau pour Don Det (8 000 K), ou emprunter le ferry utilisé par les insulaires (500 K). Il est également possible de prendre un bateau depuis Ban Thakho, à côté des chutes de Khon Phapheng. Afin de connaître les conditions de location de Muang Khon à Don Det et Don Khon, reportez-vous à *Comment circuler* plus haut dans cette rubrique.

Chutes de Khon Phapheng

Au sud de Don Khong, le Mékong présente 13 km de puissants rapides entrecoupés de chutes. Les plus hautes, Khon Phapheng, se trouvent près de Ban Thakho. On découvre un très beau panorama depuis un pavillon en bois installé sur la rive.

Sur les rochers, les pêcheurs téméraires, dont on dit qu'ils ont signé un pacte avec les génies tutélaires des chutes, ont construit un échafaudage très rudimentaire en bambou. Celui qui s'aventure sur ce frêle édifice joue vraiment avec sa vie.

En 1990, une société lao-thaïlandaise a signé un contrat afin de construire une immense station balnéaire près des chutes de Khon Phapheng. Avec un golf de 18 trous et une usine hydroélectrique de 21 MW, le projet, d'un montant de 300 millions de baths, semblait menacer sérieusement l'environnement. Des protestations internationales ont, pour l'instant, retardé le projet.

Sur la route de Khon Phapheng, vous pourrez vous arrêter à Ban Khinak où se tient le plus grand marché du district de Muang Khong (plus intéressant en début de matinée).

Comment s'y rendre. Pour gagner les chutes, il faut passer par Ban Khinak, un village au bord du fleuve, accessible en bateau depuis Muang Khong, sur l'île Don Khong ; les bacs (500 K) circulent régulièrement de 6h à 12h, sinon vous pouvez louer un bateau pour 10 000 K. A Ban Khinak, vous pouvez prendre un camionbus jusqu'à Ban Thakho (un village situé à 3 km des chutes) pour quelques centaines de kips, ou louer un jumbo pour vous rendre directement sur le site (30 000 K). L'Auberge Sala Done Khong et le Bungalow Souksan proposent des excursions d'une journée.

Si vous arrivez par vos propres moyens depuis Don Det, vous devriez pouvoir monter à bord d'un ferry pour Ban Nakasong (500 K par passager ou 8 000 K si vous louez le bateau), puis prendre un jumbo jusqu'aux chutes. Pour ce dernier trajet, le prix de la course est le même depuis Ban Nakasong ou Ban Khinak.

Il existe également des camions-bus directs entre Ban Khinak et Ban Muang (en face de Champasak).

Province de Sekong

Bien que cette province de l'extrême sud-est soit officiellement ouverte au tourisme, les moyens de transport sont tels qu'on y voit rarement des voyageurs étrangers.

Sekong est la province la moins peuplée du Laos (63 800 habitants, soit moins de 1% de la population totale du pays) et la densité ne dépasse pas les 8,3 habitants au km². C'est également une province extrêmement pauvre, dans laquelle 25% des enfants n'atteignent pas l'âge de cinq ans. La pauvreté extrême et les problèmes sanitaires sont tels entre les rives de la Se Kong et la frontière avec le Vietnam que le personnel des Nations unies et des ONG appelle ce secteur "la zone".

Dans les deux provinces de Sekong et d'Attapeu, le paludisme est rampant en plaines, surtout vers la frontière vietnamienne où le falciparum constitue la variété la plus commune. Prenez les précautions qui s'imposent.

Quelques Lao Loum (tribus d'origine lao ou thaï), vivent dans ce coin du Laos, habitat traditionnel d'un certain nombre de groupes appartenant à la famille des Lao Theung ou des Môn-khmers : Nyahuen, Chieng, Talieng, Ta-oy (Tahoy), Laven, Katang, Yai Kayon, Nge, Suay, Ye, Katu, Lawae, Chatong et Kakang. Nombre de ces tribus migrent fréquemment des collines de la province de Sekong vers les hauts plateaux du Centre du Vietnam (où on les appelle les *montagnards*) et inversement.

Parmi les ethnies môn-khmères du Sekong, les Katu et les Taliang sont les plus nombreux. Le second groupe totalise 25 000 habitants, installés exclusivement

SUD

Le tissage lao
se caractérise par ses
motifs géométriques
et le contraste
des teintes, même
s'il existe des
différences selon
les régions.
Dans le sud, les métiers
à tisser se manœuvrent
au pied

BERNARD NAPYHINE

BERNARD NAPTHINE

CARLY HAMMOND

Épices et condiments font partie du quotidien culinaire laotien. Sur les étals des marchés ou les échoppes installées sur les trottoirs, vous en trouverez de toutes sortes, du traditionnel piment à la citronnelle dans le district de Dak Cheung, au nord-est de la capitale, à 1 500 m d'altitude. Les deux sous-ethnies tendent à la monogamie mais tolèrent la polygamie (deux à trois épouses). Le système de croyances mêle l'animisme et le culte des ancêtres.

Il est difficile de circuler dans la province, en raison du manque de routes. Durant la saison des pluies, la route pour Dak Cheung est impraticable. Pendant la saison sèche on rejoint en camion cette localité en quatre heures environ.

Selon la police de Sekong, vous êtes supposé avoir une autorisation pour voyager en dehors de la capitale provinciale, et cela malgré l'abolition nationale du système des permis. Il s'agit sans doute d'un vestige de l'ancien régime, auquel tiennent encore fermement les responsables locaux. Il existe également un danger dû aux mines anti-personnel. Il est possible de voyager partout dans la province, mais le transport pose un réel problème.

SEKONG (MUANG LAMAM)

Si l'on se rend dans la capitale du Sekong, aussi appelée Muang Lamam (18 000 habitants), c'est d'abord et surtout pour prendre le départ d'un périple sur le fleuve en direction d'Attapeu. Sortie de rien voici une douzaine d'années, la ville, très dispersée, comporte plusieurs bâtiments gouvernementaux dans le centre-ville et s'entoure de quartiers résidentiels, où maisons de bois et de chaume voisinent avec des constructions de bois et de ciment. Des kapokiers poussent dans les cours des habitations.

La Se Kong enroule ses méandres au sud et à l'est de la ville, tandis que le plateau des Bolaven s'élève abruptement vers l'ouest. La méfiance de la police locale à l'encontre des visiteurs étrangers est en partie liée à la présence d'une prison de l'autre côté du fleuve. Au marché municipal, les tribus des confins frontaliers échangent des vêtements contre des produits vietnamiens. Attapeu regarde avec envie Sekong car l'électricité y fonctionne 24h/24h.

Il n'y a pas grand chose à faire à Sekong, si ce n'est acheter des produits de l'artisanat local. A une vingtaine de minutes en voiture sur la route d'Attapeu, on peut voir de belles chutes de six mètres de haut, avec deux bassins permettant la baignade. Il est possible de camper dans l'un des deux pavillons en plein air, installés à côté de la cascade.

Renseignements

Argent. La Pha Tai Bank, dans la rue principale, change des bahts et des dollars contre des kips. Elle vous accueille du lundi au vendredi de 8h à 11h et de 14h à 16h.

Poste et communications. La poste se trouve à une rue au nord-ouest de l'hôtel Sekong et permet de faire des appels locaux et internationaux. Ses heures d'ouverture suivent celles de la banque.

Où se loger et se restaurer

L'*Hotel Sekong* est le seul hôtel de la ville. Il dispose de seize chambres d'un bon standing réparties sur deux étages. Les chambres du rez-de-chaussée avec ventilateur et s.d.b. (eau froide) se louent 18 000 K, tandis que celles à l'étage avec eau chaude et de meilleurs matelas sont facturées 20 000 K. Le gérant de l'hôtel parle un peu l'anglais. On peut réserver une chambre en s'adressant au Suksamlan Hotel de Pakse ou à Lane Xang Travel à Vientiane. Le *Suksamlan Restaurant*, installé à proximité, propose une cuisine de qualité. Les étoffes réalisées par les Katu et les Alak de la région et joliment disposées au mur sont à vendre.

A côté de ces deux établissements, un restaurant appelé le *Nang Malai Thong* fait surtout office de discothèque. La nourriture est franchement reléguée au second plan. On y vient pour consommer des boissons alcoolisées et écouter des groupes musicaux.

Le *Feuang Restaurant*, en face de l'Hotel Sekong, cuisine des plats vietnamiens corrects, mais il est préférable de commander à l'avance. Des restaurants plus modestes et des échoppes de fõe, non loin du marché, permettent également de se restaurer.

Le tissage lao

Les Lao pratiquent pas moins de seize styles de tissages associés à quatre régions. Les tisserands du Sud travaillent sur des métiers à pied plutôt que sur des métiers à châssis, et ils perpétuent une tradition respectant des styles et des motifs inchangés depuis des siècles. Les phàa nung (sarong) d'un seul tenant sont plus courants que ceux réalisés avec plusieurs pièces cousues. Le sud du Laos confectionne les plus beaux tissages sur soie et il est réputé pour ses *mat-míi* (ikat ou nouer-lier-teindre) complexes avec leurs motifs empruntés aux temples khmers ou agrémentés d'éléphants. Les teintures naturelles ou synthétiques sont largement utilisées. A Sekong et à Attapeu, les étoffes sont souvent ourlées d'étranges symboles. Les hélicoptères et les avions ont fait leur apparition sur les tissus, signe que les Lao Theung sont finalement entrés dans l'ère de l'après-guerre. Dans ces provinces, des perles agrémentent les broderies.

Dans le nord-est du Laos – notamment à Hua Phan (Sam Neua) et Xieng Khuang (Muang Phuan), les Thaï Neua, les Phuan, les Thai Lü, les Thaï Daeng, les Thaï Dam et les Phu Thaï réalisent essentiellement des brocarts à trame (*yìap kǫ*) avec de la soie sauvage, des fils de coton et des teintures naturelles. Ils emploient parfois la technique du mat-míi pour confec-

Le tissage lao, dont voici trois exemples de motifs, est une activité artisanale qui prend de l'ampleur. Les débouchés à l'exportation sont de plus en plus nombreux

tionner leurs broderies. Les dessins en forme de diamants sont un motif récurrent. Dans le centre, on réalise des mat-míi en coton teint à l'indigo, des brocards à trame simple (*jók* et *khìt*) à partir de différentes techniques issues d'autres régions (et apprises auprès des habitants de Vientiane qui avaient fui la guerre). A Luang Prabang, les brocarts aux motifs en or et en argent sont répandus, ainsi que les dessins complexes (*lái* et empruntés aux Thaï Lu). Dans le Nord, on utilise des métiers à châssis. La taille, le corps et le *thin sin* (la bordure du bas) d'un *phàa nung* sont souvent cousus ensembles et réalisés à partir d'étoffes distinctes.

Outre le phàa nung ou le *phàa sìin* ("vêtement du bas" ou jupe), les autres vêtements traditionnels sont le *phàa bjang*, un châle porté par les femmes, et le *phàa set*, une étoffe couvrant les épaules des hommes. Les Lao ne les revêtent que lors de fêtes ou de cérémonies basi. Certains tissus ont également une fonction cérémonielle comme les *thong*, de longues et fines bannières de prières réalisées par l'assemblage de tissus et de tiges de bambou agrémentés parfois de perles brodées. Les Thaï Lü et les Thaï Yuan les accrochent souvent au toit des temples (sim) et protègent parfois les manuscrits boudddhiques rédigés sur des feuilles de palme avec des tissus de fibres de bambou.

On dit souvent que les teintures synthétiques utilisées au Laos ne durent qu'une trentaine d'années. La teinture synthétique a été introduite par les Occidentaux à la fin du XIXe siècle. Auparavant, on connaissait déjà les techniques de la teinture chinoise. De nos jours, la seule teinture naturelle encore largement employée est l'indigo.

Le regain d'intérêt pour le tissage lao a remis les teintures naturelles au goût du jour, car leurs couleurs sont à la fois plus tendres et plus riches. On utilise notamment de l'ébène (graines et bois) et du tamarin (graines et bois). Le rouge laque est obtenu à partir du mélange de *coccus iacca* (un insecte vivant dans les troncs d'arbre), et de racines de curcuma. L'indigo sert à réaliser le bleu. Pour obtenir de l'indigo, les tisserands mettent à macérer dans de l'eau pendant plusieurs jours de l'*indigofera tinctoria*. Ils activent la couleur de la plante en rajoutant du citron. Ensuite, elle est travaillée pour obtenir une pâte épaisse à laquelle sont mélangés divers ingrédients (de l'écorce de citron, du tamarin et du sel) afin d'obtenir le pH idéal, la texture et la nuance souhaitées.

A partir de la palette de base de cinq couleurs naturelles (noir, orange, rouge, jaune et bleu) que l'on mélange, on peut obtenir toute la gamme des couleurs. Les tisserands emploient également des couleurs plus subtiles comme le kaki (depuis l'écorce d'un arbre indien), le rose (avec du bois de sappan) et l'or (avec du bois de jaquier et d'arbre à pain). Ce vaste choix de couleurs dispense de recourir aux teintures artificielles. Pour les couleurs claires, les teintures sont synthétiques à l'origine.

Achats

Deux petites boutiques d'artisanat (des constructions en bambou avec un toit en chaume) sont installées derrière l'Hotel Sekong, en face du bureau de poste. Elles proposent un choix intéressant d'étoffes tissées par les tribus alak, katu, nge et talieng, ainsi que quelques paniers et d'autres produits artisanaux des tribus, dont des herbes et du lào láo. L'adresse est recommandée pour se faire une idée de la diversité des motifs et des couleurs utilisés par les tribus. Ainsi, un vêtement réalisé par des Katu comporte de larges bandes rouges et noires alternant avec de fines rangées de perles brodées, tandis que les Alak utilisent des bandes plus raffinées. Les rares pagnes alak ou nge (longs, étroits et très chargés) sont parfois disponibles à partir de 50 $US.

A 200 m environ à l'est de l'hôtel, à une rue au nord, vous découvrirez un petit quartier de tisseurs composé de quatre ou cinq maisons où l'on peut voir à l'œuvre des Nge affairés sur d'étroits métiers à tisser à pied.

Comment s'y rendre

Route. Les camions-bus en provenance de Salavan partent deux fois par jour entre 7h et 13h. En sens contraire, les départs de Sekong s'effectuent à 7h et 12h30. Le voyage dure 3 heures 30 et coûte 2 000 K. En doublant la durée et pour 2 000 K supplémentaires, on atteint Attapeu. La route est de bonne qualité.

Un autre camion relie Pakse et Sekong une fois par jour (depuis/vers Attapeu). Dans les deux sens, le départ se fait à 6h, coûte 4 000 K et dure six heures.

A Sekong, départs et arrivées s'effectuent à partir du marché du matin.

Voie fluviale. Le service de bateaux vers Attapeu n'a rien de régulier. Quand il fonctionne, les transporteurs de passagers demandent environ 6 000 K par personne. On peut aussi louer une pirogue à quatre places avec un moteur pour environ 65 000 K ou 27 $US. Le périple, magnifique, dure près de huit heures dans chaque sens et longe les escarpements à l'est du plateau des Bolaven durant la plus grande partie du trajet. A la fin de la saison sèche, lorsque la rivière est presque à sec, il faut parfois descendre de l'embarcation et emprunter le petit sentier qui longe le cours d'eau pendant que le barreur manœuvre le navire.

Comment circuler

Sekong compte quelques jumbo qui vous emmèneront dans n'importe quel point de la ville pour 1 000 K.

Province d'Attapeu

Accidentée, sauvage, magnifique et difficile d'accès, la région d'Attapeu et du Sekong abrite un grand nombre d'espèces animales rares. On y voit des tigres et l'on dit même que le rhinocéros de Sumatra ou de Java réside près de la frontière cambodgienne. On vient également de découvrir dans la Se Kong un poisson semblable à la truite et qui atteint 10 kg, ainsi que des dauphins Irrawaddy. Les districts proches de la frontière vietnamienne sont couverts d'une jungle épaisse où se reproduisent des oiseaux à plumage coloré, tels les perroquets et les perruches.

Financé par des Australiens, le barrage sur la Se Kaman menace d'inonder la vallée originelle du cours d'eau. Un fois achevé, il fournira l'hydroélectricité nécessaire au développement d'infrastructures.

La piste Ho Chi Minh traversant les deux provinces d'Attapeu et de Sekong, elles furent violemment bombardées pendant la guerre d'Indochine. Depuis, elles sont restées peu peuplées. Parmi les onze groupes ethniques recensés à Attapeu, les Lave, les Nge et les Talieng prédominent, tandis que les Lao Loum, les Chinois et les Vietnamiens sont concentrés à Attapeu. La province ne compte que quatorze temples bouddhistes.

Le gouvernement provincial d'Attapeu entretient d'étroites relations avec son homologue et voisin vietnamien. On voit d'ailleurs, le jour de la fête nationale, un drapeau vietnamien flotter à côté du drapeau laotien, devant la maison d'accueil du gouvernement, dans la capitale.

ATTAPEU (SAMAKHI XAI)
Officiellement appelée Muang Samakhi Xai, la capitale de la province abrite une population de 19 200 habitants. Établie dans une large vallée entourée de montagnes et très arrosée par les méandres du fleuve, elle s'est acquis, dans tout le Laos, la renommée de "village-jardin", en raison de ses allées ombragées et de sa flore abondante. Au confluent de la Se Kong et de la Se Khaman, elle se prête merveilleusement aux explorations fluviales.

Au nord et à l'ouest, les montagnes à sommets plats bordent le plateau des Bolaven.

La police locale a considérablement assoupli son attitude à l'égard des touristes et elle ne se montre pas très regardante sur la présentation des papiers à l'entrée de la province.

L'électricité ne fonctionne que de 18h à 22h30.

Renseignements
Office du tourisme. L'ATL (☎ 212039) est installé dans le bâtiment de la province, à l'extrémité nord-ouest de la ville. Le personnel cherche avant tout à organiser des excursions onéreuses avec véhicule, chauffeur et guide. Recourir à ses services ne s'impose pas, même s'il est plus pratique d'être accompagné lorsqu'on voyage dans cette province.

Les guides sont chers dans la région car l'ATL exerce une sorte de monopole. Si vous ne disposez pas des 50 à 80 \$US journaliers demandés par cet organisme, vous pouvez recruter vous-même un guide dans un village. Ils sont aisés à trouver et demandent moins de 20 \$US par jour.

Argent. La Phak Tak Bank se trouve à environ 500 m au sud-est de la piste d'atterrissage. On peut changer des bahts ou des dollars en espèces contre des kips mais en quantités limitées (le taux de change est inférieur à celui de Pakse). Même si le panneau affiche les taux de changes d'autres devises, le personnel ne semble pas vouloir effectuer des transactions avec d'autres monnaies. La disponibilité en kips dépend des livraisons hebdomadaires de Pakse.

Poste et communications. Un bureau de poste et de communications est installé à environ 100 m à l'ouest de la Maniwan Guest House.

Temples et sanctuaires
Attapeu n'est pas réputée pour ses temples bouddhiques, mais un ou deux se visite avec intérêt.

Dans le centre-ville, à proximité de la Phak Tai Bank et de la Souksomphone Guest House, le **Vat Luang Muang Mai** (ou Vat Luang), a été construit en 1939. Il s'agit de l'un des plus anciens temples abritant des bateaux ornés de *naga* d'origine. La présence d'une vingtaine de novices et de dix moines est plutôt surprenante au regard de la fréquentation des temples dans le Laos d'aujourd'hui.

De même facture, le **Vat Fang Taeng** se dresse sur les rives de la Se Kaman, dans Ban Fang Taeng, à 14 km de la ville sur la route de Saisettha. Ses élégants murs en brique et son sim en stuc remontent aux années 1935-1936 alors que son jedi pourrait être plus ancien.

Tham Phra est un sanctuaire creusé dans la roche abritant une statue bouddhiste qui se trouvent à environ trois kilomètres au nord-ouest de la ville, au pied du plateau des Bolaven.

Où se loger
Située en face de la Phak Tai Bank, la *Souksomphone Guest House* est un bâtiment à deux étages assez bien entretenu qui propose huit chambres dotées de ventilateurs (ne fonctionnant que le soir) à 10 000 K la nuit. Les trois s.d.b. communes sont au rez-de-chaussée. La sympathique famille qui s'en occupe peut se charger de

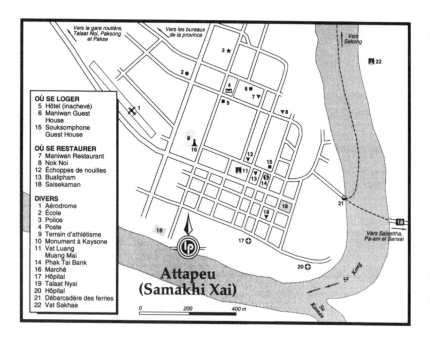

Attapeu (Samakhi Xai)

OÙ SE LOGER
5 Hôtel (inachevé)
6 Maniwan Guest House
15 Souksomphone Guest House

OÙ SE RESTAURER
7 Maniwan Restaurant
8 Nok Noi
12 Échoppes de nouilles
13 Bualipham
18 Saisekaman

DIVERS
1 Aérodrome
2 École
3 Police
4 Poste
9 Terrain d'athlétisme
10 Monument à Kaysone
11 Vat Luang Muang Mai
14 Phak Tai Bank
16 Marché
17 Hôpital
19 Talaat Nyai
20 Hôpital
21 Débarcadère des ferries
22 Vat Sakhae

votre linge et de la préparation des repas. Les réservations se font auprès du Suksamlan Hotel à Pakse, du Sekong Hotel à Sekong et de la Lane Xane Travel à Vientiane.

Appartenant autrefois à l'État, la *Maniwan Guest House* est pourvue de six chambres réparties dans trois bâtiments regroupés derrière une enceinte en pierre. Chaque chambre comprend deux ou trois lits avec des matelas durs et une moustiquaire. Les sanitaires et la s.d.b. sont collectifs. Vous payerez 5 000 K le lit ou 15 000 K la chambre. Un restaurant délabré fonctionne dans la même enceinte. En comparaison, la Souksomphone est beaucoup plus sympathique et d'un meilleur rapport qualité/prix.

Le gouvernement a commencé la construction d'un hôtel de 40 chambres en face du bureau de poste. Le bâtiment attend des investisseurs pour être achevé.

Où se restaurer

Dans un petite construction en chaume qui abrite quelques tables, les propriétaires de la *Souksomphone Guest House* préparent des plats de nouilles et proposent des baguettes de pain avec des œufs au petit déjeuner. Ils peuvent confectionner des plats lao plus raffinés si vous commandez à l'avance. On mange à l'extérieur ou à l'intérieur de la pension. Les prix sont très bon marché.

Le *Maniwan Restaurant*, dans l'enceinte de la Maniwan Guest House, propose différents plats de riz et de nouilles pas trop chers. Le propriétaire parle un peu l'anglais.

Plusieurs échoppes de nouilles et de riz permettent de se restaurer entre la Souksomphone Guest House et le Vat Luang. Parmi elles, le *Bualipham* sert des plats lao traditionnels préparés dans de grandes marmites. On peut également manger des nouilles le matin au *Talaat*

Nyai, le marché du jour installé à deux pâtés de maison au sud-est de la Souksomphone Guest House.

Saisekaman (indiqué uniquement en lao) et *Nok Noi*, les deux discothèques de la ville, servent de la cuisine lao et chinoise le soir.

Achats

A la différence de Sekong, il n'y a aucun magasin d'artisanat à Attapeu. On peut rencontrer dans la rue quelques membres de tribus avec des étoffes et des objets artisanaux à vendre, mais les articles sont rares au marché. Une petite échoppe, installée à l'angle sud-est de Talaat Nyai, propose des produits artisanaux : paniers, tissu, pagnes, arcs et flèches, épées et boucliers.

Comment s'y rendre

Avion. Il n'y a plus de vols en provenance de Pakse. Il faut dire que la piste d'atterrissage locale se résume à un champ de mauvaises herbes rayé de deux bandes goudronnées.

Route. Durant la saison des pluies, on ne peut plus atteindre Attapeu par la route. Durant la saison sèche, trois routes principales sont ouvertes.

Depuis Pakse, la plus directe passe par Paksong, sur le plateau des Bolaven. Jusqu'à Paksong, elle est plutôt en bon état (reportez-vous à *Comment s'y rendre* de la rubrique *Plateau des Bolaven*), puis se dégrade. A l'est de Paksong, les paysages sont de toute beauté le long de la nouvelle route où se dresse la centrale hydro-électrique de la ville. On descend d'abord le long des escarpements du plateau des Bolaven puis on suit la Se Kong. La seconde partie de la route n'apparaît pas sur la plupart des cartes. Le trajet s'effectue en cinq ou six heures dans le meilleur des cas.

A Pakse, les véhicules transportant des passagers partent deux fois par jour de la gare routière sud au Km 8, aux environs de 6h (petits bus) et vers 9h (camions-bus). Il faut arriver tôt pour obtenir une place

assise car les véhicules sont souvent bondés. Le voyage dure 5 heures et revient à 5 000 K.

On peut rejoindre Attapeu par la route de Sekong parallèle à la Se Kong. Le trajet dure 2 heures et demie et coûte 2 500 K.

La route la plus méridionale s'appelle la Route 18. Elle débute à proximité de Champasak, sur la rive est du Mékong et contourne le plateau des Bolaven. Peu de véhicules empruntent cette route, mais l'ADB projette d'en faire d'ici quelques années une grande voie de circulation à destination du Vietnam.

Voie fluviale. Une liaison fluviale existe entre Sekong et Attapeu. De juillet à novembre, des bateaux de passagers font la navette pour 5 000 ou 6 000 K par personne. A d'autres époques, on peut louer un petit bateau pour 65 000 K (27 $US). Le voyage dure sept heures et l'on traverse quelques rapides ainsi que de magnifiques paysages de montagnes.

Comment circuler

Une dizaine de jumbo circulent en ville. La plupart des courses reviennent à 500 K par personne. Pour la desserte de la gare routière vous payerez 1 000 K.

LES ENVIRONS D'ATTAPEU

A l'est et au sud-est de la capitale, on découvrira **Sansai** et **Phu Vong**, les secteurs les plus bombardés de la piste Ho Chi Minh. La piste se scindait en deux à cet endroit. La piste Sihanouk se dirigeait vers le Cambodge, tandis que l'HCM poursuivait son chemin en direction du Vietnam du Sud. Véhicules et équipement endommagés sont disséminés dans la jungle et, naturellement, les engins explosifs non désamorcés sont légion. Ne cherchez pas à explorer le secteur sans l'aide d'un guide (renseignez-vous à la pension du gouvernement).

En raison d'une pluviométrie annuelle importante et d'un terrain accidenté sur le plateau des Bolaven (calcaire et basalte), le nord-ouest de la province comprend de nombreuses cascades très impressionnantes. La majorité d'entre elles ne sont d'ailleurs pas accessibles par la route. L'une, connue sous le nom de **Nam Tok Katamtok**, est une chute d'eau de 100 m de haut. Nichée dans une fente creusée par la Se Nam Noi et la Se Katam dans le plateau des Bolaven, entre Ban Nong Loi et Ban Kheumkham, elle se rejoint en quittant la route de Paksong.

Quant à **Taat Se Noi**, à une soixantaine de kilomètres au nord d'Attapeu et à 25 km de Sekong (5 km à l'ouest du confluent de la Se Nam Noi et de la Se Kong), les habitants l'appellent la "cascade aux têtes" car, durant la Seconde Guerre mondiale, les soldats japonais ont décapité un certain nombre de soldats laotiens, jetant leurs restes dans l'eau. Elle sont beaucoup plus larges (100 m) que hautes.

La province comprend la zone de conservation de la biodiversité de **Dong Ampham**. Cette zone de 1 975 km^2 se glisse entre la Se Kham et la frontière vietnamienne. L'abattage illégal du bois, même en région forestière protégée, menace dangereusement ce secteur de forêt vierge. L'ancien gouverneur de la province d'Attapeu a été condamné à quinze ans de prison pour contrebande de bois. Les projets hydroélectriques prévus sur la Se Kaman et la Se Su menacent également l'intégrité de la zone protégée.

Les montagnes au sud d'Attapeu ne sont pas sûres en raison de la présence de Khmers Rouges et de bandits. Renseignez-vous avant de vous y aventurer.

Pa-am

Ce village Alak du district de Sansai se trouve à 30 km environ à l'est d'Attapeu, sur la Route 18. Sur la piste Ho Chi Minh se dresse un lance-missiles sol-air porteur d'un missile avec des lettres russes et vietnamiennes.

On peut acheter des étoffes alak dans le village en s'adressant aux tisserandes. Pendant la saison sèche, vous pourrez vous baigner dans les petites cataractes de la Nam Pa. Elle se trouvent à une trentaine de kilomètres de Sansai. Après Pa-am, la route est en très mauvais état. Il faut louer un 4X4 ou marcher pendant deux ou trois jours. La région est superbe et habitée par de nombreuses minorités.

Comment s'y rendre. Les bus et les camions pour Pa-am partent d'Attapeu tous les matins et ne mettent que 30 minutes pour atteindre le village en empruntant la Route 18. On peut aussi louer un jumbo.

Si vous parvenez à louer un vélo à Attapeu, sachez que la ballade jusqu'à Pa-am est assez agréable. Pour rejoindre la Route 18 sur la rive est de la Se Kong, prenez un petit ferry au débarcadère d'Attapeu.

Langue

La langue officielle de la RPDL est le lao tel qu'il est écrit et parlé à Vientiane. Il s'est parfaitement imposé comme langue véhiculaire dans tous les groupes ethniques du pays. Naturellement, accents et vocabulaires varient en fonction des régions, notamment entre le Nord et le Sud, mais le parler de Vientiane est compris quasiment partout.

Les spécialistes du lao contemporain admettent l'existence de cinq accents fondamentaux: le lao de Vientiane, le lao du Nord (parlé à Sayabouri, Bokeo, Udomxai, Luang Nam Tha et Luang Prabang), le lao du Nord-Est (Xieng Khuang et Hua Phan), le lao du Centre (Kham Mouan et Bolikhamsai) et le lao du Sud (Champasak, Salavan, Savannakhet, Attapeu et Sekong).

Chacun de ces accents se divise en sous-familles. Ainsi, il est possible de distinguer deux langues parlées dans les provinces voisines de Xieng Khuang et Hua Phan. Toutes ces prononciations font partie de la branche thaï de la famille linguistique thaïkadaï et sont très proches des langues parlées en Thaïlande, dans le nord du Myanmar (Birmanie) et dans certaines régions des provinces chinoises du Yunnan et de Guangxi. Le lao officiel est en fait tellement proche du thaï tel qu'il est parlé dans le centre de la Thaïlande que les deux langues sont compréhensibles de part et d'autre de la frontière. D'ailleurs, les Lao de l'ouest de la cordillère annamitique comprennent aisément le thaï parlé puisque la majeure partie des programmes de télévision et de radio qu'ils suivent sont émis par leurs voisins. Dans les milieux cultivés, les Lao lisent également le thaï, bien que les deux alphabets soient très différents (la différence est aussi grande qu'entre les alphabets grec et latin). La plupart des ouvrages scolaires et universitaires utilisés au Laos sont thaïlandais.

Les dialectes du nord et du nord-est de la Thaïlande sont encore plus proches du lao classique. Le vocabulaire et les intonations du thaï du Nord-Est (également appelé isan) sont quasiment lao; en fait, on trouve davantage de gens qui parlent lao en Thaïlande qu'au Laos. Par conséquent, si vous vous rendez au Laos après avoir séjourné en Thaïlande (notamment dans le Nord-Est), vous devriez pouvoir vous servir des rudiments de thaï que vous aurez appris. Paradoxalement, l'inverse n'est pas forcément vrai car les Thaïlandais de souche ne comprennent pas toujours le lao.

Alphabet

Il a fallu attendre l'unification des différents meuang (districts) pour que les érudits lao du royaume Lan Xang élaborent enfin au XIVe siècle un alphabet à partir d'un ancien système d'écriture thaï (lui-même établi par les Khmers sur le modèle des alphabets du sud de l'Inde). L'écriture lao actuelle est plus proche du modèle initial que le thaï actuel car cet alphabet a, par la suite, fait l'objet d'une complète révision (c'est pourquoi le lao, bien que plus récent, semble plus ancien que le thaï).

Avant 1975, il existait au moins quatre systèmes d'orthographe. Comme le Laos ne s'est jamais vraiment doté d'une imprimerie moderne (la plupart des manuels universitaires étant en thaï, en français ou en vietnamien avant la révolution), l'orthographe lao n'a pas été normalisée avant l'arrivée au pouvoir du Pathet Lao. Le système actuel a été considérablement simplifié par la transcription des mots d'emprunt d'après leur son et non plus d'après leur forme écrite. Chaque lettre étant prononcée, il est beaucoup plus rapide d'apprendre le lao que le thaï ou le khmer, dont les mots étrangers ont tendance à être transcrits lettre par lettre, quelle que soit leur véritable prononciation.

L'une des particularités du système mis en place après 1975 a été de proscrire l'usage du "r" de l'alphabet lao dans les mots où il se prononçait comme un "l". Apparemment, cette lettre faisait trop référence à celle de l'alphabet thaï classique. Bien que le "r" ait disparu au Laos (il est devenu un "h" dans certains cas et un "l" dans d'autres), il continue d'être employé dans de nombreuses régions en Thaïlande. Selon l'usage postérieur à 1975, les noms des anciens souverains lao comme Setthathirat et Phothisarat s'écrivaient Setthathilat et Phothisalat. Depuis deux ou trois ans, le gouvernement a assoupli les règles. Si le "r" n'est toujours pas enseigné dans les écoles, on peut en revanche l'utiliser pour signer les documents et il figure dans les documents historiques.

Parmi les autres systèmes en vigueur, on trouve également le *láo thám* (dhamma lao), utilisé pour les transcriptions du pali, ainsi que les différentes écritures des tribus thaï, dont la plus populaire et la plus répandue est celle des Thaï Neua (normalisée par Xishuangbanna en Chine).

Aujourd'hui, l'alphabet lao compte 30 consonnes (formées à partir de 20 sons de base) et 28 voyelles. Il existe par ailleurs 15 symboles pour les diphtongues permettant de multiples combinaisons. On trouve en outre quatre signes pour marquer le ton, dont deux seulement sont couramment utilisés pour indiquer les six tons différents (en combinaison avec tous les autres caractères). Le lao se lit de gauche à droite, même si certaines voyelles sont parfois écrites avant, au-dessus, en-dessous, "autour" (c'est-à-dire avant, au-dessus et après) ou après les consonnes, en fonction du caractère.

Si l'apprentissage de l'alphabet ne présente pas de difficultés, le système d'écriture est relativement complexe, par conséquent, si vous ne comptez pas séjourner très longtemps au Laos, mieux vaut vous consacrer à l'étude de la langue parlée. Les noms des provinces et des villes sont transcrits en alphabet lao à la fin de ce chapitre, afin de vous permettre de reconnaître le nom de votre destination ou, le cas échéant, de l'indiquer.

Accentuation

Comme pour de nombreux dialectes thaï et chinois, le lao est une langue tonique

essentiellement monosyllabique, excepté pour les mots empruntés au sanscrit, au pali, au français et à l'anglais qui comportent souvent deux syllabes et plus. Beaucoup de phonèmes identiques ne se distinguent que par l'accentuation. Le mot sao, par exemple, peut signifier "fille", "matin", "pilier" ou "vingt" selon l'accent utilisé. C'est une langue particulièrement difficile à apprendre pour celui dont la langue maternelle n'est pas tonique.

D'ailleurs, même lorsque l'on sait accentuer, il n'est pas aisé de produire le ton correct car, dans nos langues occidentales, nous avons une grande tendance à moduler les tonalités dès que nous trahissons nos émotions, que nous voulons souligner un point ou poser une question. Pour apprendre le lao, il faut donc avant tout éviter d'exprimer ces émotions.

Le lao de Vientiane comporte six tons (contre cinq pour le thaï, quatre pour le mandarin et neuf pour le cantonais). Trois d'entre eux sont plats (grave, médian et aigu), tandis que les trois autres concernent l'inflexion (ascendant, aigu descendant et grave descendant). Ces six variations de ton sont évidemment fonction du registre de la voix de chacun. Il n'est, par conséquent, pas nécessaire d'être expert en la matière pour apprendre le lao.

Finalement, il suffit juste de marquer les différentes intonations en restant dans son propre registre de voix, ce qui vaut en fait pour certaines langues européennes également (l'anglais par exemple).

Une représentation visuelle d'une courbe des tons donneraient à peu près ceci:

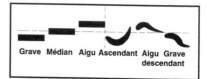

Grave Médian Aigu Ascendant Aigu Grave descendant

Ton grave. Le ton grave correspond au ton le plus bas employé dans la conversation, généralement uniforme (bien que tout le monde ne le prononce pas de cette façon, certains habitants de Vientiane ont un léger accent chantant). Exemple: *dǫi* (bon).

Ton médian. Le ton médian est également plat, mais il correspond au registre moyen du locuteur. Le mot se prononce sans inflexion. Exemple: *het* (faire).

Ton aigu. Le ton aigu est plat lui aussi, mais il correspond au ton le plus haut du registre (voix de tête). Exemple: *heúa* (bateau).

Ton ascendant. L'intonation ascendante commence un peu en dessous du ton médian et rejoint ou dépasse le ton aigu. Exemple: *saǎm* (trois).

Ton aigu ascendant. Le ton aigu descendant commence au ton aigu et redescend au niveau médian. Exemple: *sâo* (matin).

Ton grave descendant. Le ton grave descendant commence à peu près au niveau médian et redescend au niveau du ton grave. Exemple: *khào* (riz).

Transcription

La translittération des mots lao en caractères latins présente beaucoup de difficultés car certains sons, notamment certaines voyelles, n'existent pas en alphabet latin. L'ancien système de transcription français hérité de la colonisation n'est pas plus conforme à la réalité.

Le meilleur exemple nous est fourni par le nom de la capitale, Vientiane. Selon la prononciation locale, la transcription devrait donner Wieng Chan ou Vieng Chan (certains entendent plutôt Wieng Jan). Comme il n'existe pas de consonne en français correspondant au "w" anglais, on a choisi d'utiliser le "v", alors que la prononciation laotienne se rapproche davantage du "w" anglais. Il en va de même pour "ch" (ou "j"), que le français transcrit "ti"; ce qui donne Vientiane au lieu de Wieng Chan (qui signifie ville du santal). Le "e" final des mots se terminant par "n"

en français n'a pas entièrement disparu. On rencontre le même phénomène pour les mots tels que *lâan* (million), comme dans Lan Xang, que les Français écriraient "Lane".

Un grand nombre de noms de lieux utilisent dans la transcription en alphabet roman un "x" pour ce qui se prononce en Europe "s". Cet "x" exprime une lettre lao historiquement prononcée "ch" mais qui devint "s" en système phonétique lao. Il n'existe aucune différence de prononciation entre les deux.

Il n'existe aucune méthode officielle de transcription, le gouvernement lao n'ayant pas adopté de position très cohérente dans ce domaine. Toutefois, la tendance générale consiste à appliquer l'ancien système colonial français. Nous avons opté ici pour le système qui prévaut déjà dans le guide Lonely Planet sur la Thaïlande, les deux langues présentant en effet des phonèmes quasiment identiques, sauf dans les cas où la transcription courante en français est trop différente (exemple: Vientiane).

Les secteurs public et privé s'orientent peu à peu vers une transcription plus internationale, calquée sur le système thaï. Celui-ci pose également certains problèmes, notamment lorsque l'on écrit un "r" là où l'on entendrait en fait un "h" ou un "l", simplement parce que les signes lao représentant ces sons ressemblent au "r" thaï (le son "r" n'existe pas en lao).

Depuis quelque temps, "Luang Phabang" remplace peu à peu "Luang Prabang" sur les cartes gouvernementales. Dans le même temps, le gouvernement autorise à nouveau l'emploi du "r" (interdit depuis 1975) lorsqu'il est question du Laos historique. Ainsi, on peut substituer "Sakkarin" à "Sakkalin" et écrire "Phothisarat" à la place de "Phothisalat".

Méthodes de langue

Lonely Planet a publié un livre d'expressions lao en format de poche: *Lao Phrasebook*. On y trouvera une présentation détaillée de la grammaire et de la prononciation lao. Des translittérations en anglais, en caractères lao et latins accompagnent les listes de mots et expressions.

Publiée par l'Harmattan en 1994, *Parlons lao: langue, civilisation et culture du Laos* est une méthode qui permet de s'initier à la langue lao.

Il existe un guide de conversation franco-lao de Phiouphanh et Manila Ngaosyvath, publié par l'Institut de l'Asie du Sud-Est en 1984. Avant de partir, vous pourrez trouver un ouvrage édité par l'Inalco, *Je lis et j'écris lao* de Lamvieng Inthamone.

Au Laos, on trouvera également un petit dictionnaire anglais-lao publié par le Bureau des publications d'État. Ce livre en format de poche contient plus de 10 000 entrées. Les entrées en lao ne figurent qu'en caractères lao.

Autres langues

Dans les villes de la province de Luang Prabang et le long de la vallée du Mékong, les gens comprennent parfois le français, seconde langue officielle. L'anglais tend cependant à s'imposer de plus en plus. Comme au Vietnam, l'anglais a déjà supplanté l'ancienne langue coloniale dans les affaires. En revanche, les Laotiens de plus de 50 ans maîtrisent mieux le français que l'anglais.

Bien qu'il ne soit plus très à la mode, de nombreux Laotiens parlent russe. Mais le Centre culturel russe organise plus de cours d'anglais que de russe et les manifestations les plus courues sont les soirées télé qui permettent d'assister à la retransmission par satellite d'émissions anglaises.

Toutefois, nous vous recommandons de vous efforcer d'apprendre un peu le lao pendant votre séjour, cela vous permettra non seulement de mieux communiquer, mais aussi de faire preuve d'égard vis-à-vis de vos interlocuteurs.

Prononciation
Voyelles

Les voyelles s'écrivent avant, après, au-dessus ou en dessous des consonnes. Dans le tableau ci-dessous les consonnes sont figurées par un "×".

	i	court
	ii	long
	ai	"aï" comme "ail"
	aa	long
	a	court
	ae	"è" comme dans "mène"
	e	"eu" comme "feu"
	eh	"é" comme dans "bébé"
	oe	"e" long
	eu	comme dans "deux"
	u	"ou" court comme dans "coup"
	uu	long comme dans "lourd"
	ao	"ao" comme dans "baobab"
	aw	"o" fermé comme dans "pot"
	o	"o" court
	oh	"au" long comme dans "marteau"
	eua	le "eu" et le "a" sont bien distincts
	ie	"ien" comme dans "rien"
	ua	"oua" comme dans "toi"
	uay	comme "ouailles"
	iu	"iou" comme dans "sioux"
	iaw	"illo" comme dans "billot"
	aew	comme "â-ou"
	ehw	comme "ê-ou"
	ew	"ê-ou" bref
	oei	"œi" comme "œil" ou "seuil"

Consonnes

	k	se prononce comme "g" doux non aspiré (émis sans souffle)
	kh	se prononce comme le "k" de "képi"
	ng	se prononce "ngo"
	j	se prononce comme "tch" doux non aspiré
	s/x	se prononce "s" comme savon
	ny	comme "gn" dans "oignon"
	d	se prononce comme "dodo"
	t	se prononce non aspiré, entre le "t" et le "d"

ທ, ຖ	th	se prononce comme le "t" de "tapis"
ນ, ໜ	n	"n" comme "non"
ບ	b	"b" comme "baba"
ປ	p	"p" sourd et non aspiré
ພ, ຜ	ph	"p" de "Paris" (jamais le "ph" de "phare")
ຟ, ຝ	f	"f" comme "four"
ມ, ໝ	m	"m" comme "mare"
ຍ	y	"y" comme dans "yoyo"
ລ, ຫລ	l	"l" comme "lit"
ວ, ຫວ	w	"w" comme dans "watt", souvent orthographié "v"
ຣ, ຫ	h	se prononce comme un "r" ("jota" espagnole): "tho" se prononce "tro", "pho" comme "pro", "kho" comme "kro"

Salutations et politesse

Bonjour/Salut.
  sábaai-dji   ສະບາຍດີ

Au revoir.
  sábaai-dji (terme générique) ສະບາຍດີ

Au revoir. (à quelqu'un qui part)
  láa kawn   ລາກອນ
  ("partir en premier")
  pai kawn   ໄປກອນ
  ("s'en aller le premier")

Goodbye. (à quelqu'un qui reste)
  sohk dji   ໂຊກດີ
  ("bonne chance")

A plus tard.
  phop kan mai   ພົບກັນໃໝ

Merci.
  khàwp jai   ຂອບໃຈ

Merci beaucoup.
  khàwp jai lāi lāi   ຂອບໃຈຫລາຍໆ

De rien/ce n'est rien.
  baw pęn nyāng   ບໍ່ເປັນຫຍັງ

Excusez-moi.
  khāw thǫht   ຂໍໂທດ

Pour faire un brin de conversation

Ça va bien?
  sábaai-dji baw?   ສະບາຍດີບໍ?

Je vais bien.
  sábaai-dji   ສະບາຍດີ

Et vous ?
  jâo dêh?   ເຈົ້າເດ?

Comment vous appelez-vous?
  jâo seu nyang?   ເຈົ້າຊື່ຫຍັງ?

Je m'appelle ...
  kháwy seu ...   ຂອຍຊື່ ...

Ravi de vous rencontrer.
  dji-jai thii hûu káp jâo   ດີໃຈທີ່ຮູ້ຈັກເຈົ້າ

D'où venez-vous?
  jâo máa tae sai?   ເຈົ້າມາແຕ່ໃສ?

Je viens de ...
  kháwy máa tae ...   ຂອຍມາແຕ່ ...

Canada
  kaanáadaa   ການາດາ

Chine
  jiin   ຈີນ

Europe
  yulôhp   ເອິລົບ

Grande-Bretagne
  angkít   ອັງກິດ

Inde
  india   ອິນເດຍ

Japon
  yii-pun   ຍີ່ປຸ່ນ

Laos
  láo   ລາວ

États-Unis
  améhlikaa   ອະເມລິກາ

Quel âge avez-vous?
  jâo aanyuu ják pji?   ເຈົ້າອາຍຸຈັກປ?

J'ai ... ans.
  kháwy aanyuu ... pji   ຂອຍອາຍຸ ... ປີ

Combien êtes-vous dans votre famille?
  mii khâwp khúa ják khón?   ມີຄອບຄົວຈັກຄົນ?

Vous êtes marié(e)?
  taeng-ngáan lâew lēu baw?   ແຕ່ງງານແລ້ວຫລືບໍ?

Oui, je suis marié(e).
  taeng-ngáan lâew   ແຕ່ງງານແລ້ວ

Pas encore.
  yáng baw taeng-ngáan   ຍັງບໍ່ແຕ່ງງານ

Avez-vous des enfants?
  mii lûuk lâew baw?   ເຈົ້າມີລູກແລ້ວບໍ?

J'ai ... enfant(s).
  mii lûuk ... khón lâew   ມີລູກ ... ຄົນແລ້ວ

enfant(s)
lûuk ລູກ
fille
lûuk são ລູກສາວ
garçon
lûuk sáai ລູກຊາຍ
mère
mae ແມ່
père
phaw ພໍ່

Difficultés d'expression

Vous parlez anglais?
jâo pàak pháasāa ạngkít dâi baw?
ເຈົ້າປາກພາສາອັງກິດໄດ້ບໍ່?
Un peu.
nّáwy neung
ໜ້ອຍໜຶ່ງ
Je ne parle pas le lao.
khàwy páak pháasāa
láo baw dâi
ຂ້ອຍປາກພາສາລາວບໍ່ໄດ້
Vous comprenez?
jâo khào jai baw?
ເຈົ້າເຂົ້າໃຈບໍ່?
(Je) ne comprends pas.
baw khào jai
ບໍ່ເຂົ້າໃຈ
Parlez lentement, s'il vous plaît.
kálunaa wâo sâa-sâa
ກະລຸນາເວົ້າຊ້າໆ
Répétez, s'il vous plaît.
kálunaa wâo mai boeng dّuu
ກະລຸນາເວົ້າໃໝ່ເບິ່ງດູ
Comment dit-on ... en lao?
ạn-nîi pháasāa láo waa nyãng?
ອັນນີ້ພາສາລາວວ່າຫຍັງ?

Trouver son chemin

Où se trouve ...?
... yùu sāi? ... ຢູ່ໃສ?
l'aéroport
doen bịn ເດີນບິນ
la gare routière
sathãanii lot ສະຖານບລົດປະຈຳທາງ
pájạm tháang

l'arrêt de bus
bawn jàwt lot ບ່ອນຈອດລົດປະຈຳທາງ
pájạm tháang
le départ/vol
thîaw ກຽວ
la station de taxi
bawn jàwt lot ບ່ອນຈອດລົດແທກຊີ
thaek-sîi

A quelle heure le ... part-il?
... já àwk ják móhng? ...ຈະອອກຈັກໂມງ?
avion
héua bịn ເຮືອບິນ
bus
lot ລົດ
bateau
heúa ເຮືອ
minibus
lot tûu ລົດຕູ້

Je veux aller à ...
khàwy yàak pại ... ຂ້ອຍຢາກໄປ ...
A quelle heure arriverons-
nous (arrive-t-il/elle)?
já maa hâwt yuu
phûn ják móhng? ຈະໄປຮອດຜູ້ນຈັກໂມງ?
Où se trouve le bateau?
lóng heua yuu sãi? ລ່ງເຮືອຢູ່ໃສ?
Je voudrais un billet.
khàwy yàak dâi pîi ຂ້ອຍຢາກໄດ້ປີ້
Combien ça coûte pour ...?
pại ... thao dại? ໄປ ... ເທົ່າໃດ?
Combien ça coûte
par personne?
khón-la thao dại? ຄົນລະເທົ່າໃດ?
Je peux m'asseoir ici?
nang bawn nîi ນັ່ງບ່ອນນີ້ໄດ້ບໍ່?
dâi baw?
Dites-moi s'il vous plaît
quand nous arriverons à ...
wéhláa hâwt ... ເວລາຮອດ ...
bàwk khàwy dae ບອກຂ້ອຍແດ່
Arrêtez-vous ici.
jàwt yuu nîi ຈອດຢູ່ນີ້
taxi
lot thâek-sîi ລົດແທກຊີ
samlor (cyclo-pousse)
sãam-lâw ສາມລໍ້
tuk-tuk (jumbo)
túk-túk ຕຸກ ຕຸກ

Directions

Quel est cet/cette ...?
bawn nîi ... nyāng? ບ່ອນນີ້ ... ຫຍັງ?

rue/route/avenue
thanōn ຖນົນ

ville
méuang ເມືອງ

village
muu bâan ໝູ່ບ້ານ

province
khwāeng ແຂວງ

Tournez ...
lîaw ... ລ້ຽວ ...

à gauche
sâai ຊ້າຍ

à droite
khwāa ຂວາ

Allez tout droit.
pại seu-seu ໄປຊື່

A quelle distance?
kại thao dại? ໄກເທົ່າໃດ?

loin/pas loin
kại/baw kại ໄກ ບໍ່ໄກ

nord
thit nēua ທິດເໜືອ

sud
thit tâi ທິດໃຕ້

ouest
thit tạawán tók ທິດຕາເວັນຕົກ

est
thit tạawán àwk ທິດຕາເວັນອອກ

Je voudrais louer ...
khàwy yàak sao ... ຂ້ອຍຢາກເຊົ່າ ...

une voiture
lot (ọh-tọh) ລົດ(ໂອໂຕ)

une moto
lot ják ລົດຈັກ

une bicyclette
lot thìip ລົດຖີບ

Logement

Excusez-moi, y a-t-il
un hôtel à proximité?
khāw thọht, mịi hóhng
háem yuu kâi nîi baw?
ຂໍໂທດ . ມີໂຮງແຮມຢູ່ໃກ້ນີ້ບໍ່?

hôtel
hóhng háem ໂຮງແຮມ

pension
hāw hap kháek ຫໍຮັບແຂກ

Vous avez une chambre?
mịi hàwng baw? ມີຫ້ອງບໍ່?

Pour combien de
personnes?
ják khón? ຈັກຄົນ?

une personne
neung khón ນຶ່ງຄົນ
(khon diaw) (ຄົນດຽວ)

deux personnes
sāwng khón ສອງຄົນ

C'est combien ...?
... thao dại? ... ເທົ່າໃດ?

par nuit
khéun-la ຄືນລະ

par semaine
ạathit-la ອາທິດລະ

air conditionné
ạe yen ແອເຢັນ

chambre
hàwng ຫ້ອງ

chambre double
hàwng náwn
tạng khuu ຫ້ອງນອນຕຽງຄູ່

chambre simple
hàwng náwn
tạng diaw ຫ້ອງນອນຕຽງດຽວ

clé
kájạe ກະແຈ

couverture
phàa hom ຜ້າຫົ່ມ

drap
phàa pụu
bawn náwn ຜ້າປູບ່ອນນອນ

eau chaude
nâam hâwn ນ້ຳຮ້ອນ

salle de bains
hàwng nâam ຫ້ອງນ້ຳ

savon
sábuu ສະບູ

serviette
phàa set tọh ຜ້າເຊັດໂຕ

toilettes
sùam ສ້ວມ

ventilateur
phat lóm ພັດລົມ

Je (nous) veux (voulons)
rester deux nuits.
si phak sāwng khéun ຊິພັກຢູ່ສອງຄືນ
Je (nous) peux (pouvons)
voir la chambre?
khāw boeng hàwng ຂໍເບິ່ງຫ້ອງໄດ້ບໍ່?
dâi baw?
Avez-vous d'autres
chambres?
míi hàwng íik baw? ມີຫ້ອງອີກບໍ່?
moins cher
théuk-kwaa ຖືກກວ່າ
plus calme
mit-kwaa ມິດກວ່າ

En ville

Où se trouve ...?
... *yùu sāi* ... ຢູ່ໃສ?
Je cherche ...
khàwy sâwk hāa ... ຂ້ອຍຊອກຫາ ...

banque
thanáakháan ທະນາຄານ
bureau de poste
pai-sá-níi ໄປສະນີ
(hóhng sāai) (ໂຮງສ່າຍ)
cimetière
baa sâa ປ່າຊ້າ
coiffeur
hâan tát phōm ຮ້ານຕັດຜົມ
église
sim khlit ສິມຄລິດ
hôpital
hóhng māw ໂຮງໝໍ
librairie
hàan khāai nǎng sēu ຮ້ານຂາຍໜັງສື
musée
phiphithaphán ພິພິທະພັນ
parc (jardin)
sūan ສວນ
pharmacie
hâan khāai yạa ຮ້ານຂາຍຢາ
stupa
thâat ທາດ
temple bouddhiste
wat ວັດ

Je voudrais changer ...
khàwy yàak pian ... ຂ້ອຍຢາກປ່ຽນ ...
de l'argent
ngóen ເງິນ

des chèques de voyage
sek dôen tháang ເຊັກເດິນທາງ

téléphone
thóhlasáp ໂທລະສັບ
appel longue distance
(international)
thóhlasáp rawaang ໂທລະສັບລະຫວ່າງ
páthêt ປະເທດ
appel national (au Laos)
tháang kại ທາງໃກ
ouvert/fermé
pòet/pít ເປີດ/ປິດ

Achats

Je cherche ...
khàwy sàwk hāa ... ຂ້ອຍຊອກຫາ ...
broderies
phàa thák saew ຜ້າກັກແສ່ວ
long sarong traditionnel
pour femme
phàa nung ຜ້ານຸ່ງ
objets artisanaux
kheuang fīi-méu ເຄື່ອງຝີມື
paniers
ká-taa ກະຕ່າ
papiers à lettres
keuang khīan ເຄື່ອງຂຽນ
poteries/céramiques
kheuang dìn/ ເຄື່ອງດິນ/
kheuang thùay ເຄື່ອງກ້ວຍ
vêtements
sèua phàa ເສື້ອ ຜ້າ

coton
phàa fàai ຜ້າຝ້າຍ
cuir
nǎng ໜັງ
laine
phàa sákálaat ຜ້າສັກກະຫລາດ
(phàa khōn sát) (ຜ້າຂົນສັດ)
lin
phàa lînin ຜ້າລີນິນ
soie
phàa māi ຜ້າໃໝ

Combien coûte ...?
... *thao dại?* ... ເທົ່າໃດ?
ceci
an-nîi ອັນນີ້

la pièce
  an-la ອັນລະ

les deux
  thâng sãwng ທັງສອງ

J'aimerais voir un
autre style.
  khãw boeng ìik
  bàep neung ຂໍເບິ່ງອີກແບບນຶ່ງ

Avez-vous quelque
chose de moins cher?
  míi thèuk-kwaa
  nîi baw? ມີຖືກກວ່ານີ້ບໍ່?

C'est très cher.
  láakháa pháeng lãai ລາຄາແພງຫລາຍ

brosse à dent
  pɑeng thũu khàew ແປງຖູແຂ້ວ

papier hygiénique
  jĩa hong nâam ເຈ້ຍຫ້ອງນ້ຳ

préservatifs (latex)
  thãng yɑang anáamái ຖົງຢາງອະນະໄມ

savon
  sá-buu ສະບູ

serviettes hygiéniques
  phàa anáamái ຜ້າອະນາໄມ

Dans le pays

cascade
  nâam tók tàat ນ້ຳຕົກຕາດ

cours d'eau
  mae nâam ແມ່ນ້ຳ

forêt
  paa ປ່າ

jungle
  dɡng ດົງ

marécage
  beung ບຶງ

mer
  thaléh ທະເລ

montagne
  phúu khão ພູເຂົາ

piste/sentier
  tháang thíaw/ ທາງທ່ຽວ/
  tháang nyaang ທາງຢ່າງ

rizière
  náa ນາ

Santé

Je ne me sens pas bien.
  khàwy baw sábɑai ຂອຍບໍ່ສະບາຍ

J'ai de la fièvre.
  pɛn khài ເປັນໄຂ້

J'ai la diarrhée.
  lóng thâwng ລົງທ້ອງ

J'ai mal ici.
  jép yuu nîi ເຈັບຢູ່ນີ້

J'ai vomi plusieurs fois.
  hàak lãai theua ຮາກຫລາຍເທື່ອ

J'ai besoin de ...
  khàwy tâwng-kɑan ... ຂອຍຕ້ອງການ ...

une ambulance
  lot hóhng mãw ລົດໂຮງໝໍ

un docteur
  mãw ໝໍ

un dentiste
  mãw pɡa khàew ໝໍປົວແຂ້ວ

accident
  ú-bát-tí-hèht ອຸບັຕິເຫດ

allergie (à)
  phâe ແພ້

anémie
  lɡhk lêuat nâwy ໂລກເລືອດໝ້ອຍ

asthme
  lɡhk hèut ໂລກຫືດ

diabète
  lɡhk bɑo wãan ໂລກເບົາຫວານ

diarrhée
  lóng thâwng ລົງທ້ອງ

malaria
  khài paa ໄຂ້ປ່າ

enceinte
  thẽu pháa-máan ຖືພາມານ (ມີທ້ອງ)
  (míi thâwng)

Les jours

lundi
  wán jɑn ວັນຈັນ

mardi
  wán ɑngkháan ວັນອັງຄານ

mercredi
  wán phut ວັນພຸດ

jeudi
  wán phahát ວັນພະຫັດ

vendredi
  wán súk ວັນສຸກ

samedi
  wán são ວັນເສົາ

dimanche
  wán ɑathit ວັນອາທິດ

aujourd'hui
  mêu nîi ມື້ນີ້
ce soir
  khéun nîi ຄືນນີ້
ce matin
  sâo nîi ເຊົ້ານີ້
cet après-midi
  baai nîi ບ່າຍນີ້
maintenant
  diaw nîi/tạwn nîi ດຽວນີ້/ຕອນນີ້
parfois
  bạang theua ບາງເທື່ອ
hier
  mêu wáan nîi ມື້ວານນີ້
demain
  mêu eun ມື້ອື່ນ

Les mois

janvier
  dẹuan mángkạwn ເດືອນມັງກອນ
février
  dẹuan kụmpháa ເດືອນກຸມພາ
mars
  dẹuan mináa ເດືອນມີນາ
avril
  dẹuan méhsāa ເດືອນເມສາ
mai
  dẹuan pheutsápháa ເດືອນພຶດສະພາ
juin
  dẹuan mithúnáa ເດືອນມິຖຸນາ
juillet
  dẹuan kạwlakót ເດືອນກໍລະກົດ
août
  dẹuan sῑnghāa ເດືອນສິງຫາ
septembre
  dẹuan kạnyáa ເດືອນກັນຍາ
octobre
  dẹuan túláa ເດືອນຕຸລາ
novembre
  dẹuan phajík ເດືອນພະຈິກ
décembre
  dẹuan thánwáa ເດືອນທັນວາ

Chiffres et nombres

0	*sūun*	ສູນ	6	*hók*	ຫົກ
1	*neung*	ນຶ່ງ	7	*jét*	ເຈັດ
2	*sãwng*	ສອງ	8	*pàet*	ແປດ
3	*sãam*	ສາມ	9	*kâo*	ເກົ້າ
4	*sii*	ສີ່	10	*síp*	ສິບ
5	*hàa*	ຫາ	11	*síp-ét*	ສິບເອັດ

12	*síp-sãwng*	ສິບສອງ
20	*sáo*	ຊາວ
21	*sáo-ét*	ຊາວເອັດ
22	*sáo-sãwng*	ຊາວສອງ
30	*sãam-síp*	ສາມສິບ
40	*sii-síp*	ສີ່ສິບ
50	*hàa-síp*	ຫາສິບ
60	*hók-síp*	ຫົກສິບ
70	*jét-síp*	ເຈັດສິບ
80	*pàet-síp*	ແປດສິບ
90	*kâo-síp*	ເກົ້າສິບ
100	*hâwy*	ຮອຍ
200	*sãwng hâwy*	ສອງຮອຍ
1000	*phán*	ພັນ
10 000	*meun* (*síp-phán*)	ໝຶ່ນ (ສິບພັນ)
100 000	*sãen* (*hâwy phán*)	ແສນ (ຮອຍພັນ)
un million	*lâan*	ລ້ານ

premier *thíi neung* ທີບຶ່ງ
deuxième *thíi sãwng* ທີສອງ

Urgences

A l'aide!
  suay dae ຊອຍແດ່
Au feu!
  fái mài ໄຟໃໝ້
C'est une urgence!
  súk sõen ສຸກເສີນ
Il y a eu un accident!
  míi úbátíhet ມີອຸບັດຕິເຫດ
Appelez un médecin!
  suai tạam hāa ຊອຍຕາມຫາໝໍໃຫ້ແດ່
  māw hài dae
Appelez une ambulance!
  suay ôen lot ຊອຍເອີ້ນລົດໂຮງ
  hóhng māw dae ໝໍໃຫແດ
Appelez la police!
  suay ôen tam- ຊອຍເອີ້ນຕຳຫລວດແດ
  lùat dae
Pouvez-vous m'aider?
  jạo suay khàwy ເຈົ້າຊອຍຂ້ອຍໄດ້ບໍ?
  dại baw?

On vient de me voler!
khàwy thèuk   ຂ້ອຍຖືກຂະໂມຍ
khá-móhy
J'ai été violée.   ຂ້ອຍຖືກຂົ່ມຂືນ
khàwy thèuk
khòm khēun
Arrêtez!
yút   ຢຸດ !
Allez-vous en!
pai dôe   ໄປເດີ!
Où sont les toilettes?
hàwng sùam yuu sāi? ຫ້ອງສ້ວມຢູ່ໃສ?
Je suis perdu.
khàwy lõng tháang ຂ້ອຍຫລົງທາງ

Alimentation et boissons

ALIMENTATION
Entrées
Une catégorie d'aliments, les *káp kâem*, se grignotent au cours de pique-niques ou accompagnent la consommation d'alcool.

cacahuètes grillées
thua jẹun   ຖົ່ວຈືນ
pommes de terre frites
mán falang jẹun ມັນຝະຫລັ່ງຈືນ
beignets de crevettes
khào kìap kûng ເຂົ້າຂຽບກຸ້ງ
pâté impérial
yáw jẹun   ຢໍຈືນ
rouleau de printemps
yáw díp   ຢໍດິບ
porc grillé
pîng mūu   ປີ້ງໝູ
poulet grillé aux épices
pîng kai   ປີ້ງໄກ່
salade de papaye
verte aux épices
tạm màak-hung ຕໍາໝາກຫຸ່ງ

Soupes
soupe de légumes et
de porc peu épicée
kạeng jèut   ແກງຈືດ

soupe de légumes et de
porc peu épicée, avec
du tofu
kạeng jèut tâo-hûu ແກງຈືດເຕົ້າຮູ້
soupe de poulet à
la noix de coco
tọm khaa kai ຕົ້ມຂ່າໄກ່
soupe de poisson à la
citronnelle avec des
champignons
tọm yám pạa ຕົ້ມຍໍາປາ
soupe de riz complet
khào pìak   ເຂົ້າປຽກ
poisson
pạa   ປາ
poulet
kai   ໄກ່
porc
mūu   ໝູ

Oeufs
œuf dur
tọm khai   ຕົ້ມໄຂ່
œuf sur le plat
khai dạo   ໄຂ່ດາວ
œufs au plat
sur du pain
khào jii khai dạo ເຂົ້າຈີ່ໄຂ່ດາວ
omelette nature
jẹun khai   ຈືນໄຂ່
œufs brouillés
khai khùa   ໄຂ່ຂົ້ວ

Pain et pâtisseries
pain normal (généralement
à la française)
khào jii   ເຂົ້າຈີ່
sandwich baguette
khào jii pá-tê ເຂົ້າຈີ່ປັດເຕ
croissants
kwaa-song   ຄົວຊອງ
beignets chinois
(mandarin youtiao)
pá-thawng-ko ປະຖ່ອງໂກະ
(khàonõmkhuu) (ເຂົ້າໝົນຄູ)
beurre
bọe   ເບີ
pain français accompagné
de beurre
khào jii bọe ເຂົ້າຈີ່ເບີ

Plats de riz

riz frit accompagné de ...
khào phát ເຂົ້າຜັດ
(khào khùa) ... (ເຂົ້າຂົ້ວ) ...

poulet
kai ໄກ່

porc
mūu ໝູ

crevettes grises
ou bouquets
kûng ກຸ້ງ

crabe
pµu ປູ

riz blanc à la vapeur
khào nèung ເຂົ້າໜຶ້ງ

riz gluant
khào nīaw ເຂົ້າໜຽວ

curry sur riz
khâo làat kaeng ເຂົ້າລາດແກງ

Nouilles

soupe de nouilles de riz
avec viande et légumes
fõe ເຟີ

nouilles de riz plates avec
de la viande et des légumes,
sans bouillon
fõe hàeng ເຟີແຫ້ງ

nouilles de blé jaune
dans un bouillon de
viande et de légumes
mii nâam ໝີ່ນ້ຳ

assiette de nouilles de riz
nappées de jus de viande
làat nàa ລາດໜ້າ

nouilles de riz sautées avec
de la viande et des légumes
fõe khùa ເຟີຂົ້ວ

nouilles de blé jaune
sans bouillon
mii hàeng ໝີ່ແຫ້ງ

riz frit à la sauce de soja
phát sáyûu ຜັດສະອິ້ວ

nouilles de farine blanche
nappée d'une sauce
sucrée-épicée
khào pûn ເຂົ້າປຸ້ນ

Poisson

poisson frit
jµun pµa ຈືນປາ

crevettes frites
jµun kûng ຈືນກຸ້ງ

crevettes grillées
pîng kûng ປີ້ງກຸ້ງ

poisson à la vapeur
nèung pµa ໜຶ້ງປາ

poisson grillé
pîng pµa ປີ້ງປາ

poisson-chat
pµa dúk ປາດຸກ

anguille
ian ອຽນ

poisson-chat géant
du Mékong
pµa béuk ປາບຶກ

silure
pµa sa-ngùa ປາສະຫງົ້ວ

carpe
pµa pàak ປາປາກ

poisson-serpent
pµa khaw ປາຄໍ່

pastenague d'eau douce
pµa fãa lái ປາຝາໄລ

Desserts

crème anglaise
sangkha-nyāa ສັງຂະຫຍາ

crème renversée
khào-nõm màw kaeng ເຂົ້າໜົມໝໍ້ແກງ

banane au lait de
noix de coco
nâam wãan
màak kûay ນ້ຳຫວານໝາກກ້ວຍ

riz gluant à la crème
de noix de coco
khào nīaw daeng ເຂົ້າໜຽວແດງ

riz gluant à la crème de
noix de coco avec des
mangues mûres
khào nīaw
màak muang ເຂົ້າໜຽວໝາກມ່ວງ

gâteaux de riz gluant
khào nõm ເຂົ້າໜົມ

riz gluant au lait de
noix de coco cuit
dans un bambou
khào lāam ເຂົ້າຫລາມ

Fruits

pomme-cannelle (de juillet à octobre)
màak khìap ໝາກຂຽບ

pomme de lait –
très parfumée
(d'avril à juillet)
   màak kฺang ໝາກກຽງ
banane (toute l'année)
   màak kûay ໝາກກວຍ
durian
   thulían ທຸລຽນ
goyave (toute l'année)
   màak sīi-dฺaa ໝາກສີດາ
citron vert ou citron
   màak náo ໝາກນາວ
longane
   màak nyám nyái ໝາກຍ່ໃຍ
litchi (de juillet à octobre)
   màak lînjii ໝາກລິ້ນຈີ່
mandarine (toute l'année)
   màak kîang ໝາກກຽງ
mangue
   màak muang ໝາກມວງ
fruit du jacquier
   màak mîi ໝາກມີ້
mangoustan
   màak máng-khut ໝາກມັງຄຸດ
ananas (toute l'année)
   màak nat ໝາກນັດ
papaye (toute l'année)
   màak hung ໝາກຫຸງ
ramboutan
   màak ngaw ໝາກເງາະ
pastèque (toute l'année)
   màak móh ໝາກໂມ

Phrases utiles concernant la nourriture

Je suis végétarien.
   khàwy kฺn tae phák ຂ້ອຍກິນແຕ່ຜັກ
Je n'aime pas les plats
trop relevés.
   baw mak phét ບໍ່ມັກເຜັດ
J'aime les plats relevés.
   mak phét ມັກເຜັດ
Quelles sont vos
spécialités?
   mîi nyãng phi-sèt? ມີຫຍັງພິເສດ?
Avez-vous …?
   mîi … baw? ມີ … ບໍ່?
Ce n'est pas ce que
j'ai commandé.
   *khàwy baw dâi
sang náew nîi* ຂ້ອຍບໍ່ໄດ້ສັ່ງແບວນີ້

BOISSONS

eau potable
   nâam deum ນ້ຳດື່ມ
eau bouillie
   nâam tฺom ນ້ຳຕົ້ມ
eau froide
   nâam yén ນ້ຳເຢັນ
eau chaude
   nâam hâwn ນ້ຳຮ້ອນ
glace
   nâam kâwn ນ້ຳກ້ອນ

thé chinois léger
   nâam sáa ນ້ຳຊາ
thé lao chaud et sucré
   sáa hâwn ຊາຮ້ອນ
thé lao chaud, avec du
lait et du sucre
   sáa nóm hâwn ຊານົມຮ້ອນ
thé lao glacé, avec du
lait et du sucre
   sáa nóm yén ຊານົມເຢັນ
thé lao glacé, sucré
mais sans lait
   sáa wãan yén ຊາຫວານເຢັນ
sans sucre (préciser à
la commande)
   baw sai nâam-tฺaan ບໍ່ໃສ່ນ້ຳຕານ

café lao chaud, avec du
sucre et du lait
   kฺaa-féh nóm hâwn ກາເຟນົມຮ້ອນ
café lao sucré sans lait
   kฺaa-féh dฺam ກາເຟດຳ
café lao glacé, avec du
sucre et du lait
   kฺaa-féh nóm yén ກາເຟນົມເຢັນ
café lao glacé, sucré
mais sans lait
   òh-lîang ໂອລ້ຽງ

Nescafé chaud, avec du
sucre et du lait
   net nóm ເນສນົມ
Nescafé chaud, sucré
mais sans lait
   net dฺam ເນສດຳ
Ovomaltine
   oh-wantin ໂອວັນຕິນ

LANGUE

lait nature
   nâam nóm   ນ້ຳນົມ

yaourt
   nóm sòm   ນົມສົ້ມ

bière
   bịa   ເບັຽ

jus d'orange (soda)
   nâam m ak kîang   ນ້ຳໝາກກ້ຽງ

alcool de riz
   lào láo   ເຫຼົ້າລາວ

eau gazeuse
   nâam sah-dạa   ນ້ຳໂສດາ

Noms de lieu

Ang Nam Ngum
ອ່າງນ້ຳງຶ່ມ

Attapeu
ອັດຕະປື

Ban Nape
ບ້ານນາແປ

Ban Phanom et tombe de Mouhot
ບ້ານພະນົມ & ສຸສານທ່ານມູຫົດ

Ban Phapho et Kiet Nyong
ບ້ານຜາໂພ & ກຽດຍ້ອງ

Ban That Luang
ບ້ານທາດຫຼວງ

Bolaven, plateau
ທົ່ງພຽງບໍລະເວນ

Boten
ບໍແຕນ

Champasak, musée de l'Héritage historique
ຫໍພິພິດທະພັນປະວັດມູນເຊື້ອຈຳປາສັກ

Champasak
ຈຳປາສັກ

Cirque national
ໂຮງສະແດງກາຍຍະສິນແຫ່ງຊາດ

Don Det et Don Khon
ດອນເດດ & ດອນຄອນ

Don Khong
ດອນໂຂງ

Don Dok, université
ມະຫາວິທະຍາລັຍດົງໂດກ

Hat Sa
ຫາດຊາ

Haw Pha Kaew
ຫໍພະແກ້ວ

Heuan Hin
ເຮືອນຫິນ

Huay Xai
ຫ້ວຍຊາຍ

Kasi
ກາສີ

Khon Phapheng, chutes
ນ້ຳຕົກຕາດຄອນພະເພັງ

Kuang Si, chutes
ນ້ຳຕົກຕາດກວາງສີ

Lak Sao
ຫຼັກຊາວ

Luang Nam Tha
ຫຼວງນ້ຳທາ

Luang Prabang
ຫຼວງພະບາງ

Mémorial du Soldat inconnu
ອະນຸສາວະລີທະຫານນິລະນາມ

Mémorial et musée de Kaysone Phomvihane
ຫໍພິພິດທະພັນ &
ອະນຸສາວະລີໄກສອນພົມວິຫານ

Muang Khua
ເມືອງຂວາ

Muang Ngoen
ເມືອງເງິນ

Muang Sing
ເມືອງສິງ

Muang Sui
ເມືອງຊຸຍ

Muang Xai
ເມືອງໄຊ

Musée du Palais royal (Haw Kham)
ຫໍພິພິດທະພັນພະລາດສະວັງ (ຫໍຄຳ)

Musée de la Révolution lao
ຫໍພິພິທະພັນການປະຕິວັດລາວ

Nam Kading
ນ້ຳກະດິງ

Nam Noen
ນ້ຳເນີນ

Nambak et Pak Mong
ນ້ຳບາກ & ປາກມອງ

Namo
ນອມໍ

Nong Khiaw (Muang Ngoi)
ໜອງຂຽວ (ເມືອງງອຍ)

Pa-am
ພະອ່ຳ

Pak Lai
ປາກລາຍ

Pak Ou, grottes
ກ້ຳປາກອູ

Pakbeng
ປາກແບງ

Paksan
ປາກຊັນ

Pakse
ປາກເຊ

Parc national ethnique et culturel
ສວນວັດທະນະທັມຊົນເຜົ່າແຫ່ງຊາດ

Patuxai
ປະຕູໄຊ

Pha That Luang
ພະທາດຫລວງ

Province de Phongsali
ແຂວງພົງສາລີ

Phongsali
ພົງສາລີ

Phonsavan
ໂພນສະຫວັນ

Phu Si
ພູສີ

Plaine des Jarres
ທົ່ງໄຫຫິນ

Pont de l'Amitié
ຂົວມິດຕະພາບ

Province d'Attapeu
ແຂວງອັດຕະປື

Province de Bokeo
ແຂວງບໍ່ແກ້ວ

Provinces de Bolikhamsai et de Khammuan
ແຂວງບໍລິຄຳໄຊ & ຄຳມວນ

Province de Champasak
ແຂວງຈຳປາສັກ

Province de Hua Phan
ແຂວງຫົວພັນ

Province de Luang Nam Tha
ແຂວງຫລວງນ້ຳທາ

Province de Luang Prabang
ແຂວງຫລວງພະບາງ

Province de Sainyabuli
ແຂວງໄຊຍະບູລີ

Province de Salavan
ແຂວງສາລະວັນ

Province de Savannakhet
ແຂວງສະຫວັນນະເຂດ

Province de Sekong
ແຂວງເຊກອງ

Province d'Udomxai
ແຂວງອຸດົມໄຊ

Province de Xieng Khuang
ແຂວງຊຽງຂວາງ

Sainyabuli
ໄຊຍະບູລີ

Salavan
ສາລະວັນ

Sam Neua (Xam Neua)
ຊຳເຫນືອ (ສ່ຳເຫນືອ)

Savannakhet
ສະຫວັນນະເຂດ

Sekong (Muang Lamam)
ເຊກອງ (ເມືອງລະມ່າ)

Sepon (Xepon) et la piste Ho Chi Minh
ເຊໂປນ & ເສັ້ນທາງໂຮຈິມິນ

Si Phan Don
ສີພັນດອນ

Suan Hin
ສວນຫີນ

Taat Sae
ນ້ຳຕົກຕາດແຊ

Talaat Sao
ຕະລາດເຊົ້າ

Tha Khaek
ທ່າແຂກ

Tham Piu
ຖ້ຳພິວ

Thanon Phu Wao
ກະນົນພູວາວ

Thanon Wisunalat
ກະນົນວິຊຸນນະລາດ

That Dam
ທາດດຳ

That Ing Hang
ທາດອິງຮັງ

That Phon
ທາດໂພນ

Um Muang
ອຳເມືອງ

Vang Vieng
ວັງວຽງ

Vieng Xai
ວຽງໄຊ

Vientiane
ວຽງຈັນ

Vat Aham
ວັດອາຮາມ

Vat Chanthabuli
ວັດຈັນທະບູລີ

Vat Hai Sok
ວັດຫາຍໂສກ

Vat In Paeng
ວັດອິນແປງ

Vat Lattanalangsi
ວັດລັດຕະນະລັງສີ

Vat Mai Suvannaphumaham
ວັດໃໝສຸວັນນະພູມອາຮາມ

Vat Manolom
ວັດມະໂນລົມ

Vat Mixai
ວັດມີໄຊ

Vat Ong Teu Mahawihan
ວັດອົງຕື້ມະຫາວິຫານ

Vat Pha Baat Phonsan
ວັດພະບາດໂພນສັນ

Vat Pha That Si Khotabong
ວັດພະທາດສີໂຄຕຕະບອງ

Vat Phu Champasak
ວັດພູຈຳປາສັກ

Vat Sainyaphum
ວັດໄຊຍະພູມ

Vat Si Muang
ວັດສີເມືອງ

Vat Si Saket
ວັດສີສະເກດ

Vat Sok Pa Luang
ວັດໂສກປ່າຫລວງ

Vat That Luang
ວັດທາດຫລວງ

Vat Wisunalat
ວັດວິຊຸນນະລາດ

Vat Xieng Thong
ວັດຊຽງທອງ

Xieng Khuan
ຊຽງຂວັນ

Xieng Khuang, le vieux (Muang Khun)
ຊຽງຂວາງກ່າ (ເມືອງຄູນ)

Xieng Kok
ຊຽງກົກ

Glossaire

Aang – réservoir, lac artificiel.
Aahãan – nourriture.
ANV – Armée du Nord-Vietnam.
ATL – Autorité du tourisme laotien.

Baht – monnaie thaïlandaise couramment utilisée au Laos ; unité de mesure lao équivalant à 15 g.
Ban – prononcé bâan, terme générique pour maison ou village.
Basi – prononcer baa-sĭi, parfois écrit "baci" ; cérémonie durant laquelle les 32 *khwãn* (génies du corps) sont symboliquement attachés au participant afin de lui assurer santé et sécurité.
BCEL – Banque pour le Commerce extérieur lao.
Bịa – bière ; bịa sót, bière à la pression.
Bun – prononcer bụn, et souvent orthographié boun. Désigne également une fête et le "mérite" spirituel acquis par la pratique du bouddhisme.

Chedi – voir *jedi*.

Dhamma – mot pali faisant référence à la philosophie bouddhique en général ; s'écrit dharma en sanskrit.
Don – île.

Falang – du mot lao *falaang-sèht* ou "français" ; ce terme désigne tout étranger de descendance européenne.
Fõe – soupe de pâtes de riz au bœuf, plat très courant. On lit aussi phõe.

Hái – jarre.
Hãw tại – construction monastique abritant les écritures Tripitaka ou des manuscrits bouddhistes.
Héua – bateau.
Hùay – cours d'eau.

Jâeng khào/jâeng àwk – tampons dont les services de douane ou de police de chaque province doivent obligatoirement frapper votre carte d'entrée ou de sortie.
Jataka – terme pali-sanscrit désignant les histoires des différentes incarnations du Bouddha ; *sàa-tòk* en lao.
Jedi – également écrit "chedi" ; terme désignant un relicaire bouddhique.
Jumbo – triporteur à moteur pouvant transporter jusqu'à six personnes, parfois appelé túk-túk.

Khào – riz.
Khào jịi – pain.
Khào nĭaw – riz gluant, aliment de base.
Khào nŏm – pâtisserie ou bonbon, parfois abrégée en *khanõm*.
Khwãeng – province.
Khwãn – voir *basi*.
Khúu bạa – moine bouddhiste Theravada.
Kip – monnaie laotienne.

Làap – salade épicée à base de viande, de volaille ou de poisson émincé.
Lák meuang – pilier de la ville.
Lào láo – alcool de riz.
Lao Loum – "Lao des plaines", groupe ethnique appartenant à la diaspora lao-thaï.
Lao Sung – tribus des montagnes (Hmong et Mien, par exemple).
Lam vong – ronde traditionnelle que l'on danse aussi bien en discothèque que dans les fêtes folkloriques.
Linga (m) – symbole phallique de Shiva, fréquemment présent dans les temples d'origine khmère.

Mae nâam – rivière (littéralement "mère des eaux") ; dans les noms de rivière, on utilise simplement *nâam*, comme dans Nam Khong (Mékong).
Meuang – prononcer *meúang*. État-ville lao-thaï, district. On trouve également l'orthographe "muang".
Múan – amusement qui, selon les Laotiens, devrait participer à toute activité.

Nâam – eau. Peut également désigner un fleuve ou une rivière, du "jus", de la "sauce" et tout ce qui a trait à l'eau.

Naga – *nâak* en lao ; serpent d'eau mythique que l'on retrouve dans les légendes et l'art lao-thaï.

Nop/wài – salutation laotienne, geste des mains jointes en position de prière.

ONG – organisation non gouvernentale, souvent engagée dans l'aide humanitaire.

Paa – poisson.

Paa dàek – poisson fermenté qui accompagne souvent les plats laotiens.

Pathet Lao – littéralement "pays lao", terme générique désignant le pays ainsi que la branche militaire de l'ancien Front patriotique lao (couverture du Parti populaire lao) ; souvent PL, en abrégé.

Pha – effigie sacrée, faisant généralement référence à un bouddha.

Phàa – étoffe.

Phàa nung – sarong porté par presque toutes les Laotiennes.

Phîi – esprits, dont le culte, qui existe parallèlement au bouddhisme, constitue l'autre religion importante du Laos.

Phúu – colline ou montagne ; on trouve aussi l'orthographe "phu".

Sainyasat – magie populaire.

Sala – se prononce "sãa-láa", simple véranda.

Sãlaá long thám – sala où moines et laïcs écoutent l'enseignement bouddhiste.

Samana – "séminaire", doux euphémisme employé pour désigner les camps de rééducation et de travail créés après la révolution de 1975.

Samlor – prononcer "sãam-lâaw", cyclopousse à trois roues.

Se – également écrit "xe", ce terme du Sud du Laos signifie "rivière" ; Se Don signifie donc "rivière Don" et Pakse "embouchure (*pàak*) de la rivière".

Sii – sacré.

Sim – chapelle ou sanctuaire des monastères où les moines sont ordonnés. Ce nom vient de *sima*, les tablettes de pierre sacrées, qui délimitent les terres consacrées à ces fonctions.

Soi – ruelle.

Songthaew – prononcer *sãwng-thâew*, désigne litéralement "deux rangées". Camion de passagers.

Tàat – chute d'eau, également, *nâam tók*.

Talaat – marché. *Talàat sâo*, marché du matin.

Thâat – stupa ou reliquaire bouddhique.

Thaek-sii – littéralement, taxi. Il peut s'agir indifféremment d'une camionnette ou d'un triporteur.

Thaï tribaux – minorités austro-thaï, apparentées aux Lao, qui ont refusé de s'intégrer à la société laotienne.

Thanõn – rue ou route. On trouve souvent "thanon".

Túk-túk – voir jumbo.

Vat – monastère bouddhique lao.

Viet Minh – forces armées vietnamiennes ayant combattu les Français pendant la guerre d'Indochine.

Wihãan – dérivé du pali-sanskrit *vihara*. Bâtiment du temple contenant d'importantes représentations du Bouddha, souvent utilisé par les moines pour les chants ainsi que pour la méditation.

Zone nationale de conservation de la biodiversité – statut de protection de la faune et de la flore attribué à 17 régions du Laos, en 1993.

Index

TEXTE
Les références des cartes sont en **gras**.

ENCADRÉS

Guides Lonely Planet en français

Les guides de voyage Lonely Planet en français sont distribués partout dans le monde, notamment en France, en Belgique, au Luxembourg, en Suisse et au Canada. Pour toute information complémentaire, écrivez à : Lonely Planet Publications – 1, rue du Dahomey, 75011 Paris – France.

Afrique du Sud
Voyagez en Afrique australe et laissez-vous surprendre par la diversité de sa culture et son incroyable beauté. On ne peut choisir de meilleur endroit pour observer la faune africaine.

Amsterdam
Découvrez ou redécouvrez la patrie de Rembrandt et de Spinoza, une capitale européenne célèbre pour ses musées, sa vie nocturne et son esprit de tolérance et de liberté.

Australie
Île-continent, l'Australie est une terre d'aventure fascinante grâce à la diversité de ses paysages : la Grande Barrière de Corail, l'Outback, le bush, et Sydney, la future capitale des jeux Olympiques.

Bali et Lombok
Cet ouvrage entraîne les voyageurs à la découverte de la magie authentique du paradis balinais. Lombok, l'île voisine, est restée à l'écart du changement : il en émane une atmosphère toute particulière.

Brésil
Le Brésil, immense territoire mystérieux dont le peuple métissé porte en lui de multiples croyances, s'offre avec chaleur et éclat au voyageur averti et curieux. Vous trouverez dans ce guide tous les conseils pour parcourir le pays sans encombres.

Californie et Nevada
Ce guide donne des éclairages inédits sur la culture américaine, et fournit une description détaillée des nombreux parcs nationaux et réserves naturelles, dont le Yosemite, le Grand Canyon et la Vallée de la Mort.

Cambodge
L'un des derniers pays à avoir ouvert ses frontières aux touristes, le Cambodge permet enfin aux visiteurs d'admirer les superbes vestiges de l'ensemble merveilleux d'Angkor.

Chine
Unanimement cité comme l'ouvrage indispensable pour tout voyageur indépendant se rendant en République populaire de Chine, cet ouvrage vous aidera à découvrir ce pays aux multiples facettes.

Cuba
Comment résister aux mélopées envoûtantes du *danzón* et de la *habanera* ? Terre de culture, Cuba se prête également à mille et un loisirs sportifs.

Guadeloupe
Découvrez les multiples facettes de l'"île aux belles eaux". Les Saintes, Marie-Galante et la Désirade ne sont pas oubliées.

Guatemala et Belize
Visiter ce pays, c'est se rendre dans l'un des berceaux de la civilisation maya. Ce guide donne tous les éléments pour en saisir la complexité culturelle.

Inde
Considéré comme LE guide sur l'Inde, cet ouvrage, lauréat d'un prix, offre toutes les informations pour vous aider à vivre cette expérience inoubliable.

Indonésie
Pour un séjour dans la jungle, un circuit à Bali ou à Jakarta, une balade aux Célèbes, ou encore une croisière vers les Moluques, ce guide vous fait découvrir les merveilles de cet archipel.

Jordanie et Syrie
Ces pays présentent une incroyable richesse naturelle et historique… Des châteaux moyenâgeux, des vestiges de villes anciennes, des paysages désertiques et, bien sûr, l'antique Petra, capitale des Nabatéens.

Lisbonne
Point le plus à l'ouest de l'Europe, Lisbonne, ville labyrinthe et rayonnante, ouvre son âme au promeneur pugnace et attentif.

Londres
Des grandes classiques aux plus discrètes, les meilleures pistes pour découvrir cette métropole en pleine ébullition.

Louisiane
Ambiance Vieux Sud et mémoire française, la Louisiane est un curieux cocktail de modernisme et de traditions. Des bayous du pays cajun au Vieux Carrée de La Nouvelle-Orléans, découvrez une Louisiane inédite.

Madagascar et Comores
Mélange subtil d'Asie et d'Afrique, Madagascar la francophone joue les constrastes : rizières miroitantes, savanes piquetées de palmiers, tsingy mystérieux, plages parfaites de l'océan Indien comptent parmi les trésors de la Grande Île.

Malaisie et Singapour
Partir dans cette région revient à ouvrir une première porte sur l'Asie. Cette édition, très complète, est un véritable compagnon de voyage.

Maroc
Avec la beauté de ses paysages et la richesse de son patrimoine culturel, le Maroc vous offre ses cités impériales, les sommets enneigés du Haut Atlas et l'immensité du désert dans le Sud.

Martinique, Dominique et Sainte-Lucie
Vacances sportives, découverte de la culture créole ou plages : ce guide vous ouvrira les portes de ce "département français sous les tropiques" et de ses voisines anglo-saxonnes.

Mexique, le Sud
De Mexico à la péninsule du Yucatàn, Ce guide vous fera découvrir pyramides et temples, témoins des civilisation mayas et aztèques. Puis vous pourrez emprunter des parcours plus citadins à l'aide des nombreux plans détaillés de villes.

Myanmar (Birmanie)
Ce guide donne toutes les clés pour faire un voyage mémorable dans le triangle Yangon-Mandalay-Pagan et explorer des sites bien moins connus.

Népal
Des informations pratiques sur toutes les régions népalaises accessibles par la route, y compris le Teraï. Ce guide est aussi une bonne introduction au trekking, au rafting et aux randonnées en vélo tout-terrain.

New York
Guidé par un véritable New-Yorkais, découvrez cette jungle urbaine qui sait déchaîner les passions comme nulle autre ville.

Nouvelle-Zélande
Spectacle unique des danses maories ou activités de plein air hors pair, la Nouvelle-Zélande vous étonnera, quels que soient vos centres d'intérêt.

Québec et Ontario
De Toronto à Montréal, de Québec à l'Ottawa, chaque escale est inédite. A leurs portes, frappent les grands espaces, les forêts infinies et les lacs par milliers.

Pologne
Des villes somptueuses, comme Cracovie ou Gdansk,

aux lacs paisibles et aux montagnes redoutables, pratiquement inconnus des voyageurs, ce guide est indispensable pour connaître ce pays amical et sûr.

Réunion et Maurice
Si la Réunion est connue pour ses volvans, l'île Maurice est réputée pour ses plages. En fait, toutes deux sont à l'image de leurs habitants : contrastées et attachantes. Randonneurs, plongeurs, curieux, ne pas s'abstenir.

Sri Lanka
Ce livre vous guidera vers des lieux les plus accessibles de Sri Lanka, là où la population est chaleureuse, la cuisine excellente et les endroits agréables nombreux.

Tahiti et la Polynésie française
Culture, archéologie, activités sportives, ce guide sera votre plus précieux sésame pour découvrir en profondeur les attraits des 5 archipels mythiques.

Thaïlande
Ouvrage de référence, ce guide fournit les dernières informations touristiques, des indications sur les randonnées dans le Triangle d'Or et la transcription en alphabet thaï de la toponymie du pays.

Turquie
Des ruines antiques d'Éphèse aux marchés d'Istanbul, en passant par le choix d'un tapis, ce guide pratique vous accompagnera dans votre découverte de ce pays aux mille richesses.

Vietnam
Une des plus belles régions d'Asie qui change à grande vitesse. Grâce à cet ouvrage, vous pourrez apprécier les contrées les plus reculées du pays mais aussi la culture si particulière du peuple vietnamien.

Yémen
Des informations pratiques, des conseils actualisés et des itinéraires de trekking vous permettront de découvrir les anciennes citadelles, les villages fortifiés et les hauts-plateaux désertiques de ce fabuleux pays. Un voyage hors du temps !

Zimbabwe, Botswana et Namibie
Avec ce guide exhaustif partez à la découverte des célèbres chutes Victoria (Zimbabwe), du désert du Kalahari (Botswana), de tous les parcs nationaux et réserves fauniques de la région ainsi que des magnifiques montagnes du Bandberg (Namibie).

Beaux livres

Sur la trace des rickshaws
Une enquête sur les pousse-pousses, taxis par excellence du continent asiatique. Ce livre se veut un hommage à ces drôles de machines et à leurs conducteurs.

Guides Lonely Planet en anglais

Les guides de voyage Lonely Planet en anglais couvrent l'Asie, l'Australie, le Pacifique, l'Amérique du Sud, l'Afrique, le Moyen-Orient, l'Europe ainsi que certaines régions d'Amérique du Nord. Six collections sont disponibles. Les *travel survival kits* couvrent un pays et s'adressent à tous les budgets ; les *shoestring guides* donnent des informations sur une grande région pour les voyageurs à petit budget. Découvrez les *walking guides*, les *city guides*, les *phrasebooks* et les *travel atlas*.

EUROPE

Amsterdam • Austria • Baltic States *phrasebook* • Britain • Central Europe *on a shoestring* • Central Europe *phrasebook* • Czech & Slovak Republics • Denmark • Dublin *city guide* • Eastern Europe *on a shoestring* • Eastern Europe *phrasebook* • Estonia, Latvia & Lithuania • Finland • France • French phrasebook • German phrasebook • Greece • Greek*phrasebook* • Hungary • Iceland, Greenland & the Faroe Islands • Ireland • Italy • Italian phrasebook • Mediterranean Europe *on a shoestring* • Mediterranean Europe *phrasebook* • Paris *city guide* • Poland • Portugal • Portugal *travel atlas* • Prague *city guide* • Russia, Ukraine & Belarus • Russian *phrasebook* • Scandinavian & Baltic Europe *on a shoestring* • Scandinavian Europe *phrasebook* • Slovenia • Spain • Spanish phrasebook • St Petersburg *city guide* • Switzerland • Trekking in Greece • Trekking in Spain • Ukranian *phrasebook* • Vienna *city guide* • Walking in Britain • Walking in Switzerland • Western Europe *on a shoestring* • Western Europe *phrasebook*

AMÉRIQUE DU NORD

Alaska • Backpacking in Alaska • Baja California • California & Nevada • Canada • Deep South • Florida • Hawaii • Honolulu *city guide* • Los Angeles *city guide* • Miami *city guide* • New England • New Orléans *city guide* • New York city • New York, New Jersey & Pennsylvania • Pacific Northwest USA • Rocky Mountains States • San Francisco *city guide* • Southwest USA • USA *phrasebook* • Washington, DC & The Capital Region

AMÉRIQUE CENTRALE ET CARAÏBES

Bermuda • Central America *on a shoestring* • Costa Rica • Cuba • Eastern Caribbean • Guatemala, Belize & Yucatan : La Ruta Maya • Jamaica • Mexico

AMÉRIQUE DU SUD

Argentina, Uruguay & Paraguay • Bolivia • Brazil • Brazilian *phrasebook* • Buenos Aires *city guide* • Chile & Easter Island • Chile & Easter Island *travel atlas* • Colombia • Ecuador & the Galapagos Islands • Latin American Spanish *phrasebook* • Peru • Quechua *phrasebook* • Rio de Janeiro *city guide* • South America *on a shoestring* • Trekking in the Patagonian Andes • Venezuela

ANTARTICA

Antartica

AFRIQUE

Africa-the South • Africa *on a shoestring* • Arabic (Egyptian) *phrasebook* • Arabic (Moroccan) *phrasebook* • Cape Town *city guide* • Central Africa • East Africa • Egypt • Egypt *travel atlas* • Ethiopian(Amharic) *phrasebook* • Kenya • Kenya *travel atlas* • Malawi, Mozambique & Zambia • Morocco • North Africa • South Africa, Lesotho & Swaziland • South Africa *travel atlas,* Swahili *phrasebook* • Trekking in East Africa • West Africa • Zimbabwe, Botswana & Namibia • Zimbabwe, Botswana & Namibia *travel atlas*

Commandes par courrier

Les guides de voyage Lonely Planet en anglais sont distribués dans le monde entier. Vous pouvez également les commander par courrier. En Europe, écrivez à Lonely Planet, Spring house, 10 A Spring Place, London NW5 3BH, G-B. Aux États-Unis ou au Canada, écrivez à Lonely Planet, Embarcadero West, 155 Filbert St, Suite 251, Oakland CA 94607-2538, USA. Pour le reste du monde, écrivez à Lonely Planet, PO Box 617, Hawthorn, Victoria 3122, Australie.

ASIE DU NORD-EST

Beijing *city guide* • Cantonese *phrasebook* • China • Hong Kong, Macau & Gangzhou • Hong Kong *city guide* • Japan • Japanese *phrasebook* • Japanese *audio pack* • Korea • Korean *phrasebook* • Mandarin *phrasebook* • Mongolia • Mongolian *phrasebook* • North-East Asia *on a shoestring* • Seoul *city guide* • Taiwan • Tibet • Tibetan *phrasebook* • Tokyo *city guide*

ASIE CENTRALE ET MOYEN-ORIENT

Arab Gulf States • Arabic (Egyptian) *phrasebook* • Central Asia • Central Asia *phrasebook* • Iran • Israel & Palestinian Territories • Israel & Palestinian Territories *travel atlas* • Istanbul *city guide* • Jerusalem • Jordan & Syria • Jordan, Syria & Lebanon *travel atlas* • Middle East • Turkey • Turkish *phrasebook* • Turkey *travel atlas* • Yemen

OCÉAN INDIEN

Madagascar & Comoros • Maldives & the Islands of the East Indian Ocean • Mauritius, Réunion & Seychelles

SOUS-CONTINENT INDIEN

Bangladesh • Bengali *phrasebook* • Delhi *city guide* • Goa • Hindi/Urdu *phrasebook* • India • India & Bangladesh *travel atlas* • Indian Himalaya • Karakoram Highway • Nepal • Nepali *phrasebook* • Pakistan • Rajastan • Sri Lanka • Sri Lanka *phrasebook* • Trekking in the Indian Himalaya • Trekking in the Karakoram & Hindukush • Trekking in the Nepal Himalaya

ASIE DU SUD-EST

Bali & Lombok • Bangkok *city guide* • Burmese *phrasebook* • Cambodia • Ho Chi Minh City *city guide* • Indonesia • Indonesian *phrasebook* • Indonesian *audio pack* • Jakarta *city guide* • Java • Lao *phrasebook* • Laos • Laos *travel atlas* • Malay *phrasebook* • Malaysia, Singapore & Brunei • Myanmar (Burma) • Philippines • Pilipino *phrasebook* • Singapore *city guide* • South-East Asia *on a shoestring* • South-East Asia *phrase book* • Thai *phrasebook* • Thai *audio pack* • Thai Hill Tribes *phrasebook* • Thailand • Thailand's Islands & Beaches • Thailand *travel atlas* • Vietnam • Vietnamese *phrasebook* • Vietnam *travel atlas*

AUSTRALIE ET PACIFIQUE

Australia • Australian *phrasebook* • Bushwalking in Australia • Bushwalking in Papua New Guinea • Fiji • Fijian *phrasebook* • Islands of Australia's Great Barrier Reef • Melbourne *city guide* • Micronesia • New Caledonia • New South Wales & the ACT • New Zealand • Northern Territory • Outback Australia • Papua New Guinea • Papua New Guinea (Pidgin) *phrasebook* • Queensland • Rarotonga & the Cook Islands • Samoa: American & Western • Solomon Islands • South Australia • Sydney *city guide* • Tahiti & French Polynesia • Tasmania • Tonga • Tramping in New Zealand • Vanuatu • Victoria • Western Australia

ÉGALEMENT DISPONIBLE

Travel with Children • Traveller's Tales

L'HISTOIRE DE LONELY PLANET

Maureen et Tony Wheeler, de retour d'un périple qui les avait menés de l'Angleterre à l'Australie par le bateau, le bus, la voiture, le stop et le train, s'entendirent demander mille fois : "Comment avez-vous fait ?".

C'est pour répondre à cette question qu'ils publient en 1973 le premier guide Lonely Planet. Écrit et illustré sur un coin de table, agrafé à la main, *Across Asia on the Cheap* devient vite un best-seller qui ne tarde pas à inspirer un nouvel ouvrage.

En effet, après dix-huit mois passés en Asie du Sud-Est, Tony et Maureen écrivent dans un petit hôtel chinois de Singapour leur deuxième guide, *South-East Asia on a shoestring*.

Très vite rebaptisé la "Bible jaune", il conquiert les voyageurs du monde entier et s'impose comme LE guide sur cette destination. Vendu à plus de cinq cent mille exemplaires, il en est à sa neuvième édition, toujours sous sa couverture jaune, désormais familière.

Lonely Planet dispose aujourd'hui de plus de 240 titres en anglais. Des traditionnels guides de voyage aux ouvrages sur la randonnée, en passant par les manuels de conversation, les travel atlas et la littérature de voyage, la collection est très diversifiée. Lonely Planet est désormais le plus important éditeur de guides de voyage indépendant de par le monde.

Les ouvrages, à l'origine spécialisés sur l'Asie, couvrent aujourd'hui la plupart des régions du monde : Pacifique, Amérique du Nord, Amérique latine, Afrique, Moyen-Orient et Europe. Ils sont essentiellement destinés au voyageur épris d'indépendance.

Tony et Maureen Wheeler continuent de prendre leur bâton de pèlerin plusieurs mois par an. Ils interviennent régulièrement dans la rédaction et la mise à jour des guides et veillent à leur qualité.

Le tandem s'est considérablement étoffé. Aujourd'hui, la galaxie Lonely Planet se compose de plus de 70 auteurs et 170 employés, répartis dans les bureaux de Melbourne (Australie), Oakland (États-Unis), Londres (Royaume-Uni) et Paris. Les voyageurs eux-mêmes, à travers les milliers de lettres qu'ils nous adressent annuellement et les connections à notre site Internet, apportent également leur pierre à l'édifice.

L'équipe de Lonely Planet est convaincue que les voyageurs peuvent avoir un impact positif sur les pays qu'ils visitent, non seulement par leurs dépenses sur place, mais aussi parce qu'ils en apprécient le patrimoine culturel et les richesses naturelles.

Par ailleurs, en tant qu'entreprise, Lonely Planet s'implique financièrement dans les pays dont parlent ses ouvrages. Ainsi, depuis 1986, une partie des bénéfices est versée à des organisations humanitaires et caritatives qui œuvrent en Afrique, en Inde et en Amérique centrale.

La philosophie de Tony Wheeler tient en ces lignes : "J'espère que nos guides promeuvent un tourisme responsable. Quand on voyage, on prend conscience de l'incroyable diversité du monde. Nos ouvrages sont, certes, des guides de voyage, mais n'ont pas vocation à guider, au sens littéral du terme. Notre seule ambition est d'aiguiser la curiosité des voyageurs et d'ouvrir des pistes."

LONELY PLANET PUBLICATIONS

Australie
PO Box 617, Hawthorn,
3122 Victoria
☎ (03) 9 9819 1877 ; Fax (03) 9 9819 6459
e-mail : talk2us@lonelyplanet.com.au

États-Unis
150 Linden Street,
Oakland CA 94607
☎ (510) 893 8555 ; Fax (510) 893 85 72
N° Vert : 800 275-8555
e-mail : info@lonelyplanet.com

Royaume-Uni et Irlande
Spring House, 10 A Spring Place,
London NW5 3BH
☎ (0171) 728 48 00 ; Fax (0171) 428 48 28
e-mail : go@lonelyplanet.co.uk

France
1, rue du Dahomey,
75011 Paris
☎ 01 55 25 33 00 ; Fax 01 55 25 33 01
e-mail : bip@lonelyplanet.fr
Minitel 3615 lonelyplanet (1,29 FF/mn)

World Wide Web : http://www.lonelyplanet.com
http://www.lonelyplanet.fr